KB058131

韓重洙·全原奭 編譯

地理學叢書

解說

地理大典

一.地理要抄
二.東國地理要訣
三.靑鳥經
四.地理大全

지식의 중심
법문북스

序

地理學에 관한 책이 그 대표적인 것만 치더라도 數十種이 넘는다. 그래서 例를 들어 어떤이는 靑鳥法을 쓰고, 어떤이는 地理五訣法을 쓰고, 또 어떤이는 葬經·山海經 혹은 玄妙經法을 쓰는 등 각기 書冊과 스승에 따라 읽고 배워서 그 應用하는 方法이 判異하당

그러므로 二三人의 地師가 같이 모여 點穴한다고 假定하면 서로 자기 주장을 내세워 한 자리를 놓고도 「吉한 땅이다」「凶한 땅이다」하고 穴의 眞假에 대한 論亂이 일어날 것은 明若觀火한 일이다. 그런데 이와 같이 각각 자기 주장을 고집하지만 어떤 地師의 眼目이 밝은지는 第三者로서는 알 수가 없고, 葬後에 發應의 吉凶으로서 判斷이 나는 것이지만 만약 發福이라면 몰라도 凶敗가 있을 경우에는 後悔해도 이미 늦은 것이다.

자기가 點穴해준 땅이 最少限度 無害無德이라면 可하다 하겠으나 凶地에 安葬토록 하여 그 家門에 變事가 發生한다면 이도 間接的으로 積惡하는 結果가 되는 것이니 「積惡者 必有禍」라 심히 두려운 일이다. 그럼에도 不拘하고 適當히 點穴해서 폐백 받는 것이나 즐기는 地師들이 적지 않으니 매우 안타까운 일이다. 이와 같이 點穴에 실수 하는 원인 은 地師로서의 智識과 眼目이 未及한 때문이니 地師로서 行世코져 하는이는 모름지기 많 이 배우고 읽고 연구하고 터득한 뒤에 지닌 實力을 最大限으로 發揮 남의 所重한 屍身을 凶地에 安葬하여 그 體魄이 不寧하고, 따라서 그 子孫이 禍敗를 입지 않도록 해야 할 것 이다.

모든 葬書를 著述한 古人들은 다 地理와 陰陽學에 通透한 明師들인만큼 地理의 深突玄

妙한 理를 述한 바 어떤 葬書를 막론하고 그 眞理만 터득한다면 단 一卷書籍만 읽더라도

有能한 地師가 될것이다. 그런데도 대개의 사람들은 많은 葬書를 읽기만 하면 되는 줄

알고 혹은 어느 法에 따라야 올바른 葬法인지 몰라 經의 選擇에 苦心하고 있다.

그러나 모든 葬書의 內容을 綜合 判斷해 보면 그 本은 오직 하나뿐이니 萬書籍이 다

陰陽配合과 生氣에 대해 說하고 있으니 이 生氣가 結穴되는 땅에 대해 論하

는 것이 表現의 方法만 다를 뿐이므로 生氣가 흐르고 모이는 眞龍眞穴만 깨달아 알 수

있다면 바로 俗眼이 아닌 明師라 할 것이다.

이 冊字는 四種의 葬書를 一冊에 각각 收錄하였는데 역시 本은 生氣뿐이다. 사람마다

理解方向이 다르므로 四種의 葬書를 詳密히 읽고 연구하다 보면 반드시 크게 깨달아지는

點이 있으리라. 믿고 이에 譯解하는 바이니 아무쪼록 執中하여 그 眞本을 찾고 깨닫는다

면 큰 보람으로 알겠다.

諸賢들의 指導鞭撻을 바란다.

己巳年 知春에

著 者 識

目 次

序 文 ……………………………………………………………… 3

第一篇 地理要訣

○ 山勢論 …………………………………………………………… 25
○ 出脈論 …………………………………………………………… 26
○ 龍의 入首五格 ………………………………………………… 27
○ 龍의 結穴五局 ………………………………………………… 28
○ 五星論 …………………………………………………………… 30
○ 五星의 清濁凶 三格 ………………………………………… 31
○ 五星의 高山·平岡·平地 三格 ………………………… 32
○ 五星形體 ……………………………………………………… 34
○ 穴法總論 ……………………………………………………… 34
○ 窩鉗乳突論 …………………………………………………… 35
○ 點穴論 …………………………………………………………… 36
○ 穴星諸形 ……………………………………………………… 36
○ 四星發理論 …………………………………………………… 38

○ 證穴法 …… 40

○ 三勢定穴法 …… 40

○ 龍虎論 …… 41

○ 龍虎로 官級 年代를 본다 …… 43

○ 二十四龍所主吉凶 …… 44

○ 二十四龍吉穴 …… 48

○ 二十四龍受氣 …… 49

○ 吉砂類 …… 59

○ 凶砂論 …… 62

○ 陰陽二局 水法吉凶 …… 63

○ 二十四位 水法吉凶 …… 64

○ 諸吉水數 …… 66

○ 諸凶水論 …… 68

○ 決水法 …… 71

○ 水法陰陽論 …… 71

○ 二十四山吉凶水 …… 72

○ 進神・退神 二水論 …… 80

○ 六進神水 …… 83

○ 得破論 …… 83

○ 雙行凶格 …… 83

○ 吉破論 …… 84

○ 當代無後地 …… 84

○ 坐龍怨嗔 …… 85

○ 二十四位　物格穴論 …… 85

○ 生用穴不用法 …… 87

○ 舊山生旺方 …… 87

○ 舊山戊己方 …… 88

○ 胞胎起法 …… 88

○ 無後坐 …… 89

○ 正五行과　陰陽 …… 89

○ 山地의　人命坐運 …… 90

○ 看穴法 …… 91

○ 凶葬法 …… 92

○ 祿食財官馬貴人 …… 93

7

○ 陰陽・五行・干支 ··· 94

第二篇　東國地理要訣

― 地鏡序 ―

○ 山水總論 ··· 102

○ 龍向訣 ··· 102

○ 相地妙經抄解 ·· 122

○ 龍氣論 ··· 128

○ 穴氣論 ··· 129

○ 喝形論 ··· 130

○ 穴腦氣論 ··· 139

○ 玄武論 ··· 140

○ 朱雀論 ··· 142

○ 穴前餘氣論 ·· 143

○ 樂山論 ··· 144

○ 鬼星論 ··· 145

○ 龍虎論 ··· 146

○ 明堂論 ··· 148

○ 水城論 …………149

○ 水口論 …………151

○ 砂法論 …………152

○ 龍穴砂水圖　總論 …………194

○ 生氣總論 …………194

○ 發驗論 …………197

○ 山水氣總論 …………197

○ 砂驗訣 …………205

○ 水驗歌 …………218

○ 論龍勢詩 …………226

○ 穴法貴賤詩 …………232

○ 諸格論 …………237

○ 文武‧富貴貧賤　詩訣 …………242

○ 論氣詩 …………245

○ 玉龍子廉貞法 …………247

○ 二十四山龍 …………247

○ 脈穴訣 …………250

9

第三篇　青烏經

○ 太極定穴圖 …………………………… 254
○ 兩儀定穴 ……………………………… 259
○ 三勢定穴 ……………………………… 262
○ 五星穴 ………………………………… 263

本　經 …………………………………… 267

附　經 …………………………………… 280

○ 尋龍法 ………………………………… 280
○ 龍虎論 ………………………………… 281
○ 窟角論 ………………………………… 283
○ 案山論 ………………………………… 283
○ 山標法 ………………………………… 284
○ 望山透地 ……………………………… 286
○ 入首三字論 …………………………… 289
○ 四象 …………………………………… 291
○ 作穴法 ………………………………… 292
○ 穴破論（隔八相生） ………………… 293

○ 立向論(四不通)……294

○ 分金法……295

○ 風水論……297

○ 水口論……297

○ 土色論……298

○ 生物論……299

○ 二十四山論……300

○ 天月德論……300

○ 六十花甲子　吉凶論……302

○ 二十四山名目……306

○ 四金作穴法……306

○ 初起符頭法……308

○ 左右旋空亡論……310

○ 天後天亂符頭論……311

○ 黃泉殺龍……313

○ 八曜殺龍……314

○ 三刑殺……315

11

第四篇　地理大全

原　理 ……………………………………………………………… 371

○ 坐山四課吉凶法 …………………………………………………… 364
○ 舊墓生旺方法 ……………………………………………………… 363
○ 門路法 ……………………………………………………………… 362
○ 一卦三山 및 黃泉坐 ……………………………………………… 361
○ 十干屬卦看生氣法 ………………………………………………… 360
○ 月戊己法 …………………………………………………………… 359
○ 年戊己法 …………………………………………………………… 359
○ 大穴論 ……………………………………………………………… 356
○ 三百六十龍吉凶論 ………………………………………………… 325
○ 假之論 ……………………………………………………………… 322
○ 金井論 ……………………………………………………………… 321
○ 空亡論 ……………………………………………………………… 317
○ 食神法 ……………………………………………………………… 316
○ 十二祿宮 …………………………………………………………… 316
○ 四局内局 …………………………………………………………… 315

○ 八卦論 ……………………………………………………………… 371

○ 河圖 ……………………………………………………………… 372

○ 洛書 ……………………………………………………………… 374

○ 先後天數 ………………………………………………………… 376

○ 干支 ……………………………………………………………… 377

○ 正五行 …………………………………………………………… 377

○ 六十花甲子 ……………………………………………………… 378

○ 克反爲生 ………………………………………………………… 379

地理常識

○ 龍의 入首와 首口配合論 ……………………………………… 381

○ 正龍과 病龍 ……………………………………………………… 383

○ 元龍符頭甲 ……………………………………………………… 383

○ 變符頭甲 ………………………………………………………… 383

○ 元五行 …………………………………………………………… 384

○ 龍의 正五行 ……………………………………………………… 385

○ 雙山五行 ………………………………………………………… 385

○ 舊墓五行 ………………………………………………………… 386

○ 舊墓生旺方 …… 388

○ 八曜水 …… 388

○ 黃泉水 …… 389

○ 八殺水 …… 389

○ 小玄空 …… 390

○ 大玄空 …… 391

○ 正運五行 …… 391

○ 暗藏法五行 …… 392

○ 洪範五行 …… 392

○ 天月德法 …… 392

○ 隔八相生 …… 393

○ 納甲五行 …… 394

○ 八卦納甲 …… 395

○ 同癸龍五行 …… 396

○ 斗數五行 …… 397

○ 宿度五行 …… 397

○ 禽獸五行 …… 398

○ 天干合和氣五行 …… 398

○ 地支合和氣五行 …………………………… 399

○ 正祿法 ……………………………………… 399

○ 正祿法 ……………………………………… 399

○ 正財 ………………………………………… 400

○ 食神 ………………………………………… 400

○ 正宮 ………………………………………… 401

○ 七殺 ………………………………………… 401

○ 驛馬 ………………………………………… 401

○ 天乙貴人 …………………………………… 402

○ 遁月法 ……………………………………… 402

○ 遁時法 ……………………………………… 403

地理法應用

○ 山勢의 大略 ……………………………… 404

① 三綱 ………………………………………… 404

② 五常 ………………………………………… 408

③ 四美 ………………………………………… 408

④ 十惡不善 …………………………………… 409

⑤ 四象穴 ……………………………………… 412

⑥ 六形分類 …………………………………………………… 413

○ 脈性의 八條十六形 …………………………………… 414

○ 先後天相配法 …………………………………………… 414

○ 淨陰淨陽四大格 ………………………………………… 415

○ 龍穴合局論 ……………………………………………… 415

○ 交媾論（一法） ………………………………………… 415

○ 交媾論（一法） ………………………………………… 416

○ 交龜組織（二法） ……………………………………… 419

○ 辛壬會而聚辰 …………………………………………… 422

○ 乙丙交而趨戌 …………………………………………… 426

○ 斗牛納丁庚之氣 ………………………………………… 427

○ 金羊収癸甲之靈 ………………………………………… 428

○ 斗牛納丁庚之氣 ………………………………………… 430

山法諸論

○ 眞假篇 …………………………………………………… 431

○ 雌雄奇 …………………………………………………… 432

○ 脈의 相顧 ……………………………………………… 434

○ 連源篇 …………………………………………………… 436

○ 相望終身 ………………………………………………… 437

○五性篇 ………………………………………………… 439

○胞胎篇 ………………………………………………… 441

○作局篇 ………………………………………………… 442

○動靜篇 ………………………………………………… 443

○輔翼篇 ………………………………………………… 444

○內外生旺篇 …………………………………………… 446

○分篇 …………………………………………………… 447

○暈篇 …………………………………………………… 449

○應의 大小 …………………………………………… 450

○旺不旺篇 ……………………………………………… 452

○嘉角篇 ………………………………………………… 453

○本性篇 ………………………………………………… 455

○相取篇 ………………………………………………… 456

○相慈篇 ………………………………………………… 458

○促交篇 ………………………………………………… 459

○五行作局篇 …………………………………………… 460

○五行作數篇 …………………………………………… 462

○ 相旺篇……………462

○ 靈氣勝落篇……463

○ 枝室篇……………465

○ 空缺篇……………467

○ 作暈留氣篇……468

○ 呼交篇……………469

○ 反交篇……………470

○ 所從維曲篇……472

○ 形暈篇……………473

○ 屈身篇……………474

○ 祖曲枝伸篇……476

○ 相之篇……………477

○ 玄暈篇……………478

○ 眞生篇……………480

○ 相伸篇……………481

○ 顧護篇……………482

○ 回曲篇……………484

○ 相勝篇……………485

○ 囚率篇 …… 486

○ 漏身肥凹篇 …… 489

○ 盤留篇 …… 490

○ 鬱形篇 …… 492

○ 散凝篇 …… 493

○ 亂界篇 …… 494

○ 翻交篇 …… 496

○ 換位篇 …… 497

○ 黃泉篇 …… 498

○ 絶氣渡川篇 …… 499

○ 秀肥獨立篇 …… 501

○ 層臺唇潤篇 …… 503

○ 帳幄暈屏 …… 504

○ 壑谷篇 …… 505

○ 亀窟穿篇 …… 507

○ 頂腦前生 …… 508

○ 固鞏篇 …… 509

○ 坪息隱伏 ……………………………………………………………… 511

○ 凹背篇 ………………………………………………………………… 512

○ 分取氣驅 ……………………………………………………………… 513

○ 凸固含毒 ……………………………………………………………… 515

○ 總篇 …………………………………………………………………… 517

○ 四理終源 ……………………………………………………………… 519

○ 八局尋龍旨 …………………………………………………………… 520

○ 二十四山生旺坐向法 ………………………………………………… 524

○ 山의 五行陰陽干支 總論 …………………………………………… 524

○ 大穴論 ………………………………………………………………… 528

○ 諸山成形과 變形論 ………………………………………………… 531

○ 生物龍論 ……………………………………………………………… 533

○ 諸吉水 ………………………………………………………………… 535

○ 諸吉砂論 ……………………………………………………………… 537

○ 砂水吉格 ……………………………………………………………… 539

○ 水口論 ………………………………………………………………… 542

○ 五音姓氏所屬 ………………………………………………………… 543

○ 山의 動靜 ………………………………………… 544

○ 合祿歌 …………………………………………… 545

○ 衝峰과 射山의 凶驗 ………………………… 547

○ 辨五音 …………………………………………… 548

○ 水石論 …………………………………………… 550

○ 走骨朝水論 …………………………………… 550

○ 逃骨射風論 …………………………………… 551

○ 無後亡得水訣 ………………………………… 552

○ 裁穴分金法 …………………………………… 552

○ 四大格得破訣 ………………………………… 553

○ 凶風訣 ………………………………………… 554

○ 坐向骨移殺 …………………………………… 554

○ 黃泉萵裡殺 …………………………………… 555

○ 年戊己殺 ……………………………………… 555

○ 月戊己殺 ……………………………………… 555

○ 三字旺局・祿山入局 ………………………… 556

○ 四根之理 ……………………………………… 557

○ 四不落法 ……………………………………… 557

第一篇　地理要抄

○ 山勢論

山은 幹龍과 支龍이 있는데 大幹龍이면 大江大河가 함께 끼어 보내고, 小幹龍이면 大

溪大澗이 끼어 보내며, 大支龍이면 小溪小澗이 끼어 보내고, 小枝龍은 田源의 溝洫(구혁

‥즉 작은 도랑물)이 끼어 보내는 것이니 그 力量의 大小를 이로서 알 수 있다.

山은 또 太祖와 少祖山이 있다. 太祖山은 아득히 높고 雄偉하여 항시 雲霧에 가려 있고,

고, 少祖山은 穴에서 멀지 않은 곳에 몇개 마을의 으뜸이 될 만큼 높고 크게 솟은 산이

니 山의 來歷과 吉凶을 살펴 穴을 取하라.

【龍分三勢】 山脈을 述語로 龍이라 한다. 이 龍은 三勢로 크게 분류하는 바 山隴(산롱)

의 勢와 平崗(평강)의 勢와 平支의 勢다. 山隴의 勢는 그 龍이 뛰고 달리고 날고, 일어나

고, 엎드리고, 멈췄다가 미끄러지기도, 뚝 떨어지기도 하고, 날았다 높았다(踊躍・奔騰・起

伏・頓跌・磊落・低昂)하는 형세로서 즉 高山龍을 일컬음이고, 平崗의 勢는 龍이 비슬비

슬 구불구불 꿈틀거리면서 東으로 西로 마치 산 뱀이 꿈틀거리며 이곳 저곳 기어가는 것

같은 형상(透迤・屈曲・擺摺之東之西活動)이니 높지도 낮지도 않은 龍이며, 平支龍

의 勢는 그 龍脈이 서로 이끌고 서로 거미줄、말발굽 형상으로 脈이 이어진 자취

를 남기면서 脈이 뻗어나가되 平平한 곳에 一突이 자리를 펼만큼 있는 것(相宰相連・蛛

絲・馬跡・平中一突)이니 平하고 낮은 龍을 칭함이다.

〔生龍〕 龍에는 生龍과 死龍이 있다。즉 生氣가 通하는 龍이 生龍이고 生氣가 通하지 않는 龍은 死龍이어서 쓸모가 없다。生龍은 반드시 한번 일어나면 한번 엎드리고 (起伏) 어금니로 나뉘고、손톱으로 나뉘며 (分牙分瓜) 左로 쫓아가고 右로 번득이며 (左趨右閃) 물고기가 뛰는듯 솔개가 날으는듯 산 짐승이 활발하게 움직이는듯 生氣가 있는 龍을 말한다。

〔死龍〕 반면에 死龍은 龍이 祖山을 떠난 이래로 나무가 가지가 없는것 같고、죽은 미꾸라지、죽은 생선、죽은 짐승、죽은 벌레모양으로 보기에도 生意가 없는 龍이다。

○ 出脈論

龍脈이 뻗어나감에 있어 中出脈과 偏出脈(左出脈과 右出脈)이 있다。中出脈은 龍이 祖山을 떠나 뻗어오면서 穴에 이르도록 左右의 형세가 균등하여 中心을 따라 온 것으로 主龍이 되는 脈이다。만일 左右에 막아 보호하는 山이 周密해서 바람을 막고 물이 劫하는 것을 막아주면 반드시 큰 富나 貴가 發하는 大地로서 賢人君子와 巨富와 高官大爵이 모두 이 中出脈 아래의 穴에서 나온다。

偏出脈은 脈이 한쪽으로 치우쳐 뻗은 것으로 中出脈의 從脈에 불과하다。오른쪽으로 치우친 것을 右出脈、왼쪽으로 치우친 것을 左出脈이라 칭하는데 대개 한쪽에 가지가 있으면 한쪽은 가지가 없어 형세가 고르지 못하다. 그러나 이 偏出脈도 한쪽 空虛한 곳을 他山의 脈이 보호하고 前後의 照應이 周密하면 역시 穴이 融結되지만 보호와 照應이 없으면 眞結이 아니다.

○ 龍의 入首五格

穴 뒤의 脈을 入首라 한다. 龍의 入首에는 直龍入首, 橫龍入首, 回龍入首, 飛龍入首, 潛龍入首의 五格이 있다.

直龍入首는 龍의 來脈이 撞背(당배―등을 칠듯이 밀어 나온것)하여 入首에 이르고, 이마(頂)가 오는 脈을 對하여 結穴되므로 이와 같이 撞背로 結穴되면 氣勢가 雄大하여 發福이 크다.

橫龍入首는 橫으로 뻗은 龍에서 穴로 入首된 것인데 혹 左로 쫓아 오기도 하고 右로 쫓아 오기도 한다. 穴 뒤에 樂山이나 鬼山이 받쳐줌을 要하고, 元眞水(本龍을 따라온물)가 길게 곧으면 마땅치 않다(山의 中心 뒤를 받쳐주는 山이 樂이고, 山 곁에 붙은 山이 鬼다).

飛龍入首는 生氣가 위에 모인 穴이니 이를 仰高穴이라 한다. 穴處가 높고 四方에서 應하는 山도 높으므로 勢가 위로 모였으니 위에서 받아야 眞結이다. 이 穴은 力量이 가장

커서 貴는 重하고 富는 輕한데 그것은 물이 많이 모이지 않는 때문이다. 穴前은 평탄함
을 要하고、 높이 올라서도 높은줄 모르는것이 上格이고 또는 물이 사귀어 關鎖되어야 吉
하다.

潛龍入首는 龍氣가 평탄한 곳으로 떨어져 結穴된 것이다. 즉 平受脈인데 平地는 一寸
이 높아도 山이고 一寸이 낮아도 물이라 한다. 平한 가운데 凹가 있음을 要하고 혹 鉗口
를 열었거나 水勢가 고리하여 두른것이 眞이다.

回龍入首는 龍이 몸을 틀어 祖山을 돌아보고 結穴된 것이다. 經에 이르되 『宛轉回龍이
掛鉤라』하였으니 作穴되지 않았을 때 먼저 祖山이 이루어진 것이 回龍入首다.

○ 龍의 結穴五局

龍이 穴을 맺고 局을 이루는게 五格이 있는데 다 水로 準한다.
一은 祖水局이니 물이 當面을 向하여 朝하는 것이오、 二는 橫水局이니 水城이 橫으로
둘러 左右의 來去를 구애받지 않고、 三은 據水局이니 穴前에 여러곳의 물이 取合해서 朝
하는 것이며、 四는 去水局이니 물이 穴前으로부터 흘러나가는 것이오、 五는 無水局이니 穴
前에 물이 보이지 않음이다. 비록 五局이 있으나 結穴은 같지 않으니 龍이 眞이고 穴
이 정확하면 다 富貴가 發하는바 오직 去水局의 穴은 初年에는 不利라 한다.

朝水局은 龍이 몸을 뒤틀고 勢를 거슬러 結穴해서 朝局하는 물을 받는데 義가 있다。穴星이 高大하면 남은 氣가 있음을 要하고、혹은 砂가 낮고 橫欄(가로막음) 하여 물로 하여금 衝割치 못하도록 하는게 吉하다。또는 물이 갈지자(之) 검을현자(玄) 모양으로 구불거리고 혹은 平한 밭에서 물이 朝向함이 좋다。만일 급히 흘러 衝射하면 도리어 凶하다。오직 天穴 및 仰高穴이면 遠水가 特朝해도 두렵지 않으나 穴場이 卑弱해서 星辰이 低小하고 山水의 형세가 고르지 않으면 凶하다。고로 逆局이라해서 吉하다 생각해서는 안된다。다만 穴場에 取氣된 것을 감추고、오는 물은 抱圍함을 要하며 穴이 바람을 받지 않아야 眞이다。

橫水局은 龍이 結穴함에 물이 左로부터 右로 흘러가거나 右로부터 左로 흘러 나간다。요는 물이 고리하여 둘러 穴을 안되 띠를 두른것 같아야 아름다운데 이 橫水局은 局가

據水局은 結穴 앞에 큰 湖水나 혹은 깊은 연못 혹은 넓은 貯水地(池塘) 등이 있으면 극히 吉하다。대개 땅은 得水로 上을 삼는바 물은 응결하여 고요해야만 좋다。이와 같은

去水局은 반드시 來龍이 長遠하여 力量이 크고 四方이 周密하며 물이 사귀면서 穴을 가운데 龍과 穴이 眞이면 富貴가 크고 水遠하게 發한다。보호함을 要한다。吳公이 이르되 『물이 비록 去해도 山이 交會하면 吉하고、물이 去하되 山이 交會하지 않고 穴場에서 보이는 물이 蕩然(탕연—괄괄거리며 흘러감)히 나가면 이

러한 局勢는 반드시 眞結이 없다」하였다. 대개 去水局은 비록 眞結이 있더라도 發射되지
않고 주로 初年에 退敗한다. 고로 龍穴이 吉하여 貴해도 富를 못한다. 게다가 龍穴마저
不吉하면 退敗絶滅함을 救할 수 없으니 이 去水局은 凶이 많으니 가벼이 取함이 불가하
다.

無水局은 結穴된 앞에 물이 마르고 山勢가 氣를 서렸으나 明堂水가 보이지 않는 것이
다. 무릇 龍에 물이 없는 穴은 左右의 山이 橫으로 明堂을 가로막아서 穴에서 물이 보이
지 않는다. 혹 穴이 山 중턱에 높이 있어 물이 없는것을 보게 된다. 俗人들은 반드시 山
은 있으나 물이 없다 하고, 山谷이 바람을 막으면 貴한 것임을 모른다. 다만 穴이 감춰
져서 取氣되고 生氣를 타면 발달이 큰 것이니 어찌 반드시 물이 있고 없는 것에 구애되
랴, 다만 이러한 땅은 貴한 뒤에 富하고 혹은 淸貧이 많아 富를 못하는 수가 있다. 만일
砂는 있으나 물이 없으면 登科를 못한다 함은 그릇된 생각이다. 穴에서 물이 보이지 않
고도 致富하는 경우는 필연 龍身에 倉庫峰이 있을 것이다. 董氏 이르되 「人丁은 있어도
財가 없거든 倉庫가 있는 龍을 찾고、財는 있어도 人丁이 없거든 孤寒한 땅을 占하지 말
라」한 것이 正論이다.

○五星論

五星이란 金星 木星 水星 火星 土星이다. 五星이 하늘에서는 象을 이루고 땅에서는 形

을 이룬다. 精은 하늘에 매이고 形은 땅에 나타나 天地사이에 있는 萬物을 형상하니 萬

물도 이 五星을 근본으로 삼지 않는 것이 없다. 地理의 妙도 또한 五星가운데 있다. 經에

이르기를 「하늘은 星宿로 나뉘고 땅은 山川이 벌려 있다」하였고、또 「山은 金體 木體 水

體 火體 土體가 있느니라」하였다.

金星은 形이 둥글고 木星은 形이 곧고、水星은 形이 굽고、火星은 形이 날카롭고、土

星은 形이 모난다. 그리고 五星은 立形과 眼形(平面으로 본 形)의 二格이 있다.

○ 五星의 淸濁凶 三格

星辰이 수려하고 光彩가 있는 것이 淸이오、星辰이 厚肥하고 端重한 것이 濁이오、星

辰이 추악하고 殺을 띤 것이 凶이다.

金星이 淸한 것을 官星이라 하니 文章과 忠日과 正人과 貞烈한 인물이 나오고、濁한 것

은 武星이라 하니 주로 威名이 빛나고 生殺權을 잡는 人物이 나오며、凶한 것을 厲星이

라 하니 殘傷하고 夭折하고 絶滅한다.

木星이 淸한 것을 文星이라 하니 文章이 출중하여 科名을 얻어 貴顯하고、濁한 것을 財

星이라 하니 勳業을 세우고 才能이 출중하며 技藝가 능하고、凶한 것을 刑星이라 하니

刑傷과 克害가 있다.

水星＝高山의 金은 鍾도 같고 가마(釜)도 같아 머리가 둥글고 光彩가 밝은 것이 吉格이고, 平崗의 金은 삿갓(笠)도 같고, 구슬(珠)도 같고, 쟁반(盤)도 같아야만 吉格이며, 平地의 金은 糖餅(탕병─俗稱 모찌떡)처럼 생겨 肥滿하고 광채나고 맑으며 弦稜(현릉─활처럼 굽은 모양의 모서리가 있는 것)이 있어야만 吉格이다.

木星＝高山의 木은 높이 솟아 筆筒처럼 挺然하게 우뚝 서서 기울어지지 않아야 吉格

○五星의 高山·平岡·平地 三格

라 하니 人物이 昏愚하고 疾病 牢獄 등 運이 不振하다.

土星이 淸한 것을 富星이라 하니 財産이 풍부하고 人丁이 창성하며, 凶한 것을 滯星이全하다. 濁한 것을 尊星이라 하니 極品貴가 發하여 王侯에 勳業이 崇高하며 五福이 具

象으로 그 주장하는 바가 殺伐이다.
을 燥星이라 하니 剛烈燥暴한데 禍福이 相半이오, 凶한 것을 殺星이라 하니 物을 絶하는
火星이 淸한 것을 顯星이라 하니 文章이 발달하고 大貴하여 권세가 赫赫하며, 濁한 것

라 하니 요란하고 간사하고 貧窮하고 客死한다.
며, 濁한 것을 柔星이라 하니 昏頑하고 疾苦가 따르며 壽가 부족하고, 凶한 것을 蕩星이
水星이 淸한 것은 秀星이라 하니 文章을 주장하여 聰明하고 智巧가 있고 女가 貴히 되

이오、平岡의 木은 龍의 가지가 몸을 돌려 안고 형세는 갈지자(之) 검을현자(玄) 같아야

吉格이며、平地의 木은 軟하고 둥글고 平直하며、가지는 굽어 節과 牽連되며 우아하고

아름다와야 吉格이다。

水星＝高山의 水는 泡(포ー거품) 같이 생겨 구불거리고 勢는 장막(帳)을 펼친것 같아

橫으로 늘려 벌린 것이라야 吉格이오、平岡의 水는 다리를 평평히 펴고 勢는 떠다니는

구름같아 逶迤하고 굽은듯 끊긴듯 한 것이 吉格이오、平地의 水는 자리(席)를 펴고 물결

이 치듯 낮기도 하고 높기도 하며、界水가 둥그스럼하게 둘러있어야 吉格이다。

火星＝高山의 火는 수려하고 뾰족하게 솟아 불꽃이 공중으로 타오르는 것 같이 祖山

및 宗山을 이루면 吉格이오、平岡의 火는 手足을 늘려 뻗고 縱橫으로 불꽃이 생겨 水星

과 서로 連한 것이 吉格이며、平地의 火는 날으고 뛰고 뒤쳐 밭 가운데서 曜가 생기고

물속에 石梁(돌줄기)이 있으면 吉格이다。

土星＝高山의 土는 倉庫도 같고 병풍도 같이 생기되 重厚하고 雄偉端正해야만 吉格

이오、平岡의 土는 凡도 같고 圭도 같아 重厚하고 濁肥하되 기울지도 의지하지도 않는

형상이라야 吉格이며、平地의 土는 옆을 깎은 듯 모나고 두텁고 평평하고 가즈런하여 높

은 곳도 있고 낮은 곳도 있어야만 吉格이다。

○ 五星形體

金星의 體는 둥글어서 尖하지 않고、木星의 體는 곧되 모나지 않고 水星의 體는 물결치듯 動하여 靜한 느낌이 없고、火星의 體는 尖銳하여 動하고、둥글지 않으며、土星의 體는 方正하다。

○ 穴法總論

蔡牧堂先生이 이르기를 『아래에 있는 땅은 반드시 얕고 깊은 것으로 準則을 삼으라』하였다。깊어야 마땅한 곳이 얕으면 氣가 위로 지나가고、얕아야 할 곳이 깊으면 氣가 아래로 지나가므로 비록 제자리는 얻었더라도 效가 應하지 않는다。이상은 얕고 깊은 것의 실수가 있음을 언급함이다。대개 棺을 적절한 곳에 놓는 것은 葬家에서 가장 주의할 일인지라 털끝만큼의 오차가 있으면 禍福에는 千里의 차이가 있다。제 자리보다 一尺이 높으면 罡殺이 범하여 龍이 상하고、一尺이 낮으면 服을 벗어나 穴을 傷하며、左로 一尺이 빗나가면 물개미가 左便에서 침입하고、右로 一尺이 빗나가면 물개미가 右편으로 침입하는 것이니 어찌 등한히 할소냐。

34

○ 窩鉗乳突論

穴에는 窩(와) · 鉗(겸) · 乳(유) · 突(돌)의 四大穴星이 있다.

窩形穴은 입을 벌린(開口) 모양도 같고 제비집(鷰窠)도 같은데 高山과 平地에 모두 있다. 高山의 窩는 窟한 것이라야 眞이오 平地의 窩는 突한 곳에 窩가 생겨야 眞이므로 窩穴은 高山에 많다. 모두 左右兩掬이 고르게 되어야만 正格이다.

鉗形穴은 그 모양이 두 다리를 벌린 것 같다. 鉗 가운데 작은 乳가 있으면 乳頭를 취하여 攟穴함이 좋으나 乳頭가 峻急함을 忌하고, 혹은 鉗 가운데 미미한 窩가 있으면 窩 중간을 취하여 扡穴함이 옳으나 漏槽(누조ㅡ밑없는 구수)가 이마를 찌어 머리(頭)에 물 새는 것을 꺼린다.

乳形穴은 형상이 사람의 유방을 늘어뜨린것 같다. 두 팔을 벌린 중간에 乳가 생기면 穴의 증거가 분명하다.

突形穴은 형상이 엎어놓은 가마솥(伏釜) 같은데 불룩한 부분이 穴이다. 山谷의 突은 반드시 左右로 감싸주는 것을 요하고 외롭게 드러나 바람 받는 것을 크게 꺼린다. 平洋의 突은 四方이 트여 있어도 무방하지만 다만 界水가 明白해야 眞穴이다.

35

○ 點穴論

무릇 點穴하는 法은 먼저 入首된 山이 星體를 이루었는가를 살펴야 한다. 星體가 명백하면 바야흐로 眞氣가 融聚되고 星體를 이루지 못하면 眞氣가 融聚되지 않는다. 星體를 보아 裁穴함은 眞이 되고 星辰을 論치 않음은 헛된 말이다. 張子徵은 五星으로 星辰의 成不成을 참작하였고 瘳氏는 模範으로 三格을 삼아 端正한 것을 正體, 치우치고 기운 것을 側腦、倒坡(도파—언덕으로 기울어 떨어진 것)된 것을 平面穴이라 하였는데 각각 窩·鉗·乳·突 四象中 一格에 해당하면 星辰의 형상이 明白한 것이라 하였으니 간이한 이치를 얻음이라 하겠다.

○ 穴星諸形

金星形은 둥근 것으로 二體가 있다. 上下가 오직 둥근 것을 太陽金이라 하고、위가 둥글고도 모난 것을 띠면 太陰金이라 한다. 그리고 金星은 正體와 側腦와 平面의 三格이 있다. 正體金星은 모양이 둥글고 단정한 것이니 穴은 그 한가운데서 맺고、側腦金星은 모양이 둥글면서도 體가 기운 것으로 穴은 곁으로(傍) 맺고、平面金星은 面은 쳐들고 身은 둥근 것이니 穴은 이마(頂)에서 맺는다.

木星形은 곧은 것인데 正體木星은 머리는 둥그스름하되 身은 길쭉하게 솟아 端正한 것으로 穴이 中에 맺고、側腦木星은 머리가 둥글고 身은 솟아나되 한쪽으로 의지하여 치우친 것으로 穴은 곁으로 穴이 맺는다.

穴은 節苞에 맺는다.

水星形은 구불구불한데 正體水星은 머리는 둥글되 몸은 굽고 단정한 것으로 중앙에 穴이 맺고、側腦水星은 머리는 둥글고 몸은 굽되 한쪽으로 기울어진 것이니 穴은 곁으로 맺고、平面水星은 面은 높이 쳐들고 몸은 굽어 땅에 기울어진 모습인데 穴은 이마(頂)에 맺는다.

火星形은 尖한 것으로 正體·側腦·平面을 막론하고 穴이 맺지 않는다. 원인은 형상이 뾰족한 때문이다.

土星形은 方正하다. 正體土星은 머리가 모나고 몸은 평하여 단정한 것으로 穴은 한복판(中)에 맺고、側腦土星은 머리는 모나고 몸은 平하되 한편으로 기울어진 것인데 穴은 곁으로 맺고、腦가 凹한 土星은 머리는 모나고 중간이 凹하며 身은 平한데 穴은 凹한 중간에 맺으며 平面土星은 面은 위로 우러러보고 身은 方正하되 땅으로 떨어져 내려온 것으로、穴은 그 이마(頂)에 맺는다.

37

○ 四星發理論

이상의 金星 諸穴에 坐向을 申庚西辛乾坤艮의 土金을 얻으면 모두 得地하니 氣가 旺하고 形이 應한다. 法에 맞추어 安葬하면 相貌가 깨끗한 人物이 나오고 心性이 明達한 者가 나온다. 庚辛申西壬子癸亥의 金水生人이 陰德을 받고 巳酉丑 金年에 發福이 應한다.

만일 星辰이 淸秀한 가운데 龍이 上格과 合하면 淸貴하여 宰相이 나오고 中格에 合한 것은 文武兼全한 人物이 나오며、下格으로 合해도 貴家 牧使 地位는 된다. 전혀 貴格이 없을지라도 총명하고 才辯之士가 나와 이름을 멀리 드날린다. 만약 瘖啞之人(벙어리)이 나온다면 이미 生氣가 衰盡되었다는 증거다.

이상 木星의 모든 穴에 坐向을 甲寅乙卯巽으로 얻는다면 모두 氣旺하여 形에 應한다.甲乙寅卯와 丙丁巳午의 木火生人이 應을 받아 亥卯年에 발달한다. 만일 穴星이 淸秀하고 合法해서 安葬하면 相貌가 청수하고 심성이 평탄하고 行事가 遠大한 人物이 出生한다.

龍이 上格에 合하면 壯元及第와 極品(宰相級)의 貴가 나오고、中格으로 合하면 科擧에 登第해서 벼슬은 方伯(知事)에 이르며、下格으로 合해도 品이 있는(五品 以上) 벼슬에 이른다. 전혀 貴格이 없더라도 富家 應하고 禮를 좋아하는 人物이 나오는데 뒤에 만일 얼굴이 누리거나 난장이가 나온다면 이 때는 運氣가 盡했음을 알 수 있다.

이상 水星의 모든 穴에 坐向을 亥壬子癸로 놓을 수 있으면 得地니 氣가 旺하고 形이

應한다. 만일 合法해서 安葬하면 용모가 淸潔하고 心性이 훤하게 트여 行事가 시원시원한 사람이 나올 것이다. 亥子壬癸의 金水生이 蔭德을 받고 申子辰年에 발달한다. 만일 穴星이 淸俊하고, 龍이 上格으로 合하면 壯元과 宰相과 九卿이 나오고, 中格으로 合하면 한 나라의 重臣이거나 方伯이요, 下格으로 合하면 州郡의 우두머리(州牧·郡守)다. 전혀 貴格이 없더라도 주인은 女人으로 貴히 된다. 처음에 淸秀한 人物이 나오면 氣가 旺한 것이고, 放蕩한 人物이 나오면 氣가 衰盡된 穴임을 깨달으라.

이상 土星의 모든 穴에 坐向을 丑艮未坤巳午로 놓을 수 있으면 氣가 旺하고 形이 應한다. 만일 土星穴에 合法해서 安葬하면 용모가 肥厚하고 度量이 너그러우며 行事에 樸實한 人物이 出生한다. 戊巳辰戌丑未 土命人이 蔭을 받고 申子辰年에 발달한다. 龍이 上格에 합하면 벼슬이 王侯와 宰相에 이르고, 二格으로 合하면 벼슬이 尙書(六曹 : 지금의 各部長官)에 이르거나 巨萬의 富를 누리며 下格과 합하면 五品(課長級 이상)의 지위에 오른다. 처음에 신체가 壯大한 者가 나온다면 氣가 왕성한 증거요 만일 누렇게 뜨고 風장이, 지랄병 환자가 생긴다면 運이 衰退하였음을 알 수 있다.

이상 金木水土 諸星의 結穴에 반드시 窩·鉗·乳·突 四象格의 하나에 해당해야만 眞穴에 眞氣가 融聚되는 바 만약 한갓 金木水火의 星體만 갖추었을 뿐 窩·鉗·乳·突形이 없으면 이는 穴이 없는 땅임을 銘心해야 한다.

39

○ 證 穴 法

무릇 眞龍이 穴을 맺음에는 반드시 證佐(증좌ㅡ龍·虎·案·樂·鬼·砂·水 등이 吉格을 이루어 穴을 보호하므로서 그곳에 穴이 있다는 증거를 無言에 가리키고 있는 것)가 있기 마련인데 이 證佐가 분명하면 眞穴이 있는데 틀림 없다. 證佐를 앞에서 求한다면 樂朝案이 아름답고 明堂이 반듯하며 水勢가 모이는 것을 보아야 하고, 뒤에서 求한다면 樂山이 솟거나 鬼星이 붙었는가 살필 것이며, 左右에서 求한다면 靑龍, 白虎가 有情한가를 보고, 穴 밑에서 求한다면 唇氈(순전)이 바른가를 보라. 그리고 四方의 형세로 求한다면 十道가 온전해야 하고、界水로서 求한다면 물의 나뉘고 合한 자취가 명백해야 하니 點穴法은 이상 몇가지 원칙을 準하는 것이다.

○ 三勢定穴法

三勢는 立勢와 眠勢와 坐勢인데 즉 天地人의 三等穴法이다. 一의 星辰에는 三勢가 있으나 坐·眠·立形은 각각 다르다.

立勢는 龍身이 우뚝하게 솟고 氣가 위로 뜬 것이니 天穴을 取한다. 坐勢는 身이 屈하여 氣가 가운데에 감추었으니 人穴이라야 합당하고、眠勢는 龍身의 머리는 위를 쳐다보

40

고 脈이 아래로 뻗으니 氣도 아래에 떨어졌으니 地穴이라야 옳다.(天穴은 높이 있는 穴이오, 人穴은 中間에 있는 穴이며, 地穴은 아래 낮은 곳에 있는 穴이다) 이는 三勢의 定格이다.

天穴은 山上에 있는데 비록 높더라도 局에 임하여 平地처럼 생겨야 眞格이니 만일 脈이 峻急하면 (傾斜진 것) 眞이 아니다.

人穴은 山의 허리(중간) 부분에 있는 것인데 穴處가 평탄해야만 眞이다.

地穴은 山의 아래에 있는 穴인데 界水가 분명하고, 물이 冲하지 않아야 眞이다.

天穴은 貴가 發하고, 人穴은 貴와 富가 같이 發하며, 地穴은 富가 應한다 이르지만 이는 대체적인 말이니 꼭 그렇다고만 믿어서는 안된다. 다만 貴가 應하는 땅은 高明하고, 富가 應하는 땅은 沈暗한데 많이 있다. 그리고 貴地는 龍과 穴과 砂와 水가 자연히 淸秀하고 富穴은 田薦水가 많이 모이고 혹은 山이 맑지 못하고 물이 막지 못하여 濁한데 가까운 것이니 自然의 應이다.(이는 貴는 淸한데 있고 富는 濁한데 있다는 論理에 부합되는 말이다)

○ 龍 虎 論

地理法에 왼편 山으로 靑龍을 삼고 오른편 山으로 白虎를 삼는것은 穴 左右에 있는 두

41

팔(二臂)을 칭하는 異名(述語)이다.

曲禮註에 이르되 『朱雀・玄武・靑龍・白虎는 四方의 宿(星辰) 名이다.』하였다. 地理

에 앞산으로 朱雀을 삼고 뒷산으로 玄武를 삼고 왼편 山으로 靑龍을 삼고 오른편 山으로

白虎를 삼는 것은 四宿 명칭을 빌려 四方의 山을 구별코자 하는데 있다. 대개 龍虎가 穴

을 에워야만 得名하니 없어서는 안되지만 꼭 그렇게만 믿어서는 안된다. 地理의 妙는 龍

虎가 없어도 吉한 경우가 있고, 龍虎가 다 있어도 凶한 수가 있으니 要는 龍이 眞이고

穴도 眞이면 龍虎가 있고 없는 것에 구애받지 않는다. 만약 龍이 眞이 아니고 穴이 眞이

아니면 비록 극히 아름다운 龍虎가 있을지라도 마침내 열매가 맺지 않는 虛花에 불과하

다. 그러나 龍虎는 穴處를 보호하는 用이 있다. 대개 葬法이란 生氣를 取하는게 目的이

므로 生氣가 바람을 타면 흩어지므로 반드시 龍虎 二山이 에워싸 바람을 막아주어야만

穴場이 周密해서 生氣가 흩어지지 않고 모인다. 다만 그 山이 本身에서 左右의 팔이 나

와 龍虎를 이룬 것이 있고、本身은 팔(龍虎)이 없이 獨出하되 兩傍의 山이 生來하여 龍

虎가 되어주는 경우도 있으며、또는 한쪽은 本身에서 돋아 龍이나 虎가 이루어지고、한쪽

은 外山(他山)에서 뻗어온 龍이 本身에서 결핍된 龍이나 虎를 대신 龍虎가 되어주는 수

도 있다. 그런데 龍虎는 本身에서 생긴 것이 他山에서 빌려쓰는 龍虎보다 좋다. 그러나

本身에 없으면 他山의 脈이 대신 龍虎가 되어 주면 아름다운 것이니 비유하면 本人이 不

足한 것을 남이 보충해주는 현상이어서 用人成事하는데는 더욱 吉이라 하겠다. 어쨌든지

龍虎는 穴을 잘 감싸 안아서 殺이 劫하는 것(凶砂·凶水의 冲)을 막아주고 바람을 막아 보호하면 매우 좋다.

만약 本身에 龍은 있으나 虎가 없을 경우 外山이 湊合해서 虎가 되어주면 물은 자연 左便에서 穴을 둘러 右便으로 가게 되고, 本身에 虎는 있으나 龍이 없을 경우 물은 右에서 來하여 穴을 안고 左로 흘러가는 것이다.

○ 龍虎로 官級·年代를 본다.

百虎山이 짧고 靑龍山이 길어 一重에서 四重까지 交入해서 穴을 안으며 一代三子 二代 六子 三代九 四代十二子로 子孫이 生한다. 이르지만 不驗이 많으니 君子는 믿지 마라.

龍의 勢가 低降(穴보다 낮아서 穴에 복종하는 형상을 이룬 것)하고 虎勢가 俯伏(부복— 穴에 복종하는 형상)하면 家內가 화목하고、子는 孝하고 妻는 賢淑하며 五福이 應한다.

龍虎의 左右가 고르게 되어 强하지도 약하지도 않아 서로 比和된 것과 또는 龍虎가 印 峰과 鈗峰과 笏板을 띤 것이 있는데 이 모두 貴히 되어 威權을 얻고 文武에 能한 人物이 나오는 吉格이라 하겠다.

그러나 이상의 吉格과 달리 龍虎가 兩邊이 높이 솟아 서로 마주보고 對峙하여 싸우는 듯 하면 兄弟不和한 格이오 또는 龍이나 虎가 팔이 끊긴 것(龍虎가 잘리운 것)이 있는데

43

子孫이 잔병으로 夭死하여 마침내는 絶嗣하고、또는 龍과 虎의 中間에 큰 岩石이 있거나 불쑥 솟아 相爭하는 모습을 지으면 兄弟間에 재산다툼으로 義를 잃고 또는 目疾이 따르고、또는 龍虎가 매우 짧은 것이 있는데 이는 孤寡가 나오고 자손이 없어 無依하며 貧寒한 凶格이다。또는 龍虎가 穴을 돌아보지 않고 나가는 물을 따라 다른곳으로 向하면 田土를 다 팔아 없애고、또는 龍虎 두 어깨에 交路가 있으면 殘疾이 많고 自縊하는 사람이 생기며 家内風波가 非一非再한 것이다。

○二十四龍所主吉凶

壬龍은 陰權이 주장하니 주로 一·二代 富貴를 누리다가 끝난다。僧道가 나오고 技勢者가 나오며、浮蕩人이 나오고 溫良人이 적으며 人丁이 水包을 많이 당하고 福力이 적다。

子龍은 陽光이 주장한다。주로 富貴하고 武畧이 출중하다。그러나 賊將과 사卒이 많고 교만하고 게을르고 忠節이 없고 子孫이 적고 運祚가 짧다。

癸龍은 陰光이 주장하니 주로 富貴는 一·二代에 가서 멈춘다。榮顯하고 財가 豊饒하나 忠貞한 人物이 적고、奸詐한 者가 많이 생기며、人丁이 적고 運祚가 短促하다。

丑龍은 牛金이 주장하니 左道(正道가 아닌 方法)로 財福을 얻어 大富하나 반면에 灾禍도 크고、忠正한 人物이 적고 奸詐한 者가 많으며 孤寡가 많이 생겨 人丁이 끊길 우려가 있다.

艮龍은 陽樞가 주관하니 極品의 貴와 巨富가 發하고 高壽하며, 文武將相과 聰明하고

俊雅하고 豊厚한 人物과 魁偉와 秀男美女와 忠正한 人物이 나온다. 下格이라도 人丁旺에

財富요 小貴한다.

寅龍은 天培가 주관하니 不祥事가 많이 일어난다. 만일 貴格穴에 葬法과 擇日이 좋으

면 小福은 누리는데, 아니면 痼疾이 따르고 運祚가 짧다.

甲龍은 陰機가 주관하니 不祥事가 應한다. 貴穴格이면 吉하니 葬法이 맞고 擇日이 좋

으면 一·二代 富貴한다. 그러나 痼疾이 많고 後嗣가 적으며 運祚가 짧다.

卯龍은 陽衡이 주관하니 威武와 膽畧과 忠勇한 人物이 나와 富貴하며, 將相의 職과 늘

썬하고 魁傑 偉人이 나오며 下格일지라도 人丁旺에 財豊한다.

乙龍은 天官이 주관하니 不祥이 있다. 만일 貴格穴이면 吉이나 一代만 發할 뿐이며 庶

子가 많거나 자손이 없어 養子 혹은 데릴사위를 둔다.

辰龍은 天罡이 주장하므로 크게 상서롭지 못하다. 만일 貴格穴이면 吉이니 葬法에 合

하고 擇日이 吉한 가운데 局이 완전하고 水가 吉하면 一·二代 富貴한다. 그러다가 一敗

로재(灰)가 되니 慘喪과 惡死가 발생한다.

巽龍은 陽璇이 주관하니 榮貴와 총명과 科甲文章이 생겨난다. 中格이라도 人丁이 旺하

고 財가 富하며 女는 貴히 된다.

巳龍은 天屛이 주장하는데 中富와 小貴가 應하고 人丁이 旺하나 淫亂하고 洗蕩한 者가 생겨난다.

丙龍은 陰樞가 주장하니 주로 富貴長壽하고 忠良한 人物이 나오며、下格도 人丁이 旺하고 財가 足하며、田庄이 많고 文雅한 人才가 생겨난다.

午龍은 陽權이 주장하는데 만일 穴이 貴格이고 葬法에 合하여 年月日時가 吉하면 葬後 文武兼全하여 大富貴한다。단 쉽게 發하고 쉽게 敗하는 결점이 있어 故鄕을 떠나 客死하는 자가 있고、後運이 미약하다.

丁丁龍은 南極이 주관하니 주로 高壽에 富貴榮顯하고、神仙과 文章가 淸高之士가 생겨난다。下格이라도 人丁이 旺하고 財가 豊饒할 것이다.

未龍은 鬼金이 주장하니 大不祥格이다。만약 貴格穴이면 吉하니 葬法에 合하고 年月日時가 吉하면 福도 누리고 禍도 당한다。左道도 榮貴하는 한편 孤寡가 많이 생겨나고 惡

坤龍은 天錢이 주장하므로 不祥의 龍이다。그러나 만일 格이 貴한 穴이라면 吉이니 葬法에 合하고 年月日時가 吉하며 물이 朝하고 山이 수려하면 富貴가 發한다。단 女子가 男權을 휘어잡고、변변치 못한 人物과 忠貞이 없는 者가 나오며 孤寡가 생겨난다.

申龍은 天關이 주관하니 局이 완전하고 穴이 吉하여야 간신히 재앙을 면할 수 있다.

庚龍은 天潢이 주관하니 주로 威權이 發한다。고로 勇猛하고 文武兼全한 才士가 나와

征伐로 功을 세우고 榮爵을 받는다. 下格이라도 人丁과 財物이 旺한다.

酉龍은 陽闔가 주관하니 文武兼全한 才士가 나오고 富貴가 兼發한다. 公相、英雄、俊才와 淸高之士가 나오며 대개가 貴와 壽를 누린다. 下格도 人丁과 財物이 旺한다.

辛龍은 陰璇이 주관하니 爵祿과 榮貴가 發하는 땅이다. 文章 聰明과 大辯人이 나오고 財가 發한다. 中格도 또한 技藝人과 文雅한 人物이 나오고 高壽에 人丁이 旺한다.

戌龍은 天魁가 주관하니 大不祥의 龍이다. 局이 완전하고 穴이 吉해서 비록 富貴가 一時 發할지라도 대개는 敗亡이 아니면 孫이 滅한다. 天折과 惡死와 孤寡가 생기고 訟獄이 자주 일어난다.

乾龍은 陽璣가 주장하니 武職과 膽勇人이 많이 나오고、橫發橫敗한다. 二代 뒤에는 孫이 滅하고 獨寡가 많이 나오고、殘疾、中傷、惡死 등 재앙이 연속 발생한다.

亥龍은 天皇이 주관하니 極品의 貴와 巨富가 發한다. 榮顯에 高壽하니 公相의 人物과 秀才・偉人 美麗 忠義良善한 人物이 연속 나오며、五福이 따르고 運祚가 長遠하다. 福力이 매우 큰 龍이니 下格일지라도 人丁과 財產이 旺한다.

※ 右에서 「陰權」이니 「陽光」이니 한 것은 星膠의 명칭으로 하늘은 星宿로 나뉘고 땅은 山川으로 벌려 各 龍마다 맡아 主管하는 星宿다. 그러므로 陰權、陽光 등은 天上의 星宿名인데 山川을 맡은 宿名이다.

47

○ 二十四龍吉穴

壬龍 = 子坐午向、 艮坐坤向、 辛坐乙向의 三穴이 吉하다.

子龍 = 艮向坤向의 一穴만이 吉하다.

癸龍 = 艮坐坤向、 子坐午向의 二穴이 吉하다.

丑龍 = 壬坐丙向、 一穴만이 吉하다.

艮龍 = 癸坐丁向、 壬坐丙向、 甲坐庚向、 乙坐辛向、 卯坐酉向、 乾坐巽向、 亥坐巳向、 丑坐未向 등 八穴이 吉하다.

寅龍 = 艮坐坤向과 寅坐申向 二穴이 吉하다.

甲龍 = 艮坐坤向과 巽坐乾向 二穴이 吉하다.

卯龍 = 甲坐庚向、 癸坐丁向、 乙坐辛向、 巳坐亥向 등 四穴이 吉하다.

乙龍 = 艮坐坤向 一穴만 吉하다.

辰龍 = 巽坐乾向과 艮坐坤向 二穴이 吉하다.

巽龍 = 乙坐辛向、 巳坐亥向、 坤坐艮向 등 三穴이 吉하다.

巳龍 = 巳坐亥向 一穴만 吉하다.

丙龍 = 巳坐亥向、 甲坐庚向、 乙坐辛向、 坤坐艮向 이상 四穴이 吉하다.

午龍 = 丙坐壬向과 丁坐癸向 二穴이 吉하다.

48

丁龍‖坤坐艮向과 巳坐亥向 二穴이 吉하다.

未龍‖坤坐艮向. 一穴만 吉하다.

坤龍‖丁坐癸向 一穴만 吉하다.

申龍‖丁坐癸向과 庚坐甲向 二穴이 吉하다.

庚龍‖酉坐卯向과 坤坐艮向 二穴이 吉하다.

辛龍‖乾坐巽向、酉坐卯向、坤坐艮向 등 三穴이 吉하다.

乾龍‖辛坐乙向 一穴만 吉하다.

戌龍‖辛坐乙向 一穴만 吉하다.

亥龍‖壬坐丙向、乾坐巽向、癸坐丁向、丑坐未向、酉坐卯向 등 五穴이 吉하다.

○ 二十四龍受氣

壬龍穴 第一宜는 子坐午向이다. 壬龍入首가 右로 穴子로 떨어져 午向함에는 左를 쳐서 亥로 半分을 加하며 丙子를 取하여 正壬이 右腰를 貫하도록 하라. 富貴榮華가 發하여 마을을 떨친다. 〈分金은 壬을 겸하고 癸를 겸한다.〉

第二宜는 艮坐坤向이다. 壬龍入首가 右로 穴로 떨어져 艮坐坤向을 作하면 左를 덜어 亥로 半分을 加하여 壬脈을 取하여 右腰를 貫하라. 發福은 富貴聲名이 즉시 이른다. 〈分金은 丑을 兼하고 寅을 兼한다.〉

49

第三宜는 辛坐乙向이다。 壬龍入首가 左로 穴에 떨어져 辛向하는 경우 右를 쳐서 子로 半分을 加하고 正壬脈을 取하여 左腰를 貫하라。 發福은 財物에 英俊한 人物이 나온다。 〈分金은 酉를 兼하고 戌을 兼한다。

坎龍穴 第一宜坐는 艮坐坤向이다。 子龍入首가 右로 穴에 떨어져 艮坐坤向을 作하면 마땅히 右를 덜어 약간 壬에 一分을 加하여 正子氣로 하여금 右耳를 貫하도록 하라。 발복은 六指 달린 아이가 나오지만 田園은 늘어난다。〈分金은 丑을 겸하고 壬을 겸한다。〉

癸龍穴 第一宜坐는 艮坐坤向이다。 癸龍入首가 右로 穴에 떨어져 坤坐艮向을 作하면 마땅히 左를 덜어 약간 子에 加해서 子丑丁癸脈으로 右耳를 貫하도록 한다。 발복은 富貴 가 문득 이르고 風流人이 많이 나온다 〈分金은 丑을 兼하고 寅을 兼한다〉。

第二宜坐는 子坐午向이다。 癸龍入首가 左로 穴에 떨어져 子坐午向을 놓으면 마땅히 右 를 덜어 약간 丑으로 加해서 丁丑壬癸脈으로 左耳를 貫하도록 한다。 발복은 英俊한 人物 이 나오고 資財가 盛한다 〈分金은 壬을 兼하고 癸를 兼한다〉。

丑龍穴 第一宜坐는 壬坐丙向이다。 丑龍入首가 左로 穴에 떨어져 壬坐丙向을 作하면 마땅히 右를 덜어 약간 艮으로 加해서 辛丑正脈으로 左耳를 貫하도록 한다。 葬後에 발복 은 田園이 많아진다 〈分金은 亥를 兼하고 子를 兼한다〉。

艮龍穴 第一宜坐는 癸坐丁向이다。 艮龍入首가 左로 穴에 떨어져 丁坐癸向을 作하면 마땅히 白虎(右)를 덜어 寅으로 一分을 加하여 戊寅과 正艮氣로 하여금 左耳를 貫하도록

한다 〈分金은 子를 兼하고 丑을 兼한다〉.

第二宜坐는 壬坐丙向이다. 艮龍入首가 橫으로 떨어져 左穴에 들어와 丙坐壬向이 되면 마땅히 右를 덜어 戊寅과 正艮氣를 취해 左腰를 貫케 한다 〈分金은 亥를 兼하고 子를 兼한다〉.

第三宜坐는 甲坐庚向이다. 艮龍入首가 右로 穴에 떨어져 甲坐庚向을 作하면 마땅히 龍(左)을 덜어 丑에 一分을 加해서 丙寅之氣를 取해서 右腰를 貫하도록 한다. 발복은 富貴가 온전하다 〈分金은 寅을 兼하고 卯를 兼한다〉.

第四宜坐는 乙坐辛向이다. 艮龍入首가 橫落해서 右로 穴에 들어와 乙坐辛向을 놓으면 마땅히 左를 약간 덜어 丑으로 加하고、戊寅正氣를 取하여 右腰를 貫하라 〈分金은 卯를 兼하고 辰을 兼한다〉.

第五宜坐는 卯坐酉向이다. 艮龍入首가 右로 穴에 떨어져 酉坐卯向을 作하면 마땅히 靑龍(左)을 덜어 丑에 一分을 加하고、丙寅之氣를 取해서 右耳를 貫한다 〈分金은 甲을 兼하고 乙을 兼한다〉.

第六宜坐는 乾坐巽向이다. 艮龍入首가 橫으로 떨어져 左로 내려와 右로 出하여 穴에 이르러 乾坐巽向을 作하면 마땅히 右를 덜고 戊寅과 正艮之氣로 左腰를 貫하라. 발복은 집안이 潤澤하여 財寶가 쌓이나 夭折로 定命을 損하는게 두렵다 〈分金은 戌을 兼하고 亥를 兼한다〉.

第七宜坐는 亥坐巳向이다。 艮龍入首가 左로 穴에 떨어져 亥坐巳向을 作하면 마땅히 右를 덜어 艮正氣를 取해서 左腰를 貫하라。 이 穴은 富는 있으나 貴가 없다 〈分金은 乾을 兼하고 壬을 兼한다〉。

第八宜坐는 丑坐未向이다。 艮龍入首가 左로 穴에 떨어져 丑坐未向을 作하면 마땅히 右를 덜어 寅에 一分을 加하고、戊寅正氣로 하여금 右耳를 貫하라 〈分金은 癸를 兼하고 艮을 兼한다〉。

寅龍穴　第一宜坐는 艮坐坤向이다。 寅龍入首가 左로 穴에 떨어져 艮坐坤向을 作하면 마땅히 右를 덜어 약간 甲으로 加해서 壬寅之氣로 左耳를 貫하도록 한다。 발복이 가장 속하다 〈分金은 丑을 兼하고 寅을 兼한다〉。

第二宜坐는 寅坐申向이다。 寅龍入首가 直來로 眞受하여 寅坐甲向 作함인데 마땅히 右를 덜어 甲寅正氣를 取하라。 만일 砂水의 吉格을 갖추지 못하면 가장 凶하다 〈分金은 艮을 兼하거나 甲을 兼한다〉。

甲龍穴　第一宜坐는 艮坐坤向이다。 甲龍入首가 左로 穴에 떨어져 艮坐坤向을 作하면 마땅히 右편을 약간 덜어 寅에 加해서 己卯正甲脈으로 左耳를 貫하라。 龍이 奇하고 局이 鎖하면 用할 수 있다。 이 穴은 많지 않다 〈分金은 丑을 兼하거나 寅을 兼한다〉。

第二宜坐는 巽坐艮向이다。 甲龍入首가 左로 穴에 떨어져 巽坐艮向을 作하면 마땅히 右를 덜어 己卯正氣를 取해서 右腰를 貫하라。 만일 龍이 法度를 잃으면 질병이 많이 따른다 〈分金은 辰을 兼하거나 巳를 兼한다〉。

卯龍穴 第一宜坐는 甲坐庚向이다。卯龍入首가 左로 穴에 떨어져 甲坐庚向을 놓으면 마땅히 白虎(右)를 약간 乙에 加하여 癸卯正氣를 취해 左耳를 貫하라。발복은 武官으로 이름을 얻을 것이다。《分金은 寅을 兼하고 卯를 겸한다〉。

第二宜坐는 乙坐辛向이다。卯龍入首가 右로 穴에 떨어져 乙坐辛向을 놓으면 마땅히 청룡(左)을 덜어 甲에 半分을 加하고 癸卯正氣를 취하여 右耳를 貫한다。발복은 먼저 文官이 나온 뒤 武官이 나올 것이다 〈分金은 卯를 兼하고 辰을 兼한다〉。

第三宜坐는 癸坐丁向이다。卯龍入首가 橫으로 떨어져 左로 와서 右로 나와 癸坐丁向을 놓으면 마땅히 右를 덜어 癸卯正氣를 取해서 左腰를 貫하도록 한다 〈分金은 子를 兼하고 丑을 兼한다〉。

乙龍穴 第一宜坐는 艮坐坤向이다。乙龍入首가 橫으로 떨어져 左로 오고 右로 나와 艮坐坤向을 作하면 마땅히 右에 붙여 庚辰正乙脈을 취하여 左腰를 貫하도록 한다〈分金은 丑을 겸하고 寅을 兼한다〉。

辰龍穴 第一宜坐는 巽坐乾向이다。辰龍入首가 右로 穴에 떨어져 巽坐乾向을 作하면 마땅히 左를 덜어 약간 乙에 加하고 甲辰正氣를 右耳를 貫하도록 한다 〈分金은 辰을 兼하고 巳를 兼한다〉。

第二宜坐는 艮坐坤向이다。辰龍入首가 左로 穴에 떨어져 艮坐坤向을 놓으면 마땅히 右

를 약간 덜어 乙에 加하고 甲辰正氣를 取해 左腰를 貫하라 〈分金은 丑을 兼하거나 寅을 兼한다〉.

巽龍穴 第一宜坐는 乙坐辛向이다. 巽龍入首가 左로 穴에 떨어져 乙坐辛向을 作하면 마땅히 白虎(右)를 덜어 巳에 一分을 加하고 辛巳 正巽氣를 取하여 左耳를 貫하라 〈分金은 卯를 兼하고 辰을 兼한다〉.

第二宜坐는 巳坐亥向이다. 巽龍入首가 橫으로 떨어져 右에서 와서 左로 나와 坤坐艮向을 놓으면 마땅히 靑龍(左)을 덜어 辰에 半分을 加하고 辛巳正巽之氣로 右耳를 貫하게 하라 〈分金은 巽을 兼하거나 丙을 兼한다〉.

第三宜坐는 坤坐艮向이다. 巽龍入首가 橫으로 떨어져 右로 오고 左로 나와 坤坐艮向을 作하면 마땅히 左를 덜어 辛巳와 正巽之氣를 取해 左腰를 貫하도록 한다. 발복은 詩禮에 능하고 富貴에 金珠가 많으리라 〈分金은 未를 兼하거나 申을 兼한다〉.

巳龍穴 第一宜坐는 巳坐亥向이다. 巳龍入首가 巳坐亥向을 作하면 마땅히 左右를 덜어 巽·丙之氣를 取해서 穴坐로 들어오도록 하면 富貴가 發한다 〈分金은 巽을 兼하거나 丙을 兼한다〉.

丙龍穴 第一宜坐는 巳坐亥向이다. 丙龍入首가 右로 穴에 떨어져 巳坐亥向을 作하면 마땅히 右를 덜어 丙氣를 取해서 左耳를 貫하도록 한다 〈分金은 巽을 兼하고 丙을 兼한다〉.

第二宜坐는 甲坐庚向이다。丙龍入首가 右로 穴에 떨어져 甲坐庚向을 놓으면 마땅히 右를 덜어 丙氣를 取해 左耳를 貫하도록 한다〈分金은 寅을 兼하거나 卯를 兼한다〉。

第三宜坐는 乙坐辛向이다。丙龍入首가 右로 穴에 떨어져 乙坐辛向을 놓으면 마땅히 右를 조금 덜어 丙氣를 取하여 左腰를 貫하도록 하라。이 穴은 富가 應한다〈分金은 卯를 兼하거나 辰을 兼한다〉。

第四宜坐는 坤坐艮向이다。丙龍入首가 左로 穴에 떨어져 坤坐艮向을 作하면 左를 약간 덜어 巳에 加하고 丙正氣를 取하여 左腰를 貫하게 하라。발복은 人丁이 旺하고 財富한다〈分金은 未를 兼하거나 申을 兼한다〉。

午龍穴 第一宜坐는 丙坐壬向이다。午龍入首가 左로 穴에 떨어져 丙坐壬向을 作하면 마땅히 白虎를 덜어 丁에 半分을 加하고、丙午正脈을 取해서 右耳를 貫하도록 해야 한다〈分金은 巳를 兼하거나 午를 兼한다〉。

第二宜坐는 丁坐癸向이다。午龍入首가 右로 穴에 떨어져 丁坐癸向을 놓으면 마땅히 青龍을 덜어 丙에 半分을 加하고丙午丁脈을 取하여 左耳를 貫하도록 한다。발복은 局이 周密하고 砂水가 吉格에 合하면 公侯가 나올 것이다〈分金은 巳를 兼하거나 午를 兼한다〉。

丁龍穴 第一宜坐는 坤坐艮向이다。丁龍入首가 右로 穴에 떨어져 坤坐艮向을 作하면 마땅히 青龍을 덜어 午에 一分을 加하고 癸未와 正丁之氣를 取하여 右耳를 貫하라〈分金

은 未를 兼하거나 申을 兼한다〉.

第二宜坐는 巳坐亥向이다. 丁龍入首가 左로 穴에 떨어져 巳坐亥向을 作하면 마땅히 白虎를 덜어 未에 一分을 加하고 正丁脈과 癸未之氣를 取하여 左耳를 貫하라 〈分金은 巽을 兼하거나 丙을 兼한다〉.

未龍穴 第一宜坐는 坤坐艮向이다. 未龍入首가 右로 穴에 떨어져 坤坐艮向을 作하면 마땅히 右를 약간 덜어 丁에 加하고 丁未正脈을 取해서 右耳를 貫하도록 한다 〈分金은 未를 겸하거나 申을 겸한다〉.

坤龍穴 第一宜坐는 丁坐癸向이다. 坤龍入首가 左로 떨어져 丁坐癸向을 作하면 마땅히 白虎를 덜어 申에 半分을 加하고 甲申과 正坤脈을 取하여 左耳를 貫하도록 하라 〈分金은 未를 겸하거나 午를 겸한다〉.

申龍穴 第一宜坐는 丁坐癸向이다. 申龍入首가 左로 穴에 떨어져 丁坐癸向을 놓으면 마땅히 右를 덜어 약간 坤에 加하고 戊申正脈을 取해서 左耳를 貫하라. 이 穴은 주로 富가 發한다 〈分金은 午를 겸하거나 未를 겸한다〉.

第二宜坐는 庚坐甲向이다. 申龍入首가 右로 穴에 떨어져 庚坐甲向이 되면 左를 약간 덜어 坤에 加하고 戊甲正脈을 取해서 右耳를 貫하도록 하라. 이 穴은 人丁이 旺하리라. 〈分金은 申을 겸하고 酉를 겸한다〉.

庚龍穴 第一宜坐는 酉坐卯向이다. 庚龍入首가 右로 穴에 떨어져 酉坐卯向을 作하면

56

마땅히 左를 덜어 申에 一分을 加하고 乙酉와 正庚의 氣를 取해서 左耳를 貫하도록 한다

〈分金은 庚을 겸하거나 辛을 겸한다〉.

第二宜坐는 坤坐艮向이다. 庚龍入首가 左로 穴에 떨어져 坤坐艮向을 作하면 마땅히 白虎를 덜어 酉에 一分을 加하고 乙酉와 正庚의 氣를 取해서 左耳를 貫하도록 한다〈分金은 未를 겸하고 申을 겸한다〉.

酉龍穴 第一宜坐는 坤坐艮向이다. 酉龍入首가 左로 穴에 떨어져 坤坐艮向을 지으면 마땅히 白虎를 덜어 辛에 一分을 加하고 己酉와 正兌의 氣를 取하여 左耳를 貫하도록 한다 〈分金은 未를 겸하거나 申을 겸한다〉.

第二宜坐는 乾坐巽向이다. 酉龍入首가 右로 穴에 떨어져 乾坐巽向을 作하면 마땅히 靑龍을 덜어 庚에 一分을 加하고, 正兌脈을 取해서 右耳를 貫하게 하라 〈分金은 戌을 겸하거나 亥를 겸한다〉.

第三宜坐는 亥坐巳向이다. 酉龍入首가 右로 穴에 떨어져 亥坐巳向을 놓으면 마땅히 靑龍을 덜어 庚에 一分을 加하고 己酉正脈을 取해서 右耳를 貫하도록 한다. 발복은 少年에 科擧及第 한다 〈分金은 乾을 겸하거나 壬을 겸한다〉.

辛龍穴 第一宜坐는 乾坐巽向이다. 辛龍入首가 右로 穴에 떨어져 乾坐巽向을 作하면 마땅히 靑龍을 덜어 약간 酉에 加하고 丙戌과 正辛의 氣를 取해서 右耳를 貫하도록 하라 〈分金은 戌을 겸하거나 亥를 겸한다〉.

第二宜坐는 酉坐卯向이다。辛龍入首가 左로 穴에 떨어져 酉坐卯向을 作하면 마땅히 白虎를 덜어 戌에 一分을 加하고 正辛의 氣를 取해서 左耳를 貫하게 한다〈分金은 庚을 겸하거나 辛을 겸한다〉。

第三宜坐는 坤坐艮向이다。辛龍入首가 橫으로 떨어져 左來右出하여 坤坐艮向을 作하면 마땅히 右를 덜고 丙戌之氣를 取하여 左腰를 貫하도록 하라。발복은 儒官과 俊雅한 人物이 나오고 出圍이 旺한다〈分金은 癸를 겸하고 艮을 겸한다〉。

戌龍穴 第一宜坐는 辛坐乙向이다。마땅히 右를 덜고 庚戌正氣를 取해서 左耳를 貫하도록 하라。발복은 龍이 眞이고 吉水가 朝하면 巨富가 나오는데 단 人口에 疾病이 따를까 두렵다〈分金은 未를 겸하거나 坤을 겸한다〉。

乾龍穴 第一宜坐는 辛坐乙向이다。乾辛龍入首가 左로 穴에 떨어져 辛坐乙向을 作하면 마땅히 右를 덜어 약간 戌에 加하여 丁亥丁氣를 取하여 左耳를 貫하도록 한다〈分金은 酉를 겸하거나 戌을 겸한다〉。

亥龍穴 第一宜坐는 壬坐丙向이다。亥龍入首가 右로 穴에 떨어져 壬坐丙向을 作하면 마땅히 靑龍을 덜어 약간 乾에 半分을 加하고、辛亥正氣를 取하여 右耳를 貫하도록 한다〈分金은 亥를 겸하거나 子를 겸한다〉。

第二宜坐는 乾坐巽向이다。亥龍入首가 左로 穴에 떨어져 乾坐巽向을 作하면 마땅히 白虎를 덜어 약간 壬에 半分을 加하고 癸亥氣를 取해서 左耳를 貫하도록 한다〈分金은 戌

을 겸하고 亥를 겸한다〉.

第三宜坐는 癸坐丁向이다. 亥龍入首가 右로 穴에 떨어져 癸坐丁向을 作하면 마땅히 靑龍을 덜어 乾에 一分을 加하고 辛亥正氣를 取해서 右耳를 貫하도록 한다〈分金은 子를 겸하고 丑을 겸한다〉.

第四宜坐는 酉坐卯向이다. 亥龍入首가 左로 穴에 떨어져 酉坐卯向을 作하면 마땅히 白虎를 덜어 辛氣를 取해서 左耳를 貫하도록 하라. 발복은 富貴에 人丁이 旺한다〈分金은 庚을 겸하거나 辛을 겸한다〉.

第五宜坐는 丑坐未向이다. 亥龍入首가 右로 떨어져 左出橫脈되어 穿針을 作하고 井穴을 鬪하면 마땅히 靑龍을 덜어 靑龍方 辛亥正氣를 取해서 右腰를 貫하도록 하라. 발복은 龍이 眞이고 穴이 아름다우며 葬法에 合하고 年月日時가 吉하면 富貴가 應한다〈分金은 癸를 겸하거나 艮을 겸한다〉.

○ 吉砂類

四神全 乾·坤·艮·巽을 합칭 四神이라 하는데 乾·坤·艮·巽方에 모두 높이 솟은 山이 있으면 貴가 發한다. 이 가운데 一峰이라도 缺하면 減福되므로 四神全이라야 完貴한다.

八將備 艮·丙·巽·辛·兌·丁·震·庚의 方에 峰이 모두 있으면「八將備」라는 貴格

이다. 모두 峰이 우뚝 솟아 서로 應하면 貴가 發한다.

三角峙 艮·巽·兌가 三角이니 이 세곳에 모두 高峰이 있으면 富貴格이다. 賴氏는 이

르기를 『起峰이 三角으로 벌려 솟으면 黃金이 많이 發한다』하였다.

四維列 乾·坤·艮·巽을 또 四維라 한다. 이 네 곳에 모두 수려한 山이 높이 솟으면

貴하고, 낮고 重疊된 것은 巨富가 나온다.

三陽起 巽·丙·丁이 三陽인데 이곳에 모두 高峰이 솟으면 貴格이다.

八國周 甲·庚·丙·丁·壬·乙·辛·癸의 八方에 모두 높은 峰이 솟아 周密하면 극

히 貴格이다. 그러나 만일 一二位가 缺陷되면 소용이 없다.

祿馬聚 祿馬의 砂는 하나가 아니고 祿과 馬가 각각 다르다. 즉 子午卯酉는 艮宮이 祿

이요、甲庚丙壬은 癸峰이요、寅申巳亥山은 乾峰이 祿이요、乾坤艮巽은 乙辛丁癸峰이 祿

이니 이 모두 正祿이다.

또 飛天祿이 있으니 子午卯酉는 乾宮이요、辰戌丑未는 巽·中이요、寅申巳亥는 坤峰인

데 만일 이 飛天祿을 얻으면 벼슬에 올라 成功한다.

正馬는 乾山은 甲峰、坤山은 乙峰、艮山은 丙峰、巽山은 辛峰인데 만일 双峰이 이어져

끊기지 않으면 兒孫이 貴히 되어 두 어깨에 金章을 찬다.

驛馬는 申子辰山에 艮寅峰、亥卯未山에 巽巳峰、巳酉丑山에 乾亥峰、寅午戌山에 坤申

峰이다.

借祿·借馬는 丙은 巽을 借하고、壬은 乾을 借하고、申은 艮을 借하고、庚은 坤을 借하여 祿馬方을 삼는다.

이상 各位에 峰이 簇集해 있는 것을 祿馬聚라 하는바 이 모두 갖추지 않더라도 몇 位만 해당되면 吉格이다.

子宮旺 坎·艮·震이 三男(坎中男·艮少男·震長男)이니 이 세 곳에 高峰이 솟으면 主로 男丁이 旺한다.

女山高 巽·离·兌가 三女(巽長女·离中女·兌長女)에 속하니 이 三方에 高峰이 솟으면 주로 女孫이 昌成한다.

財帛足 艮은 財祿의 府가 되니 艮方의 山이 높고 수려하면 財帛이 豊足하게 發한다.

壽星崇 丁은 南極老星이라 하여 壽를 主管하는 神이다. 고로 丁方山이 高秀하면 子孫들이 모두 長壽한다.

金馬上階 乾은 天에 있어 天廐의 말을 기르는 곳이다. 午는 正馬가 되니 乾(天馬)과 午 二方에 馬山이 있고 겸하여 兌山이 높이 솟으면 金階貴라 칭한다.

太陽升殿 子午卯酉 四位에 太陽金星이 있어 四方에서 서로 照하면 太陽升殿이라 하여 極品의 貴와 敵國之富라 한다.

太陰入廟 甲庚丙壬方에 太陰金星이 솟아 四面에서 서로 照하면 太陰入廟라 하니 男子는 驛馬가 되고 女子는 宮妃가 된다.

五氣朝元 火星은 南에 있고、水星은 北에 있고、木星은 東에 있고、金星은 西에 있고 土星은 中央에서 結穴되어 坐는 北、向은 南이 되면 이를 五氣朝元이라 하니 極品의 貴가 發한다。

文筆秀峰 巽・辛 二方에 尖秀한 峰이 솟으면 眞文筆이니 주로 文章으로 貴히 된다。

赦文起 丙子庚辛方에 方山이 있으면 赦文星이라 하는데 壽가 長遠하고、凶禍가 없다。

馬上御街 巽方에 馬山이 있고 兼하여 巽方水가 來朝하면 馬上御街라 하니 貴가 帝旺에 가깝다。

貴參天柱 乾은 天柱라 한다。乾方에 貴人峰이 높게 솟아 하늘에 닿을듯 하면 極品貴가 發한다。

○ 凶砂論

五星受制 火山은 北에、金山은 南에、土山은 東에、木山은 西에、水山은 辰戌丑未 四 墓位에 居하면 星辰이 受制된 것이니 비록 穴이 吉地에 있더라도 큰 力量이 없다。

四殺擅權 辰戌丑未 四位가 高急하여 穴을 핍박하면 大凶하다。

八門缺 乾・坤・艮・巽・坎・禽・震・兌의 八卦位가 凹하면 八門缺이라 하니 八門이 凹하여 八風이 穴에 닿으면 餓死者가 많이 생겨난다。

四金凹 辰戌丑未가 四金인데 이 네 곳이 凹함을 매우 꺼린다。四金의 凹風이 入에 불

어오면 棺이 뒤집혀 災殃이 크게 이른다.

三人抵 丙午丁 三火方이 低陷하면 貴가 없다. 고로 「火星不起官不顯이니 不握重權或問散」이라 하였다.

四神祿 乾·坤·艮·巽方에 惡石이 있으면 家道가 敗亡한다.

陽關陷 申位를 陽關이라 하는데 이곳이 低陷하면 兵死한다.

子宮虛 艮·震·坎 三男位가 凹缺하면 子宮虛니 人丁이 不旺하여 女孫은 많으나 男孫은 적다고 한다.

文星低 巽辛方으로 文星을 삼는데 이곳이 低陷하면 貴해도 祿이 없다.

壽山傾 丁方山을 壽山이라 한다. 고로 壽山이 낮고 기울면 夭亡者가 많다.

賊旗現 辰戌方에 旗形山이 솟으면 이 山 賊旗라 칭하니 주로 大盜가 나온다.

倉庫倒 辰戌丑未는 庫다. 이 四庫山이 破碎된 것을 倉庫倒라 하여 貧窮한 땅이다.

財帛散 艮으로 財帛을 삼으니 艮方이 凹缺하면 貧窮하다.

○ 陰陽二局水法吉凶

艮丙、巽辛、兌丁巳丑、震庚亥未 十二位는 陰에 속하는바 陰으로 來한 龍은 마땅히 陰位를 扦하고、머리를 向한 물은 역시 陰位를 쫓아 發源해야 하고 또는 陰位로 出口되어야 吉하다. 만일 陽이 섞이면 陽水破局이라 해서 凶하다. 대개 十全한 것이 없으니 마땅

63

히 葬法으로 控制해서 消納함이 옳다.

乾甲、坤乙、禽壬寅戌、坎癸申辰의 十二位는 陽에 속하는데 陽位로 來龍함에는 陽位로 擡함이 마땅하고 向하는 水首도 陽位에서 發源하여 陽位로 堂에 이르러 陽位로 出口되어야 吉하다. 만일 陰이 섞이면 이는 陰水破局이라 하여 凶格으로 본다.

○二十四位水法吉凶

壬水는 離鄕水(이향수)니 주로 고향을 떠나게 되고 얼굴이 누렇게 부으며 水厄과 落胎의 불상사가 있다.

子水는 武曲水(무곡수)라 한다. 주로 商賈로 재물을 모은다.

癸水는 財帛水(재백수)라 한다. 재물이 發하고 六指돋힌 子女가 생기거나 언청이가 나오고、脚疾과 墮胎의 액이 있다.

丑水는 血財水(혈재수)라 한다. 六畜은 旺하나 悖倫兒가 나오고 孤寡가 생긴다.

艮水는 質庫水(질고수)라 한다. 재백이 늘어 巨富가 되고 典當舖를 경영해서 富가 橫發한다.

寅水는 白虎水(백호수)라 한다. 범에 傷하고 手足이 마비되고 火災가 발생한다.

甲水는 人爵水(인작수)라 한다. 小貴가 있으나 瘋跛와 瘟疾이 많고 火厄을 당한다.

卯水는 天爵水(천작수)라 한다. 富貴가 發하고 橫財하며 長大하고 英勇한 人物이 나온

64

다.

乙水는 地爵水 (지작수) 라 한다. 주로 牝鷄晨鳴 (빈계신명 — 암탉이 새벽에 우는것) 이니 女人이 家權을 휘두르게 되고 나쁜 소문이 생겨나며, 牝逆人이 집안을 시끄럽게 하고 養子를 代를 잇게 된다.

辰水는 黃泉水 (황천수) 라 한다. 橫死로 夭折하여 人丁이 귀하고 孤寡가 생겨 언청이와 惡疾病이 이른다.

巽水는 御街水 (어가수) 라 한다. 高第에 登科하여 文名을 떨치고, 富貴하며 친척의 덕으로 재산을 얻고 人丁이 旺한다.

巳水는 財寶水 (재보수) 라 한다. 小富는 발하나 벙어리, 孤寡가 생기고, 淫人이 나오며 뱀에 상하고 다리를 전다.

丙水는 天貴水 (천귀수) 라 한다. 官貴가 發하고 女人이 재물과 田地를 받쳐 家産이 富한다.

午水는 紅旗水 (홍기수) 라 한다. 出軍하여 功을 세우고, 집안은 여인으로 인해 큰 돈을 모으지만 火災가 있고、 고향을 떠나게 되며、 目疾이 따른다.

丁水는 人丁水 (인정수) 라 한다. 人丁이 旺하고 재산이 늘며 富貴長壽한다. 특히 大科에 及第하고 女도 貴히 된다.

未水는 色衣水 (색의수) 라 한다. 주로 癆療와 暗疾이 많고 盜賊이 나오며 孤寡와 僧道

가 생겨나고 離鄕하게 된다.

坤水는 鬼箭水(귀전수)라 한다. 寡婦가 안방을 지키고 少年주검이 생기며 음란한 자와

중이 생긴다.

申水는 絶命水(절명수)라 한다. 客死에 少年이 亡하고、忤逆人과 孤寡가 생겨나며 橫

厄이 있다.

庚水는 武職水(무직수)니 勇猛人이 나와 武로 立身한다.

酉水는 金帶水(금대수)라 한다. 주로 女人의 재물을 얻고 富貴가 發한다.

辛水는 科甲水(과갑수)라 한다. 聰明한 人物이 나와 科擧에 登科하고 財運도 旺하다.

戌水는 八殺水(팔살수)라 한다. 말썽피우는 忤逆 자손이 생겨나고 (忤逆不義) 少年이

亡하여 孤寡가 생기고 惡死・狂疾・火災 등 재앙이 중중하다.

乾水는 鰥寡水(환과수)라 한다. 소경과 痼疾患者와 홀아비 과부가 망나니가 생기고 少

年이 亡하여 代가 끊긴다.

亥水는 財祿水(재록수)라 한다. 여러 代에 걸쳐 富貴가 이어진다.

○ 諸吉水類

三陽水　巽・丙・丁 三方水가 合流하여 庚兌方으로 나가면 三陽水라는 吉格이다.

八貴水　艮丙・辛巽・兌丁・震庚方의 물이 合流하면 八貴水란 吉格이다.

五吉水　丁・巽・辛・丙・卯方의 물을 五吉水라 한다.

長壽水　艮・丁・丙・兌方의 물은 子孫이 長壽한다.

催官水　艮山에 丙方水、震山에 庚方水、巽山에 庚方水、兌山에 丁方水는 陰陽이 相合

故로 催官富貴 한다.

御街水　陰局에 艮・巽方水、陽局에 乾方水가 百餘步外에 長流하면 子孫이 高官에 오른다.

橫財水　庚辛亥山의 卯方水、卯山의 庚方水、亥艮山에 巽方水、庚酉山의 艮方水、禽山의 壬子癸水、壬癸山의 午方水、寅甲山의 坤申方水、坤申山의 寅甲方水、이상의 물은 陰陽이 相合하므로 발복이 가장 속하여 橫財가 많이 發한다.

官膠水　艮山에 兌方水、巽山에 震庚亥方水、亥山에 巽方水、兌山에 艮方水、坎山에 禽方水、禽山에 壬方水는 역시 陰陽이 相合하므로 催官發財한다.

文秀學堂水　巽・辛・兌 三方의 물은 주로 文章으로 顯名한다.

財寶玉階水　艮丙方의 물이 兌丁方으로 들어오면 주로 富貴한다.

人丁催官水　丙流가 丁兌로 나가면 人丁이 旺盛하고 榮貴한다.

金門上馬水　丙方水가 兌로 들어와 巽으로 轉해서 震으로 流去하면 金門에 이름을 걸고 貴顯한다.

正官文秀水　巽方水가 길게 흘러오면 文章으로 이름나고 科擧에 오른다.

正官財帛水 巽方水가 西로 흘러와 亥得이 되고 震方山이 높게 應하면 財産이 巨萬이
다。

金門玉堂水 巽方水가 西에서 들어와 兌辛方으로 나가면 주로 貴하여 朝班에 들어가
翰苑으로 榮顯하고 辛方水가 멀리서 丁方으로 흘러가면 清水奇才가 나온다。

金門華表水 巽方水가 艮方으로 흘러가면 주로 女가 貴하니 后妃가 된다。

○ 諸凶水論

八山曜水 艮山에 寅方水、兌山에 巳方水、震山에 申方水、禽山에 亥方水、坤山에 卯
方水、巽山에 酉方水、乾山에 午方水、坎山에 震方水는 來去가 다 凶하니 重하면 殺傷禍
變이 때때로 이르니 宅墓를 막론하고 一齊히 亡한다。

四墓黃泉水 辰・戌・丑・未는 凶水니 痼疾이 많고 夭亡하여 孤寡가 나오며 子孫이 惡
死한다。。

反覆黃泉水 庚丁向에 坤方水、坤山에 庚丁方水、甲癸向에 艮方水、艮向에 甲癸方水、
乙丙向에 巽方水、巽向에 乙丙方水가 破면 黃泉惡曜의 大殺水다。그러나 만일 生方이면
厄이 減少된다。

八曜殺水 甲向에 寅破、乙向에 辰破、丙向에 午破、丁向에 未破、庚向에 申破、辛向에
戌破、壬向에 亥破、癸向에 丑破、이상의 물은 모두 極凶하다。

桃花水　陽局에　卯酉方水、陰局에　子午方水가　범하면　子孫이　음란하다.

離鄉水　離·壬·寅·戌의　四位水가　來去하면　凶한데　만일　吉地라면　離鄉해서　富貴를 언지만　凶地라면　자주　移居하며　虛送歲月　한다.

回祿水　午丙水、寅午戌水、乙辰水　이상의　물이　주로　火災가　많이　발생한다.

鰥寡水　乾方水는　홀아비가　나오고、坤方水는　寡婦가　나오며　또는　痼疾이　따르고　子孫 이　음란하다.

少亡水　乙辰·未坤·坤甲水　이상의　물은　주로　少年이　慘喪을　당한다.

癆瘵水　乙辰水·未坤水·坤戌水　이상의　물은　癆瘵가　발생하는　凶水다.

痼疾水　寅甲水가　범하면　瘋跛、殘疾、盲目、疱背(곱추)가　나오고、辰水는　缺唇(언청 이)、露齒(뻐드렁 이)、暗啞(벙어리)、耳聾(귀머거리)가　생기며、子癸水는　腫脹(붓는 병) 落水、自縊、血崩의　災厄이오、戌乾水는　暗啞、盲聾이　나오고　午水는　애꾸눈이오、辰戌丑 未　四水는　주로　痼疾과　橫逆이다.

刑戮水　地龍에　辰巽方水、坤龍에　卯方水、震龍에　坤申方水、禽龍에　亥方水、乾龍에　丙 午方水、巽龍에　酉方水、艮龍에　寅甲方水、兌龍에　巳方水、이상은　八山曜水라는　凶水니 龍穴이　凶하면　全家에　誅戮을　당하고、가벼우면　強盜에　被殺당하거나　戰死하며　牢囚에 간힌다.

惡死水　癸水는　水溺、藥毒이요、甲水는　自縊의　厄과　木石에　눌려　禍를　당하고　申水는

陳方이요、午水는 牢獄에 갇히거나 火燒를 당하고、丑水는 刀兵으로 刑戮될 우려가 있고

乙辰水는 木에 치거나 물에 빠지고、乾水는 石에 짓눌리거나 誅戮의 禍요、寅水는 범에

물리거나 湯火의 厄이요、巳水는 뱀에 물리거나 自縊하는 凶厄이다.

盜寇水 乙辰水、辛戌水、寅甲水、丑癸水、未坤水를 범할 경우 땅이 吉하면 盜賊 맞는

데 그치지만 凶地면 도둑이 생겨난다.

螟蛉水 乙水、卯乙水、乙辰水、辛戌水、乾方水、이상의 물은 庶子、養子가 아니면 婿

養子를 두게 된다.

藥毒水 癸丑水가 交流해서 破局을 이루면 女가 禍를 당하고、兄弟가 다투면 飮毒自殺

하는 사람이 생긴다.

電驚水 亥卯未가 三合水와 함께 보이면 벼락이 墓에 떨어지거나 子孫을 傷人한다. 특

히 震山에 亥未 二方水가 보이면 필연 雷驚의 厄이 있다 한다.

翻棺覆掷水 戌宮의 凹風 및 射水(물이 直線으로 穴을 衝하는것) 乙辰方의 凹風 및 射

水、未坤方의 凹風 및 射水、이상을 범하면 棺이 뒤집히고 屍身이 엎어진다.

樹根穿板水 寅甲水、乙辰水、戌乾水、이상의 물을 木根이 棺을 뚫고 屍身에 침입한다.

龍氣가 없고 穴에 바람이 닿으면 木根이 반드시 棺을 뚫고 들어간다. 屍身의 눈에 들어

가면 자손의 눈이 멀고、귀로 들어가면 귀가 먹는다.

黃泉侵屍水 乙辰水、坤申水、壬子水、戌乾水、寅甲水는 물이 광중에 들어 屍骨(시골)

에 침입하는데, 龍이 脈이 없고 穴에 바람이 닿으면 穴處가 높은데 있더라도 물이 屍骨

에 侵入해서 시커멓게 된다. 이렇게 되면 疾病은 물른 貧賤에 심한 경우 絶嗣한다.

蟻蟻穿棺水 乙辰、寅甲、甲卯、艮寅、申庚、辛戌、未坤、癸丑、辰巽、坤申、乾亥 이상

의 龍穴이 眞龍眞穴이 못되면 개미、구더기 등의 벌레가 생겨 骸骨을 侵食한다.

으로 옮기면 좋다.

○ 決水法

水가 陰陽이 不合하고 龍穴이 眞이면 穴前의 放水를 法에 依하여 吉水에 맞도록 人作

○ 水法陰陽論

本山의 入首 一節一龍이 陽이면 陽水라야 좋고、陰龍이면 陰水라야 좋다. 이는 陰陽不雜

을 取함이다. 즉 乾甲、禽壬寅戌、坤乙、坎癸申辰 十二位는 龍脈入首 一節이 이상에

해당하면 水의 出入도 이상 十二位라야 吉하고、艮丙、震庚亥未、巽辛、兌丁巳丑 十二

位는 陰에 속하니 龍入首 一節脈이 이상 十二位에 해당하면 水의 出入도 역시 이상 陰位

라야 좋다.

水가 오는 곳은 生旺方이라야 吉하고 水가 去하는 곳은 死絶方이라야 한다.

이상과 같이 水法이 너무 많아 쉽게 吉凶을 구분하기가 어려우므로 이제 二十四位로 吉凶을 定해서 諸水法을 해석 편의를 도모한다.

○ 二十四山吉凶水

亥山은 水에 속하는데 吉水는 아래와 같다.（亥山은 亥龍이다. 이하 모두 同例임）.

丙方水는 大富貴가 發하니 上格龍은 丞相에 拜한다.

丁方水는 大富貴가 發하니 高試에 合格하고、長壽孝義하는데 上格龍은 神童이 나온다.

巽方水는 文名으로 官爵을 얻고 妻財運이 吉하며、上格龍은 男子는 駙馬（부마ー임금의 사위）요、女子는 宮妃가 된다.

震方水＝武藝로 귀히 되어 威名을 떨치며 巨富가 發한다. 上格龍이면 兵部尚書（兵曹判書ー지금의 國防長官）가 나온다.

庚方水＝功勳이 빛난다. 上格龍이면 上將（大將）이 나온다.

辛方水＝주로 富가 發하는데 上格龍은 及第가 나와 翰苑의 職에 오르고 才名이 높다.

兌方水＝富貴가 發하는데 上格龍은 后妃가 나온다.

亥山의 凶水는 아래와 같다.

艮水는 相克水요、辰戌丑未는 黃泉水요、乾은 九水、甲乙方은 孤虛水、寅午方은 離鄉水、坤方은 被克水、丙午方은 雙朝回祿水、子午方은 桃花水、申方은 溷雜、卯未方은 來

72

去水가 다 雷局、午方은 囚獄水라는 凶水다。

艮山은 土에 屬하는데 吉水는 아래와 같다。

丁未方水는 大富貴와 長壽가 應한다。

辛方水는 女人의 財産을 橫財하고 文章이 출중하여 科擧에 及第한다。

庚方水는 武功으로 官職 및 軍中의 財産을 얻는다。

丙方水는 橫財하고 높은 官職을 얻으며 長壽한다。

兌方水는 科試에 合格하고 재산이 발한다。

亥方水는 재물이 늘고 人丁이 旺한다。

艮方凶水는 아래와 같다。

震巽方은 退神水(만일 굽거나 꺾이면 吉하다)요、子午方은 桃花水요、辰戌丑未方은 黃

泉水、甲乙方은 孤虛退神水、壬坎方은 溷雜水、寅方은 曜水、申方은 支氣水、乾坤方은

亢極水라 하는바 이상 모두 凶格水다。

巽山의 入穴은 水에 屬하는데 吉水는 아래와 같다。

辛方水는 女人의 財産을 얻고 權貴하며 高科에 登第한다。

丁方水는 長壽하고 재물이 발한다。

庚方水는 武藝로 귀히 되며 軍中의 재물을 얻는다。

艮方水는 主로 富貴가 應한다。

亥方水는 人丁이 旺하고 發財한다.

巽山凶水는 아래와 같다.

辰戌丑未方은 黃泉水요 乾·坤方은 九極水, 兌方은 退神水, 甲乙方은 孤虛水, 子午方은 桃花水, 寅方은 離鄕水, 壬子癸甲方은 溷雜水라 하는바 모두 凶水에 속한다.

兌山入穴은 金인데 吉水는 아래와 같다.

丁方水는 長壽하고 人丁이 旺한다.

辛方水 ＝ 貴가 發하고 女人의 財物을 얻는다.

巽方水 ＝ 科擧에 及第하고、女人의 財物을 얻어 致富한다.

震方水 ＝ 橫財로 致富하고 富貴가 發한다.

艮方水 ＝ 田産이 大發하여 巨富가 된다.

丙方水 ＝ 文章이 출중하여 科擧에 及第하는 人物이 많이 나온다.

兌山凶水는 아래와 같다.

巳方水는 曜殺이요、午方은 桃花水요、寅甲方은 支殺水요、辰戌丑未方은 黃泉水요、乾 坤方水는 九極水요 甲乙方은 孤虛水니 이상 모두 凶水다.

震山은 木인데 吉水는 아래와 같다.

庚方水 ＝ 富貴가 속히 發應한다.

辛方水 ＝ 文章富貴가 發하고 女人의 재물을 얻는다.

丁方水＝人丁이 旺하니 子孫들이 長壽하고 富貴도 發한다.

艮方水는 주로 횡재가 발한다.

亥方水는 주로 富貴한다.

震山의 凶水는 아래와 같다.

甲方水는 曜星이요、兌方은 退神水요、乾・坤方은 尢極水요、子午方은 桃花水요、丙午方은 回祿水(火災)요、壬癸方은 溷雜水요、辰戌丑未方은 黃泉水다.

辛山은 金에 속하는데 吉水는 아래와 같다.

巽方水는 催官水니 高試에 及第하며 女가 귀히 되고 妻家의 재산을 얻는다. 그리고 長壽하는 家門이 되고 神仙이 나온다.

艮方水는 재산이 크게 發하고 州・郡의 牧使가 나온다.

丁丙方水는 長壽富貴가 應하고 人丁이 旺하니 子孫들이 貴顯한다.

辛山凶水는 아래와 같다.

巳方水는 剛火退神水요、子午方은 桃花水、辰戌丑未方은 黃泉水、壬癸方은 混雜水、寅申方은 支殺水、乾・坤方은 尢極水니 모두 凶殺水에 속한다.

庚山은 金인데 吉水는 아래와 같다.

震方水는 武官으로 귀히 되고 재산이 발하며 人丁이 旺한다.

巽方水는 文章으로 大科에 及第한다.

艮方水는 재물과 富貴가 크게 발하고 人丁이 旺한다.

丙方水는 長壽富貴가 발한다.

丁方水는 科擧에 及第하는 人物이 나오고 壽富를 누린다.

庚山凶水는 아래와 같다.

巳方은 剛火退神水요, 子午方은 桃花水, 乾·坤方은 亢極水, 辰戌丑未方은 黃泉水요,

甲乙方은 孤虛水, 丙丁方은 回祿水, 子癸方은 孤虛混雜水, 寅方은 支氣水라 하여 모두

凶水에 속한다.

丙山은 火인데 吉水는 아래와 같다.

艮方水는 田産이 많고 人丁이 旺한다.

震方水는 武科에 貴히 되고 재물이 發한다.

辛方水는 科擧에 及第하고 人丁이 旺하며 재산이 발한다.

庚方水는 武로 貴히 되어 軍中의 재물을 얻는다.

兌方水는 科擧에 급제하고 大富가 發한다.

亥方水는 재물이 풍족하고 人丁이 旺한다.

丙山凶水는 아래와 같다.

子方은 桃花水, 寅申方은 支氣水, 乾·坤方은 亢極水, 甲乙方은 孤虛水, 壬癸方은 混

雜水, 辰戌丑未方은 黃泉水니 이상 모두 凶水에 속한다.

丁山은 火에 속하는데 丁山吉水는 아래와 같다.

艮方水는 高壽에 顯貴한다.

兌方水는 巨富가 나오고 人丁이 旺한다.

震方水는 武로 발달하여 貴히 되고、橫財가 발하며 人丁이 旺한다.

巽方水는 科擧에 及第하고 高官이 되고 女人의 재물을 얻는다.

辛方水는 科擧에 及第하는 人物이 나오고 재산이 大發한다.

庚方水는 재물이 발하여 巨富가 되고 人丁이 旺한다.

亥方水는 재물이 풍족하고 人丁이 旺한다.

丁山凶水는 아래와 같다.

禽方은 離鄕水요、辰戌丑未方은 黃泉水요、寅方은 支殺水니 모두 凶水가 된다.

이상은 모두 陰局 陰龍入首니 陰山인데 吉水는 往來(得破)를 折放해서 通用하고 凶水는 控制해서 避하면 무방하다.

禽山은 火에 속하는데 吉水方은 아래와 같다.

壬方水는 재물이 旺하고 貴가 速發한다.

癸方水는 주로 富가 發한다.

坤·乙·申 三方水는 재물이 발한다.

禽山凶水는 아래와 같다。

亥方은 曜星、子方은 桃花水、卯酉方은 娥眉水、丑未方은 黃泉水、庚辛艮丙丁水는 混雜水니 모두 凶格水다。

壬山은 水에 속하는데 吉水는 아래와 같다。

禽方水는 官祿과 富가 速發한다。

甲乙水는 富가 應한다。

坤方水는 女人으로 인해 재산이 는다。

寅方水는 큰 재물을 얻는다。

申方水는 藝術로 재물을 얻는다。

壬山凶水는 아래와 같다。

卯酉方은 娥眉水요、辰戌丑未方은 黃泉水、巽巳丙丁震艮方은 混雜水니 모두 凶格水에 속한다。

坤山은 土인데 吉水는 아래와 같다。

癸方水는 재물이 발하고 貴가 속히 應한다。

乙方은 富가 發한다。

禽方水는 財가 旺發하여 富貴한다。

壬方水는 科甲과 巨富가 나온다。

甲方水는 小富가 나온다。

寅方水는 軍中財物을 얻는다。

坤山凶水는 아래와 같다。

卯方은 桃花水、辰戌丑未方은 黃泉水、庚辛巽巳艮亥方은 混雜水、酉方은 娥眉水、乾方은 九氣水라는 凶水다。

癸山은 水인데 吉水는 아래와 같다。

禽方水는 주로 재물이 發한다。

坤方水는 女人이 發財한다。

寅乙方水는 富貴가 應한다。

甲方水는 재산이 發한다。

癸山凶水는 아래와 같다。

卯酉方은 娥眉水、乾方은 九氣水、辰戌丑未方은 黃泉水、巽巳丙丁庚辛震艮方은 混雜水니 이상 모두 凶格水에 속한다。

이상은 모두 陽局의 各山에 대한 吉凶水다。吉水는 得破를 折放해서 通用하면 大利하고、凶水는 控制해서 避해야 한다。

○ 進神·退神 二水論

生方에서 물이 들어와 克方으로 나가는 것이 進神이고, 生方으로 나가거나 克方에서 들어오면 退神이라 하는데 進神은 吉水요, 退神은 凶水다.

艮山은 五行이 土다. 丙丁火方에서 入하면 火生土라 生方의 進神이니 吉하고, 庚辛酉方이 得破되면 庚辛酉는 金이니 土生金으로 艮山이 泄氣되어 退神이고, 또는 震巽木方에서 물이 들어오면 木克土로 本山 艮土가 克을 받으니 退神이 되어 凶하다.

震巽山은 木이니 만일 亥方水가 들어오면 水生木으로 進神이고, 巳午方으로 나가거나 庚辛申酉 金方에서 들어오면 退神이다.

庚酉辛山은 金이니 艮土方에서 入하면 進神이요, 震巽木方으로 나가면 本身이 克하는 方으로 出이니 역시 進神이 되어 吉하지만 丁火方의 물이 入하면 火克金으로 本山이 克을 받아 退神이요, 巳午方도 退神이며 壬子癸方으로 나가면 金生水로 泄氣되어 역시 退神水다.

亥山은 水인데 庚酉辛의 金方水가 入하면 進神이요, 丙丁火方으로 나가도 本山이 去水를 克하여 進神이다. 辰戌丑未坤艮土水가 入하거나 震巽木方으로 나가면 本山이 克을 받고 泄氣되므로 退神이다.

丙丁山은 火이니 震巽方의 入水는 木生火가 되어 進神이고、庚辛方은 金이니 火克金으로 本山이 去水를 克하여 進神이다。그러나 亥水가 克入하면 退神이니 凶하다。亥水克入이면 卦의 正曜라 大凶하다。

禽山은 역시 火星이다。壬癸水가 克入하면 退神인데 十卦가 相配되면 凶하지 않다。亥하면 退神이다。그러나 坤과 癸로 正配하면 꺼리지 않는데 艮方水는 凶하다。

壬癸山은 水에 속한다。禽方出이면 本山이 出水를 克하니 進神이요、坤・艮土水가 來方水가 來하면 木克土로 克入하므로 退神이라 凶하다。만일 申庚酉辛方出이면 泄氣水가 되어 退神이고、寅卯甲乙方이므로 進神이 되어 吉하다。

坤山은 土에 속하니 禽火方水가 生入하면 進神이니 吉하고、壬子癸方으로 出水도 克出면 克出이라 역시 進神이므로 吉하다。그러나 丙丁巳火方으로 生出水되면 木生火 泄氣라 退神이고、乾申金方에서 克入은 正配되어 不凶하다。

寅山은 木山이니 水生木으로 壬癸方水가 入來면 進神이니 吉하고、坤辰戌方으로 去하 退神이고、乾申金方에서 克入은 正配되어 不凶하다。

乙山은 木인데 壬癸水가 入하면 生方水라 進神이니 吉하고 坤辰戌土方으로 水出이면 本山이 出水를 克하므로 進神吉水라 한다。그러나 丙丁火方의 得破는 本山氣가 泄하여 退神의 凶格이고 乾申金이 克入은 正配라서 凶하지 않다。

巳山은 火에 속하는바 卯木方水가 生入하면 進神의 吉水요、庚酉金方出은 克出이라 역시 進神吉水다。坤艮辰戌土方으로 生出은 泄氣니 退神이요 亥水는 克入이라도 正配라서

凶하지 않다。

丑未山은 土山이다。丙丁火方의 入水는 生水라 進神吉水요、乾申金方으로 生出이면 退神의 凶水다。卯巽水가 克入은 退神이나 正配라서 凶하지 않다。

乾申山은 金이니 艮丑未方水가 生入하면 進神吉水요、寅甲木方으로 克出함도 進神吉水다。庚酉辛方의 去水는 生出이니 退神凶水요、午火曜水가 克入이면 大凶하다。

辰戌山은 土山이니 午火水가 生入은 進神吉水요、壬癸方으로 去水는 克出이니 역시 進神吉水다。그러나 庚酉辛 金方으로 出水는 土生金 泄氣니 退神凶水요、寅甲木水가 來克은 退神인데 正配라서 凶하지 않다。

子山은 水에 속한다。乾申金水가 來하면 生入이니 進神吉水요、午方出水는 克出이니 역시 進神吉水다。그러나 卯巽木方의 出水는 泄氣라서 退神凶水요、坤辰戌土水가 來克이면 退神凶水다。

이상을 정리해서 다시 말하면 本山의 五行을 來水가 生하거나、出水를 本山이 克하는 것은 進神吉水라 하여 吉格이고、來克가 本山을 克하거나 本山이 去水를 生하면 泄氣되는 것은 退神凶水라 하여 凶格이다。그러나 물이 克入해도 來朝水가 되거나 正配되면 凶하지 않다。

○ 六進神水

申向에 申水가 朝하면 富貴가 千秋까지 보전한다.

坤向에 申水가 朝하면 文章이 나오고 貴가 發한다.

亥向에 亥水가 朝하면 田壓과 畜牛가 旺盛한다.

壬向에 子水가 朝하면 田地를 다른 마을까지 점령한다.

子向에 子水가 朝하면 官貴가 發하니 科學에 及第한다.

乙向에 甲水가 朝하면 財穀을 山처럼 쌓게 된다.

○ 得 破 論

물이 맨 처음 生하는 곳이 得이고、맨 마지막 끝나는 (감춰지는) 곳이 破다. 물은 生旺 方에서 들어와야 (得) 吉하고、死絶方으로 나가야 (破) 길하며 死絶方에서 들어오거나 生旺方으로 나가는 것은 不吉하다.

○ 雙行凶格

아래와 같은 雙行脈은 穴이 맺지 않으니 잘 살펴야 한다.

乙辰雙行、癸丑雙行、壬亥雙行、巳丙雙行、辛戌雙行、丁未雙行、寅甲雙行、申庚雙行

○ 吉破論

坎癸申辰坐＝乾甲艮巽震庚亥未破가 吉、

離壬寅戌坐＝兌丁巳丑坤乙艮丙巽辛破가 吉、

震庚亥未坐＝巽辛乾甲坤乙癸申辰破가 吉、

兌丁巳丑坐＝艮丙禽壬寅戌坤乙辰亥未破가 吉、

乾甲坐＝坤乙兌丁巳丑坎癸申辰震庚亥未破가 吉、

坤乙坐＝兌丁巳丑禽壬寅戌乾甲艮丙破가 吉、

艮丙坐＝兌丁巳丑禽壬寅戌辛坎癸申辰破가 吉、

巽辛坐＝震庚亥未禽壬寅戌乾甲坎癸申辰破가 吉。

○ 當代無後地

壬亥龍에 癸坐、丙巳龍에 丁坐、甲寅龍에 乙坐、庚辛龍에 辛坐。

甲龍에 申坐、辛龍에 辰坐、庚龍에 寅坐、壬龍에 巳坐、癸龍에 未坐、乙龍에 戌坐、丙龍에 亥坐、亥龍에 丑坐、子龍에 辰坐、坤龍에 兌坐、辰龍에 申坐、巽龍에 酉坐、乾龍에 午坐、酉龍에 巳坐。

○ 二十四位 物格穴論

壬은 燕(연)이라 별칭하는바 제비는 橫梁(들보)를 좋아하므로 穴은 唇前에 맺는다.

子는 鼠(서)라, 쥐는 물건 훔치기를 좋아하므로 穴은 깊은 곳에 있다.

癸는 蝠(복)이라, 즉 박쥐는 두 다리가 있으니 雙行脈을 꺼리지 않는다.

丑은 牛(우)라, 소는 上齒(윗니)가 없으니 穴이 둥그스럼한데 있다.

艮은 蟹(해)라, 게는 앞이 强하니 唇氈이 길면 쓰지 못한다.

寅은 虎(호)라, 범은 炮聲을 싫어하니 穴은 높은 위치에 있다.

卯는 兎(토)니, 토끼는 본래 입술이 짧은 짐승이라 唇氈이 길면 쓰지 못한다.

乙은 貉(학)이라, 오소리는 허리가 긴것을 좋아하므로 穴은 허리 부위에 있다.

辰은 龍(용)이다. 용은 본시 角을 좋아하니 穴은 頭角 사이에 있다.

巽은 蚊(문)이라, 모기는 無力한 곤충이므로 다만 夕風 닿는 곳을 두려워 한다.

巳는 蛇(사)라, 뱀은 굽은 것이니 龍이 直長하면 쓰지 못한다.

丙은 鹿(녹)이다. 사슴은 본시 角을 사랑하니 穴이 깊숙한 곳에 있다.

午는 馬(마)라, 말은 바람소리를 기뻐하니 穴은 높은 곳에 있다.

丁은 獐(장)이다. 노루는 아래로 내려오기를 좋아하니 穴은 急한 곳에 있다.

未는 羊(양)이라, 양은 높은 곳을 싫어하니 土屯한 곳에 쓴다.

坤은 犴(간)이라, 들개는 物을 탐하는 짐승인지라 穴은 肥厚한 곳에 있다.

申은 猿(원)이라, 원숭이는 높은 나무가지에 걸터앉는 습성이 있으니 穴이 높은 곳에 있다.

庚은 烏(오)라, 가마귀는 건망증이 많은 새라 앞이 트이지 않으면 쓰지 못한다.

酉는 鷄(계)라, 닭은 어깨가 모난 것이라 平平한 곳에 쓴다.

辛은 雉(치)라, 꿩은 사람을 두려워하니 穴은 아래에 있다.

戌은 狗(구)라, 개는 본시 냄새를 잘 맡는 짐승인데 穴은 連回된 곳에 있다.

乾은 狼(랑)이라, 이리는 物을 잘근잘근 씹는 버릇이 있으니 穴 앞에 物이 없으면 쓰지 못한다.

亥는 猪(저)라, 돼지는 본시 筋이 없으므로 亥龍下의 穴은 團圓한 곳에 있다.

○ 生用穴不用法

龍이 穴을 生하면 좋은 것이라 하지만 아래의 四山은 龍의 生을 받고도 도리어 無後坐가 되는 것이다.

木生火의 無後는 甲卯龍의 午坐

火生土의 無後는 丙午龍의 坤坐

金生水의 無後는 庚酉龍의 子坐

水生木의 無後는 壬子龍의 卯坐

○ 舊山生旺方

舊墓의 坐로 五行을 定하고 이 五行으로 胞胎法을 붙이되 一은 順行하고 一은 逆行하여 生旺方이 어느 곳인가를 보아 生旺方을 犯치 않도록 해야 한다. 만일 生旺方에다 다른 墓를 쓰면 財敗人亡하는 凶禍가 發生하니 각별한 注意를 要한다.

舊墓五行과 生旺方은 아래와 같다.

乾甲丁巽庚癸坐는 金＝卯에서 胞를 起하여 逆行하고、寅에서 胞를 起하여 順行한다.

(一은 子生 申旺、二는 巳生 酉旺)

亥卯未巳酉丑坐는 土＝午에서 胞를 起하여 逆行하고 巳에서 胞를 起하여 順行한다(一

은 卯生 亥旺이요、 二는 申生 子旺이다。)

寅午戌申子辰坐는 火=子에서 胞를 起하여 逆行하고、 亥에서 胞를 起하여 順行한다。

(一은 酉生 巳旺、 二는 寅이 生 午가 旺이다)

艮丙辛坤壬乙坐는 木=酉에서 胞를 起하며 逆行하고、 亥에서 胞를 起하여 順行한다。

(一은 午生 寅旺、 二는 亥生、 巳・卯旺이다。)

乾甲丁巽庚癸坐=子・巳生、巳・酉旺

亥卯未巳酉丑坐=卯・申生、申・子旺

寅午戌申子辰坐=酉・寅生、巳・午旺

艮丙辛坤壬乙坐=午・亥生、亥・卯旺

○ 舊山戌己方

舊山戌乾亥壬子癸坐는 新山卯乙方戌己

舊山丑艮寅甲卯乙坐는 新山午丁方戌己

舊山辰巽巳丙午丁坐는 新山酉辛方戌己

舊山未坤申庚酉辛坐는 新山子癸方戌己起

○ 胞胎起法

金寅、 水土巳 火亥、 木申=이는 陽胞。

金卯、 水土午 火子、 木酉=이는 陰胞。

陽胞인 경우、金은 寅에、水土는 巳에、火는 申에 胞를 起하여 十二支順을

胞・養・生・浴・帶・官・旺・衰・病・死・葬으로 돌려나가고、陰胞인 경우 金은 卯、水

土는 午、火는 子、木은 酉에、胞를 起하여 胎・養・浴・帶・官・旺・衰・病・死・葬의

순서로 十二支를 逆行하는바 胎・養・生・帶・官・旺은 吉하고、絶・浴・衰・病・死・葬은

凶이라 한다.

巽庚癸巳酉丑은 金、艮丙辛寅午戌은 火、

坤壬乙申子辰은 水、乾甲丁亥卯未는 木。

○ 無後坐

丙午未龍에 坤坐、巽龍에 卯坐、卯龍에 艮坐、地龍에 乾坐。

○ 正五行과 陰陽

이는 坐穴을 證한다。

亥壬子 ー 陽水　　癸 ー 陰水

庚申乾 ー 陽金　　辛酉 ー 陰金

寅甲 ー 陽木　　乙卯巽 ー 陰木

巳丙午 ー 陽火　　丁 ー 陰火

辰辰戌 ― 陽土　　坤丑未 ― 陰土

○ 山地의 人命坐運

이는 亡人의 出生年과 坐를 대조하여 運의 吉凶을 참고하는 表인데 아래와 같다.

運의 吉凶 / 亡人의 生年	申子辰 生	巳酉丑 生	寅午戌 生	亥卯未 生
丁 旺人	辰子申 坐坐坐	丑酉巳 坐坐坐	戌午寅 坐坐坐	未卯亥 坐坐坐
勢 多權	辛丙艮 坐坐坐	丁甲乾 坐坐坐	乙壬坤 坐坐坐	癸庚巽 坐坐坐
多侵 憂患	戌午寅 坐坐坐	乙壬坤 坐坐坐	辰子申 坐坐坐	丑酉巳 坐坐坐
墓 亡墳	乙壬坤 坐坐坐	癸庚巽 坐坐坐	辛丙艮 坐坐坐	丁甲乾 坐坐坐
之命 長壽	未卯亥 坐坐坐	辰子申 坐坐坐	丑酉巳 坐坐坐	戌午寅 坐坐坐
多 子孫	癸庚巽 坐坐坐	辛丙艮 坐坐坐	丁甲乾 坐坐坐	乙壬坤 坐坐坐
有害 子孫	丑酉巳 坐坐坐	戌午寅 坐坐坐	未卯亥 坐坐坐	辰子申 坐坐坐
多福 富貴	丁甲乾 坐坐坐	未卯亥 坐坐坐	癸庚巽 坐坐坐	辛丙艮 坐坐坐

○ 看穴法

아래에 해당하면 眞穴의 증거인데 이의 原文을 기록해 보면 다음과 같다.

左右金魚　羅紋土縮　水合經緯　三合之下　上下分合　前官後鬼　毬簷藏口　周流之上

欲識平穴在何處　窓外月白窓內日

窩鉗乳突四象中　水邊花開水中明

僞僞眞落舜之父

眞眞僞落堯之子

穴의 증거는 穴 左右에 金魚水가 있어 위에서 나뉘었다 아래에서 合한 것이요、또는 비단에 수(繡) 놓은 것처럼 땅에 아름다운 무늬(羅紋·土縮)가 있으면 穴의 증거요、水口에는 官이 있고、穴 뒤에는 鬼山이 받쳐주면 穴의 증거요、穴 앞에 毬簷(구첨—둥글고 도두룩하게 뭉쳐 있는것)이 있거나 穴口를 감추면 증거요、물이 三合해서 흐르는 아래에 周流하는 위는 眞穴이 맺는 증거다.

穴 앞에 日月砂가 있거나 水邊이나 水中에 물을 멈추게 하는 砂가 있으면 穴의 증거다。 위는 假같은데 眞으로 떨어지면 이는 瞽瞍가 舜을 낳은 것 같고、眞으로 오다가

假로 떨어지면 堯가 丹朱라는 不消之子를 둔 것에 비유된다.

○ 凶 葬 法

이미 쓴 墓를 옮겨 쓰는 것은 移葬·緬禮·遷墳 등으로 칭하고、初喪이 나서 장사지내는 것을 凶葬이라 한다. 凶葬은 屍身을 오래 둘 수 없으므로 年月을 가리지 않고 오직 日時만을 가려 葬事하는데 十日以內에 限한다. 當日에 壙中을 파고 成墳을 마치며、三日內에 謝墓(省墓) 해야 한다.

葬理에는 囚人의 本命으로 爲主하는바 下棺이 가장 중요하고 開土穿金이 다음이다. 本命 및 山運을 같이 취해서 生旺有氣를 위주하고 坐運 및 年月日의 納音五行의 克을 받지 않도록 한다. 특히 眞祿馬貴人으로 用擇日의 本을 삼으면 大吉하다.

○ 祿·食·財·官·馬·貴人

正祿은 아래와 같다.
甲祿在寅、乙祿在卯、丙戊祿在巳、丁己祿在中、庚祿在申、辛祿在酉、壬祿在亥、癸祿在子

食神은 아래와 같다.

甲食丙、 乙食丁、 丙食戊、 丁食巳、 戊食庚、 巳食辛、 庚食壬、 辛食癸、 壬食甲、 癸食乙。

正財는 아래와 같다.

甲見巳、 乙見戊、 丙見辛、 丁見庚、 戊見癸、 巳見壬、 庚見乙、 辛見甲、 壬見丁、 癸見丙。

正官은 아래와 같다.

甲用辛、 乙用庚、 丙用癸、 丁用壬、 戊用乙、 巳用甲、 庚用丁、 辛用丙、 壬用巳、 癸用甲。

가령 甲은 辛이 正官이고、 乙은 庚이 正官이다.

驛馬는 扶身之本이니 空亡에 떨어지지 않아야 한다. 아래와 같다.

申子辰 — 寅、 巳酉丑 — 亥、 寅午戌 — 申、 亥卯未 — 巳。

天乙貴人은 아래와 같다.

甲戊庚 — 丑未、 乙己 — 子申、 丙丁 — 亥酉、 辛 — 寅午、 壬癸 — 巳卯

○ 陰陽・五行・干支

五行相生은 아래와 같다.

金生水　水生木　木生火　火生土　土生金

五行相克은 아래와 같다.

金克木　木克土　土克水　水克火　火克金

先天數는 아래와 같다.

甲己子午九、　乙庚丑未八、　丙辛寅申七、　丁壬卯酉六、　戊癸辰戌五、　巳亥는　四。

後天數는 아래와 같다.

壬子一、　丁巳二　甲寅三、　辛酉四、　戊辰戌五、　癸亥六、　丙午七、　乙卯八、　庚申九、　丑未十、　己獨百。

十干五行은 아래와 같다.

甲乙三八木、　丙丁二七火、　戊己五十土、　庚辛四九金、　壬癸一六水。

十二支五行은 아래와 같다.

寅卯木　巳午火　辰戌丑未土　申酉金　亥子水

天干合은 아래와 같다.

甲己合　乙庚合　丙辛合　丁壬合　戊癸合

地支合은 아래와 같다.

子丑合　寅亥合　卯戌合　辰酉合　巳申合　午未合

地支冲은 아래와 같다.

子午相冲　丑未相冲　寅申相冲　卯酉相冲　辰戌相冲　巳亥相冲

雙山三合은 아래와 같다.

乾甲丁(三合)、亥卯未(三合)＝木
坤壬乙(三合)、申子辰(三合)＝水
艮丙辛(三合)、寅午戌(三合)＝火
巽庚癸(三合)、巳酉丑(三合)＝金

十二支獸名은 아래와 같다.

子鼠　丑牛　寅虎　卯兎　辰龍　巳蛇　午馬　未羊　申猿　酉鷄　戌狗　亥猪

(子는 쥐、丑은 소、寅은 범、卯는 토끼、辰은 용、巳는 뱀、午는 말、未는 양、申은 원숭이、酉는 닭、戌은 개、亥는 돼지다。)

冤嗔(怨辰・元辰)法은 아래와 같다。

　　　　子鼠　丑牛　寅虎　卯兎

鼠忌羊頭角(서기양두각)이오

牛嗔馬不耕(우진마불경)이오

虎憎鷄嘴短(호증계취단)이오

兎冤猴不平(토원후불평)이오

龍嫌猪面黑(용렴저면흑)이오

蛇驚犬吠聲(사경견폐성)이다。

(즉 子未가 원진이요、丑午가 원진이요、寅酉가 원진이요、卯申이 원진이요、辰亥가 원진이요、巳戌이 원진이다。)

淨陰淨陽이란 아래와 같다。

淨陽은 乾甲이 同宮이요、地癸申辰이 同宮이요、坤乙이 同宮이요、禽壬寅戌이 同宮이다。

淨陰은 艮丙이 同宮이요、震庚亥未가 同宮이요、巽辛이 同宮이요、兌丁巳丑이 同宮이다。

五行生旺例란 즉 文親法이니 아래와 같다.

生我者父母 (생아자부모 ― 나를 낳은자 부모요)

我生者子孫 (아생자자손 ― 내가 낳은자는 자손이요)

克我者官鬼 (극아자관귀 ― 나를 극하는자는 관귀요)

我克者妻財 (아극자처재 ― 내가 극하는자는 처재요)

比和者兄弟 (비화자형제 ― 나와 五行이 같은자는 형제다)

97

第二篇　東國地理要訣

地鏡 序

堪與(감여)의 術이 미묘하고 미묘하다. 나같은 魯鈍한 재주로 어찌 그 萬에서 하나를 알 수 있으랴만 그러나 愚가 流峙(유치 — 즉 山水)에 마음을 쓴지가 이미 여러해인지라 그 龍勢의 眞假와 穴의 生死를 대강 깨우친바 있으므로 이에 冊으로 一編을 지어 管見(관견 — 작은 구멍으로 보는것)을 기록하여 이름을 地鏡이라 하였다.

堪與에 대한 글은 지은이가 많고 簡編(간편 — 조금씩 기록해 놓은것)도 많은데 世上의 風水를 行하는 이들이 생각하기에는 古書를 遍覽하면 眞龍을 찾고 正穴을 點할 수 있다 하여 書冊(簡牘)에만 깊이 빠져 精力을 기울이지만 급기야 막상 山에 올라 보면 心眼이 어지러워 卜穴을 못하니 그간 애써 읽은며 공부한 것들이 無益한 것이 되고 만다. 내가 이 글을 創作하고 形像을 그림으로 그려 보고 이해하기에 편리하도록 하는바 그 本인즉 生氣를 살피는 법이 方書에 있고 또 心目 사이에 갖추어 있으니 만일 이를 능히 깨달으면 堪與의 글이 이미 묵은 芻狗가 되어 龍穴의 眞假와 砂水의 吉凶이 눈앞에 照然해서 風水의 能事를 다할 수 있으리라.

○ 山水總論

崑崙山(곤륜산)의 脈이 中國에 들어와 세 줄기로 나뉘었으니 南幹과 中幹과 北幹이다. 前 사람들이 눈으로 보고 손으로 더듬어 그 界限을 자세히 論한 것에 대해서는 다시 論할 필요가 없다. 우리 東邦의 山은 崑崙山에서 뻗은 北幹의 東幹인데 楊筠松이 이른바 幹龍이 三韓으로 들어왔다 함이 이말이다. 대개 中州의 山이 모두 北으로 南行하여 東으로 뻗어 왔으므로 萬水가 우리 東邦으로 모였으니 우리나라의 山이 白頭山으로부터 南行하여 東으로 는 滄海(東海)에 가까워서 東쪽 枝脈은 짧고 西쪽 枝脈은 긴데 그 枝脚의 繁多한 것이 모두 東에서 온 것이므로 龍을 따라 흐르는 물이 모여 西로 돌아간다. 全羅, 慶尙 두 道 는 물이 西南과 東南으로 돌아가니 우리나라의 山水形勢가 中國과 다른 것이 이 點이다. 그러나 그 龍穴의 眞假와 生氣의 有無가 근본은 피차가 다른것이 없다. 이는 눈이 밝은 이의 卞別함에 있고、 또 平洋龍과 瓏龍(농룡ー高山地帶)이 별로 없고 餘氣가 平原으로 떨어져 나가 生氣가 없는듯 하니 이것도 中國과 다른점이다.

○ 龍 向 訣

● 亥龍

巳向＝平하고 늘어지면 先富後貴하고 稍急하면 冲腦하여 殺이 된다.

102

丙向＝富貴가 平坦하다.

午向＝殺曜氣를 犯했으니 瘟火가 있고 子孫이 음란하다.

丁向＝人丁이 旺하고 재산이 윤택하다.

未向＝田庄과 牛馬가 盛하고 人丁이 旺한다.

坤向＝大盜가 나오고 長病이 따르며 姓을 바꾸는 者가 있다.

申向＝孤寡가 생기고 少年이 亡한다.

甲向＝橫死한다.

乙向＝自縊하는 不祥事가 생긴다.

辰向＝瘟疫이 따르고 少年이 亡한다.

巽向＝크게 富貴하고 文武兼全한 人物이 생겨난다.

● 壬龍

丙向＝腦를 冲하면 橫死 夭死者가 나온다.

午向＝砂水가 수려하면 發福되어 富貴를 누린다.

丁向＝是非가 따르고 疾病이 많다.

未向＝少房이 敗絶한다.

坤向＝人丁이 旺하고 富貴한다。

申向＝聰明한 인물이 나오고 人丁과 재산이 旺한다。

庚向＝子孫이 음탕무치하다。

甲向＝田庄이 旺하고 半吉하다。

卯向＝勞病과 瘟瘧病者가 발생한다。

乙向＝財物은 旺하나 孤寡가 생긴다。

辰向＝凶死者가 생긴다。

巳向＝長房이 夭折하고 妖邪한 者가 생겨난다。

● 子龍

午向＝平地龍이면 吉하고、龍勢가 急하면 冲腦하여 不用이다。

丁向＝火災로 亡하고 絶嗣한다。

未向＝寡婦가 생기고 少房이 敗絶한다。

坤向＝富貴한다。

申向＝中房에서 科甲이 나온다。

庚向＝盜賊이 생겨나고、罪를 짓고 살던 곳에서 逃亡간다。

酉向＝子孫이 夭亡한다。

乙向＝人丁이 旺하고 財產이 豐饒하다.

辰向＝一代만 좋다가 뒤에 敗亡한다.

巽向＝山이 高强하면 貧極하며 乞食者가 나온다.

巳向＝凶하니 敗絶한다.

丙向＝少年에 瘟疫으로 死亡한다.

卯向＝子孫이 夭壽한다.

● 癸龍

丁向＝冲腦하면 官災가 많고 少年이 亡한다.

未向＝田畓이 旺하니 大富가 發한다.

坤向＝富貴가 發한다.

申向＝平吉하다.

庚向＝도둑이 생겨나고 絶嗣한다.

酉向＝少年이 亡하고 淫亂한 者와 暴惡한 者가 생겨난다.

辛向＝凶하니 敗亡한다.

乙向＝財產이 는다.

辰向＝蜒가 生하니 敗絶하는 땅이다.

丙向 = 遷穴함이 不可하다.

午向 = 富貴가 發하고 賢才가 나온다.

● 丑龍

未向 = 冲腦하면 少年이 亡한다.

坤向 = 凶格이니 敗亡한다.

申向 = 凶格이니 敗亡한다.

庚向 = 人丁은 旺하나 子孫이 음란하다.

酉向 = 家禍가 있고 寡婦가 생긴다.

辛向 = 家庭이 興하고 財物이 旺한다.

戌向 = 孤寡가 생기고 少年이 亡한다.

辰向 = 孤寡가 생기고 田庄이 줄어든다.

巽向 = 財는 旺하나 人丁이 적다.

巳向 = 재물이 旺한다.

丙向 = 財産이 發旺한다.

午向 = 損財가 많고 凶하다.

丁向 = 富貴가 發하니 少年이 科試에 合格한다.

● 艮龍

坤向＝腦頭를 冲하면 惡疾과 官災가 따르고 少年이 亡한다.

申向＝少年이 亡하고 官災가 따른다.

庚向＝富貴가 發하고 文官 武官이 많이 나온다.

酉向＝子孫이 顯達하여 榮華를 누린다.

辛向＝酉向과 같다.

戌向＝夭亡하여 孤寡가 생기고 家業을 大敗한다.

巳向＝財富는 發하나 聾啞가 생기고 夭壽한다.

丙向＝一般的으로 富貴하나 聾人이 생겨난다.

午向＝음란하고 災禍가 있다.

丁向＝富貴長壽하는 땅이다.

未向＝山이 回하고 물이 모여야만 吉하다.

巽向＝巨富가 나오고 極品의 貴가 發한다.

● 寅龍

申向＝一代만 旺하고 뒤에는 대대로 敗亡한다.

107

庚向‖凶亡한다。

酉向‖長子는 疾病이 떠나지 않는다。

辛向‖財는 發하나 人丁은 夭壽한다。

戌向‖田庄은 旺하나 半은 凶하다。

乾向‖富와 貴를 평평히 누린다。

巳向‖凶格이니 敗亡한다。

丙向‖點穴이 不可하다。

午向‖富貴가 發하고 高壽한다。

丁向‖暴惡한 人物이 생겨난다。

未向‖僧道와 盜賊이 나온다。

坤向‖人物이 淸秀하고 富貴가 發한다。

● 甲龍

庚向‖腦頭를 冲하면 少年이 亡한다。

酉向‖凶格이니 敗亡한다。

辛向‖人丁이 夭壽하고 喪敗가 발생한다。

戌向‖一代는 좋다가 뒤에 반드시 敗亡한다。

乾向 = 처음은 旺하다가 뒤에 敗亡한다.

亥向 = 牛凶牛吉한 땅이다.

未向 = 凶格이니 敗亡한다. 그리고 瘟瘴病者가 발생한다.

坤向 = 먼저 旺하다가 뒤에 敗한다.

申向 = 一代가 旺한 뒤 殺曜가 범하여 衰亡한다.

● 卯龍

酉向 = 腦를 冲하면 殺이 되며, 平地라면 吉하다.

辛向 = 財富가 發하고 少年에 貴히 된다.

戌向 = 음란으로 인해 敗絶한다.

乾向 = 長房은 病人이 많고 少房은 敗亡한다.

亥向 = 富貴가 發한다.

壬向 = 淫亂한 者가 많이 생긴다.

子向 = 凶敗하고 少房은 絶嗣한다.

午向 = 瘟疾이 발생한다.

丁向 = 富貴가 發하는 땅이다.

未向 = 田庄이 旺하고 牛凶牛吉하다.

坤向 ‖ 敗絶하는 땅이다.

申向 ‖ 坤向과 같다.

庚向 ‖ 文武가 나오고 大富하며 주로 武將이 나와 出世한다.

丙向 ‖ 出將入相하니 天下를 호령한다.

●乙龍

辛向 ‖ 腦頭를 冲하면 寡婦가 생기고 少年이 亡한다.

戌向 ‖ 田庄이 旺하나 長房은 敗亡한다.

乾向 ‖ 當代만 旺發하다가 뒤에 敗한다.

亥向 ‖ 子孫이 夭死한다.

壬向 ‖ 田畓이 늘어나는 가운데 子孫의 失敗가 있다.

子向 ‖ 財産은 旺하나 人丁은 衰한다.

癸向 ‖ 財物은 旺하나 人丁은 적다.

丁向 ‖ 瘟이 발생하고 子孫을 敗한다.

未向 ‖ 一代만 旺한 뒤에 火災로 敗亡한다.

庚向 ‖ 少房이 敗한다.

酉向 ‖ 凶惡人이 나오고 敗絶한다.

● 辰龍

戌向 = 腦頭를 冲하면 少年이 亡한다.

亥向 = 內率이 昌盛하나 음란하다.

壬向 = 田庄이 늘고 人丁이 旺한다.

子向 = 英雄이 생겨나고 財富가 發한다.

丑向 = 凶格이니 敗亡한다.

未向 = 瘟瘟이 발생하고 人丁이 끊긴다.

坤向 = 財富가 發하나 僧道가 나온다.

申向 = 재물은 旺하나 人丁이 적다.

庚向 = 過房한 뒤에 敗한다.

酉向 = 曜氣니 敗損한다.

辛向 = 孤寡가 나오고 哀喪聲이 끊이지 않는다.

乾向 = 人丁이 旺하고 富貴가 發한다.

● 巽龍

乾向 = 腦頭를 冲하면 官廳의 召喚을 받고 長房은 瘟瘟이 발생하며 少房은 財産이 退

111

한다。

艮向 ‖ 文章이 나오고 富貴한다。

申向 ‖ 故鄕을 떠나게 된다。

庚向 ‖ 科甲이 연달아 생겨난다。

酉向 ‖ 平平하다。

戌向 ‖ 科甲이 나오고 富가 發한다。

戊向 ‖ 음란하여 敗絶한다。

●巳龍

亥向 ‖ 龍이 평탄하면 吉하고 陰氣가 腦頭를 冲하면 凶하다。

壬向 ‖ 少年이 溺水하여 死亡한다。

子向 ‖ 少年이 亡한다。

丑向 ‖ 田庄과 牛馬가 旺하고 安穩하다。

艮向 ‖ 局이 좋으면 크게 富貴니 財祿이 旺한다。

寅向 ‖ 官事가 발생하고 少年이 亡한다。

申向 ‖ 腫病이 발생한다。

庚向 ‖ 長壽하고 재물이 旺한다。

酉向 ॥ 財가 旺한다。

辛向 ॥ 財가 旺하고 淸美한 人物이 출생한다。

戌向 ॥ 官訟이 일어나고 少年이 亡한다。

乾向 ॥ 孤寡가 생기고 官災가 발생한다。

● 丙龍

壬向 ॥ 腦頭를 冲하면 殺이 되니 長房에 人丁이 적다。

子向 ॥ 長房은 離向하고 少房은 亡한다。

酉向 ॥ 半吉하다。

辛向 ॥ 顯達하여 富貴를 누린다。

戌向 ॥ 損敗하고 故鄕을 떠나게 된다。

乾向 ॥ 아내를 바꾸게 되고 孤寡가 나온다。

亥向 ॥ 人丁이 旺하고 富貴가 發한다。

癸向 ॥ 官災로 敗家하고 少房이 亡한다。

丑坐 ॥ 田財가 旺하는데 특히 中男이 더욱 좋다。

艮坐 ॥ 富貴長壽하는 땅이다。

寅向 ॥ 少年이 亡한다。

卯向＝半吉하다。

庚向＝人丁이 旺하고 富貴가 發한다。

● 丁龍

癸向＝腦頭를 冲하면 不半하다。

丑向＝少凶하다。

艮向＝人丁이 興하고 財物이 旺한다。

寅向＝不吉하다。

甲向＝역시 마땅치 않다。

卯向＝富貴가 發한다。

乙向＝半은 凶하다。

辛向＝富貴하고 人材가 나온다。

戌向＝不吉하다。

乾向＝不吉하다。

亥向＝半吉하다。

壬向＝不吉하다。

子向＝不吉하다。

巽向 = 富貴가 쌍으로 發한다.

● 未龍

丑向 = 腦頭를 冲하면 少年이 亡한다.

艮向 = 富貴가 發하고 安穩하다.

寅向 = 凶하여 敗亡한다.

甲向 = 敗絶之地니 惡疾로 亡한다.

卯向 = 局이 아름다우면 貴人이 나온다.

辛向 = 富貴가 發하고 人物과 財가 旺한다.

辰向 = 孤寡가 생긴다.

戌向 = 孤寡가 생긴다.

乾向 = 貧窮에 夭壽한다.

亥向 = 人丁이 旺한다.

丁向 = 平吉하다.

未向 = 子孫이 夭亡한다.

壬向 = 自縊하여 少年이 亡한다.

子向 = 물에 빠지거나 自縊하는 者가 나온다.

● 坤龍

艮向＝腦頭를 冲하면 孤寡가 생기리니 少年이 亡한다.

寅向＝半吉인데 局이 아름다우면 富貴가 發한다.

甲向＝財物과 人丁이 旺한다.

卯向＝曜氣라서 不吉하다.

乙向＝財는 旺하나 孤寡가 생긴다.

辰向＝財는 旺하나 人口가 壽를 못한다.

巽向＝長病患者가 나온다.

乾向＝人丁과 財가 旺하는데 局이 나쁘면 敗한다.

亥向＝凶惡하다.

壬向＝富貴가 發한다.

子向＝財物이 旺하고 人口가 興한다.

癸向＝顯達하여 富貴를 누린다.

丑向＝僧道와 음란한 者가 나온다.

● 午龍

子向＝腦頭를 冲하면 少年이 亡한다.

癸向=富貴顯達한다。

丑向=官災가 자주 발생하고 姓을 바꾸는 變이 있다。

艮向=勞病으로 少年이 亡한다。

寅向=財가 發하고 貴人이 나온다。

甲向=財는 發하나 病厄이 많다。

卯向=大凶하다。

酉向=不吉하다。

辛向=財는 旺하나 姓을 바꾸는 일이 생긴다。

戌向=凶地니 安葬하지 말라。

乾向=財物은 旺하나 孤寡가 나온다。

亥向=長房이 敗한다。

壬向=聰明人이 많이 나오고 富貴한다。

● 申龍

寅向=腦頭를 冲하면 少年이 亡한다。

甲向=人丁과 재물이 같이 興한다。

卯向=曜氣니 不吉하다。

辰向＝局이 아름다우면 富貴人이 많이 나오지만 음란하다。

巽向＝乞人이 생긴다。

巳向＝子孫들이 음란하다。

亥向＝逃亡하고 夭折한다。

壬向＝富貴가 發하고 聰明한 人物이 많이 나오며 雙兒가 생긴다。

子向＝人丁이 旺한다。

癸向＝人丁이 旺하나 人口가 음란하다。

丑向＝少年이 亡하여 絶嗣한다。

艮向＝丑向과 같다。

● 庚龍

甲向＝腦頭를 冲하면 敗亡한다。

卯向＝人丁이 旺하고 財産이 興한다。

乙向＝敗絶하는 凶地다。

辰向＝凶惡한 사전만 發生한다。

巽向＝富貴가 發한다。

巳向＝平吉하다。

丙向 ‖ 人丁이 旺하고 家業이 興한다.

子癸 ‖ 三向은 모두 敗亡한다.

丑向 ‖ 平吉하다.

艮向 ‖ 人丁과 財物이 모두 興旺한다.

寅向 ‖ 凶敗한다.

● 酉龍

卯向 ‖ 腦頭를 冲하면 少年이 亡한다.

乙向 ‖ 孤寡가 나오고 少年이 亡한다.

辰向 ‖ 언청이와 聾啞가 생겨난다.

巳向 ‖ 曜星이니 少年이 亡한다.

丙向 ‖ 橫財하고 貴가 發한다.

子向 ‖ 敗亡한다.

癸向 ‖ 長病으로 少年이 亡한다.

丑向 ‖ 財產이 旺하고 秀才가 많이 나온다.

艮向 ‖ 文章이 出衆하여 科試에 壯元한다.

寅向 ‖ 離鄕하여 살게 된다.

甲向 ‖ 財産이 退한다。

巽向 ‖ 富貴가 發한다。

丁向 ‖ 富貴한다、

● 辛龍

乙向 ‖ 腦頭를 冲하면 自縊하는 변괴가 발생한다。

辰向 ‖ 自縊하는 사건이 생기고 少房이 亡한다。

巽巳向 ‖ 二向은 모두 大貴가 發한다。

丙向 ‖ 人丁이 興하고 財産이 旺한다。

午向 ‖ 不吉하다。

艮向 ‖ 富貴한다。

寅向 ‖ 少年이 亡한다。

甲向 ‖ 孤寡가 생긴다。

卯向 ‖ 貴子를 낳고 淸秀한 人物이 출생한다。

● 戌龍

辰向 ‖ 腦頭를 冲하면 少年이 亡한다。

巽向‖ 孤寡와 흉악한 사람이 생긴다。

巳向‖ 狂人이 생겨 橫死한다。

丙向‖ 凶格이니 敗亡한다。

午向‖ 田庄이 旺하나 쉽게 敗한다。

丁向‖ 瘟疫과 火災로 少年이 亡한다。

未向‖ 孤寡가 생기니 凶格이다。

丑向‖ 長房이 敗한다。

艮向‖ 少房이 亡한다。

寅向‖ 조금 發福하나 오래가지 않는다。

甲向‖ 富貴가 發한다。

卯向‖ 不吉하다。

乙向‖ 人丁이 旺하고 財産이 興한다。

● 乾龍

巽向‖ 腦頭를 沖하면 不吉하다。

巳丙向‖ 二向 모두 不吉하다。

午向‖ 富貴한다。

丁向 = 曜氣라서 凶하다.

未向 = 不吉하다.

艮向 = 不吉하다.

寅向 = 人丁이 旺하고 富가 發한다.

甲向 = 平吉하다.

卯向 = 不吉하다.

乙辰向 = 二向은 모두 發福하고 淸貴한 人物이 나온다.

○ 相地妙經抄解

龍穴의 眞假를 알고 알지 못하는 것은 地師의 훌륭하고 훌륭하지 않은데 있으니 地師의 道가 重하고 크다. 그러므로 地師에 관계되는 말을 지어 地師에게 경계한다.

크도다、 地師의 道여、 대개 地師란 山川造化의 자루(柄)를 잡고 人家의 禍福의 근원에 맡았으니 그 책임이 크도다 地師여. 地師는 그 品格을 논할때 上中下로 나눌 수 있다. 神眼이 上이고、法師의 눈이 中이며 俗眼이 下格이다. 神眼은 누구에게 배우지 않고도 生而知之로 자연 通한 사람이고、法眼

은 法式을 올바르게 배워 아는 사람이며, 俗眼은 눈이 있으나 아는 것이 없는 사람이다.

그런데 神眼과 法眼은 비록 優劣의 구분은 있으나 生而知之와 學而知之는 따지고 보면

道가 한가지다. 그러므로 누군들 地師가 되지 못하랴만 慾心이 없는는이라야 올바른 地師

가 될 수 있다. 이러한 까닭에 術을 잘한다고 일컫는 이는 반드시 仙이라 하는 바 仙은

慾心이 없는 것을 칭한다. 욕심이 없은 뒤에 눈이 밝게 열리고, 눈이 열린 뒤에야 山川

의 正氣를 알아볼 수 있는 것이다.

眞龍正穴은 누구 한사람의 私有가 아닌 天下의 公物이다. 天地가 秘藏하여 吉人을 기

다리는 것이니 망녕되이 自己 땅이라고 주장할 수 없고, 경솔하게 德이 없는 사람에게

줄 수도 없다. 또는 폐백을 많이 받는다고 내어주어도 안되고, 親愛한 사이라고 가벼히

알으켜줄 수도 없으니 이러한 이치를 아는이라야 名師로서의 자격이 있다.

地師가 만일 좋은 땅이라해서 自己 것을 삼는다면 吳·楊·董·膠의 무리가 필연 正穴

을 많이 點有해서 그들의 子子孫孫이 모두 吉地에 安葬하므로서 福祿이 무궁하였을 것이

나 그분들이 그러한 짓을 하지 않았으리라 그러므로 욕심이 없는자라야 地仙이라 하는 것

이다.

名師는 美地를 보면 혹 자기가 占하기도 하고 혹은 남을 주기도 하는바 반드시 德이

있는 사람을 기다려 그에게 주어야만 仙이라 할 수 있다.

名師는 世上에서 이름이 있는 地師요 明師는 眼目이 밝은 地師다. 世上에 明師가 있으

나 사람들이 그가 明師인줄 모르는 것은 다름이 아니라 그가 點穴 한 땅이 後日에야 發

驗되는고로 당장은 時師의 취급을 받던 사람이 타일에야 仙師의 칭호를 듣게 된다.

玉龍子가 踏山記를 世上에 傳했지만 世上 사람들이 다 말하기를 일을 좋아하는 사람이

라서 假作한 것이다 하였고 玉龍子의 말이 진실임을 알지 못했을뿐 아니라 비록 아는이

가 있더라도 말하지 않았다. 슬프다 모르는이가 믿지 않았더라도 알고도 말하지 않았으

니 알고 말하지 않음은 모르는 것과 마찬가지다.

名師가 비록 正穴을 點하지만 世人이 믿지 않고 버리니 이는 實로 造化의 自然한 이치

다. 世人이다 名師의 말을 믿고 吉地를 다 쓴다면 뒤에 생기는 吉人이 葬事지낼 땅이

없을 것이다. 그러므로 땅을 얻는 일이 어려운게 아니라 地師를 얻는 일이 어려운 것이

다. 그러면 明師를 어떻게 얻을까 정성이 지극할 따름이다.

山을 求하는 道는 富貴로도 어렵고 威勢로도 어렵다. 저 地仙은 慾心이 없는 人物이니

富貴와 威權과 勢力에는 굽히지 않으나 積善하고 有德한 사람이 지성으로 請하면 吉地를

名師는 吉地를 보면 반드시 天時와 人事를 참작하여 땅을 잡는 것이니 이는 이른바 三

才를 通한 사람이라야 능한 일이다.

俗師는 소매속에 方書를 품고 허리에는 靈龜(영구—占치는 도구)를 차고 術數를 行하

되 자기 마음속에 생각하기를 「저 집은 貴한 집이니 사귈만 하고 저 집은 富하니 드나들

點穴해주는 것이다.

만 하며, 저 집은 빈궁해서 내게 유익함이 없다」 하는 것이니 이러나 무리는 内心에 욕

심이 많아 눈이 욕심에 가려 어두운지라 어떻게 吉地를 찾아낼 수 있으랴.

地師들이 어찌 그리 많은가. 한 마을에도 一二人이요, 혹은 一部에 十餘人이 있다. 손

에 佩鐵을 쥐고 내가 地師니 하고 山川을 遍踏하는 者가 그 얼마인지 모르게 많으므로

누가 明眼인지 明眼이 아닌지를 알 수가 없다. 어떤 사람이 말하기를 누구는 大風水이고

누구는 小風水라 하지만 어찌 風水의 資格을 바르게 알고 하는 말이겠는가, 만일 龍穴을

안다면 다 大地인지 小地인지 알 수 있는지라 어찌 小地인줄 아는이가 大地는 모를 것이

며, 大地임을 아는이가 小地인것을 모르랴.

이제 말(馬)을 볼 줄 아는이가 있다면 大馬인지 小馬인지 알을지니 어찌 大馬만 말이

고 되는 것인줄 알고 小馬는 말이 된다는 것을 모르랴. 士大夫가 山을 求하려고 地師를

찾는 경우 혹은 앉아서 명령하듯 오라 하거나 혹은 한번 찾아가 만나보고 十金의 吉地를

求하려 한다. 그럼에도 俗士들은 와서 맞아가는 것만을 기뻐하여 따라간다. 그러나

明師는 마음속으로 웃고 다만 無害한 땅만을 가르켜 준다. 슬프다 千里馬를 구하려면 千

金의 高價를 주지 않으면 얻기 어렵고、明珠는 그 주인이 아니면 그에게 주지 않는 법이

다.

明師는 吉地를 얻지 못하는 것을 근심하지 않고 오직 有德(吉人)한 사람 만나지 못함

을 근심한다. 좋은 山水는 그 사람(吉人)이 아니면 망녕되이 가르켜 주지 않는다.

天下의 일 가운데 그 어버이를 葬事지내는일보다 더 큰 것이 없다. 고로 吉地에 어버이를 安葬하면 體魄이 편안하고, 吉地에 安葬을 못하면 體魄이 不安한 것이니 子孫의 禍福이 무릇 그 어버이의 體魄이 편안한가 편안치 못한가에 달려있다.

俗師들은 世間人이나 親人의 子孫에게 본래 아무런 恩怨이 없는데도 불구하고 그 어버이를 生氣가 없는 땅에 葬事지내도록 하여 그 子孫이, 혹은 죽고 혹은 亡하고 혹은 거지꼴이 되게 하며, 혹은 숱한 재앙을 당하도록 하니 이는 俗師 自身이 잘못해서 無羞한 사람을 그르치게 만든 것이므로 네 어찌 그 禍를 네가(地師) 받지 않을까보냐. 고로 行術에 조심하고 조심하지 않을 수 없는 일이니라.

士大夫가 山을 點하는 방법이 땅 한군데를 구해 두고는 地師 五六人 내지 十餘人을 불러들여 서로 의논토록 해서 한가지로 意思가 합치된 뒤라야 그 땅이 좋은줄로 믿고 쓰는 例가 많다. 가령 十人의 평범한 地師가 있고 一人의 明師가 있다고 假定할때 庸師 九人이 좋은 땅이라 해도 明師 一人이 나쁘다 하면 쓰지 말아야 하고, 明師 一人이 좋다 하는 땅에 庸師 九人이 나쁘다 할지라도 一人의 말을 믿어야 한다. 그럼에도 불구하고 地師의 明不明은 생각치도 않고 사람의 숫자만 생각해서 여러사람의 말에 따르게 된다. 그러나 地師를 求하는 요령은 많은 숫자가 필요한게 아니라 눈이 트인 一人의 明師가 족한 것이다.

俗師는 남의 墓 근처에다 點穴해놓고 士大夫에게 아첨하듯 말하기를 저 墓의 임자는 아무 權力도 없는 사람이니 강압적으로라도 파서 옮기도록 한 뒤 쓰라 권유한다. 이러한 무리는 마음이 나쁜 地師요, 마음이 나쁘면 그의 보는 눈도 바르지 못한 법이니 이러한 者가 어찌 올바른 穴을 알겠는가. 이러한 까닭에 마음이 착한 사람은 내가 좋아하지 않는 일은 남에게도 베풀지 않는 것이니 이러한 사람이라야 좋은 땅을 얻을 수 있는 법이다. 地仙(明師)은 마음이 至善無慾한 까닭에 좋은 땅을 얻어 吉人에게 준다.

天地의 正氣를 禀受받은 者가 吉人이요 眞龍의 眞氣를 받은 땅이 吉地니 이는 同氣가 서로 求하여 合치는 이치가 있어 自然的으로 應하는 것이니 吉人이라야 吉地를 만난다.

明師는 自己 땅을 求할 때 眞龍眞穴을 만나면 비록 局이 작더라도 더 욕심내지 않고 點穴한다. 이는 局의 大小보다 龍穴의 眞氣를 貴히 여길 뿐이니 억지로 大地를 求한다 할지라도 不可能한 것은 大地란 본래 그 임자가 따로 있기 때문이다.

심하다 地師되기 어려움이여, 그 어려움이 세가지가 있다. 첫째는 慾心 없기가 어렵고 둘째는 눈이 열리기가 어렵고, 셋째는 氣를 살피기가 어렵다. 地師는 그 어려운 것을 알면 알기가 쉽지만 어려운 것을 모르면 알기가 어렵다. 地術은 심히 玄妙하니 어찌 庸愚한 사람이 능히 할 수 있겠는가. 반드시 이치를 깨우치고 精神이 맑은이라야 능히 地師로서 行世할 수 있는 것이다.

○ 龍氣論

氣는 天地間에 있는 萬物을 生하는 힘이니 山川의 融結도 이 氣가 아니겠는가, 대개 木이 땅에서 生하여 가지가 돋고 잎이 무성하는 것도 이 生物의 氣를 받기 때문이다. 그러므로 대 龍脈의 大小는 木의 枝幹에 비유하게 되어 幹龍과 枝龍이 있는 것이다. 幹龍은 氣를 많이 얻은 龍이고 枝龍은 幹龍보다 氣를 적게 얻은 龍이다.

龍의 行度가 千萬가지로 變化하여 그 형태가 한결같지 않으나 本은 오직 이 氣라 하겠다. 龍은 혹 우뚝하게 솟아 雄偉한 것이 높이 雲霄에 사무치고 혹은 비슬비슬(透透) 활동하여 平田으로 숨어 지나가기도 하는 것은 모두 氣의 行하는 이치다. 혹은 手脚이 돋고、桃棹(요도―돛대처럼 생긴 峰)가 이루어지고、左右로 迎送하고 纏托이 분명하여 前後에서 쫓고 호위하는 것은 모두 氣가 行하기 때문에 그러하다. 이러하므로 龍을 잘 찾아내는 이는 무엇보다도 이 氣만 잘 살필 뿐이다. 땅의 살이 豊盈하고 모습이 充悅하며 體貌가 단정하고 態度가 단아하고、來脈이 剝換(박환―龍의 모양과 方向이 바뀌는것)하고、脫却(탈사―劫氣 殺氣를 벗음)하여 마디마디가 전부 奇異한 것은 이른바 眞龍이다. 그러나 누가 眞龍을 알아보겠는가. 오직 法眼이라야 능한 일이다.

옛사람이 龍의 星峰、枝脚 過峽 등을 살펴 형상에 따라 명칭을 붙이는데 物의 형상에 비유하였다. 즉 喝形인데 그 說이 매우 많아 이를 일일이 거론할 수 없다. 오직 그

128

星辰이 수려함과 過峽 藏風된 것이 貴하다。 만일 氣를 살피는데 능하다면 비록 그 體

가 어느 星辰에 해당하며 그 星辰이 어느 物形에 해당하는지를 모를지라도 一世의

名師라 칭하는데 무해하다。 그리고 그 形體에 따라 무슨 형이니 하고 이름짓는 것도

무방하다。

○ 穴氣論

氣가 모인곳이 穴이므로 穴氣라 한다。

龍에 生氣가 있으면 반드시 正穴을 맺는다。 무엇을 正이라고 하는가, 千里來龍이 一席

之地(자리 하나만한 땅)에 불과하나 神妙不測한 功이 싸여 있고, 富貴榮華의 자루를 主

管하니 이것을 이른바 正이라 한다。

대개 穴의 星名이 金木水土의 正體가 있고 穴形에는 窩·鉗·乳·突의 正象이 있으니

이 모두 氣의 鍾이요 穴의 떳떳함이다。

또 穴의 結作에 있어 그 형상이 千萬가지다。 그 正體와 正象이 변하여 恠異하게 된 것

도 많으니 그 근본은 氣가 融聚되면 그뿐이다。 그러므로 穴을 잘 찾는이는 다만 來脈의

活動을 보아 그 生氣가 머무는 곳에 點穴할 따름이니 穴의 正體 正象과 變形되어 恠異한

것은 구애받을 필요가 없다。

슬프다. 穴이 正常으로 된 것은 時師(보통 地師)라도 알아낼 수 있지만 穴이 怪異한 것은 法眼 수준 이상이 아니면 알 수가 없다. 옛사람은 氣를 살펴 點穴하고 形을 따라 穴名을 정하는데 正體와 正象 外에 모든 格들이 매우 많아 그것을 다 기록하지 못한다. 근본은 하나로되 만가지로 다른 것은 天地造化의 妙니 소위 근본이 하나라는 것은 氣를 말함이고, 만가지로 다른 것은 여러가지 형상이다. 그러하므로 비록 形像에 명칭을 붙이는 일에는 어두워도 生氣를 알아보는데 능하다면 窩를 突이라 하고, 乳를 鉗이라 한들 무슨 상관이 있으랴.

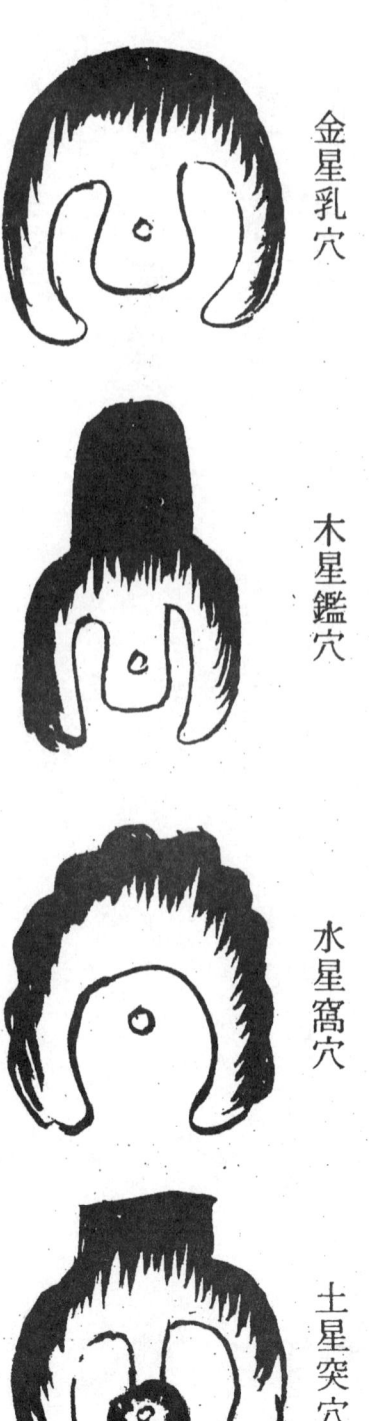

金星乳穴

木星鑑穴

水星窩穴

土星突穴

○ 喝形論

옛사람들은 땅을 點할때 반드시 그 星辰의 형상으로 무슨 형이니 하고 이름을 붙였다.

130

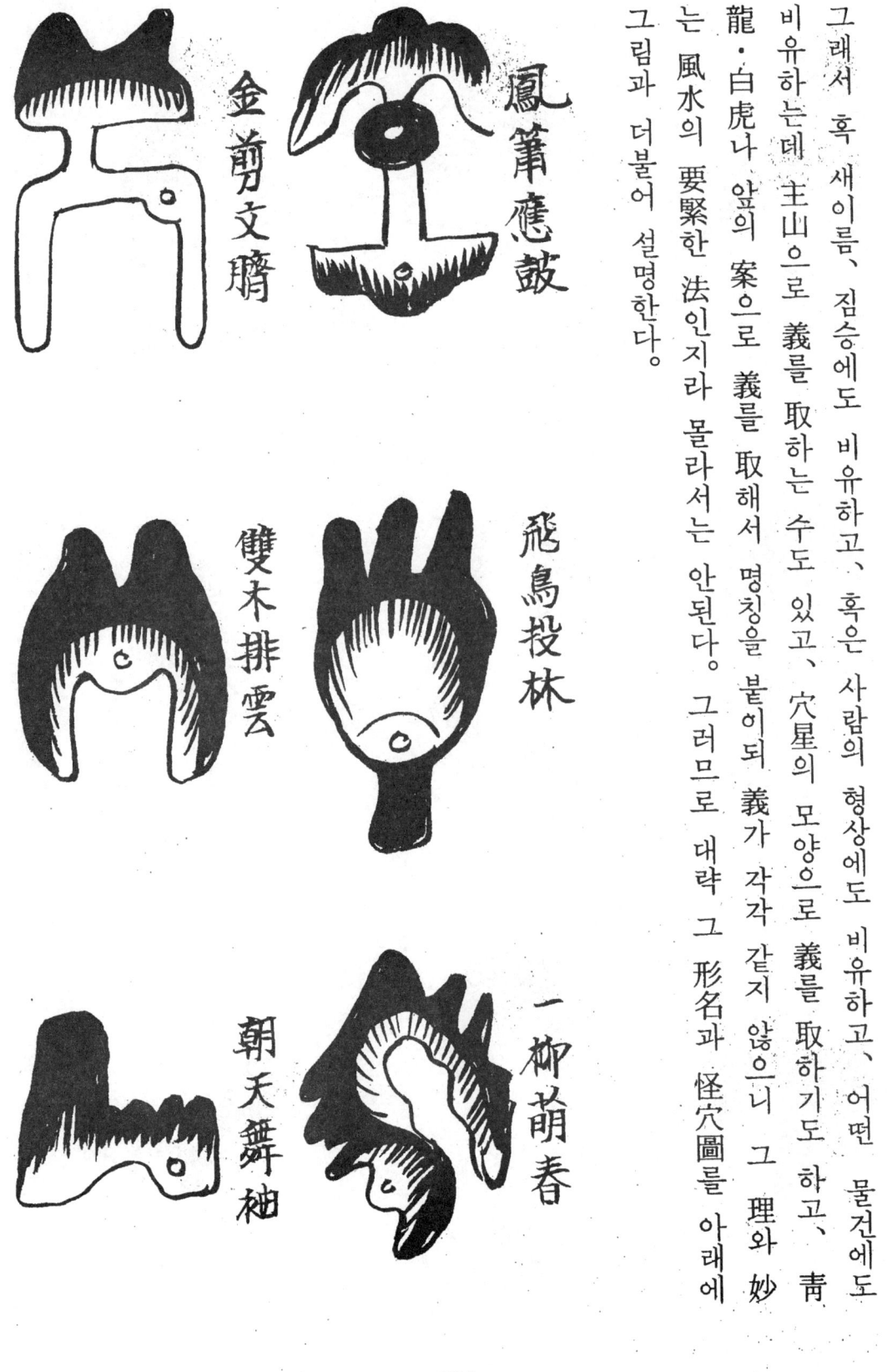

그래서 혹 새이름, 짐승에도 비유하고, 혹은 사람의 형상에도 비유하고, 어떤 물건에도 비유하는데 主山으로 義를 取하는 수도 있고, 穴星의 모양으로 義를 取하기도 하고, 靑龍・白虎나 앞의 案으로 義를 取해서 명칭을 붙이되 義가 각각 같지 않으니 그 理와 妙는 風水의 要緊한 法인지라 몰라서는 안된다. 그러므로 대략 그 形名과 怪穴圖를 아래에 그림과 더불어 설명한다.

鳳筆應鼓

金剪文腸

飛鳥投林

雙木排雲

一柳萌春

朝天舞袖

 仙人跨鞍

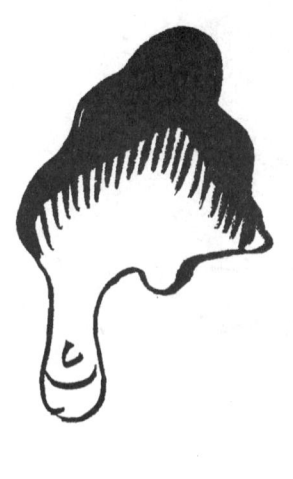 仙人擺袖

 紫氣冲天

 田螺吐肉

 遊魚上水

 簪笋凌雲

 丹爐覆火

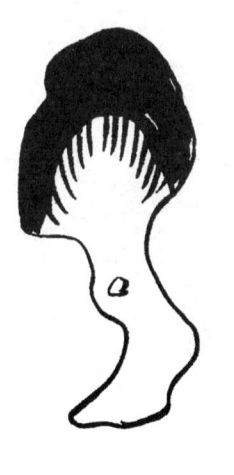 玉女搖珮

 玉尺

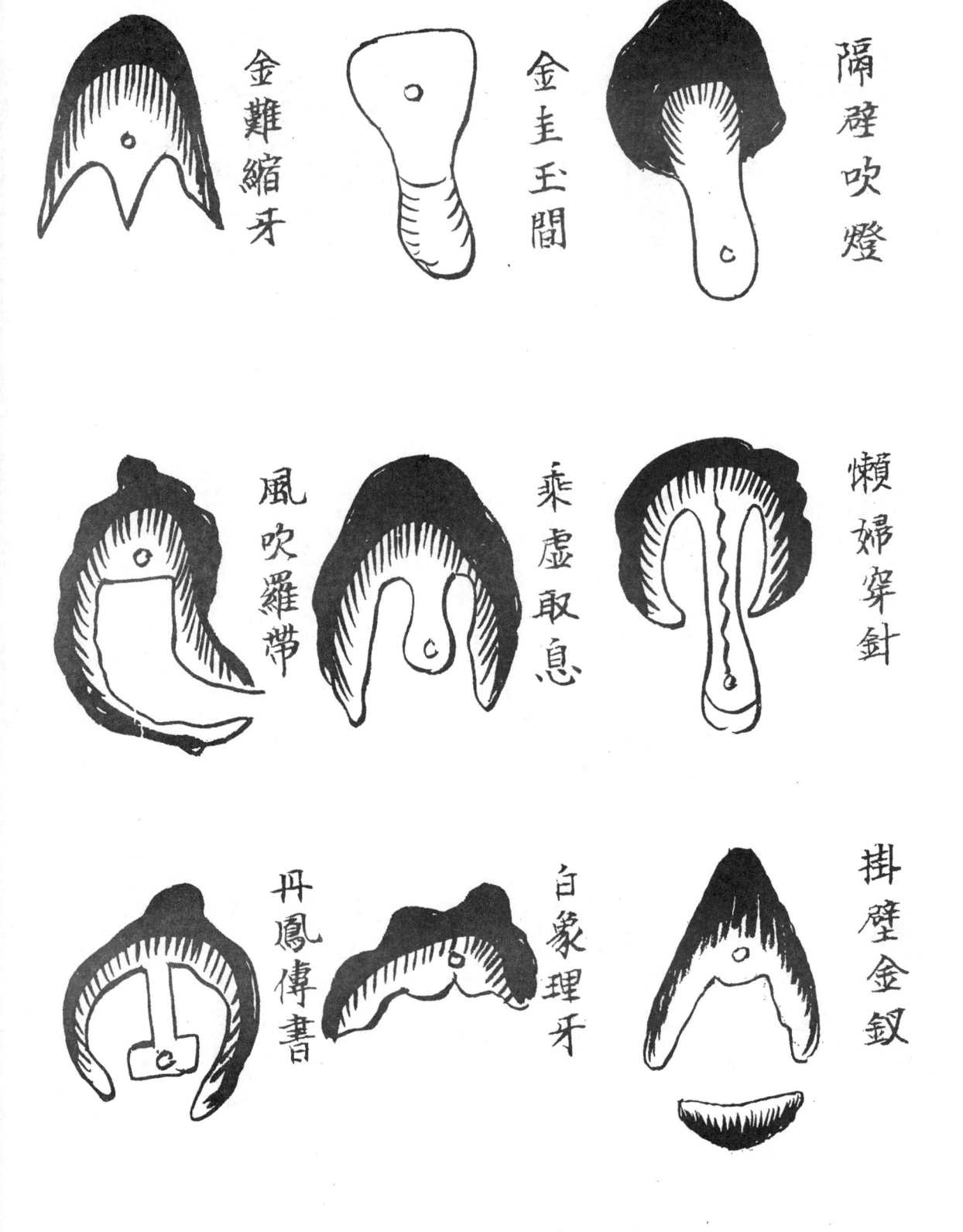

金難縮牙

金圭玉間

隔壁吹燈

風吹羅帶

乘虛取息

懶婦穿針

丹鳳傳書

白象理牙

掛壁金釵

 姜女抱琴

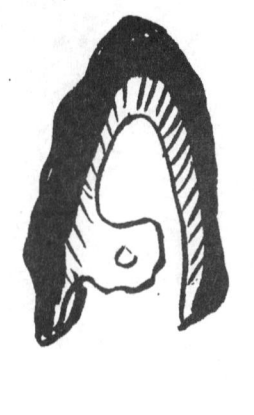 玉筋扶鏝頭

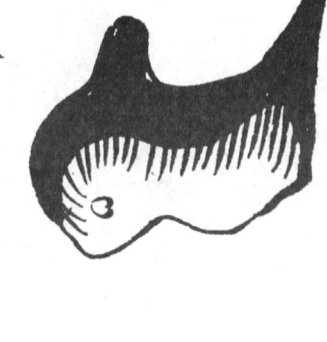 蝙蝠形

 連雲初月

 行舟形

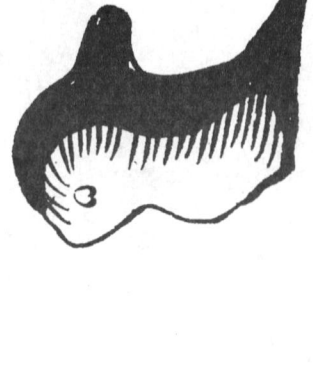 鶺鴒曬翅

 老鼠下田

 驪龍弄珠

遊犢顧母

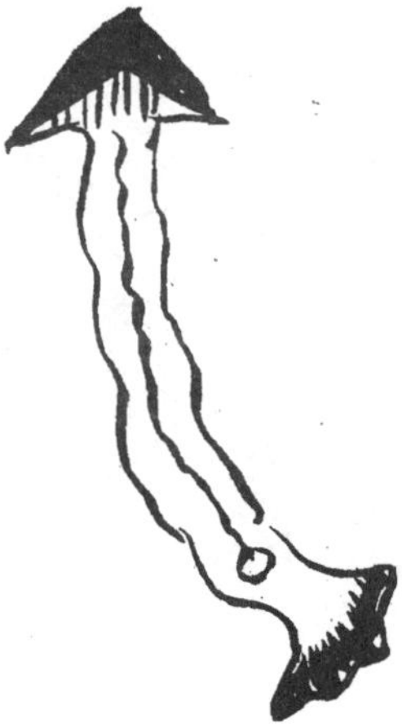

生蛇听蛉

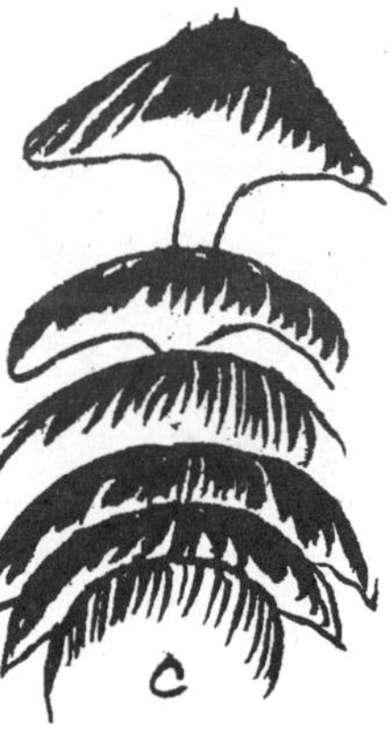

蜈蚣形

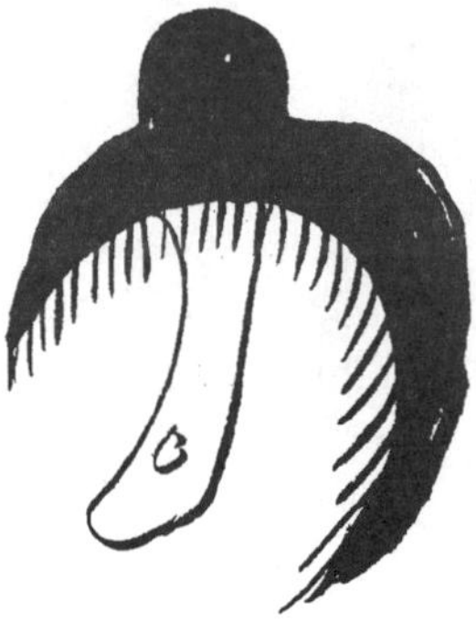

飛鳳抱卵

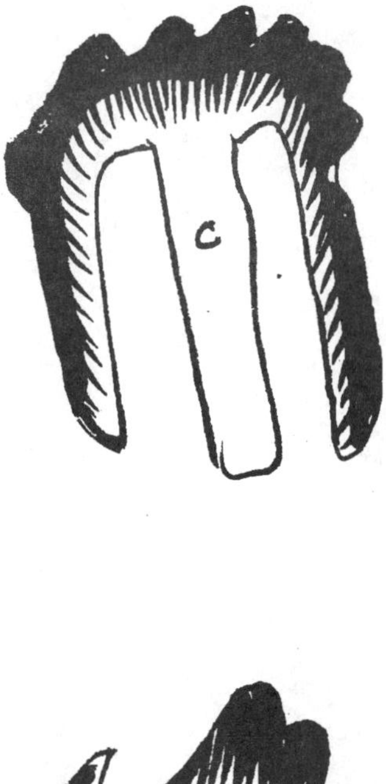

寶劍出匣

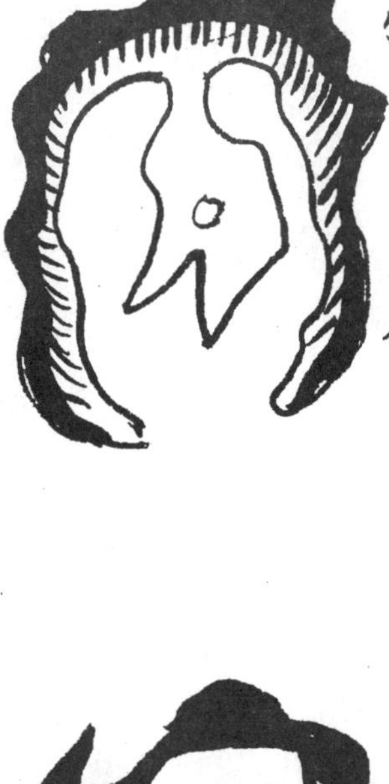

靈龜曳尾

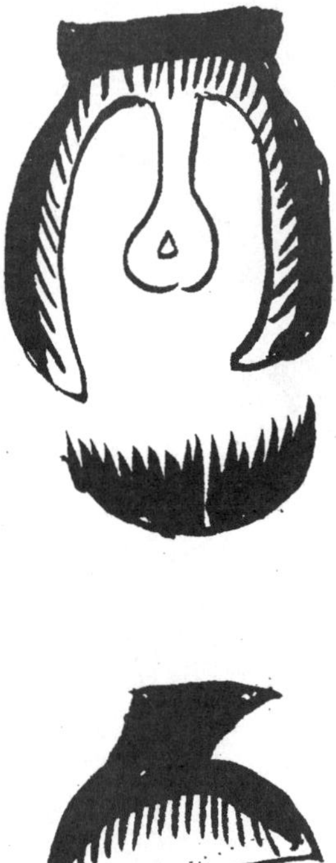

仙人舞袖

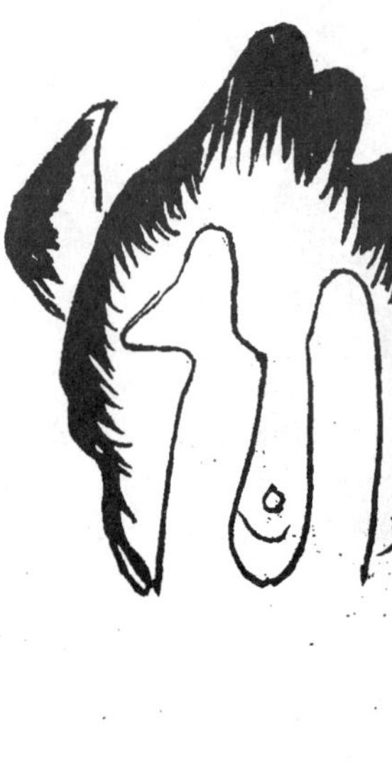

美女跐足

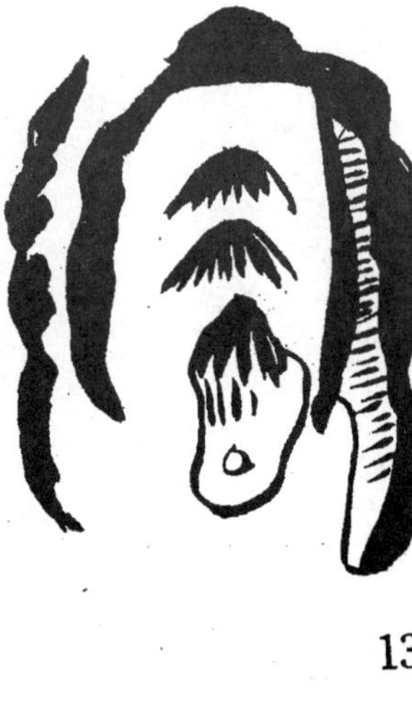

啄木飛空

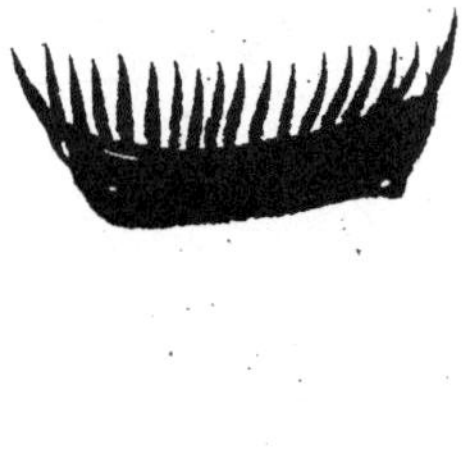

紗帽寶帶

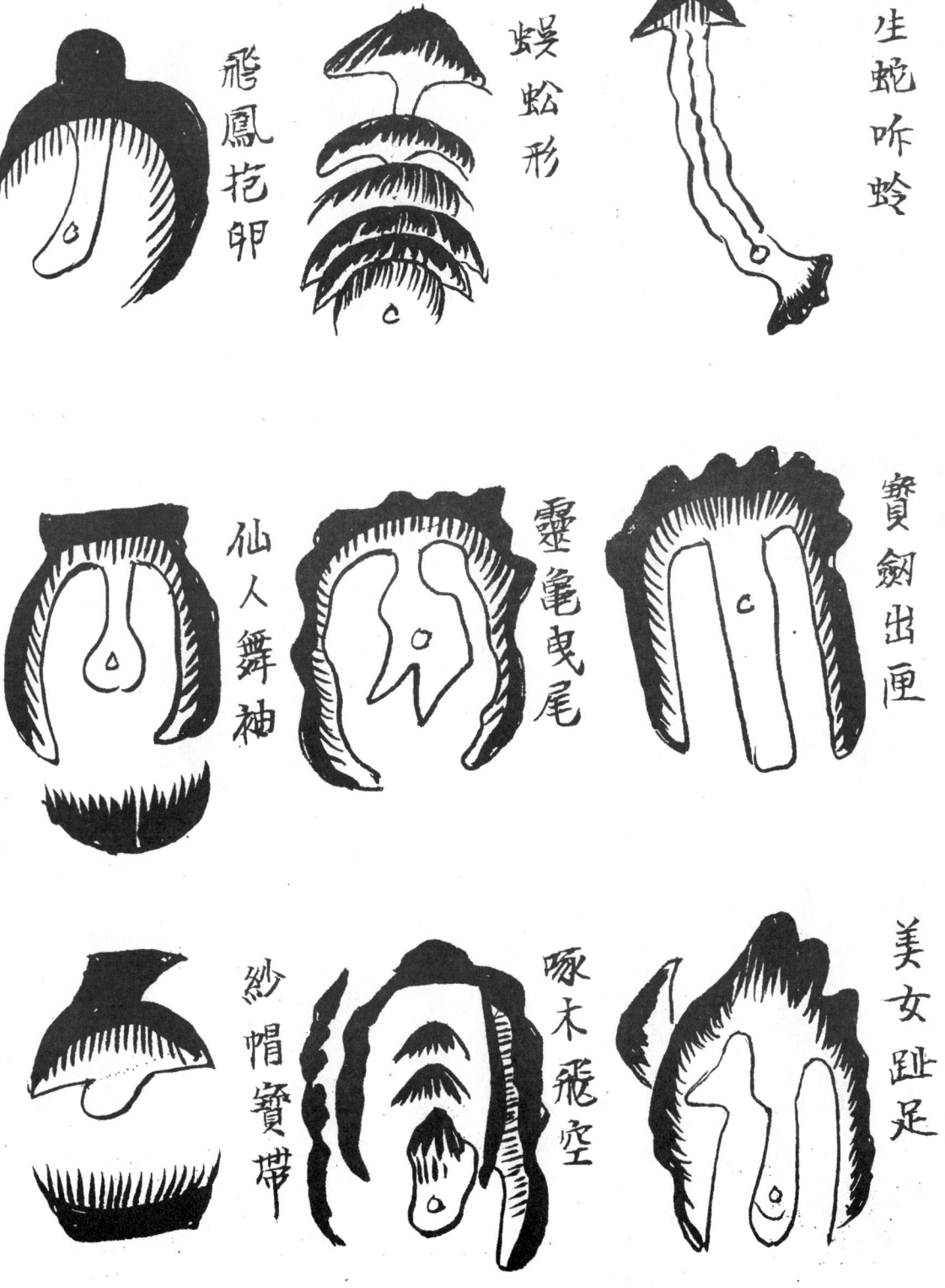

將軍大座　　天女奉鼓　　玉鼎飄香

武公彎弓　　環帶領恩　　三星拱斗

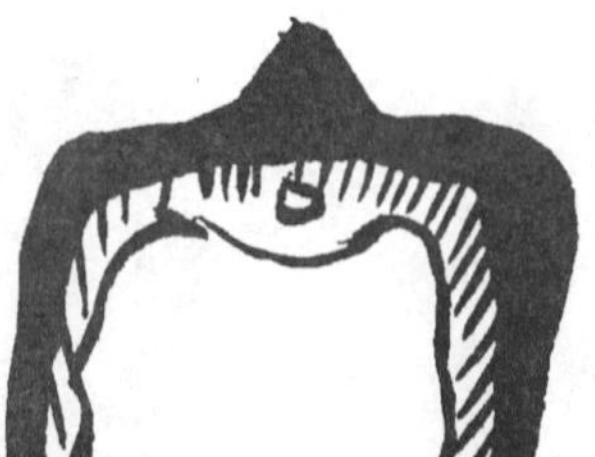

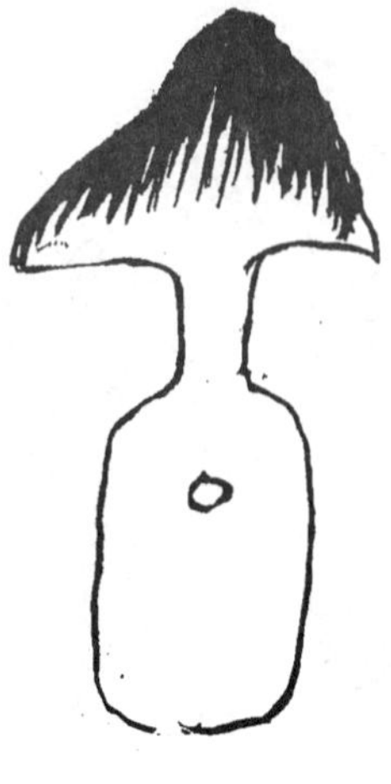

將軍展旗　　紫氣莊龍　　漂母擺練

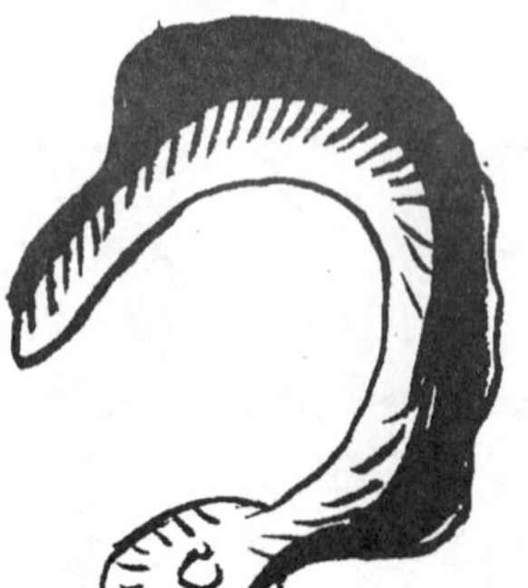

天女散髮

玉女擊鼓

走馬脫鞍

臥牛形

金盤

仙人讀書

伏虎眠犬

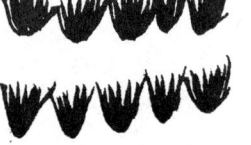

天女散花

仙人讀書

137

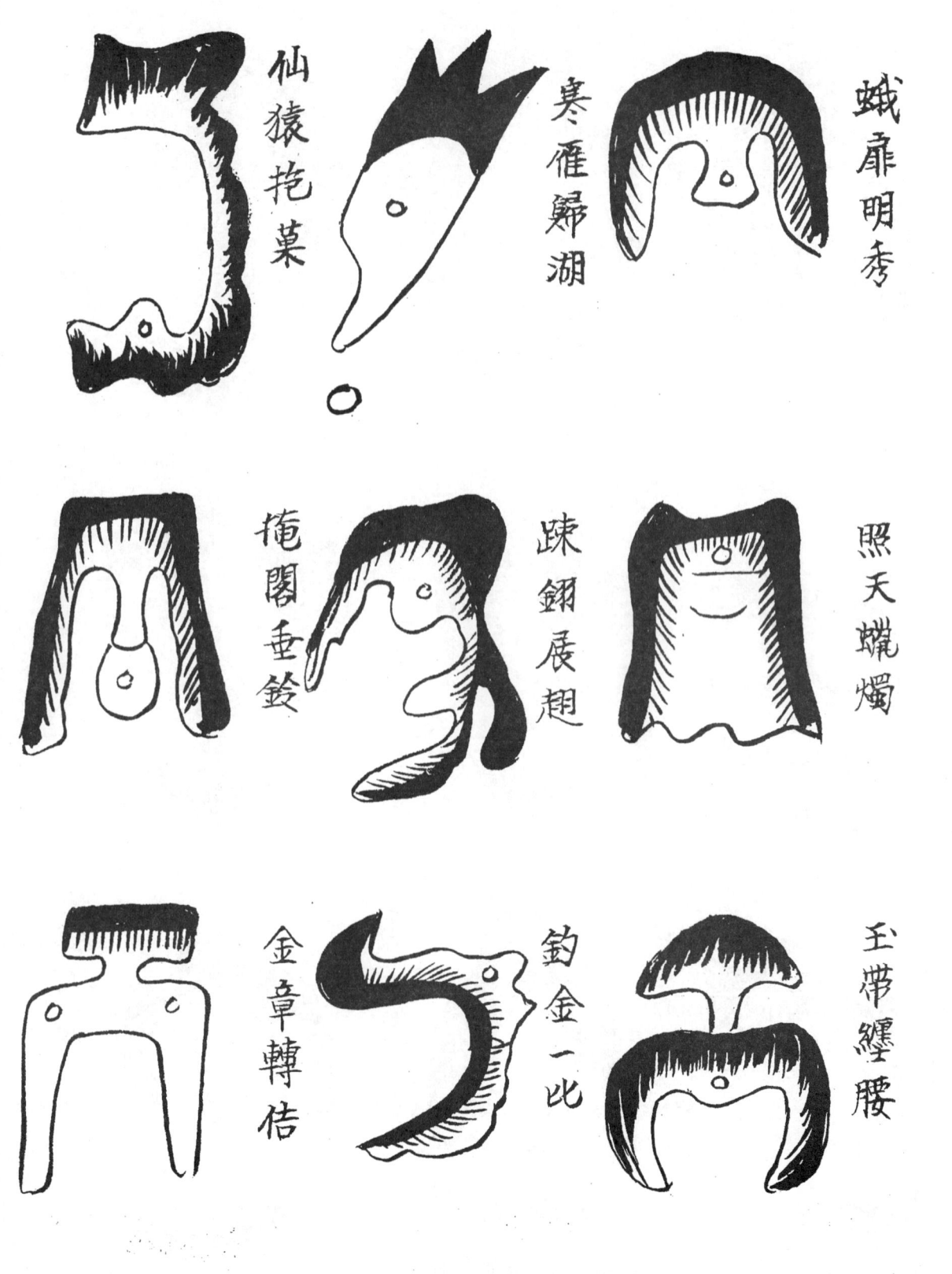

仙猿抱菓　　寒雁歸湖　　蛾扉明秀

掩閤垂鈴　　踈翎展翅　　照天蠟燭

金章轉佶　　鈎金一比　　玉帶纏腰

二仙對局

穴腦氣

○ 穴腦氣論

穴에 生氣가 있으면 반드시 먼저 腦부터 생긴다.

대개 主頂(玄武頂 및 穴 뒤에 높은 곳)이 急急하게 來脈되어 장차 穴을 맺을 무렵에 다시 微突이 생긴 것이 사람의 머리 정수리(頂) 아래에 이마(額)가 내민 것과 같다. 이것을 腦라 하는 것인데 穴 中央에 서서 바라보면 그곳이 치우치거나 기울지 않고 둥그스럼하여 가득히 채워진 것이 즉 腦다.

脈이 有氣하면 반드시 腦가 있고、腦가 有氣하면 반드시 穴이 맺는 것이니 이는 陰陽이 交媾하여 眞脈이 이루어진 것이다. 穿穴의 妙가 모두 여기에 있다. 그러나 造化가 일정치 않아서 혹 腦가 없이도 結穴되는 경우가 있으니 이 腦의 有無에만 구애받아 正穴을 버려서도 안된다. 그러므로 尋穴을 잘 하는 이는 다만 生氣를 보는 것이지 腦의 有無에 대해서는 論하지 않는다.

139

○ 玄武 論

玄武란 穴 뒤에 있는 主山이다。 대개 眞龍은 生氣가 旺盛한고로 반드시 三四峰이 높게 일어나 金木水土 正體星 가운데 그 하나를 갖춘 뒤에 落脈하여 結穴되는고로 玄武峰은 반드시 尊重해야만 貴하다。 그러나 玄武가 비록 높더라도 또한 眞假가 있다。 星體의 모양이 단정하고 態度가 安閑해서 正氣를 含畜하여 垂頭의 형상이 있는 것이 眞이고、 玄武가 용맹스럽게 우뚝 홀로 솟아 그 精神이 크게 露出하여 眞氣가 흩어져 垂頭(수두—약간 머리를 숙이는듯 공손하게 보이는 자태)의 태도가 없는것은 假이니 누가 능히 이를 분별하겠는가 오직 明師의 法眼이라야 玄武가 眞인지 假인지를 알아볼 수 있는 것이다。

이상에서 論한 玄武는 壟龍(농룡—高山龍)에 해당하고 平洋地는 이 法에 구애받지 않는다。 平地行龍은 一尺만 높아도 山으로 보고 一尺만 낮아도 물로 보는 법이다。 龍이 透迤(위이—비실비실한 모습)하고 구불거리면(屈曲) 龍氣가 매우 旺하다는 증거이니 結穴될 지점에 다만 腦만 일어나면 된다。 또 우리나라는 中國땅과 달리 다만 壟龍만 있고 平洋脈이 없는 이유는 무엇 때문일까、 대개 우리나라는 數百里 넓이의 平野가 없는지라 壟龍은 餘氣가 平原으로 散落(산락—흩어지면서 떨어져 나감)하여 바람에 나부끼는 낙엽과 같아 一點의 生氣가 없으므로 모든 宰相이나 高官집들의 名墓가 다 壟龍의 氣를 타서 玄

玄武

武를 尊重하게 여기는 것이다. 落脈이 淸秀하여도 平洋으로 나간 경우는 發福하는 땅이 없다 하겠다.

위 그림은 土星玄武다. 五星形體는 이미 앞에서 그림으로 표시하였으니 다시 그림으로 설명할 필요는 없다. 대개 星體의 변격이 無常하고 主山玄武頂의 모양이 각각 달라 造化의 妙를 다 模彷할 수 없으나 오직 尊重하게 面을 열면 貴한 것이다.

○ 朱雀 論

朱雀은 朝應하는 山이니 즉 穴面 앞에 있는 正安이다. 대개 眞龍에 氣가 怪異하며 玄武가 尊重하면 朱雀이 來迎(앞에 有情하게 있는것)하여 서로 情意가 도타웁고 主(穴) 客(朱雀)이 서로 和合한다. 朱雀이 높으면 눈썹이 가지런하고 朱雀이 낮으면 염통(心) 근방에 應한다(이 말은 案山이 높으면 穴도 높은데 맺고, 案山이 낮으면 穴도 낮게 맺는다는 뜻이다).

141

朱雀山은 수려하고 開面(앞이 트인것) 된 것이 貴하고、먼것이 가까운 것만 못하므로 반드시 朱雀이 품안에 應하도록 案을 取한다。대개 前案이 수려하고 開面한 것은 眞穴이 맺는 증거니 案은 없어서는 안되는 것이로되 龍이 眞이고 穴도 眞이면 秀應하는 案이 없는 경우도 많이 있는 것이다。

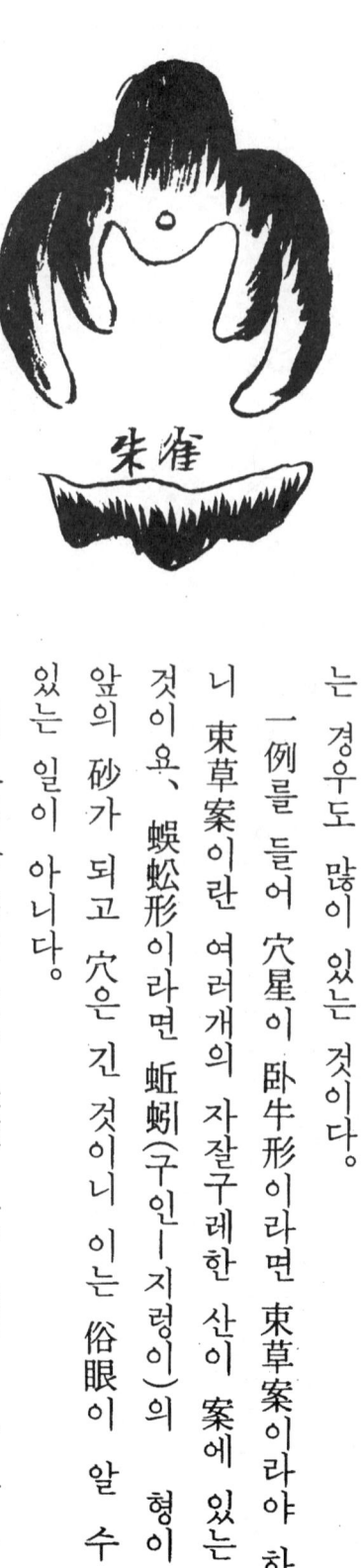

朱雀

一例를 들어 穴星이 臥牛形이라면 束草案이라야 하니 束草案이란 여러개의 자잘구레한 산이 案에 있는 것이요、蜈蚣形이라면 蚯蚓(구인ー지렁이)의 형이 앞의 砂가 되고 穴은 긴 것이니 이는 俗眼이 알 수 있는 일이 아니다。

위 그림은 華盖 三台 朱雀이다。星面의 변태가 무상하여 만가지가 각기 다른 것이니 다만 案이 有情이라야 貴하고 案山이 크고 작고 높고 얕은 것에는 구애되지 않는다。

○ 穴前餘氣論

穴에 生氣가 있으면 반드시 餘氣도 있는데 餘氣란 穴 앞에 있는 脣氈이 그것이다。무릇 眞龍의 穴은 반드시 生氣가 많은 관계로 結穴이 되고도 다시 餘氣를 펴서 脣을 이루어

놓는 것이니 이는 眞結에 자연적으로 應하는 이치가 있음이다. 고로 이 餘氣가 없는 것은 假穴로 보아 마땅하다. 그런데 眞龍의 眞穴에 唇氈이 短縮된 경우도 있다. 대개 眞脈은 結穴한 뒤에 穴 곁으로 다시 一枝를 빼내어 內堂의 逆水를 굽어 안는 것이니 穴의 餘氣가 이를 따라 가는고로 唇氈이 짧아진다. 이는 變格으로 이 경우는 唇氈이 有餘(길게 있는것)한것 보다 오히려 좋다. 또 樂山突穴이 圓暈이 분명한 것은 穴의 餘氣가 左右 前後 고르게 펴나가야 可한 것이니 唇氈이 有餘하지 못한 것을 論하지 않는다.

穴前唇氈

穴傍餘氣

平地突穴餘氣

위 그림 三格은 어떤 것이 가장 좋다는 優劣이 없고 오직 生氣가 旺盛한 것이라야 貴하다.

143

○ 樂山論

特樂　　借樂

祖樂　　長樂

樂山은 橫으로 떨어진 龍의 穴 뒤로 받쳐주는(應하는) 山이다. 등(背)으로 곧게 내려와 이루어진 것이 特樂이고、橫으로 와서 龍身에 붙은 것이 借樂(他山에서 빌려온 樂山)이라 하며、祖山이 직접 穴 뒤를 막아준 것을 祖樂이라 한다。樂山은 혹 둥글고 혹은 모나고 혹은 길고 혹은 높은 모양으로 穴 뒤 虛한 곳을(橫龍穴은 대개 穴 뒤가 虛하므로 반드시 가려주는 樂山이 있어야 한다) 막고 가려날개한 것이라야 貴하니 이는 橫龍穴에 穴이 맺는 第一標準이다。고로 橫龍穴에 樂이 없으면 眞結이 아니다。

俗師는 대개 먼저 樂山부터 보고 뒤에 點穴하는 관계로 虛穴을 占하는 例가 많

고、明師는 다만 生氣가 있는 穴만을 占하므로 穴 뒤에 樂山은 자연적으로 가려 보호하
게 된다。(즉 生氣가 있는 橫龍의 眞穴은 樂山이·자연적으로 있기 마련이다。)

撐鬼

雙鬼

○鬼星論

一邊鬼

直鬼

横龍에 眞穴이 맺으려면 樂山이 있어야 하
고、樂山이 없이도 穴이 맺는 경우는 반드시
鬼星이 있기 마련이다。혹 穴을 對하여 橫胞
하거나 혹은 양쪽으로 끼어 안거나(抱)、혹은
一邊에서 逆抱하여 正中으로 直撐하는 것은
모두 穴을 증거하는 법이다。橫穴은 이 樂이나
鬼가 없으면 眞結이 아니다。穴이 眞이면 자연
樂이나 鬼가 있는 법이다。무릇 占穴法은 반
드시 먼저 穴氣를 살펴야하는 것이 妙한데 假
龍의 虛穴에도 鬼가 있으니 鬼가 있어 眞穴이
라고만 무조건 생각해서는 안되므로 각별히
조심해야 한다。

그런데 橫龍에 樂이나 鬼가 없어도 眞穴이 맺는 경우가 있다. 穴의 後堂에 下手砂가

後氣를 逆으로 거둬들이면 이 역시 一邊을 逆抱한 鬼로 간주하여 증거로 삼는데 功用이

일반 鬼가 있는 것과 마찬가지로 본다. 또 穴이 비록 떨어져 내려왔더라도 後龍이 透迤

屈曲하면 到頭하는 脈이 撞背龍과 다름이 없으므로 鬼가 생기지 않아도 結穴된다.

○ 龍虎論

龍虎는 穴 左右에 있는 砂를 말한다. 穴이 眞이면 靑龍 白虎가 穴을 굽어 안아 有情하

고, 穴이 假면 靑龍 白虎가 딴 방향으로 등지는듯 몸을 돌려 無情한 것이다. 이러하므로

眞穴이 맺는 땅은 물이 右에서 오면 左砂(靑龍)는 逆水하고, 물이 左에서 오면 右砂(白

虎)가 逆水한다.

左右砂에는 左單提와 右單提가 있는데 左單提는 白虎가 없거나 있더라도 몹시 짧고 靑

龍이 길게 팔을 늘여 穴을 싸 안은 것이고, 右單提는 靑龍이 없거나 있더라도 몹시 짧은

가운데 白虎脈이 길게 팔을 늘여 穴을 싸안은 것인데 左單提는 물이 右에서 돌아 와야

하고 右單提는 물이 左에서 돌아 와야 吉格으로 內堂의 氣를 거두어들여 흩어지지 않게

함으로서 穴의 증거가 되는 것이다.

靑龍 白虎가 左右에서 穴을 굽어안는 것은 모두 穴을 護衛하는 역활을 하므로 가장 요

긴한 砂라 하겠다。眞龍 正穴에 혹 靑龍은 있으나 白虎가 없는 경우가 있고、이와 반대로 白虎는 있으나 靑龍이 없는 경우도 있으며 심지어는 龍虎가 모두 없는 수도 있고、혹은 龍虎가 逆水가 아닌 물 흘러가는（順水）例도 대로 같이 따라가는 있으니 어찌 靑龍 白虎의 有無와 順水 逆水에만 구애받아 正穴을 버릴 수 있겠는가。造化도 功이 완전한게 없다는 말이 있으니 이를 두고 하는 말이다。

그리고 위 그림 龍虎圖에 官曜를 붙였으니 官曜란 무엇인지 알 수 있을 것이다。眞龍正穴은 원래 生氣가 왕성한 관계로 官曜가 생기는 수가 있는데 官曜가 있으면 眞穴의 貴格임을 더욱 분명하게 증거해 준다。靑龍에 官曜가 있으면 長房이 더욱 貴하고、白虎에 官曜가 생기면 次房이 더 貴가 發한다 하니 曜의 증험이 이와 같다。

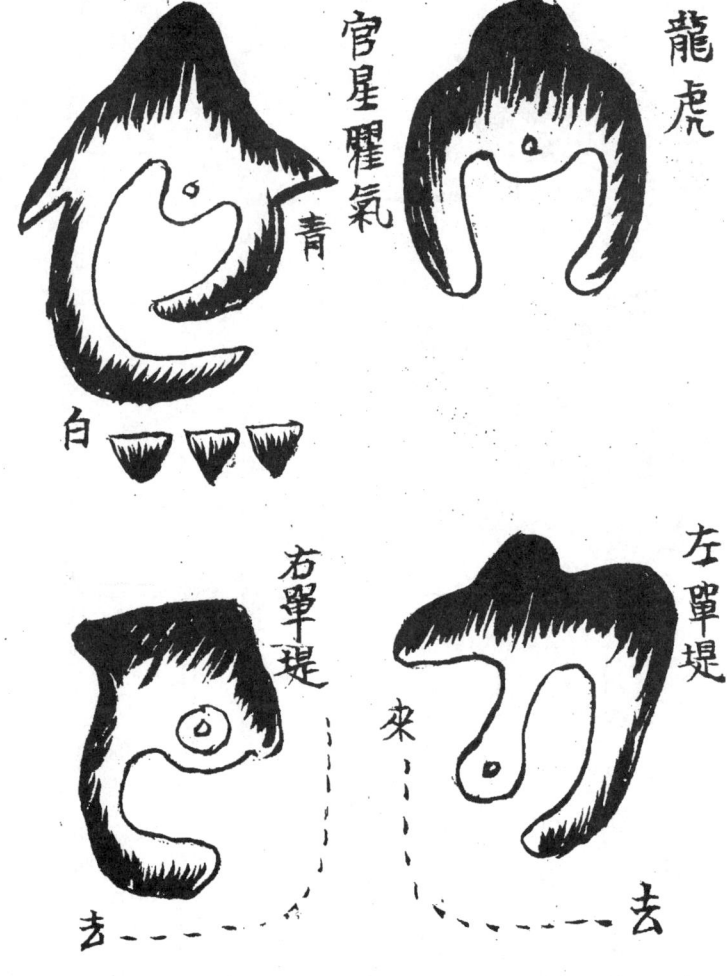

龍虎

官星曜氣

靑

白

左單堤

右單堤

來

去

去

○ 明堂論

明堂이란 穴 앞에 있는 땅이다. 明堂에는 두가지가 있으니 内明堂과 外明堂이다. 内明堂은 둥그스럼하게 모여야 좋고 外明堂은 넓직하게 펼쳐져야 좋다. 内明堂이 둥그렇고 짜임새가 있으면 元辰水를 거두어 内氣를 새지 못하도록 묶어 가두고, 外明堂은 넓고 좁면 局勢가 平正해서 먼곳에 있는 秀峰이 羅列하여 穴의 用이 된다. 고로 明堂은 넓고 좁은 것이 적당하고, 비뚤어짐이 없이 平正해서 惡石 따위가 주변에 없어야만 眞穴의 증거다.

内外明堂

무릇 内明堂 外明堂이 方圓하여 格에 맞아야만 좋은 것은 당연하나 어떤 경우에는 眞龍正穴이 맺는 땅일지라도 内明堂이 기울거나 外明堂이 기울어진 경우가 있고, 혹은 内明堂은 있으나 外明堂이 없거나 外明堂은 있으나 内明堂이 없는 경우도 있으니 明堂의 결점 하나만 가지고 正穴을 버려서는 안된다. 무릇 眞龍의 땅은 氣象이 寬平하므로 대개는 明堂도 氣를 모으고 너그럽게 펼쳐진다. 그러나 造化란 꼭 그렇게만 이루어 놓은(全美하게) 것이 아니므로 이 경우도 오직 穴의 眞에만 근본을 삼아야 할 것이다.

○ 水 城 論

水城이란 穴 앞으로 흘러오고 흘러나가는 물을 칭함이다. 水의 吉凶이 禍福에 가장 관계되는바 물은 來水는 굽어 흐르고、 橫帶한 물은 둘러 안아야 하며 빠져나가는 물은 머뭇머뭇 조금씩 나가야 하고、 돌아 모여오는 물은 맑되 엉켜모여야 한다.

물은 悠悠히 흐르면서 나(穴)을 돌아보고、 내가 그리워 빨리 흘러갈 수 없는듯 戀戀한 모양으로 나가는 물은 吉格水가 된다. 그러나 물이 혹 곧게 똑바로 빠져 나가거나 곧게 一字로 冲해 들어오거나 물살이 急하여 激動하거나 혹은 穴을 反하듯 다른 곳을 향하여 둘러 흐르거나、 혹은 물이 뛰고 기울어지고 쏟아지는듯 괄하거나 穴을 穿하고 龍을 베거나(割)、 혹은 나를 버리고 돌아보지 않은채 바삐 나가 무정한 것은 모두 물의 凶格이다. 대략이 이러하고 또한 三吉方 六秀方 등 方位상으로 좋은 물과 理氣法으로 따져 生旺死絕水 등이 있으니 모두 참작해서 取할 것은 取하고、 버릴 것은 버려야 한다.

대개 물이란 山의 血脈이다. 龍은 물이 아니면 그 來한 것을 밝힐 수 없고、 穴은 물이 아니면 龍穴에 물이 멈추는 것을 밝히지 못하므로 물은 매우 중요한 존재다. 山水가 交媾하고 음양이 配合함은 風水의 第一法이다.

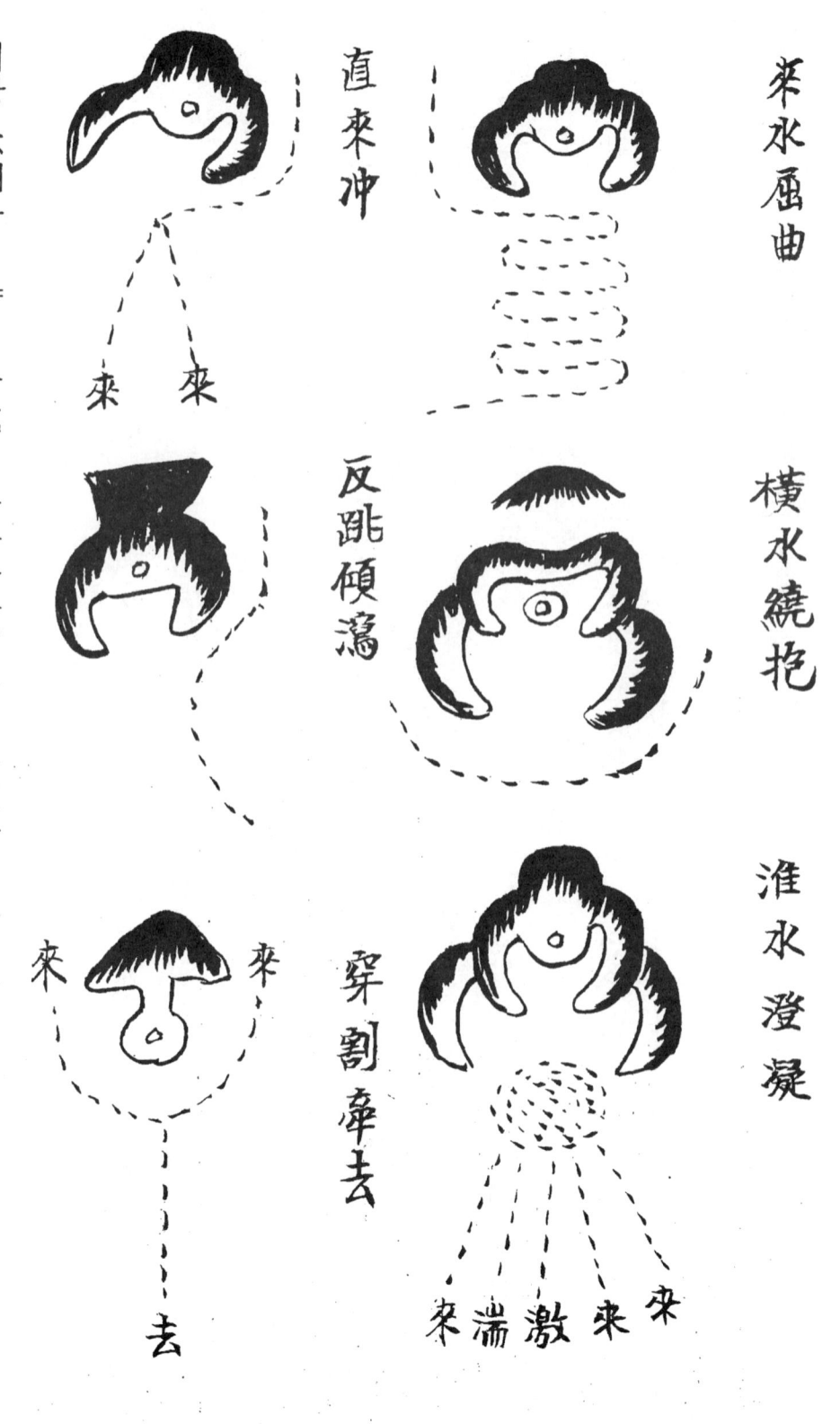

来水屈曲

直来冲

横水繞抱

反跳傾瀉

淮水澄凝

穿割牽去

来　来

来　　来

去

来湍激　来　来

이상 六圖는 대략적인 式에 불과하다. 水의 去來가 萬가지가 있어 한결같지 않으니 이를 다 그림이나 글로 설명할 수는 없으니 옆 그림으로 미루어 연구하면 이해가 어렵지

150

앉을 것이다. 원래 水法은 純吉하게 이루어진게 드물다. 그러므로 葬法에서 控制하는 것이 옳다 하겠다.

○水口論

水口란 물이 나가는 곳이다. 이곳은 周密하고, 빽빽하고, 關鎖(자물쇠하여 出入을 통제함)하는 것이 좋고, 그 情意가 안을 돌아보는듯(못잊어) 나가지 않고 머뭇거리고

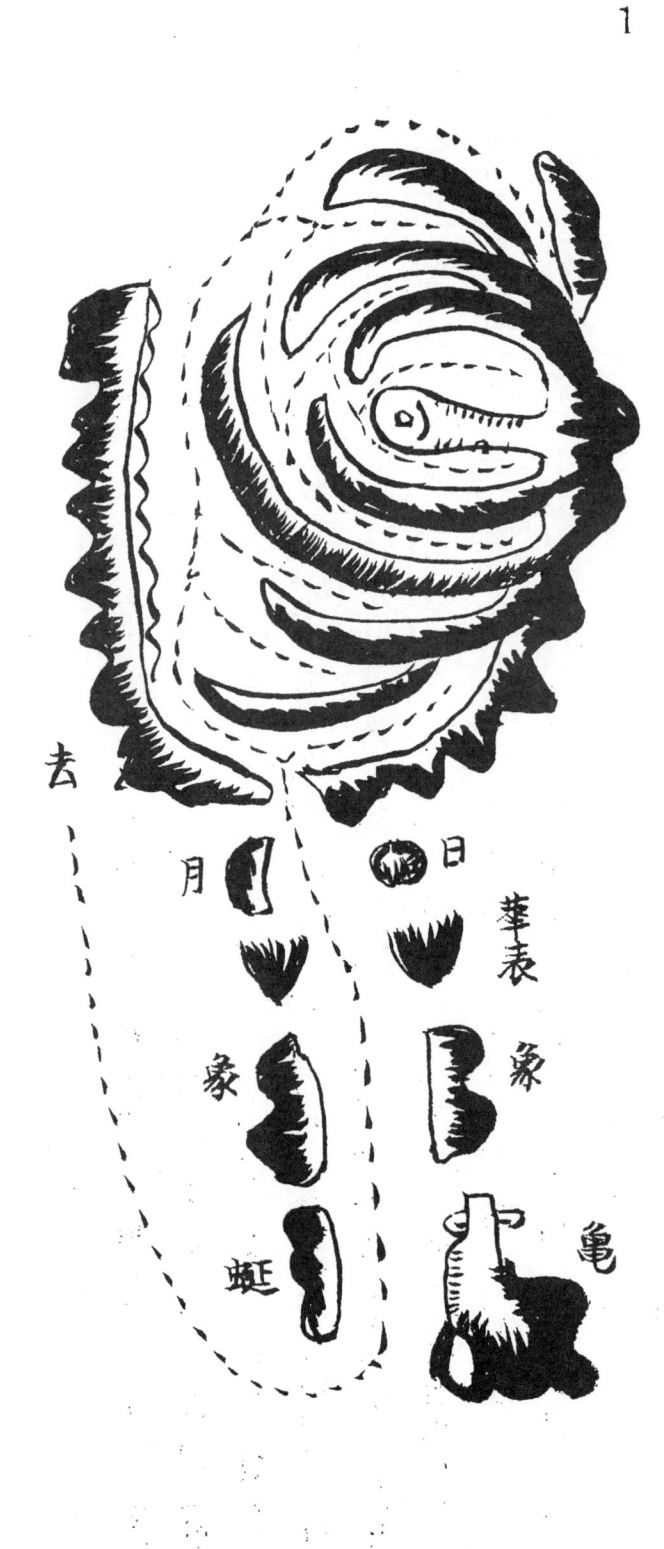

去

月　日

華表

象　象

蜒　龜

1

151

머리를 다시 돌이키는듯 해야 大吉하고, 혹은 日月砂가 相對하고, 華表砂가 높이 솟고, 혹 코끼리형의 砂가 있고, 혹은 禽星 獸星의 砂가 水口에 널려 있으면 이를 捍門砂(한문사—물목을 지키고 있어 물이 잘 빠져나가지 못함)라 하는바 이와 같은 것들이 있는 것을 貴格이라 한다. 고로 水口가 이러한 땅에 穴을 맺으면 富貴가 應하는 땅이지만 만일 廣濶하여 關(關門)이 없어 물이 나가는데 制裁를 받지 않으면 旺氣가 흩어지고 龍身의 氣도 같이 빠져나가리니 어찌 正穴이 맺겠는가. 또 北辰의 星은 그 貴가 無雙이라서 반드시 至貴한 땅을 맺으리니 이러한 땅은 明師가 입을 다물고 말해 주지 않는다.

이상에서 論한 捍門(한문—水口를 막는것)하는 여러가지 砂 가운데 단 一이라도 있으면 발복하는 것이므로 그러한 砂가 많이 있는 것만 구할 필요가 없다.

大龍이 過陝하는 곳에는 捍門이 많으나 眞龍이 없으니 잘 살펴야 한다.

○ 砂 法 論

砂란 穴의 左右와 前後와 朝山을 총칭한 이름이다. 砂의 形體는 만가지가 같지 않으니 金木水火土의 변태가 無常하며 그 형체가 각각 다른지라 富貴가 판이하고 吉凶이 다르며 禍福이 砂의 좋고 나쁜 것에 따라 作用된다. 대개 砂는 뽀족하고 둥글고 모나고 반듯하고 秀麗하여 朝應하는 것은 有情한 砂요, 砂가 거칠고 頑惡하고 무너지고 깨지고 기울고

宜作正案
宜居水口

大貴人（中格貴砂）

비뚤어져 바르지 못한 것은 凶格이다.

穴이 吉하면 凶砂는 모습이 감춰지고 吉砂만 나타나며, 穴이 假면 吉砂는 숨어 나타나지 않고 凶砂만 보이기 마련이다. 또 造化는 한결같지 않아서 비록 眞穴이 맺는 땅이라도 혹 凶砂가 보여 禍福이 相半하는 수가 있으니 망녕되이 占穴하지 말라.

砂의 吉凶은 일정하여 바꾸지 않는 것이 있으니 探頭砂와 斷頭砂가 바로 그것으로 이 砂는 절대 吉하게 변할 수 없고, 玉帶와 文星 등의 砂는 凶으로 변할 수가 없다. 기타 凶砂도 또한 그 正穴을 따라 변하는 것이 있다. 가령 尖創砂(첨창사ー창날처럼 뾰족하게 생긴 형상의 砂)는 武夫에 해당하고, 墮胎가 龍에 서려있는것과 斷頭砂가 令字脈에 있으면 좋다는 것이 이것인데 오직 明眼의 卞別하는데 있다.

다음은 砂格을 그림으로 표시해서 說明함이다.

위 그림은 大貴人砂다. 龍이 上格이면 文章으로 貴顯하고, 中格이면 文章으로 이름은 얻어도 貴는 못하며, 賤格龍이면 주로 僧道가 나오고 孤獨에 子息이 없다. 무릇 貴人峰은 木星體로 되어 높이 솟고 수려한 山이니 모두 文章이 應하는 貴砂로서 峰이 砂碎되거나 기울거나 비뚤어지거나 추악하면 좋지 않다.

上의 그림은 龍樓鳳閣貴人峰이다. 上格龍은 高科에 及第하여 顯貴하고 功을 社稷에 나타내며 思澤이 民生에게까지 미치게 한다. 中格龍은 주로 翰苑의 淸職으로 聲價를 얻고, 날로 帝王을 가까이 모시며, 賤龍도 貴히 되고 名聲을 얻는다.

龍樓鳳閣貴人
(上格貴砂)
宜作正案

大小貴人
(中格貴砂)

下 그림은 大小貴人峰이다. 上格龍은 父子 兄弟와 叔姪까지 같은 科試에 모두 合格하게 되고, 中格龍은 父子 兄弟가 모두 文學으로 명성이 높으나 단 顯貴만 못할 따름이며, 賤龍이면 주로 僧道나 師徒로 이름을 얻는다.

154

上의 그림은 玉堂貴人峰이다. 上格龍은 文章이 世上을 덮고 高科에 及第해서 玉堂에 貴顯하고, 中格龍은 주로 典職과 節度使의 官品이 發하며 賤龍이면 壽福을 누리고 軒馬가 많다.

玉堂金馬貴人

（上格貴砂）

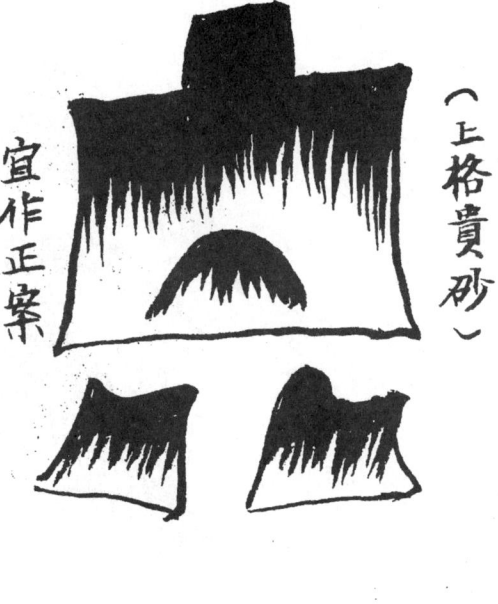

帳下貴人

（上格貴砂）

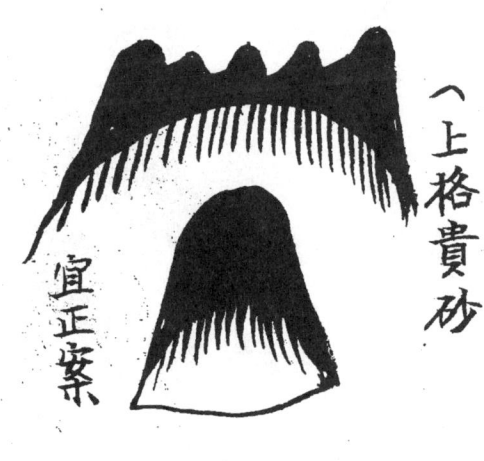

宜作正案

宜正案

下 그림은 帳下貴人이란 貴砂다. 이 破가 朝應하면 上格龍은 尚書（우리나라의 判書, 현재의 長官級）가 나와 錦衣玉帶로 영화를 누리고, 中格龍은 州郡之官 즉 郡守牧使의 벼슬이 응하며 賤龍이면 僧道로 有名하거나 微官에 머무르게 된다.

다음 그림은 臺閣貴人砂다. 上格龍은 政丞자리에 올라 임금의 총애를 독차지 하게 되고, 中格龍은 尚書와 侍從 벼슬이 發하며 賤龍이라도 朝庭에 入闕하여 임금을 만나 보는데 道僧이 나온다.

155

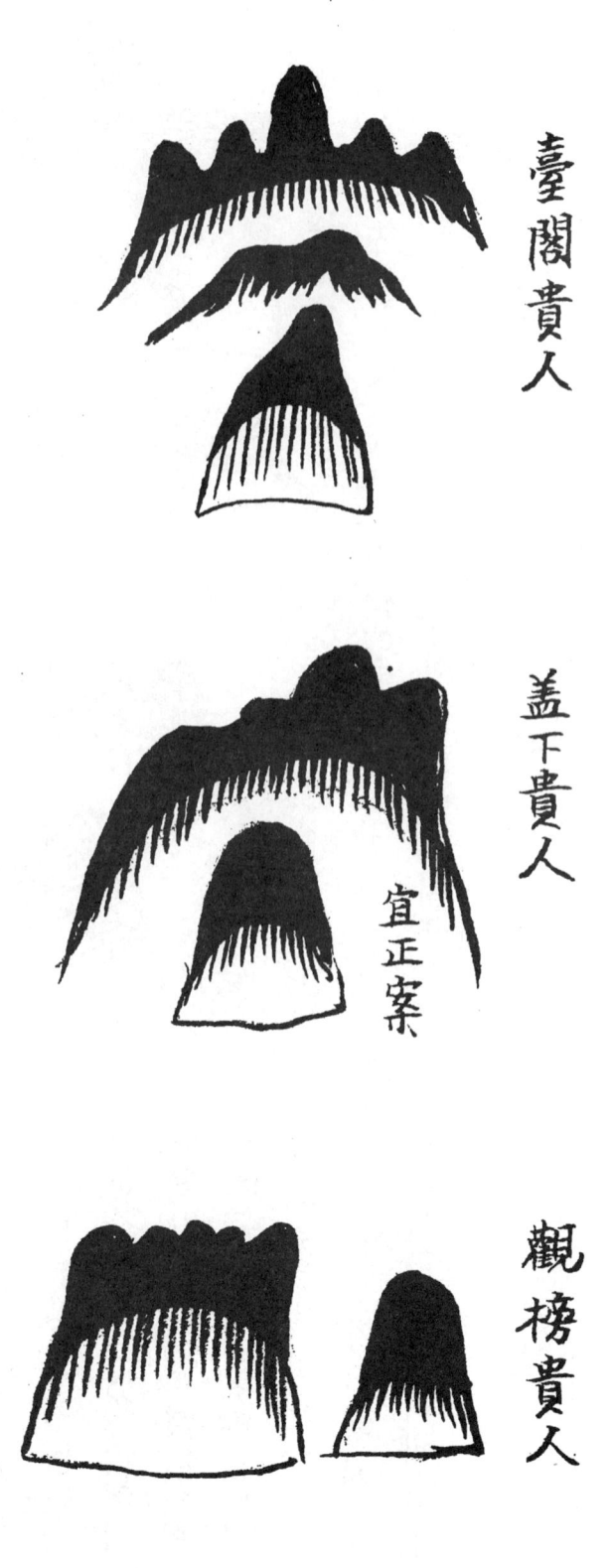

臺閣貴人

蓋下貴人

宜正案

觀榜貴人

中 그림은 蓋下貴人砂다. 上格龍은 尚書와 侍從官(지금의 大統領秘書室長)의 벼슬이요, 中格龍은 武將이 나와 武功을 세우고, 또는 節制使의 벼슬이 應하며, 下格龍은 주로 이름있는 僧道가 나온다.

下 그림은 觀榜貴人砂다. 上格龍은 주로 高科에 登第해서 翰林이 되고 榮貴하며, 中格龍은 郡·邑의 官長이며 富가 고을의 으뜸이 되고, 賤龍이면 僧道가 나오고 奴卒 등 下賤한 사람이 생긴다.

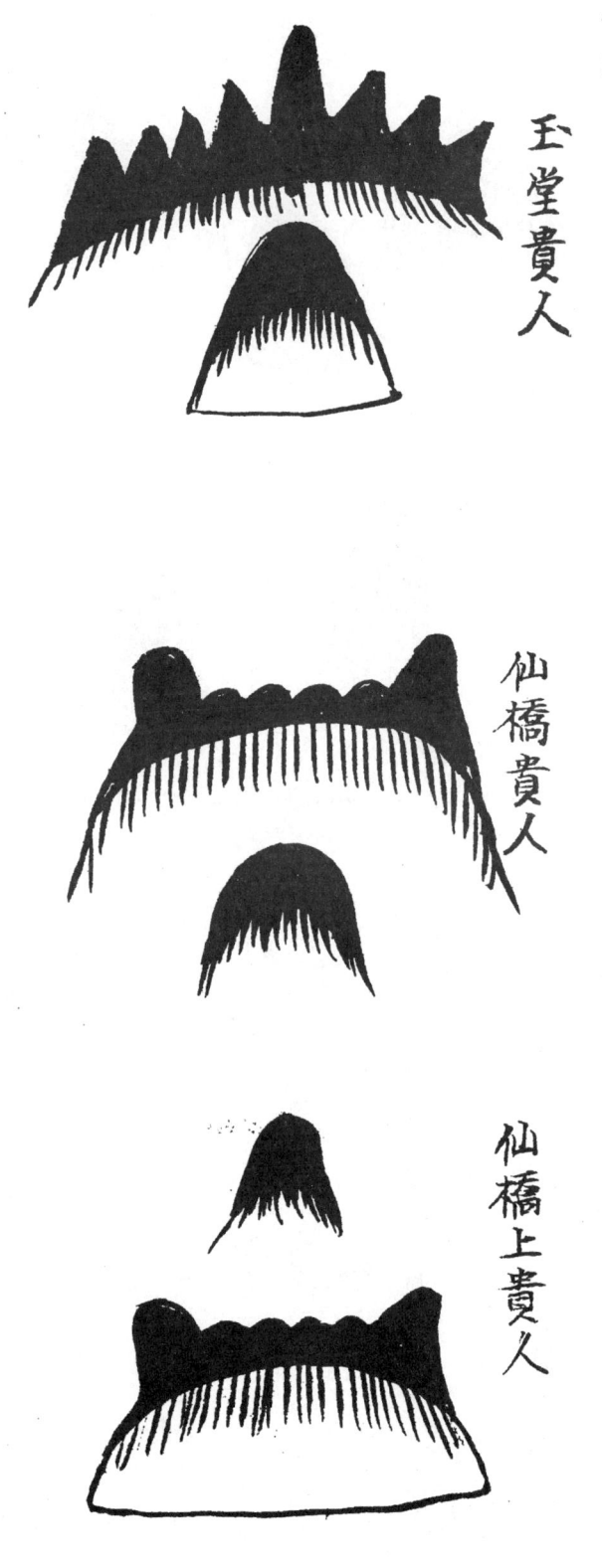

上의 砂는 玉堂貴人이다. 上格龍은 翰苑職과 長官, 敎授級의 人物이 輩出되고, 賤龍은 僧道가 貴히 되어 權을 잡게 된다.

龍은 文章이 出衆하고 名譽가 있는 人物과 朝廷의 重職을 맡는 子孫이 나오며, 賤龍은

玉堂貴人

中 그림은 仙橋貴人峰이다. 上格龍은 少年에 高科에 及第해서 翰苑職을 얻고, 임금 의 총애를 받아 貴를 누리며 또는 神仙이 생겨난다. 中格龍은 淸高한 賢士가 나오고 文 章이 높아 翰苑職에 祿位가 날로 오르며, 賤龍은 변변치 못한 文士와 高僧이 생겨난다.

仙橋貴人

위 그림은 簾幕貴人이란 吉砂다. 上格龍은 執政大臣이 나와 極品의 位에 오르고 女

仙橋上貴人

157

孫도 貴히 되며、中格龍도 역시 貴가 大發하여 典職 및 節度使 御使 등의 高官이 생겨나고、賤格龍은 俳優、音樂、工藝人이 생겨난다.

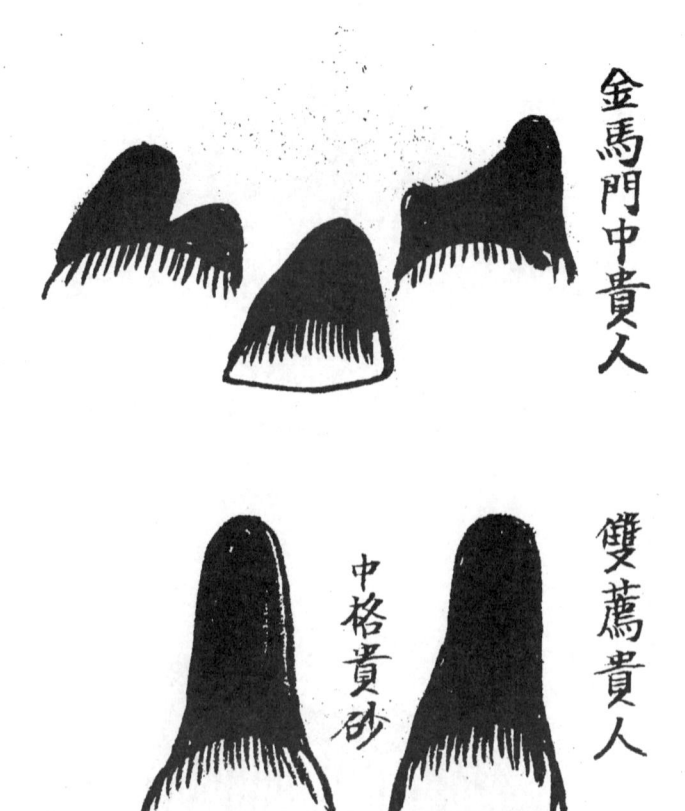

金馬門中貴人

雙薦貴人

中格貴砂

前 그림은 仙橋上貴人이다. 上格龍은 지위가 極品(宰相)인데 혹 벼슬을 輕視하여 여러번 임금의 부름을 받고도 벼슬에 나아가지 않고 오직 뜻을 神仙에 두는 人物이 나오며 中格龍도 名聲이 높아 능히 벼슬을 할 수 있으나 그보다 神仙처럼 살기를 좋아하며、子孫이 高壽하고、賤龍이면 子孫이 없이 혼자서 長壽만 누린다.

위 그림은 金馬門中貴人이라 한다. 上格龍은 貴가 정승까지 오르고、兄弟와 叔姪까지도 모두 貴顯하며、中格龍은 文名이 높아 翰林學士의 벼슬이요、賤龍이면 衣食이 足하고 畜産이 大昌한다.

앞의 그림 下는 雙薦貴人砂다. 上格龍은 兄弟가 연속 科甲에 合格해서 같이 翰苑의 職을 얻고, 中格龍은 兩妻双子에 巨富와 小貴가 發하며 賤格龍은 주로 兄弟가 出家하여 僧道나 道士가 된다.

雙薦貴人

위 그림도 역시 雙薦貴人이다. 上格龍은 兄弟가 연속 科第에 오르고 文章으로 이름이 높으며 (兄弟 같이)中格龍은 兩妻雙子에 富가 足하고 賤格龍은 兄弟가 같이 寺門에 들어가거나 道를 닦는다.

아래 그림은 雙童講書峰이라 하여 雙童兄弟가 글을 읽는 형상이라 해서 붙인 이름이다. 上格龍에 그림과 같은 砂가 있으면 兄弟가 모두 翰苑의 職을 맡거나 經筵에 나아가 講義하고 (敎授職), 子孫官祿이 끊기지 않으며, 中格龍은 兄弟가 같이 科學에 及第해서 같은 朝廷에 出入하게 되고 巨富가 되며, 賤龍이면 兄弟가 商賈를 경영한다.

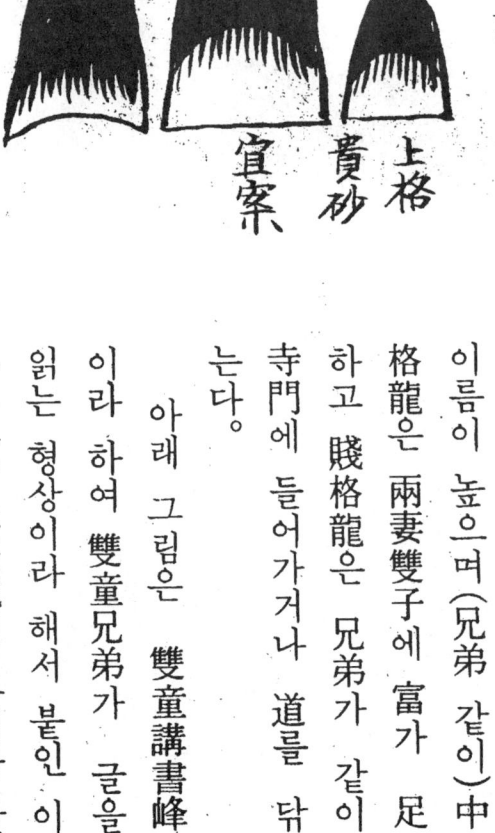

雙童講書

上格
貴砂
宜案

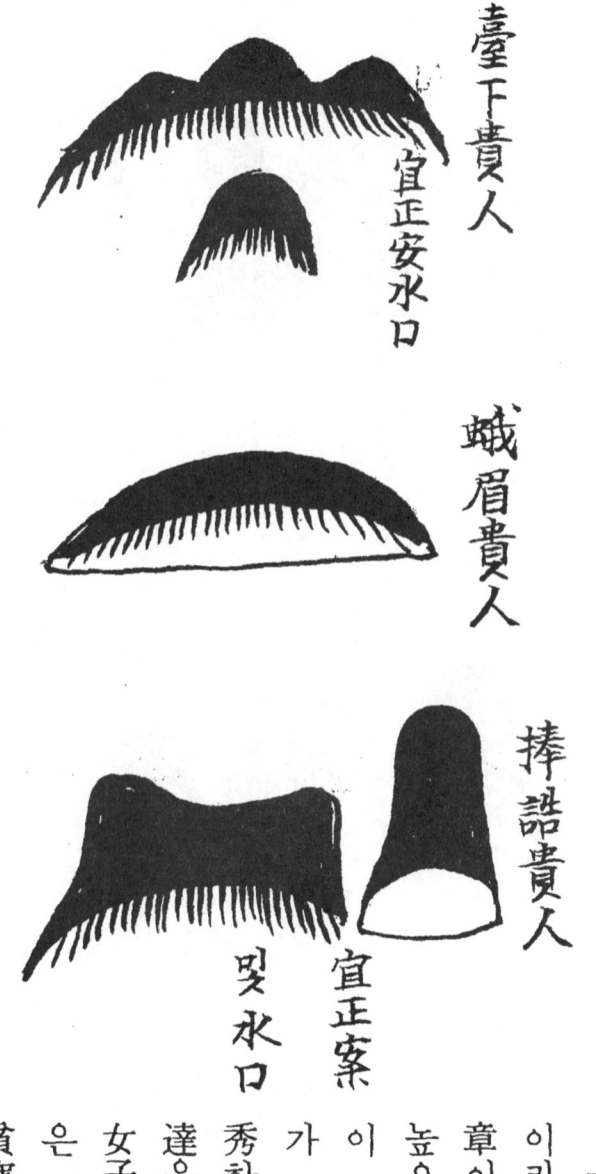

上의 그림은 台下貴人이다. 이 貴人砂가 있을 境遇 上格龍은 三公의 벼슬에 올라 날마다 帝王을 만나보거나 神童이 出生하며, 中格龍도 貴히 되어 朝廷에 出入하는 重臣이 된다.

中 그림은 蛾眉貴人이란 吉砂다. 上格龍은 文章이 많이 나오고 名譽가 높으며 壯元及第 및 神童이 나오며 또는 王后宮妃가 나온다. 中格龍은 淸秀한 人物이 나오지만 顯達을 못하고 虛名 뿐인데 女子는 貴히 된다. 賤格龍은 美貌의 女가 생기고 貧寒하며 나쁜 소문이 퍼진다.

下 그림은 捧誥貴人砂다. 上格龍은 임금의 총애를 받아 특별히 重職에 封함을 받고, 中格龍은 侍郎(參判級—지금의 次官), 御使, 使臣, 宣傳官의 벼슬이요, 賤龍은 未職教師

臺下貴人 宜正安水口

蛾眉貴人

捧誥貴人 宜正案 및 水口

와 혹은 巫卜이 나온다.

위 砂①은 福壽文星이란 吉砂다. 上格龍은 富貴雙全이니 벼슬이 一品에 오르고 壽福이 綿綿하며, 中格龍은 高壽에 福은 많은데 단 官貴는 누리지 못하며, 賤龍도 高壽하고 名

① 福壽文星

譽가 있다.

위 그림②는 披髮貴人이란

② 披髮貴人

吉砂다. 上格龍은 文武兼備한 인물이 나오는데 특히 武藝로 大功을 세우고, 中格龍은 주로 政治를 잘해서 이름이 높은 貴人이 나오며 賤龍은 法師나 術士도 이름을 얻는다.

③ 龍門貴人

下 그림은 龍門貴人이다. 上格龍은 少年에 一次로 及第해서 諫官이 되어 명성을 떨치고、 中格龍은 文武兼全한 才士가 나오고、임금의 姻戚이 되며 賤龍은 여러번 應試해도 及第를 못하고 特採되어 벼슬에 오른다.

위 그림①은 侍講貴人이라 한다. 上格龍은 文章으로 講職(敎師)을 맡아 貴히 되고 혹
은 王子·世子의 스승이 되며, 中格龍은 敎官이나 未職敎師가 나오며, 賤龍은 남의 奴僕

① 侍講貴人

② 執笏貴人

③ 文星貴人
（上格貴砂）

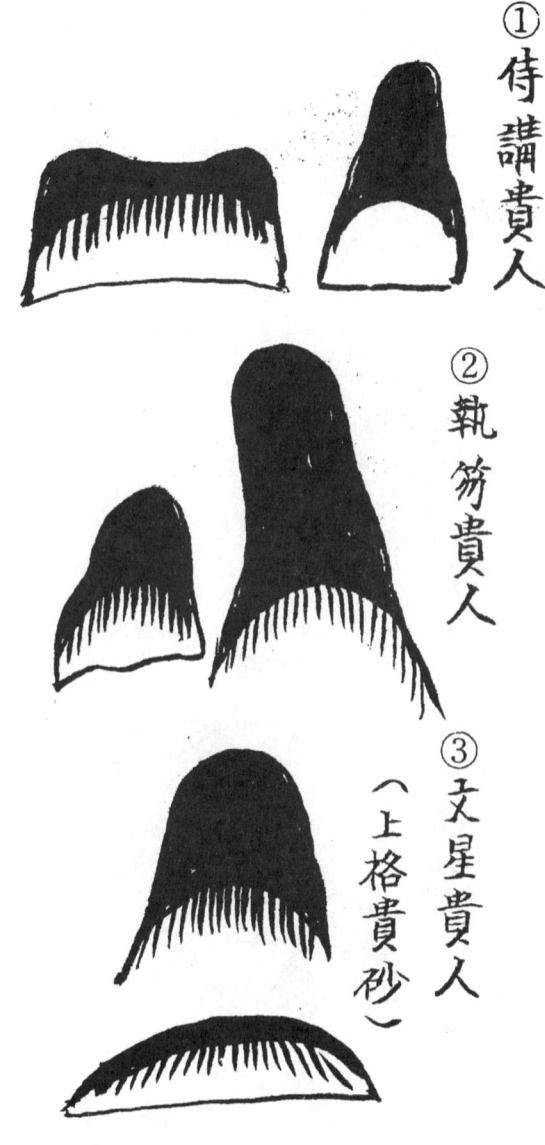

여손이 貴히 된다. 賤龍은 男女가 음탕해서 醜聞이 퍼진다.

에 불과한 賤人이 된다.

위 그림②는 執笏貴人
이다. 上格龍은 政丞制書
의 高官大爵이요, 中格龍
은 科甲에 及第해서 政府
機關에 벼슬하며, 賤龍은
神佛에 禮拜하는 僧巫가
나온다.

위 그림③은 文星貴人
이다. 上格龍은 文章으로
顯達하나 文武 兼職도 나
오고, 中格龍은 文章으로
명성이 멀리 퍼지는데 官
名은 높지 않으며, 특히

위 그림 ① 은 帶福貴人이라 한다. 上格龍은 文武兼全한 人物이 나와 極品의 官位에 오르고 文章으로 명예가 진동하며 五福이 俱全하다. 中格龍은 科第에 올라 영예로운 이름을 얻고 巨富가 생기며 高壽하나, 賤龍이면 영리한 者가 생기지만 남의 종노릇이나 하게 되고(末使) 長壽는 보장된다.

① 帶福貴人

上格貴砂
宜案水口

② 駁雜文星

中格貴砂
宜案

③ 一字文星

宜正案
및 水口

위 ②와 같은 것을 駁雜文星이라 한다. 上格龍은 博學한 인물이 나와 이름을 天下에 떨치나 功名에는 뜻이 없고, 中格龍은 文章에 博識하지만 時俗의 혼탁한 사람들과 휩쓸리게 되며, 賤龍은 文學에 能하고 才藝가 많으나 방탕해서 성공을 못한다.

위 그림 ③은 一字文星이라한다. 上格龍은 神童이 나와 壯元及第하고 宰相과 侯伯이 되어 一品貴를 누리고 才名이 世上을 덮으니 그를 追從하는 後學이 즐비하여 宗師로 推戴된다. 中格龍은 魁首의 資格으로서 清貴하고 명예가 드날리며, 賤龍은 虛名뿐이다. 實德을 닦으면 명망을 얻는데 대개 文章이 높아도 顯達하기는 어렵다.

위 그림①은 按劒貴人이라 한다。上格龍에 위와 같은 砂가 朝하면 將軍이 되어 위엄을 四夷에 떨치고、中格龍은 주로 監察官 및 刑罰을 맡아 다스리는 官貴를 누리며、賤龍은 劍을 가지고 칼장난에 능한 者가 생겨난다。

① 按劒貴人

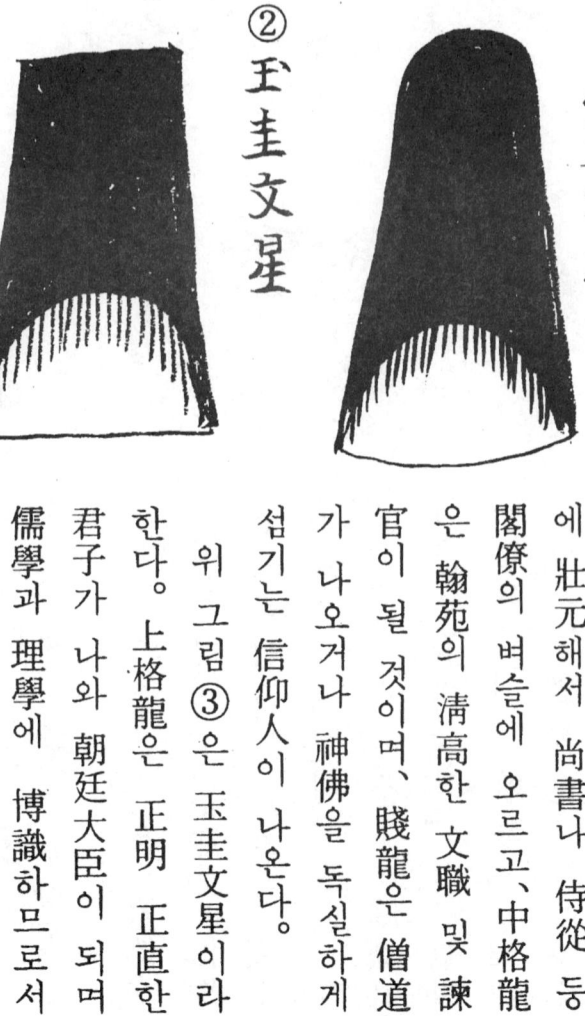

③ 圭笏文星 宜正案水口

② 玉圭文星

위②와 같은 砂를 圭笏文星砂라 한다。上格龍이면 科學에 壯元해서 尚書나 侍從 등 閣僚의 벼슬에 오르고、中格龍은 翰苑의 淸高한 文職 및 諫官이 될 것이며、賤龍은 僧道가 나오거나 神佛을 독실하게 섬기는 信仰人이 나온다。

위 그림③은 玉圭文星이라 한다。上格龍은 正明 正直한 君子가 나와 朝廷大臣이 되며 儒學과 理學에 博識하므로서 世上의 紀綱을 바로 세우고、

中格龍은 忠貞과 文學으로 이름이 멀리 퍼지며 貴도 누린다。

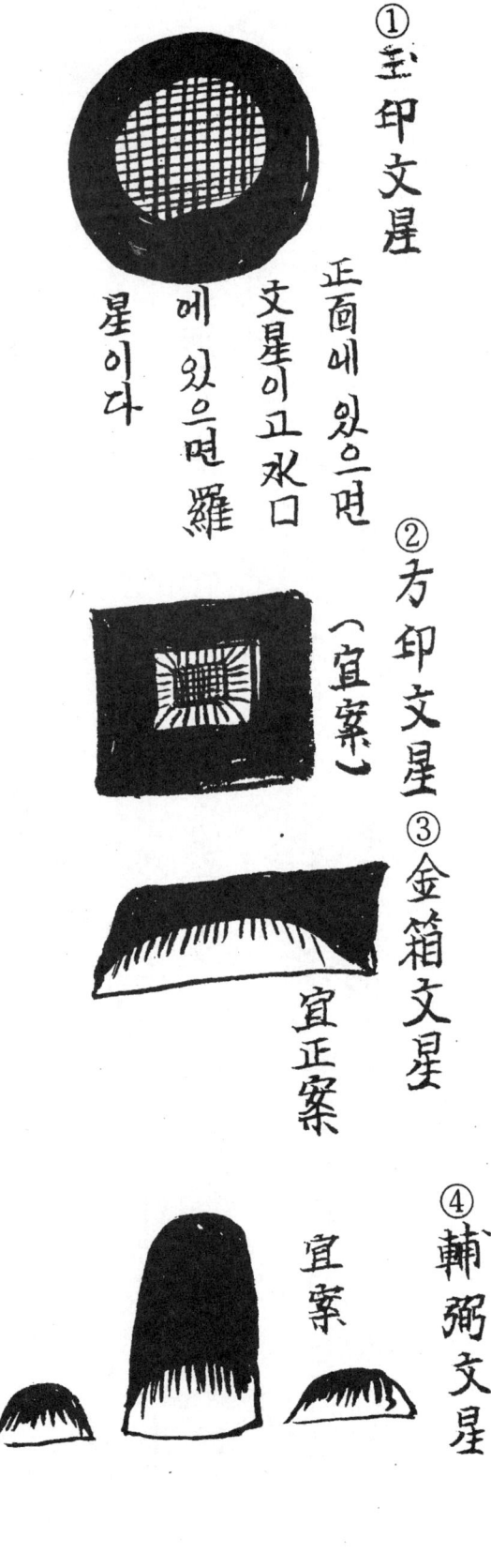

① 玉印文星

正面에 있으면 文星이고 水口에 있으면 羅星이다

② 方印文星 （宜案） ③ 金箱文星

宜正案

宜案

④ 輔弼文星

위 그림 ①은 玉印文星이다. 上格龍은 宰相이 나오고 文名이 진동하며 文武 兼全한 才士가 나오고 中格龍은 巨富와 官職이 發하며 賤龍은 僧道가 나오고 권세는 있으나 낙태가 많다.

위 그림 ②는 方印文星이다. 上格龍은 才士가 나오는데 특히 文武兼全하여 出將入相하고, 中格龍은 重臣의 貴를 누리고 文名이 멀리 퍼지며, 賤龍은 下賤輩가 많이 생기니 盜賊·僧道의 무리다. 그리고 後代가 끊긴다.

위 그림 ③은 金箱文星이다. 上格龍은 科擧에 及第하며 高顯하고 財祿이 풍후하며, 中格龍도 貴히 되어 榮華를 누리고, 下格龍은 小富를 누리면서 義로운 일을 行한다.

위 그림 ④는 輔弼文星이라 한다. 上格龍은 科試에 壯元하여 宰相의 지위에 오르고, 文

武兼全한 人物이 나오며、中格龍은 父子가 같이 벼슬하여 朝廷에 出入하고、賤龍은 雙妻와 雙子를 둔다.

① 輔弼文星
二格
宜案

② 赦文星
中格貴砂
宜水口

③ 大武星
(中格貴破)
宜正案
水口

위 ①은 輔弼文星의 第二格이다。上格龍은 男女가 모두 貴히 되는데 男子는 駙馬요、女子는 宮妃다。中格龍은 文章으로 世上에 일음이 높은데 父子兄弟가 다 그러하다。賤龍은 음천하여 추한 소문이 들린다。

위 그림②는 赦文星이라 칭하는 吉砂다。上格龍은 外國으로 往來하는 使臣의 官職이요、中格龍은 郡守、牧使가 나오고、賤龍은 富가 發하는데 僧道가 나온다。

위 그림③은 大武星이라는 砂格이다。上格龍은 大將이 나와 賊을 征伐하고 威勢를 떨치며、中格龍은 田庄이 넓고 貴는 郡・邑의 首領이요、賤龍은 성질이 燥暴해서 敎養이 없는 무뢰한이 나온다。

① 侍立武星

宜正案
水口

② 金鍾 (中格貴人)

③ 玉釜

④ 金爐 (中格貴砂)

위 그림①은 侍立武星이다。 上格龍은 邊方의 將이 되어 英名을 떨치고、中格龍은 武略이 출중한 英雄이 나와 亂世를 바로잡으며、賤龍은 逆賊이 생기거나 人倫을 悖逆하는 망나니가 나와 家門을 더럽힌다。

위②③ 두 그림은 金鍾과 玉釜砂다。 上格龍은 文章이 出衆하여 科擧에 及第하고、富가 發하며、中格龍은 小富와 小貴가 發하며 賤龍은 僧道 및 神들린 사람이 생긴다。

위 그림④는 金爐砂다。 上格龍은 富貴가 發하니 淸要한 官職에 오르고、中格龍은 豪富가 생기고 神仙術을 좋아하는 사람이 나오며、賤龍은 法師巫女 등 神堂에 기도하고 절하는 사람이 생겨난다。

① 龍車 〔中格貴砂〕

② 鳳輦 〔中格貴砂〕

③ 御書臺

正案

위 그림①과 같은 山을 龍車라 한다。上格龍은 文章이 뛰어나고 벼슬은 僕爵에 封해지며、中格龍은 州縣을 맡아 다스리는 官職이요 또는 富家 發하고、賤龍은 남의 아랫사람 노릇을 면치 못한다。

위②와 같은 山을 鳳輦이라 한다。上格龍은 文章으로 명예가 진동하고、女孫이 貴히 되며、中格龍은 科擧에 及第하여 州縣의 首領이 되고、賤龍은 여러번 科試에 應해도 落第하고 外家에 貴가 발한다。

위③과 같은 그림을 御書臺라 한다。이 吉砂가 있으면 上格龍은 主로 學問이 탁월하여 經學을 講論하는 직품이요、특히 王子世子의 스승으로 封함을 받으며(그만큼 敎育者로서 名望이 높다)、中格龍은 郡守·牧使요、賤龍은 僧道로 명성이 높다。

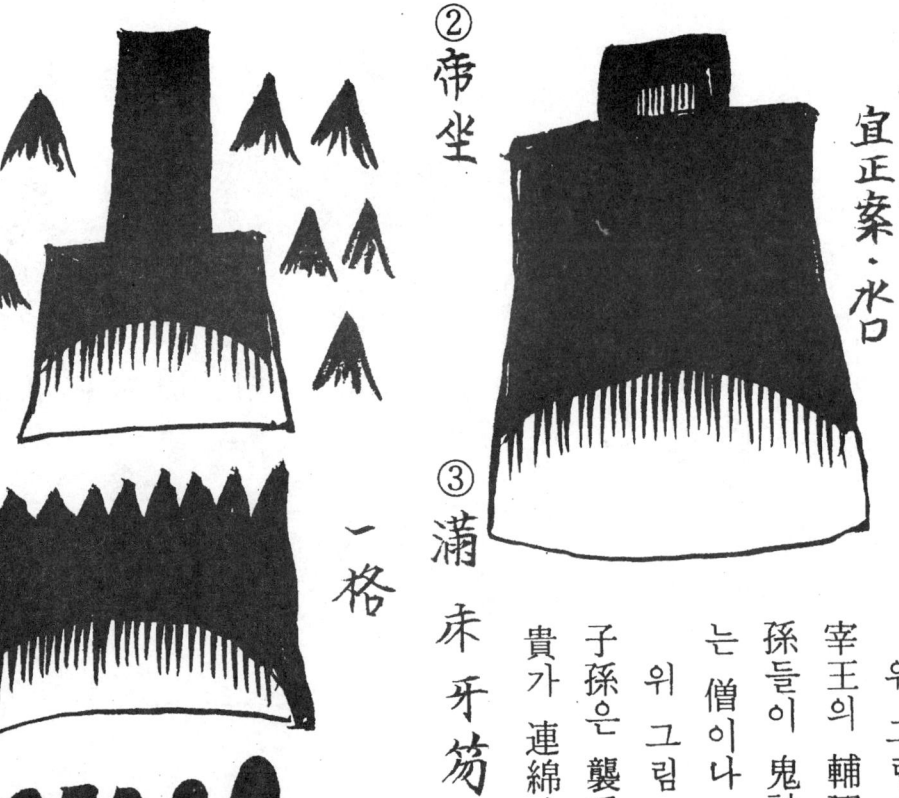

① 御爐
宜正案·水口

② 帝坐

③ 滿床牙笏

一格

二格

위 그림 ①은 御爐砂다。 上格龍은 當代에 발복하여 宰王의 輔弼之臣이 되고、 中格龍은 富貴가 發하며 子孫들이 鬼神 섬기기를 좋아하며、 賤龍은 神佛을 섬기는 僧이나 巫卜이 나오고 道士·術士가 나온다。

위 그림 ②는 宰座라 한다。 上格龍은 王僕가 나오고 富貴家 子孫은 襲爵을 받으며、 朱門에 出入한다。뿐 아니라 富貴家 連綿하고 女는 后妃가 되며 神仙이 나온다。 中格龍은 文章이 出衆하고 벼슬은 尙書가 나오며、 賤格龍은 州縣의 卑職이 나온다。

위 그림 ③은 滿床牙笏이다。 上格龍은 三世가 모두 朝廷에 出入하니 富貴가 發하고、中格龍은 紫衣를 입고 父子 兄弟가 文章과 名聲이 높고 또 科擧에 及第하며、下格龍은 畵工、法師、僧道

169

誥軸‧展軸（宜案）

展軸
誥軸
誥軸
開花
誥軸

가 나온다.
위 그림은 모두 貴砂로서 上格龍은 王의 은총을 입어 크게 出世하고、駙馬가 나오며、中格龍도 貴히 되어 宰王을 輔佐하며、賤龍일지라도 小貴하며 富로 名聲이 있다.

아래① 砂格圖는 天葩文星이라 하는데、上格龍은 壯元과 宰相이 나오고 文章은 世上을 떨쳐 後世의 宗師가 되며、中格龍은 文章으로 有名하나 顯達은 못하고、賤龍은 博學하고、文章에 能하나 실속이 없어 富貴를 못한다.

아래 그림②는 文筆峰이다. 그림과 같은 砂가 있으면 上格龍은 文章이 出衆하여 그 명성이 멀리까지 傳播되며 科擧에 及第해서 貴顯한다. 中格龍은 文名이 높고 州郡의 守牧이 되며 賤格龍은 法師‧畫工이 나온다.

① 天葩文星

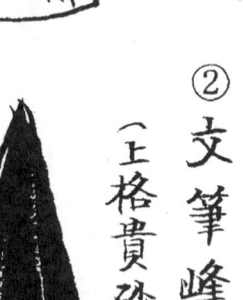

② 文筆峰（上格貴砂）

① 彩鳳筆
上格
貴砂
宜案傍

② 宰相筆
上格
貴砂

③ 三公筆
（上格貴砂）

④ 筆陣
（中格貴砂）

위 그림①은 彩鳳筆이다. 上格龍은 理
學과 文章에 탁월한 名儒가 나와 後學의
宗師가 되며, 神童과 壯元과 翰林이 나오
고, 中格龍은 高第에 及第하여 榮華를 누
리며, 賤龍은 名畵가 나와 그 이름이 天
下에 자자하다.

위 그림②는 宰相筆이다. 上格龍은 太
平勢月의 有福한 宰相이 나오고, 中格龍은
朝廷의 要職을 맡는 官人과 武威를 떨치
는 將軍이 나오며, 賤龍은 文章이 나와 訓
學에 從事하므로서 學徒가 四方에서 구름처럼 모여
든다.

아래 그림③은 三公筆이다. 上格龍은 極品의 貴
를 얻어 朝廷의 紀綱을 바로잡고 天下를 太平하게
다스리며, 中格龍은 父子 兄弟가 다 같이 登第하
여 玉堂에 榮顯하며, 下格龍은 經學에 밝아 文明
이 높으나 顯達은 못한다.

아래 그림④는 筆陣砂다. 이 砂가 있으면 上格
龍은 父子 兄弟 叔姪이 모두 同科에 及第하여 文

171

名을 떨치고、 中格龍은 一家 大小가 다 文學에 출중하나 여러번 科場에 나가도 合格은 못하고、 賤龍은 畫工과 法師가 나온다.

① 罵天筆

② 法師筆 (中格賤砂)

위①과 같은 山을 罵天筆이라 한다. 이 砂가 朝應하면 上格龍은 刀筆로 居官하여 不正人을 탄핵하고、 中格龍은 秀才가 나와 及第는 못하나 畫書로 명성을 떨치고、 賤龍은 是非爭訟이 따르고 언청이가 생겨난다. 위②그림과 같은 山이 있으면 法師筆이라 한다. 上格龍은 法師로 顯達 하는데

壯元筆 (上格貴砂)

능히 鬼卒神將을 부리게 되어 나라에 쓰임을 받고、 中格龍은 法師로 行世해서 致富하며、 賤龍은 法師가 되어 流離困苦한다. 아래와 같은 모양의 山을 壯元筆이라 한다. 이 砂가 朝應하면 上格龍은 神童이 나오고 一擧에 登科하며、 文明이 世上을 뒤흔들고 혹은 仙人이 나온다. 中格龍은 科第에 올라 文名을 듣고 文衡을 장악하며、 賤龍은 文章之士로 儒官이 되어 訓敎 (敎師職) 하는 벼슬이다.

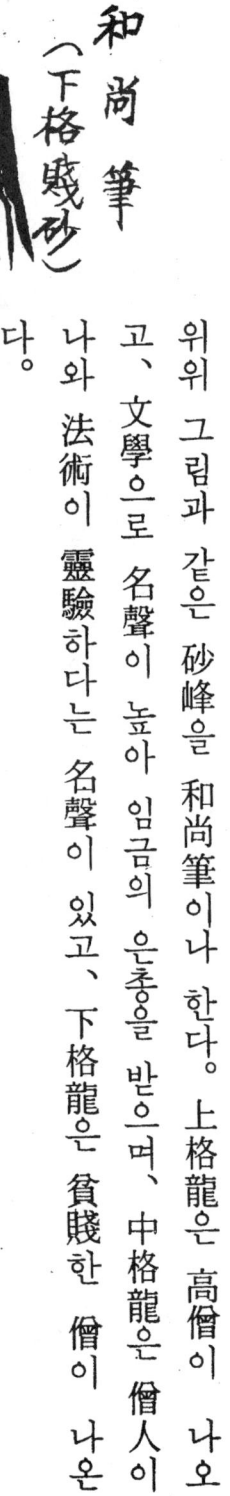

和尚筆
（下格賤砂）

위위 그림과 같은 砂峰을 和尚筆이나 한다. 上格龍은 高僧이 나오고, 文學으로 名聲이 높아 임금의 은총을 받으며, 中格龍은 僧人이 나와 法術이 靈驗하다는 名聲이 있고, 下格龍은 貧賤한 僧이 나온다.

進田筆

아래 그림은 進田筆이다.
上格龍은 巨富가 發하니 財가 足하고 登科하여 높은 官位에 오르며, 中格龍은 田庄이 늘고 橫財가 發한다.

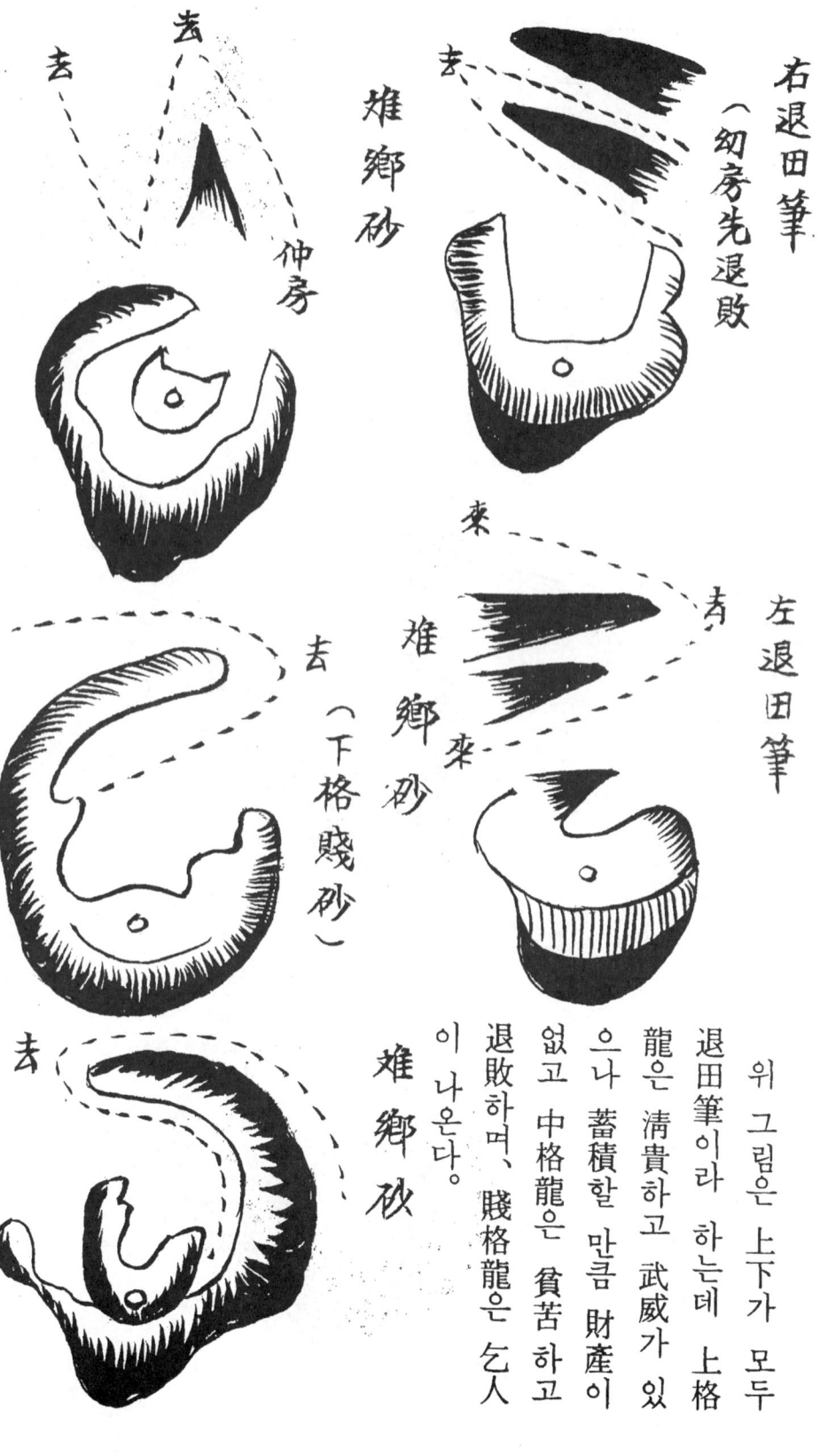

右退田筆
（匆房先退敗）

離鄉砂

仲房

左退田筆

離鄉砂
（下格賤砂）

離鄉砂

위 그림은 上下가 모두
退田筆이라 하는데 上格
龍은 淸貴하고 武威가 있
으나 蓄積할 만큼 財産이
없고 中格龍은 貧苦하고
退敗하며、賤格龍은 乞人
이 나온다。

위 그림은 모두 離鄉砂다。上格龍은 異域에서 功을 이루니 離鄉하여 顯貴하고、中格龍
은 고향을 떠나 發達하며、賤龍은 他關에 流離하여 虛送歲月한다。

174

筆 架 （上格貴砂二格）

위 그림은 筆架라는 砂인데 二格이 있다. 上格龍은 父子 兄弟 叔姪이 모두 科擧에 及第하여 같은 朝廷에 벼슬하고, 中格龍은 三世 五世가 모두 文士로 이름이 높으며 賤龍은 僧道와 法師가 나온다.

아래 그림은 壯元旗라는 貴砂다. 上格龍은 大魁가 나와 天下에 名聲을 떨치고, 中格龍은 훌륭한 人物이 나와 官의 우두머리가 되고 혹은 女가 男權을 쥐게 되며, 賤龍은 文名이 멀리까지 傳播되지만 虛名無實하다.

壯元旗 （上格貴砂）

賊旗砂

아래 그림은 賊旗砂다. 上格龍은 大將이 나와 賊을 征伐하지만 不忠하여 叛賊行爲를 하기 쉽고, 中格龍은 항시 謀逆하려는 凶賊이 나오며 賤龍은 凶賊이 나와 人財를 掠奪한다.

175

위 그림①은 頓旗砂라 한다. 龍이 上格이면 大將 및 文臣이 배출하는데 兵權을 잡고 賊을 殺戮하며, 中格龍은 軍部에 投身하여 武功을 세우며, 賤龍은 勇猛한 士卒이 되어 조그마한 功을 세운다.

① 頓旗
（中格貴砂）

② 屯軍
（中格貴砂）

③ 報捷
（貴格貴砂）

위 ②그림은 屯軍이라는 中格貴砂다.

上格龍은 大將이 되어 生殺權을 掌握하고 手下에 百萬兵卒을 거느리며, 中格龍은 武官將校가 많이 나오고, 賤龍이면 淫亂 不正하고 混濁한 者가 나온다.

위 ③그림은 報捷砂라 하는바 貴格이 나오며, 賤龍은 捷報를 전달하는 小吏 및 舘兵이 나온다.

다. 上格龍은 登科 及第가 나오고, 中格龍은 地方을 巡視하면서 情報를 上呈하는 官이

① 點 兵 〈中格貴砂〉

② 曬 袍 〈上格貴砂〉 ③ 推 袍 〈中格富砂〉

①그림은 點兵砂라는 中格貴砂다. 龍이 上格이면 大將이 되어 功을 세우고 身이 榮顯하면, 中格龍은 富가 發하는데 他人之子를 養育하게 되고, 賤龍이면 惡疾에 眼病으로 고생하고 貧苦하다.

②③ 그림은 曬袍와 推袍라는 富砂이고 위는 貴砂다. 上格龍은 代代로 貴가 發하는데 大貴는 어렵고, 中格龍은 官人이 많이 나오지만 耐久性이 없으며, 賤龍은 殺傷을 좋아하는 者와 不忠하여 外勢가 有利한듯 하면 投降하는 叛逆者가 나온다.

177

① 冠 (上格貴砂)

宜正案

② 玉帶 (上格貴砂)

金帶 (中格貴砂)

위 ① 그림은 上格貴砂다. 龍이 上格이면 王僕와 烈士와 公卿 등 極品의 貴人이 나오고 世世로 爵祿을 누리며 中格龍도 大臣이 되어 富貴를 누리면서 그 名聲이 높고 賤龍일지라도 財富가 應한다.

위 ② 그림은 玉帶라 하는데 上格貴砂다. 上格龍은 公卿의 지위에 僕伯의 官爵에 封함을 받고 子孫 代代로 玉帶를 두르는 貴人이 나오며 中格龍은 高科에 及第하고 人丁과 財物이 창성하고 賤龍을 主로 女孫이 貴히 된다.

위 그림은 金帶砂다. 上格龍은 州縣의 官長이 되고 中格龍도 總宰의 지위요 妻로 인하여 貴를 얻는다. 시 女子로 인해 貴히 되고 賤龍은 商賈로 財富를 누린다.

幞 頭　　流笏

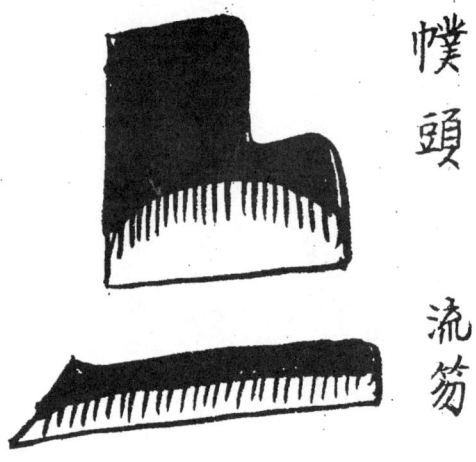

위 그림은 幞頭砂이고、아래는 流笏이란 砂格인데 上下 모두 貴砂다。上格龍은 他鄉에서 貴家 發하는데 外國 使臣으로 貴히 되며、中格龍은 離鄉하여 致富하고、賤龍은 故鄉을 떠나 所得없이 流離轉轉하게 된다。

아래 그림①은 金魚袋라는 上格貴砂다。上格龍은 三公의 벼슬에 一家가 다 官祿을 먹으며、中格龍은 郡守·牧使가 나오고 巨富가 나오며、賤龍은 방탕하는 人物이나 떠돌이 중이 생겨난다。

아래 그림②는 玉几砂라 하는데 上格 貴砂다。그러므로 上格龍은 大貴하여 三公의 지위에 오르고、中格龍은 六曹의 우두머리(判書級、지금의 各部長官) 벼슬을 하게 된다。

① 金魚袋 (上格貴砂)

② 玉几 上格 貴砂

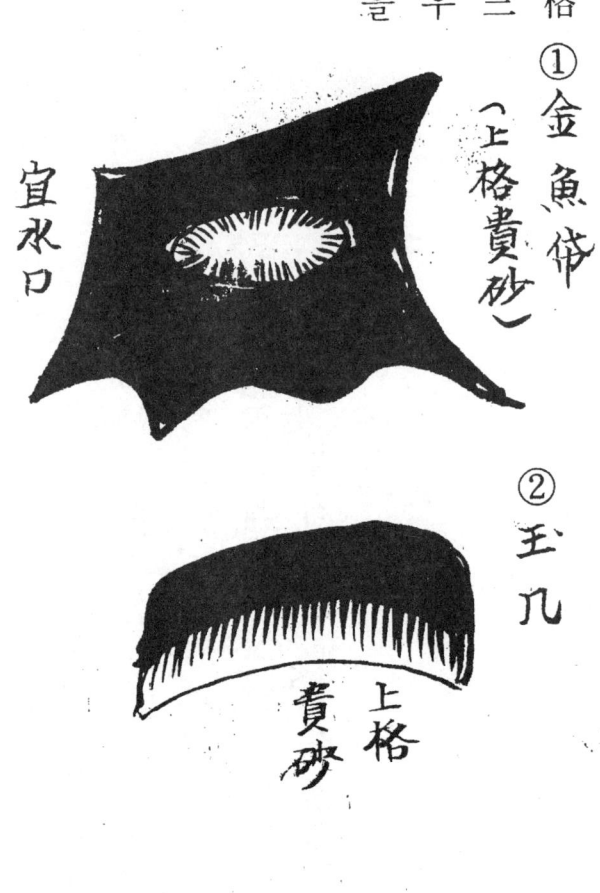

宜永口

179

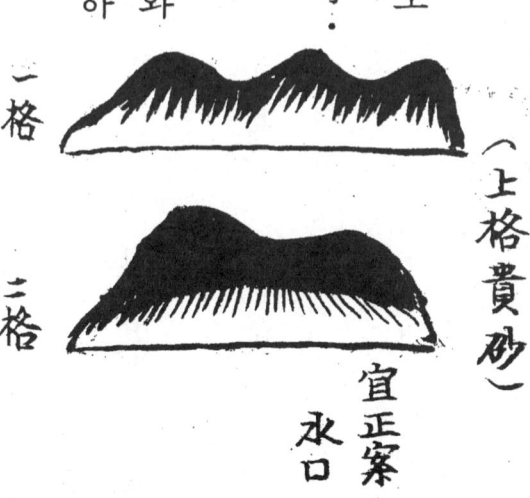

寶盖
〔上格貴砂〕

一格

二格

華盖
〔上格貴砂〕

(一)

(二)

宜案
水口

馬盖
〔上格貴砂〕

一格

二格

宜正案
水口

위 그림은 寶盖라는 上格 貴砂다. 上格龍은 朝堂에 오르는 高官이요, 子孫이 顯貴하고、中格龍은 科擧에 及第하여 州郡의 官長이 되고、賤龍은 僧道가 나온다.

위 그림 二格은 모두 華盖

라는 貴砂다. 그러므로 上格龍은 文章이 卓越한 淸吏가 나오고、功이 世上에 알려지며, 中格龍은 科試에 及第하여 郡守・牧使의 職品이요、賤龍은 주로 僧道로서 名望이 높다.

아래 그림 二格은 馬盖라는 貴砂다. 上格龍은 大將이 나와 위엄을 夷狄의 나라에 떨치고、中格龍은 文武 兼全에 高壽하며, 賤龍은 매사에 失敗하고 이곳저곳으로 방황하게 된다.

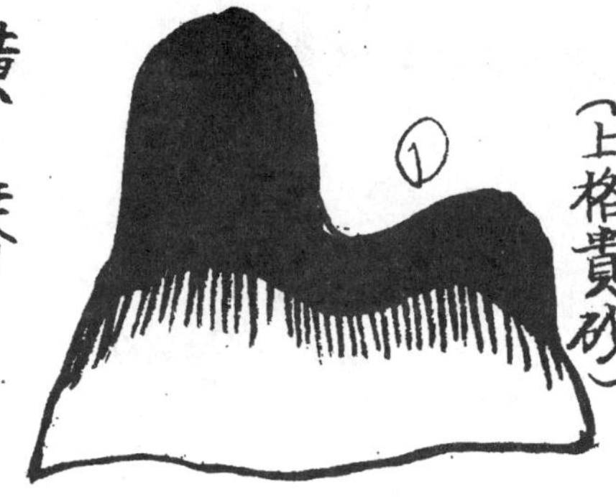

天馬 (上格貴砂) 宜案 傍

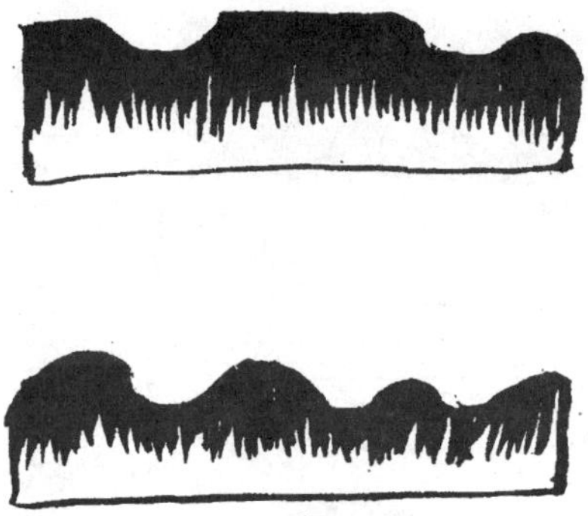

橫琴 (中格貴砂)

宜正案

勒馬回頭 (上格貴砂) 宜傍案

위 그림은 天馬山이다. 이 天馬가 穴을 朝應하면 上格龍은 武威를 邊方에 떨치고 (聯隊長級 以上)、中格龍은 城主정도의 貴를 누리며、賤龍은 한갓 牛馬나 기르는 平民이다.

위 그림은 勒馬回頭라는 貴砂다. 上格龍은 邊方의 城主가 되어 威勢를 떨치고、中格龍은 巨富가 되어 奴婢와 牛馬를 많이 거느리게 되며、賤龍은 말이나 기르거나 흥정하는 신분에 불과하다.

위 그림 二格은 橫琴砂라 한다. 上格龍은 文章에 名譽가 높고 富貴雙全이요、中格龍은 淸秀하고 尊嚴한 人物이 생겨나고 財富가 發하며、賤龍은 거문고 등 音樂을 좋아하는 사람이 생기고 淸貧하다.

簾（上格貴砂） 幕

龍樓（上格貴砂）

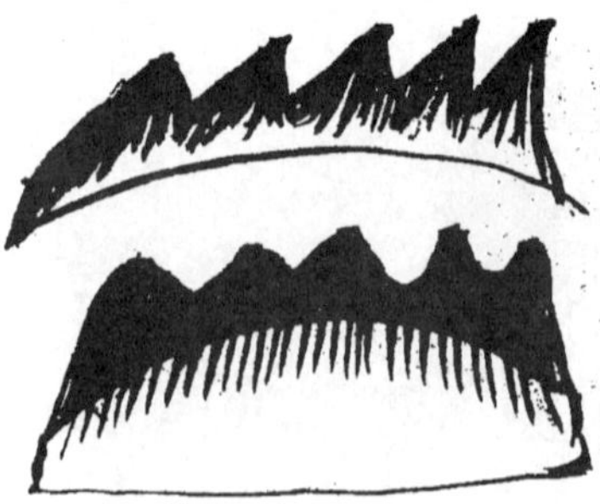

鳳閣

御傘（上格貴砂）

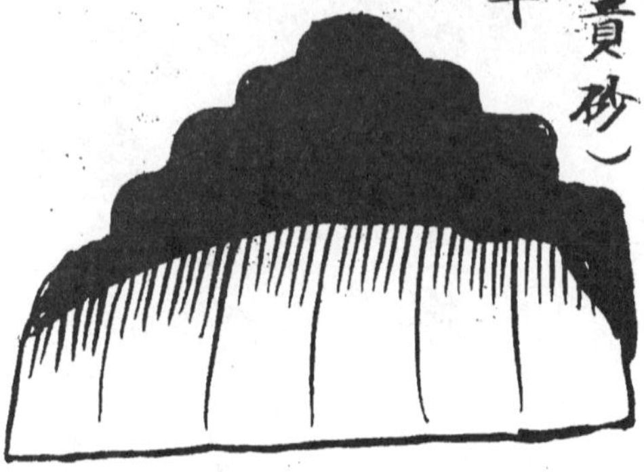

위 그림은 簾이라 하고、아래 그림은 幕이라 하는 貴砂다。上格龍에 있으면 富貴雙全하고、中格龍은 富裕하여 賓客이 門안에 가득하며、賤龍은 名妓가 생겨 貴人들과 많이 사귄다。

위 그림은 御傘이라는 中格貴砂다。上格龍은 及第하여 朝官이 되고、中格龍도 科試에 及第하여 巡撫使 등의 벼슬을 얻어 富貴하며、下格龍은 남의 밑에서 심부름이나 해주는 賤한 사람이 많이 생겨난다。

위는 龍樓요、아래는 鳳閣이다。上格龍은 富貴가 大發하니 公侯 등 極品貴人이 많이 나오고 男子는 駙馬요 女子는 宮妃다。賤龍은 한 지방을 좌우하는 有志級 人物이 나온다。

御臺

（上格貴砂）

위 그림은 御臺라 하는 것으로 上格貴砂다. 上格龍은 禁衛 大將 및 后妃가 나오고, 中格龍도 宰相이 나오며, 賤龍은 男子 는 貴가 不發하나 女孫은 貴히 된다.

左 그림은 仙橋砂라 하는데 龍과 穴이 眞이면 神仙이 나오 는 땅이라 한다.

아래 그림은 그 형상이 天梯에 오르는 것을 상징함인데 山 이 이러하면 上格貴砂다. 고로 上格龍은 少年에 첫차례에 壯元 及第해서 벼슬이 君王에 버금가 고, 兄弟들도 모두 朝廷에 출입 하며, 中格龍은 兄弟가 같이 科 擧에 오르고, 父子가 같이 朝廷 에 벼슬을 하며, 賤龍은 聰俊 하고 巧藝가 뛰어난 人物이 많이 생겨 난다.

仙橋砂 （上格）

宜 正案 水口

上天梯 （上格貴砂）

宜正案水口

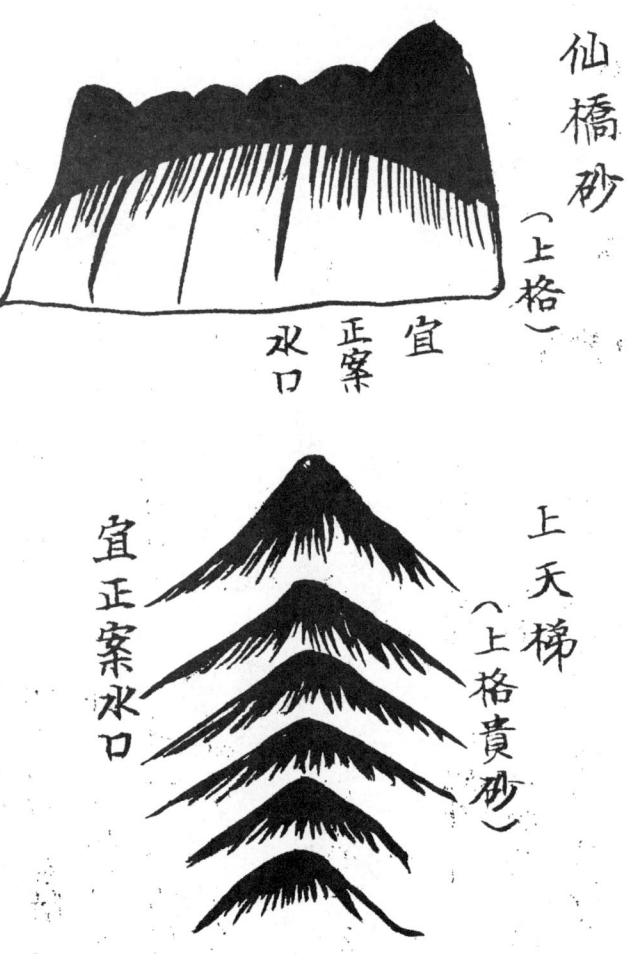

文星三台

品字三台

泰階三台

群仙簇隊
（上格貴砂）

위 그림에서 보는 바와 같이 文品三台、品字三台、泰階三台 등의 砂는 모두 上格貴砂다. 고로 上格龍은 極品의 貴를 얻어 功名을 天下에 떨치고, 高官이 많이 나오며, 家門의 慶事가 잇따른다. 中格龍도 卿相의 貴가 發하여 父子 兄弟가 같이 朝廷에 出入하고, 賤龍이라도 小貴한다.

아래 그림은 群仙簇隊形이라는 上格貴砂다. 上格龍은 公侯와 國戚이 나오고 男子는 駙馬요、女孫은 后妃가 되며、神仙이 나온다. 中格龍은 出將하여 大功을 세우고 威嚴을 떨치고 巨富에 奴僕이 많다. 특히 武藝로 성공한다. 賤龍은 風流에 飄蕩하는 사람이 생겨 난다.

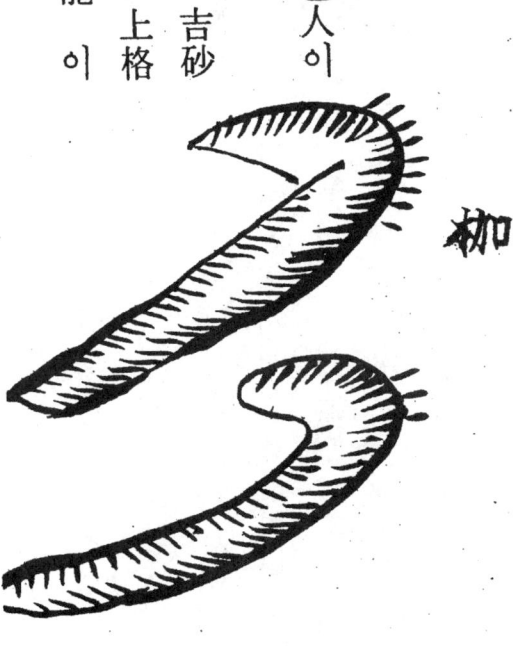

銀瓶
（中格貴砂）

木杓
（下格）

위 그림은 銀瓶이라 하는 中格貴砂다.

上格龍은 貴히 되어 임금을 側近에서 섬기고、中格龍은 富가 發하여 賓客이 門앞에 줄을 서게 되며、下格龍은 술을 팔아 生計하거나 僧道가 나온다.

위의 그림은 木杓(나무로 만든 표주박)라 한다. 上格龍은 富가 發하나 落胎가 있고、子孫들이 음란하며、中格龍도 음란하

下格龍은 역시 음란한데 瘟瘟이 생기고 심지어는 乞人이 나온다.

아래 그림은 枷(가—족쇄)라 하는바 龍이 吉하면 吉砂가 되고、龍이 凶하면 凶砂로 作用한다. 그러므로 上格龍은 衛門의 首將이 되어 軍卒을 호령하지만 中格龍이 하는 罪를 짓고 拘禁당한다。

枷

剌面
（下格賤砂）

掀裙

위 그림은 剌面이라 한다.

上格龍은 軍의 將校쯤 되고、中格은 軍에 配屬하여 직업군인이 되며, 財富를 누리지만 下格은 軍에 들어가 戰死하거나 軍部隊內에서 死한다.

위의 그림은 掀裙砂라 하여 치마를 걷어올리는 형상이라

한다。 고로 上格龍은 富는 發하나 음란하고、中格도 재물은 있으나 음란하여 色情에 재산을 낭비하며, 下格龍은 특히 婦女子가 음탕하여 娼婦가 되고 남자는 色에 放蕩한다。

아래 그림은 錦被盖錢（금피개전）이라 하여 비단보로 돈을 덮은 형상이라 한다。 고로 특히 富가 發하는데 上格龍은 富貴雙全하고 中格龍은 富가 한 고을의 으뜸이다。 그러나 龍이 不吉하면 落胎가 많고 惡疾患者가 생겨난다。

錦被盖錢
（中格富砂）

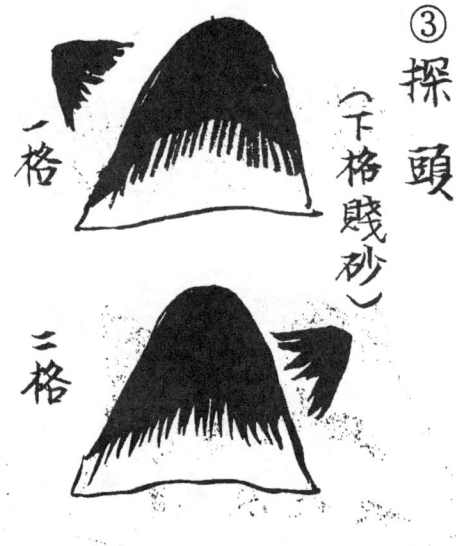

① 堆錢 〔中格富砂〕

② 臥牛 〔中格富砂〕

③ 探頭 〔下格賤砂〕

一格　二格

위 그림 ①은 堆錢砂(퇴전사ㅡ돈을 쌓아 놓은 형상)이라 하여 中格貴砂다. 그러므로 上格龍은 富貴가 雙全하고, 中格龍은 富로 사는 고을에서 이름이 높으며, 下格이면 軍의 卒兵이 되어 軍資를 맡는다.

위 ②그림은 臥牛形인데 中格富砂다. 上格龍은 벼슬에 올라 富와 貴를 같이 누리고, 中格龍은 富가 發하여 牛畜이 많으며 下格은 爲人이 게을러 있는 財産만 놀며 까먹는다.

위 그림③과 같은 것을 探頭砂라 한다. 上格龍은 주로 失物이 많고, 中格龍은 도둑이 집에 들어오며 下格龍은 내 집 안에서 도둑이 생겨난다.

寄倉

中格倉

百萬倉

倉囲

連敷倉

庫樓

積陣倉

（中格）

櫃 庫

（富砂）

이상의 모든 砂는 다
富砂다. 고로 上格龍은
食邑이 있고 벼슬이 점점
올라가며 대대로 巨富라
는 명칭을 듣는다. 中格
龍도 千石君의 富에 벼슬
도 따르고, 下格龍은 濁
富는 누리되 淫慾으로 망
신한다.

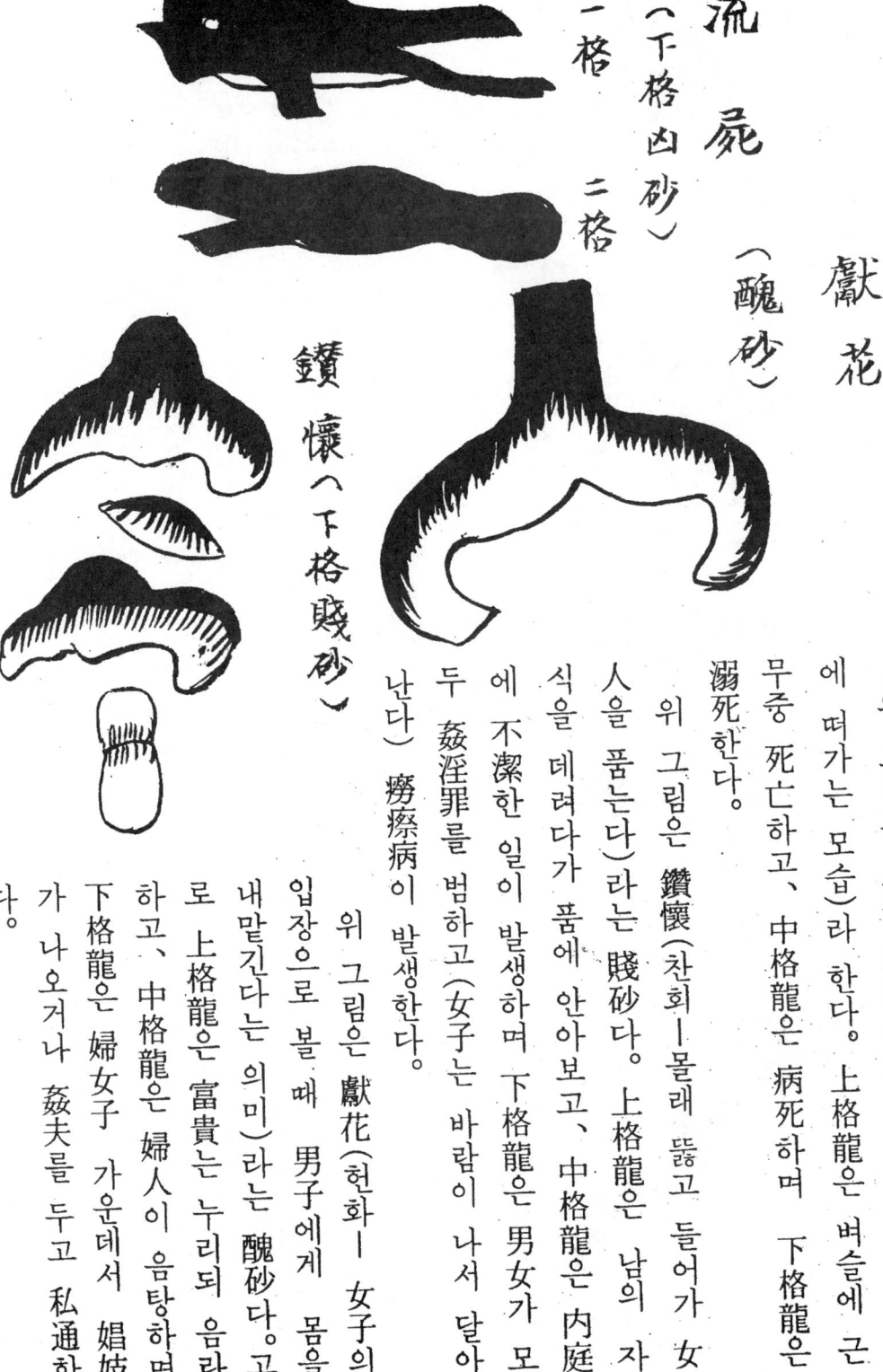

流屍
（下格凶砂）
一格　二格

獻花
（醜砂）

鑽懷（下格賤砂）

위 그림은 모두 流屍砂(유시사ㅡ시체가 물에 떠가는 모습)라 한다. 上格龍은 벼슬에 근무중 死亡하고、中格龍은 病死하며 下格龍은 溺死한다.

위 그림은 鑽懷(찬회ㅡ몰래 듣고 들어가 女人을 품는다)라는 賤砂다. 上格龍은 남의 자식을 데려다가 품에 안아보고、中格龍은 内庭에 不潔한 일이 발생하며 下格龍은 男女가 모두 姦淫罪를 범하고(女子는 바람이 나서 달아난다) 癆瘵病이 발생한다.

위 그림은 獻花(헌화ㅡ女子의 입장으로 볼 때 男子에게 몸을 내맡긴다는 의미)라는 醜砂다. 고로 上格龍은 富貴는 누리되 음란하고、中格龍은 婦人이 음탕하며 下格龍은 婦女子 가운데서 娼妓가 나오거나 姦夫를 두고 私通한다.

189

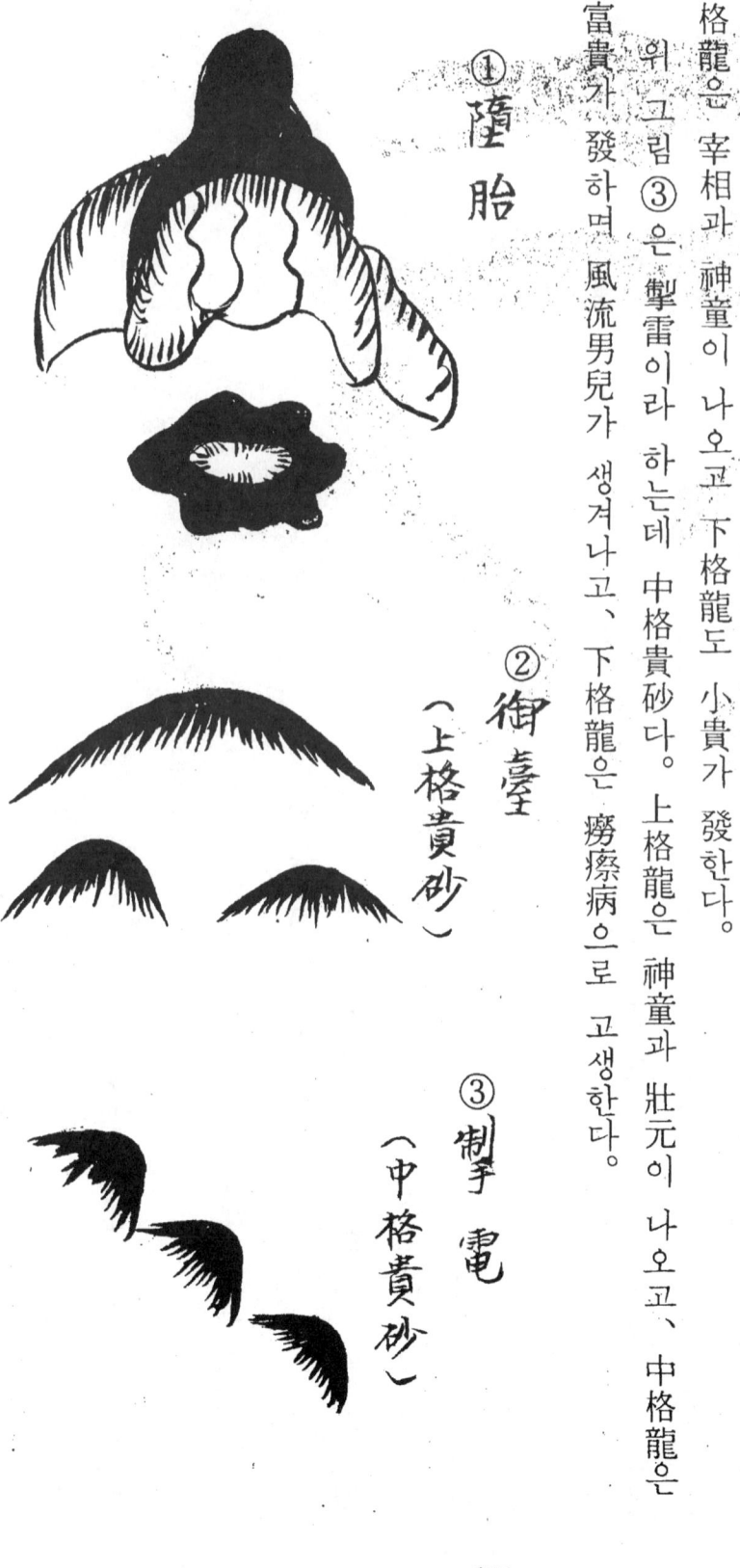

①　隳　胎

②　御　臺
（上格貴砂）

③　掣　電
（中格貴砂）

위 그림①은 隳胎（추태 ― 落胎）라는 凶砂다. 上格龍은 富貴는 發하여도 子息만 厚胎하면 落胎되어 결국 代가 끊기고、中格龍은 落胎로 子孫이 없어 養孫奉祀에 目疾이 있고 下格龍은 難產으로 絕嗣한다.

위 그림②는 御臺라는 上格貴砂다. 上格龍은 男子는 壯元이요 女子는 后妃가 된다. 中格龍은 宰相과 神童이 나오고、下格龍도 小貴가 發한다.

위 그림③은 掣電이라 하는데 中格貴砂다. 上格龍은 神童과 壯元이 나오고、中格龍은 富貴가 發하며 風流男兒가 생겨나고、下格龍은 癆瘵病으로 고생한다.

190

粧臺
(中格貴砂)

鏡臺
(中格貴砂)

祥雲
(上格貴人)

위 그림은 粧臺(장대)라 하여 주로 女人이 貴하는 中格貴砂다. 그러므로 上格龍은 妃嬪이 나오고 집안도 女子 때문에 榮華가 있으며、中格龍은 女子가 貴히 되고、下格龍은 간사한 女子가 嬌態를 부리고·淫賤하다.

위 그림은 鏡臺砂(경대사)라 하여 龍이 吉하면 貴砂가 되고 龍이 凶하면 賤砂가 된다. 그러므로 上格龍은 女人이 貴히 되어 后妃가 나오고 中格龍은 女人이 爵號를 받게 되고 女孫이 旺하며、下格龍은 女人이 얼굴을 다듬어 男子를 誘惑하는 상이니 淫賤하다.

아래 그림은 祥雲이라 하여 上格貴砂다. 上格龍은 神仙과

清貴文星
（上格貴砂）

大貴人이 나오고、中格龍은 官貴하여 君王을 側近에서 輔弼하며、

下格龍은 清秀高潔한 人物과 文名이 世上을 떨치는 才士가 나온다。

위와 같은 형상을 清秀文星이라 하는데 上格貴砂다。 上格龍은

翰苑職에 올라 清高한 이름이 멀리 퍼져나가고、中格龍은 清廉潔

白하여 名聲은 있어도 貴는 언지 못하고 清貧하여 집에 저축된 재

물이 없는데 女子는 貴히 된다。下格龍은 生人이 聰明하나 僧道가

나오고、婦人은 不潔하다。

破軍金

左輔木

右弼土

192

左輔와 右弼은 본래 正形의 穴星이 없이 穴이 隱藏되었다.

貪狼吉曜는 처음 돋아나는 대순(笋)처럼 생겼고、武曲尊星은 滿月 같은데 左로 굴러보

면 엎어놓은 鍾처럼 생겼다. 廉貞의 모양은 갈라진 우산(傘) 같고 破軍惡曜는 數板 알(算

子)처럼 생겼다. 祿存의 凶星은 무너진 집을 옆에서 보는것 같고、文星의 舖氈한 것을

찾으려면 弼星을 찾고、오직 巨門은 반달(半月) 같다. 龍身이 굴러 바뀌는 것을 알고자

하면 먼저 九星의 形을 찾아 그 九星形이 바뀌는 것을 살피면 된다.

貪狼木

廉貞火

巨文土

文曲水

武曲金

祿存水

○ 龍穴砂水圖總論

龍穴과 砂水의 그림이 비록 많으나 이것을 다 그려놓은들 무슨 이익이 있으랴. 적어도 긴요한 것만 못하다.

대개 堪輿術은 本과 末이 있는데、本이란 生氣이고 末이란 형상이다. 山川의 性情과 龍穴의 眞假는 그림으로 나타내지 못하고 生氣가 있고 없는 것을 알고 모르는 것은 오직 心眼(심안ー마음의 눈)이 열리고 열리지 않은데 있다. 世間에서 이 術數를 行하는 이는 먼저 本을 알고 뒤에 末을 안 뒤에야 요긴한 곳에 중점적으로 注力하게 된다. 능히 生氣를 알면 氣가 눈과 만나고、눈은 마음과 通할지라 一片靈臺가 이 山水圖인 것이니 本末의 吉凶과 곱고 추한 自然을 눈으로 보아 가늠하라.

○ 生氣總論

山에 葬事하는 법은 한가지 이치로 貫通해 보아야 하니 즉 生氣를 타는 것이다. 대개 氣가 많으면 龍勢가 起伏하고 生氣가 적으면 龍身이 게으르고 미약하며、生氣가 旺하면 山의 迎送이 거듭되고 生氣가 흩어지면 枝脚이 散亂하고、龍氣가 順하면 主山이 머리를 수그리고(垂頭)、龍氣가 거슬리면 玄武가 屍身을 막는다. 龍氣가 畜積된 것은 穴形이 단

정하나 龍氣가 추하면 穴場이 거칠고 頑惡하다. 氣가 멈추면 外來한 물이 橫으로 흐르고

氣가 멈추지 않고 달아나면 元辰水가 곧고 길게 흘러나간다. 氣가 모이면 靑龍·白虎가

穴을 안아 두르고 (彎抱), 氣가 새어나가면 앞의 砂가 비켜 날아간다. 龍氣가 모이면 아

關(水口)이 交鎖되고, 氣가 흘러버리면 五戶가 廣潤하다(水口가 넓다는 뜻). 氣가 좋

은 땅은 吉水가 來朝하고 氣가 나쁜 땅은 凶砂가 많이 보인다. 氣가 아름다우면 曜와 官

이 생기고, 氣가 쇠약하면 橫龍이 鬼山도 없고 樂山도 없다. 氣가 旺盛하면 穴 앞에 唇

氈이 있고, 龍氣가 短促하면 穴 앞에 唇氈을 펼치지 못한다. 氣가 아름다우면 明堂도 자

연 平潤하고 氣가 雜되면 局面이 바르지 못한 법이다. 그러므로 모든 格의 吉凶이 다 氣

가 좋고 나쁜데 매인바니 點穴하는 要는 氣를 올바르게 살피는 일이 妙策이다.

論커니와 氣의 淸濁이 하늘이 되고 땅이 되는데 사람은 天地사이에 元氣의 理를 混合

해서 通하면 生氣요, 막히면 死葬(죽어서 땅에 묻힘) 된다. 吉穴을 點하여 生氣를 納入

하면 죽은 體魄이 편안하고, 이에 따라서 福祿이 사람에게 미치는데 天地人 三才가 氣로

말하면 한가지다. 그래서 氣라 하는 글자 하나가 風水를 工夫하는 第一要點이다. 이러한

관계로 愚는 오로지 生氣만을 취하여 거듭거듭 말하는 것은 내 스스로 다하지 못한 것을

이에 所見이 있어 이 術法을 行하려는 이에게 그 氣를 힘써 살펴서 正穴을 잃지 않도록

나는 이제 一片金을 써서 분명하게 風水에 대해 論하는바 風水法은 말로 설명을 많이

하려는데 있다.

늘어놓는데 있지 않고 다만 生氣를 取하는데 있다.

氣가 龍을 따라 數百里를 오더라도 필요한 곳(穴處)은 一席之地 뿐이다. 땅에는 窩·鉗·乳·突의 四象이 있어 生氣는 이곳에 모인다. 千變萬態로 변화하는 형상이 怪異하여 사람의 눈을 어지럽게 하고, 사람의 마음을 놀라게 한다. 그런데도 俗士들은 등한히 해서 버리고 만다.

明師의 法眼은 항시 氣를 살피건만 항상 怪異한 한가지 모양만을 본다. 털끝만하 차이가 千里를 그르치는지라 禍福은 도시 여기에 있거늘 누가 능히 자세한 설명을 할 수 있단 말인가.

이 眞氣에 대해서는 말로 다 형언하기 어려운지라 弟子도 스승에게 배우지 못하고, 스승도 弟子에게 일러줄 수 없다. 요는 마음으로 마음을 傳하고, 눈으로 눈을 傳한 뒤라야 妙理를 알게 되는 것이다. 만약에 이 眞穴氣에 대해 깨닫는다면 이는 곧 神術이니 견줄 자가 없는 경지다.

形의 怪異한 것은 論할 필요가 없고 다만 穴氣의 아름다운 것이 貴하다. 眞氣는 隱微한 가운데 숨어있으니 造化의 심오한 뜻을 알겠도다. 내가 지금 詩를 써서 眞氣 一字를 말하는 것이니 사람이 堪輿에 깊은 뜻이 있다면 나와 더불어 뜻이 같다 하리라.

○ 發驗論

─ 龍이 비록 眞이라도 失穴하면 一發도 없나니 심하도다 穴을 알기가 어려움이여 ─

文武將相과 富貴의 發驗이 혹 龍身에 관계된 것도 있고 혹은 砂에 의한 것도 있다.

龍身이 倉庫를 띠고 旺水가 特朝하며、 屈曲한 砂가 堆錢과 같거나 櫃와 庫 등의 形이 있으면 富가 發하는 땅이요、 龍身이 印과 誥를 띠고 앞에 水來하며 御街砂와 牙笏과 玉帶 等形의 砂가 있으면 貴가 發하는 땅이다. 龍身에 鳳鸞形이 있고、 朝水가 巽方에 보이며 屯軍砂 旗鼓 등의 砂가 있으면 武威가 發하는 땅이다. 이상은 眞龍의 대략이고 氣의 형상은 표현해서 말하기가 어렵다.

대개 星辰(砂)의 面이 圓滿豊厚한 것은 富가 發하는 땅이고、 星辰이 端雅하고 雍容한 것은 貴가 發하는 像이며、 星辰의 面이 尖秀하고 淸麗한 것은 文章의 氣像이고、 星辰의 面이 雄健하고 森嚴한 것은 武人의 像이라 하는 것인데 이는 俗師의 눈이 어두운 것이며 明師의 開眼한 곳이다. 무릇 이상 諸格의 發驗은 다 穴로 爲主하는데 穴이 眞이면 一砂一水가 족히 福이 되고 穴이 假이면 萬水千山이 다 空이다.

○ 山水氣總論

옛사람이 다만 中原의 山水만 보았고 外國의 山水는 보지 못한 관계로 우리 나라 山水

에 대해서는 論하지 않았다. 그러므로 郭景純의 무리가 우리 나라의 山水는 말한바 없고

楊均松은 다만 幹龍이 三韓으로 들어갔다고 말하였을 뿐이다. 우리 나라의 神僧인 義相

과 玉龍子 無學 같은 분들은 明眼이었지만 著書가 없으니 後世 사람들은 누구를 쫓아 배

우고 알 수 있겠는가.

天下山水의 淸濁과 粗精은 근본 차이가 없으므로 朴尙義와 李奇玉 등이 中原의 堪輿書

를 보고 心通하고 眼明하여 東方의 明師가 되었던 것이다.

우리 나라는 山이 높고 물이 아름다와 高麗라 國名을 지었고, 朝日(아침의 太陽)이 선

명한 까닭에 朝鮮이라 하였는데 우리나라 江山은 곧 文明의 像이다.

우리나라는 幹龍이 北으로부터 내려와 橫으로 縱으로 數千里를 行하였는데 右邊에 枝

龍이 많이 生하면서 大枝는 中枝를 生하고 中枝에서 小枝를 生하며 小枝에서도 枝脈이

많이 생겨 枝頭의 結穴이 족히 富貴의 美가 된다.

우리나라 山水는 中國과 같지 않다. 山水가 秀麗하여 文明의 有餘하나 圖局이 좁아 數

百里 넓이의 平原이 없고 물도 數十里까지 흐르는 平流가 없으므로 人才는 많이 생겨나

도 局量이 크지 못한 것이다. 그런데 砂法은 中國이나 우리나라가 다른 점이 없어 前 사

람들이 이미 砂의 명칭과 圖形으로 效驗에 대해 詳論한 바 있으므로 많은 말이 필요치

않다.

玉龍子는 말하기를 漢水 이북은 人才가 魯奔하고, 漢水 이남은 人物이 彬彬하다 하였

으니 대략 그러하다고 보는게 옳다.

氣는 龍을 따라 오다가 穴處에 이르면 멈추는 것이니 氣는 死氣와 生氣가 있고、龍은 眞龍과 假龍이 있는데、眞龍은 結穴되고 假龍은 結穴되지 않는다.

하며、眞龍은 星峰이 우뚝하게 솟고 혹은 형상이 秀麗하며 혹은 燒棹가 있고 혹은 屈曲하고 活動하고 미끄러지고 혹은 끊어진듯 하다가 이어지고、혹은 透迤(위이ー비슬비슬 고불고불한 모양)하며、主山의 頂峰이 圓頓(원둔ー둥그스럼하게 뭉친것) 하고 혹은 헌출하고 혹은 開面되고 혹은 머리를 수그린듯(垂頭) 하다.

假龍은 星峰이 혹 추하고、거칠고、혹은 頑頓(완둔ー모양없이 우악스럽게 뭉친것) 하고、혹은 쭈구러지고、혹은 험란하고、枝脚이 늘씬하게 뻗어나가지 못하고 잘리운듯 短縮하고、혹은 산란하고 혹은 委弱하고 혹은 飄蕩하고、行脈이 억세고 곧고 기울어지고、혹은 頑濁하고 혹은 게으르고(脈이 힘없이 늘어지면서 뻗어나간 것) 主頂(主山의 頂峰、玄武頂 따위)이 등지거나 기울어지고 혹은 낮고 작으며、혹은 拒屍(거시ー屍身을 못오게 거부하는 것 같은 형상)하는 것이다.

龍의 行度는 변화무상하다. 그런데 모두 氣를 爲主하는 것이므로 氣가 順히 내려온 것은 順龍이라 하고、氣가 거슬러 올라간 것은 逆龍이라 하며、氣가 점점 물러나는 것을 退龍、氣가 傷한 것을 傷龍이라 한다.

氣는 본시 형상이 없으므로 눈으로 보아 알기가 어렵다. 그러나 龍穴과 砂水에 의지하여 형상으로 나타내니 그 형상의 美惡을 살피면 氣의 生死有無를 알 수 있는 것이다(비유하건대 사람의 용모를 보고 人格과 마음씨의 善惡을 알 수 있는것과 같은 이치라 하겠다).

龍은 祖龍과 子孫龍이 있다. 맨 처음 起峰된 것이 祖龍이고 中間에 起峰된 것이 子龍이며 마지막 起峰된 것을 孫龍이라 한다. 祖는 子에게 傳하고, 子는 孫에게 傳하는 것이니 이른바 傳한다 함은 氣를 서로 傳한다 함이다. 이 氣는 한가닥으로 꿰어 나가는 것이니 가로되 脈이라 한다. 그런데 氣에는 上中下의 等分이 있다. 上格은 上地요, 中格은 中地가 되고, 下氣는 下地가 되는 것은 당연한 이치이므로 氣는 旺盛한 것으로 貴를 삼는다.

龍氣는 또 옳은것 같아도 그른 것이 있고, 그른것 같아도 옳은 것이 있다. 龍이 뛰고 날으고 氣力을 힘껏 다하여 勇進하여 바삐 가는듯한 태도가 있으면 俗眼은 옳은 龍이라 하고, 明眼은 그르다 하며, 龍의 태도가 閑雅하여 수줍은 處女가 걸어가듯이 머뭇머뭇 나아가며 舘泰(바쁠것 없이 태연자약하게 나아가는 모양)한 형상을 明眼은 이것이 바로 眞이라 하고, 俗眼은 眞이 아니다 할 것이다.

巒頭(만두ㅡ山頭)가 번화한 것은 氣가 새어 아래로 내려갈 氣脈이 없고, 巒頭가 頓한 것(조는듯 구부린듯)은 氣가 莊하여 그 아래 結穴되는 脈이 있을 것이다.

眞龍은 穴로 떨어질 무렵(地點)에 隱隱히 살금살금 行하고、餘氣가 앞으로 나와 혹 끊

기고 혹은 일어나고 星峰이 번화하므로 俗眼을 眩惑하기 쉽다.

眞龍은 到頭함에 별도로 主山이 솟고 主山 아래에 몇가닥 脈줄기가 抽出하여 혹 길기

도 하고 혹은 짧기도 하며 혹은 屈曲하여서 어떤 脈이 眞이고 어떤 脈이 假脈인지 분간

하기 어렵다. 眞脈을 알려면 그 氣를 살피는 것이 可하다.

眞脈은 혹 左로 가고 혹 右로 가며、혹 動하기도 하고 혹 靜하기도 하여 어느곳이 穴

이고 어느곳이 穴이 아닌지 알기가 심히 어려운데 그 穴處를 點하려면 당연히 氣가 멈춘

곳을 살펴 定해야 한다.

龍을 찾고、脈을 붙들고、占穴하는 것은 다 氣로 근본을 삼는데 이 氣를 찾는데는 눈

동자가 밝은것 보다 더 나은 것이 없다.

땅을 占하는 法은 먼저 眞龍부터 알아야 한다. 이는 그 氣가 멈춘 곳을 알아야하기 때

문이며、氣가 멈춘곳이 있으면 바로 眞穴이다. 고로 窩・鉗・乳・突에 대해서는 論할 것

도 없다.

氣는 本이요、形은 末이니 本을 먼저 하고 末을 뒤로 하는자라야 이른바 明眼이라 눈

이 트이면 마음도 깨달음이 있다. 이러하므로 山을 보는 法은 눈이 本이고 마음이 末이

다. 儒家와 仙家와 佛家의 工夫는 다 마음으로 本을 삼는 것이지만 오직 地理家는 눈으

로 本을 삼는고로 神眼 法眼 俗眼으로 구분하여 優劣의 等級을 定하는 것이다.

山水의 氣가 淸濁이 있듯이 사람의 氣도 역시 淸濁이 있으므로 氣가 맑은이는 눈이 밝고、氣가 흐린이는 눈이 어둡다.

生氣가 穴中에 멈추고 멈추어 發驗은 물에 매였으니 氣를 보아도 증험을 아는 것은 마음에 있다.

氣는 또 內外가 있다. 內氣는 穴氣이고 外는 砂水의 氣다. 內는 主가 되고 外는 賓인지라 主賓이 서로 應하면 自然히 吉地가 된다.

보기 어려운 것은 內氣요、보기 쉬운 것은 外氣라 內氣는 감추어 있고 外氣는 표면에 나타나 있기 때문이다.

또 脈은 虛와 實이 있다. 대개 貧하고 씩씩하고 참되고 높고 淸하고 重한 것은 實이요 飄蕩하고 魄이 없어 제멋대로 놀고 輕한 것은 虛脈이다.

到頭脈이 後龍의 眞氣를 承하여 正穴에 注入한 것이 요긴한 곳이니 더욱 着眼 함이 可하다.

穴이 眞이면 發福하되 福의 長短은 後龍의 遠近에 있다. 玉龍子의 後龍論에 이르기를 「山九峰이 上이요 五峰이 中이 되고 一峰이 下다」하였으니 이 說이 正當하거늘 時師들은 明國 諸師들의 과장된 말을 取하여 혹 數百里、혹은 五六十里의 行龍을 論하였으니 참으로 허황된 말이다. 後龍에 만일 七八峰이 솟으면 七八代를 발복하리니 이것이 어찌 大地가 아니랴、小地는 一二峰이 솟는데 불과하다.

圓局의 大小도 또한 限界가 있거늘 俗士들의 과장이 後龍의 먼것을 취하는것 같은데 믿을 수가 없다. 무릇 文武富貴의 發福이 다 氣로 인하는지라 이러하므로 文章이 發하는 氣는 秀麗明朗하고 貴가 發하는 땅의 氣는 雍容端雅하며 富한 땅의 氣는 周密하여 豊厚하고 武가 發하는 땅의 氣는 森嚴하고 豪健하다. 그러나 貧한 땅의 氣는 散亂飄蕩하고 賤한 땅의 氣는 거칠고 추하고 濁하고 凶하며 凶禍가 생기는 땅의 氣는 凶險하여 殺을 띠었다.

時師가 龍穴의 眞氣를 살피지 않고 마음으로 本을 삼아 말하기를 「龍穴은 이러하고 砂水는 이러하여 이것이 아름다운 땅이다」하는 것인데 龍穴과 砂水는 변화무상한 것이어늘 어찌 마음으로 미리 헤아리랴、반드시 눈으로 本을 삼은 뒤에야 그릇 點穴하는 근심이 없으리라. 슬프다、범상한 眼目이 어찌 眞穴을 알아내랴、馬相을 잘보는 이는 骨格을 相보되 거죽(皮)을 相보지 아니하며、穴의 相을 잘보는 이는 死氣와 生氣가 있는것이다. 아니하므로 明眼의 앞에는 穴이 平常하고 怪異함이 없고 氣는 死氣와 生氣가 있는것이다.

地師라 자처하는자 누군들 웬만한 눈이 없으랴만 明眼이라야 地師로서의 옳은 눈 이라 할 수 있는 것임에 눈이 한번 열리면 氣가 고운것(麗)과 精한 것과 淸濁과 粗하고 糯한 것과 곱고 아름다운 것이 照然하여 燭불이 비친 것 같으니 吉凶禍福이 靈驗치 않은게 없 다.

또 俗師들은 圖局의 砂水에 그르친바 되어 망녕되이 點穴하여 安葬토록 하지만 끝내 一發의 効果도 없는 것이다. 무릇 福이 發하고 發하지 않는 것은 穴의 眞假에 매었으니

圖局 좋은 것과 砂水의 좋은 것만으로 어찌 發福하랴. 그러므로 法眼은 먼저 龍氣를 보고 다음으로 脈氣를 보며, 또는 穴氣를 본 뒤에 前後左右의 圖局과 砂水를 두루 살펴보아서 대단한 欠點이 없으면 쓰는 것이다. 明師인들 티 하나도 없이 깨끗한 吉地를 얻으려는 마음이 없으리오만 그 穴이 假이고 砂水가 欠이 없는 것으로는 穴이 眞이고 砂水의 欠이 있는 것만 못한 것이다. 그러므로 雪心賊에 이르기를 「山川에 小節의 티(疵)가 있어도 眞龍의 厚福이 滅하지 않는다」 하였으니 이로 미루어 볼때 十全之地(欠點하나 없이 온전한 땅)는 비록 天下를 다 돌아다니며 求해 볼지라도 얻지 못하는 것이다.

草木은 땅속의 生氣를 받아 꽃이 피고 열매가 맺으며, 形形色色의 品物이 각각 같지 않은 것이니 龍을 나무에 비교한다면 穴은 열매라 할 수 있다. 氣는 근본이 하나요, 形은 만가지가 다르니 造化는 완전한게 없는지라 欠하나도 없는 것이 없고, 모든 것을 다 아름답게 갖추기는 어렵다. 俗師가 點穴할 때 대개가 「欠이 없는 吉地다」라고 말하는데 어찌 그렇게 될 수가 있으랴. 만일 무리 草木의 열매를 함께 한 나무에 모우고, 여러 山의 吉格을 모아 땅 한자리에 갖추도록 할 수 있다면 어찌 아름답지 않으랴만 이는 萬萬의 一도 없는 일이다 (절대 불가능이다). 그러므로 點穴하는 法은 다만 眞穴만을 取할 따름이다. 穴이 眞이면 반드시 발복하여 그 어떻게 發하는가에 대해서는 砂水에 따라 作用된다. 혹 文이 發하거나 武가 發하거나 富가 發하거나 貴가 發하는 것 등은 造化의 理에 달렸다.

時師는 裁穴하면서 말하기를 「이 땅은 龍虎가 낮고 작으니 아래에 穴을 取함이 옳고, 이곳은 前案이 높으니 穴을 위에서 取해야 한다」 하지만 이 말은 가당치 않다. 왜냐하면 氣가 위에 모였거든 위에 取하고, 아래에 모였거든 아래에서 取해야 옳거늘 어찌 龍虎와 案山의 높고 낮은 것만으로 그 穴을 上下로 하여서 氣가 모인 곳을 놓쳐서야 되겠는가.

時師가 또 말하기를 「某處는 水口가 關欄하였으니 그 局內에 반드시 眞龍이 있다」 하지만 실은 眞穴의 有無부터 본 뒤에 水口를 보아야 한다.

龍의 運行과 穴의 結作과 水의 來去와 砂의 相應이 千形萬像으로 變幻無窮하되 그 本인즉 氣다. 이러하므로 郭璞의 錦囊經에서도 오로지 生氣를 取하고 形像에 대해서는 간략하게 論했을 뿐인데 後世에 이르러 衆説이 紛紛하여 形像 취하는데만 힘써 「이것이 무슨 형국이다」「무슨 穴이다」 하고 穴의 명칭을 수없이 달아 붙였다. 龍名과 穴名은 다 기록할 수 없고, 砂水의 號稱도 다 거론할 수가 없는지라 배우는 이가 공연히 心力만 허비하고, 분별할 수 없게 하니 애석한 일이다.

나의 所論인즉 다만 氣라는 一字 뿐이다. 입으로만 氣를 말하고 눈으로 氣를 살피지 못한다면 배를 치며 웃을 일이다.

○ 砂驗訣

砂分貴賤이오, 驗有禍福이라.

〔解〕 砂는 貴賤을 분별하고 應驗은 禍福으로 안다.

吉砂在吉方하면 召福召祿하고 凶破居凶位하면 多災多殃이라.

〔解〕 吉砂가 吉方에 있으면 福祿이 이르고、凶砂가 凶方에 있으면 災殃이 많다.

東西南北에 取五星之得地하고 前後左右에 喜四獸之戀穴이라.

〔解〕 東은 木山、南은 火山、西는 金山、北은 水山、中은 土形山이 위치하면 이를 五星得地라 하는데 大地요 前案은 朱雀峰、後頂은 玄武峰、左는 青龍、右는 白虎가 있어 모두 秀麗하고 穴을 朝應하면 (戀穴은 즉 朝應)이 역시 大地다.

貴人之峰이 居馬上하고 居殿上하면 登雲路而承寵하고、朝臣之像이 在榜邊하고 在誥邊하면 擢高第而草論이라.

〔解〕 貴人形의 峰巒이 馬山 뒤에 솟거나 殿上에 솟으면 벼슬에 올라 임금의 총애를 받고 (大臣이 되는것)、朝應하는 吉峰이 穴 周邊에 있으면 高第에 발탁되어 임금의 經綸에 대한 것을 草案한다 (王의 側近臣이 되어 輔佐함).

雙薦之形像이 并齊하면 一時之兄弟俱顯이라.

〔解〕 吉師峰이 나란히 雙으로 솟으면 一時에 兄弟가 같이 顯貴한다 (秀麗한 兄弟峰이 穴 주위에 솟은 것).

206

降旗出이면 見李陵之偸生이 可羞요、赦文이 來朝면 蕭何之繫獄이 不久라。

〔解〕 降旗砂(깃발형의 山이 바로 서지 않고 降伏할 때 깃대를 누이는것 처럼 생긴것)가 있으면 李陵(漢나라때 人物)이 적에게 항복하여 구차하게 목숨을 건지고 수치스러운 일을 당하는 것 같고、赦文星이 있으면 蕭何(소하ー漢나라때 정승)의 獄살이가 오래가지 않는다。(즉 降旗砂가 있으면 賊에게 降伏하는 부끄러운 일을 당하고、赦文星이 있으면 罪를 짓더라도 쉽게 赦免된다는 뜻이다)

刺面山은 見黥布之顏遭刑하고、探頭砂는 窺元衝之首雜保라。

〔解〕 刺面山이 있으면 刺形(자형ー얼굴에 紋을 새겨 罪人이란 흔적을 一生 지우지 못하도록 하는 형벌)을 받고、探頭砂가 있으면 漸首形을 받는다。(옛날 漢나라때의 黥布라는 사람이 젊었을때 罪를 짓고 얼굴에 무늬를 새겨놓는 刑을 당하였고、元衝은 盜賊罪로 斬首刑을 받았다 한다。즉 위와 같은 凶砂가 있으면 重罪를 짓게 된다는 뜻이다)

玉樓殿上에 每近足天之天하고、龍車鳳輦은 長在密通之地라。

〔解〕 玉樓가 殿上에 있으면 임금을 항시 가까이 섬기고 (貴히 되는것) (龍車와 鳳輦이 있으면 오래도록 임금 가까이 있다(王의 側臣이 된다는 뜻)。

和尚筆法師筆은 沙門獻花之徒요、宰相筆三公筆은 殷殷鼎調羹之臣이라。

〔解〕 和尚筆과 法師筆이 있으면 沙門(寺刹)에서 꽃을 올리는 무리(僧道)요、宰相筆

三公筆이 있으면 朝廷의 重臣이 된다。(殷鼎은 殷나라 朝廷이고 調羹이란 政治를 左右

하는 것)

金誥開花는 貴極都尉요、錦被覆錢은 富冠閭里라。

〔解〕 金誥開花砂가 있으면 卿相級의 벼슬에 오르고 錦被覆錢砂(위 그림에 있음)가 있

으면 富者로 마을에서 이름이 높다。

天外之文筆이 秀麗하면 必出才子하고 眼前之屯軍이 羅列하면 定産將軍이라。

〔解〕 먼 外案에 文筆峰이 솟아 수려하면 才士가 나오고、穴 앞 가까운 곳에 屯軍砂가

있으면 정녕코 大將材本이 나온다。

掛榜이 連雙童之讀書하면 二難拼桂요、頓筆이 接庚位之展軸하면 一擧登科라。

〔解〕 掛榜砂가 雙童이 나란히 앉아 글읽는 형상 같으면 兄弟가 모두 及第하기 어렵고

頓筆砂가 庚方 展軸에 接해 있으면 단번에 科擧에 오른다。

群山簇隊하면 鼎裏에 鍊文武之火하고、掀裙獻花는 桑間에 有鄭衛之女라。

〔解〕 무리 山이 隊列을 지어 있으면 文武兼全한 人物이나 神仙이 나오고、掀裙砂와

獻花砂가 있으면 男女가 음란하여 바람을 피운다。(옛날 鄭나라와 衛나라 사람들은 性

道德이 문란하여 걸핏하면 男女가 뽕나무밭 가운데서 만나 淫行하였다 한다。)

銀瓶盞注는 財如石崇이요、巽宮娥眉는 女作宮妃라。

〔解〕 銀瓶과 盞酒砂가 있으면 石崇같은 財富를 누리고、巽方에 娥眉峰이 솟으면 女兒

가 宮妃가 된다(훌륭한 男便을 만남)。

丙可以潤屋이요、辰終必盜賊이라。

〔解〕 丙方에 峰이 솟으면 家屋이 윤택해지고、辰方의 砂峰은 도둑이 생겨난다。

三台華盖는 立元老於黃扉하고、一字文星은 顯詞臣於翰苑이라。

〔解〕 三台와 華盖砂가 있으면 元老大臣이 나오고、一字文星이 있으면 翰苑職(文職)

을 맡는 인물이 생겨난다。

圓扇固囚는 必因牢獄之招禍하고 道上行乞은 是如木杓之有驗이라。

〔解〕 圓扇形의 固囚砂(둥글게 무엇을 가둬놓은 형상의 砂)가 보이면 牢獄에 갇혀 재

앙을 받고、거리에서 乞食하는 까닭은 木杓砂가 있기 때문이다。

達官이 子中이면 宜執玉圭요 朝臣 身上에 可羞腰袍라。

〔解〕 達官砂는 子息 가운데 玉圭를 잡는이가 생겨나고(벼슬하는 것)、朝臣砂는 몸 위

에 腰袍를 두르는게 부끄럽다.

斷頭는 被斧鎖之刑하고、流屍는 作汚河之溺이다.

〔解〕 斷頭砂가 보이면 斬刑을 당하고、流屍砂가 있으면 물에 빠져 죽는다.

天馬見於禽位하면 封爵之恩이 立至하고 玉印이 在於兌宮하면 佩綬之榮을 可期라.

〔解〕 天馬形이 离方에 있으면 侯爵의 封함이 단번에 이르고、玉印峰이 兌方에 있으면 벼슬에 발탁되는 영화가 있다.

墮胎在前하면 兒未生而先死하고 鑽懷露形하면 女多慾而淫奔이라.

〔解〕 墮胎砂가 앞에 있으면 자식이 낳기도·전에 뱃속에서 죽고、鑽懷砂(찬회사-무엇을 품안에 품고 있는 모양)가 형체를 들어내면 女人은 음욕이 많아 情夫를 따라 도망 간다.

玉帶玉几는 喜王謝之大貴요 金鍾金箱은 稱陶猗之巨富라.

〔解〕 玉帶砂와 玉几砂가 있으면 王과 謝(人名)와 같은 大貴를 누리고、金鍾과 金箱砂가 있으면 猗頓 같은 巨發가 發한다.

丹詔連於帝座하면 頻承鳳綸之召하고 幞頭近於筆朶하면 早題雁塔之名이라.

〔解〕 丹詔가 帝座에 連하면 자주 임금의 부름을 받고 (重臣에 등용되는것)、幞頭砂가

筆朶에 가깝게 있으면 일찍 科擧場 場示板에 이름이 오른다.

報捷이 呈象하면 飛羽書於天上하고、頓旗動光하면 仗黃鉞於閫外라.

〔解〕 報捷砂가 象을 올리면 羽書(화살에 편지를 묶어 날려 보냄)를 天上에 날리고(將師가 되어 捷報를 띄우는 것)、頓旗砂가 수려하고 우뚝하면 (動光) 황금도끼를 閫外에서 쥐어본다(大將軍이 되어 出戰한다는 뜻).

笏滿床頭하면 好點繼之榮하고、梯連天上하면 直踐蓬萊之路라.

〔解〕 笏이 床頭에 가득하면 貴히 되고、사다리(梯形의 砂)가 하늘까지 연결되면 (위 砂格圖에 있음) 곧바로 벼슬길에 나아간다.

簾幕은 是貴人之條居요、倉庫는 乃富翁之即管이라.

〔解〕 簾幕(염막)이란 貴人이 거처하는 곳이고 倉庫는 부자가 사용하는 財物창고다. 고로 염막이 있으면 貴가 發하고 倉庫砂가 있으면 富가 發한다.

輔弼이 端正하면 君陳이 告謨献於周后요、筆陣이 齊列하면 義之檀聲價於蘭亭이라.

〔解〕 左輔와 右弼星이 단정하면 君陳(人名)이가 周王에게 計策을 올리고(貴히 되다는 뜻)、筆陣砂가 가지런히 늘려있으면 王羲之가 蘭亭에서 이름을 드날린다(文筆이 出衆하다는 뜻).

筆峰이 孤單하면 馳虛譽而無實이요、 丁位가 低陷하면 悲弱齡之棄世라。

〔解〕 文筆峰 하나만 외롭게 서 있으면 文筆로 이름만 높았지 벼슬은 못하고、 丁方이 낮고 陷하면 어린 나이에 世上을 떠난다。

順水筆逆水筆은 進田退田하고 大貴人小貴人은 父顯子顯이라。

〔解〕 順水局의 文筆峰은 田庄이 退하고、 逆水局의 文筆峰은 田庄이 進하며、 大貴人과 小貴人峰이 함께 있으면 父子가 모두 顯達한다。

午地星印은 難免失明之歎이요、 离方巖石은 亦致罹殃之恫이라。

〔解〕 午方에 印星이 있으면 눈이 머는 탄식을 면치 못하고、 离方(丙午丁方)에 암석이 있으면 殃禍를 당한다。

御傘이 高張하면 侍九天之前席이요、 堆錢이 稠疊하면 稅萬貫之孔方이라。

〔解〕 御傘形(日傘모양의 砂)이 높게 벌려있으면 高官이 되어 임금 앞에 가까이 서고 (大貴)、 堆錢砂(퇴전사 ─ 葉錢을 쌓아놓은 형상)가 첩첩으로 있으면 萬貫의 돈(孔方 ─ 銅錢은 모난 구멍이 있으므로 칭하는 말)이 稅로 들어온다(大富)。

壯元之旗는 名不虛得이요、 大武之星은 號必有效라。

〔解〕 壯元旗가 있으면 科擧에 及第한다는 말이 실지이고、 大武星이 있으면 그 이름이

반드시 有効하여 武將이 나온다.

龍虎官星은 管伯仲之顯揚하고、生養叢峰은 致子孫蕃延이라.

〔解〕 青龍 白虎에 官曜가 생기면 立身揚名하고、生養方에 峰巒이 周密하면 子孫이 번창한다.

甲地秀砂가 遇乾脈而早點科魁하고、辛方尖筆은 逢巽龍而益播文名이라.

〔解〕 乾脈結穴의 甲方에 수려한 砂峰이 있으면 일찍 首席으로 及第하고、巽龍結穴의 辛方에 尖必砂가 있으면 文名이 널리 퍼져나간다.

賊旗凶而惡은 尤忌覘見이요、文星清且貴는 咸取姸美라.

〔解〕 賊旗砂는 凶惡한 것인데 窺峰으로 되어 있는 것을 더욱 꺼리고、文星은 清貴가 發하는데 고웁고 아름다와야 한다.

橫琴은 遇舞仙이 爲明이요、玉梳는 對金錢而開面이라.

〔解〕 橫琴砂는 無仙形을 만나야 發福이 분명하고、玉梳砂는 案對에 金錢形이 있어야 제격이다.

紗烏는 貴人頭上着이요、尖創은 武夫手中物이라.

〔解〕 紗帽는 貴人의 머리에 쓰는 것이니 貴人峰이 있어야 効力을 發하고、尖創은 武

夫의 손에 드는 것이니 武가 發하는 땅이라야 쓰임이 된다。

仙橋潤展하면 道人이 駕鶴於雲中이요、羅衣盡幣하면 乞客이 結鶉於身邊이라。

〔解〕 仙橋砂가 있으면 神仙이 鶴을 타고 雲中으로 날아다니는 형상이고、羅衣砂 (散衣

라고도 한다) 가 찢어진 옷처럼 생겼으면 거지가 기워서 몸에 걸치는 상이다。(仙橋砂는

貴人이 나오고 羅衣砂는 거지가 생긴다는 뜻)。

筆開口而雙尖하면 辭訟件逆이요、刀帶殺而橫斜하면 戰陣死亡이라。

〔解〕 筆峰이 입을 열고 양쪽에 뾰족하게 대치하면 訟事와 件逆이 생기고、刀砂가 殺

을 띠고 가로질러 있으면 전쟁터에서 죽거나 칼에 상하여 죽는다。

貌省醉翁하면 費家產於糟邱요、狀似瘲脚하면 兼浮疾於瘟疫이라。

〔解〕 砂의 모양이 술취한 늙은이 같으면 재산을 술먹는데 다 없애고、부은 다리 같으

면 浮腫과 疫疾病이 발생한다。

枝龍이 類翻風之茅葉하면 流離失所요、諸砂ー若失群之亂蛾하면 貧殘困窮이라。

〔解〕 枝龍이 바람에 나부끼는 띠풀과 같으면 이리저리 정처없이 떠돌아다니고、모든

砂가 무리를 잃은 불나비 같으면 빈천 곤궁하다。

杻形見而開脚하면 頻遭縲縲之厄하고 貴人이 對而背面은 爭傳布粟之謠라.

【解】 杻形(수갑)이 보이고 開脚하면 여러번 拘束되는 厄을 만나고, 貴人峰이 案에 있되 등을 지면 財産다툼이 벌어진다.

前曜似牙하면 能貢福於正穴이요、立石이 如劍하면 終隕命於賊刃이라.

【解】 穴 앞의 曜가 어금니 같으면 福을 누리고、立石이 칼처럼 생겼으면 도적의 칼날에 목숨을 뺏긴다.

貧巒이 端雅하면 奚獨長房之發貴며、庫砂、直射하면 不但季位之罹殃이리오.

【解】 貧狼峰이 단아하면 어찌 長房만 유독 貴가 發할 것이며、庫砂가 곧게 쏘면 季孫만 재앙이 있는게 아니다.

天太ー秀如竹笋하면 倒流三峽之源이요、南極이 高聳雲霄하면 可享百年之壽라.

【解】 天乙 太乙峰이 수려하여 竹笋(대순)처럼 富貴가 長遠하고(물의 근원이 끊임없이 흐르는 것 같이) 丙丁方의 峰이 구름을 뚫고 하늘 높이 솟으면 百年의 壽를 누린다.

穴邊之護砂ー竄走하면 豊歲啼饑하고、局內之亂衣ー麗雜하면 煖冬呼寒이라.

【解】 穴을 보호하는 砂들이 穴을 보호하지 않고 뿔뿔이 다른 곳으로 달아나면 豊年든 歲月이라도 배고파 울고(극히 빈궁함)、局丙에 亂衣砂가 추잡한 모양을 띠고 있으면

215

따뜻한 겨울이라도 추위를 탄다 (역시 빈궁하다는 뜻임).

偃月이 橫破軍之鄕하면 熟不憂其賊劫이며、 露脚이 出桃花之方하면 人皆醜其穢聲이라.

〔解〕 偃月刀形 (누운 달모양의 刀形砂)의 砂가 破軍方에 橫으로 있으면 누군들 도적의 厄劫을 근심치 않을 것이며、 露脚砂 (노각사ㅡ두 다리를 짝 벌린 모양)가 桃花方에 있으면 추잡스런 소문이 끊일날이 없다 (姦通했다는 소문이 들린다).

逆砂轉而遮水하면 內氣不散이요、 華表聳而捍門하면 其貴無雙이다.

〔解〕 逆砂가 머리를 돌려 水口를 막으면 內堂의 生氣가 흩어지지 않아 길하고、 華表가 捍門에 솟으면 (水口를 막고 있는 砂) 貴가 견줄자 없다.

勿論何形하고 皆嫌轉頭棄去요、 凡在諸位에 只貴開顏來朝라.

〔解〕 어느 形을 막론하고 머리를 딴 곳으로 돌리고 가는 형상이면 나쁘고、 얼굴을 들고 穴을 바라보며 오는 형상을 하면 貴한 것이다.

更看巖石之精麤하고 以分休咎之驗效하라.

〔解〕 다시 岩石의 아름답고 추한 것을 살펴서 좋고 나쁜 것을 징험하라.

或圓或方或直或平而形姸者는 吉하고、 似頓似射似窺似門而氣雜者는 凶이라.

〔解〕 師가 둥글기도 하고、 모나기도 하고、 곧기도 하고、 平하기도 하여 아름답고 고

우면 吉格이요、 砂가 찡그린 것도 같고、 쏘는 것 같거나 숨어 훔쳐 보는 것 같거나 싸

우는 것 같아 氣가 잡된 것은 凶하다。

印笏이 在於面前하면 功名指掌이요、 禽獸ㅡ居於水口하면 富貴唾手라。

【解】 印이나 笏이 穴面 앞에 있으면 功名을 쉽게 얻고、 水口에 禽獸가 있으면 富貴가

손안에 있다。

若胄若甲若點兵若頓創하면 武顯之地요、 如硯如墨如尖筆하고 如幞頓하면 文貴之象이라。

【解】 胄(머리에 쓰는 투구)도 같고 甲(갑옷)도 같고、 點兵(점병ㅡ軍士가 點號받는 모

양)도 같거나 頓創도 같으면 武功으로 顯達하는 땅이요、 벼루와 같거나、 먹과 같거나

尖筆(붓)도 같고 幞頭(박두ㅡ선비가 머리에 쓰는 모자)도 같으면 文으로 貴히 된다。

險巖이 鎭於水口하면 縱云貴格이나 麗象이 見於穴上하면 反爲不祥이라。

【解】 험상스런 바위가 水口에 있는 것은 貴格으로 보나 추한 코끼리 형상이 근처에 있

으면 상서롭지 못하다。

凡地諸形은 各以類應이라 吉凶之符ㅡ不差하니 其可忽諸며、 物象之變이 無窮하니 推以

知之하라。

【解】 무릇 땅의 모든 形은 각각 類에 따라 應하는지라 吉凶의 符가 차이점이 없으니

소홀할 수 있겠으며, 物象의 변화가 무궁한 것이니 미루어 알아내야 한다.

遂形者着眼은 是在明眼之卜別이요, 触類揭名은 何妨衆名之創制리오.

〔解〕 形을 쫓아 눈을 돌리는 것은 明眼이라야 분별할 수 있고, 類에 붙여 이름을 다는 것은 어찌 여러 이름으로 創制한들 방해되랴.

〇 水驗歌

看水神之來去하여 驗禍福之不同이라.

〔解〕 水神의 오고 가는 모양과 方位를 보아 禍와 福이 어떻게 應하는가를 안다.

山與水而相逆하고 陰陽合而交媾라.

〔解〕 山과 물은 서로 거스리고 陰陽은 合하여 交媾된다.

審來龍之入水하여 定五氣之逆順이라.

〔解〕 來龍의 入水處를 살펴 五氣의 逆順을 定한다.

布生旺於墓位하여 知吉凶之有效라.

〔解〕 墓位를 기준 生旺法을 펴서 吉凶의 効驗을 안다.

水始見日得水요、水歸隱日水破라。

〔解〕　물이 맨 처음 보이는 곳이 得水요、물이 감춰져 숨는 곳이 水破다。

吉方來而凶去는　然後謂之合法이요、生與旺而同至하면 人其財而幷盛이라。

〔解〕　吉方으로 와서 凶方으로 나가면 合法된 물이라 하는바 生方과 旺方水가 같이 이르면 人丁과 財가 아울러 盛한다。

來目武而破貧하면 我雖富而無子라 若貪朝而歸武면 縱有子而無産이라。

〔解〕　물이 武曲方에서 와서 貪狼方으로 나가면 富는 發하나 자식이 없고、반대로 貪狼의 물이 朝하고(來하는 것) 武曲方으로 돌아가면 子息은 있어도 재산이 없다。

衰病死兮庫絶은 不宜來而宜去요、來自浴而登堂하면 零落傳於蔓草라。

〔解〕　衰病死庫絶方의 물이 來하는 것은 불길이나 가는 것은 좋고、沐浴方의 물이 明堂으로 오르면 零落하여 무덤마다 풀이 무성하다(無子孫)。

胎神至而弄璋이요、冠位至而多齡라。

〔解〕　胎方의 물이 이르면 子孫의 경사요、冠方의 물이 이르면 人丁이 많다。

償不合於此規면 反召禍而消福이라。

〔解〕　혹 물이 이상의 법칙에 맞지 않으면 재앙이 이르고 복이 사라진다。

〔解〕 爻가 卦를 얻으면 曜가 없음이니 그 殺됨이 크다. 그 殺됨이 크다. 爻得卦則無曜니 其爲殺也 其大라.

得卦則無曜니 其爲殺也 其大라. 그 殺됨이 크다. 爻得卦則無曜니 其爲殺也 其大라.

從龍脈而看水하고 恐比位於來朝라 致斧鎖之刑戮하고 禍孔慘於閤室이라、

〔解〕 龍脈을 따라 물이 보이고 또는 龍脈 끝에서 곧게 물이 來朝하면 重刑을 면치 못

하려니와 재앙이 室人에게까지 미친다.

彼四維與八干은 氣相乘而相生이라 以向上而論水하면 忌是方之流破라.

〔解〕 乾坤艮巽 四維와 壬丙庚甲・乙辛丁癸의 八方은 氣가 相乘하고 相生하는 方位이

니 向으로 論할 때 이상 十二方으로 流破가 되는 것을 忌한다.

成反覆之黃泉은 歎人丁之云亡이라.

〔解〕 反覆의 黃泉破가 되면 人丁이 亡함을 탄식하노라.

分五行之四象하여 知廉貞之不武라.

〔解〕 五行의 四象을 나누어 廉貞이 武가 아님을 안다.

水之來兮有凶은 曰丑寅與乙辰이라 能火火於壙中이니 慘棺槨之燒破라.

〔解〕 來水가 凶한 方位는 丑寅과 乙辰方이다. 이 물을 범하면 壙中에 불이 일어나 참

혹하게도 棺槨이 타서 파괴된다.

吉水朝兮救火니 艮巽丁兮丙寅이라.

〔解〕 그렇더라도 吉水가 朝하면 火를 끄는 것이니 艮巽丁丙寅方이 朝함이다.

論後龍之方位하고 正五行兮爲主라 理氣由於雙山이니 覺運用之其妙라.

〔解〕 後龍의 方位를 論함에는 正五行을 위주하라. 理氣는 雙山法으로 하는 것이니 運
用法을 알면 심히 妙하다.

卜天星之貴賤이니 水隨之而亦然이라.

〔解〕 天星의 貴賤을 분별하라. 물도 따라서 역시 그러하다.

此는 不過大略이니 知不可乎專泥라.

〔解〕 이상은 대략적인 이론에 불과하니 반드시 그러한 것이라고만 깊이 빠지지 마라.

定座向而消納하고 貴連珠之無價라.

〔解〕 座向을 정해서 消納法을 맞추고 連珠格은 값을 매길 수 없을만큼 貴하다.

莫論龍之左右하고 成一家之骨肉하라. 若反此則爲凶이니 必禍殃之來臨이라.

〔解〕 龍의 左右를 論하지 말고 一家의 骨肉을 이루도록 하라(오직 眞龍의 生氣만을

取하라는 뜻)。 만일 이를 어기면 凶하니 禍殃이 임할 것이다。

嗟라 四墓之黃泉은 爲凶神而召禍라。

〔解〕 안타깝도다 四墓의 黃泉이여 이는 凶神인지라 재앙을 불러 오느니라。

乾龍이 見其辰水하면 能變凶爲吉이라。

〔解〕 乾龍에 辰方水가 보이면 凶厄이 변하여 吉이 된다。

丙午水兮雙朝하면 回祿灾之必至라 鑿亥池而注水하면 名其坑曰滅火라。

〔解〕 丙午方의 물이 來朝하면 반드시 火災로 亡한다 하는데 亥方에 못을 파서 물을 담아두면 火를 滅한다고 한다。

顧庫位之四水ㅣ反來朝於養方이면 求其本則黃泉이나 必無益而有害라。

〔解〕 辰戌丑未 四庫水가 돌아보고 반대로 養方의 물이 來朝하면 그 本을 求하나 黃泉이니 반드시 해가 있다。

巳水見於兌龍하면 縱在生而犯曜라。

〔解〕 巳方水가 兌龍에 보이면 바로 長生方의 물이라 하나 八曜殺을 犯하여 못쓴다。

乙水朝於坤脈하면 雖納甲而凶이라。

〔解〕　乙方水가 坤脈에 照하면 비록 納申(坤納乙癸)이지만 黃泉의 凶水다(坤脈의 向은

巽이니 巽向에 乙丙水가 黃泉格이라).

坎與癸而相近하니 勢難得其來水요 凶壬對而水至하면 宜吉慶而永昌이라.

〔解〕　坎과 癸는 서로 가까우니 형세가 그 來水를 얻기 어렵고, 凶壬이 對하여 물이

이르면 마땅히 吉慶이 있고 永昌하다.

巽見辛而文貴요、震遇庚而武顯이라.

〔解〕　巽水가 辛脈을 보면 文章으로 貴히 되고 震水가 庚脈을 만나면 武勢로 顯貴한다.

艮丙會而致財요、兌丁合而高壽라.

〔解〕　艮方水에 丙脈은 財物을 모으고、兌方脈이 丁方水는 高壽를 누린다.

乾甲合而崔科니 攀第之桂枝라.

〔解〕　乾脈에 甲方水가 오면 科擧運이 빠르니 壯元으로 及第한다.

更馳眸於好水하면 喜福祿之多臻이라.

〔解〕　다시 좋은 물에 눈을 돌리면 복록이 진진하다.

取御街之不雜하고、貴之建之皆純이라.

〔解〕 御街水의 잡되지 않은 것을 取하고 六建의 순수함이 貴하다.

知歸元之効靈하고 美六秀之呈祥이라.

〔解〕 歸元의 効가 靈驗함을 알고 六秀方의 상서로움이 아름답다.

丙丁方曰大赦니 比諸水則尤吉이요、印酉雖犯桃水나 水澄凝則安賢이라.

〔解〕 丙丁方을 大赦라 하니 諸水에 비교하면 더욱 吉하고、卯酉水가 비록 桃花水라

하지만 물이 맑게 엉키면(여러곳의 물이 모인것) 편안하고 賢明하다.

更若兼乎沐浴하면 留子嗟於邱麻라.

〔解〕 그러나 또다시 沐浴을 겸하면 子孫때문에 슬퍼하리라.(子孫이 夭折).

鷄喚淫於水鄉이요、兎彰穢於火局이라.

〔解〕 酉는 水局의 桃花요、卯는 火局의 桃花다.

觀寅申與巳亥하면 貴其來而忌去라.

〔解〕 寅申巳亥는 四生宮이다. 그러므로 來水는 貴하나 去水는 좋지 않다.

棄龍旋而逆順은 切莫使其流破라 縱地脈之生位라도 亦有灾而寡嗣라.

〔解〕 물이 돌면서 거슬리다가 順水로 나가 龍을 버리고 흘러 빠지는 형상이면 절대

쓸모 없는 것으로 비록 地脈이 生位라 할지라도 재앙이 있고 子孫이 적다.

〔解〕 다시 눈을 들어 물이 雙來하는가를 보라. 그 허물됨이 차질이 적으리라.

復揹眼於雙來는 微厥咎之不差라.

〔解〕 子孫이 물에 빠지는 것은 乙辰水가 원인이고 瘟瘟病이 생기는 것은 癸丑水 때문이다.

溺水는 由於乙辰이요, 瘟患은 綠於癸丑이라.

〔解〕 寡婦가 나오는 것은 未坤水에 관계되고 風塵과 魔障은 寅甲方水가 만들어낸다.

嬬居는 係於未坤하고 風魔는 作於寅甲이라.

〔解〕 巽巳丙方水는 상서를 드리고, 庚酉辛方의 물은 福을 갖다 바친다.

巽巳丙兮獻祥이요, 庚酉辛兮貢福이라.

〔解〕 丁未方과 辛戌方의 來水는 半凶 半吉하다.

丁未來而半凶이요、 辛戌至而半吉이라.

〔解〕 陰陽이 雜되면 破局이니 더욱 禍를 불러온다.

陰陽雜而破局이요 尤助禍而召殃이라.

他因比而可推니 宜詳審而迎避니라.

〔解〕 기타는 이상을 依하여 추리하는 것이니 자세히 살펴 좋은 것은 맞이하고 나쁜 것은 避하라.

二十四兮有異하니 各殊位而殊効라.

〔解〕 二十四方의 물이 각각 다르니 위치에 따라 効驗도 다르다.

水兮水兮爰取요 最有關於禍福이라.

〔解〕 물의 吉方을 어떻게 取할까가 가장 禍福에 관계된다.

倘臨局而不察하면 終難免其有疵라.

〔解〕 혹 局에 임하여 자세히 살피지 못하면 마침내 흠이 있는 것(凶厄)을 면치 못한다.

登穴場而控制는 在名師之活法이라.

〔解〕 穴場에 올라 控制(取吉避凶 하는것) 함은 名師의 活法이니라.

○ 論龍勢詩

乾龍은 行甚遠하여 橫亘數千里하고 身上에 不生峰이라 雲氣常在脊이라.

〔解〕　乾龍（간룡ー큰 줄기）은 行脈이 매우 멀어 數千里까지 뻗쳐나간다。龍身 위에 峰

이 생기지 않고, 구름이 항시 등마루에 서린다。

或作帝王都하여 洪基傳無窮이요, 或爲帝王墓하여 福祿甚廣遠이라。

〔解〕　幹龍 아래에는 혹 帝王의 都邑이 세워져 넓은 터가 무궁하도록 傳해지고、혹은

帝王의 墓가 되어 福祿이 매우 크고 長遠하다。

幹中生大枝하면 是爲枝中幹이요、身上에 多生峰하면 星辰이 自聳拔이라。

〔解〕　幹龍에서 큰 가지가 생기면 이것이 枝 가운데의 幹脈이요、龍身 위에 峰이 생기

면 星辰은 자연 우뚝하게 빼어난다。

或作州與郡하여 閭里聚萬家하고、或爲卿相墓하여 子孫代代榮이라。

〔解〕　幹龍에서 大枝가 生한 枝中幹（大幹龍 다음가는 龍脈）은 혹 州와 郡邑의 所在地

가 되어 萬家의 마을을 이루고、혹은 卿相（宰相）의 墓를 써서 子孫 대대로 榮華를 누

린다。

枝中又生枝는 是爲枝中枝니 身上起星峰하고 星面이 多妍美라。

〔解〕　大幹龍에서 가지치면 小幹龍이요、小幹龍에서 가지친 脈이 枝中枝 즉 枝脈이다。

이 枝脈도 龍身 위에 星峰을 일으키는데 그 星峰은 곱고 아름답다。

氣好爲貴龍이요 氣惡爲賤龍이라.

〔解〕 龍氣가 좋으면 貴龍이 되고、氣勢가 나쁘면 賤龍이다.

星峰은 取尊重하고 枝脚은 貴蕃延이라. 行脈은 宜發動이요、過峽은 看周密이라.

〔解〕 星峰은 尊重한것을 取하고 枝脚은 늘씬하게 여러갈래진 것이 좋다. 行脈은 활발하게 움직이는듯 해야하고 過峽은 周密한가를 보라.

龍勢若飛騰하면 雖近亦爲貴요、主山이 若垂頭하면 雖小亦爲貴라. 比皆眞結地니 定是享富貴라.

〔解〕 龍의 형세가 날고 뛰는듯 하면 가까워도 貴하고、主山이 머리를 숙이는듯(垂頭)하면 작더라도 貴하다. 이상 모두 眞結이니 정녕코 富貴를 누리리라.

不必取遠大라 遠大豈易得고.

〔解〕 위와 같으므로 遠大한 것만을 취하려 말라. 遠大한 것을 어찌 쉽게 얻으랴.

大龍은 爲祖宗이니 能生千百枝라 枝頭에 皆結穴이니 點之能發福이라.

〔解〕 大龍은 祖와 宗이 되므로 千百의 枝龍을 生하는데 枝龍 머리에는 모두 結穴되는 것이니 眞穴을 點하면 발복한다.

或作大村落하여　百家共作里요　或爲大夫墓하여　朱紫常滿門이라.

〔解〕　혹은 큰 마을을 이루어 百家쯤 모여사는 부락을 이루고、혹은 大夫墓를 써서 官

服 입은 子孫이 門中에 가득하다.

大要不外此니　尋龍須仔細하라、大小遠近은　分明皆可別이라.

〔解〕　大要는 이상에서 벗어나지 않으니 용 찾는 것을 자세히 하라. 大小와 遠近을 分

明히 구별하라.

或作冲雲霄하고　或伏過平田이라.

〔解〕　龍의 변화는 무궁하여 혹 峰이 높이 솟아 구름 위로 뚫고 올라가는가 하면 혹은

龍이 나직히 엎드려 平田을 지나기도 한다.

或走如生蛇하고　或騰如飛鳳이며　或帶倉與庫하고　或帶印與誥라.

〔解〕　혹은 산뱀처럼 비슬거리며 달려나가고、혹은 날으는 鳳과 같으며、혹은 倉과 庫

를 띠고、혹은 印과 誥를 띠었다.

古人論龍法이　命名何太煩고　只宜審形勢라　氣像有好惡이라.

〔解〕　옛사람이 論한 龍法은 그 명칭이 어찌 그리 많은가、그러나 다만 형세를 살피는

게 마땅한지라 氣像에는 좋은것과 나쁜것이 있느니라.

我東發福地는 龍勢皆不遠이라 大者는 僅十里요 小者는 僅五里며 其次는 二三里니 總生榮貴輩라.

〔解〕 우리나라의 發福하는 땅은 龍勢가 멀지 않다. 그래서 큰 것은 十里쯤이고 작은 것은 五里쯤이며 그보다 작은 龍은 二三里 지점에 穴이 맺는데 모두 榮貴하는 땅이다.

時師는 不知此하고 取大還失眞이라.

〔解〕 時俗의 地師는 이러한 이치를 모르고 큰것만 취하려다 도리어 眞穴을 잃는다.

且看古人論하고 天星을 分貴賤하라.

〔解〕 또는 古人이 論한 글을 볼 것이며 天星을 貴賤으로 분별하라.

二十八宿가 分配不相雜이라 星貴則龍貴하고 星賤則龍天이라.

〔解〕 二十八宿가 分配되어 서로 섞이지 않는다. 星辰이 貴하면 龍도 貴하고 星辰이 賤하면 龍도 賤하다.

福祿與祿破는 皆係於天星이니 此說雖近理나 不必盡拘是라.

〔解〕 福祿이 있고 福祿이 없는 것은 모두 天星에 매였다 한다. 이 말이 비록 가까운 이치이나 반드시 구애받을 필요는 없다.

大凡龍虎惡은 實在於形勢라 形好하면 勢亦好니 星賤이라도 能發福이요、形賤하면 勢亦

賤이나 星貴면 亦發福이라。

〔解〕 대개 龍虎가 나쁜 것은 실지로 形과 勢에 있다。形이 좋으면 勢도 좋은데 星이

賤해도 능히 발복하고、形이 賤하면 勢도 賤하나 星이 貴하면 역시 발복한다。

歷觀我東墓하니 賤龍도 皆發福이라。

〔解〕 우리나라의 墓를 두루 살펴본즉 賤龍에도 모두 발복하였다。

辰戌與丑未는 率多名家地요、亥龍雖云貴이나 末見大發者라。

〔解〕 辰戌丑未를 먹은 땅이 거의가 名門家의 무덤이라 亥龍이 貴하다는 말이 있으나

실지로는 大發한 例를 보지 못했다。

亥艮與辰戌은 龍勢若相似라 辰戌之龍勢가 若不及亥艮이면 當棄辰與戌하고 宜取亥與艮

이라。

〔解〕 亥艮龍과 辰戌龍은 龍勢가 거의 같다。마땅히 辰戌의 龍勢가 亥艮만 못하면 辰

戌을 버리고 亥와 艮을 취하라。(註—원래 本文에는 辰戌之龍勢가 若不及亥艮 이란

글귀가 없다。그대로라면 辰戌脈을 버리고 亥艮을 取하라 하였으니 위에서 辰戌丑未는

名家의 땅이고 亥艮은 大發한 例를 보지 못했다 해놓고 이 대목에서는 辰戌을 버리고

亥艮을 取하라 하였으니 이치에 맞지 않다. 그래서 아무래도 글귀가 누락된것 같아 愚

가「辰戌之龍勢 若不及亥艮」의 十字를 끼어 넣었다. 그러고 보면 合理的이라 하겠다.)

亥艮之龍勢는 若不及辰戌이면 宜棄艮與亥하고 當取辰與戌하라. 此論이 甚得宜니 天星

後足信이라.

〔解〕 亥艮의 龍勢가 만약 辰戌만 못하거든 亥艮을 버리고 辰戌脈을 取하라. 이 論理는

가장 당연하니 足히 믿을만 하다고 본다.

○ 穴法貴賤詩

一樹生於地하여 千枝盡蕃茂라 枝頭爭結實하여 日日皆成熟이라.

〔解〕 한 나무가 땅에서 나와 일천가지가 다 무성하다. 가지에 다투어 열매를 맺으니

날로 모두 成熟한다.

眞穴은 亦如此하여 枝枝皆結作이라 若能知眞穴이면 不以參造化라.

〔解〕 땅의 眞穴도 또한 이와 같아서 枝脈마다 다 結作된다. 만일 眞穴을 안다면 造化

의 이치도 알것이다.

知穴이 有妙理니 宜看生氣止라 止處는 便是穴이니 形像이 千萬變이라.

〔解〕 穴을 아는데는 妙理가 있으니 生氣가 머무는 곳을 살피라. 生氣가 멈추는 곳이

바로 穴이니 形像이 천만가지로 변한다.

窩鉗與乳突은 是爲四正像이요、其他恠異形은 明眼이라야 能識知라.

〔解〕 窩鉗과 乳突은 四正像이요 기타 괴이한 形은 明眼이라야 알 수 있다.

穴中是眞氣는 來自後脈中하고 脈中一線氣는 遠從後能上이라.

〔解〕 穴中의 眞氣는 後脈 가운데서 오고 脈中의 한줄기 氣는 後龍上 멀리서 온것이다.

是氣知是穴이니 然後能美地라.

〔解〕 이 氣가 바로 穴임을 알것이니 그런 뒤에야 美地를 안다.

或從腰裏落하여 便成花心穴하고 或從左邊落하여 枝脚爭彎抱하고、或從右邊落하여 龍虎

競回環하고 或作撞背勢하여 圖局自來好라.

〔解〕 혹 허리속(腰裏)으로 쫓아 떨어져 문득 花心穴을 짓고、혹은 왼편으로 떨어져

枝脚이 彎抱하고、혹은 오른편으로 떨어져 靑龍 白虎가 돌아앉고、혹은 撞背勢(등을

밀며 내려오는 형세)를 만들어 圖局이 스스로 온다.

是皆氣聚處니 四合卜主客이라、 知脈이면 能知氣요 知氣면 能知穴이라.

〔解〕 이상이 모두 氣가 모이는 곳이니 四合하여 主客을 분변하라. 脈을 알면 氣를 알

고 氣를 알면 穴을 알 수 있다.

是知到頭脈이 最是要緊處라 若或等閒看이면 終必失眞結이라.

〔解〕 到頭脈이 가장 요긴함을 알지라 만일 이를 등한히 여기면 眞結을 잃게 되리라.

結咽이면 氣乃盛이요、 成腦면 氣乃聚라. 吾看衆各墓하니 穴形이 皆不同이라.

〔解〕 結咽되면 氣가 旺盛하고、 腦가 생기면 氣가 모인다. 내가 여러 名墓를 보니 穴

形이 다 같지 않다.

有如草木實하여 形形色色異라. 此乃造化妙니 一以貫萬殊라.

〔解〕 草木의 열매와 같아 형형색색으로 다르다. 이는 造化의 妙니 한가지로 만가지

다른 것을 꿰어 안다.

俗師는 昧此理하여 審形不審氣라、 眞假雖隱微나 莫逃法眼前이라.

〔解〕 俗師는 이러한 이치에 어두워 形은 살피되 氣는 살피지 못한다. 眞假가 隱微하

여 알기 어려워도 法眼 앞에서는 도망치지 못한다.

名師善點穴호대 土色必堅膩하고 俗師는 誤點穴하여 土色多不佳라.

〔解〕 名師는 點穴을 잘하되 土色이 굳고 살찌며、俗師는 點穴을 잘못하여 土色이 곱지 못하니라.

穴之眞與假는 惟在脈虛實이니 眞穴은 氣甚美하여 屈曲淸且重하고 假脈은 氣甚惡하여 直梗浮且輕이라.

〔解〕 穴의 眞과 假는 오직 脈이 虛하고 實한데 있다. 眞穴은 氣가 매우 아름다워 屈曲하고도 맑고 重하며 假脈은 氣가 매우 나쁘므로 곧고 단단하고 뜨고 가볍다.

無脈이면 難尋氣요、無氣면 難尋穴이라. 是知地中氣ㅣ形成見于外니 見形이면 知是요、本末이 有先後라.

〔解〕 脈이 없으면 氣를 찾기 어렵고、氣가 없으면 穴을 찾기 어렵다. 이 땅속의 氣는 形을 이루어 밖으로 나타나서 알아보게 되니 形이 보이면 이것이 氣라는 것을 알고、本과 末이 先後가 있다.

先本後其末하면 可以知眞穴이라.

〔解〕 本을 먼저하고 末을 뒤에 하면 眞穴을 알 것이다.

内氣若充滿하면 外面必豊厚하고 内氣若不盛하면 外面必粗頑이라.

〔解〕 内氣가 충만하면 외면은 풍후하고 内氣가 盛하지 못하면 외면은 거칠고 頑惡하다.

傷腦必敗亡하고 犯唇必冷退라, 小汚는 宜可阡이요 漫大는 不可點이라.

〔解〕 腦頭를 傷하면 반드시 敗亡하고 唇氈이 상하면 運이 衰退한다. 작은 汚點은 쓸 수 있으나 欠이 넓고 큰 것은 點穴을 못한다.

栽穴에 不失氣니 然後必發福이라, 生氣所止處는 不過一壙中이요, 氣之過不及은 皆非眞穴處라.

〔解〕 栽穴은 氣를 잃지 말아야 한다. 氣를 얻은 뒤라야 반드시 발복하고, 生氣가 멈추는 곳은 一壙中에 불과하다. 氣가 너무 지나치게 旺하거나 모자란 곳은 다 眞穴이 아니다.

脈急하면 氣爲急이요, 脈優하면 氣爲優라. 優急宜詳察하고 倒杖이 自有規라.

〔解〕 脈이 급하면 氣가 급한 것이요, 脈이 넉넉하면 氣가 넉넉하다. 넉넉한가 급한가를 자세히 살피라. 倒杖(도장-이곳이 穴이다 하고 지팡이를 뉘어 놓는다)이 자연 법규가 있다.

毫釐謬千里요 禍福皆在是라 嘗觀一岡上하면 前後多古塚이라.

【解】 털끝만한 차이가 千里나 그릇된다. 禍와 福이 모두 이에 있다. 일찌기 한 산에 올라서 살펴보건대 전후에 古塚이 많은 것을 보았다.

中餘一席地는 阡之能發福이니 福之發不發은 由穴眞與假니라.

【解】 위와 같이 點穴을 잘못하면 古塚이 되는데 나머지 一席之地가 眞穴이니 이곳에 墓를 쓰면 發福하는 것이니 福이 發하고 아니함은 오직 穴이 眞인가 假인가에 달렸다.

○ 諸 格 論

老幹與老枝는 枝脚皆短縮이라.

【解】 老幹龍과 老枝龍은 枝脚이 다 短縮하다.

形像이 甚頑濁하면 何能結存枝리요、變其粗糲形하여 換出姸美能과 然後押嫩枝하면 前去作眞穴이라.

【解】 형상이 몹시 頑惡하고 濁하면 어찌 結穴되는 枝가 있으랴(가지에 열매가 맺겠는가) 고로 거칠고 딱딱한 형상이 변하여 고웁고 아름다운 자태로 바뀐다. 그런 뒤에 또 嫩枝(눈지—어리고 軟한 枝脈)을 뽑아내어 앞으로 가서 眞穴을 맺는다.

惟此兩氣像이니 不可不審卜이라.

〔解〕 그러므로 老와 嫩의 두 氣像은 반드시 살펴 분변해야 한다.

龍脈與穴脈은 大小各有殊라 龍從峽中過하면 脈氣甚廣大하고 穴從局裏作하면 脈氣細且旺이라.

〔解〕 龍脈과 穴脈은 大小가 각각 다르다. 龍脈이 峽 가운데로 지나가면 脈氣가 매우 크고、穴이 局 속으로 쫓아 맺으면 脈이 가늘고 旺하다.

惟此兩氣脈은 不可不詳察이라.

〔解〕 오직 이 두가지(大小) 氣脈은 자세히 살피지 않아서는 안된다.

假龍은 氣像麗니 星面이 多陰囓이라 爭呈奔走態하면 用力何太煩고 是爲扈送龍이니 豈能成好地요.

〔解〕 假龍은 氣像이 추하여 星面이 陰하고 찡그리는 형상(사람에 비한다면 얼굴이 和平해 보이지 않고 우울하고 잔뜩 찌푸리고 있는 것과 같다)이 많고、달리기 다툼을 하듯이 脈이 바삐 달아나니 用力이 어찌 그리 번거로운가、이것이 扈送龍인지라 좋은 땅이 될 수 없다.

眞龍은 氣像美하여 星面에 多秀麗라 自由嬋妍態하여 行度何從容고 是龍이 甚尊貴니 決

然作眞結이라.

〔解〕 眞龍은 氣象이 아름다워 星面이 매우 수려하다. 자연히 고운 태도가 있어 行度가 아담해 보인다. 이러한 龍은 尊貴하니 쾌연히 眞穴을 맺는다.

惟此兩龍像은 一一宜深別하라.

〔解〕 오직 眞假의 두 龍像은 일일이 깊이 분별하라.

假脈은 氣甚衰니 飄蕩自無魂이라 或偏側爲弱하고 或直梗頑鈍이라.

〔解〕 假脈은 氣가 몹시 쇠약해서 바람에 나부끼듯 氣魄이 없고、혹은 기울어 약하고 혹은 곧고 딱딱하고 완만하고 鈍하다.

眞脈은 氣甚旺하고 屈曲含精神이라、或逶迤活動하고 或淸重姸美하여 至其到頭處하면 定成富貴穴이라.

〔解〕 眞脈은 氣가 매우 旺盛하고 굴곡하여 精神을 머금었다. 혹 비실거리며 활동하고 혹은 맑고 重하고 곱고 아름다워 그 到頭處에 이르면 정녕코 富貴穴을 맺는다.

惟此眞假穴을 一一宜審看하라.

〔解〕 오직 이와 같은 眞假穴을 일일이 살펴 봄이 마땅하다.

試看穴後峰하면 亦有眞與假라、巒頭自勇拔하면 精神何大露요、是爲假主頂이니 何能注
姑脈고。

〔解〕 시험삼아 穴 뒤의 山峰을 보면 眞인지 假인지 알 수 있는 증거가 있다。산마루가
용감하게 빼어나면 精神이 지나치게 드러난 것이 있는데 이것이 假의 山頂이라 어찌
좋은 脈이 되랴。

惟彼龍與虎는 本無眞與假라 只自衛眞穴하여 彎抱貴龍神이라。至於虛假穴도 亦有好龍
虎라。雖好將焉用고 終無一發効라。

〔解〕 저 靑龍과 白虎는 본시 眞과 假가 없다。다만 眞穴을 護衛할 뿐이므로 貴龍을
둘러 안는다。虛穴과 假穴에도 좋은 龍虎가 있는 법이니 龍虎만 좋은들 어더다 쓰랴。
마침내 一發의 효과도 없다。

且有諸方砂하여 精麗各自分이라。眞龍眞穴處는 只峭二三峰이요、假龍假穴地는 雖多盡
爲空이라。

〔解〕 또 모든 方位에 吉凶의 砂가 있는바 아름답고 추한 것이 각각 다르다。眞龍과 眞
穴이 있는 땅은 수려한 二三峰이 솟고、假龍과 假穴의 땅은 비록 많아도 쓸모 없는 惡
砂다。

樂山與後鬼는 皆爲橫穴證이나 假之도 亦有之하니 不必專泥此라.

[解] 樂山과 鬼山은 모두 橫龍穴 뒤에 있는 증거가 되는 것이지만 假穴에도 樂山 鬼
山이 있는 법이니 樂과 鬼가 있다 해서 꼭 眞穴의 증거라 고집하지 마라.

眞穴은 有餘氣하여 爲脣更有氈이라, 假穴도 多如此하니 以此難信穴이라.

[解] 대개 眞穴은 氣가 旺하므로 그 餘氣가 穴 앞에 脣氈을 이룬다. 그러나 假穴도
脣氈 있는 경우가 많은 것이므로 이것만 가지고 眞穴이라 믿기는 어렵다.

捍門은 宜固鎖니 不使眞氣散이라、常見無穴地라도 亦有好水口라.

[解] 捍門(한문─水口 양쪽에 山이나 岩石이 門柱 모양으로 서 있는것. 水口에 이것
이 있으면 매우 좋다 한다)은 굳게 자물쇠 되어야 좋다. 眞氣가 흩어지지 않기 때문인
데 穴에서 捍門이 보이지 않더라도 좋은 水口가 있는 법이다.

明堂은 宜平正이니 自有內與外라 龍假면 穴亦假니 奚論好明堂고.

[解] 明堂은 바르고 平해야 吉格인데 內明堂과 外明堂이 있기 마련이다. 龍이 假면
穴도 假이니 明堂이 있어 좋은들 무엇하랴.

水法最爲重하여 必關禍與福이라. 眞穴이 逢吉水하면 榮貴不可言이요、好地雖云好나 水
凶하면 難免殃이라.

〔解〕 水法은 가장 重要하다. 고로 禍福에 관계된다. 眞穴에 吉水를 만나면 榮貴함을 말로 다할 수 없다. 좋은 땅은 좋은 것이라 하지만 凶水를 만나면 재앙을 면키 어렵다.

假地穴雖虛나 水吉하면 能無災라. 水哉여 奚取水오, 功用이 大矣哉라.

〔解〕 假地는 穴이 비록 虛하지만 물이 좋으면 재앙이 없다. 물이여 어떻게 取할고 功用이 크도다.

〔解〕 앞에 案山이 아름답고 뒤에 腦가 있으면 眞穴의 증거다. 그러나 眞龍에 大發하는 땅도 혹 案이나 腦가 없는 수도 있다.

前案與後腦는 皆爲眞穴證이라. 眞龍大發地 亦或無此格이라.

點地必喝形이니 隨象亦異名이라. 只貴阡眞穴이라 不喝이라도 何傷고.

〔解〕 땅을 點할 때 반드시 喝形(알형ㅡ무슨 형이니 하고 명칭 다는것)을 붙이는데 형상에 따라 명칭이 다르다. 그러나 오직 眞穴만 찾아 묘를 쓴다면 喝形을 내세우지 않더라도 무슨 상관이 있으랴.

○ 文武·富貴貧賤 詩訣

君看眞結地하라 發驗各不同이라. 文武與富貴ㅡ照然不難知라.

〔解〕 그대는 眞結地를 보라、發驗이 각각 다르다。文武와 富貴는 밝게 알기가 어렵다。

文地는 圖局朗하고 氣像이 自安閑이라 朝砂는 多秀麗하고 來水는 呈文象이라。文象이 兼貴像이라야 然後享富貴라。筆形이 若孤單하면 從自馳虛譽라。

〔解〕 文이 發하는 땅은 局이 명랑하고 氣像이 자연 한가롭게 보인다。朝하는 砂는 秀麗한것이 많고 來水도 文象을 나타낸다。文象이 貴像을 겸해야만 부귀를 누리고、筆形 (文筆峰의 모양)이 孤單하면 한갓 이름만 있고 貴는 얻지 못한다。

武地는 局勢固니 氣像何森嚴고 朝砂多雄健하고 來水呈武像이라。武像이 兼貴像이라야 然後樹功勳이라。旗形이 若不正하면 名位終卑微라。

〔解〕 武官이 發하는 땅은 局勢가 雄壯하니 그 氣像이 어찌 그리 森嚴한가、雄健한 砂가 많이 朝하고 來水도 武像을 나타낸다。武像이 貴像을 兼해야만 功勳을 樹立한다。旗形이 만일 바르지 못하면 명망과 지위가 낮고 미천하다。

富地는 局勢固니 氣像이 何豊厚요 朝砂多圓滿하고 來水見旺方이라。富像이 兼貴像이라야 然後登雲路라。櫃庫獨呈像하면 只自積金銀이라。

〔解〕 富貴가 發하는 땅은 局勢가 튼튼하고 氣像이 매우 豊厚하며 圓滿한 砂가 많이 朝하고 旺方에서 물이 들어온다。富像이 貴像과 겸해야만 벼슬길에 높이 오르는 것이

요. **櫃庫峰**만 홀로 나타나 있으면 金銀은 쌓되 貴는 언지 못한다.

固知文武富ㅣ三者分優劣이라. 文地는 爲第一이요 武地는 爲第二며 富地는 爲第三이니

明眼이라야 皆能卜이라.

〔解〕 文과 武와 富像 세가지의 優劣을 알아내라. 文地는 第一이요、武地는 第二요、富地는 第三이 되는데 明眼이라야 분별할 수 있다.

君看貧賤地하라 局勢自不正이라. 朝砂多麗頑하고 來水呈賤象이라.

〔解〕 그대는 貧賤한 땅을 보라、局勢가 자연 바르지 못하다. 朝砂는 추악한 것이 많고 來水도 賤格을 나타낸다.

君看禍敗地하라、砂水皆帶殺이라. 曜殺與斷頭는 閤室이 皆遭刑이라.

〔解〕 그대는 禍敗가 생기는 땅을 보라、砂水가 모두 殺을 띠었다. 曜殺 및 斷頭砂가 있으면 家族들이 다 刑傷을 당한다.

常看村氓基하라、假穴이 亦無害라. 雖非眞龍作이나 局好砂水好하면 亦能有子孫이요、食粟一身安이라. 士夫墓如此하면 人才何能出고 縱有子食粟이나 **蠢蠢**無所取라. 如如點地穴이

〔解〕 村民의 땅을 보면 假穴이지만 害는 없다. 비록 眞龍의 眞作은 아니어도 局과 砂

水만 좋으면 子孫도 두고 먹을것도 있으며 一身도 편안하다。 그러나 士大夫로서 이와
같은 땅에 墓를 쓴다면 人才가 어떻게 나오랴、 비록 子孫과 衣食걱정은 없더라도 변변
치 못한 人物이 생기리니 士大夫의 신분으로서는 取할 땅이 못된다。 이와 같은 이치를
알고 點穴한다면 사람에 따라 닮은점이 있을 것이다。

○ 論 氣 詩

大哉과 是氣也여 塞于天地間이라、 在天에 爲星辰이요 在地에 山水라。

〔解〕 크도다 氣여、 天地間에 꽉차 있도다。 하늘에 있어 星辰이 되고、 땅에 있어 山水
가 되었다。

寓龍이 成眞龍이요 寓脈이 成眞脈이라。

〔解〕 氣가 龍에 붙으면 眞龍이 되고 脈에 붙으면 眞脈이 된다。

龍眞脈正後에 可以結好地니라。

〔解〕 龍이 참되고 脈이 바른 뒤에 좋은 땅을 맺는다。

好地는 諸賢格이니 皆是是氣使라。 固知察氣法하면 自是有常觀이라。

〔解〕 훌륭한 땅은 모든 吉格을 갖춘 것이지만 모두 이 氣로 인함이다. 진실로 氣法을 살필줄 알면 자연 올바르게 땅을 볼 것이다.

穴氣는 取旺盛이요 脈氣는 取結動이며 砂氣는 貴妍美요 水氣는 貴天星이라.

〔解〕 穴의 氣는 왕성한 것을 취하고, 脈의 氣는 結脈되어 활동한 것을 취하며, 砂는 고읍고 아름다와야 貴하고, 水氣는 天星이라야 貴하다.

穴上에 看地氣하고, 脈上에 看行氣하라. 龍虎는 取護氣하고 坐向은 取正氣하라. 若能知 此氣면 便是地上仙이라.

〔解〕 穴에 올라 地氣를 보고 脈은 脈이 行하는 氣를 보고, 龍虎는 護衛하는 氣를 보고 坐向은 正氣를 취하라. 만일 이와 같이 하는 것에 능하면 地上仙(즉 明師)이라 하겠다.

風水縱多說이나 不出氣一字라. 諸上之五行은 亦是一般氣라. 河洛先後天은 是氣之所寓 니 詳審盡其法하여 避凶而趨吉하라.

〔解〕 風水說이 비록 많으나 氣 一字에서 벗어나지 않는다. 모든 五行도 역시 氣다. 河圖와 洛書의 先後天八卦도 이 氣를 의지함이니 상세히 氣法을 살펴 避凶趨吉하라.

○ 玉龍子廉貞法

金山에 戌方風이 들어오면 大火廉이고 丑方水가 들어오면 小火廉이다。(火廉이란 壙中이 熟하여 屍身이 타 없어진다는 殺이다。)

木山은 艮方風이 들어오면 大火廉이고 寅方水가 들어오면 小火廉이다。만일 巽丁方水가 朝하면 小火廉을 救한다。

水土山에 未方風이 불어오면 大火廉이고 乙方水가 들어오면 小火廉이다。

火山은 子亥方風이 들어오면 大火廉이고 辰方水가 들어오면 小火廉이다。만일 寅方水가 있으면 小火廉을 救한다。

○ 二十四山龍

─ 이는 天星의 貴賤과 催官向이다 ─

子艮辛山에 壬龍은 危月인데 陰權이 주관하므로 貴富가 發할지라도 一二代에 그치고 만다。

艮山에 子龍은 虛日인데 陽光이 주장하니 武略이 있고 富貴하나 忠節이 없는중에 교만

하고 게으르다.

艮子山에 癸龍은 女土인데 陰光이 主宰한다。富貴가 發하나 一二代에 끝나고 만다。

壬山에 丑龍은 牛金이다。牛金이 主宰하니 大富하나 大禍도 있다。忠節이 적고 爲人이 詭詐하다。

壬癸甲乙卯乾亥丑山에 艮龍은 斗木인데 陽樞가 주관하니 富貴高壽하고 文武相將이 나온다。

艮寅山에 寅龍은 尾火와 箕水라 天官이 주관한다。不祥事가 있는데 格이 吉하면 小福이 發한다。

艮巽山에 甲龍은 心月이요 陰權이 주장한다。不祥의 땅이지만 穴이 吉하면 발응해서 一二代 富貴를 누린다。

甲乙癸巳山에 卯龍은 天廚요 房日이다。陽衡이 주장하니 威武와 膽略이 있고 將相의 벼슬에 올라 富貴를 누린다。

艮山에 乙龍은 低士요 天官이 주장하는데 不祥格이나 貴 또한 發하여 小福을 누리고、庶子와 養孫을 둔다。

巽山에 辰龍은 亢金이라 天羅가 주장하니 크게 상서롭지 못하다。格이 吉하면 一二代를 發하다가 一敗로 모든 것은 灰가 되고 만다。

乙巳坤山에 巽龍은 角木이요 陽旋이 主之라 聰明하여 科甲에 及第하고 榮貴한다。

巳山에 巳龍은 翼火와 軫水요 天屛이 주관하니 中富와 小富가 나오고, 人丁이 旺하는 데 음란한 者가 많다.

巳甲乙坤山에 丙龍은 張月이요 陰樞가 주관하니 貴祿에 榮顯하고, 壽富하며 忠良한 인물이 나온다.

丙丁山에 午龍은 星日이요 陽權이 주관하니 格이 貴하면 文武가 생겨 富貴하나 쉽게 發했다가 쉽게 敗한다.

坤巳山에 丁龍은 柳土요 南極이 주장하니 高壽에 富貴가 發한다.

坤山에 未龍은 鬼金이요 天常이 주관하니 크게 不祥하다. 그러나 格이 貴하면 福도 누리고 禍도 당한다.

丁山에 坤龍은 井水라 天鉞이 주관하니 不祥이라 하나 格이 貴하면 富貴가 發하고 한현 女人이 家權을 장악한다.

丁庚山에 申龍은 觜火와 參水가 天開가 주관하니 穴이 吉하면 겨우 敗亡을 면할 뿐이다.

酉坤山에 庚龍은 畢月이다. 天漢이 주관하니 威權이 있고 文武人이 나와 권세를 누리며 壽가 높다.

坤乾癸酉山에 酉龍은 昴日이요 陽關이 주관하니 文武人이 나와 富貴하고 英雄이 나오며 公卿宰相이 된다.

乾酉坤山에 辛龍은 胃土라 陰璇이 주관하니 榮貴하고 文章이 나오며 財産이 發한다.

辛山에 戌龍은 樓金이요 天魁가 주관하니 크게 不吉하다. 格이 吉하면 富貴를 얻지만

쉽게 실패한다.

辛戌山에 乾龍은 奎木이다. 陽加가 주관하니 大不祥이나 格이 貴하면 富가 發 하다가

三代에 끝나고 만다.

壬乾癸丑酉山에 亥龍은 室火와 壁水요 天星이 주관하니 極品의 富貴가 發하고 子孫들

이 榮顯하며 高壽한다.

이십사룡이 위로 列宿와 天光을 應하고 아래로 地德이 임하는데, 星辰에 吉凶이 있고

龍에 貴賤이 있는 것은 自然한 이치다. 그런데 龍의 貴賤은 실지로 生氣의 盛衰에 매였

으니 어찌 天星의 吉凶에만 구애되어 固守하랴. 貴하고 賤한 두 龍과 龍氣 脈氣가 서로

맞으면 天星의 吉凶도 참작하는게 옳다. 비록 天星의 貴한 龍이 生氣의 旺盛함에 미치지

못하는 것이지만 金龍이면 尢妻를 버리고 壁室의 水星을 取함이 不可하다.

○ 脈穴訣

一 무릇 山을 보는 法이 穴을 알기가 가장 어려우므로 다시 밝히는 바다.一

幹龍이 數千里 혹은 數百里를 行하면서 무리 山의 祖宗을 이루어 結穴하면 子를 生하

고 孫을 生하니(祖宗山이 子孫山을 生함) 過峽이 脫卸(탈사—殺을 벗음)하여 起峰된 뒤

라야 穴이 맺는다.

眞龍은 祖山을 떠난 뒤로 가닥가닥으로 眞의 태도가 있어 峰巒이 곱고 아름답되 추하

지도 않고 완만하지도 않으며, 枝脚은 느릿하고도 태연스럽게 펼쳐 길지도 짧지도 않으

며, 行脈이 활동하여 곧고 딱딱하지 않으면 이 龍이 到頭하여 반드시 美地를 맺는다.

眞龍이 到頭함에는 生脈을 빼어내어 眞氣를 이끌어 行하고, 內는 實하고 外는 淸하여

마치 포대(帒)를 이끌고 오는듯한 땅이 있으면 이 脈 아래에 반드시 正穴을 맺는다.

生脈이 머물러 뭉치는 곳이 正穴이니 脈이 充滿盈溢하고 형상이 단정하며 土質이 푸실

하지 않고 살찌며 土色은 윤택할 것이다.

生氣가 멈추는 곳은 一壙中에 지나지 않으니 裁穴하는 法은 사람 몸에 針灸穴이 정해

져 있는것 같이 자연 제자리가 있는 法이니 망녕되이 올리고 내리지 마라.

龍氣가 왕성하므로 脈氣가 아름답고, 脈氣가 아름다우므로 穴氣가 旺한 것이니 이 等

의 形象을 분명하게 看別한 뒤에 그 眞을 잃지 않는다.

氣가 일어난 것은 峰이요 氣가 行하는 것은 脈이며 氣가 머무는 것은 穴이니 龍을 찾

고 脈을 잡으면 正穴을 잃지 않을지라 그 氣를 그릇 點하는 근심

龍을 찾는 法은 아래에서 위를 바라보며 찾는 것이 妙策이고, 脈을 잡는 法은 그 脈의

위로 걸어 올라가면서 살피는 것이 妙策이며, 穴을 定하는 法은 穴이 될만한 곳에 서서

주위 환경을 둘러보아야 한다.

眞穴의 형상은 穴 뒤 二三節에 좋은 모양이 있고 生氣가 머금어 보이며 구비구비 活動的인 것이다.

眞龍의 형상은 主頂(玄武頂 혹은 穴 뒤로 峰처럼 솟은곳) 뒤의 二三峰이 그 情狀을 나타내는 것이니 巒頭가 앞을 向해 머리를 숙인듯 하면 暗으로 生氣를 穴에 注入시키고 있음을 증거해 준다.

生氣가 穴에 머물러 가득 채워지면 餘氣를 저축하고, 또는 穴 곁으로 빼어 나가 主山으로부터 穴에 이르는 脈이 증거가 있으면(이곳이 生氣가 모였다 하고 짐작되는) 精神이 있는 증거요, 穴 곁으로부터 뻗어나가는 脈이 게으르면 이미 精神(즉 氣)이 없다는 증거다. 즉 餘氣가 없다는 표시다.

眞龍이 높게 星辰을 일으키고, 氣像이 軒昻한 것은 보기가 쉬우므로 옛사람이 이르기를 「勢를 바라보고 龍을 찾는게 용이하다」 하였다.

眞穴은 生氣를 暗藏하고 형상은 怪異한 것이 많으니 보기가 어렵다. 고로 옛사람은「산에 올라 點穴하기가 어렵다」하였다.

穴形이 비록 만가지로 다르나 穴 뒤의 脈은 한가지다. 무릇 草木의 열매가 각각 다르나 열매 뒤의 一節 즉 가지는 같은 모양인 것과 같은 이치다.

結穴된 뒤에 餘氣가 앞으로 나와 唇과 氈이 되는바 이 唇氈은 오직 평탄하게 펴는 것이고 束氣나 屈曲의 태도가 없다.

이러하므로 龍을 찾는 法은 다만 穴 뒤의 氣로 爲主하는바 後龍의 氣가 흘러들어와 穴에서 멈추느니라.

무릇 眞脈은 안으로 生氣를 머금고, 밖으로는 형태로 나타내므로 자세히 살펴 보면 자연 변별할 수 있다.

또 脈의 형태가 한결같지 않아 혹은 산 뱀과 같고, 혹은 벌의 허리(蜂腰)와 같고, 혹은 鶴의 무릎(鶴膝)과 같고, 혹은 꿴구슬(連珠)과 같고, 혹은 채쭉(蘆便)과 같고, 혹은 眞脈을 빼내어 다시 腦를 일으키고, 혹은 가늘게 脈을 빼내다가 穴에 이르러 다시 커지는 것이니 이상은 형상이 비록 같지 않으나 그 生氣가 充滿하고 淸奇함을 나타낸다는 점은 마찬가지다.

假穴의 아래는 겉보기에는 비록 豊厚하여도 内氣가 담겨지지 않으면 비록 點穴해서 墓를 써도 한가지도 發福되지 않는다.

眞脈 아래는 외형상으로는 괴이하여도 内氣가 멈춰 담겨져 있나니 만일 이 穴을 點하여 墓를 쓰면 일일이 다 發福한다. 고로 제일 요긴한 法은 오직 이점에 있다.

또 眞龍이 到頭함에 主山이 높이 솟고 頂으로 떨어지는 脈이 은은히 내려와 結穴되는 지점에 이르러서는 아래에 眞態를 나타내는 것이니 가장 보기가 어렵다. 또 一種의 眞脈이 있으니 脈이 은은히 平地로 行하여 突穴을 일으킨 것이니 이 脈도 알아보기가 어렵다.

이상 두 脈이 자취를 숨겨 앞의 氣가 十分 왕성하고 穴形이 無限한 精神을 머금으면 安葬할 수 있으려니와 그렇지 않으면 點穴하기가 어렵다.

眞脈이 到頭하는 경로에 반드시 腦頭가 일어나 腦 아래에 穴이 맺는 것인데 穴場에 서서 바라보아 腦의 모양이 盈圓(둥그스럼하고 풍만함)하면 精을 머금은 것이요、또 眞脈은 屈曲해서 氣를 天庭에 담아두는 것이니 穴에 서서 바라보아 穴場이 分明해야 精이 있는지라 이러한 형상 등을 일일이 看別함이 明師이므로 靑鳥經에 이르되「眼界로 살피고 性情으로 모이라」하였으니 만일 이와 같은 것을 깨우치면 天下를 橫行하면서 貧窮한 이를 구원해 주려니와 時代가 바뀌고 風俗이 옮겨지니 혹 大地를 만났더라도 가벼이 주지 말아야 한다.

世代가 흐르고 風俗이 변하여서 地師로 不淳한 者가 많아 假穴을 點하고서도 사람을 속이나니 땅을 求하는 이는 조심하지 않을 수 없는 것이며、또 大地를 아무에게나 가볍게 주는 것은 假穴로 사람을 속이는것 보다 더 나쁘다.

무릇 眞龍은 작더라도 가벼이 허락하지 못하거늘 하물며 大地랴. 이는 明月을 어두운 곳에 던지는 것과 같으니 조심하고 조심하라.

○ 太極定穴圖

先儒의 말에「太極은 陰陽의 本體다」하였고、또는「물건마다 하나의 太極이 있다」하였으니 理氣의 根源이 太極이란 뜻이다.

太極으로 定穴하는 것은 太極은 隱微彷佛(은미방불—아주 은미해서 형체가 아리송한것)

얼핏 보면 형상이 있고, 자세히 보면 아무 것도. 없다. 趙緣督의 穴訣에 이르기를 「멀리

서 보면 무엇이 있는 것 같고 가까이서 보면 없으며, 곁에서 보면 드러나고 바로 보면

模糊(모호)하다」 하였으니 모두 太極穴의 은미한 것을 잘 설명한 말이다. 그러므로 太極

으로 定穴하는 法이 穴 가운데서 돌아보면 圓暈(원운—달무리 해무리처럼 둥근 테)이 은

미하고 아득하고 알쏭달쏭하게 나타난 것이 太極인데 圓暈 위에 分水됨을 要하고 圓暈

아래는 合水됨을 要한다. 여기에서 물이란 약간 낮게 물뜰이 생긴 것을 이름이니 一寸

높이가 山이고、一寸 낮은 곳이 물이라 하는 이치가 그것이다. 물이 合하는 곳을 小明堂

이라 하는바 이 小明堂은 넓직한 것을 要하지 않고 다만 사람이 눕기에 편할 정도면 무

방하다.

圓暈은 生氣가 안에 모인 것이므로 眞穴인데 이상과 같은 형상이 없으면 太極穴이 아

니다. 暈이 분명하거든 대뜸 暈心에 倒杖하고 坐도 바른 것을 要한다. 혹 來脈을 꿰미

(串)하고 혹 樂山이 벼개하면 안으로는 生氣를 드리고 밖으로는 堂氣를 영접한지라 앞은

案山이 對한 것을 要하고, 아래는 明堂이 있으며 左右에는 龍虎가 분명해서 十道의 中心

에서 치우치지 않아야 바야흐로 可한 것이다. 이러하면 문득 暈心에 標準을 세우고 上下

絃에 각각 一의 標準을 세워 饒減과 進退를 모두 이로서 定數를 나누되 만일 暈의 頂에

또다시 一二의 半暈(半圓)이 娥眉月 모양처럼 보이면 天輪이라 하니 三輪이 있으면 大貴

한 땅이다.

十道는 靑龍이 東에、白虎는 西에、主山과 案山이 있고 乾坤艮巽이 天地 十位에 들면

天陽地陰을 通한 것이다.

太極分陰陽圖

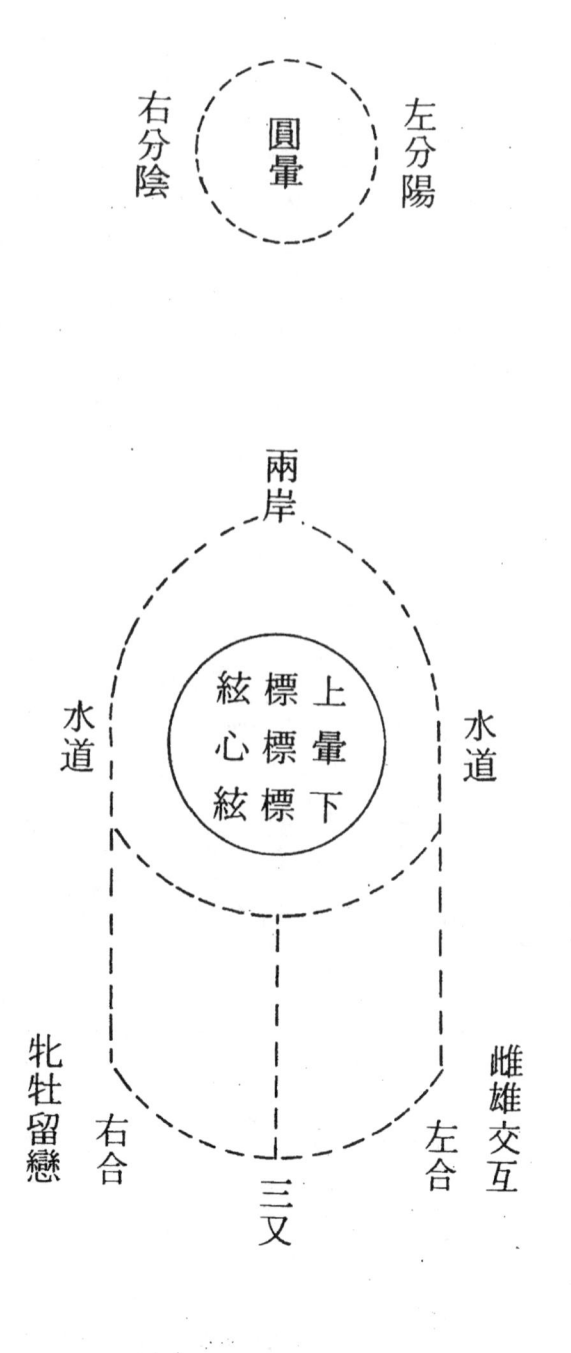

太極이 動하여 陽을 生하므로 圓暈이 肥起된 것은 陽이 되니 突이 있는 형상을 이르므

陰
靜中
之動

凹

突中有窟
泡中有窩

陽
動中
之靜

凸
·

窟中有突
窩中有泡

로 動中의 靜이 되니 즉 窩中에 泡가 있고 窩中에 突이 있는 穴이다。開塋(개영—壙中을·파는 것)에 얕게 파야지 깊으면 不可하다。

太極이 靜하여 陰이 生하는고로 圓暈이 瘦陷한 것이 陰이다。이르되 窟이 있는 형상이므로 靜한 가운데 動이 되니 즉 泡 가운데 窩가 있고、突 가운데 窟이 있는 穴이다。무덤을 팔 때 깊어야지 壙中이 얕으면 不可하다。

太極定穴이 가장 親切하니 더욱 자세히 알아야 하고 함부로 정해서는 안된다。瘳公이르되 만일 보습(鋤)으로 太極圈을 破하면 물과 개미떼가 광중에 든다」하였고 또 이르기를 「蘭臺는 다만 圓暈 가운데 있다」하였으니 보습이 나오면 龍을 傷하게 된다。經에 이르기를 「外氣가 橫形하면 內氣는

生을 멈춘다」하였으니 外氣란 拶道요 內氣는 圓暈이다。楊公은 圓暈으로 金井을 삼고

圓을 半으로 나누어 왼편으로 陽을 삼고 오른편으로 陰을 삼았다。그러므로 왈 龍을 兩

岸으로 나누어 陰陽을 삼고 拶道를 取하여 血脈을 삼으며 左右로 쫓아 나누어 小明堂을

삼는고로 曰 水合三叉라 한다。자세히 그 자취를 알것이니 이른바 頓雄이 交道한 것이라

한다。혹 이르기를 毬簷(구첨)과 合襟과 羅紋(땅에 무늬가 생긴 것)과 土縮(토축ー땅이

주름주름하여 이상한 무늬가 있는 것 즉 포목을 주름잡은 모양)은 一點의 靈光(영광ー眞

穴의 증거)이라 仰하고 覆한 것과 다 太極穴의 異名이다。

葬書에 이르기를 「承金 相水 穴土 印木(이상은 五星穴의 變形)이라」하였으니 또한 한

太極의 暈을 칭하는데 불과하다。乘金은 太極의 圓暈이 突起한 곳을 乘한 것이고、相水는

兩夾에 圓暈의 水邊을 輔하여 八字로 나누어서 小明堂으로 와서 合한 것이요、穴土는 中

央에 居하여 치우침이 없고 깊고 얕은 것이 적당한 것이며、印木은 穴 앞에 唇氈이 있어

尖圓한 것을 吐해내는 것이다。火에 대해서 말하지 않은 것은 火는 뾰족하게 殺을 띠고、

또 火는 穴이 없기 때문이다。

대개 點穴에 나무를 베고 풀을 베어 上下左右를 깨끗이 해서 標를 세우고、땅을 자세히

살펴 이 太極圓暈을 찾을지니 穴을 取하되 높지도 낮지도 않고 左右로 치우치지 않도록

해야 한다。穴을 얻는 법이 玄妙한 것이니 보습을 대어 圓暈을 상하지 않도록 주의해야

한다。

내 마을에 唐·宋代에 쓴 名墓가 있는바 그 原形이 그대로 남아 窩鉗乳突의 형상이 분명하고、界水도 伶利하여 損傷됨이 없었다。哲師 吳·瘳公이 口傳에 의하면 망녕되이 북돋거나 헐지 말도록 하였고 風俗에도 太極穴의 형상을 건드리지 못하도록 禁하였다。이러하므로 오래 지났어도 本來의 面目의 妙한 형상이 보존되었으니 드문 일이다。그런데 다른 墓를 보면 보기 좋도록 人工的으로 墓域을 다듬어 놓은 경우가 많은데 그 실지의 아름다운 것을 알지 못하도록 되었다。망녕되이 돋거나 파내어 眞形을 파괴하는 것을 切忌한다。혹 太極의 圈을 손상한다면 吉이 변하여 凶이 되거늘 하물며 축대나 담장을 쌓기 위해 깊이 月池를 파고、堂을 세우고、碑를 높이 세워 吉方의 砂水를 막는 따위의 일은 禍를 自取하는 것이 된다。

葬書에 이르되 「工力으로 不足한 것을 보충하라」 하였고 人氏는 山이 有餘하면 파내야 마땅하거든 파내고、흙이 不足하면 북돋아야 마땅하거든 북돋우라」 하였는데 이는 砂水를 그렇게 하라는 말이고 穴處를 건드리라는 말이 아니거늘 그것을 모르고 人工으로 穴을 美化하려 하니 불가한 일이다。아는 이는 살필지어다。

○ 兩儀定穴

陽儀란 陰陽이다。萬物은 음양이 없는 것이 없으니 하늘은 日月로 陰陽을 삼고 사람은

男女로 陰陽을 삼고、物은 암컷(牝)과 수컷(牡)으로 陰陽을 삼고、땅은 山川으로 陰陽을

삼는데 陰陽 가운데 또 각각 陰陽이 있으므로 地理家에는 龍은 龍의 陰陽이 있고、穴은

穴의 陰陽이 있다。소위 穴의 陰陽이란 그 暈 사이에 肥起한 것이 陽이 되고 瘦陷한 것

이 陰이 되니 이것을 兩儀라 한다。

무릇 龍身에 作穴하는 것은 陰龍이니 陽穴이라야 하고、만일 龍이 다시 星峰을 일으키

면 이는 陽龍이므로 陰穴이라야 하는바 이와 반대되면 비록 龍穴이 眞이라도 墓를 쓰면

반드시 나쁜 일이 생기리라。

龍歌에 이르되「陽龍은 절대 陽穴을 쓰지 마라。거리에서 죽고、生離別을 하며、만일

陰穴을 쓰면 子孫이 벼슬에 居한다。陰龍 아래에 陰穴을 쓰면 女人은 公事가 發(官形)이

요、만일 陽穴을 쓰면 벼슬에 올라 富貴하고 田庄이 豊足하다。

上截은 肥起(도두룩하게 솟음)하고 下截은 瘦陷하거나、右邊은 肥起하고 左邊이 瘦陷

하며、혹 左邊은 肥起하고 右邊은 瘦陷하거나、右邊은 肥起하나 左邊이 瘦陷한 것은 二

氣가 交感이 같지 않다。

陰陽龍은 모두 쓸 수 있고、무릇 陰陽穴은 饒減을 당하면 氣가 直來하여 正穴이 반드

시 偏枯해진다(饒減法은 아래에 있음) 오직 交感하는 穴은 陰陽의 中心을 取하여 饒減法

을 쓰지 않아야 가장 貴하다。단 이 兩儀穴도 圓暈(太極穴)처럼 隱微하고 茫然하여 高下

와 瘦肥가 彷佛(방불ー비슷함)하므로 알기 어려우니 반드시 쑥대와 草木을 베어내고 穴

場을 깨끗이 한 뒤에야 분별할 수 있으니 절대 그릇 알고 가벼이 點穴해서는 안된다.

陰陽交感圖

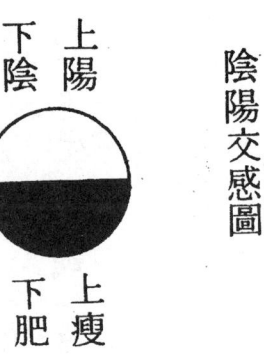

上陽
下陰

上瘦
下肥

左陽
右陰

左瘦
右肥

上陰
下陽

上肥
下瘦

左陰
右陽

左肥
右瘦

위 그림은 墨白으로 陰陽을 구분해서 穴形의 肥起와 瘦陷을 나타낸 것이다. 直脈과 橫脈과 穴星의 後龍을 막론하고 다만 立穴되는 곳에 혹 上截이 肥起하거나 下截이 肥起하거나 左가 肥起하거나 右가 肥起하여 肥起者가 陽이 되면 그 瘦한 곳에 즉시 棺을 놓되 半肥半瘦한 곳이 二氣交感이 되는 것이다.

261

義易에 이르되 「天地가 氤氳(인온)하여 萬物이 化醇하고 男女가 媾精(구정―교합(交合)

하여 萬物이 化生한다」하였으니 男女란 즉 陰陽이다. 太極圖説에 이르기를 「二氣가 萬

物을 化生한다」하였다. 그러므로 圓暈 가운데 肥起한 것으로 陽을 삼고 瘦陷한 것으로

陰을 삼는데 혹 上截은 肥起하고 下截이 瘦陷하거나 혹 下截은 肥起한 것이나 혹 下截하

거나 혹 左邊이 肥起하고 右邊이 瘦陷하거나, 혹 右邊은 肥起하고 左邊이 瘦陷한것은 모

두 二氣가 交感하고 陰陽이 配合한 것이니 이상과 같은 형상이 있을 경우는 陰來陽來를

不拘하고 다 吉格으로 立穴하게 된다. 半陰 半陽과 半肥 半瘦 사이에 居한 것은 陽氣가

下降하고 陰氣가 上昇하여 地天이 交泰하고 水火가 旣濟된 穴이니 陰陽이 모인 바라 饒

減法이 필요 없다. 平地와 高山을 막론하고 立穴處에 影形・口角・窩・突・弦稜이 있음

을 要하는바 腦・毬簷(구첨)、鰕鬚(하수―가재수염)、蟹眼(해안―게눈)、仰梅、花覆(화

복―엎어진 꽃)、梅花、金魚水、上陰下陽、上陽下陰、左陰右陽、左陽右陰、邊明、邊暗、

邊死、邊生、邊硬、邊軟、邊肥、邊瘦는 다 陰陽이 交媾된 穴의 증거이므로 吉穴이다.

○ 三勢定穴

三勢로 穴을 定한다.

三勢는 立勢・坐勢・眼勢인데 즉 天・地・人 三等穴法이다.

瘳公이 이르되 「一箇의 星辰에 三勢가 있어 坐·眼·立이 각각 다르다」 하였으니 龍身

이 일어서면 氣가 위로 올라가니 天穴을 이 가운데서 (立勢中) 구하고, 龍身이 앉으면 屈

氣된 가운데 人穴을 定하는게 가장 적당하고, 龍身이 누우면 氣가 아래로 떨어지니 地穴

이라야 옳다.

이상은 三勢의 定格이다.

天穴=仰高穴　騎形穴　凭高穴

地穴=乳頭穴　脫殺穴　藏龜穴

人穴=藏殺穴

○ 五星穴

五星이란 金木水火土다. 山이 둥그스럼하면 金星이요, 모난 것은 土星이요, 굽은 것은

水星이요, 머리는 둥글고 體가 길죽하게 솟은 것은 木星이요, 尖削한 것을 火星이라 한

다.

五星은 陰陽의 骨髓요, 九星은 陰陽의 皮膚에 비유된다. 그 변화가 매우 많고 生克이

한결같지 않다. 生이 되면 吉하고 克받으면 凶하다.

五行歌에 이르되 「木은 곧고, 金은 둥글고, 土宿은 橫으로 되고, 火星은 尖秀하여 南

을 向하여 生하며、水星은 산뱀(生蛇)이 달아나는것 같다」하였다。

고 대개 水星峰은 水生木하고 木生火하고 火生土하고 土生金하고 金生水하여 迢迢 起峰하

고 節節이 生旺하여 富貴極品의 땅이 된다。만일 水星行龍에 木星이 作穴하면 또한 吉地

가 된다 한다。그러나 너무 이 말에 깊이 빠져져서는 안된다。

星峰이 相克을 만나도 貴한 것은 救濟하는 星辰이 있음이다。가령 土星行龍에 水星이

作穴하면 土克水라 본시 凶하지만 左右에 木星을 얻어 制(木克土)하거나 金星을 얻어도

와주면(金은 土의 生을 받아 水를 다시 生해준다。즉 土水 사이에 金이 있으면 土는 貧

生忘克으로 生에 貧이 나서 水를 克하지 않고 金은 土의 生을 받아 다시

水를 生하므로 水는 土의 克이 두렵지 않고 도리어 吉로 變한다)。역시 吉地인 것이니

기타도 이와 같은지라 같은 이치로 추리하면 萬의 一도 실수가 없으리라。

물론 龍을 찾을때 三吉을 取하고 廉貞 祿存 破軍으로 凶格을 삼으나 廉貞이 太祖가 되

고 文曲은 後宮이 되며 祿存 破軍이 隨從이 된다는 것을 모른다。天下山이 祿存 破軍이

많고 三吉(貪狼・武曲・巨門)이 드물다。三吉星은 眞龍이 되고 祿存・破軍은 다 服役이

된다。

眞龍은 左右에서 夾從하는 것이니 破軍 爲走요、旗는 刀가 된다。節鉞은 貴地요、祿存

을 帶하면 倉庫가 되고 堆禾(퇴화ー벼섬무더기)요、銀瓶과 盞酒砂는 富地인데 만일 祿存

과 破軍이 함께 따르면 富貴兼全하리니 迎送이 많고 夾從이 많으면 上地다。

第三篇　青烏經

青烏經은 中國 漢나라때 人物인 青烏子가 지은 葬書다. 확실한 年代와 本名은 史實的

인 기록이 없어 알려지지 않고 다만 青烏子 또는 青烏先生이라 불리우고 있을 뿐이다.

青烏子는 陰陽述書에 能하였고 특히 地理에 精通하였으므로 이 經을 남겼는데 그 理妙

가 他의 追從을 不許하였으므로 葬法의 祖宗이라 할 수 있는 秘書라 할 수 있다.

뒤에 唐나라때 國師인 楊筠松이 註를 내었고 晋나라때 郭璞이 이 青烏經을 많이 引用

하여 葬書를 著述하였다 한다.

다음은 青烏經의 原文을 그대로 紹介하고、直譯하며、註解를 譯하여 가급적 本文의 內

容 그대로를 살리는 형식을 취하고자 한다.

本 經

○盤古渾淪하여 氣萌大朴이라 陰分陽分하여 爲淸爲濁이라 生老病死를 誰實主之오. 無

其始也며 無有議焉이니 不能無也오 吉凶形焉이라.

[直譯] 반고시대 (즉 太初、太始)는 혼륜 (渾淪—天地萬物을 창조할 수 있는 만가지 이

치의 근본 氣가 한덩어리로 뭉쳐있는 것)하여 기맹 (氣萌—氣가 바야흐로 生하려는 찰

라, 즉 氣의 싹)이 지극히 순박하다. 그러다가 陰과 陽으로 나뉘고、淸과 濁이 되었다.

낳아서 늙고 병들어 죽는 일을 그 누가 주장하는가, 그 처음도 없고, 그것을 말하는 자

도 없으며 없을 수도 없어 吉凶의 결과로만 나타낸다.

〔註〕 太始의 世界에 陰陽説이 없었으니 禍福을 말할 수도 없다. 그러나 結果는 陰陽이

있으니 吉凶의 感應이 마치 그림자가 형체를 따르는 것 같아 도망칠 수가 없는 것이다.

○曷如其無며 何惡其有오

〔直譯〕 어찌 없는것만 하며 어찌 있는 것을 미워하랴.

〔註〕 後世는 너무 陰陽學에 빠져 그에 대한 폐단도 많으니 차라리 太古처럼 없는 것이

났다 하겠지만, 이미 없어서는 안될 學問이 된 바에야 어찌 있는 것을 혐오하랴.

○藏於杳冥하되 實關休咎라 以言論人에 似若非是로되 其於末也에 無外比니라

〔直譯〕 깊숙히 감추어져 있으나 실상은 吉凶에 관계된다. 말로 사람에게 이르되 그른

것 같으나 결국에는 이 이치보다 나은것은 없다.

〔註〕 지리에 대한 禍福을 사람에게 말해주면 속이는 것 같으나 마침내 이르러서는 털

끝만큼도 틀림이 없다.

○其若可忽인댄 何假於予오 辭之疣矣나 理無越斯니라

〔直譯〕 만약 음양설이 대수롭다면 어찌 내 말을 빌리랴, 내 말이 몸의 혹이나 군살 돋

은것 같지만 이치는 이보다 나은 것이 없다.

〔註〕 만약에 음양학이 하찮은 학문이라면 무엇때문에 나의 말을 취하랴, 그러므로 내

다 더 훌륭한 것이 없다는 뜻이다.

○山川이 融結하고 峙流不絶이라 雙眸若無면 烏乎其別가 福厚之地는 雍容不迫하고 四合周顧하나니 卜其主客하라

〔直譯〕산천이 융결되고、산맥과 水流가 끊이지 않는다. 두 눈이 없으면 어떻게 분별하랴、福이 厚한 땅은 응용하여 팝박하지 않고、사방이 서로 돌아보는 것이니 그 主와 客을 분별하라.

〔註〕응용하여 팝박하지 않는다(雍容不迫)는 뜻은 그 氣象이 寬大하다는 것이고、四方이 合하고 두루 돌아본다(四合周顧)함은 前後左右에 빈 곳이 없이 穴을 朝應한다는 뜻이다.

〔註〕산의 근본은 고요히 움직이지 않는 것이지만 형상은 활동하는 듯 해야 하고、물은 근본이 항시 흘러 움직이는 것이지만 잔잔히 흘러 고요해야 한다.

○山來水回면 逼貴豊財하고、 山因水流면 虜王滅俟라

〔譯〕산이 오고 물이 돌면 貴가 속하고 재물이 풍족하며、산이 흐르는 물을 가두는 듯하면 적의 임금을 사로잡고、제후를 멸하는 공을 세운다.

〔註〕逼貴(핍귀)란 貴가 속히 發함이다. 곽박이 증언하기를「逼貴를 壽하고 貴하고 財가 이른다」하였는데 글자만 다를 뿐 뜻은 한가지다.

말은 몸에 필요 없이 돋은 혹이나 군살같이 여길지 모르나 알고 보면 이치로서는 이보

○山頓水曲하면 子孫千億이오 山走水直하면 從人寄食하고、水過西東하면 財寶無窮하고

三橫四直하면 官職彌崇이오、九曲委蛇하면 準擬沙堤요。重重交鎖하면 極品官資요 氣乘風

散이나 脈過水止하면 藏隱蜿蜒은 富貴之地니라。

〔註〕 산이 머뭇거리는듯 가다가 멈추고 물이 구비구비 돌아 흐르면 자손이 헤아릴 수

없이 많고、산이 멈추지 않고 쭉 뻗어 달아나고 물이 곧게 흐르면 남한테 얻어먹고 산

다。물이 西에서 東으로 흘러가면 재보가 무궁하고、물이 三橫四直으로 되어있으면 관

직이 높다。물이 아홉구비로 굽어 흐르면 沙堤와 같고、거듭거듭 交鎖되면 극품의 벼

슬에 오른다。氣는 바람을 타면 흩어지는 것이지만 脈이 지나는 것을 界水가 막아 멈

추게 한다。감추고 숨고、산이 서리면 富貴가 應하는 땅이니라。

〔註〕 郭璞(곽박)이 이르되 『界水가 즉 止라』하였으니 뜻은 마찬가지다。

○不蓄之穴은 是謂腐骨이오 不及之穴은 生人絶滅이오、騰漏之穴은 翻棺敗槨이오、背凶

之穴은 寒水滴瀝이니 其爲可畏라 可不愼哉아

〔註〕 氣를 기르지 못하는 穴은 해골이 시커멓게 썩고、不及한 穴은 사람이 생겨도 孫

이 끊기고、氣가 날거나 새의 穴은 棺槨(관곽)이 뒤짚히고、幽陰한 穴은 찬 물이 광

중에 스며드는 것이니 이 모두 두려운바라 조심하지 않으랴

〔註〕 不蓄(불축)은 山을 쌓아 감추는 것이 없이 외롭게 드러난 穴이고、不及은 朝對가 너무

없다 함이며、騰漏(등루)란 穴 四方이 空缺되어 허전한 것이오、背凶란 穴處가 너무

깊숙하여 음냉하다는 뜻인데 이상에 해당하는 穴에는 安葬을 못한다.

○百年幻化하여 離形歸眞하고 精神이 入門하여 骨骸返根하고 吉氣感應하여 累福及人이니라.

〔直譯〕 (이상과 같은 땅에 安葬하면) 百年이 지나도 부패하지 않고 變幻해서 魂은 형체를 떠나 眞으로 돌아가며、 정신이 (들어가야 할) 門에 바로 들어가 해골은 根으로 돌아간다. 이렇게 되면 吉氣가 자연 감응하게 되니 많은 복이 자손에게 미친다.

〔註〕 累는 많다는 뜻、 즉 많은 福을 받는다는 말이다. 郭璞은 「累福」을 「鬼福」이라 하였으나 「鬼」字는 잘못된 글자다.

○東山吐焰하면 西山起雲이라 穴吉而温하면 富貴延綿이니 其或反是면 子孫이 孤貧이니라.

〔直譯〕 東山에서 더운 기운을 吐하면 西山에서 구름이 일어난다. 穴이 吉하고 따뜻하면 부귀가 오래간다. 혹 이와 반대되면 자손이 고독하고 가난해 진다.

〔註〕 西山에 雲氣가 융결한 것은 東山에서 훈훈한 기운이 가서 衝하는 까닭이다. 이와 같은 이치로 자손이 富貴가 장구한 것은 亡魂이 吉한 穴에 安葬된 까닭에 그 蔭氣가 子孫에게 닿아서 富貴가 應發하는 것이지만 만일에 좋은 땅을 얻지 못하면 子孫의 발복이 안되고 고독빈천하게 되고 마는 것이다.

○童斷與石과 過獨逼側은 能生新凶하며 能消已福이니라.

271

〔直譯〕童山과 斷山과 石山과 逼山과 側山은 새로운 凶厄이 생기는가 하면 이미 누리던 福마저 사라지게 한다.

〔註〕草木이 없는 山이 童山이오, 무너지고 낭떨어지고 구덩이지고 움푹 패인 山이 斷山이오, 흙이 없이 岩石으로만 뭉친 산이 石山이오, 멈추는 것이 없이 밋밋하게 미끄러져나간 산이 過山이오, 左右로 가지쳐나간 脈이 없이 외가닥으로 나왔거나, 祖宗이 없이 섬「島」처럼 뚝 떨어져 이루어진 山이 獨山이오, 前後左右 어느곳이든 높은 山이 가깝게 붙어 핍박당하고 있으면 逼山이며, 山이 한쪽으로 쓰러질듯 기울어져 있는 山이 側山이다. 童山은 옷(衣)이 없고, 斷山은 氣가 없고, 石山은 흙이 滋生되지 않고, 過山은 勢가 멈추지 않고, 獨山은 雌雄(자웅=즉 음양)이 없고, 逼山은 明堂이 없고, 側山은 기울어 바르지 않아 못쓴다. 그러므로 郭璞은 이 經의 말을 引用하여 이 다섯가지를 경계한 것은 또한 節文하여 말한 것이다.

○貴氣相資하면 本源不脫이오 前後區衛는 有主有客이니라.

〔直譯〕貴氣가 서로 도우면 本源에서 벗어나지 않고, 前後에서 옹호하면 主도 있고 客도 있다.

〔註〕本源에서 벗어나지 않는다 함은 氣와 脈이 서로 連接된 것이고, 主도 있고 客도 있다 함은 區穴의 前後에 護衛하는 砂가 있다는 뜻이다.

○水行不流면 外狹內濶이니라 大地平洋은 杳茫莫測이오 沼沚池湖는 眞龍憩息이니 情

當內求요 愼莫外覓하라 形勢彎趨면 享用五福이니라.

〔直譯〕 물이 흐르지 않으면 外는 좁고 內는 넓기 때문이다 (즉 넓게 물이 와서 좁게 나가는 것이니 이를 吉이라 한다) 大地와 넓고 평탄한 땅은 아득하여 분간할 수가 없고、작은 못과 큰 호수가 있으면 眞龍이 가다가 멈추어 쉬게 된다. 情 (즉 眞) 은 내면으로 찾는게 합당하니 외면의 형세를 보고서만 구하지 마라. 형세가 활처럼 굽어 나가면 五福을 누리는 땅이다.

〔註〕 平洋大地에 左右의 龍虎가 없는 것은 다만 못이나 호수를 만나면 穴處를 찾을 수 있으니 못이나 호수로 明堂을 삼으면 물이 흘러빠지지 않는 관계로 이러한 땅에 安葬하면 福을 누리게 된다.

○勢止形昂하고 前潤後岡이면 位至王侯요 形止勢縮하고 前案回曲이면 金穀璧玉이니라

〔直譯〕 龍勢가 멈추고 형상이 헌앙하며 앞은 넓게 트이고、뒤는 뫼뿌리 (山峰) 가 있으면 지위가 王侯에 이르고、형상이 멈추는 듯 하고 勢가 오그린듯 하며 (흘러 빠져나가지 않고 거두어 들임) 앞의 案對가 돌아 굽으면 金玉과 百穀이 가득할 것이다.

〔註〕 「勢가 멈춘다」함은 龍이 내려가다가 멈추어 氣가 융결함이고、형상이 헌앙 (昂) 함이란 氣가 왕성해보이는 모양이다. 앞에서는 물을 만나 멈추고 뒤는 支龍과 連한 것인데 이러한 땅은 貴한 땅이다. 형상이 멈추고 勢가 오그린듯 함이란 氣像이 局을 형성함이고、앞의 案이 돌아 굽는다 (前案回曲) 는 것은 主와 客이 가깝게 있다는 말이다.

이와 같은 땅은 富는 發해도 貴하다는 말은 듣지 못했다.

○山隨水著하며 迢迢來路어든 挹而注之니 穴順回顧니라.

〔直譯〕山이 물을 따라와서 오는 길이 멀고도 당겨 대일지니 穴은 모름지기 祖山을 돌아보아야 한다.

〔註〕이상은 山谷의 回龍顧祖(회룡고조—龍身을 돌려 祖崇山을 돌아다봄) 하는 땅에 대한 말이다.

○天光이 下臨하고 百川이 同歸면 眞龍所迫이니 孰云玄微아

〔直譯〕하늘빛이 내려오고, 온갖 냇물이 함께 모이면 眞龍이 근처에 있음이니 누가 현미하다 말할는지,

〔註〕이는 江이 가까운 곳에 湖水를 近接해서 穴이 맺는 땅에 대한 말이다.

○鷄鳴犬吠하고 鬧市烟村은 隆隆隱隱이라 孰探其源고

〔直譯〕닭이 울고 개짖는 마을에는 웅웅하고 은은하여 찾기 어려운데 뉘라서 그 근원을 더듬어 찾아낼까.

〔註〕이는 시골 사람이 많이 사는곳 平洋에 있는 氣脈을 찾아내기 어렵다는 뜻이다.

○若乃斷而復續하고、 去而復留하며、 奇形異相은 千金難求라 折耦貫珠는 眞氣落莫이니 臨穴坦然하여 誠難捫摸라 障空補缺하여 天造地設이니 留契至人이다. 先賢難設이니라

〔直譯〕만일 脈이 끊겼다가 다시 이어지고, 쭉 뻗어나가다가 다시 멈추며, 기이한 모

274

양과 특이한 형상으로 된 땅은 천금을 주고도 구하기 어렵다. 끊어진 蓮줄기(折藕) 와

꿴구슬(貫珠)로 된 穴은 마치 眞氣가 떨어진것 같아서 穴에 임하여도 애매모호하여 찾

아내기 어렵다. 허한 곳을 막아주고 缺한 곳을 보강하였는데 이는 하늘이 만들고 땅이

이뤄놓은 땅이므로 지극히 훌륭한 사람에게 주는 땅인지라 先賢도 누설하기가 어렵다.

[註] 대개 貴賤은 길이 다르고 貧富도 두 갈래인데 요는 山의 좋고 나쁨에 따라 원인

이 된다. 그런데 貴한 땅은 많지 않고, 富한 땅은 많은것이니 왜냐 하면 富한 땅은 利害

관계가 가벼워 사람이 잘 알아내므로 항시 많지만 貴한 땅은 이해관계가 큰 관계로 造

物主가 사람들로 하여금 쉽게 알아내지 못하도록 하였으므로 혼하게 뜨이지 않는다.

대개의 사람들이 거의 좋아하지 않는 땅에 大吉한 땅이 숨겨져 있는바 이같은 奇形으

로된 大地는 千金으로도 求하기 어려운 것이다.

○草木欝盛은 吉氣相隨니 內外表裡ㅣ 或然或爲니라.

[直譯] 초목이 무성한 곳은 吉氣가 따르는 땅이다. 안과 밖, 겉과 속이 혹 자연적인 것

도 있고, 혹 人爲的으로 된 것도 있다.

[註] 땅의 左右(龍虎)와 案對가 애초부터 자연적으로 된 것도 있고, 사람의 손으로 만

들어진 것도 있다.

○三岡이 全氣하고 八方이 會勢하며 前遮後擁하면 諸祥畢至라 地貴平夷오 土貴有支요

穴取安止요 水取沼遞니라.

〔直譯〕三岡의 氣가 온전하고、 八方의 勢가 모이며、 앞에서 막아주고 뒤에서 보호하면 모든 吉祥이 다 이르는지라、 땅은 平坦한 것이 貴하고、 흙은 支脈이 있어야 貴하며、 安은 편안히 멈춘 곳을 취하고 물은 멀고 먼 것을 취해야 한다.

〔註〕氣가 온전하면 龍脈이 벗어나지 않고、 勢가 돌아보면 山水가 有情하며、 앞에 案이 가리면 客이 있음이오、 뒤에서 끼는 山이 있으면 主가 있음이다. 그리고 脈이 편안히 멈추면 穴法이 기울거나 험한 것이 없고、 물이 멀리서 오면 근원이 있어 흐르는 물이다.

○向定陰陽하여 切莫乘戾하라 差以毫釐면 繆以千里니라.

〔直譯〕向에 음양을 정하여 어긋나게 마라 털끝 만큼이라도 틀린다면 千里가 어긋난다.

〔註〕음양은 마땅히 左右에서 취하되 穴의 왼편이 陽이고、 穴의 오른편이 陰이다. 左穴은 陽向을 하고 右穴은 陰向으로 하여 차질이 없도록 하라.

○擇術盡善하여 封都立縣이니 一或非宜면 法主貧賤이라 公侯之地는 龍馬騰起하고 面對玉圭하고 小而首鋭하고 更遇本方하면 不學而至니라 宰相之地는 繡繳伊邇요 大水洋潮는 無上之貴요、 外臺之地는 捍門高峙하고 屯踏排迎하여 周圍數里요 筆大橫檬은 是名判死니 比昂被低하면 誠難推擬니라

〔註〕術法으로 최선을 다해 가려서 도움을 封하고 郡縣을 세울것이니 하나라도 마땅치

못하면 빈천할 것이다。公侯가 나오는 땅은 龍馬가 날으고 일어나는듯 하고 面에 玉圭

砂가 있어 작으면서도 머리(首)가 날카롭되 모두 本方에 있으면 배움이 없더라도 그

직품에 이른다。재상이 나오는 땅은 비단처럼 아름다운 山이 가까이 있고、큰 물과 바

다물이 있으면 더 없는 귀격이오、外臺의 땅은 捍門(한문→水口의 양쪽에 岩石 등으로

門처럼 서 있는것)이 높이 솟고、屯軍、踏節、排衙、迎從하는 砂가 穴 주위로 數里內

에 있고、또 大筆과 橫橡形 砂는 이름을 刓死라 하는바 이것이 높고 저것이 낮으면 참

으로 추측하기가 어렵다。

바다

〔註〕 위 글에서 本方이란 馬山은 南方이라야 得地요、圭笏山은 東方에 있어야 正位다。

비단같은 山은 주로 宰相과 五府의 貴人이 나온다。捍門과 旗山은 높고 우뚝하게 솟아

야 하고、屯軍形과 踏節과 追從하는 衙役은 穴주변에 두루 둘러막은 것을 귀히 여긴다

右畔에 山이 있어 낮게 橫列하면 刓死筆이라 한다。모름지기 穴法이 옳고 眞正한 가운

데 높은듯 홀로 있어야 하고 그렇지 못하면 刓死筆이 아니라 暗刀나 刀屍山의 凶砂라

하겠다。이러한 까닭에 진실로 추측하기가 어렵다 하는 것이다。

○官貴之地는 文筆이 揷耳하고 魚袋雙聯은 庚金之位요 南火東木이니 北水는 鄙伎니라

〔直譯〕官貴가 발하는 땅은 文筆峰이 穴 앞에 솟은 것이며、魚袋砂가 雙連하여 西에

있으면 金魚袋、南에 있으면 火魚袋、東에 있으면 木魚袋、北에 있으면 水魚袋라 하니

木魚와 水魚는 賤한 직업으로 생애한다。

〔註〕두개의 둥그스럼한 산봉우리가 서로 이어진 것을 魚袋山이 西方

에 있으면 金魚袋라 하여 官貴를 주장하고、 南方에 있으면 火魚袋라 하여 醫員이 나오

고、 東에 있으면 木魚袋라 하여 僧道가 나오고 北方에 있으면 水魚袋라 하는바 漁夫

가 나온다。

○地有佳氣는 隨土所起요 山有吉氣는 因方所主요 文筆之地는 筆尖以細라 諸福이 不隨

하여 虛馳材藝니라

〔直譯〕땅에 佳氣가 있음은 흙을 따라 일어나고、 山에 吉氣가 있는 것은 方位로 주장

함이다。文筆이 나오는 땅은 붓의 모양이 뾰족하고 가늘어서 모든 福이 따르지 않는다

면 헛되이 재주만 지니고 바쁘기만 하다。

〔註〕文筆山은 총명과 재예를 주관하므로 文筆山만 솟고 다른 吉山이 없으면 功名을

이루지 못한다는 뜻이다。

○大富之地는 圓峰金櫃니 見寶沓來하여 如川之至하고、 貧賤之地는 亂如散蟻라 達人은

八觀이라 如視諸指니 幽陰之官은 神靈所主라 葬不斬草면 名曰盜葬이니라。

〔直譯〕大富가 나오는 땅은 둥근 봉우리와 金櫃形(금궤형—네모진 모양)이 있는 것으

로 이와 같은 山이 있으면 보배가 거듭거듭 들어와 냇물이 흘러와 모이는것 같다。그

러나 貧賤한 땅은 오종오종한 山들이 질서없이 벌려 있어 마치 개미떼가 흩어져있는

것과 같은데 지리에 통달한 사람은 크게 보아도 손가락 살펴보는것 같다。幽陰(유음—

그윽하게 숨겨짐) 한 官은 神靈이 주장하는 땅이니 葬事지낼때 풀을 깎지 않는 것은

이름을 盜葬(도장—몰래 장사지냄)이라 한다.

〔註〕斬草(참초—墓域의 풀을 베는것)할 때는 술을 부어놓고 地神께 告論해야 한다.

○草近古墳하라 殃及子孫이라 一墳이 榮盛하면 一墳은 孤貧이니 穴吉葬凶이면 與葉屍로

同이니라

〔直譯〕古墳(고분—묵은 묘) 가까운 곳에 장사지내지 마라, 재앙이 자손에게 미천다.

한 墓가 발복하면 한 묘는 孤貧한 법이다. 穴은 좋더라도 葬日이 나쁘거나 葬法에 맞

지 않으면 시체를 아무렇게나 버리는 것과 마찬가지다.

〔註〕穴이 비록 吉할지라도 年月日時가 좋지 않으면 凶하다는 뜻이다.

○陰陽이 符合하면 天地交通이니 内氣崩生하면 外氣成形이오 内外相乘하면 風水目成이

니라.

〔直譯〕陰陽이 잘 합하면 天地가 사귀어 通한다. 穴 가운데의 内氣가 생기면 外氣는

형상을 이루며、内外가 서로 타면 風水가 吉하게 자연 이루어 진다.

〔註〕内氣란 穴이 따뜻해서 만물이 싹튼다는 말이고, 外氣란 山川의 정기가 융결하여

아름다운 형상이 이루어 진다는 말이다.

○察以眼界하고 會而性情이니 若能悟此면 天下橫行하리라.

〔直譯〕밝은 눈으로 자세히 살펴보고, 정신으로 알아 맞추어 行할지니 만일 이와 같은

모든 이치를 깨닫는다면 天下를 멋대로 다니며 占穴할 수 있으리라.

[註] 眼界(안계ㅡ눈)로 살핀다 함은 외부의 보이는 형상이므로 사람마다 볼 수 있지만 性情으로서 알아낸다는 것은 最上의 능력자가 아니면 할 수 없는 일이다.

靑烏先生의 葬經은 이상으로 끝났다. 아래 尋龍法부터는 모든 論理가 後世人들의 손에서 나온 것이지만 이 靑烏經의 도움말이 되고 또는 風水家가 지리를 익히는데 捷經이 되고 要路가 되므로 아래의 내용까지 합해서 靑烏經이라 하였음을 일러둔다.

附 經

○尋龍法

[註] 入首 뒤로 一節을 龍이라 하고, 龍 뒤의 一節은 落이라 하며, 落 뒤의 一節은 起요, 起 뒤의 一節이 伏인데 伏은 사람에 비유하면 咽喉(인후)와 같은 것이다.

龍은 伏·起·落·龍을 합칭 龍이라 한다. 太祖山에서 龍이 맨 처음 發할 무렵에 胎暈으로 局을 이루면 上格이고 秀峰이 發한 것은 그 다음 길격이다.

龍이 枝로 갈라져 行脈되면서 起할 것은 起하고, 細할 것은 細하고, 突할 것은 突하고

瘠할 것은 瘠하고 肥할 것은 肥하고 回할 것은 回하여야 한다. 그렇지 아니하고 起할 것이 鈍(둔—주저 않음 즉 起의 반대모양)하리나, 細할 것이 굵거나, 突할 것이 突하지 않거나, 瘠할데가 살찌거나, 肥할 곳이 瘠하거나, 回할 곳이 곧게 뻗으면(不回) 이는 근원을 잃은 病龍이다.

午丁脈은 坤未로 源을 삼고、丙午는 選巳로 源을 삼고、壬子는 乾亥로 源을 삼고、乙은 巽辰으로 源을 삼고、甲卯는 艮寅으로 源을 삼고、庚酉는 坤申으로 源을 삼고 辛酉는 乾戌로 源을 삼는다.

가령 乾亥脈이 갈지자(之)나 검을현자(玄) 모양으로 行脈된다면 그 가운데 있는 갈지자 검을현자 脈은 모두 乾亥脈이니 굽은곳마다 子午針을 놓고 무슨 脈인지 알아볼 필요가 없다. 갈지자 검을현자 중간에 혹 돌(石) 이 있거나 혹 가지가 드날리거든 다시 다른 脈으로 보아야 한다.

○ 龍虎論

龍虎는 사람의 양 팔과 양 다리와 같고 또는 家屋의 담장(墻垣)이라 할 수 있다. 아무리 담장이 완전해도 그 안에 있는 건물의 棟樑이 튼튼치 못하면 소용이 없고、사람의 五

臟에 病들면 手足이 있어도 쓰지 못하는것 같이 龍虎가 없는 땅이라도 穴이 眞이고 龍

虎 대신 물이 있다면 무방한 땅이다.

兩儀篇에 이르기를 龍虎는 사람의 股肱(고굉—팔과 다리)와 같고 富家의 垣墻(원장—

담)과 같다하였다. 그러나 팔 다리의 건강한것이 五臟의 氣가 旺한것만 못하고、담장 튼

튼한것이 棟樑의 완전한 것만 못하다. 五臟에 病이 생기면 四肢를 쓰려해도 쓰지 못하며、

棟樑이 썩으면 아무리 담장이 튼튼하여도 堅固한 건물이 될 수 없다. 그러므로 屍身이

편안하고 편안치 않음과 자손이 興하고 興하지 않는 것은 靑龍、白虎 양 날개가 順應함

에 있지 않고 또는 腦首局의 精神에 있는게 아니다. 眞局의 龍虎는 殺 같이 보여도 자연

局을 輔해지고、假脈의 星辰은 穴을 朝向하는것처럼 보여도 실은 도리어 冲하게 된다.

〔參考〕 股肱(즉 龍虎)이란 腦翼이며 穴暈의 微砂다 칭하고、墙垣은 祖帳(祖山에서 가

지친 枝脈이 장막처럼 둘러있는것)과 龜帳(구장—중간의 枝脈이 장막처럼 두른것) 의

微砂다. 順(甲庚丙壬)과 强(乙辛丁癸)이 棟이 되고 四胎(乾巽艮坤)가 樑이 되며、五臟

은 順源의 胎이니 胞가 臟이 되고 强源의 胎가 감추어져 順이 된다. 이러하므로 陰陽

이 相接하는 사이에 털끝만한 것도 끼어들지 못하는데 陰이 陽을 接하고 陽이 그 陰

을 接하여 內도 交情이 응결되고 外로는 首尾를 머금는다. 고로 腦胎가 나타나고 局胎

가 숨으면 다 眞이 되어 假가 없고、반대로 腦胎가 숨고 局胎가 나타나면 假를 이루어

眞이 없게 된다.

窟角論

─이는 五行山의 四局五行法이다.

窟은 凹를 칭함이고 角은 枝脈이다. 窟이 있으면 角이 생기지 않고、角이 생기는 脈은 窟이 없다. 金은 水를 잊지 않고、水도 金을 잊지 않으며、木이 火를 잊지 않으며 火도 木을 잊지 않는다. 日癸金龍에 巽辰水角과、坤未木龍에 乾戌火角은 生角이 비록 작더라도 眞假의 標를 안다. 나머지도 모두 이와 같은 例에 依한다.

案山論

案山은 穴을 應하는 砂다. 案山이 단정히 솟아 (立) 氣를 머물고 朝向하는듯 절하는듯、팔장을 끼고 下人이 上司에게 揖하는듯한 모습을 띠면 吉하다. 혹 案山이 비뚤어졌거나、기울거나 높이 솟아 그늘을 짓거나、혹은 穴을 억누르는듯 하거나、혹은 너무 길거나、너무 짧거나 한것은 좋지 않다.

東山에 달이 뜨면 서쪽 연안은 밝아지고 물가에 꽃이 만발하면 물 가운데 그림자가 붉

다(이는 穴이 眞이면 案山도 자연 吉格을 이룬다는 뜻이다) 穴이 높은데 있으면 案山은

멀리 있어야 마땅하고、穴이 낮은데 있으면 案山은 가까운데 있어야 좋다。

山標法

乾亥龍은 龍身이 짧은데 本性은 언제나 머리를 드는 형상을 취한다。

巽巳龍은 體가 길며 本性은 매양 드는 형상이 있다。

艮寅龍은 猛正强하고 石氣가 回하는 것이 있다。

坤申龍은 身이 길고 여위고 모난 것이 특징이다。

乾戌龍은 左右에 어지러운 돌(石)이 늘려져 있다。

巽辰龍은 기울고 넓고 流動하는 듯한 느낌이 있다。

艮艮龍은 鈍하여 平치 않으며 매양 四方이 경사되었다。

坤未龍은 正하고 둥글고 두텁고 짧은데 脈이 그치는 곳에 岩石이 있고 혹은 肥하고 臺가 있다。

甲卯와 庚酉龍은 突이 旺하다。

庚酉、甲卯龍은 體가 鈍하고 突하게 노출되고 돌(石)이 있다。

壬子丙午龍은 突이 짧고 암석이 있다。

壬亥龍은 길게 머리를 숙이고 짧으면 머리를 위로 든다.

巳丙龍은 길고 기울고 머리를 숙이고 앞에는 一字脣이 있고 뒤에는 尖한 烏石 (오석—

검은돌)이 있다.

寅甲申庚龍은 기울고 머리를 숙이는데 龍이 짧은 경우는 머리를 든다.

乙卯癸坎龍은 가늘고 平한것이 本性이며 曲形이 있는것 같고 매양 虎石이 있다.

午丁辛西龍은 같이 그러하다.

寅申巳亥는 좁은 곳을 만나면 허리를 길게 늘여 弓形을 짓고、중간에 있으면 乳形을

만들며 平野에서는 回抱하고 江을 건너면 岩石이 세워진다.

四藏(辰戌丑未)은 峽을 지나서는 平地를 만든다.

四正(子午卯酉)은 峽을 지나면 蜂腰(봉요—벌의 허리모양처럼 잘룩목)을 만든다. 그러

나 前後山의 중간 허리부분은 四金(辰戌丑未)을 만나면 龍身이 넓어지되 홀로 四正을 만

나면 넓지 않다.

四藏이 들(野)로 들어가면 死했다가 胎를 만나면 다시 生한다. 左旋이면 臺를 만들고

右旋이면 頹臥하여 臺를 만들지 않는다.

四正脈이 들(野)로 들어가면 그 脈이 노곤도 같고 끊긴것도 같은데 짧고 마디가 速하

하면 穴이 모두 眞이어서 空이 없으나 脈이 길어서 마디가 느리면 穴이다 空하여 眞이

없다. 脈이 곧게 百步까지 나가면 死脈이다.

四强(乙辛丁癸)은 혹 暈이 있기도하고 혹 突이 있기도하며、혹은 凹한데 매양 水石이 있다。

四順(甲庚丙壬)은 突하지 않고 혹 白石이 세워져 있다。突하면 甲脈은 짧고、庚脈은 旺하고、丙脈은 尖突하고、壬脈은 구슬처럼 突하다。

四胎(乾坤艮巽)는 峰 이루는것을 좋아하는바 峰이 높게 세워져 있으면 貴人이 나오고 누어 있으면 富가 發한다。

四藏之氣가 있으면 머리가 둥글게 峰을 이루고、四胞之氣가 있으면 尖하게 세워져 峰을 이룬다。

乾脈의 돌은 기둥처럼 생겼고、巽脈의 돌은 수풀처럼 섰고、艮脈의 돌은 누운것 같고、巳亥脈은 날개처럼 생긴 돌이 있고 寅申脈은 土磊(돌무더기)가 있다。

○望山透地

壬은 漲天之水(창천지수ー하늘에 솟구치는 물)라 한다。그 형상이 급하고 높은데 亥에 붙으면 鈍해지고 子에 붙으면 脈이 길게 뻗는다。

子山은 澄凝之水(증응지수ー맑고 엉킨 물)라 한다。그 형상이 屈曲하고 散漫(산만ー이리저리 갈라져 나감)한 것이니 壬에 붙으면 起峰되고 癸에 붙으면 脈이 길어진다。

癸山은 土中之水(토중지수ー흙 속으로 흐르는 물)에 비유된다。그 형상은 肥曲했다 가늘어지고、끊겼다 이어졌다 수없이 한다。子에 붙으면 屈曲되고 丑에 붙으며 脈이 넓어

丑山은 和水之土(화수지토—水를 和하는 흙)라 한다. 그 형상이 넓고 크고 평평하고 둥근데 癸에 붙으면 屈曲하고 艮에 붙으면 平直해진다.

艮山은 端正之土(단정지토)라 한다. 그 형상이 가늘고도 平直한데 丑에 붙으면 平直하고 寅에 붙으면 가늘어진다.

寅山은 始生之木(시생지목—갖 싹이 튼 어린나무)에 비유되는데 艮이나 甲에 붙어 함께 行脈한다. 艮에 붙으면 가늘어지고 甲에 붙으면 두터워진다.

甲山은 出笋之木(출윤지목—대순과 같은 나무)이라 한다. 內柔外剛한 木인데 寅에 붙으면 커지고 卯에 붙으면 길어진다.

卯山은 蕃衍之木(번연지목—뻗어나가는 나무)이라 한다. 그 형체는 長大하고 가지가 많은데 甲에 붙으면 길어지고、乙에 붙으면 넓어진다.

乙山은 接生之木(접생지목)이라 한다. 그 형체가 가늘고 숨어 엎드린다. 卯에 붙으면 가지가 나오고 辰에 붙으면 低陷해진다.

辰山은 魁罡之土(괴강지토)라 한다. 그 형체는 크고도 起한데 乙에 붙으면 平鈍하고 巽에 붙으면 높게 일어난다.

巽山은 成材之木(성재지목—재목으로 쓸만한 나무)이라 하는바 그 형체는 높고도 平直하다. 辰에 붙으면 머리가 둥글어지고 巳에 붙으면 짧고도 곧다.

巳山은 始生之火(시생지화—맨 처음 타오르기 시작하는 불)라 한다. 그 형체는 가늘고

平直한데 巽에 붙으면 起하고 丙에 붙으면 짧아진다.

丙山은 始生之火라 한다. 그 형체는 짧고 급하고 뾰족하게 높이 오른다. 巳에 붙으면 곧아지고 午에 붙으면 길고도 넓다.

午山은 揚水之火(양수지화—세차게 드날리는 불)라 한다. 그 형체는 뾰족하고 長大하고 높게 일어난다. 혹 唇齓이 尖하고 體는 넓기도 하다. 丙에 붙으면 높아지고 丁에 붙으면 陷하고 尖하다.

丁山은 灰中之火(회중지화—잿속에 남아있는 불)라 한다. 그 형상은 낮고 숨어 엎드리는데 午에 붙으면 높고 바르며 未에 붙으면 鈍해진다.

未山은 火中之土(화중지토—불 속에 있는 흙)니 그 형체는 燥하고 짧다. 丁에 붙으면 鈍해지고 坤에 붙어도 또한 鈍해진다.

坤山은 巳成之土(이성지토—이미 어우러진 흙)라 하니 그 형체가 肥大하고 平하다. 未에 붙으면 鈍하고、 申에 붙으면 둥글어진다.

申山은 始生之金(시생지금—처음 생긴 金)이니 그 형체는 짧게 매듭지었는데 坤에 붙으면 발이 있고、 庚에 붙으면 경사지고 두텁다.

庚山은 巳成之金(이성지금—이미 완성된 金)이니 그 형체는 기울어 바르지 않다. 申에 붙으면 기울어지고 酉에 붙으면 경사를 이루면서도 아름답다.

酉山은 始成之金(시성지금—비로소 이루어진 金)이라 한다. 그 형체는 머리가 둥글고 앞이 짧은데 庚에 붙으면 平하고 辛에 붙으면 起한다.

辛山은 土塊之金(토괴지금—흙덩이처럼 생긴 金)이니 그 형체는 가늘고도 鈍하고 바로

고도 급하며 또는 추하다. 酉에 붙으면 곧고 길며, 戌에 붙으면 두터워진다.

戌山은 魁罡之土(괴강지토)라 한다. 그 형체는 크고 급한데 酉에 붙으면 起峰되고, 乾

에 붙으면 길어지며, 辛에 붙으면 窩形이 열린다.

乾山은 水中之金(수중지금—물속에 든 金)이니 그 형체는 生한것 같으나 열매가 없고

혹·크고 추하며, 혹은 추하고 험하다. 戌에 붙으면 厚重해지고 亥에 붙으면 急하다.

亥山은 始生之水(시생지수—비로소 생겨나는 물)라 하니 그 형체는 낮고 짧다. 만일

龍이 길면 넓고 높다. 乾에 붙으면 높게 일어나고 壬에 붙으면 넓고도 鈍하다.

○入首三字論

—胎는 藏을 지는데(負) 뒤는 臥하고, 正은 胞를 지는데 먼저는 곧고 뒤는 굽으며, 、

金은 胎를 지는데 뒤는 突하고 앞은 臥하며, 胞는 正을 지는데 먼저는 굽고 뒤는 곧다.

穴 뒤에 있는 것을 首라 하고, 穴의 양팔 부위에 있는 것을 手라 하며 穴 앞으로 늘어

진 것을 垂라 칭한다.

가령 龍이 壬子癸丑으로 되었다면 壬子 뒤가 突하면 이를 首라 하고 艮丑局의 寅脈

앞이 늘어지면 垂라 하며、艮寅方으로 暈(운—즉 穴)을 안으면 手라 한다.

入首는 위에서 行龍의 精神을 모으고 아래로는 明堂의 理氣를 모으는데 微隱處에는 隱

坐가 貴함이 되고 接한 곳은 橫한 것이 貴가 된다.

寅申巳亥 四胞의 入首는 橫으로 돌고 은은히 비신 것이 貴한데 寅申의 首는 형상이 半

月처럼 생긴 것이 貴하고 丑巳亥의 入首는 형상이 雪場같은 一揮箒(빗자루 같은 모양)가

貴하다.

辰戌丑未 四藏의 入首는 둥근 끝이 貴하고 넓게 흐르는것은 귀하지 않다.

辰丑入首는 돌(石)이 없어야 眞이고 未戌入首는 돌이 있어야 眞이며、子午卯酉의 四正

入首는 體가 짧은 것이 眞인데 兩胎 사이에 들면 혹 돌이 세워져 있는 경우도 있다. 그

리고 立石된 것은 乾戌艮寅 사이가 된다.

子入首는 머리에 돌이 있어야 眞이고 癸巳丑艮은 卯石入首가 眞이오、坤未乾亥間은 午

石首가 眞이다.

乙辛丁癸 四强入首는 突하면 眞이 못되니 臥한 것이 眞이오、壬丙庚申 四順入首는 突

한 것이 眞이며、乾坤艮巽의 四胎入首도 突한 것이 眞이다.

入首가 이슬방울 같거나 혹 凹하면 쓰지 못한다(一本에는 露에 凹局을 쓴다 하였으나

옳고 그른 것은 未詳이다.)

○ 四象

─天一이 壬水를 生하니 地六이 癸水를 이루고 天三이 甲木을 生하니 地八로 乙木을 이루고、天七이 丙火를 生하니 地二가 丁火를 이루고、天九가 寅金을 生하니 地四 가 辛金을 이루었다 ─

窩(와)、鉗(겸)、乳(유)、突(돌)을 四象穴 또는 四大穴形 또는 穴星 또는 穴星四大格이라 한다.

窩은 弦稜(현능ー활처럼 생긴 둘레로 도두룩하고 그 안은 凹하다)이 있고、鉗은 落棗(나조ー앞에 작은 角이 나오고 떨어진 대추씨 같다)가 있으며、乳穴(유혈ー女人의 늘어진 乳房形과 같다)은 蟬翼(선익ー매미의 날개)이 있고 突은 縣針(현침ー달아맨 바늘)이 있다.

窩는 四金(辰戌丑未)이오、弦은 金局이 暈(운ー달무리 같은 모양으로 둥근데 穴의 證이다)을 안은것(抱)이오 稜은 藏(辰戌丑未)의 머리가 橫臺한 것이다. 가령 乙辰局에 巽巳脈이 穴을 안고 辰頭에 卯枝가 앞으로 나온 것이다.

鉗은 四强(乙辛丁癸)이오 棗(조)는 四正(子午卯酉)이다. 가령 乙鉗 아래에 卯가 앞으로

나오고、辛鉗 아래에 酉枝가 入首되며、丁鉗 아래는 午枝가 眞이오 癸鉗 아래는 子枝가

있어야 眞이고 없으면 假다。

乳는 四胞(寅申巳亥)다。蟬翼은 藏과 正의 分枝로 된 것이다。

위에 乙卯가 合交한 곳이다。突은 四順(壬庚丙甲)이오、針은 四胞(寅申巳亥)다。가령 壬

突에 亥가 앞으로 펴나가고、丙突에는 巳枝가 앞으로 펴나가고、甲突에는 寅枝가 앞으로

펴나가고 庚突은 申枝가 앞으로 펴나간 것이다。

四象의 명칭이 각각 다르므로 窩에는 長窩・狹窩・深窩・淺窩의 四種이 있고、鉗에는

長鉗・短鉗・濶鉗・狹鉗・臥鉗이 있으며、乳에는 長乳・短乳・懸乳・圓乳가 있고、突에

는 長突・短突・方突・圓突이 있는데 이밖에 變幻해서 이루어진 體가 四十九種이 있으니

四象의 理를 밝히 안 뒤라야 明師라 칭할 수 있다。

〇作穴法

卯辰丑은 서로 있고、未酉戌은 서로 連하고 巳未坤도 서로 連한다。子는 辰을 連하고、

午는 戌과 連하고 卯는 未와 連하고、酉는 丑과 連한다。또는 先後天으로 서로 配하는

穴이 있다。그것은 乾亥와 丙午、巽巳와 壬子、乾亥와 艮寅、巽巳와 坤申、乙卯와 丑艮

甲卯와 丙午、庚酉와 壬子、乙辰과 癸丑、辛戌과 丁未니 이는 交를 않더라도 스스로 生

하는 이치가 있다.

○穴破論(隔八相生)

隔八相生은 乙生乾、乾生丙、丙生癸、癸生坤、坤生甲、甲生辛、辛生巽、巽生壬、壬生午、丁生艮、艮生庚、庚生乙이오 또는 子生未 未生寅、寅生酉、酉生辰、辰生亥、亥生午、午生丑、丑生申、申生卯、卯生戌、戌生巳、巳生子가 된다.

물의 得破는 다만 吉凶의 門을 만들뿐 龍의 生死에 대해서는 보전하기 어렵다. 坐는 主가 되고 得은 妻가 되며 破는 精을 破하는 곳이 된다.

平野龍과 大江水와 峽谷龍과 細流水는 作穴(凝局)의 配合이 되니 이에 山水의 配合水다. 매양 隔八의 傾側한 곳(즉 葬口)을 따라 무덤을 쓴다. 그런데 깊으면 大穴이고 얕으면 小穴이다.

穴의 配合水는 가까우면 三四步에 불과하고 멀면 六七步에 불과하다.

外得과 外破를 論할진대 맨 처음 보이는 곳이 得이 되고、보이지 않는 곳이 破다.

水口에 만일 폭포수가 있으면 三丈위 보이지 않는 곳으로 破를 삼는다. 먼저 穴의 破를 보고 다음으로 外破를 보는바 穴에 破가 없는 것은 眞穴이 아니다. 山과 물의 길이

같은 것은 그 破와 得을 보아 그 來龍의 여하를 막론하고、그 主龍을 보아 得破가 어떠

한가를 論해야 한다. 가령 乾亥龍 壬子入首에 巽이 旺되면 旺乾으로 破를 삼고、亥가 旺되면 巳로 破를 삼고、壬節이 旺되면 안에 丙破를 정하고、子節이 旺하면 안에 午破가 있다. 언제나 旺의 對冲方으로 보는바 기타도 모두 이 例에 準하라.

○立向論(四不通)

子는 坤을 不通하고、午는 艮을 不通하고、西는 巽을 不通하고、卯는 乾을 不通한다.

乾艮間脈에　子入首면　子坐

巽艮間脈에　卯入首면　卯坐

坤巽間脈에　午入首면　午坐

坤乾間脈에　西入首면　西坐

이상 四正入首는 直坐가 可라 한다.

亥入首면　壬乾坐요、寅入首면　艮甲坐

巳入首면　巽丙坐　申入首면　坤庚坐

辰戌丑未 四藏入首는 中을 通하여 生하니 直坐가 可라 한다. 즉 辰入首에 戌入首에 戌坐、丑入首에 丑坐、未入首에 未坐다.

또는 天月德坐가 있으니 아래와 같다.

子入首에 壬坐、午入首에 丙坐、卯入首에 甲坐、酉入首에 庚坐가 그것이다.

또는 橫坐를 놓는 경우가 있는데 橫坐는 아래와 같다.

卯入首에 子坐、午入首에 西坐、酉入首에 午坐、丑入首에 申坐、未入首에 寅坐、艮入首에 乾坐、坤入首에 巽坐다. 가령 卯乙長局이 壬坎으로 橫穿하면 子入首卯子가 된다. 나머지도 이 例에 의한다.

○分金法

子坐＝丙子分金에 庚子透地、子二分 女十九度요、庚子分金에 壬子透地 丑二分 女二度

癸坐＝丙子分金 乙丑透地、癸二分、牛三度、庚子分金 丁丑透地、艮二分、斗十八度、

丑坐＝丁丑分金 辛丑透地、丑二分、斗八九度、辛丑分金 癸丑透地、寅二分 斗二三度

艮坐＝丁丑分金 丙寅透地、艮二分、箕三四度、辛丑分金 戊寅透地、甲二分 尾十八度

寅坐＝丙寅分金 壬寅透地、甲二分 心十一度、庚寅分金 丁卯透地 卯二分 心八度

甲坐＝丙寅分金 丁卯透地 甲二分 房二三度、庚寅分金 乙卯透地 乙二分 氏十三度

卯坐＝丁卯分金 癸卯透地、卯二分 氏十一度、乙卯分金 乙二分 六十九度

乙坐＝丁卯分金 戊辰透地 乙二分 六十二度、辛卯分金에 庚辰透地 巽二分 角十一度

辰坐＝丙辰分金　甲辰透地、辰二分　軫十四度、　庚辰分金　丙辰透地、巳二分　軫七八度

巽坐＝丙辰分金　甲辰透地、巽二分　軫十度、　庚辰分金　丙辰透地、丙二分　巽十度

巳坐＝丁巳金分　乙巳透地、巳二分　翼七度、　辛巳分金　丁巳透地、午二分　張九度

丙坐＝丁巳分金　丙午透地、午二分　張五七度、　辛巳分金　壬午透地、丁二分　星七度

午坐＝丙午分金　丙午透地、午二分　柳十二度、　庚午分金　戊午透地、未二分　柳十二度

丁坐＝丙午分金　丙午透地、丁二分　井二十八度、　庚午分金　戊午透地、未二分　井二十二度

未坐＝丁未分金　丁未透地、未二分　井十三度、　辛未分金　癸未透地、申二分　井十九度

坤坐＝丁未分金　戊申透地、坤二分　參六九度、　辛未分金　甲申透地、庚二分　參二三度

申坐＝丙申分金　戊申透地、申二分　畢十一度、　庚申分金　庚申透地、酉二分　畢二三度

庚坐＝丙申分金　癸酉透地、庚二分　昂六度、　乙酉分金　庚申透地、戌二分　胃十二度

酉坐＝丁酉分金　己酉透地、酉二分　胃六度、　辛酉分金　辛酉透地、乾二分　婁十三度

辛坐＝丁酉分金　甲戌透地、辛二分　婁二度、　辛酉分金　丙戌透地、乾二分　婁十三度

戌坐＝丙戌分金　壬戌透地、亥二分　奎三四度、　庚戌分金　壬戌透地、亥二分　壁八九度

乾坐＝丙戌分金　乙亥透地、乾二分　室十二度、　庚戌分金　丁亥透地、壬二分　室九度

亥坐＝丁亥分金　辛亥透地、亥二分　室三度、　辛亥分金　庚子透地、子二分　危十二度

壬坐＝丁亥分金　甲子透地、子二分　室十二度、　辛亥分金　庚子透地、子二分　危十二・三度

○ 風水論

風水란 바람과 물이 여하한가를 살펴본다는 뜻이다. 바람은 絕門風(雙山이 凹하게 들어온 것)과 强干風(乙辛丁癸方이 凹한것) 拱手風(서로, 拱回하여 부는 바람)이 닿는가를 살필 것이며, 물은 射脇水와 衝心水와 骨頭水와 及朝水와 桃花水가 犯하였는가 살펴야 하니 위의 風・水는 모두 殺風과 殺水니 조심하고 조심해야 한다.

癸坎坐에 辛酉方風水와 壬坎坐의 庚酉方風水와 艮寅坐의 辛戌方風水、巽巳坐에 坤申方風, 乾亥坐에 艮寅方風水、坤申坐에 巽巳方風水는 다 吉方의 바람이며 물이다.

○ 水口論

震庚亥未는 모든 山嶽의 血이 되는 까닭에 亥旺하고、脈이 엎드려 끝난 곳에 언제나 물이 있으며、庚이 旺하고 酉가 작은 땅에 언제나 물이 있고、辰이 旺하고 卯가 없는 땅에 언제나 물이 있고、未가 旺하고 坤이 小한 땅에 언제나 물이 있는 법이다.

坤脈 아래에는 庚泉이 있고、巽脈 아래에는 未泉이 있고、乾脈 아래에는 亥泉이 있고、艮脈 아래에는 震泉이 있다.

石은 祖峰에 돌이 있으면 별도로 穴에 이르러 돌이 서 있다。祖峰에 넓은 돌이 있

으면 穴의 隱石이 되고、乾戌壬亥脈 아래에 매양 돌이 있다。艮寅脈은 단정코 돌이 있고、

乙辛丁癸脈은 매양 水石이 있다。

乾亥脈 등(背) 위에서 艮寅으로 交하면 外는 돌이고 内는 흙으로 되어 있고、艮寅脈 등

위에서 乾亥로 交하면 外는 흙이고 内는 돌이 있으며、巽巳脈 등 위에서 坤申으로 交하

면 外는 돌이고 内는 흙이며、坤申脈 등 위에서 巽巳로 交하며 内外가 같이 石土로 되어

있다。돌은 陽이고 흙은 陰이 된다。

○土色論

乾脈이 戌로 들어오면 黃色이오、亥로 들어오면 가는 白沙다。坤脈이 未로 들어오면

青碏石이고 申으로 들어오면 金沙라 한다。巽脈이 辰으로 들어오면 黃泥(누른 진흙 즉

黃土)요 巳로 들어오면 紫色土에 무늬가 섞였으며、艮脈이 丑으로 들어오면 黑色이고 寅

으로 들어오면 青色이다。

寅申巳亥 四胞는 土色이 더욱 妙하고 辰戌丑未 四金은 土色이 黃이다。

兌坎은 白碏石(흰빛 석비레)이고 离는 白泥(흰 빛 진흙)이다。

乙辛丁癸 四强은 虎石이 많고 壬丙庚甲 四順의 土色은 白石이다。

四金局에 四胞가 暈을 안으면 아래에 五色土가 있어 굳고 윤택하다。

子午卯酉 四正은 白色이 爲主니 먼저 陽龍으로 내려와 陰脈을 만나면 外는 돌이고 內
는 흙이며, 먼저 陰龍으로 내려오다가 陽脈을 만나면 外는 흙이니 돌 위에
흙을 채워 成墳해야 한다. 가령 艮寅脈 등(背) 위에 乾巽으로 合交하면 外는 돌이고 內는
흙이 있으며, 乾亥脈 등 위에 坤艮으로 合交하면 外는 흙이고 內는 돌이다. 陽은 돌(石)
이 되고, 陰은 흙(土)이 되는 것이니 기타도 이 例와 같다.

○生物論

亥龍의 未入首와 未龍의 亥入首에 卯方水가 照하면 亥卯未로 三合되어 旺龍인데 鳥獸物
(새, 짐승 따위)이 생긴다.

申龍의 辰入首와 辰龍의 申入首에 子方水가 照하면 申子辰의 旺龍인데 魚屬物(물고기
류)이 생긴다.

巳龍의 丑入首와 丑龍의 巳入首에 酉方水가 照하면 巳酉丑으로 三合 旺龍인데 蟬屬物
(매미 등속)이 생긴다.

寅龍의 戌入首와 戌龍의 寅入首에 午方水가 照하면 寅午戌 旺龍인데 獸物(수물ー짐승
불이)이 생긴다.

○二十四山論

六甲干支(十干、十二支)를 합치면 二十二字인데 戊己 二字를 빼면 二十字이고 여기에 乾·坤·艮·巽 네글자를 加하여 二十四山이 되는 것이다.

二十四山 가운데 天月德과 戊己는 造化를 行하는 者인데 戊己를 除한 이유는 무엇때문일까, 中央은 土氣의 理致요 東西南北의 戊己는 浮運의 造化다. 春辰은 東方木의 庫藏이므로 辰은 三月에 用事하고、夏未는 南方火의 庫藏이므로 六月에 用事하고、秋戌은 西方 金의 庫藏이므로 九月에 用事하고、冬丑은 北方水의 庫藏이므로 十二月에 用事한다. 이러한 관계로 龍戊己는 生物하는 이치라서 大吉하고, 入首戊己는 藏物하는 이치라서 大凶하다.

○天月德論

─甲丙庚壬은 文이오 乙辛丁癸는 武를 主管한다─

寅은 丁이 天德이고 丙이 月德이다.

卯는 坤이 天德이고 甲이 月德이다.

辰은 壬이 天德도 되고 月德도 된다.

300

巳는 辛이 天德이고 庚이 月德이다。

午는 乾이 天德이고 丙이 月德이다。

未는 甲이 天德도 되고 丙이 月德도 된다。

申은 癸가 天德이고 壬이 月德이다。

酉는 艮이 天德이고 庚이 月德이다。

戌은 丙이 天德도 되고 月德도 된다。

亥는 乙이 天德이고 甲이 月德이다。

子는 巽이 天德이고 壬이 月德이다。

丑은 庚이 天德도 되고 月德도 된다。

辰戌丑未 四藏龍에 天月德이 照應하면 富貴功名과 子孫이 旺發한다。

寅申巳亥 四胞龍에 天月德이 照應하면 長孫이 貴히 된다。

子午卯酉 四正龍에 天月德이 照應하면 中末孫이 貴히 된다。

甲乙三八木이니 빠르면 三代요 늦으면 八代에 應하고、丙丁은 二七火니 빠르면 二代요 늦으면 七代에 應하고、庚辛四九金이니 빠르면 四代요 늦으면 九代에 應하고、壬癸一六水니 빠르면 當代요 늦으면 六代에 應한다。(丙과 庚은 혹 五代發應이라고도 하는데 이상은 發應의 代數를 아는 法이다。)

ㅡ四局五行法을 用하되 戊己는 正五行을 用한다ㅡ

떨어졌다가 다시 피는 것이 꽃(花)이다。黃帝때에 大橈를 命해서 斗建을 점쳐 甲子法

을 만들었는데 斗柄(北斗星의 자루)이 寅方을 가리키면 天下는 다 봄이요、巳方을 가리

키면 天下는 다 여름이오、申方을 가리키면 天下는 다 가을이오、亥方을 가리키면 天下는

다 겨울이다。

甲子・乙丑=水生木・金克木이니 夭死者가 많아 半은 근원이 끊긴다。相克이므로 혹

兄弟가 나와도 長孫은 뒤가 없다。卯가 있으면 不然하니 처음은 夭者가 생겨나나 뒤에는

子孫이 많다。

丙寅・丁卯=木火相通에 丙丁은 寅의 天月德이다。고로 五代長孫이 貴하고、대대로 五

兄弟씩 두고 人才가 많이 나오는데 丙丁은 文明之德에 속한 때문이다。

戊辰・己巳=土克水、土生金이니 吉凶相半이라 五代에 가서 流離散亡 하는 것은 戊己

數가 五이고、巳는 流離에 해당하는 까닭이다。

庚午・辛未=火克金 金克木이니 相克이 혹 四五兄弟가 나오지만 夭死慘變이 끊어지지

않고、혹은 殺人者도 생기는 것은 午는 牢獄을 주장하고 未는 鬼金인 까닭이다。胎源이

있으면 不然하여 처음에는 天死者가 있어도 子孫은 保全한다.

壬申·癸酉＝金生水요 壬은 申의 天德이므로 六代長孫이 貴히 되고、癸酉는 賤하므로 혹 巫人이 생기거나 流離散亡하는데 壬癸水가 旺하여 流離라 한다.

甲戌·乙亥＝木火相通이오 甲乙은 亥의 天月德이니 대대로 三四兄弟가 武科에 오르는데 甲乙은 東方木이오 戌亥는 西方金이니 木이 金鄉에 들면 死라 金으로 木을 깎는 者는 工이니 木工이라 한다.

丙子·丁丑＝水克火 火克金이다. 고로 聰明才士가 早死하고、나라를 배반하고 귀양살이하는 賦臣이오 혹은 賦의 臣下가 되기도 한다. 이는 丙丁은 文이고 水克火 相克되기 때문이다.

戊寅·己卯＝火生土 木克土니 半凶半吉하다. 혹 外孫奉祀하는데 戊己가 있는 까닭이다 혹 眼盲者가 나온다.

庚辰·辛巳＝金生水요、庚辛은 巳의 天月德이므로 대대로 四五兄弟를 두고 武科에 급제하는 人物이 많이 나온다.

壬午·癸未＝水克火 水生木이다. 相克이 있어 天死者가 끊어지지 않고 재산도 亡한다. 혹은 財를 쓰고 出世하는 者도 나온다.

甲申·乙酉＝水生木이나 半은 源이 끊기고 金克木 相克이므로 金口木舌이오、酉는 病에 속하여 病人이 많이 나오고 申酉는 모두 女에 해당하여 七兄弟의 딸이 생겨난다.

丙戌・丁亥＝木生火에 丙은 戌의 天月德이고 丁은 貴人이 된다. 고로 五代에 五兄弟를 두고 紅牌(홍패―벼슬)차는 인물이 생긴다. 亥는 貴요、丁은 賤이라, 혹 賤人도 나온다. 筆業으로 종사하고 대대로 吏役(이역―아전벼슬)이 나온다.

戊子・己丑＝土克水와 土生金이니 半凶半吉하다. 子丑은 二姓之合이니 外孫奉祀 하게 된다. 이는 國樹神이오 祀堂之地라 하겠다.

庚寅・辛卯＝火克金 金克木이니 四代獨요 進士가 나오는 것은 凶變爲吉의 이치다. 西方에 白石이 있으면 그러하다. 兌源이면 金이 火를 얻어 단련되고、木은 金으로 인하여 그릇을 이루니 人材가 많이 나온다.

壬辰・癸巳＝金生水에 壬은 辰의 天月德이오 癸는 巳의 貴人이다. 고로 貴히 되면 符를 차고、賤하면 管奴官婢가 된다. 辰申巳脈이 突하면 道人이 나온다.

甲午・乙未＝木生火에 甲은 未의 天月德이다. 고로 三代에 三兄弟가 武科에 오르고 혹 女人 八兄弟가 생겨난다. 直係孫은 絶祀하고 中末孫이 奉祀한다.

丙申・丁酉＝水克火、火克金이다. 五代에 四兄弟를 두고 人才가 많이 나온다. 兌가 丁을 納하니 春分 秋分에 南極老人星이 어두울 무렵 丁方에 보이면 子孫이 모두 壽한다.

戊戌・己亥＝火生土 木克土라、三代에 혹 兄弟가 나오는데 故鄕을 떠나면 亡한다. 乾에 壬이 있으면 殺人하고 敗亡한다.

庚子・辛丑＝金生水에 庚은 丑의 天月德이다. 고로 대대로 四五兄弟를 두고 武科가 연온다。長孫은 혹 配刑을 받거나 致死하는데 辛丑은 刑配에 속하기 때문이다。

壬寅・癸卯=水克火 水生木이라。夭死者가 많이 생기고 九代에 獨子가 流離敗亡하는데

壬癸는 水에 속하여 水가 旺하면 流離하게 되는 까닭이다。

甲辰・乙巳=水生木 金克木이라 相克이 있어 夭死하는 변이 끊기지 않는데 만일 乙卯

丙午・丁未=木生火 相生에 丙은 午의 月德이다。初試에 合格치 못하고 女는 靑春에

角이 있으면 代代로 三四兄弟씩두고 穀食이 많으며 子孫을 保全한다。

寡婦가 된다。이는 陰陽이 同居하는 理가 그러함이다。 二女孫이 奉祀한다。申酉는 모두 女가 되고 二란

戊申・己酉=土克水、土生金이다。

二兌澤인 때문이다。

經에 合格도 하는데 亥는 辛의 三奇인 때문이다。

庚戌・辛亥=火克金、金克水이다。그런데 金은 火를 얻어야 더욱 精金이 되고 木은 金

의 克을 받아 成器되는 이치가 있어 대대로 四兄弟씩 두고 人才가 많이 나온다。혹은 講

壬子・癸丑=金生水요、壬은 子의 月德이므로 當代에 進士가 나오고 二代에 敗亡한다。

甲寅・乙卯=木生火 甲祿在寅、乙祿在卯로 雙祿이 있어 初運은 혹 富가 발한다。그러

나 陰陽同居니 홀아비、과부가 많이 생기는 땅이다。

丙辰・丁巳=水克火 火克金이다。고로 才士가 일찍 죽고、丁이 巳에 隱하여 窺殺이 되

는고로 절음발이가 나오는데 이를 巳局이 入丁한 것이라 한다 子孫 가운데 病人이 많이

생긴다.

戊午・己未=火生土、木克土니 牛吉牛凶이다. 外孫奉祀하게 되고 혹 子孫이 溺死하는데 이는 雨頭尾水 가운데 一火가 있음이다.

庚申・辛酉=金生水、庚은 酉의 月德이오 庚의 祿은 申이며、辛의 福은 酉라 대대로 四兄弟가 나오고 집집마다 巨富가 된다.

壬戌・癸亥=水克火、水生木、夭慘事가 끊어지지 않고、혹은 뱃사람(고기잡이)이 나온다. 水中에 뜨는 것은 배가 되기 때문이다.

〔참고〕 六十花甲子는 아래 支後天亂符頭論法에 의해 나온다.

○二十四山名目

乾巽은 陽이오 坤艮은 陰인데 乾巽艮坤 四胎를 神이라 한다. 甲庚丙壬 四順은 査요、乙辛丁癸 四强과 寅申巳亥 四胞와 子午卯酉 四正은 媒라 하고、辰戌丑未 四藏은 또한 명칭이 四金이다. 그리고 乾은 農이오 坤은 商이오、巽은 士요、艮은 工에 속한다.

○四金作穴法

丑艮局을 당하여 明穴을 찾으려면 먼저 巽辰脈이 넘어들어왔는가를 보고 다음으로 坤

未窟이 분명한 것을 보면 寅을 비록 보지 못하더라도 穴이 그 가운데 숨었을 것이다. 戌

乾旺局에 坤未가 넘어들어온 것도 역시 이와 같은 식으로 본다.

癸丑局에 乙辰脈이 넘어들어 오면 東은 높고 南은 낮으며, 乙辰局에 癸丑脈이 넘어들어

오면 北은 높고 南은 낮으며, 癸丑局에 壬坎脈이 앞으로 나가고 혹 艮寅이 穴을 抱하거

나 혹은 巽辰이 넘어들어오거나 혹은 丑艮이 突하면 다 옳은 穴이며 만일 이 格이 없으

면 穴이 아니다. 나머지도 이와 같은 例다.

乙辰局에 乙卯가 앞으로 나가고 혹 巽巳가 穴을 抱하거나 혹 丑艮이 넘어들어오거나

巽辰이 突할 것이다.

辛戌局에 辛兌脈이 앞으로 나오고 혹 乾亥가 穴을 抱하거나 혹 丁未가 넘어들어오거나

혹 乾亥가 突하면 可하다.

丁未局에 丙午脈이 앞으로 나오고 혹 坤申이 穴을 抱하거나, 辛戌脈이 넘어들어오거나

혹 坤申이 突하면 되는 것이리니 右는 四賤龍의 尋穴法이다.

또 二法이 있는데 一法은 乙辰局에 壬坎脈이 橫으로 뚫고 나가면 子入首에 卯辰坐가 可

하며, 癸丑局에 庚酉脈이 橫穿하면 酉入首에 子丑坐요, 丁未局에 甲卯脈이 橫穿하면 卯

入首에 午未坐요, 辛戌局에 丙午脈이 橫穿하면 午入首에 酉戌坐다. 또 一法은 癸丑局에

艮寅甲이 머리를 돌리고, (回頭) 뒤에 丁未窟이 있으며, 坤申庚酉가 暈을 안으면 이는

斗牛가 丁庚의 氣를 納하고 (斗牛納丁庚之氣) 金羊이 癸甲의 窟을 收하는 (金羊收癸甲之

窟) 것이며、乙辰局에 巽巳丙이 머리를 돌리고 (回頭) 뒤에 辛戌窟이 있으며 乾亥壬이 暈

을 안으면 이는 乙辰局에 巽巳丙이 사귀어 戌을 쫓고 (乙丙交而趨戌)、辛壬이 모여 辰에 모인다 (辛

壬會而聚辰) 하는 이치다。이는 天月德이 前後에 照應하였으므로 當代에 符를 차고 出將

入相하게 되는데 모두 山上의 咽喉에 穴이 있다。그 나머지 丁未局은 坤申庚이 暈을 抱

하고 뒤에 癸丑窟이 있으며 艮寅甲이 暈을 抱함이라。辛戌局에 乾亥壬이 穴을 抱하고 뒤

에 乙辰窟이 있으며 巽巳丙이 暈을 抱한다。

斗牛納丁庚之氣

金羊収癸甲之窟

○ 初起符頭法

맨 처음 떨어지는 龍이 먼저 符頭를 起하여 入首後 十五步內에 陰陽이 交하고 交하지

않는 것으로서 다시 符頭를 起한다。그 가운데 枝脈 붙은 것이 많으면 旺枝로 언제나 符

頭를 起한다。자세히 入首가 變하였는가 變하지 않았는가를 보아서 하라。가령 行龍할

때에 分枝된 것이 壬子龍이고 庚酉交枝라면 申方으로 行한 것이 庚酉枝고、壬子龍의 交

角된 것은 艮角이면 坤方에 角이 나온것이니 坤方으로 角이 나온 것은 艮角이고 交局은

癸丑交局에 未方水破 (葬口)면、癸丑交局이고、乙辰局에 戌方水破면 乙辰局이며、丁未局

에 丑方水破면 丁未局이고、辛戌에 辰方水破면 辛戌局이다。

가령 乾亥龍에 壬子癸丑甲寅入首라면 이는 甲午符頭라 고로 庚子辛丑 壬寅이다。만일

甲卯交枝라면 甲戌符頭니 庚子辛丑 壬寅 丙子 丁丑 戊寅으로 변한다。만일 巽巳로 交

하면 이는 甲子符頭이므로 丙子 丁丑 戊寅이 변해서 甲子 乙丑 丙寅이 되고、만일 坤申

枝가 後帳이 되면 이는 甲辰符頭니 甲子 乙丑 丙寅이 변하여 壬子 癸丑 甲寅이 되며、丑

艮이 다시 들어오면 이는 甲申符頭니 壬子 己丑 庚寅이 된다。이는 五行의 五變하는 이

치라 언제나 分枝될때마다 符頭를 다시 起하는 법이다。

先後天左右旋起例

甲子旬中은 巽이 首가 된다。

甲戌旬中은 艮이 首가 된다。

甲申旬中은 丑艮이 首가 된다。

甲午旬中은 乾이 首가 된다。

甲辰旬中은 坤申이 首가 된다。

甲寅旬中은 坤未가 首가 된다。

六甲符頭分排圖

○左右旋空亡論

―戊字 위로 丁丙乙甲은 左旋이고 己字 아래로 庚辛壬癸는 左旋이다―

가령 巽辰龍 癸丑局에 戊亥入首라면 이는 右旋이니 甲子符頭에 해당하여 辰은 戊辰, 丑은 乙丑이고 戊亥는 壬戌癸亥. 甲子에서 거꾸로 치면 壬戌癸亥(壬戌癸未다) 대대로 四五兄弟씩 두고 모두 發福한다.

巽巳龍이 丙午로 剝換하여 丁未坂으로 내려와 戊亥脈에서 作穴되면 이는 左旋이므로 午는 庚午, 未는 辛未, 戊亥는 甲戌, 乙亥가 된다. 妖魔와 術士와 巫女가 연달아 생기는데 이는 소위 左旋은 甲乙이 空이고 右旋은 壬癸가 空亡이란 것에 해당하기 때문이다. 나머지도 모두 이와 같은 例로 추리한다.

310

○先後天亂符頭論

—戊子 위 (甲乙丙丁)는 先天이고 己字 아래(庚辛壬癸)는 後天이니 戊己로 左右旋과 先後天을 구분한다。

가령、壬子龍에 庚酉脈이면 先天은 甲子이고 後天은 癸酉요、庚酉龍이 壬子로 行하면 先天은 己酉이고 後天은 壬子다。

辛戌龍이 丁未로 行하면 先天은 甲戌이고 後天은 癸未다。

丁未龍이 辛戌로 行하면 先天은 己未요 後天은 壬戌이다。

坤申龍이 巽巳로 行하면 先天은 甲申이고 後天은 癸巳다。

巽巳龍이 坤申으로 行하면 先天은 己巳요 後天은 壬申이다。

丙午龍이 甲卯로 行하면 先天은 甲午요 後天은 癸卯다。

甲卯龍이 丙午로 行하면 先天은 己卯이고 後天은 壬午다。

乙辰龍이 癸丑으로 行하면 先天은 甲辰이고 後天은 癸丑이다。

癸丑龍이 乙辰으로 行하면 先天은 乙丑이고 後天은 壬辰이다。

艮寅龍이 乾亥로 行하면 先天은 甲寅이고 後天은 癸亥다。

乾亥龍이 艮寅으로 行하면 先天은 己亥요 後天은 壬寅이다。

이상은 先後 頭尾가 相接하며 頭는 감춰지고 尾가 출현되는 格으로서 自生하는 이치라

癸가 尾다.

壬坎龍이 癸丑으로 行하면 後天으로 甲子 乙丑이다.

癸丑龍이 壬坎으로 行하면 後天의 辛丑 庚子다.

辛戌龍이 乾亥로 行하면 後天의 甲戌 乙亥다.

坤申龍이 辛兌로 行하면 後天의 甲申 乙酉다.

丙午龍이 丁未로 行하면 後天의 甲午 乙未다.

乙辰龍이 巽巳로 行하면 後天으로 甲辰 乙巳다.

艮寅龍이 甲卯로 行하면 後天의 甲寅 乙卯다. 脈이 짧으면 이상과 같지만 脈이 길면

다 戊己가 된다. 그러므로 不然하면 乙卯요、乙卯면 丁卯 甲卯요 甲卯면 己卯 辛卯다.

乙辰龍이 다시 卯乙辰으로 들어오면 이는 右旋이므로 後旬中이 乙卯 丙辰이다.

辛戌龍이 다시 酉辛戌로 들어오면 이 역시 右旋이므로 乙酉 丙戌이다

乾亥局 안에 乾亥로 行하면 己亥 辛亥요、乾辛戌로 行하면 戊戌 丙戌이다。 單乙卯면

짧은 것은 丁卯、긴 것은 己卯가 된다。모두 이와 같은 例로 본다。

巽辰龍이 艮寅으로 行하면 戊辰 丙寅이다。

巽巳龍이 艮寅으로 行하면 己巳 戊寅이오、巽巳龍이 甲卯로 行하면 己巳 己卯가 된다。

甲卯龍이 癸丑으로 行하면 己卯 己丑 이다。

癸丑龍이 乾亥로 行하면 己酉 己亥 己酉요、乾亥龍이 庚酉로 行하면 己酉 己亥 己酉龍이 午丁으로 行하면 己酉 戊午가 된다.

이상은 根源이 끊어진 空亡이므로 當年에 人敗하고、卯月에 入葬하면 酉月에 人敗한다.

壬亥龍 아래면 먼저 喪配하고 孫이 賤業을 갖게 되고 手足이 不仁하며 남자는 박수요 女子는 巫女가 된다.

巳丙龍 아래라면 官災 火厄 등 재앙이 자주 발생하고 혹은 盲人이 생기거나 장가 못드는 男兒가 있을것이며、寅申龍 아래면 閨門에 不正한 일이 생기고 甲庚龍 아래면 凶物이 많이 생기고 女孫만 많이 둔다. 이는 主가 없는 空亡에 死龍이므로 백번 장사지내면 백번 敗亡하는 땅이다.

假令 癸巳龍에 壬子癸丑 入首라면 甲子 乙丑이다. 故로 三代兄弟가 長孫이 絶祀한다. 艮寅으로 交媒하면 丙子 丁丑이므로 才士가 일찍 죽고、다시 丑艮으로 들어오면 戊子 己丑이니 直係孫이 亡하고 혹 外孫이 奉祀한다. 만일 坤申後角이 있으면 이는 壬子 癸丑이니 當代에 進士가 나오고 未運에 이르면 流離散亡하게 된다. 乾亥脈이 回抱하면 庚子 辛丑이니 代代로 四兄弟씩 두고 武科出身이 연속 나온다.

【參考】 甲子 乙丑 등은 위 六十花甲子 吉凶論을 참고하면 이해가 될 것이다.

○ 黃泉殺龍

黃泉殺은 乙丙向에 巽方水、巽向에 乙丙水、丁庚向에 坤方水、坤向에 丁庚水、

甲癸向에 艮方水、艮向에 甲癸水、辛壬向에 乾方水、乾向에 辛壬水다。

黃은 地性을 받아 石과 土를 連하고 泉은 天性을 받아 天과 海를 連한다。

가령 乙卯龍에 巽巳와 丙午龍에 甲卯龍에 艮寅과 癸坎龍에 艮寅、壬坎龍에 乾亥

와 辛兌龍에 乾亥、庚午龍에 坤申과 午丁龍에 坤申은 모두 黃泉絶源之脈이니 이를 범하

면 十年内에 人丁과 財産이 敗亡한다。

庚酉午丁은 坤申을 忌하고、甲卯와 癸坎은 艮寅을 忌하고、乙卯와 丙午는 巽巳를 忌하

고、辛酉와 壬坎은 乾亥를 忌한다。

【參考】 이상으로 볼 때 黃泉殺은 向과 水를 보는것만이 아니고 龍과 脈龍과 入首、龍

과 坐로도 해당하고 있음을 알 수 있다。

○ 八曜殺龍

八曜殺도 坐와 물의 得破로만 보는게 아니고 龍脈·入首와 물의 得破로 보게 되는데 아

래와 같다。

壬坎龍에 乙辰水、坤申龍에 甲卯水、

乙卯龍에　坤申水、巽巳龍에　庚酉水

乾亥龍에　丙午水、庚酉龍에　巽巳水

午丁龍에　乾亥水、丑艮龍에　寅甲水

이상은　刑獄殺이니　범하면　子孫이　많이　刑獄에　갇힌다.

坎龍에　坤、震龍에　申、巽龍에　酉、乾龍에　午、兌龍에　巳、艮龍에　寅、禽龍에　亥方、이

상은　殺曜니　高山　및　惡水가　厭冲함이　두렵다.

○三刑殺

子刑卯　卯刑子(子卯相刑)

寅刑巳、巳刑申　申刑寅(寅巳申三刑)

丑刑戌　戌刑未　未刑冲(丑戌未三刑)

辰刑辰　午刑午　酉刑酉　亥刑亥(辰午酉亥는　自刑)

○四局内局

乾丙丁寅午戌은　火局、坤甲乙亥卯未는　木局

巽壬癸申子辰은 水局、 艮庚辛巳酉丑은 金局

戊己는 土에 屬한다。

○十二祿宮

癸祿은 子、艮祿은 丑、甲祿은 寅、乙祿은 卯、巽祿은 辰、丙祿은 巳、丁祿은 午、坤祿은 未、

庚祿은 申、辛祿은 酉、乾祿은 戌、壬祿은 亥다。

○食神法

甲의 食神은 丙이오 乙의 食神은 丁이다。

丙의 食神은 戊이오 丁의 食神은 己이다。

戊의 食神은 庚이오 己의 食神은 辛이다。

庚의 食神은 壬이고 辛의 食神은 癸다。

壬의 食神은 甲이고 癸의 食神은 乙이다。

龍은 食神이 主면 可라 한다。

○ 空亡論

가령 巽巳龍이 丙午脈으로 바뀌고 辛戌局 亥入首면 이는 左旋이므로 甲戌 乙亥가 空亡이다。(巽巳龍은 甲子符頭이므로)

巽巳龍이 壬坎으로 바뀌고、癸丑이 作局되며 戌亥入首면 壬戌 癸亥가 空亡이다(甲子符頭를 거꾸로 나간다)

乾亥龍이 壬坎으로 바뀌고 乙辰局에 巽巳가 入首면 이는 左旋이므로 甲辰乙巳가 空亡이다(甲午符頭요、甲午旬中은 辰巳가 空亡)

乾戌龍이 丙午쪽으로 바뀌고、丁未局에 巽巳入이면 이는 右旋이므로 壬辰 癸巳가 空亡이다(甲午符頭를 右旋이므로 逆으로 쳐 나가면 辰巳에 壬辰 癸巳가 된다。甲午旬中은 辰巳空)

이상 四龍은 空亡中 反空亡이라하여 忠孝와 貞烈과 功臣과 節士가 나온다。

巽巳龍 辛酉가 앞으로 나오면 이는 酉앞이 戌이므로 妖魔한 術士가 생겨난다면 亡하는 징조다。

乾亥龍 乙辰局에 乙卯脈이 橫入하면 이는 甲乙이 空하고 戌己에 든 까닭에 殺人으로 敗亡하고 혹 巫卜이 나온다。

丙午龍 辛戌局에 申入首면 이는 三旬中空亡坂이라 連族이 連敗하고 대대로 養孫이 奉

317

祀한다. 壬子龍 乙辰局의 寅入首도 丙午龍의 例와 같다.

坤申龍 乙辰局의 卯入首와 艮寅龍 辛戌局 酉入首는 모두 符頭가 空亡에 떨어졌으므로

혹 客死者가 생기리니 빈 북소리만 울리는 쓸모없는 땅이다.

丙午龍 乙辰局에 卯角이 있거나、 壬子龍 辛戌局에 酉角이 있으면 이는 戊己가 納音空

亡에 떨어졌으므로 術士가 나오고 殺人이 나오며 敗亡한다.

巽巳龍 甲卯入首와 甲卯龍 癸丑入首와 癸丑龍 乾亥入首와、乾亥龍 庚酉入首와、庚酉龍

丁未入首와、丁未龍 巽巳入首 등은 모두 空亡에 떨어졌으므로 三年內에 敗亡하는 땅이다.

壬坎龍 乾亥入首와 辛酉龍 乾亥入首와、丙午龍 巽巳入首와 乙卯龍 巽巳入首와 癸子龍

艮寅入首와 甲卯龍 艮寅入首와 庚酉龍 坤申入首와 午丁龍 坤申入首 등은 모두 黃泉絶源

의 空亡이므로 子孫이 없는 땅이니 他人이 奉祀할 것이다.

甲卯龍에 乙辰巽巳入首가 뒤에 艮寅이 없는 것과、 庚酉龍에 乾亥入首가 뒤에 坤申脈이

없는 것과、 丙午龍 丁未入首가 뒤에 巽巳가 없는 것과 壬子龍 癸丑入首가 뒤에 戌乾亥脈

이 없는 것 등은 모두 孤虛空亡이므로 速成速敗하는 땅이다.

는 自旺이 空亡이라 역시 速成速敗한다. 나머지도 이 例에 의한다.

巽巳龍에는 艮寅入首라야 좋은데 만일 卯脚이 없으면 丙이 丁을 만나지 못하므로 이

乾亥龍 坤申入首가 뒤에 艮寅角이 있고 大旺하면 前空後空이라 한다. 기타도 이 例에

의한다.

前後가 空亡인 경우 壬亥脈 아래면 먼저 喪配하고、子孫이 賤業에 종사하며 手足이 不

仁이오 남자는 광대、여자는 娼妓가 나온다。巳丙脈 아래면 官事와 火災가 자주 발생하

고、寅甲脈 아래면 閨門이 不正하고、申庚脈 아래면 凶物이 많이 생기고 女孫만 많은 것

이니 이는 主가 없는 空亡이므로 백군데 安葬할지라도 백번 敗亡한다。

또 戊己空亡이란 것이 있다。가령 乙辰龍의 巽巳入首、艮寅龍에 甲卯入首、癸坎龍에

癸丑入首、辛戌龍에 壬亥入首、坤申龍에 庚酉入首、午丁龍에 丁未入首라면 이는 모두 龍

甲空亡인 가운데 戊己空亡이 나오므로 離鄉敗亡 한다。

巽巳龍에 乙辰入首、甲卯龍에 艮寅入首、乾亥龍에 辛戌入首、庚酉龍에 坤申入首 丁未

龍에 午丁入首、이상은 모두 戊己에 들었으므로 三代에 亡하고、病者와 어리석은 바보

자손이 많이 나온다。

乙卯龍에 乙辰巽巳、辛酉龍에 辛戌乾亥、入首、이 坂은 戊己에 해당하므로 女孫이 奉祀

하는 땅이다。(乙卯龍이면 甲子符頭니 乙丑 丙寅 丁卯 戊辰 己巳라 辰巳에 戊己干이 붙

으므로 戊己殺이라 한다。기타 모두 같은 例다。

癸坎龍 癸丑局에 艮寅入首、午丁龍 丁未局의 坤申入首는 後戊己이므로 먼저 富하고 뒤

에 損財한다。

乙卯龍의 乙辰入首、辛酉龍의 辛戌入首는 雙戊己이므로 當代에 亡한다。

丙午龍의 乙辰巽巳入首에 辛酉로 橫穿함과 艮寅龍 甲卯入首에 坤申으로 橫入한 것과、

坤申龍 庚酉入首에 艮寅이 大旺한 것과、癸坎龍 艮丑入首에 丁未後가 缺한 것과、午丁龍

丁未入首에 癸丑이 大旺한 것은 모두 龍甲이 空亡이므로 當代에 殺人者가 나온다。이는

土山이 逢을 만나 怨讐가 된 이치다。

乾戌落龍에 壬亥入首、巽辰落에 巳丙入首는 屍身은 편안할지라도 子孫이 亡하는데 이

역시 主가 없는 龍甲空亡에 死龍空穴이 된 때문이다。

壬亥頭에 辛戌入首、巳丙頭에 乙辰入首、寅甲頭에 癸丑入首、申庚頭에 丁未入首、이상

은 主가 없는 空亡이므로 殺人者가 나오고 敗亡한다。

癸丑局에 寅甲脈으로 달려나가면 반드시 子孫이 없어 데릴사위로 奉祀한다。

寅甲頭에 癸丑으로 달아나면 亂臣賊子가 생겨난다。이 역시 戊己가 出入하는 門이 되

는 까닭이다。

丁未頭에 甲庚入首、申庚龍에 丁未入首도 위 例와 같이 판단한다。

乾亥龍에 坤申으로 到頭되어 巽巳丙으로 成局하고、丁未作臺에 未로 出頭、丙長生、申

入首 坤坐는 孫이 盡하면 富하고 富가 盡하면 功名하며、혹 道人이 나오며、巽巳頭에 立

石이 있으면 王妃가 나온다。

乾亥龍의 亥는 己亥요、坤申은 戊申、巽巳는 己巳、未는 丁未、午는 丙午라、巽巳枝交

로 符頭를 起하면 丙午가 변하여 庚午、辛未로 되고、乾亥로 符頭를 起하면 변하여 後

天 甲午 乙未가 되어 先後天이 配合된 것이다。孫은 丙丁二七 火運과 庚辛四九 金運

甲乙三　八木運이며、道人이 나온다 함은 三台가 并立함이다。巽巳立石이면 王妃가 나온다 함은 巽은 長女요、坤은 母가 되므로 女가 귀히 된다 함이며、立石은 蛾眉砂요、雙陽一陰、陰枝生하라 巽乾은 陽이오、坤은 陰이니 이는 乾亥行龍에 坤申頭 巽巳丙이 成局된 者니 泰山峻嶺이 龍이오、太陽이 祖山을 돌아다보는 龍이니라。

○ 金井論

金井은 무엇인가、뒤는 雙金을 보고、앞은 土井을 본다。

雙金殺이란 脈이 雙金、坂이 雙金、首가 雙金인 것이다。

雙金은 四金(辰戌丑未)이다。單山은 貧窮이 많고 雙金은 後孫이 없는데 理致가 당연하다。藏(辰戌丑未)이 있는 單山은 富하고도 孫이 興하며 胞(寅申巳亥)가 있는 雙金은 富와 功名에 겸하여 孫이 창성한다。

가령 癸丑局에 丑入首 艮坐라면 左에 寅甲이 暈을 抱하고、乙辰局은 右에 巽巳丙이 暈을 抱하고、丁未局은 坤申庚이 暈을 抱하고、辛戌局은 乾亥壬이 暈을 抱하면 이 모두 抱가 있는 藏이므로 孫이 많고 財가 旺하는 것이니 雙金이어서 無后라고 말하지 마라。또는 東西南北의 雙金이니 甲辰은 東方의 雙金이오 丙辰은 南方의 雙金이오 庚辰은 西方의 雙金이오 壬辰은 北方의 雙金이며 그 나머지 丑戌未 三宮도 이 例와 같다。脈이

雙金이면 輿하고、坎이雙金이면 富하며 首가 雙金이면 孫이 끊긴다。그러나 胞가 있으면

孫이 끊기지 않는다。

土井은 甲庚丙壬坐向에 寅申巳亥破다。가령 甲坐申破、庚坐寅破、壬坐巳破、丙坐亥破

등은 土井殺이므로 夭壽慘事가 끊기지 않는다。

○ 假之論

首假는 長孫이 亡하고 金假는 子孫이 빈궁하고、屈假는 夭死하고、交假는 子孫이 끊긴 다。

가령 乾戌龍이 右旋하여 辛酉로 剝換해서 申入首면 乾戌辛酉 行龍이니 모두 右旋하는

脈이오 申으로 入首를 삼으면 右旋의 他胞가 入首된고로 首假라 한다。長孫이 亡한다。또

가령 壬坎龍의 乾亥局에 뒤에 辛戌의 藏이 없고 만일 他龍의 藏이 와서 交하면 이는 金

假니 子孫이 빈궁한 것이다。

또는 乾亥龍 아래에 壬坎이 없고 癸坎의 他媒가 있으면 이를 屈假라 하고、丑艮脈 아

래에 癸坎이 없고 壬坎이 있으면 역시 屈假라 하는 것이니 子孫이 夭死한다。

甲卯乙辰巽巳局에 坤申丑艮의 交가 없이 乙卯丙午가 와서 交하면 이를 交假라 하니 絶

祀한다。

辛戌乾亥局에 左右에서 壬坎辛酉가 와서 교하면 이는 黃泉空亡의 穴이므로 交假라 한

다。艮寅龍 등위에 甲卯癸坎坤申局을 이루고 午丁寅兌가 交하면 이는 黃泉絕源의 交니

어찌 자손이 있으랴、子의 妻는 丑이오、午의 妻는 未요、卯의 妻는 辰이오、酉의 妻는

戌이오、乾의 妻는 艮이오、巽의 妻는 坤이오、巽의 後妻는 艮이다。가령 乾亥龍 坤申入

首면 乾의 本妻가 艮이라 艮을 만나지 못하고 坤의 後妻를 만났으므로 後妻의 孫

이 발복하는 것이니 四金 四正을 넘어 作配함은 이것이 交를 재촉하는 局이므로 速速히

生子한다。그러나 만일 艮寅後角이 없으면 대대로 喪妻하나 左旋이면 비록 後角이 없어

도 쓸수가 있으니 巽艮坤이 다 그러하다。乾巽은 陽이오 坤艮은 陰이다。甲庚丙壬은 貴

이므로 文官이 나오고、乙辛丁癸는 賤이므로 武夫가 나온다。乙辛丁癸 行龍아래에 甲庚

丙壬을 만나면 賤中에 貴로 들어가는 龍이라 자손이 賤한데서 貴히 되고、甲庚丙壬龍아

래에서 乙辛丁癸脈을 만나면 貴中에 賤으로 들어간 龍이니 자손이 賤人을 면치 못한다。

四胎는 祖가 되니 四胎가 일어서면 貴人이 나오고、누우면 富요、四張、四順은 査(사

돈)요 四正은 중매요 乾은 艮의 媒子다。만일 丑艮龍에 壬坎이면 子가 비록 艮의 중매로

뇌 壬이 乾으로 되어 坎에 속하면 도리어 乾의 중매가 되는 것이니 어찌 艮의 중매가 되

랴 이는 소위 중매가 비록 있더라도 交가 아니되나니 그 나머지 午卯酉가 또한 그러하다。

四胞는 孫을 生하는 宮이오 長孫을 주장하나 만일 右旋이면 庫가 되므로 長孫이 絕嗣

한다。首假의 左旋은 胞가 되므로 長孫이 興한다。

四金은 財를 지키는 宮이오、中孫의 妻와 財를 주관하지만 만일 左旋이면 庫가 되고

右旋이면 胞가 된다。그러므로 直係孫이 絶嗣한다。만일 丑入首에 寅胞가 와서 交하면

逆은 相生法으로 하는데 申子辰水局에 子坐午向이면 上을 향하여 一位를 물러나 胞를 起

하고、左旋이면 申이 生이오 子가 旺이며 辰이 庫다。右旋이면 위를 향하여 一位를 退

하여 未宮에 胞를 起해서 右旋으로 辰이 生이고 子가 旺이며 申이 庫가 된다。나머지도

같은 例다。

坤申龍 乙辰局 卯入首는 刀兵에 致死 艮寅龍 辛戌局 酉入首는 右旋이면 空亡이니 巫女

가 나온다。

丙午龍 辛戌局 申入首는 空亡

壬坎龍 乙辰局 寅入首는 空亡

丙午龍 辛戌局에 辛酉가 橫入한 戌入首는 空亡이다。

艮寅龍이 癸坎으로 剝換하고 辛戌入首는 空亡에 떨어진 것이니 쓸모 없는 땅이다。乙

은 靑盲에 속하고、丙은 火炎에 속하고、丁은 老人에 속한다、그리고 戌는 眼盲이오、巳

는 流離요、庚은 胸腹이오、辛은 講經이오、壬癸는 流離라 그 性은 淸慧하고 巧智가 있으

며 筆才에 능한 인물이 나온다。

○三百六十龍吉凶論

○巽巳龍 壬坎入首는 당대에 進士가 나오고 자손들이 孝行하며 食粟이 많고 자손을 永久히 보전한다.

〔註〕 이는 甲子符頭이므로 巳는 己巳요 子는 先後天으로 雙甲子다. 當代란 甲이 一壬이 一인 때문이고, 進士가 나온다·함은 子의 巽壬이 雙德(天月德)이 되어서다. 孝行은 巳生子로 祖를 돌아다보는 이치요 食粟保孫은 壬의 食神이 甲이니 食神이 되어서다.甲一壬一이니 一代나 二代에 獨子와 二子요 壬이 旺한고로 加하여 二라 함이다.

○巽巳龍에 癸丑入首는 四代直孫이 亡하고 養孫이 奉祀한다. 子字가 있으면 대대로 二三兄弟로되 長孫은 絶嗣한다.

〔註〕 巳는 己巳요 丑은 乙丑이다. 四代直孫이 養孫으로 奉祀함은 己丑은 金이므로 巳丑局이 되어 寅胞가 없어 巳로 胞를 삼으니 他의 藏에 他의 胞가 되어서다. 그러나 子가 있으면 근원이 있으므로 그렇지 않다. 대대로 二三兄弟란 乙은 二數인 때문이고、直孫이 亡한다는 것은 子丑局에 寅胞가 없고 寅은 長孫에 해당하기 때문이다.

○巽巳龍에 艮寅入首는 자손이 많이 刑杖을 당하고 혹은 眼盲과 蹇脚(건각—절름발이)이 생겨난다.

〔註〕 이는 左旋坎이라 巳는 己巳요 寅은 下旬符頭(甲戌) 戊寅이다. 刑杖은 寅刑巳에서

나온 것이고、眼盲은 戊己가 帝旺位에 속하고 앞이 없는 까닭이며 蹇脚은 巳는 脚에 속하고 寅火가 金을 克한 까닭이다.

○巽巳龍에 甲卯入首坐는 당년에 人敗가 생긴다. 즉 卯月에 入葬하면 酉月에 人敗가 있다.

〔註〕 巳는 己巳、卯는 己卯다. 이 역시 左旋이므로 符頭가 空亡에 떨어졌다. 당년에 人敗가 생기는것은 甲子旬中龍과 下旬中의 甲戌旬中이 모두 空亡이 되어서다. 酉月에 人敗가 생기는 것은 入葬이 卯月이라 하였으니 卯酉 相冲의 이치가 있어서다.

○巽辰龍에 壬坎入首坐는 당대에 符를 찬다(벼슬함)

〔註〕 辰은 戊辰에 해당한다. 그러나 巽이 있으므로 巽·辰·坎은 先後天으로 모두 甲子니 雙甲子가 된다. 當代는 壬의 一을 취함이고「符를 찬다」함은 子의 雙德(天月德)은 壬壬이 되는 때문이며 壬은 辰의 天月德이다. 그리고 이는 子連辰格에 해당한다.

○巽辰龍에 艮寅入首는 五代에 五兄弟씩 생기고 人才가 많이 나오며 長孫은 文官이 된다.

〔註〕 寅은 先天으로 丙寅이다. 五代 五兄弟는 戊가 丙에 속하므로 丙이 五數가 되고、丙庚은 五代라 부른다. 人才는 丙丁이 南方의 文明之氣에 속하므로 나온 것이고、文官은 丙이 寅의 月德이 된데다 巽艮丙이 并入한 까닭이며 長孫이란 寅이 長孫에 속하기 때문이다.

○巽辰龍에 乙卯入首는 대대로 二三兄弟를 둔다。丑艮脈이 橫入하면 前後妻에 四六兄

弟를 두고 집집마다 巨富가 된다。

〔註〕卯는 丁卯에 해당한다。대대로 二三兄弟의 근거는 丁은 二數요、卯는 木이오、木

은 三數로 보는 연고다。「丑艮이 橫入하면 前後妻에 四六兄弟라」한 것은 丑艮으로 다시

符頭를 起하면 丁卯가 辛卯로 變하고、丁數가 四요 辛도 또한 四數에다 丁壬卯酉六의

원리를 取用함이다。이는 河洛의 丙丁庚辛이 旺相한 穴이다。또는 卯辰丑으로 相連三

格에 해당한다。「집집마다 巨富라」함은 辰은 卯의 藏이 되고 他藏인 丑艮이 橫入한 까

닭에 橫財로 致富함이다。나의 藏이 不旺하고 他의 藏이 旺하면 항시 貪心이 있으므로

남의 것을 도둑질(혹은 사기 횡령)하다가 敗亡하고、반대로 나의 藏이 旺하고 他의 藏

이 不旺하면 富益富가 되는 것이므로 橫財한다。

○巽辰龍이 다시 卯乙辰入首로 들어오면 五代五兄弟에 才士가 연달아 나온다。

〔註〕처음의 辰은 戊辰이고、다시 卯乙辰으로 들어온 것은 後天의 乙卯 丙辰이니 右

旋인 관계다。五代란 丙이 五數요 七兄弟란 丙丁二七火의 이치이며 人才는 丙丁之氣를

취함이다。

○巽辰龍에 巽巳入首면 먼저 文官이 나오고 뒤에 武官이 나온다。

〔註〕巽辰龍에 巽巳는 雙奇의 龍이므로 文武가 겸해서 發한다。

○巽辰龍에 丙午入首는 夭死 慘變이 끊기지 않는데 만일 坤申脈이 와서 交하면 대대로

四五兄弟를 두어 時祀를 받들게 되는 땅이다.

〔註〕午는 後天庚午다. 夭死함은 庚金과 午火와 辰水와 午火로니 水克火와 火克金으로 相克된 관계다. 「坤申이 交하면 대대로 四五兄弟를 두어 時祀를 받든다」함은 坤申으로 다시 符頭를 起하면 後天庚午가 丙午로 변하므로 丙丁二七火에 庚辛四九金이라 七八兄弟 가 連出하는 것이다.

○巽辰龍에 丁未入首는 寡婦에게 장가들어 財物을 얻는다.

〔註〕未는 辛未요, (과부에게 장가들어 재물을 얻음은 未辰이 와서 配合하는 이치가 있는데다 雙藏이 并入한 땅이 되어서다.

○巽辰龍에 坤申入首는 六代長孫이 進士가 되는데 坤申脈이 길면 五代에 亡한다.

〔註〕申은 壬申이고, 六代는 壬癸一六數가 되는 연고이며, 長孫이 進士가 되는 것은 申이 長孫에 속하고 壬은 申辰의 天月德이 되어서다. 坤申脈이 길면 五代에 즉시 亡하 는 것은 脈이 길면 戊己가 되는 까닭인데 五十二 土運에 즉시 亡한다.

○巽辰龍에 庚酉入首는 三代에 孝子가 나오는데 그러나 孝子가 代를 끊긴다.

〔註〕이는 右旋龍이므로 交하여 後旬中 癸亥가 된다. 三代에 孝子가 나오는 것은 辰生 亥(隔八로)로 祖를 돌아보는 이치 때문이고, 代가 끊기는 것은 辰亥가 합쳐 絶源空亡 이 되는 까닭이다.

○巽辰龍이 丙午로 剝換되어 辛戌長坂을 이룬 가운데 乾亥脈의 突을 取하여 위에 安葬 하면 忠孝와 功臣이 나온다.

〔註〕午는 庚午요、戌亥는 甲戌 乙亥다. 戌亥가 반대로 後龍의 空이 되고 辰巳는 空亡

인 중에 反空亡穴이다. 忠臣・功臣은 午의 乾과 丙이 天月德이고 甲乙은 亥의 天月德

이며、亥生午 하고 午連戌하는 이치가 있음이니 싸우면 반드시 이기고、치면 반드시 취

하는 (戰必勝攻必取) 땅이니 英雄壯士가 대대로 나올 것이다.

○巽巳龍에 乙辰入首坐는 四代에 孫이 끊기려 하고 五代에 敗亡하는데 만일 丑艮角이

이 있으면 富와 功業을 얻고 子孫이 旺한다. 그러나 末運에 이르면 性疾로 敗亡하니

이는 戌己가 空亡穴을 脫한 것이 아니랴.

〔註〕巳는 己巳、辰은 戊辰이며 四代는 巳亥屬之四의 四를 취한 것이고、五代는 戊己

는 五十土가 되어서다. 敗亡하는 것은 戊己인 때문이다. 丑艮脈이 넘어 들어오면 富와

功名에 孫이 겸전한다 함은 壬이 辰의 天月德이고 癸는 巳의 貴人이 되는고로 당대에

官符를 차게 되고、辰丑 雙藏이 俱全하므로 富를 얻고、辰巳는 自藏과 自胞가 되어 孫

이 많다 함이다. 그리고 性疾로 敗亡하는 이유는 戊己土가 변해서 壬癸水가 되니 土克

水가 되는 까닭이다. 丑艮으로 다시 符頭를 起하면 戊己가 壬辰 癸巳로 변하므로 이를

空亡을 脫한 땅이라 한다.

○巽巳龍의 巳丙入首坐는 子孫은 있으나 재물이 없는 땅이다.

〔註〕자손은 있고 재물이 없는 것은 胞는 있으나 藏이 없기 때문이다.

○巽巳龍의 丙午入首坐는 雙寡婦가 나온다

〔註〕 巳는 己巳、 午는 庚午인데 雙寡婦가 생기는 것은 順陽이 順陰으로 변하기 때문이다。

○巽巳龍에 丁未入首는 三代支孫이 亡하고 養孫이 奉祀하는 것은 未龍이 自己 胞인데 이 경우는 他藏과 他胞인 때문이다。

〔註〕 巳는 己巳요 未는 辛未다。 三代는 未는 木庫로 木은 三數에 해당함이고、 養孫이

○巽巳龍의 坤申入首坐는 六代長孫이 進士가 되고 食粟保孫(衣食도 足하고 子孫도 있다는 뜻) 한다。

〔註〕 巳는 己巳요、 申은 壬申이다。 六代는 壬癸 一六水에서 나온 數이고、 進士는 壬이 申의 天月德인 때문이며、 食粟保孫은 巽巳坤申이 先後天相配되고 巳甲雙胞가 相合된 연고다。

○巽巳龍의 庚酉入首坐는 四代에 絶亡한다。

〔註〕 巳는 己巳요、 酉는 癸酉다。 四代는 巳酉丑은 金이오 四九金의 四數를 취함이고、 敗亡함은 酉가 巽을 不通하는 연고다。

○巽巳龍에 辛戌入首는 當代에 絶亡하며、 兌源이 있으면 巫女・妖魔와 術士가 나온다。

〔註〕 巳는 己巳、 戌은 甲戌이다。 當代에 孫이 絶하여 亡하는 것은 龜甲이 空亡됨이다。 兌源이 있으면 巫女・術士 등이 나오는것은 酉 앞에 戌이 나와 金이 空亡되면 鳴하는 이치가 적용되어서다。

○艮寅龍의 辛戌入首는 三代에 가서 養孫이 奉祀하게 되고 火災로 敗亡한다。

〔註〕 艮寅龍은 甲戌符頭다。 고로 寅은 戊寅이고、 戌은 甲戌인데 三代는 甲이 三이 되어서이고、 養孫奉祀는 戌의 胞가 亥인데 寅胞가 合했으니 他藏에 他胞가 있기 때문이고、 火災는 寅戌로 火局이 旺한 까닭이다。

○艮寅龍에 乾亥入首坐는 먼저 孫이 發하고 뒤에 富가 應하며 代代로 四五兄弟가 생기고 武科及第가 연속 생긴다。

〔註〕 寅은 先天戊寅이고、 亥는 後天으로 癸亥다。먼저 孫이 旺하고 뒤에 富가 發하는 것은 寅亥가 雙胞라서 그러하며、 四五兄弟는 戊癸辰戌이 五요 巳亥는 四數가 되어서이며、 武科는 乙은 亥의 天德인 때문이다。

○艮寅龍의 壬坎入首坐는 聰明한 才士가 일찍 죽는다。

〔註〕 寅은 戊寅이고 子는 丙子다。 총명하다는 것은 丙丁은 南方의 文明之象에 속함이고、 早死함은 丙火와 寅火가 子水의 克을 받기 때문이다。

○艮寅龍의 癸丑入首坐는 寡婦가 거듭 생기고 養孫이 또 養孫으로 이어간다。 혹 千石君이 나오기도 하고 老職으로 天壽를 누리는 이도 있다。

〔註〕 寅은 戊寅이오、 丑은 丁丑이다。 그러나 己丑이 된다。寡가 나오는것은 艮寅癸丑이 모두 夭가 되는 것이고、 巨富가 생기는 것은 뒤에 戊己가 太旺한 연고이며 老職으로 天壽를 누리는 것은 南極老人星(壽를 主管하는 神이라 한다)이 丁方에 보이기 때문이

다。

○艮寅龍에 甲卯入首는 外孫奉祀를 一代에 하게 된다。

〔註〕寅卯는 戊寅 己卯다。外孫으로 奉祀함은 寅卯가 다 陰인데다 戊己가 되는 까닭이다。

○艮寅龍의 乙辰入首坐는 未婚女(未笄女)가 담을 넘고 (바람 피우는것) 養孫이 奉祀한다。

〔註〕寅은 戊寅이고 辰은 庚辰이다。淫行이 있는 것은 辰局에 寅胞가 橫入함이고、養孫이 奉祀하는 이유는 乙辰局에 胞가 없기 때문이다。

○艮寅龍에 巽巳入首는 四代長孫이 武官인데 子孫은 刑杖으로 死亡하는 者가 많이 있을 것이다。

〔註〕寅은 戊寅이고 巳는 辛巳다。四代는 庚辛四九金의 四數를 취함이고、長孫이 武官이 되는 것은 巳는 長孫에 해당하고、辛은 巳의 天德인 연고다。그러나 子孫이 刑杖으로 死亡하는 者가 많은 것은 寅巳로 刑殺을 이루기 때문이다。

○艮寅龍에 丙午入首는 雙寡婦가 나오는 땅이다

〔註〕寅은 戊寅이고 午는 壬午다。쌍과부가 생기는것은 艮寅과 丙午가 陽에 속하나 그러나 外內가 陰인 연고다。

○艮寅龍의 丁未入首는 孝子와 烈士가 并出한다。

〔註〕 未는 癸未다。孝烈이 나오는 것은 未生寅으로 頑本의 理가 있기 때문이다。

○艮寅龍에 庚酉入首는 혹 工冶(공야-工藝人 대장꾼)나오고、女孫은 病身이 많이 생겨난다。

〔註〕 寅은 戊寅이고、酉는 乙酉다。工冶는 艮寅이 工에 속하고 또 兌는 金에 속하므로 工冶가 나오며、女孫이 病身이 되는 것은 艮寅庚酉가 다 女에 속하는바 酉 위에 乙이 임하여 귀먹어리、벙어리 또는 언청이가 나오나니 金克木이 되는 이치다。

○甲卯龍에 亥入首는 三代에 武科가 나오는데 뒤에 丁未角이 있으면 三代에 八兄弟가 나와 同榜에 及第한다。

〔註〕 卯는 己卯요、亥는 乙亥다。三代는 甲乙木이 三數가 되어서이고、武科는 甲乙이 亥의 天月德이 되는 연고이며、丁未角이 생기면 八兄弟가 같이 及第하는 것은 丁未로 亥의 符頭를 삼으면 卯는 乙卯가 되고、乾亥로 符頭를 삼으면 未는 乙未가 되며、甲卯로 符頭를 삼으면 亥는 乙亥가 되니 甲乙은 亥卯未의 雙으로 天月德인데다 乙卯 乙亥 乙未의 三旬中이 모두 한곳에 합친 까닭이다。

○甲卯龍에 辛戌入首는 靑盲(눈 뜬 장님)이 나온다。

〔註〕 卯는 己卯、戌은 甲戌인데 靑盲은 卯는 目에 속하여 卯木이 戌火에 泄氣된 때문이다。

○甲卯龍에 壬坎入首는 病人이 끊기지 않고 나온다。

〔註〕 卯는 己卯요、子는 丙子다。丙人이 나오는 것은 卯는 四正이고、四正은 허리 부위

에 속하는바 子刑卯로 刑殺이 되여 곱추가 나온다.

○甲卯龍에 癸丑入首는 盲人이 나온다.

〔註〕卯는 己卯、丑은 己丑이다。盲人이 나오는것은 卯는 目에 속하고、丑은 金이니 金克木하므로서다、또 目은 肝에 속하고、金은 肺에 속하니 이 역시 空亡에 떨어진 것이다。

○甲卯龍에 艮寅入首는 三代 寡婦가 나와 寡婦母女가 同居한다。

〔註〕卯는 己卯、寅은 戊寅이며、甲數가 三이니 三代요 寡婦母女가 同居하는 이유는 甲卯艮寅이다 女子에 속하기 때문이다。

○甲卯龍에 乙卯入首면 商業으로 致富한다。

〔註〕卯龍은 己卯요、入首卯는 丁卯다。장사로 부자가 되는 것은 甲卯는 艮寅의 소속이고、乙卯는 巽巳의 소속인데 左右로 巽艮의 根源이 없으면 임의로 周流四方 하게 되고、乙祿在卯로 富를 이룬다 함이다。

○甲卯龍에 乙辰入首는 三代에는 亡한다。艮寅의 暈이 있으면 대대로 三四兄弟씩 생겨 時祀를 받게 되는 땅이라 하겠다。

〔註〕卯는 己卯요、辰은 庚辰이다。三代에 亡한다는 것은 卯乙辰은 東方木에 속하여 三代가 나온 것이고、寅胞가 없으므로 亡한다 함이다。만일 艮寅脈이 없으면 대대로 時祀를 받드는 땅이 되는 까닭은 卯乙辰이 艮寅이 없으면 春의 木이 아니므로 木이 空

하면 折하는지라 三代에 亡하지만 만일 艮寅이 있으면 이는 春木이 있음이니 孫이 많고 財도 旺한다. 卯는 春分이오、辰은 淸明、寅은 立春이 되어서다.

○甲卯龍에 巽巳入首坐는 四代長孫이 武科에・及第한다. 그러나 夭死와 慘變이 연속 생겨난다.

〔註〕卯는 己卯、巳는 辛巳다. 四代는 庚辛四九金이니 辛을 取하여 四라 하였고、長孫은 巳胞가 長孫이며、武科는 辛은 巳의 天德인 연고다. 그러나 夭慘이 끊기지 않는 것은 卯木이 巳金과 相克되는 까닭이다.

○甲卯龍의 丙午入首는 前後妻에서 六兄弟가 생겨난다.

〔註〕이는 玉兎가 달을 바라보는 형상(玉兎望月之形)이라 한다. 卯는 己卯요、午는 壬午다. 이는 天後天이 相配된 理가 있다. 前後妻라 함은 四正은 중매(媒)가 되는바 甲卯 丙午로　午・卯 雙媒가 있음이고 六兄弟는 壬癸一六水의 六을 딴 것이다.

○甲卯龍의 丁未入首는 三代孫이 벼락을 맞아 죽는다.

〔註〕卯는 己卯、未는 己未다. 三代는 亥卯未가 木이오、木은 三數라서 나온 것이고、벼락을 맞아 죽는 것은 震은 우뢰요 未는 鬼가 되며、丁은 柳兎・獐이 되는데 우뢰소리를 들으면 나무에서 떨어진다. 古公이 이르되 「未水가 泰來하고 龍이 震(卯)宮에 들면 白日에 벼력이 일어나 東西가 놀랜다」 하였음이 이 이치와 같은 뜻이다.

○甲卯龍에 坤申入首는 장사해서 부자가 되지만 三代를 가면 亡한다.

〔註〕卯는 己卯、申은 甲申이다。장사로 부자가 되는 것은 坤申이 商業에 속하는 三代

에 亡함은 寅甲이 三數요、또 空亡된 까닭이다。
○ 癸坎龍에 坤申入首坐는 주로 奴僕때문에 喪하거나 奴僕으로 인하여 놀라서 病을 얻

는다。
〔註〕子는 戊子、申은 甲申이다。그 奴僕에서 놀라 病을 얻는 것은 癸가 賤에 속하고、

申子辰은 水이므로 奴僕의 毒藥을 먹여 주인을 害하는 상이다。
○ 癸坎龍에 坤申庚酉入首는 前後娶에 대대로 二三兄弟씩 두고、혹 巫女가 나온다。

〔註〕申은 甲申、酉는 乙酉다。前後娶가 있음은 癸子와 庚酉로 子酉 雙媒가 있기 때문

이고、二三兄弟는 甲은 三、乙은 二數에 해당한 것이며、巫女는 庚酉가 巫에 속하고

癸坎은 賤에 해당하는 까닭이다。
癸坎龍에 辛戌入首坐는 五代에 五兄弟씩이오 武科가 연속 나오고 또는 紅牌(홍패ー

科誠에 合格하는것)가 나온다。
〔註〕戌은 丙戌인데 五代五兄弟는 戌은 丙에 속하고、丙은 五數라서 그러하며 武科

가 연속 나오는 것은 丙이 戌의 雙德이 되는 관계며 紅牌가 나오는 것은 癸坎辛戌 이

모두 賤한데 속하나 賤한 가운데서 貴가 發하는 원리가 있기 때문이다。
○ 癸坎龍에 乾亥入首는 案에 走吏砂가 있으면 대대로 兄弟가 아전(吏役)벼슬이 나온다。

〔註〕亥는 丁亥다。대대로 兄弟란 丁이 二數가 되는 관계이고、아전(吏役)이 나오는

것은 亥는 貴요 丁은 賤이라 賤人이 붓을 들고 從事하는 직업이므로 그러함
이다.

○癸坎龍의 壬坎入首에 癸坐를 놓으면 商業으로 致富한다 ·

〔註〕龍이 祖를 잃으면 祖宗의 터를 떠나 流離하는 상이므로 龍이 祖를 잃고도 癸祿在·
子로 祿을 얻었으니 商業으로 치부한다 이르는 것이다.

○癸坎龍의 癸丑入首坐는 吉塚이 많은 땅이라 百번 장사해도 百번 亡한다.

〔註〕이는 戊己 때문이다. 혹 外孫奉祀를 하는 것은 子丑合이 있어서이다.

○癸坎龍에 艮寅入首坐는 外孫奉祀戊하는 땅이다.

〔註〕寅은 庚寅이다. 祭祀를 지내줄 친子孫이 없는 것은 庚金 寅火 子水로서 水克金
火克金이 되기 때문이다 ·

○癸坎龍에 乙卯入首坐는 곱추(背曲人)가 생기거나 혹은 火傷으로 죽는 孫이 있다.

〔註〕卯는 辛卯다 .곱추가 나오는 것은 四正은 腰部에 속하는 중에 子刑卯가 되는 연
유이고、火로 죽는 것은 癸坎納音이 벽력화요 乙卯 納音이 爐中火가 極盛하는 이치가
있어서이다.

○癸坎龍에 乙辰入首는 천히 되면 官奴가 나오고、貴할 경우 官符를 찬다.

〔註〕辰은 壬辰이다. 賤하면 官奴가 되는 것은 坎癸乙辰은 다 賤에 속한 때문이고、貴
하면 당대에 符를 차는 것은 壬은 一이고 巽壬은 子의 雙德이오 壬은 또 辰의 天月德

이므로 이상의 경우 賤한 가운데도 貴가 들어오는 穴인 까닭이다.

○癸坎龍에 巽巳入首면 혹 官奴가 나온다.

〔註〕 巳는 癸巳다. 官奴는 癸가 천격에 속하고、 또 癸가 巳에 貴人이 되기 때문이다.

○癸坎龍의 丁未入首는 三代면 亡한다.

〔註〕 未는 乙未다. 甲申旬中 午未가 龜甲空亡이 되므로 三代에 亡이라 한다.

○丑艮龍의 坤申入首는 三代에 孝烈이 나온다.

〔註〕 丑은 己丑이다. 그러나 艮이 있으므로 丑艮이 된다. 申은 前後의 雙甲申이다. 三代는 甲의 三數를 取함이고、 孝烈은 隔八로 丑生申이니 龍이 本을 돌아보는 이치가 적용된 연고다.

○丑艮龍의 庚酉入首는 四代孫이 武科가 나오고 혹은 鐵工人이 나온다.

〔註〕 酉는 乙酉다. 四代孫은 酉丑이 金이고 金은 四數인 관계요、 武科는 艮庚은 酉의 雙德이며、 鐵工人(治匠)은 丑艮이 工冶에 속한 때문이다.

○丑艮龍의 辛戌入首는 四代 富者가 되고 五代에 文科가 나오는데 長孫은 絶祀하니 火災나 咳嗽病으로 死亡한다.

〔註〕 戌은 丙戌이다. 四代는 戌에서 丑까지가 四位니 이를 취함이고、 富를 이루는 것은 丑戌로 雙藏이 같이 들어온 때문이다. 五代는 丙이 五數에 속함이고、 文科는 丙이 戌의 雙德이라서 그러하다. 丑金이 戌火를 만나면 金은 火를 얻어 더욱 精金이 되는

이치다。長孫이 絶祀함은 戌藏에 亥胞(胞는 長孫이므로)가 없기 때문이고 火災는 丑艮

納音이 火에 속하는데다 戌도 또한 火의 藏이 된 까닭이며、咳嗽丙은 四金은 肺腑에

속하고、丑刑戌로 刑殺이 있는 관계다。

〇丑艮龍에 壬坎入首는 당대에 速히 發했다가 속히 끝난다。

〔註〕子는 戌子다。그러나 壬이 있으므로 壬子로 변하는데 속히 發하고 속히 끝남은

壬이 一數가 되기 때문이다。

〇丑艮龍에 癸丑入首는 재물은 있으나 子息이 없는 땅이다。

〔註〕財가 있는 것은 藏이 있기 때문이고、子가 없는 것은 丑藏이 寅胞가 없는 연유다。

〇丑艮龍에 艮寅入首는 먼저 文科가 나오고 뒤에는 武科가 나온다。

〔註〕寅은 庚寅이다。文武가 나오는 것은 丑艮 艮寅이 雙奇의 穴이 되어서다。

〇丑艮龍에 甲卯入首는、한눈이 먼 病人(애꾸)이 생겨난다。

〔註〕卯는 辛卯다。一目病人이 생기는 이유는 卯木은 눈에 속하는바 丑金과 金克木 상

극되고 艮火는 卯木과 相生되므로 半은 生하고 半은 死하는 이치다。

〇丑艮龍에 乙辰入首면 당대에 進士가 나오고、四代에 富를 이루며 長孫은 물에 빠져

죽는다。

〔註〕辰은 壬辰이니 壬辰의 壬一을 취하여 당대라 한다。進士는 壬 辰의 天月德이고、

四代의 四는 丑에서 辰까지가 四位인 것을 취하였다。巨富는 辰과 丑 雙藏이 있음이고、

長孫이 물에 빠져 죽는 것은 辰局에 巳胞가 없는데다 乙辰은 溺水에 속하고、納音으로도 長流水에 속한 까닭이다.

○丑艮龍의 乙辰局에 巽巳入首면 賤室에서 貴子가 나오고 당대에 邱信符를 찬다.

〔註〕辰은 壬辰이고 巳는 癸巳다. 賤한 집에서 貴子가 나오는 것은 乙辰은 賤이고、壬은 辰의 天月德이므로 貴한 것이다. 당대에 符를 차고 벼슬하는 것은 壬이 一數요、辰의 天月德이 壬인데다 癸는 巳의 貴人이니 이는 貴人이 龍馬를 탄 格이다 (辰은 龍이고 巳는 馬다)

○丑艮龍이 丙午入首이고 뒤에서 巽巳로 發源되면 四代에 武科大職이 나와 모든 要職을 다 맡는다.

〔註〕午는 甲午요 空亡이다 그러나 巽巳로 다시 符頭를 起하면 丑은 乙丑이고 午는 庚午가 된다. 丑의 庚은 雙德(天月德)이므로 庚辛四運에 武科가 나오고、庚辛은 또 巳의 天月德이오、丙은 午의 天月德이며、庚은 또 丑의 雙德이므로 庚金九運에 九處에 居官하였으니 이는 空亡을 脫한 穴이다.

○乾亥龍에 丙午入首는 五代에 文官과 理學者가 나온다.

〔註〕亥는 己亥요、午는 先後天으로 甲午다. 五代는 丙數 五를 취한 것이고 文官은 乾·丙은 午의 雙德이며、理學者가 나오는 것은 隔八로 亥生午가 되는 이치다.

○乾亥龍에 丁未入首는 三代에 直孫이 亡하여 養孫이 奉祀한다.

〔註〕未는 乙未다。三代는 亥卯未가 木이오 木數 三을 취한 것이고、直孫이 亡하여 養

孫이 奉祀하는 이유는 乾亥丁未가 自己것이 아니 他藏과 他胞가 되는 까닭이다。

○乾亥龍에 坤申入首는 老年에 아내를 얻어 자식을 둔다。뒤에 艮寅角이 있으면 五六

代까지 大科 小科 及第하는 人物들이 많이 생겨난다。

〔註〕申은 先天으로 丙申이다。老年에 子를 生함은 乾坤으로 老父와 老母가 配合되어

서다。뒤에 艮寅角이 있으면 寅은 後天으로 壬寅인데 五六代는 丙五와 壬六을 취함이

다。大小科가 并出하는 까닭은 壬은 申의 天德이고、丙은 寅의 月德이니 天月德이 전후

에서 照應함이다。

○乾亥龍에 庚兌入首는 당대에 人敗가 있다。

〔註〕亥는 己亥요、酉는 己酉다。符頭가 空亡에 떨어졌으므로 當代에 人敗가 있는 것

이다。

○乾亥龍에 辛戌入首는 五代를 가면 亡하는데、丑艮脈이 橫入하면 五代에 五兄弟가 文臣

이 되고 巨富가 된다。

〔註〕亥는 己亥이고 戌은 戊戌이다。五代에 亡하는 것은 戊己가 든 탓이다。丑艮이 橫

入이면 五代에 五兄弟의 근거는 丑艮으로 다시 符頭를 起하여 戊戌 己亥가 丙戌 丁亥

로 변하고 丙이 五數인 연유요、文官과 巨富는 丙은 戌의 雙德이고 丑戌雙藏이 있음이

니 또 丑戌은 丑金이 戌火를 얻어 더욱 精金이 되는 이치다。이는 戊己가 脫한 穴이므

로 貴한 것이다.

○乾亥龍에 壬亥入首는 子孫은 있으나 財物이 없는 땅이다.

〔註〕子가 있는 것은 亥胞가 있는 까닭이고, 財가 없음은 戌藏이 없는 까닭이다.

○乾亥龍에 壬坎入首는 두 홀아비가 같이 나온다. 그러나 癸丑으로 作局되면 三代에 三兄弟요 四代에 四兄弟가 생겨나고 武科出人이 많이 나오는데 단 長孫은 養孫이 奉祀한다.

〔註〕亥는 己亥、子는 庚子다. 쌍홀아비가 나오는 것은 乾亥壬坎으로 純陽만이 있기 때문이다. 癸丑이 있으면 丑은 辛丑인데 三代에 三兄弟란 庚辛의 數가 四인데 乾亥壬子癸丑은 後天이 되어 太極一數를 除하면 三이 남아 이 數를 取한 것이고、四代에 四兄弟는 庚辛四九金의 四를 取한 것이다. 武科가 나오는 것은 庚은 丑의 雙德이므로 그러하고、長孫이 養孫을 두게 되는 이유는 丑局에 寅胞가 없기 때문이다.

○乾亥龍에 艮寅入首는 대대로 三四兄弟요, 뒤에 坤申角이 있으면 五六代에 大小科가 并出하다가 七代에는 亂臣賊子(역적)가 나온다.

〔註〕寅은 壬寅이다. 그러나 先天으로 甲寅이고 後天으로 癸亥다. 三四兄弟는 甲이 三、亥가 四라는 데서 나오고、坤角이 있으면 先天이 丙申인데 五六代의 父子는 丙이 五、壬이 六을 취하였다. 大科니 小科니 하는 것은 壬은 申의 天德이고, 丙은 寅의 月德이니 天月德이 전후에서 照應한 때문이고, 七代의 七은 丙이 七이다. 亂臣賊子가 나오는 것은

壬丙이 相冲하고 寅申이 相冲하기 때문이다。

〇乾亥龍에 甲卯入首는 天死者가 많고 三代를 가면 亡한다。

〔註〕卯는 癸卯다。子孫이 天死함은 乾亥甲卯가 모두 木으로서 木旺하면 木끼리 서로 戰鬪를 벌이는 까닭이고 三代는 亥卯未가 木局이니 木은 三이고 卯가 乾을 不通하므로 亡이라 한다。

〇乾亥龍에 乙辰入首는 당대에 亡하는 땅이다。그러나 巽巳가 回抱하거나 寅艮이 穴을 抱하면 대대로 三四兄弟에 武官大職이 나온다。

〔註〕辰은 甲辰인데 當代에 亡하는 것은 甲午旬中은 辰巳가 空亡인 까닭이다。巽巳艮寅이 回抱하면 艮寅으로 符頭를 起하여 甲辰 乙巳가 庚辰 辛巳로 변한다。대대로 三四兄弟는 庚辛四九金의 四를 引用함이고、武官은 辛庚이 巳의 天月德이 되는 까닭이다。

〇乾戌龍에 丙午入首는 五代에 가서 七處에 官職을 지내는 인물이 나온다。

〔註〕戌은 戊戌인데 乾이 있으므로 乾戌로 본다。午는 先後天이 甲午인데 五行는 丙數 五를 취함이고、七處居官은 乾丙이 午의 雙德인데다 丙은 戊의 雙德인 까닭이다。

〇乾戌龍의 丁未入首는 四代에 富者가 되고 長孫은 代가 끊기며、兄弟간에 재물로 인해 서로 다투고 火災도 敗亡한다。

〔註〕未는 乙未인데 未에서 戌까지가 四位이므로 四代라 한다。富者가 된 것은 未와 戌 雙藏이 있는 관계이고 長孫이 絶祀함은 未藏이 申胞가 없기 때문이며、형제간에 재

343

이 天上火인데다 戌은 火의 庫藏이라서 그러하다。

산싸움을 하는 것은 戌刑未로 相刑이 되어서이고、 火災로 敗亡하는 이유는 丁未 納音

○乾戌龍에 坤申入首는 당대에 三男三女가 나온다。

〔註〕申은 先天으로 丙申인데 三男三女는 乾三連과 坤三絶이라、 이는 枯木에서 生花하
는 이치이니 老年에 子女를 生하는 命이다。

○乾戌龍에 辛亥入首는 아들이 兄弟요 딸이 四兄弟며 七十壽를 누린다。坤未脈이 넘어
들어오면 대대로 前後妻를 얻어 四六兄弟씩 두며 집집마다 巨富가 된다。

〔註〕酉는 丁酉이니 丁數가 二이므로 男이 二요、 酉數가 四이므로 女가 四라 한다。長
壽는 兌納丁으로 春分 秋分에 南極星이 저물무렵에 丁方에서 보이기 때문이다。坤未로
다시 符頭를 起하면 丁酉가 後天 辛酉로 변하는지라 前後妻가 있음은 酉 左右에 未戌이
같이 붙어 있어서인데 未戌은 다시 妻가 된다。 四六兄弟는 辛酉四에 丁壬卯酉六이라
는 원리에서 나온 것이고、 巨富는 雙藏이 并入한 가운데 辛祿在酉가 되기 때문이다。
이는 河洛先後天의 丁辛이 旺한 穴이오 未酉戌로 相連之格이 성립된다。

○乾戌龍이 다시 酉戌로 들어오면 五七兄弟에 文科人이 并出한다。

〔註〕처음은 戌龍이다。 乾戌龍이 다시 酉戌로 들어오면 右旋이므로 上旬中의 乙酉 丙
戌이 된다。 그리하여 丙이 五七數가 되므로 五兄弟라 하였고、 文科는 丙이 戌의 雙德
이 되는 까닭이다。

○乾戌龍에 乾亥入首면 먼저 文科가 나오고 뒤에 武科가 나온다。

〔註〕 戌은 文이고 亥는 武다。 이상의 경우는 雙奇의 龍이므로 文武并出한다。 대대로

二三兄弟 나오다가 六代에 流離敗亡한다。

○乾戌龍에 癸壬坎入首는 二代에 進士가 나오고 三代에는 離鄕한다。

〔註〕 子는 庚子요 二代는 壬이 旺하므로 一을 더 加하여 二를 取함이고、 進士가 나온

것은 壬은 子의 月德이다。 三代에 離鄕함은 壬은 水에 속하는바 水旺하면 자연 流離하

게 되는 이치가 있음이다。

○乾戌龍에 丑艮入首는 四代까지 富를 누리다가 咳嗽로 長孫이 絶祀한다。 혹은 火災

로 死亡하는 수도 있다。

〔註〕 丑은 己丑인데 艮이 있으므로 丑艮이라 한다。 四代는 戌에서 丑까지가 四位인 관

계이고 戌富는 丑戌로 雙藏이 같이 들어온 때문이다。 咳嗽는 四金이 肺에 속하는데다

丑金이 戌火에 들어 相克됨이다。 長孫이 絶祀하는 것은 丑艮局에 寅胞가 없는 관계요、

火로 死亡하는 것은 戌이 火의 庫藏인데다 丑艮의 納音이 霹靂火가 되는 까닭이다。

○乾戌龍에 艮寅入首坐는 五代後妻子孫이 吉이라 한다。

〔註〕 戌은 戌戌이고 寅은 壬寅이다。 五代는 寅午戌 火運이므로 五를 취하였고、 後妻孫

이 吉한 것은 乾戌이 처음에는 坤을 만날 마음이 있었으나 坤을 만나지 못하고 艮寅을

만났으므로 後妻라 한다。

○乾戌龍에 乙卯入首坐는 早年에 喪目한다.

〔註〕 卯는 癸卯요、 喪目하는 이유는 乙은 靑盲에 속하고、戌火에 卯木이 泄氣되는 때 문이다.

○乾戌龍이 壬坎으로 剝換하고 乙辰坂에 巽巳脈의 突한 위에 安葬하면 忠孝貞烈人이 나오고 節死하는 功臣이 생기며 代代로 英雄이 나오는 땅이다.

〔註〕 子는 庚子요、辰은 甲辰 乙巳다。 忠孝와 貞烈과 英雄이 나오는 이유는 戌生巳、巳生子로 有情하고、子의 巽壬이 雙德이오 壬은 辰의 雙德이 되어서다。그리고 節死者가 나오는 것은 乾巽이 相冲이오、辰戌이 相冲하기 때문이다。 이는 甲午旬中에 辰巳가 空

인데 甲辰 乙巳가 甲午旬中의 反空이므로 空亡中反空亡이라 한다.

○坤申龍에 乙辰入首는 三代에 直孫이 亡하고 養孫이 奉祀한다.

〔註〕 申은 戊申이고 辰은 甲辰이다。三代는 甲이 三이 되는 것이고、養孫이 奉祀란 辰 局에 巳胞가 없고 申으로 胞를 삼으면 他藏의 他胞가 되어서다.

○坤申龍에 巽巳入首는 後妻의 孫이 발달한다。뒤에 乾亥角이 있으면 三代에 八兄弟가

나오고 八代에 大科 小科가 연달아 생겨난다.

〔註〕 申은 戊申이오 巳는 乙巳다。그러나 先天癸巳에 後天甲申이 된다。後妻의 뜻은 坤申의 配는 乾亥로되 乾亥를 만나지 못하고 반면에 巽巳를 만나 巽巳가 後妻格이 된

다。뒤에 乾亥角이 있으면 三代에 八兄弟라 한것은 乙이 八이고 辛이 八이며、大小科

가 幷出함은 乙이 亥의 天德이오、辛이 巳의 天德이라 두 天德이 前後에서 相照相應하

는 가운데 또한 三台星의 땅이 되는 까닭이다.

○坤申龍에 丙午入首는 쌍과부가 생긴다. 만일 巽辰角이 있으면 代代로 四五兄弟씩 생

겨나 時祀를 받는 땅이 된다.

〔註〕申은 戊申、午는 丙午다. 쌍과부가 나오는것은 坤申丙午가 모두 純陽인 때문이다.

뒤에 巽辰角이 있으면 다시 符頭를 起하여 丙午가 後天丙午로 된다. 대대로 四五兄弟

가 나오는것은 庚은 四、丙은 五에 해당함이다. 巽辰坤申間에 午入首 午坐면 不勝數

가 서로 그 孫에 傳하므로 代代로 時祀之地가 되는 것이다.

○坤申龍에 丁未入首坐는 代代로 兄弟가 나오지만 寡婦가 연달아 생기는 땅이다.

〔註〕申은 戊申이고 未는 己未다. 兄弟는 己가 二數이고、과부가 생기는것은 坤申丁未

가 純陽인데다 戊己이므로 五代에 가서는 亡하고 만다.

○坤申龍에 庚酉入首는 二女孫이 奉祀한다.

〔註〕申은 戊申이고 酉는 己酉다. 二女孫이 奉祀하는 것은 申酉가 다 女에 속하고 兌

는 二兌澤이 되는 까닭이다.

○坤申龍에 辛戌入首는 直孫이 亡하고 養孫으로 奉祀하며 淫行이 끊기지 않는다.

〔註〕戌은 庚戌이다. 養孫奉祀함은 戌局에 亥胞가 없기 때문이고、淫行이 끊어지지 않

음은 戌藏에 申胞라 他藏에 他胞가 있기 때문이다.

○坤申龍에 乾亥入首는 대대로 四兄弟子孫인데 만일 壬坐를 놓는다면 四代長孫이 進士가 될 것이다.

〔註〕亥는 辛亥다. 대대로 四형제가 나오는 것은 庚辛四九金이니 運은 四가 되고, 壬坐면 長孫이 進士가 되는 것은 坤申은 甲辰符頭이기 때문이다. 三月龍에 亥入首壬坐면 壬은 三月의 天月德이고, 申亥는 모두 長孫에 해당하는 까닭이다.

○坤申龍에 壬坎入首는 當代에 進士요 二代에 敗亡한다.

〔註〕子는 壬子다. 당대는 壬이 一이 되는 것이고 進士는 壬이 申辰의 雙德인 관계다.

그러나 二代에 亡하는 것은 子가 坤을 通하지 못하는 이치라 하겠다.

○坤申龍에 癸丑入首坐는 家內에 女子 때문에 殺人이 생기고 혹은 毒을 마시고 죽는이가 생긴다.

〔註〕丑은 癸丑이다. 女子때문에 殺人사건이 발생함은 丑申이 비록 相生이나 癸丑은 藥마시는 것에 속하므로 일컫는 말이다.

○坤申後角의 艮寅坂이고 石上에 安葬하면 數代에 걸쳐 手足病身이 연달아 생겨난다.

〔註〕寅은 甲寅이다. 手足病身이 생기는 까닭은 寅申이 손과 발에 속하는바 이 寅申이 相冲한 가운데 空亡에 떨어진 연고다.

○坤申龍에 甲卯入首는 商業으로 富者되고 刀兵으로 致死당한다.

〔註〕卯는 後天癸卯다. 장사로 부자되는 것은 坤은 商에 속함이오, 刀兵으로 致死하는

것은 癸卯가 納音으로 金에 속하고 右旋의 空亡에 해당하기 때문이다.

○庚酉龍에 乙辰入首면 언청이 뻐드렁이가 생겨난다.

〔註〕酉는 己酉요 辰은 甲辰이다. 입술이 걷혀 이가 드러나는(缺唇露齒) 사람이 생기는 것은 兌는 입에 속하는바 乙木과 辰土가 相克하는 까닭이다. 土는 입술에 해당하니 木生枝라 고로 입술이 缺陷됨이다.

○庚酉龍에 巽巳入首는 四代孫이 武科에 오르는데 뒤에 乾亥角이 있으면 七八代에 大科 小科에 及第하는 人物이 많이 생겨난다.

〔註〕巳는 乙巳다. 四代란 巳酉가 金이므로 金數 四를 취함이다. 武科는 庚은 巳酉의 雙德이 되는 까닭이다. 乾亥後角이 있으면 後天으로 辛亥다. 七八代에 大小科가 并出함은 乾巽이 太陽의 龍에 속하고 亥가 乙의 天德을 만난데다 巳가 辛天德을 또 만나 雙德이 前後에서 相照하였으므로 그러하다.

○庚兌龍에 丙午入首면 登科하였다가 罷科(科試合格이 취소됨)되고, 벼슬에 居하는 者가 落職(官職에서 떨어짐)되며 혹은 짝눈이나 입이 비뚤어진 사람이 생겨나기도 하고,

〔註〕午는 丙午다. 科擧에 오르고, 관직에 居하는 것은 庚은 酉의 月德이고, 丙은 午의 月德이 있어서이고, 科擧가 깨지고, 벼슬이 떨어지는 원인은 火克金, 火克金이 거듭함이며, 病身이 생기는것은 午는 눈, 兌는 입인데 丙庚이 相克하기 때문이고, 미친 狂人이 생겨 客死한다.

○庚兌龍에 丁未入首는 棺이 뒤집히고 시체가 없어진다.

〔註〕乙辛風이 오고가면 단연코 그러하다. 未는 己未다. 棺이 뒤집히고 시체가 없어지는 까닭은 庚兌脈 아래에 丁未가 絶源空亡에 들어서이다.

○庚兌龍에 坤申入首는 三代寡婦母女가 同居한다.

〔註〕寡婦母女는 申酉가 모두 女에 속하여 龜甲空亡에 든 까닭이다.

○庚兌龍에 辛兌入首는 商業으로 致富한다.

〔註〕처음 酉는 己酉이고、뒤의 酉는 辛酉가 된다. 장사로 부자되는 것은 庚酉 辛酉가 祖를 잃은 龍이고 辛의 祿인 酉가 있기 때문이다.

○庚兌龍에 辛戌入首는 夭死와 慘變이 끊임없이 일어난다. 만일 坤申庚이 穴을 抱하면

〔註〕戌은 庚戌이다. 夭死는 酉辛戌의 金金이 空亡된 때문이다 (金空則鳴이라 그러하다) 대대로 三四子씩 두어 百子千孫이오、遺腹孫이 발복한다.

대대로 三四兄弟에 百子千孫이 되는 것은 酉辛戌局이 申庚量이 있으면 秋金이 雌雄首가 있어 雙祿格이 되어서다. 遺腹子가 있음은 戌局에 亥胞가 없는 까닭이다.

○庚兌龍에 乾亥入首는 四代長孫이 進士가 되고 三四兄弟가 連出한다.

〔註〕亥는 辛亥다. 四兄弟의 四는 庚辛四九金이니 四가 되고、長孫이 進士가 되는 것은 亥가 長孫인데다 亥는 辛의 三奇가 되어서이고、辛金과 亥木이 서로 成器되므로 人

사람이 客死하는 것은 庚酉丙午에 속하는 까닭이다.

才가 많이 나온다.

○庚兌龍에 壬坎入首는 대대로 前後娶를 얻고 兄弟가 나오는데 집안에 欠이 있다.

〔註〕子는 壬子다. 대대로 前後娶를 얻게 되는 것은 壬子庚酉 雙媒가 있음이오, 집안에 欠이 있는 것은 申子辰은 酉가 桃花殺이 되는 연고다.

○庚兌龍에 癸丑入首는 대대로 四兄弟에 武科及第가 연달아 나오고, 直孫은 絕祀한다.

〔註〕丑은 癸丑이다. 四兄弟는 巳酉丑이 金이고 金은 四數인 관계다. 武科는 庚이 酉丑의 雙德인 때문이고, 直孫이 絕祀하는 것은 丑局에 寅破가 없기 때문이다.

○庚兌龍에 艮寅入首는 工治로 富를 發하지만 三代에 가서는 亡한다.

〔註〕寅은 甲寅이다. 工治(공야ー工業人、匠人)는 艮은 工이오 兌는 金이라 工人이 金을 다루는 상이고, 또 火로 金을 단련하여 그릇을 이룩함이다. 三代에 亡하는 것은 寅이 三이오 또 寅이 空亡인 까닭이다.

○午丁龍에 艮寅入首는 代代로 三兄弟에 食粟保孫한다.

〔註〕午는 戊午요 寅은 甲寅이다. 대대로 三兄弟가 생겨나는 것은 甲數가 三이 되어서이고、食粟保孫은 甲의 祿인 寅이 있기 때문이다.

○午丁龍에 乙卯入首는 前後娶에 三四兄弟요 文章이 잇달아 생겨난다.

〔註〕卯는 乙卯다. 前後妻를 두는 것은 午와 卯 雙媒가 있기 때문이고、三四兄弟는 乙卯木의 數가 三이고 또 卯에서 午까지가 四位니 三과 四를 취함이고、文章이 나오는

다。

○午丁龍에 乙辰入首는 代代로 四五兄弟가 나오지만 才士가 일찍 죽고 中孫은 客死한 것은 卯木과 午火가 木火通明이 된 까닭이다。

〔註〕辰은 丙辰이다。四五兄弟는 丙이 五數에 속함이고、才士가 早死하는 것 丙丁之氣가 人才를 生하지만 그러나 辰水와 丙火가 相克되기 때문이며、客死는 月德이 源을 잃은 탓이다。

○午丁龍에 巽巳入首는 절룸발이와 病者가 많이 생겨난다。

〔註〕巳는 丁巳다。절룸발이가 생기는 것은 丁은 巳의 天德인중 窺殺이 되어 巳局에 丁이 들면 子孫가운데 病身이 많이 나오는데 巳는 다리(脚)에 속하기 때문이다。

○午丁龍에 丙午入首는 장사로 致富하는 땅이다。

〔註〕午는 丙午다。장사로 치부하는 것은 左右가 祖를 잃은 龍에 丁의 祿인 午를 얻기 때문이다。

○午丁龍에 坤申入首는 당대에 딸 六兄弟를 낳고、혹 아들 四兄弟를 두는데 겸하여 곱추가 생겨난다。

〔註〕申은 庚申이다。六兄弟의 딸을 낳는것은 坤三絕이 있음이고、男兒 四兄弟가 나오는것은 庚辛이 四九金에 해당함이며、곱추가 생기는것은 坤申의 허리는 兌요 午로 허리를 삼으니 水火가 相克하는 까닭이다。

○午丁龍에 丁未入首는 혹 外孫奉祀를 하게되고 혹은 溺水死하는 子孫이 있다.

〔註〕未는 己未가 된다. 外孫奉祀는 午未 二姓之合이 戊己에 든 연유이고、溺水가 생겨남은 甲寅과 癸亥 雨頭尾가 水에 속하는 까닭이다.

○午丁龍에 辛兌入首는 或 四兄弟가 나오고 衣食이 足하며 子孫도 保金하나 단 病人이 연속 생긴다.

〔註〕酉는 辛酉다. 兄弟가 四는 辛酉數가 四인 때문이고、衣食이 足한 것은 辛의 祿酉가 있는 연고요、病人이 많이 나오는 것은 兌金과 午火가 火金으로 相克하는 까닭이다.

○午丁龍에 辛戌入首는 妻로 인해 財産과 가정을 보전한다.

〔註〕戌은 壬戌이다. 午의 妻財가 未인데 戌과 合하므로 妻로 인해 財産이 는다 함이다.

○午丁龍에 乾亥入首는 子孫들이 모두 孝行하고 겸하여 學識이 있다.

〔註〕亥는 癸亥라、孝行과 學識은 隔八로 亥生午하여 子가 本을 돌아보는 원리가 있음이다.

○午丁龍에 癸丑入首는 뒤에 巽巳脈이 發源이면 三代兄弟요、四代에 武官大職이 나오지만 대대로 養孫이 奉祀한다.

〔註〕丑은 乙丑으로 空亡이 된다. 三代는 乙未가 모두 木이므로 木數 三을 취함이고

兄弟는 乙이 干順으로 두번째니 二를 취함이며, 四代는 午가 庚午에 해당하여 金數 四

를 취한 것이다. 그리고 武官이 나오는 것은 庚이 丑의 天月德인 영유이고, 養孫奉祀

는 丑局에 寅胞가 없이 巳로 胞를 삼으니 他藏의 他胞가 되어서다.

○丁未龍에 艮寅入首는 三代에 孝烈이 나온다.

〔註〕 未는 己未이고 寅은 甲寅이니 三代는 甲木三을 취함이고 孝烈은 未生寅으로 祖를

돌아보는 원리가 있기 때문이다.

○丁未龍에 乙卯入首는 癸坎脈이 橫走하면 三代에 子孫이 벼락에 死亡한다.

〔註〕卯는 乙卯요 子는 戊子다. 三代의 三은 亥卯未가 木이므로 木數 三을 취함이다.

벼락에 죽는 것은 未는 鬼요 震은 우뢰(벼락)이며, 戊子는 納音으로 霹靂火라 柳兎獐

이 雷聲을 들으면 나무가지에서 놀다 떨어지므로 그러함이다.

○丁未龍에 乙辰入首는 寡婦의 재산을 얻어 치부한다.

〔註〕辰은 庚辰인데 寡婦의 재산을 얻는 것은 未辰未로 配合하고 雙藏이 있는 까닭이

○丁未龍의 巽巳入首에 午坐는 대대로 養孫이 奉祀한다.

〔註〕巳는 丁巳다. 養孫奉祀는 他藏이 他胞가 있음이니 未藏에 巳가 入首이고 坐면 丁

己祿이 在午가 되는 까닭이다.

○丁未龍에 坤申入首는 四月만에 代가 끊기고、遺腹子孫이 대대로 四兄弟에 집집마다

다.

巨富가 된다。

〔註〕 未는 己未요 申은 庚申이다。 四月에 代가 끊김은 庚이 四에 해당한 때문이고、遺
腹子孫의 뜻은 丁未長坂에 坤申이 聚突하여 絶處逢生의 이치다。 대대로 四兄弟가 나오
는것은 庚申四九金이니 四를 취한 것이며、 巨富가 되는 것은 庚의 祿인 申이 있기 때
문이다。

○丁未龍에 庚兌入首는 語訥(어눌—말을 더듬는것)한 子孫들이 많이 생겨나고、辛戌脈
이 넘어 들어오면 前後妻에 四六兄弟요 賤한 子孫에게 吉祥이 있다。

〔註〕 酉는 辛酉다。 木龍이 金에 들면 金口木舌의 형상이오、 金木相克하여 子孫들이 語
訥하고、 辛戌로 다시 符頭를 起하면 辛酉가 변하여 丁酉가 된다。 고로 辛酉四요 丁壬
卯酉六이니 六運을 취하여 四・六兄弟라 한다。 그리고 丁未辛戌은 모두 賤한데 속하므
로 賤하던 자손이 貴히 된다 하는 것이다。 兄弟가 재물싸움을 할것이고 혹은 長孫이
溺死할 우려도 있다。

○丁未龍에 辛戌入首는 四代에 富를 이루고 直係孫은 絶祀하며、癸丑이 旺하게 들어오
면 大賊이 생겨난다。

〔註〕 戌은 甲戌이오 未는 癸未다。 四代에 富者가 되는 것은 未에서 戌까지가 四位요、
未와 戌 雙藏이 함께 들어온 때문이다。 直孫이 亡하는 것은 戌局에 亥胞가 없는 탓이
고、 癸丑이 太旺하면 大賊이 나온다 한 것은 未와 戌은 본시 나의 재물인데 他財가

旺하고 보면 탐욕이 생겨 도둑이 되는 이치다.

○丁未龍에 乾亥入首는 三代孫이 武科에 合格한다. 만일 甲卯角이 있으면 八代八兄弟

에 將元及第가 연달아 나온다.

〔註〕亥는 癸亥인데 亥卯未木의 數가 三이므로 三代라 한다. 甲卯角이 있으면 八兄弟

에 壯元及第가 나온다 함은 甲卯로 다시 符頭를 起하여 亥는 乙亥가 되고, 丁未로 符

頭를 起하면 卯는 乙卯가 되며, 乾亥로 符頭를 起하면 未는 乙未가 된다. 이상은 乙卯

乙亥 三木이 三八運에 해당하여 同榜에 及第하는 것이라 하겠다.

○丁未龍에 壬坎入首는 당대에 亡한다 함은 壬이 一이고 甲이 一인데 甲子가 空亡에든

때문이다. (甲寅旬中 子丑空)

○丁未龍에 癸丑入首는 僧侶·百丁이 나온다.

〔註〕丑은 乙丑이다. 僧侶·百丁이 나오는 것은 未癸丑이 모두 賤에 속하므로 그러한

데다 亀甲空亡에 든 때문이다. 또는 木鐸鉢盂砂나 午角劃刀砂가 있는가를 잘 구별해서

살펴보라.

○大穴論

가령 四正(子午卯酉)이 十二節까지 行龍하면 이는 大穴이다. 四胎(乾巽艮坤)가 十二節

을 行하여도 역시 大穴이다。 壬坎으로 行龍될 때에 十二節脈과 四胎가 交하는 가운데 丑

艮으로 交局하고、 辛戌脈이 넘어 들어오고 辛戌局에 辰破(葬口)면 大穴이니 百子 千孫이

坤申庚酉로 十餘里를 行龍하여 乾亥로 到頭하여 十餘節이고 丙午 甲卯로 一節되고、巽

巳로 成起하며、坤申이 成峰하고 乾亥가 成峰하고、艮寅이 成峰하고、四胎峰이 照立하며

巽辰落脈에 乙辰으로 크게 坪(마당)을 벌리고、丑艮이 起하고 壬坎으로 떨어져 癸丑으로

作坪되고、艮寅이 成起될 때에 巽巳로 丑艮으로 몸을 굴려 右는 巽辰으로 領을

만들고 左는 乾戌로 領을 만들어 丑艮脈 등위에 壬坎入首 癸丑坐坤向에 庚

破되고、辰方에는 露積峰이 있고、巽方에는 文筆峰이오 乾亥方에 驛馬峰이 있으면 當代

에 發하여 二代에 文官이 나오고、대대로 四五兄弟에 文官巨富가 생기며 百子千孫이 연

달아 金榜에 오르는 땅이다。

乾亥龍이 처음 起할 때 뒤에 丁未脈이 있으면 이는 木의 庫藏인데 壬坎入首에 癸丑으

로 作局되고、뒤 右편에 巽辰으로 作領되면 子는 甲子요、乾亥가 符頭면 子는 庚子요 丑

은 辛丑이니 丑이 庚庚의 天月德이 照應함이다。巽辰脈이면 甲子符頭이므로 雙甲子라 당

대 發福에 四代에 富貴榮華를 누린다。

乾亥落脈이 坤申으로 交枝되고、丙午一節이오 丁未長坂에 左는 冀辰이 作領하고 右는

乾戌이 作領하면 三藏이 并入되었으므로 丙丁二七火運에 巨富와 貴가 나온다。

十二節에 甲卯가 成峰하여 巽巳로 落脈되고 艮寅으로 成峰하여 丑艮으로 橫落하며 乙

辰脈 窩 가운데 卯入首 辰坐戌向이라。內得破는 丑未 得에 戌破요、外得破는 論할것 없다。

行龍論에 이르기를 甲卯는 甲戌旬中이므로 巽巳의 巳가 辛巳요 巳의 辛은 天德이다。龍이 巽巳면 甲子旬中이니 艮寅의 寅은 丙寅이오、寅의 丙은 月德이며 艮寅은 丑入首의 奇가 된다。丑艮은 甲申旬中이므로 乙辰의 辰은 壬辰이오、壬辰은 辰의 壬이 雙德이며 入首인 卯는 辛卯가 된다 左에는 巽巳胞가 있고、右에는 艮寅胞가 있어 兩入되고 天月德이 前後로 照應하니 당대에 發應하고 代代로 四五兄弟요 文官巨富에 百子千孫이 연달아 金榜에 登科하는 땅이다。당대발복은 壬이 一數인 연고요、巨富는 辰과 丑 兩藏이 幷入함이며、연달아 金榜에 오르는 것은 艮寅 巽巳 丑艮으로 三台가 成交한 때문이며 文官이 나오는 것은 天月德이 照應함이다。그리고 百子千孫은 巽巳와 艮寅으로 寅과 巳 雙胞가 같이 들어온 까닭이다。이는 卯辰丑 相運格이다。

十二節에 丙午 丁未 一節이 되고、丑艮脈이 橫入하여 辛戌脈에 窩를 만들어 酉入首 戌坐辰向이오 丑未得辰破라。論하기를 二代에 文官과 巨富가 나오고 百子千孫이 연속 金榜에 오르는 땅이다。

二代文官은 丑艮符頭가 甲申이므로 戌은 丙戌이오 丙은 戌의 雙德이며 丙은 또 二數라서 二代文官이 나온다 한다。巨富가 되는것은 丑과 戌 雙藏이 幷入함이고 百子千孫으로 불어난다는 것은 未酉戌로 相連格을 이룬 때문이다。무릇 十二節脈이 다 吉하다。

庚兌十二節、龍이 丑艮으로 交局하고 辛戌局에 辰破면 戌坐라야 좋다。行龍論에 庚兌龍이 丑艮으로 交局하면 丑은 雙庚이 天月德龍이다。丑艮交局에 辛戌은 甲申符頭니 戌은

丙戌이므로 이는 天月德이 照應한 땅이다. 고로 五代 五兄弟가 나오고 長孫은 文官 및 巨富가 된다. 五代 五兄弟는 丙이 五數요 文官은 雙德이 있는 연고이며 巨富는 雙藏이 并入한 까닭이다.

○年戊己法

年頭法으로 月建을 起하여 戊己二字가 닿는 곳인데 다음과 같다.

甲己年은 丙寅頭니 辰巳에 戊辰 己巳가 닿으니 甲己年은 辰巳가 戊己다.

乙庚年은 戊寅頭니 寅卯에 戊寅 己卯로 戊己가 닿으니 乙庚年은 寅卯가 戊己殺이다.

丙辛年은 庚寅頭니 戌亥에 戊戌 己亥로 戊己가 닿으니 丙辛年은 戌亥가 戊己殺이다.

丁壬年은 壬寅頭라 申酉에 戊申 己酉가 닿으니 丁壬年은 申酉가 戊己殺이다.

戊癸年은 甲寅頭니 午未에 戊午 己未로 戊己가 닿으니 戊癸年은 午未가 戊己殺이다.

○月戊己法

해당되는 달의 月建을 中宮에 넣고, 九宮을 順行하여 戊己가 닿는 宮이 어디인가를 본다.

가령 太歲가 甲子年正月이면 甲己之年丙寅頭라 月建 丙寅을 中宮에 넣고 九宮을 順行

하면 丁卯가 乾宮、戊辰이 兌宮이니 이것을 大殺이라 하고、己巳가 艮宮이니 이 역시 大

殺이라 한다。즉 甲子年 正月은 兌宮과 艮宮에 戊己大殺이 닿는것이다。同年 二月이면

丁卯라、丁卯를 中宮에 넣고 九宮을 順行하면 戊辰이 乾宮 己巳가 兌宮이니 乾

·兌에 戊己大殺이 닿으므로 甲己年 二月은 乾坐와 兌坐에 戊己大殺이 닿으므로 大凶

하다。또는 이 경우 辰月을 당하면 大凶이라 한다。同年 三月이면 月建이 戊辰이니 戊辰

이 中宮에 들고 己巳가 乾宮이라 이것이 大殺이라 乾坐를 놓고 四月을 당하면 大凶하다。

同年 四月은 月建이 己巳다。己巳가 中宮이니 庚午는 乾宮、辛未가 兌宮、壬申이 艮宮

인데 만일 艮坐를 놓는다면 申月에 大凶하다。이는 申은 金神殺이 되어서다。

이 法은 戊己殺과 金神殺 그리고 太歲를 더욱 忌하며 歲破와 三殺 또한 忌한다。특히

歲破와 太歲를 더욱 忌하니 만일 歲破坐를 놓는다면 太歲月을 당하여 大凶하다。

三殺에는 亥子丑을 가장 꺼리고、金神中에는 壬申 癸酉 劍鋒金을 더욱 忌한다。寅卯辰

三殺은 寅卯辰月을 지나면 權變해서 用할 수 있다。巳午未三殺과 申酉戌 三殺도 역시 그

러하지만 부득이한 경우에만 쓰는 것이다。

○十干屬卦看生氣法

主人公의 生을 卦에 붙여 生氣法을 따져보는 法인데 家坐를 놓은때 쓴다。

甲生ㅡ乾卦 乙己生ㅡ坤卦、丙戌生ㅡ艮卦、丁生ㅡ兌卦、庚生ㅡ震卦 辛生ㅡ巽卦、壬生ㅡ

離卦、癸生ㅡ坎卦

가령 甲生이면 乾卦니 一上生氣로 兌坐가 生氣요、二中天宜 震坐가 天宜요 三下絶體로 坤坐가 絶體요、四中遊魂이니 坎坐가 遊魂이오、五上大禍니 巽坐가 大禍요、六中福德이니 艮坐가 福德이오、下絶命이니 离坐가 絶命이오、八中歸魂이니 乾坐가 歸魂이며 伏吟이

다。기타의 生도 모두 이와 같은 例에 依한다。

○一卦三山 및 黃泉坐

가령 己未年이면 甲己年丙寅頭라 丙寅을 中宮에 넣고 九宮을 順行으로 己未가 닿을때 까지 짚어나가면 巽宮에 己未가 닿으니 巽方이 黃泉이라 巽方으로 移從하면 人敗가 많이 생긴다 한다。또한 例로 庚午年이면 乙庚年戊寅頭라 戊寅을 中宮에 넣고 庚午가 닿는곳 까지 九宮을 順行한다。그리하면 震宮에 庚午가 닿으니 震方으로 移從하면 凶하다 하는 것이다。이상을 간단히 설명하면 太歲를 기준 年頭法으로 符頭月을 中宮에 넣고 九宮을 順行 太歲가 닿는 곳이 黃泉殺이다。

〔註〕一卦三山이란 가령 乾이면 戌乾亥 三方을 같이 보고、坎이면 壬子癸 三方을 같이 보라는 뜻이다。이하 艮은 丑艮寅三方、辰은 甲卯乙三方、巽은 辰巽巳三方、离는 丙午丁

○門路法(一卦三山)

壬子癸—坎卦、 丑艮寅—艮卦、 甲卯乙—震卦、 辰巽巳—巽卦

丙午丁—離卦、 未坤申—坤卦、 庚酉辛—兌卦、 戌乾亥—乾卦

이상이 一卦三山이다。

一上生氣 二中五鬼、 三下延年、 四中六殺、 五上禍害、 六中天德、 七下絕命、 八中歸魂

가령 甲坐庚向이면 甲卯乙이 同宮이니 卯의 震卦다。 먼저 震下連을 만들어 生氣法 따져나가는 法式대로 一上生氣부터 八中歸魂까지 손가락을 屈伸한다。 즉 一上生氣에 上指를 붙이면 離虛中이 되니 離方(丙午丁)이 生氣요、 二中五鬼 부르면서 中指를 붙이면 乾三連이 되니 乾方(戌乾亥)이 五鬼요、 三下延年 부르면서 下指를 떼면 巽下絕이 되니 巽方(辰巽巳)이 年延이오、 四中六殺 부르면서 中指를 떼면 艮上連이 되니 艮方(丑艮寅)이 六殺이오、 五上禍害 부르면서 上指를 떼면 坤三絕이 되니 坤方(未坤申)이 禍害요、 六中天德 부르면서 中指를 붙이면 坎中連이 되니 坎方(壬子癸)이 天德이오、 七下絕命 부르면서 下指를 붙이면 兌上絕이 되니 兌方(庚酉辛)이 絕命이오、 八中歸魂 부르면서 中指를 때면 震下連이 되니 震方(甲卯乙)이 歸魂이다.

門路方이 生氣 延年 天德이 되면 大吉하고 五鬼 六殺 禍害 絶命이면 大凶하며 歸魂은 吉凶相半이라 한다.

○ 舊墓 生旺方法

舊墓五行을 胞胎法으로 붙여 生方이나 旺方이 되는 곳에는 절대 新墓쓰는 것을 禁해야 한다 만일 이를 犯하면 人敗가 생기고 財産이 亡한다고 한다. 원인은 舊墓에 生旺氣를 끔기 때문이다.

舊墓五行과 生旺方은 다음과 같다.

乾甲丁坐 陽金 巳가 生方 酉가 旺方　　巽庚癸坐 陰金 子가 生方 申이 旺方

坤壬乙坐 陽木 亥가 生方 卯가 旺方　　艮丙辛坐 陰木 午가 生方 寅이 旺方

申子辰坐 陽水 申이 生方 子가 旺方　　寅午戌坐 陽火 寅이 生方 午가 旺方

巳酉丑坐 陰土 卯가 生方 亥가 旺方　　亥卯未坐 陰土 卯가 年方 亥가 旺方

陽金은 寅에, 陽木은 申에, 陽水土는 巳에 陽火는 亥에 胞를 起하여 胎·養·生·浴·帶·冠·旺·衰·病·死·葬으로 十二支方을 順行한다.

陰金은 卯에 陰木은 酉에 陰水土는 午에 陰火는 子에 胞를 起하여 胎・養生 등의 차서로 十二支方을 逆行하여 生方과 旺方이 어디 닿는가를 본다.

○坐山四課吉凶法

九宮數起例

乾甲一 兌丁巳丑二 離壬寅戌三 震庚亥未四 巽辛五、 坎癸申辰六 艮丙七 坤乙八 戊五 己土이다.

四課起例

年月日時 干支數를 總合해서 八八除之하여 나머지 數를 中宮에 넣고 坎으로 나와 坤宮을 向하면서 九宮을 順行한다. 그리하여 坐山에 닿는 숫자가 몇인가를 보아 만일 一이라면은 後天이 壬子니 壬子를 中宮에 넣고 癸丑을 坎으로 나와 左旋한다. 즉 甲寅이 艮宮、乙卯가 震宮、丙辰이 巽宮、丁巳가 離宮、戊午가 坤宮、己未가 兌宮、庚申이 乾宮、辛酉는 中宮에 넣지 않고 그냥 坎宮에 다시 붙여 계속 六十甲子를 배치해 나가면 坐에 닿는 것으로 어느 生이 어느 年月에 吉凶間 應하는지 알수 있는 것이다.

後天數

壬子一 丁巳二 甲寅三 辛酉四 戊辰戊 戌五 癸亥六 丙午七 乙卯八 庚申九 己丑己未十 (己百이오 丑未는 十인데 여기에서는 十은 己丑 己未로 본다)

즉 年月日時 合數를 八八除之하여 나머지 數를 넣고 出坎한 뒤 이후부터는 九宮을 順行해서 坐山에 닿는 數를 위 後天數를 취하여 一이면 壬子 二면 丁巳 三이면 甲寅四면 辛酉를 취하여 中宮에 넣고 坎으로 나오되 단 數가 一六四면 八方을 順行하지만 二三五七八九면 坎에서 乾으로 逆行하는 法이다. 그러므로 坐山에 닿는 數가(위法으로) 二라면 丁巳니 丁巳를 中宮에 넣고 戊午를 坎에 내오고、二數니 逆行인지라 乾에 己未、兌에 庚申、坤에 辛酉、離에 壬戌、巽에 癸亥、震에 甲子、艮에 乙丑、坎에 丙寅이 다시 이른다. 이와 같이 계속 六十甲子를 八方에 배치해서 어느 生이 어느 年月에 應하는 가를 알아보는 법이다.

坐山數

戌乾亥山　六數(六은　正隱數、　一은　借隱數、　二는　飛隱數다)

壬子癸山　一數(一은　正隱數、　六은　借隱數、　二는　飛隱數다)

丑艮寅山　八數(八은　正隱數、　三은　借隱數、　六은　飛隱數다)

甲卯乙山　三數(三은　正隱數、　八은　借隱數、　六은　飛隱數다)

辰巽巳山四數（四는 正隱數、九는 借隱數 八은 飛隱數다）

丙午丁山 九數（九는 正隱數、四는 借隱數、八은 飛隱數다）

未坤申山 二數（二는 正隱數、七은 借隱數、四는 飛隱數다）

庚辛辛山 七數（七은 正隱數、二는 借隱數、四는 飛隱數다）

먼저 正隱數와 借隱數를 求하되 만일 正隱數를 얻지 못하면 대신 飛隱數를 얻어도 좋다。飛隱數마저 얻지 못하면 五數를 中宮에 넣고 順行하여 얻은 數가 正隱 飛隱 借隱數가 가 되어도 좋다。이렇게 해서도 正・借・飛隱數를 얻지 못하면 다시 他局을 用하여 이상의 數를 얻어내야 한다。

發應法

數가 一九면 科甲이오、二八이면 橫財요 三七이면 生子孫이오 四六이면 加官進祿한다。

단 五數는 天罡殺이므로 人生命에 이를 만나면 반드시 死亡한다。

子坐山四課法

干數丁二 支數酉二己十 酉二甲一 申六 甲一子六 合數가 三十이다。이 三十을 八八 除之하면 나머지가 六이니 六은 子山의 借隱數다。고로 六을 用하는바 六을 中宮에 넣고 七을 坎으로 내오니 坎은 곧 이 例의 坐다。坐數가 七七이니 後天數로 丙

子坐

二	丁	十	一己	一甲	二甲
酉	酉	己		申	子
二	坤	二		六	

午이니 丙午를 中宮에 넣고 丁未를 出坎하여 入方을 逆行하면

면(二三五七八九數는 逆行이라 하였다) 乾에 戊申、兌에 己

酉、坤에 離에 辛亥、巽에 壬子、震에 癸丑、艮에 甲

寅、乙卯가 坎에 다시 이르고、이와 같이 계속 六十甲子를

돌려짚으면 兌에 己酉가 닿는데 兌宮은 三數(六入中圖 參考)

이므로 酉年에 生子孫(三七은 生子孫)한다 하고、坤에 庚戌

이오 坤數가 八이니 戌年에 得財(二八橫財)라 한다. (위 數

九宮數起例에 依한 것이다.
위 九宮數起例 參考)

入中圖.

```
八 三 二
五 六 七
十 九 四
```

六이 入中하여 七을 坎宮에 내고 九宮을 順行하면 坎이 七、

坤이 八、震이 九、巽이 十、中은 六이 먼저 入中되므로 一을

中에 隱伏시키고 다음 乾에 二、兌에 三、艮에 四、離에 五數

가 배치된다. 坎은 一白宮이므로 入中六과 合하여 七이오、二

는 二黑이니 中六을 합쳐 八이 되고、震은 三碧이니 中六과

합하여 九가 되고、巽은 四綠이니 中六과 합하여 十이오、乾은 六白이니 中六과 합하면

十二로되 十을 除하고 二요、兌는 七赤이니 中六과 합치면 十三이로되 十을 除하여 三이

367

오、 艮은 八白이니 中六과 합치면 十四로되 十을 除하여 四가 되고、 離는 九紫니 中六과 합치면 十五로되 十을 除하여 五가 된다。

第四篇　地理大全

坤	艮	坎	巽	震	离	兌	乾	
伏 義 八 卦								卦名
坤	艮	坎	巽	震	离	兌	乾	卦名
八	七	六	五	四	三	二	一	卦順
太陰		少陽		少陰		太陽		四象
一 陰				一 陽				兩儀 一氣
太 極								

原 理

○八卦論

繫辭傳 (계사전) 에 이르되 『易 (역) 에 太極 (태극) 이 있어 이것 (太極) 이 兩儀 (양의) 를 生하고、兩儀가 四象 (사상 ― 太陽·少陰·少陽·太陰) 을 生하며、四象이 八卦 (팔괘) 를 生한다』 하였다.

또는 太極 (태극) 이 動 (동) 하여 陽을 生하고 靜 (정) 하여 陰을 生하며、陰陽을 나누어 양의가 되고 陽이 변하고 陰이 합하여 四象이 생기며 五氣가 流行 (유행) 하여 八卦가 되니 이 八卦를 倍하며 거듭하면 六十四卦

가 된다. 대개 음양은 하나의 태극에서 생긴것이고、태극은 본래 無極(무극)인 것이다.

이 무극의 진리와 음양오행의 精(정)이 교묘히 합하고 응결해서 乾(건)의 道는 남자가 되고

坤(곤)의 道는 여자가 되며 뿐 아니라 만물이 化生(화생)되고 변화가 무궁한데 오직 사

람은 五行가운데 있는 秀氣(수기ー가장 빼어난 精氣)를 타고났으므로 만물중에 가장 靈

特(영특)하여서 형체가·이미 생기고 神(신)에서 知(지ー앎)가 발하고、선과 악의 분변이

있으며 만가지 일이 모두 이 원리에서 나온다 하였다.

○河 圖

글에 보면 河圖(하도)의 義(의)를 다음과 같이 설명하였다.

伏羲氏(복희씨) 때에 龍馬(용마)가 이 그림(아래 보기)을 지고 河(하라는 물)에서 나왔

다。이 그림의 형상을 살펴 보면 天數 一이 壬陽水를 生하여 北方에 거하매 地數 六이

癸陰水를 生하여 역시 北方에서 一六으로 合成하고、天數 三이 甲陽木을 生하여 東方에

거하매 地數 八이 乙陰木을 生하여 역시 東方에서 三八로 合成하고、天數 五가 戊陽土를

生하여 中央에 거하매 地數 十이 己陰土를 生하여 중앙에서 같이 五十으로 合成하고、

天數 七이 丙陽火를 生하여 南方에 거하매 地數 二가 丁陰火를 生하여 東方에서 二七

로 合成하고、天數 九가 庚陽金을 生하여 西方에 거하매 地數 四가 辛陰金을 生하여

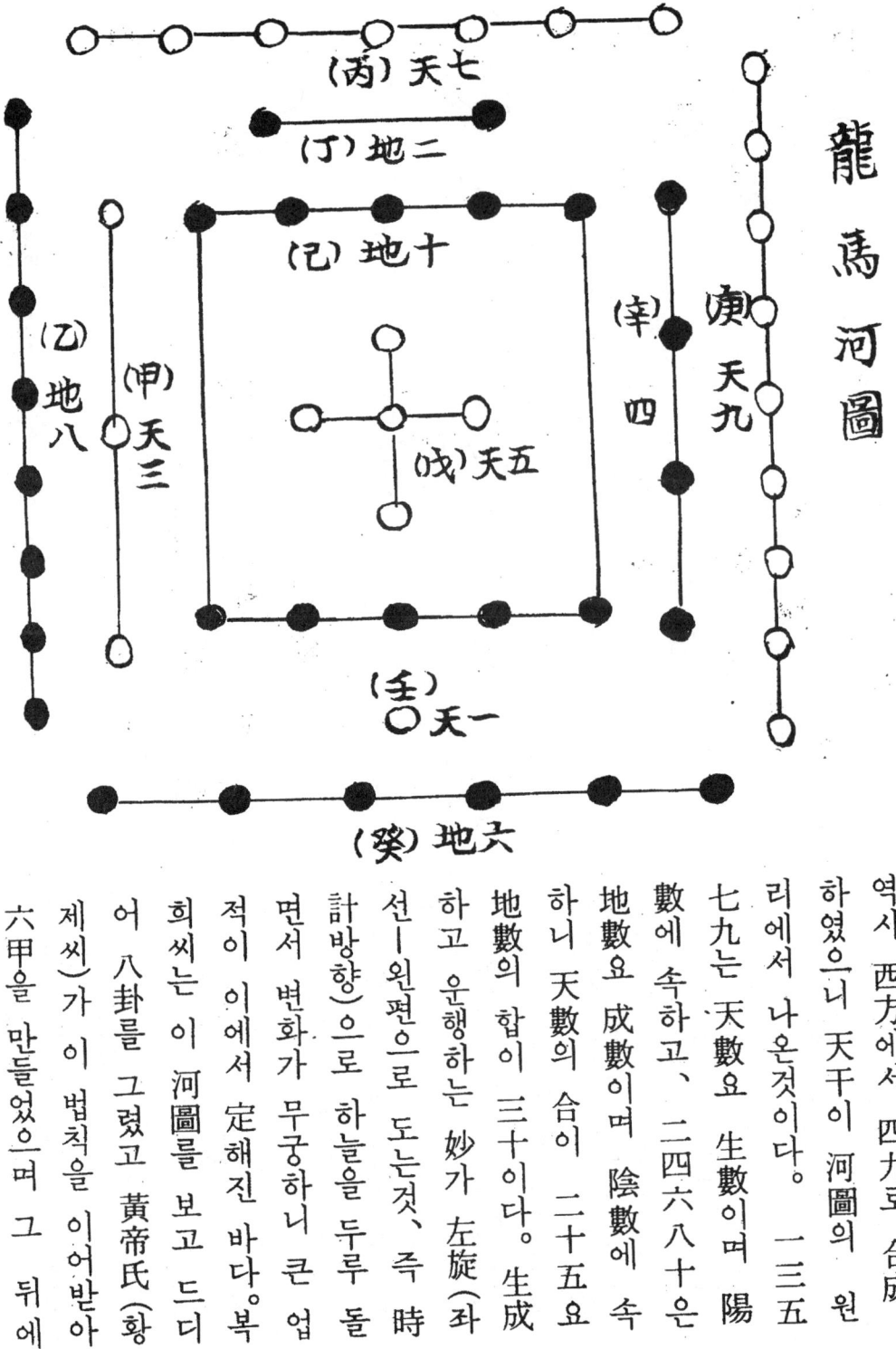

龍馬河圖

역시 西方에서 四九로 合成하였으니 天干이 河圖의 원리에서 나온것이다. 一三五七九는 天數요 生數이며 陽數에 속하고, 二四六八十은 地數요 成數이며 陰數에 속하니 天數의 합이 二十五요 地數의 합이 三十이다. 生成하고 운행하는 妙가 左旋(좌선─왼편으로 도는것, 즉 時計방향)으로 하늘을 두루 돌면서 변화가 무궁하니 큰 업적이 이에서 定해진 바다. 복희씨는 이 河圖를 보고 드디어 八卦를 그렸고 黃帝氏(황제씨)가 이 법칙을 이어받아 六甲을 만들었으며 그 뒤에

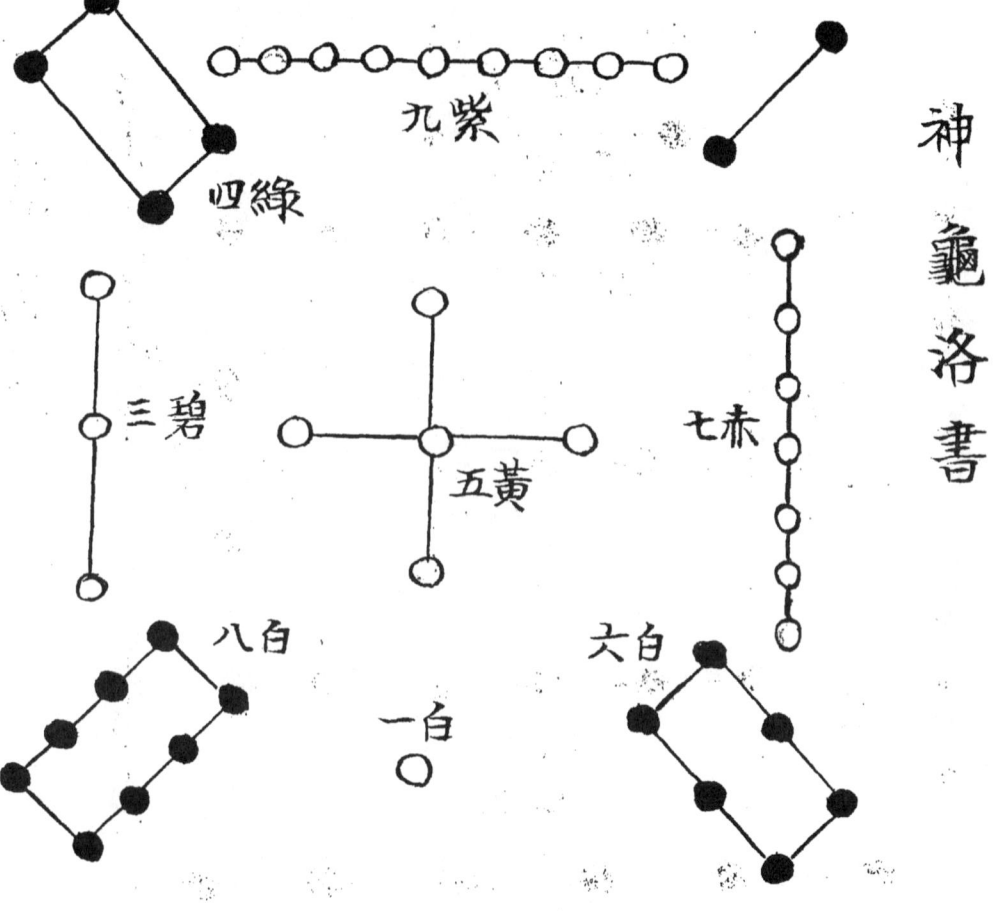

神龜洛書

여러 聖賢(성현)들이 몸소 행하면서 후세까지 전해지고 있는 것이다.

○ 洛 書

經(경)에서는 洛書(낙서)의 義를 다음과 같이 설명하였다.

夏禹氏(하우씨) 때에 神龜(신구)가 아래(보기의 그림)와 같은 글(書)을 지고 洛(낙)이라는 물에서 나왔다하여 이를 洛書(낙서)라 명칭한 것이다.

이 洛書를 보면 離九火를 이고(戴)、坎水一을 밟고、왼

편은 震木三이오 오른편은 兌金七이며、坤土二와 巽木四는 양쪽 어깨가 되고、乾金六 과 民土八은 양쪽 발에 위치하였으며 土五는 역시 中央에 위치하였으니 一三五七九의 天陽 는 坎離震兌 四正位에 거하고 二四六八 地陰數는 乾巽艮坤의 四維（사유ㅣ네모서리）에 거하였다。그러므로 또한

伏羲先天圖

그 義는 一白이 子에 있고、二黑은 未申에 있고、三碧은 卯요、四綠은 辰巳、五黃은 中央、六白은 戌亥、七赤은 酉、八白은 丑寅、九紫는 午宮에 있으니 이와 같이 九星（一白・二黑・三碧・四綠・五黃・六白・七赤・八白・九紫）이 배치되고、이 방위로 八門（팔문ㅣ生、傷・杜・景・死・驚・開・休）이 정해져서 冬至後 陽遁（양둔）은 九宮

文王後天圖

冬至後 陽遁(양둔)은 九宮및 八方을 順行하고 夏至後 陰遁에는 九宮 및 八方을 逆行하도록 되었다. 그리하여 夏后氏(하우씨)는 이 법칙으로 인하여 水土를 평정하였고、箕子(기자)는 이로 인하여 洪範九疇(홍범구주)를 작성하였으니 帝王의 行政敎化와 人民들의 造葬法(조장법)에 대한 것이 좋고 나쁜 때가 있음을 알게 되고、기타 여러가지 일을 교묘히 사용함이 무궁한 것이다.

○先後天數

天干과 地支에는 각각 그에 매인 선천 수와 후천수가 있으니 아래와 같다.

先天數‖甲乙子午九、乙庚丑未八、丙辛寅申七、丁壬卯酉六、戊癸辰戌五 巳亥四

後天數‖壬子一、丁巳二、甲寅三、辛酉四、戊辰戌五、癸亥六 丙午七 乙卯八 庚申九、丑未十、己百

가령 선천수로 甲과 己와 子와 午는 모두 九가 되고、후천수로 壬과 子는 각각 一이 된다는 뜻이다.

○干　支

十天干‖甲乙丙丁戊己庚辛壬癸

十二支‖子丑寅卯辰巳午未申酉戌亥

○正五行

甲乙木　丙丁火　戊己土　庚辛金　壬癸水

寅卯木　巳午火　辰戌丑未土　申酉金　亥子水

一六水　二七火　三八木　四九金　五十土　乾金　兌金　離火　震木　巽木　坎水　艮土　坤土

東方青色木　南方赤色火　西方白色金　北方黑色水　中央黃色土

○六十花甲子

甲子　海中金（해중금）　　丙寅　爐中火（노중화）

乙丑　　　　　　　　　　　丁卯

戊辰　大林木（대림목）　　庚午　路傍土（노방토）

己巳　　　　　　　　　　　辛未

壬申　劍鋒金（검봉금）　　甲戌　山頭火（산두화）

癸酉　　　　　　　　　　　癸酉

丙子　澗下水（간하수）　　戊寅　城頭土（성두토）

丁丑　　　　　　　　　　　己卯

庚辰　白臘金（백납금）　　壬午　楊柳木（양류목）

辛巳　　　　　　　　　　　癸未

甲申　泉中水（천중수）　　丙戌　屋上土（옥상토）

乙酉　　　　　　　　　　　丁亥

戊子　霹靂火（벽력화）　　庚寅　松柏木（송백목）

己丑　　　　　　　　　　　辛卯

壬辰　長流水（장류수）　　甲午　沙中金（사중금）

癸巳　　　　　　　　　　　乙未

丙申　山下火（산하화）　　戊戌　平地木（평지목）

丁酉　　　　　　　　　　　己亥

庚子　壁上土（벽상토）

辛丑

378

壬寅
癸卯　金箔金（금박금）

甲辰
乙巳　覆燈火（복등화）　　丙午
丁未　天河水（천하수）　　戊申
己酉　大驛土（대역토）　　庚戌
辛亥　釵釧金（차천금）

壬子
癸丑　桑柘木（상자목）　　鉤

甲寅
乙卯　大溪水（대계수）　　丙辰
丁巳　沙中土（사중토）　　戊午
己未　天上火（천상화）　　庚申
辛酉　石榴木（석류목）

壬戌
癸亥　大海水（대해수）

○克反爲生

相生＝金生水　水生木　木生火　火生土　土生金

相克＝金克木　木克土　土克水　水克火　火克金

五行의　本質은　生받는　것을　기뻐하고　克받는　것을　몹시　꺼린다。　그러나　위　納音五行

(납음오행—즉 六十花甲子)의 경우는 生보다 도리어 克받는 것을 기뻐하는 것이 있으니 아래와 같다.

金은 본시 火의 克을 꺼리지만 오직 甲午 乙未 沙中金(사중금)과 壬申 癸酉 劍鋒金은 火를 만나 형체가 이룩됨을 기뻐한다.

火는 본시 水의 克을 꺼리지만 다만 戊子 己丑 霹靂火(벽력화)와 戊午 己未 天上火(천상화)와 丙申 丁酉 山下火(산하화)는 도리어 水를 얻어야 복록이 가득하다.

木은 金의 克을 두려워하는 것이지만 오직 戊戌 己亥의 平地木(평지목)만은 도리어 金을 기뻐하는 것이므로 金이 없으면 영화를 누리지 못한다.

水는 土의 克을 두려워하나 丙午 丁未 天河水(천하수)와 壬戌 癸亥 大海水(대해수) 만은 도리어 土를 만나야 자연히 형통하므로 土를 기뻐한다.

土는 木의 克받는것을 싫어하는 바나 庚午 辛未 路傍土(노방토)와 戊申 己酉 大驛土(대역토)와 丙辰 丁巳의 沙中土(사중토)는 도리어 木을 기뻐하는 것이므로 木이 아니면 발달이 없어 평생을 그르치는 것이다.

地理常識

○ 龍의 入首와 水口配合論

모든 이치가 애초 河洛(하락)의 원리에서 나온 것이므로 地理法의 근원도 역시 河洛(하락)에서 나온 것이니 대략 아래와 같다. (河圖와 洛書 그림을 참고하면서 이해하라)

天一이 壬水를 生하여 北에 거하니 地六 癸水와 더불어 合成하고, 天三이 甲木을 生하여 東에 거하여 地八乙木과 合成하고, 天七이 丙火를 生하여 南에 거하니 地二丁火가 合成하고, 天九가 庚金을 生하여 西에 거하니 地四 辛金이 合成하고, 天五가 戊土를 生하여 中央에 거하니 地十 己土가 合成한 것이다.

또는 하늘이 壬子로 北을 열고, 甲子로 東을 열고, 丙子로 南을 열고, 庚子로 西를 열고 戊子로 中을 열어 四方이 모두 開通된 바라 하겠다.

洛書(낙서)의 義를 논할진대 一白이 子位에 있고, 二黑이 未申宮에 있고, 三碧이 卯에 있고, 四綠이 辰巳에 있고, 五黃이 중앙에 있고, 六白이 戌亥宮에 있고, 七赤이 西宮에 있고, 八白이 丑寅宮에 있고 九紫가 午宮에 위치함이다.

坎一 乾六과 巽四 離九가 一六과 四九로 合成하니 이는 老陰(노음一坤卦)과 老陽(노양一乾卦)이오 坤二 兌七과 震三 艮八이 二七과 三八로 合成하니 이는 少陰(소음一巽卦)과

緣四　辰巳	紫九　午	黑二　申未
碧三　卯	黃五　中	赤七　酉
白八　寅	白一　子	白六　戌亥

少陽(少―艮卦)인데 龍의 來脈과 入首法이 이 原理를 기본으로 推斷하게 된다.

또는 五度와 十五度數를 맞추는바 즉 一은 四와 交하고 四는 一과 交하여 五度를 맞추니 辛壬會而就辰(乙辰巽巳丙午水口)은 水局(辛龍)이오, 六은 九를 取하고, 九는 六을 取하여 十五度數를 이루는바 乙丙交而就戌(辛戌乾亥壬子水口)은 火局(乙龍)이오, 二는 三과 配하고 三은 二와 配하여 五度를 이루는데 金羊收癸甲之靈(丁未坤申庚酉水口)은 木局(癸龍)이오、 七은 八과 合하고、 八은 七과 合하여 十五度數가 이루어지는바 斗午納丁庚之氣(癸丑艮寅甲卯水口)는 金局(丁龍)이라 하는 것이니 이것이 즉 龍의 配向(배향)과 水口法이다.

하늘은 子에서 열리니(天開於子) 子午卯酉는 天이 되고 땅은 丑에서 열리니(地闢於丑) 辰戌丑未는 땅이 되며, 사람은 寅에서 生한다(人生於寅)하였으니 寅申巳亥는 人이라 하여 이것이 天才가 된다. 가령 庚酉辛戌龍 아래의 乾亥穴과 壬子癸丑龍 아래의 艮寅穴과 甲卯乙辰龍 아래의 巽巳穴과 丙午丁未龍 아래의 坤申脈穴은 모두 天人地 三才를 갖춘 龍穴인 것이다.

○正龍과 病龍

여기에서 正龍이니 病龍이니 하는 것은 龍의 형상을 칭함이 아니고 龍이 두 방위씩 겹쳐 내려오는 방위가 어떻게 짝지었는가로 구분하는 것이다. 아래와 같다.

十二正龍＝壬子、癸丑、艮寅、甲卯、乙辰、巽巳、丙午、丁未、坤申、庚酉、辛戌、乾亥、

十二病龍＝亥壬、子癸、丑艮、寅甲、卯乙、辰巽、巳丙、午丁、未坤、申庚、酉辛、戌乾

○元龍符頭甲

乙辰巽巳龍ㅡ甲子符頭　丙午丁未龍ㅡ甲寅符頭

坤申庚酉龍ㅡ甲辰符頭　辛戌乾亥龍ㅡ甲午符頭

壬子癸丑龍ㅡ甲申符頭　艮寅甲卯龍ㅡ甲戌符頭

○變符頭甲

辛戌乾亥壬子角ㅡ甲午符頭

艮寅甲卯角—甲戌符頭

乙辰巽巳丙午角—甲子符頭

午丁未坤申角—甲寅符頭

坤申庚酉角—甲辰符頭

子癸丑艮角—甲申符頭

○元五行

亥壬子癸龍은 北方의 水요、寅甲卯乙龍은 東方의 木이오、巳丙午丁龍은 南方의 火요 申

申庚酉辛龍은 西方의 金이오、辰戌丑未龍은 中央의 土다. 그리고 坤龍은 西南間의 土요、

艮龍은 東北間의 土요 乾龍은 西北間의 金이오、巽龍은 東南間의 木에 속한다.

이상의 龍에 의한 五行으로 胞胎法(포태법)을 붙인다. 즉

金은 胞를 寅에서 起하고, 水土는 胞를 巳에, 木은 胞를 申에, 火는 胞를 亥에서 각각

起하여 胎(태)・養(양)・生(생)・浴(욕)・帶(대)・冠(관)・旺(왕)・衰(쇠)・病(병)・死

(사)・葬(장)으로 順行한다.

○龍의 正五行 (擇日用)

五行으로 胞胎法을 붙이되 陽이면 左旋으로 順行하고 陰이면 右旋으로 逆行하는데 그

陰陽의 구분은 아래와 같다.

坤辰戌—陽土 艮丑未—陰土

申庚—陽金 酉辛—陰金 乾—陽金

巳丙午—陽火 丁—陰火

寅甲—陽木 卯乙—陰木 巽—陰金

亥壬子—陽水 癸—陰水

○雙山五行

이 五行은 穴과 局을 본다.

乾甲丁亥卯未—木局、 巽庚癸巳酉丑—金局

坤壬乙申子辰—水局、 艮丙辛寅午戌—火局

○ 舊墓五行

舊墓五行으로 胞胎法을 붙여 舊墓에서 生方이나 旺方이 닿는 곳에는 墓 쓰는 것을 피해야 한다.

乾甲丁ㅣ陽金、 巽庚癸ㅣ陰金

坤壬乙ㅣ陽木、 艮丙辛ㅣ陰木

申子辰ㅣ陽水、 寅午戌ㅣ陽火

巳酉丑亥卯未ㅣ陰土

陽金은 寅에、 陽木은 申에 陰金은 卯에、 陰木은 酉에 陽水陽土는 巳에、 陰水 陰土는 午에 陽火는 亥에、 陰火는 子에 각각 胞를 붙여 胎·養·生·浴·帶·冠·旺·衰·病·死·葬의 차서를 陽이면 十二支順을 順布하고 陰이면 十二支順을 逆布하는데 舊墓에서 生과 旺이 닿는 방위가 어디인가를 보는데 사용하는 법이다.

〔참고〕 그런데 舊墓五行法이 여러가지가 있어 제각기 아는대로 사용하고 있어 과연 어떠한 법식이 옳은지를 단정을 내리기가 어렵다. 그래서 아래와 같이 사용되고 있는 법식을 모두 소개한다.

第一式

위에 기록한 바와 같다。

第二式

이 法은 陰陽이 없이 무조건 金은 寅에、木은 申에、火는 亥에、水土는 巳에 (또는 金은

巳、木은 亥、水는 申、火는 寅에 長生을 起함) 胞(絶)를 붙여 順行한다 하였다。

亥卯未巳酉丑坐ー水、 申子辰寅午戌坐ー火

乾甲丁巽庚癸坐ー金、 艮丙辛坤壬乙坐ー木

第三式

이 법식은 本文에 收錄된 舊墓五行인데 좀 의심이 생겨 第一式에 넣지 않고 第三式에

記入하는 바다。

乾甲庚坐ー陽金、 巽丁癸坐ー陰金

艮丙壬坐ー陽木、 坤乙辛坐ー陰木

亥卯未坐ー陽水土、 巳酉丑坐ー陰水土

寅坐ー陽火、 午戌坐ー陰火

子坐ー陽水、 申辰坐ー陰水

○舊墓生旺方

어떠한 法式에 의하였거나 五行을 기준 生旺方 따지는 법은 마찬가지이므로 이를 아래와 같이 표시한다.

陽金坐ー巳生酉旺、 陰金坐ー子生申旺、 陽木坐ー亥生卯旺、 陰木坐ー午生寅旺、

陽水坐ー申生子旺、 陰水坐ー卯生亥旺、 陽火坐ー寅生午旺、 陰火坐ー酉生巳旺

○八曜水

건물(家屋) 및 墓의 坐나 龍으로 물의 得破方(來水方이 得이고、 去水方이 破라 한다)을 보아 이것이 아래와 같은 것에 해당하면 八曜水(팔요수ー혹은 八曜殺)라 하여 범하면(家나 墓가) 一朝에 家運이 休衰한다는 凶殺이다.

坎山(壬子癸坐)ー辰方水(得破)

震山(甲卯乙坐)ー申方水(得破)

离山(丙午丁坐)ー亥方水(得破)

兌山(庚酉辛坐)ー巳方水(得破)

艮山(丑艮寅坐)ー寅方水(得破)

巽山(辰巽巳坐)ー酉方水(得破)

坤山(未坤申坐)ー卯方水(得破)

乾山(戌乾亥坐)ー午方水(得破)

○ 黃泉水

이 黃泉水(황천수)를 범하면 子孫이 夭死(요사)하고 殺傷(살상)의 재앙이 이른다는 흉살(凶殺)인데 아래와 같다. 단 得水(득수ー來水)는 이에 해당하지 않고、破水(파수ー去水)만이 이에 해당한다.

庚丁向에 坤方水、坤向에 庚丁方破

乙丙向에 巽方水、巽向에 乙丙方破

甲癸向에 艮方水、艮向에 甲癸方破

辛壬向에 乾方水、乾向에 辛壬向破

그런데 이상 八曜水나 黃泉水가 惡殺(악살)이긴 하나 만약 生方이면 흉살이 감소되는 것이며、또는 坐와 向이 天月德이 되거나 水口에 華表峰(화표봉)이 우뚝 섰거나 水口 좌우의 峰巒(봉만) 즉 日月捍門(일월한문)이 뚜렷하게 있으면 도리어 길한 것이니 八曜나 黃泉水가 범했다 해서 무조건 나쁘다고 버리지 말고 水口에 위와 같은 例의 吉格이 있는지 없는 지를 살펴본 뒤에 吉格이 있으면 취하고 없으면 버려야한다.

○ 八殺水

이 八殺水(팔살수)를 범하면 역시 凶方水(흉방수)로서 차손이 夭亡(요망) 한다고 한다 아래와 같다。

甲山—申破、 辛山卜辰破、 乙山—寅破、 庚山—戌破

丙山—亥破、 丁山—丑破、 壬山—巳破、 癸山—未破

○小玄空

甲山 乙山 庚山 등의 山이란 坐를 칭함이니 甲坐 乙坐 庚坐와 마찬가지이다。

向上(坐의 向을 위주)으로 水의 來去(得破)를 보는데 물이 生方으로 들어와 克方으로 나가는 것은 좋다。 小玄空(소현공) 五行은 아래와 같다。

丙丁乙酉向—火　甲癸亥艮向—木、 乾坤卯午向—金

戌庚丑未向—土　子寅巽辛辰巳申壬向—水

예를 들어 丙丁乙酉向은 오행이 木이니 亥子方에서 물이 들어오면 生方의 물이오、 艮坤辰戌丑未方으로 물이 나가면 克方破가 되는 것이다。

○ 大玄空

向의 五行으로 胞胎法을 붙여 물이 生·帶·冠·旺이면 길하고 絶·胎·衰·病·死方이면 不吉이라 한다. 가령 向이 子寅辰乾乙丙이면 五行이 金인데 金絶於寅하여 寅이 胞, 卯가 胎, 辰이 養, 巳가 生, 午가 浴 이렇게 붙여나간다. 大玄空(대현공) 五行은 아래와 같다.

子寅辰乾乙丙向은 金, 卯巳丑艮庚丁向은 水, 午申坤戌辛壬向은 木, 酉亥未巽癸甲向은 火

○ 正運五行

이 五行法으로 龍의 入首를 본다.

寅甲坤丑未癸ー陽木、陰水土
亥壬子艮辰戌辛酉ー陽水土、陰金
午丙卯乙巽ー陽火　陰木
乾申庚巳丁ー陽金　陰火

○ 暗藏法五行

龍의 入首와 穴의 三合을 본다 하였다.

子丑中에 辛金、寅中에 丙火、卯辰中에 癸水、巳中에 庚金、午未中에 乙木、申中에 壬水、酉戌中에 丁火、亥中에 甲木이 암장되었다 한다.

○ 洪範五行

卦의 變을 좇아 本体가 化해서 後天의 用이 되는데 陳希夷이 말하기를 「山運만은 이 法으로 보는게 당연한 準則이다」하였다. 坐를 위주하는데 擇日에 쓰인다. 洪範五行(홍범오행)은 아래와 같다.

甲寅辰巽과 戌坎辛申坐는 水、震艮巳坐는 木、离壬丙乙坐는 火、兌丁乾亥坐는 金、癸丑坤庚未는 土가 된다.

○ 天月德法

子는 巽壬、丑은 庚庚、寅은 丁丙、卯는 坤甲、辰은 壬壬、巳는 辛庚、午는 乾丙、未는 甲甲、申은 癸壬、酉는 艮庚 戌은 丙丙、亥는 乙甲이다.

392

로 다시 記入한다.

가령 子坐는 巽龍·入首가 天德이고 壬龍·入首가 月德이다. 이를 아래와 같이 일람표로

龍入首 坐	天德	月德
子	巽	壬
丑	庚	庚
寅	丁	丙
卯	坤	甲
辰	壬	壬
巳	辛	庚
午	乾	丙
未	甲	甲
申	癸	壬
酉	艮	庚
戌	丙	丙
亥	乙	甲

○隔八相生

隔八相生이란 壬子癸丑艮寅甲卯乙辰巽巳丙午丁未坤申庚酉辛戌乾亥의 二十四字가 坐를 기준 干은 干끼리 支는 支끼리 本坐부터 쳐서 여덟번째 닿는 곳을 말함인데 坐와 破가 隔八相生 관계가 되면 貴格이라 한다. 隔八相生은 아래와 같다.

天干=乙生乾、乾生丙、丙生癸、癸生坤、坤生甲、甲生辛、辛生巽、巽生壬、壬生丁、丁生

艮、艮生庚　庚生乙이다.

地支＝子生未、未生寅、寅生酉、酉生辰、辰生亥、亥生午、午生丑、丑生申、申生卯、卯

生戌、戌生巳、巳生子가 된다.

가령 乙坐면 乙·巽·丙·丁·坤·庚·辛·乾으로 乾이 여덟번째 당으므로 乙의 隔八

은 乾이오、子坐라면 子·丑·寅·卯·辰·巳·午·未로 子에서 未가 여덟번째 당으므로

子의 隔八은 未가 되어 이를 모두 隔八相生이라 한다.

○ 納甲五行

이는 分金보는데 사용된다.

乾納甲、坎納癸、艮納丙、震納庚、巽納辛、离納壬、坤納乙 兌納丁

이러한 까닭에 乾甲이 同宮이오 坎癸가 同宮이오、艮丙이 同宮이오、震庚이 同宮이오、

巽辛이 同宮이오、离壬이 同宮이오、坤乙이 同宮이오 兌丁이 同宮이라 한다.(乾甲 坎癸申

辰 艮丙、震庚亥未 巽辛、离壬寅戌 坤乙 兌丁巳丑으로 묶어 淨陰淨陽이라 한다)

● ○ 八卦納甲

이 法으로 分枝를 보는데 쓰인다.

乾金甲子外壬午、　坎水戊寅戊子從
艮土丙辰傳丙寅、　震木庚子庚戌窮
巽木辛丑與辛卯、　离火己卯己巳通
坤土乙未外癸丑、　兌金丁巳丁未終

이를 풀이하면 다음과 같다.

乾卦는 內外인 初爻에 甲子를 붙여 二爻에 甲寅 三爻에 甲辰이 되고、外卦인 四爻에 壬午

午、五爻에 壬申、六爻에 壬戌이 된다는 뜻이다. 다음과 같이 알기 쉽게 표시한다.

乾卦	甲子	甲寅	甲辰	壬午	壬申	壬戌
坎卦	戊寅	戊辰	戊午	戊申	戊戌	戊子
艮卦	丙辰	丙午	丙申	丙戌	丙子	丙寅
震卦	庚子	庚寅	庚辰	庚午	庚申	庚戌
巽卦	辛丑	辛亥	辛酉	辛未	辛巳	辛卯
离火	己卯	己丑	己亥	己酉	己未	己巳
坤土	乙未	乙巳	乙卯	乙丑	乙亥	乙酉
兌金	丁巳	丁卯	丁丑	丁亥	丁酉	丁未

이는 물이 나가는 방위(즉 破)를 나누어 五行을 정하는 법인데 四大局水라 한다. 이 五行으로 여러가지(坐法·向法의 生旺死絶 등) 理氣法을 참고하는바 아래와 같다.

水局辛龍　木局癸龍
火局乙龍　金局丁龍

（외곽: 丁未 坤申庚 酉 乙辰 巽巳丙 午 辛戌 乾亥壬 子 癸丑 艮寅甲 卯）

癸丑艮寅甲卯破＝金局丁龍(丁庚이 合)

乙辰巽巳丙午破＝水局辛龍(辛壬이 合)

丁未坤申庚酉破＝木局癸龍(癸甲이 合)

辛戌乾亥壬子破＝火局乙龍(乙丙이 合)

이상의 五行으로 坐·向·龍 入首 등의 生旺死絶을 보는바 局은 陽干으로 쓰고 龍은 陰干으로 써서 陽干은 胞胎法을 順行하고、陰干은 逆行으로 되었다. 그런데 이상 四大局의 五行을 쉽게 아는 요령이 있다. 癸丑、乙辰 丁未 辛戌의 乙辛丁癸와 辰戌丑未를 기준 局은 辰戌丑未를 참고하고 龍은 乙辛丁癸字를 참고하는바 즉 丑은 金庫로 庚

○斗數五行

이 斗數五行(두수오행)은 擇日하는데 응용된다。아래와 같다。

金

乾亥癸丑丙午坐ー火　壬坎巽巳辛戌坐ー土　艮寅丁未坐ー木　甲卯坤申坐ー水　乙辰庚兌坐ー

○宿度五行

이 宿度五行(수도오행)은 四局의 都會를 보는데 응용되는바 아래와 같다。

乾坤艮巽ー四木　寅申巳亥ー四水、甲庚丙壬ー四月、子午卯酉ー四日、辰戌丑未ー四金　乙

金을、辰은 水庫이니 壬水를、未는 木庫이니 甲木을、戌은 火庫이니 丙火를 取用하고、또

乙은 乙辛冲이니 辛을、辛은 乙을 取하고 丁은 癸를、癸는 丁을 取하면 局과

龍을 쉽게 기억할 수 있다。다시 말하여 二十四方을 넷으로 나누되 乙辛丁癸를 符頭로

삼아 乙辛丁癸에서 각각 六字씩 묶고、乙辛丁癸 다음이 즉 辰戌丑未인바 辰戌丑未가 어

떤 五行의 墓庫(묘고)인가로 局을 정하고、乙辛丁癸의 對冲으로 龍을 정하면 된다。

○禽獸五行

이 禽獸五行 (금수오행)은 택일 및 地室穿山 (지실천산ー광중을 파는 일) 에 응용되는바 아래와 같다.

角奎斗井宿는 四維木、軫壁箕參宿는 四勢水、房昻虛星宿는 日君火、心畢危張宿는 月相火 亢婁牛鬼宿는 四庫金、氐胃女柳宿는 陰干土、觜尾翼室宿는 最强火인데 四月 四日은 火와 情이 같다.

○天干合和氣五行

즉 干合五行이니 모든 干殺을 이 法으로 和氣시켜 制한다.

甲己合化土、乙庚合化金、丙辛合化水、丁壬合化木 戊癸合化火

가령 甲干이 殺이라면 己로써 化氣하고 己干이 殺이라면 甲으로서 化氣시킨다.

○ 地支合和氣五行

六合、 또는 支合五行이니 만일 支殺이 있더라도 地殺과 合하는 合神(합신)이 있으면 자연 和氣되어 길하다.

子丑合化土、 寅亥合化木 卯戌合化火 辰酉合化金 巳申合化水 午未는 日月合、

○ 正祿法

天祿(천록)、 建祿(건록)이라고도 하는데 이 祿은 養命의 근원이므로 祿을 冲하는 것을 크게 꺼린다.

甲祿寅 乙祿卯、 丙戊祿巳 丁己祿午 庚祿申 辛祿酉 壬祿亥 癸祿子

○ 正 財

이 正財(정재)는 財의 有無를 보는 것인데 아래와 같다.

甲見己、 乙見戊、 丙見辛、 丁見庚、 戊見癸、 己見壬、 庚見乙、 辛見甲、 壬見丁、 癸見丙

가령 甲木이면 己土가 정재요、乙木이면 戊土가 정재이며、丙火라면 辛金이 정재이니 내가 克하는 者로 음양이 다른 것을 정재라 한다。

○ 食 神

食神(식신)은 食福(식복)의 有無를 보는바 내가 生하는 五行으로 음양이 같은 것을 식신이라 한다。식신은 아래와 같다。

甲食丙、乙食丁、丙食戊 丁食己、戊食庚、己食辛、庚食壬 辛食癸、壬食甲、癸食乙

예를 들어 甲의 식신은 丙인데 甲은 陽木이고 丙은 陽火로서 陽甲木이 丙陽火를 生하므로 甲木의 식신은 丙이 되는 것이다。

○ 正 官

이 正官(정관)은 官職(관직)의 有無를 보는바 나를 克하는 者가 음양이 다르면 正官이라 한다。아래와 같다。

甲用辛、乙用庚、丙用癸、丁用壬、戊用乙、己用甲、庚用丁、辛用丙、壬用己、癸用戊

가령 甲用辛이란 甲의 正官이 辛이란 뜻인데 甲은 陽木이고, 甲木을 克하는 者도 음양이 다른 것이 辛金이므로 甲木의 정관은 辛金이 되는 것이다. 기타도 이 例와 마찬가지 당.

○七 殺

七殺(칠살)은 殺의 有無를 보는바 나를 克하는 者도 음양이 같은 것을 칠살이라 한다.

칠살은 아래와 같다.

甲殺庚、 乙殺辛 丙殺壬、 丁殺癸、 戊殺甲、 己殺乙、 庚殺丙、 辛殺丁、 壬殺戊、 癸殺己

가령 甲殺庚이란 甲木의 칠산은 庚金이란 뜻이다. 甲은 陽木이고, 木을 克하는 者 金이며、 陽木과 음양이 같은 者가 庚金이므로 甲木의 七殺은 庚金이 되는 것이다.

○驛 馬

이 驛馬(역마)는 扶身(부신)의 근본이므로 吉神인데 空亡에 떨어지지 않아야 吉星으로서의 효력이 있다. 역마는 아래와 같다.

申子辰水局—寅、　巳酉丑金局—亥

寅午戌火局—申、　亥卯未木局—巳

○天乙貴人

天乙貴人(천을귀인)은 吉神 가운데 가장 으뜸가는 吉神인데 아래와 같다。

甲戊庚은 丑未、 乙巳는 子申、 丙丁은 亥酉、 六辛은 寅午、 壬癸는 巳卯

가령 天干이 甲이나 戊나 庚인 경우 丑이나 未가 천을귀인이고、 乙이나 巳는 子나 申

이 천을귀인이다。

○遁月法

遁月法(둔월법)이란 月建 돌려짚는 요령이니 아래와 같다。

甲己年 丙寅頭、 乙庚年 戊寅頭、 丙辛年 庚寅頭、 丁壬年 壬寅頭、 戊癸年 甲寅頭

太歲가 甲이나 己로 된 해 즉 甲子 甲戌 甲申 甲午 甲辰 甲寅年이거나 己巳 己卯 己丑

己亥 己酉 己未年에는 正月을 丙寅부터 시작하여 二月은 丁卯、三月은 戊辰、이렇게 六

甲子 순서로 붙여나가고、乙이나 庚年이면 正月을 戊寅부터、丙이나 辛年이면 正月을 庚

寅부터、丁이나 壬年이면 正月을 壬寅부터、戊나 癸年이면 正月을 甲寅부터 시작해서 十

二月까지 六十甲子 순서로 짚어나간다는 뜻이다。그러므로 가령 庚午年 三月이면「乙庚

年戊寅頭」니 正月을 戊寅부터 시작하여 二月이 己卯、三月이 庚辰에 이르므로 庚午年 三

月의 月建은 庚辰이 되는것이다。

○ 遁時法

遁時法(둔시법)이란 時間 돌려짚는 요령인데 아래와 같은 법식에 의하여 해당되는 時

의 干支를 알게 된다。

甲己日은 甲子時、乙庚日은 丙子時、丙辛日은 戊子時、丁壬日은 庚子時、戊癸日은 壬

子時

日干이 甲이나 己로된 날 즉 甲子 甲戌 甲申 甲午 甲辰 甲寅日이거나 己巳 己卯 己丑

己亥 己酉 己未日에는 맨처음 시작되는 子時에 甲子부터 시작하여 丑時는 乙丑、寅時는

丙寅식으로 六十甲子順次대로 十二時를 돌려짚는다。마찬가지로 乙이나 庚日이면、丙子

時、丙이나 辛日이면 戊子時、丁이나 壬日이면 庚子時、戊나 癸日이면 처음 壬子時부터 시작하여 十二時를 六十甲子 순서로 돌려짚어 해당되는 시간의 干支를 알게 된다.

地理法應用

○山勢의 大略

사람의 人倫에 三綱五倫(삼강오륜)이 있고, 형상에 四美十惡이 있듯이 地理法에도 三綱·五常·四美·十惡이 있다. 다음과 같다.

① 三綱

첫째는 氣脈(一曰氣脈)이니 富貴貧賤(부귀빈천)의 綱領(강령)이다.

氣(기)란 生氣요 脈(맥)이란 龍(용)인데 龍脈이 생기가 있고, 吉格을 이루어야만 葬後에 부귀가 발하고, 이와 반대면 貧賤해진다는 뜻이다. 원래 땅의 主된 요소는 흙이다. 흙이 곧 땅이오 땅이 즉 흙이므로 地理法의 우선은 땅의 형상 즉 흙이 뭉쳐 이루어진 모양으로 그 땅의 生氣의 有無를 식별하고, 氣가 壯한가 약한가를 가늠하므로 흙으로 뭉쳐 이루어진 龍脈의 형상을 잘 살펴야 그 氣脈이 吉格인가 凶格인가를 알 수 있다.

404

山을 龍에 비유한 것은 山의 모양이 마치 龍이 造化를 부리기 위해 꿈틀대며 生動하는 모습과 같다 해서 붙여진 이름이다. 그러나 모든 山 모든 龍이 다 그러한 것은 아니므로 어떤 山 龍脈은 마치 잘린 나무토막 같거나, 죽은 짐승, 죽은 벌레처럼 生氣가 없는 것이 허다하므로 地理法 가운데 으뜸으로 여기는 것이 바로 龍氣가 살았는가 죽었는가를 論하는 것이다. 龍의 氣가 없고서야 아무리 砂水가 아름답다 해도 이는 마치 죽은 시체 앞에다 진수성찬을 차려놓은 것 같이 아무 쓸모가 없는 것이다. 때문에 형상을 보아 氣脈의 生死와 强弱을 가늠하는바 生龍은 반드시 開帳穿心(개장천심)이 있고, 過峽(과협ー지나는 재)과 起伏(기복)과 峰腰(봉요ー벌의 허리), 鶴膝(학슬ー학의 무릎) 등으로 이어지면서 束氣(속기ー生氣가 뭉침 즉 氣가 이어진 증거)되며 前後左右에 朝應하고 옹호하는 山과 砂水가 둘러 있다.

龍勢(용세)가 솟아 일어나기만하고 (突起) 숙일줄(伏) 모르거나 엎드리기만하고 (伏) 다시 솟아 일어나지 못한 것은 氣가 죽었거나 살았더라도 몹시 미약한 증거이니 이러한 龍脈 아래에서는 절대 眞穴이 맺지 못한다. 眞穴이 맺지 않는 곳에 葬事하면 반드시 貧賤하게 내려가야만 生氣가 壯한 것이오 따라서 이러한 龍脈이라야 眞穴이 맺는 것이다. 그러므로 龍勢는 起伏하고 透迤(위이ー비실비실 뻗어내려가는 것) 하게 내려가야만 生氣가 壯한 것이오 따라서 이러한 龍脈이라야 眞穴이 맺는 것이다. 그러므로 龍勢는 起伏하고 透迤(위이ー비실비실 뻗어내려가는 것) 短命한 凶地가 된다. 그러므로 龍勢는 起伏하고 透迤(위이ー비실비실 뻗어내려가는 것) 龍의 角이 많고 中心脈으로 起伏하면서 특이하게 뻗으면 貴龍이고, 龍에 生氣가 있는 가운데 土厚(땅이 豊厚함)한 아래에 結局된 것은 富龍이다. 山이 장막을 열고(開帳) 수

려하며 보내고 (送) 맞이하는 (迎) 山이 있고、 거듭 巒抱 (만포ー둘러싸 안음) 한 局勢로 형

성되면 富豪의 땅이오、 倉庫 (창고) 와 金箱 (금상) 과 玉盞 (옥잔) 등의 美砂가 穴 주위에

벌려 있으면 반드시 富豪가 속출하는 吉地라 한다。

빈천한 용은 纒護 (전호ー左右에 호위하는듯 서 있는 山) 가 없고、 龍氣가 허약하고、 바

람을 막지 못하여 凹風 (요풍ー골목바람) 이 닿으며、 물이 곧게 흘러 오거나 흘러나간다。이

러한 까닭에 氣脈은 부귀빈천의 綱領이라 한 것이다。

둘째는 明堂 (二曰明堂) 이니 砂水의 아름답고 추한 것의 綱領이 된다。

明堂이란 砂水가 모이는 곳이다。 뒤에 枕靠 (침고ー벼개처럼 받친 山) 가 있고 앞에 는

朝對山 (조대산ー즉 案山) 이 있으며 좌우에는 아름다운 砂가 있는데다 龍의 형체는 主幹

(주간ー중심적인 龍脈) 이 正中으로 나와 穴이 맺는 곳의 주위 형세를 말한다。

明堂은 무엇보다도 바람이 닿지 않고 山의 精氣가 모여야하며 四方의 山水를 迎接해야

길격이고 水口는 禽獸星이 주밀하게 막혀 물이 급히 흘러빠지지 못하고 머뭇머뭇 멈추는

형세라야 한다。 고로 經에 이르기를 水口는 배가 通하지 못해야한다』 하였다。

셋째는 水口 (三曰水口) 이니 生旺死絶의 綱領이 된다。

水口는 內水口와 外水口가 있다。 內水口란 明堂 局內 즉 本身의 龍虎 좌우에서 흐르는

물이 빠져나가는 곳 (破口) 이고 外水口는 局 밖 즉 外靑龍과 外白虎 사이로 물이 빠져나

가는 곳、 또는 穴에서는 보이지 않으나 龍虎 너머로 물이 빠져나가는 곳 (破口) 을 칭한다。

그런데 水口는 二十四方을 넷으로 나누어 四局을 定해서 生旺死絶(胞胎法으로)을 論한다.

즉 二十四方의 二十四字 가운데 乙辛丁癸를 符頭로 삼아 辰(乙辰)、戌(辛戌)丑(癸丑)、未(丁

未)의 四墓(四庫・四葬・四藏・四金이라고도 한다)로 金木水火의 五行을 定하는데 辰은

水庫이니 水局、戌은 火庫로 火局、丑은 金庫로 金局、未는 木庫로 木局이 라

한다. 예를 들어 水口가 辛戌乾亥壬子의 여섯글자 안에 해당하면 이는 火局乙龍이라 하

는데 火長生寅으로 寅方이 生方이고、午方이 旺、酉方이 死、乾方이 絶이 된다. 또 水口

의 代名詞를 乙丙交而趨戌(을병교이추술)과 辛壬會而聚辰(신임회이취진)과 金羊收癸甲之

靈(금양수계갑지령)과 斗牛納丁庚之氣(두우납정경지기)로 표현하는데 水口가 만일 辛戌

乾亥壬子方에 해당하면 이를 乙丙交而趨戌이라 하여 火庫 戌을 기준 火局乙龍이라 하고、

乙辰巽巳丙午方에 해당하면 이를 辛壬會而聚辰이라 하여 水庫 辰을 기준 水局辛龍이라

하고、癸丑艮寅甲卯方에 해당하면 이를 斗牛納丁庚之氣라 하여 金庫인 丑을 기준 金局丁

龍이라 한다。 丁未坤申庚酉方에 해당하면 이를 金羊收癸甲之靈이라 하여 木庫인 未를 기

준 木局癸龍이라 한다。 火는 寅에、水는 申에、金은 巳에、木은 亥에 각각 長生을 起하

여 沐浴・冠帶・臨官・帝旺・衰・病・死・葬・絶・胎・養으로 順行하여 龍脈의 生旺死絶을

붙여보아 生旺이면 吉하고 死絶이면 凶이라 한다.

그리고 水口에 만일 禽獸와 日月과 華標捍門이 있으면 이는 天下大地라 한다.

五常이란 첫째 용(一曰龍)이오 둘째혈(二曰穴)이오、셋째 사(三曰砂)요、넷째 물(四曰水)이오、다섯째 향(五曰向)을 칭함이다.

첫째 龍은 眞이라야 하고 둘째 穴은 증거가 분명해야 하고、셋째 砂는 아름다움을 요하고、넷째 水는 有情하게 穴을 감싸 안아야 길격이며、다섯째 向은 生旺이 되도록 吉局으로 놓아야 한다.

③ 四美

山局의 형세에는 네가지 아름다운것(四美)이 있으니 아래와 같다.

첫째 羅城이 周密(주밀)함이오、둘째는 좌우가 環抱(환포) 됨이오、셋째는 官旺水가 朝堂함이오、넷째는 龍氣가 旺하고 土肥한 것이다.

羅城(나성)이란 穴을 중심으로 四方으로 들쑥 날쑥하게 솟은 봉우리들이 둘러싼 것인데 이와 같은 羅城이 周密하면 마치 家屋에 튼튼한 담장을 쌓아 바람을 막고 도둑의 침입을 막는 이치와 같아서 吉地라 할 수 있다. 그러므로 穴에서 羅城이 없이 허전하면 거의가 眞穴이 맺지 못하는곳이라 하겠다. 비록 形局이 그럴듯하여 眞局같이 생겼을지라도 羅城이 없는 곳은 假花요 假形이다.

특히 羅城이 吉한 것은 층층으로 둘러싼 峰巒들이 金木水火土의 形을 갖추어 八方이
周密하고 山形이 풍만하고 秀麗하며、뒤에는 天孤(천고)、天乙 太乙峰이 특
이하게 솟고 좌우에는 倉庫와 旗鼓(기고)와 創劍刀(창검도) 金箱(금상)、玉印 등의
貴砂가 나열해 솟아 있고、앞에는 玉几(옥궤) 日月、文筆峰 三台星이 朝應하며 九曲水가 甲卒
朝拜堂하여 마치 將軍이 陣中에 앉거나 貴人이 臨하면 旗幟創劍(기치창검)을 들고
들이 호위하는 듯하면 이는 天下第一의 大地인 것이다.

左右環抱란 左右의 龍虎와 外靑龍、外白虎 및 左單提(좌단제) 右單提가 穴을 중심으로
호위하듯 둘러싼 것을 칭하는데 山줄기 뿐만 아니고 물도 마찬가지다.

官旺水가 朝堂한다는 뜻은 抱胎法으로 臨官(임관)、帝旺方(제왕방)의 穴前으로 來聚함
이니 이렇게 되면 代代로 子孫들이 富貴를 누린다고 한다.

龍氣가 壯하고 土肥함이란 穴로 향하여 내려오는 용이 丁字 모양으로 中出脈으로 뻗되
磊落(뇌락)하고 起伏하면서 萬馬가 치달려 오듯이 그 형세가 장엄한 가운데 結局되는 지
점에 이르러서는 土色이 紅黃紫潤하고 穴形이 厚重한 것이니 이 역시 大吉地의 證表라
할 수 있는 땅이다.

④十惡不善

山水에는 열가지 凶格이 있으니 다음과 같다.

첫째는 龍이 劫殺을 띠었거나 返逆을 범한 것이오, 둘째는 龍이 劍脊처럼 생겨 곧 고

딱딱한 것이오, 셋째는 穴에 凶砂와 惡水가 범한것이오, 넷째는 穴에 바람이 다아 氣가

흩어짐이오、다섯째는 探頭砂(탐두사)가 있거나 搥胸砂(퇴흉사)가 있는 것이오、여섯째

는 砂가 反背되어 無情한 것이오、일곱째는 물이 穴을 冲射하거나 反弓形으로 흐르는 것

이오、여덟째는 黃泉大殺水(황천대살수)를 범한 것이오 아홉째는 向이 生方을 冲하고 旺

方을 破하는 것이오 열번째는 向이 閉殺과 退神을 범한 것이다.

龍이 劫殺을 범했다 함은 後龍의 過峽(과협) 되는 곳에 흉칙스런 岩石이 솟아 있는 것

이며、返逆이란 뻗어내려오는 龍脈(특히 左右 枝脚)이 앞으로 向하지 않고 뒤로 거슬러

나간 것이다.

둘째 劍脊龍(검척룡)이란 그 형상이 칼등처럼 날카롭고 딱딱하며 곧은 것인데

대개 이러한 龍은 枝脚도 없고 起伏도 없는 死脈이니 이러한 龍 아래에는 절대 眞穴이

맺지 않는다。

穴에 凶砂와 惡水가 범한것이란 穴 주위에 험상스런 岩石 및 土塊등이 있고 요란한 소

리를 내며 물이 急流하거나 暴瀑가 있는 것이니 이러한 곳에 占穴하면 葬後 재산이 망하

고 器聲이 연달아 들린다고 한다。

넷째로 穴에 바람이 불어 氣가 흩어짐이란 穴을 보호하는 峰巒(봉만)이 없이 虛하게

트여있으면 그 虛한 사이로 凹風(요풍)이 불어와 生氣가 흩어진다。고로 穴 뒤의 凹風은

夭壽하고、左便의 凹風이 불면 長房이 敗絶이오 右便의 凹風은 次房(차방ー둘째、셋째 子孫)에게 채앙이며、앞에서 凹風이 불면 貧寒孤獨하다。

다섯째로 探頭砂(탐두사)란 망치로 사람의 머리를 내려치는 형상과 같다해서 붙인 이름이고 搥胸砂(퇴흥사)란 철퇴로 가슴을 내려치는것 같은 형상의 凶砂를 칭함이니 탐두사나 퇴흥사가 있으면 淫蕩하고 克子傷妻한다。

여섯째로 反背無情이란 龍虎나 案山이나 물은 穴을 向하여 朝應(조응ー오긋한 모습)함이 길한데 이와 반대로 穴을 둥져 바깥쪽으로 向하면 反背無情이라 한다。靑龍山이 反背하면 長房이 빈한하고 白虎山이 無情하면 次房이 貧孤하며 案山이나 물이 反背되면 家運이 衰退한다。

일곱번째로 물이 冲射하거나 反弓이란 물이 穴前에서 一直線으로 곧게 흘러오거나 흘러나가는 것을 冲水라하고、물이 反弓(반궁ー활을 양 끝이 뒤로 향하게 놓은 모양) 처럼 來去가 穴을 등져 흐르는 것인데 人丁이 不旺하고 재물이 흩어진다。

여덟째 물이 黃泉大殺을 범한 것이란 즉 黃泉破(황천파)를 칭함이니 즉 庚丁向에 庚丁方水、甲癸向에 艮方水、艮向에 甲癸方水、乙丙向에 巽向에 乙丙方水、辛壬向에 乾方水乾向에 辛壬方破가 黃泉大殺이니 이를 범하면 주로 재산이 망하고 子孫이 夭壽한다。

아홉째 向이 生旺方을 冲破함이란 向에 穴을 冲하거나 旺氣를 깨뜨리는 砂角 및 水殺이 있는 것이니 빈궁하고 자손이 不旺한다。

열번째로 向이 閉殺 및 退殺을 犯한 것이란 向上에 凶砂·險石이 있어 穴을 압박하는 것이니 재앙이 따르고 夭壽한다.

⑤ 四象穴

四象(사상)이란 窩(와)·鉗(겸)·乳(유)·突(돌)의 穴形의 기본인데 이를 四大穴形 또는 四大穴星 또는 穴星四大格이라고도 한다.

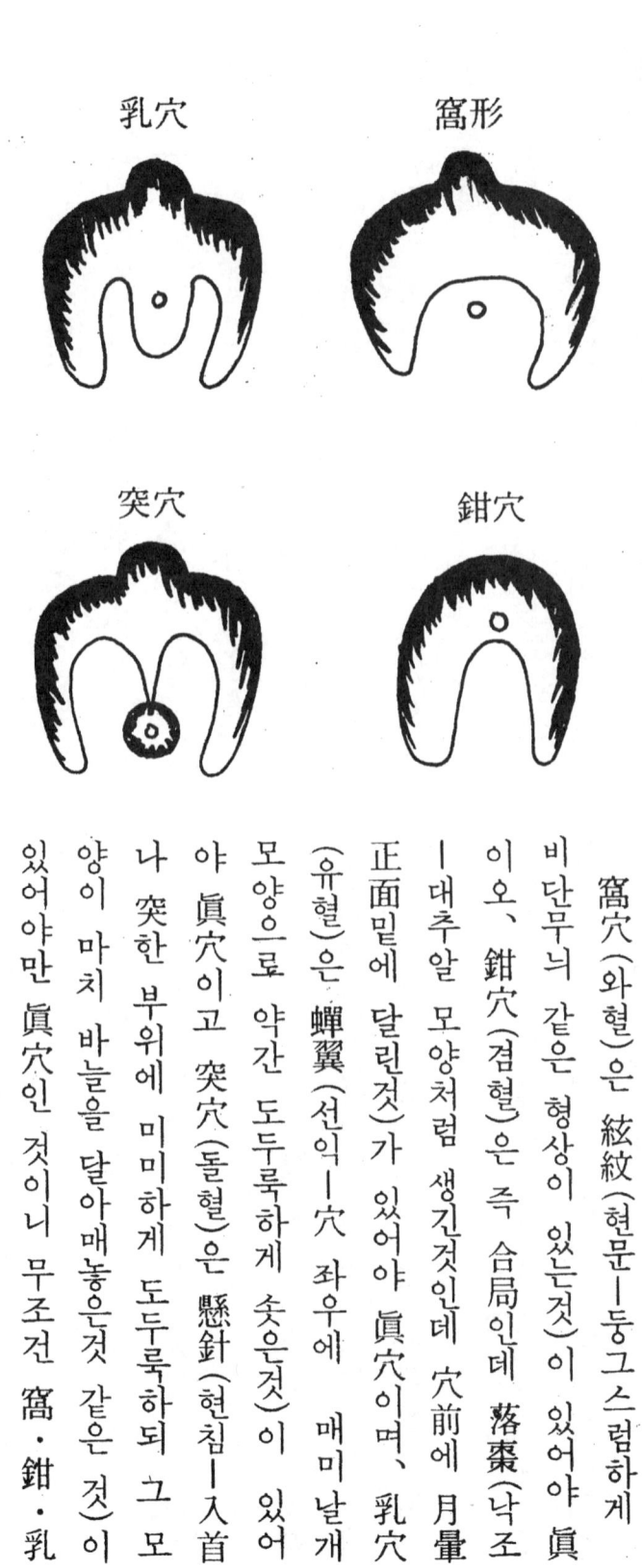

乳穴　窩形

突穴　鉗穴

窩穴(와혈)은 絃紋(현문—둥그스름하게 비단무늬 같은 형상이 있는것)이 있어야 眞이오, 鉗穴(겸혈)은 즉 合局인데 落棗(낙조—대추알 모양처럼 생긴것인데 穴前에 月暈正面밑에 달린것)가 있어야 眞穴이며, 乳穴(유혈)은 蟬翼(선익—穴 좌우에 매미날개 모양으로 약간 도두룩하게 솟은것)이 있어야 眞穴이고 突穴(돌혈)은 懸針(현침—入首나 突한 부위에 미미하게 도두룩하되 그 모양이 마치 바늘을 달아매놓은것 같은 것)이 있어야만 眞穴인 것이니 무조건 窩·鉗·乳

突・四象 가운데 해당한다 해서 眞穴이라 단정하지 말고 위와 같은 眞穴의 증거가 있는가를 살펴 占穴해야 한다.

⑥六形分類

二十四方의 二十四龍을 四龍씩 묶어 아래와 같이 分類하여 別稱을 단다.

四正＝子・午・卯・酉

四胎＝乾・坤・艮・巽

四胎＝寅・申・巳・亥

四强＝乙・辛・丁・癸

四順＝甲・庚・丙・壬

四藏＝辰・戌・丑・未

四胎(乾坤艮巽)는 봉우리를 이루고 가르쳐 나가는 것이 좋고, 四胞龍(寅申巳亥)은 龍身을 回抱(회포ー돌면서 감싸 안음)하면서 작란함이 좋은 곳이 있고 腦頭(뇌두)를 형성해야 좋고, 四正龍(子午卯酉) 가늘고 길게 뻗되 腰部(요부ー허리처럼 잘룩진목)가 있음을 좋아 하고, 四强龍(乙辛丁癸)은 龍이 起突(기돌ー도두룩하게 솟음)하되 鉗形(겸형)을 이루어야 좋고, 四藏龍(辰戌丑未) 편편히 뻗어오면서 그 밑에 窩形을 이루어야 眞龍眞穴이다. 그러므로 乙이 辰을 勝하면서鉗形이 되고, 辰이 乙을 勝하면 窩形을 이루는것이니 기타도 이와 같은 例에 따른다.

○ 脈性의 八條十六形

山 및 龍脈의 형태를 述語로 표현하현하는데는 다음과 같다.

즉 屈(굴)・曲(곡)・之(지)・玄(현)・直(직)・伸(신)・顧(고)・回(회)・囚(수)・垂(수)・起(기)・濶(활)・盤(반)・散(산)・鬱(울)・亂(난)・沛(패)・浮(부)・逾(유)・帶(대)・生(생)・死(사)・偏(편)・絶(절) 등 八條와 十六變이 있으니 龍은 모두 이 안에 포함되 이 있다.

龍이 交하는 것이 屈이오 뒤에 미련이 있는듯한 것(後不忘)이 曲요、龍身이 놀라 움추린듯 한것이 之요 다투어 사귀는 형상이 玄이오、龍이 달리는듯 곧게 뻗어나가는게 直이오、흩어지는것이 伸이오、뒤에 또 脈이 生하는게 顧요、冲을 만난것이 回이오、뒤에 起頭된 것이 垂요、砂가 谷을 메꾼듯 한것이 囚요 順(甲庚丙壬)로 이어진것이 起요 正(子午卯酉)에서 金(辰戌丑未)으로 連한것이 濶이오 머리카락 흩어진 형상이 盤이오、强脈(乙辛丁癸)이 모인것이 散이오 군원을 잃은것이 亂이다.

이러한 까닭에 暈屈(운굴ー圓形)으로 약간 凹한것이 없이 起胎(乾坤艮巽脈이 생긴것)와 바람을 막지 못한 細直龍(가늘고 곧게 뻗은 脈)과 補翼(보익ー양쪽에서 보호하는것)이 없는 胞乳(寅申巳亥脈의 乳形)과 月暈(월운ー은미하게 달무리처럼 둥글게 솟거나 들어간 것)이 없는 雙金(쌍금ー辰戌丑未)은 비록 그럴듯한 펄이 있더라도 실은 空穴인 것이.

414

生龍을 구분하는 근본도 形에 있고、死龍의 근본도 形에 있으니 먼저 眞龍眞穴의 證標

○ 先後天相配法

乾甲은 离壬의 先天이오 离壬은 震庚의 先天이오、震庚은 艮丙의 先天이오、艮丙은 乾甲의 先天이다。 또 坤乙은 子癸의 先天이오、子癸는 兌丁의 先天이오、兌丁은 巽辛의 先天이오 巽辛은 坤乙의 先天이다。

○ 淨陰淨陽四大格

乾甲은 乾卦 ☰ 를 취하여 老父의 象이오、坤乙은 坤卦 ☷ 를 취하여 老母의 象인데 이는 天地定位格(乾은 天、坤은 地)이니 長·仲·末孫이 다 發福한다。 震庚亥未는 震卦 ☳ 를 취하여 長男의 象이고、巽辛은 巽卦 ☴ 를 취하여 長女의 象이니 이는 雷風(震은 雷、巽은 風)이 相縛(상박)하는 格으로 長孫이 發應한다。 坎癸申辰은 坎卦의 ☵ 를 취하여 中男의 象이고 离壬寅戌은 离卦의 ☲ 를 취하여 中

女의 象인데 이는 水火不相射格(坎은 水、離는 火다)이라 하는바 仲孫이 發應한다.

艮丙은 艮卦의 三를 취하여 少男의 象이오 兌丁巳丑은 兌卦 三를 취하여 少女라 하는데

이를 합하여 山澤通氣格(艮은 山、兌는 澤)이라하여 주로 末孫이 發應한다.

○ 龍穴合局論

庚酉辛戌龍 乾亥穴의 亥入首 乾坐에 丁得甲破면 順三合局이고、青龍破(寅破)는 天地人

(酉는 天、戌은 地 寅은 人이라 한다)의 三才를 갖춘것이니 이와 같은 원리를 취용함이다。또 辛戌乾亥穴은 暗藏法으로 戌中丁火、亥中甲木이 있으니 乾甲丁 三合이고、乙得丙

破나 丙得乙破라면 隔八相生에 겸하여 母子配合의 이치가 있고、巽破면 歸元이라 한다。

乾亥局 亥入首乾坐에 艮寅角이 있으면 甲午符頭가 변하여 甲戌符頭요 元龍符頭로 따져

亥入首면 己亥인데 乙亥로 변하므로 三代에 文章이 나온다。이는 天德인 때문이다。또는

庚酉角이 있으면 甲辰符頭이니 亥는(乙巳丙午 丁未戌申 己酉 庚戌 辛亥

로) 辛亥가 되므로 四代에 文章이 나오고、辛酉角이면 변하여 甲午符頭 亥에 己亥가 되

므로 五代에 가서는 絶嗣하는데 이는 戊己入首가 되기 때문이다。

乾亥龍에 壬子穴이면 暗藏으로 亥中甲木과 子中辛이 있으니 亥入首 亥中甲木이 子穴이

子中辛을 生해주고、癸坐라면 癸甲合이 되고、亥入首辛坐면 亥中甲이 甲生辛(甲生辛이라

隔八相生임)하니 入首가 坐穴을 生해주므로 大發하는 이치가 있다.

壬子癸丑龍의 艮寅穴에 辛得丙破는 艮丙辛三合之理를 취한 것이오、庚破면 隔八相生

(艮生庚)이다。위 龍에 癸丑角이 있으면 甲申符頭인 본래 甲戌符頭인 戊寅入首가 변하여

庚寅이 되었으므로 先後天이 配合되었다。고로 四代에 人丁이 旺盛한다。巽巳角이 있으

면 甲子符頭니 원래 甲戌符頭의 戊寅이 변하여 丙寅이 되었으므로 五代에 文章이 나온다。

寅入首에 癸坐를 놓으면 寅中丙火가 있으니 隔八로 丙生癸요、寅入首에 卯坐를 놓으면

卯中에 癸가 있어 역시 隔八로 卯生癸가 되는 이치로서 吉美하다。

艮寅龍 아래에 甲卯穴이면 寅中丙과 卯中癸가 있으니 隔八로 入首(寅中丙)가 坐(卯中

癸)를 生해주어 길하다。(이것이 曰、龍이 穴을 生해주는 이치다)

甲卯龍 아래의 艮寅穴(즉 坐)의 경우 震庚은 艮丙의 先天이니 先後天(甲卯龍의 震이

後天、艮寅穴의 艮이 先天)이 配合된 이치가 있어 吉하다。(水法은 위와 同一함)

甲卯乙辰龍 아래의 巽巳局은 天地人의 三才가 배합되었다。

巽巳龍의 丙午穴은 巳中丙과 午中乙을 취하여 隔八로 庚生乙이므로 龍이 穴을 生해주

어 크게 發應하는 이치가 있다。

丙午丁未龍 아래의 坤申穴은 天地人의 三才를 갖추었고、申入首에 酉坐나 丁坐를 놓으

면 申中壬과 酉中丁이 있으니 酉・丁 두 坐가 모두 隔八로 壬生丁이라 入首가 坐穴을 生

해주므로 크게 尊貴한 배합이라 하겠다。

辰戌丑未의 四庫龍은 각각 三곳이 明穴이라 한다.

辛戌龍의 戌乾亥局은 乾甲丁(亥中甲과 戌中丁을 取用)의 三合局이고 壬子은 同合으로 辛壬이 合이 되어 吉하며 庚酉穴은 역시 丁庚으로 同會하는 이치가 있어 吉하다.

癸丑龍 아래의 丑艮寅穴은 艮丙辛(寅中丙과 丑中辛을 取用)으로 三合을 이루어 合格이고, 甲卯穴은 癸甲(卯中癸)으로 同合하는 이치가 있으며 壬子穴은 역시 辛壬(子中辛)으로 同合하는 이치가 있어 吉이라 한다.

丁未龍의 未坤申局은 坤壬乙(未中乙과 申中壬을 取用)로 三合局이오 甲卯穴은 癸甲合(卯中癸)이고 壬子穴은 辛壬合(子中辛)의 이치가 있어 吉하다.

乙辰龍 아래의 巽巳穴은 巽庚癸(辰中癸와 巳中庚을 取用)로 三合局을 이루고、丙午穴은 乙丙合(午中乙)이오、甲卯龍은 癸甲合(卯中癸)의 이치가 있어 길격이다.

乾亥壬子龍 아래의 癸丑局에 子癸丑穴인 경우 乾亥角은 甲午符頭니 子는 庚子가 되고 丑은 辛丑이 되며、艮寅角이면 甲戌符頭니 子는 丙子요、丑은 辛丑이다. 본래 壬子龍符頭가 甲申이므로 戊子 己丑에 해당하지만 甲戌符頭로 변하여 庚子 辛丑과 丙子 丁丑이 되니 戊己殺을 벗은데다 庚은 丑의 天月德이고 또는 丁庚으로 同合하는 이치를 겸하니 심히 기이하여 四代에 文武官이 나오고、二代、四代에 萬石君의 富가 나올뿐 아니라 人丁이 旺하고 富貴가 代代로 長遠하게 發應한다.

艮寅甲卯龍의 乙辰板局에 卯乙辰穴인 경우、本龍은 甲戌符頭요、艮寅角도 甲戌符頭니

卯辰은 己卯 庚辰이고、巽巳角은 甲子符頭니 卯辰에 戊辰이 닿는다。그러나 己卯가 丁卯로、戊辰이 庚辰으로 즉 戊己가 丁庚으로 변하였으므로 萬石君이 생기는 吉格이라 하겠다。

巽巳丙午龍에 丁未板局으로 떨어져 午丁未穴을 지은 경우、巽巳角은 甲子符頭니 庚午 辛未가 되고、坤申角이면 甲辰符頭니 丙午 丁未가 된다。戊己殺을 벗고 변하여 丙辛丁庚 으로 되었으니 代代로 人丁이 왕하고 致富하는 이치가 있다。

이상은 暗藏法과 隔八相生과 同合 및 天地人 三才며 先後天 配合을 吉局으로서의 發應 됨을 상세히 논하였으니 龍과 穴의 配合의 妙가 이와 같음을 깨달아서 응용에 차질이 없 기 바란다。

○交媾論（一法）

交媾（교구）란「음양이 사귀어 화합한다」는 뜻인데 地理法에 一陰一陽이 交合하는 것이 즉 交媾다。광범위하게 따진다면 萬有가 다 반드시 陰陽으로 분류되고 또 陰陽은 한가지 원칙에만 매어지는게 아니라 그 응용에 따라 본래 음인 것이 양이 되는 수도 있고、양인 것이 음이 되는 수도 있다。예를 들어 干支로 말하더라도 크게는 干을 陽 支를 陰으로 보고、干에는 또 陽干과 陰干으로 분류되고、陰支에도 陽支와 陰支로 나뉘며、방위 배열로 보면 寅卯辰巳午未가 陽이라면 申酉戌亥子丑이 음이 되는 것이다. 그러므로 地理法에 음양도 여러가지가 있는데 (一例로만 음양을 논할 수 없고, 응용면에 따라 음양을 구분한 다) 여기에서는 山의 龍脈을 (形狀이 아닌) 음양으로 구분 음양이 짝짓도록 하는 것이 交 媾의 義다.

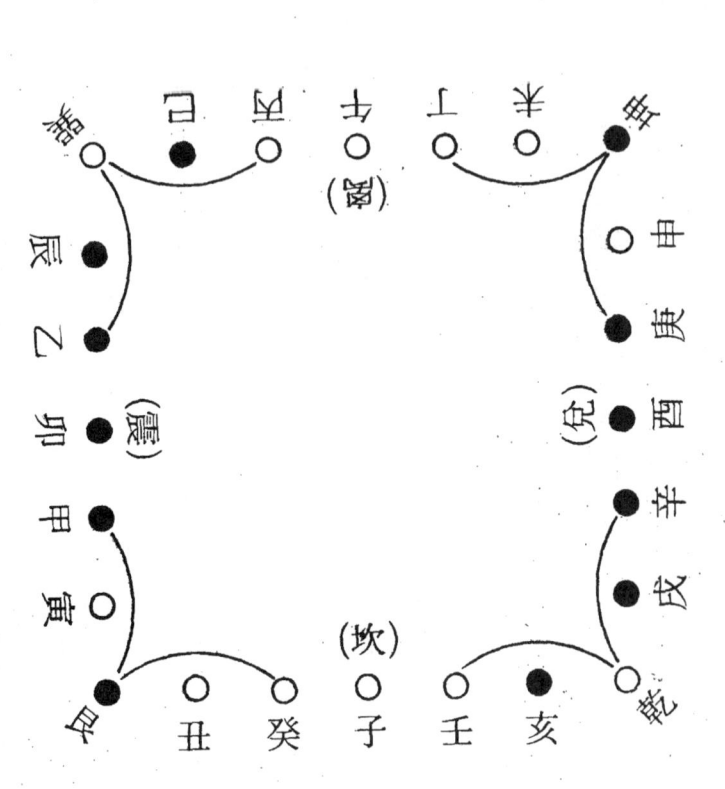

陽脈=壬子癸丑寅巽丙午丁未申乾脈

陰脈=甲卯乙辰巳坤庚酉辛戌亥艮脈

위 그림 ○는 陽의 표시이고 ●는 陰의 표시이다. 고로 乾·壬·子·癸·丑·寅은 下旋의 六陽이고 巽·丙·午·丁·未·申은 上旋의 六陽이며、艮·甲·卯·乙·辰·巳 는 左旋의 六陰이고、坤·庚·酉·辛·戌·亥 는 右旋의 六陰이다.

이와 같은 上下左右 四旋의 음양이 혹은 왼쪽으로 합하고 혹은 오른쪽으로 합하여 음양 交媾가 이루어진다.

子午卯酉는 四正인바 四正은 上下左右 의

420

中央에 거하여 交媾를 仲媒하되 子午는 陽媒가 되고 卯酉는 陰媒가 된다.

子正은 壬癸의 중간에 끼어 중매가 되는데 壬은 陽中의 陽이므로 陰中의 陽인 乾을 붙드는 의가 있고, 癸는 陰中의 陽이므로 항시 陽中의 陽인 艮으로 향하는 마음이 있다. 午正은 丙丁의 사이에서 중매가 되는데 丙은 陽中의 陽이므로 항시 陰中의 陽인 巽으로 돌아가려는 뜻이 있고、丁은 陰中의 陽이므로 항시 陽中의 陽인 坤으로 향하려는 태도가 있다.

卯正은 甲乙의 사이에 끼어 중매가 되는데 甲은 陰中의 陰이므로 항시 艮으로 향하는 마음이 있고、乙은 陽中의 陰이므로 항시 巽을 그리워하는 버릇이 있다.

酉正은 庚辛 사이에 위치하여 중매가 되는데 庚은 陰中의 陰이므로 항시 陽中의 陰인 坤을 그리워하고 辛은 陽中의 陰이므로 항시 乾을 따르는 道가 있다. (二十四方을 十二方으로 두자씩 묶어 陰陽을 定하는 경우도 있다. 즉 壬子陽 癸丑陰、艮寅陽 甲卯陰 乙辰陽 巽巳陰 丙午陽 丁未陰 坤申陽 庚酉陰 辛戌陽 乾亥陰이므로 여기에서는 이 원칙의 음양과 圖表에 표시된 음양법으로 陽中陽 陽中陰 陰中陽 陰中陰이라 하는 것이다)

이상과 같이 陽이 陽을 따르고 陰이 陰을 따르는 이치가 있는 것을 모르고 무조건 陽은 陰을 좋아하고 陰은 陽을 좋아한다는 단순한 음양배합만을 고집한다면 易姓의 과오를 범하리니 조심해야 한다。왜냐 하면 子午는 陽의 正龍이고 卯酉는 陰의 正龍인데 陽正이 合交할 때 陰正을 만나거나 陰正이 合交할 때 陽正을 만나면 絶하여 大凶하다。

子正龍이 左旋하여 卯를 만나거나 右旋하여 酉를 만나면 絶이다。

午正龍이 左旋하여 酉를 만나거나 右旋하여 卯를 만나면 絶이다。

卯正龍이 左旋하여 午를 만나거나 右旋하여 子를 만나면 絶이다。

酉正龍이 左旋하여 子를 만나거나 右旋하여 午脈을 만나면 絶이다。

그러나 가령 子正龍이 左旋하여 卯正을 만났더라도 다시 午正脈을 만나면 도리어 吉格이 된다。

卯、酉ー午ー卯(이상은 모두 吉格)

子ー卯ー午、卯ー午ー酉、卯ー子ー酉、午ー卯ー子、午ー酉ー子、酉ー子ー

○交龜組織(二法)

交란 陰陽頭尾(여기에서 陰陽頭尾란 乾坤艮巽의 四胎를 칭함)가 모두 갖추어져 있는 것이고、龜란 左右脈에 胞(寅申巳亥)와 金(辰戌丑未)이 다 갖추어져있는 것을 말한다。明山같이 보여도 交龜가 없는 龍은 眞穴이 맺지 않는 虛花이고、明山처럼 보이지 않더라도 交龜가 갖추어진 龍脈은 眞穴이 맺는 實化라 하겠다。四胞(寅申巳亥)의 끝에 四藏脈(辰戌丑未)으로 이어지면 다만 局은 있어도 龍身의 달려

나간 것이 없고 、 四藏脈 끝에 四胞脈으로 이어지면 龍身의 달려나간 것은 있어도 局이

없는 山이다。 山에는 六形脈이 있으니 四胎・四胞・四順・四正・四强・四藏으로 분류한다

다。四胎는 乾坤艮巽이오、四胞는 寅申巳亥、四順은 壬丙庚甲、四正은 子午卯酉、四强은

乙辛丁癸、四藏은 辰戌丑未다。

交龜가 분명하게 갖춘 龍脈 아래에 子午卯酉 四正은 仲媒(중매)가 되어 交龜의 配合을

도운다。비유하건데 山의 陰陽胞胎는 夫婦의 象이고、陰陽庫藏은 財가 되어 夫婦의 生活

을 풍족시켜준다。그러므로 吉地는 一穴에 胞와 胎와 順과 正과 强과 藏의 六脈이 陰陽配合을

이루어 총집결한 곳이니 즉 木火土金水 五行의 정기가 모여 응결한 곳이 交龜가 이루어

穴이라 한다。가령 子坐로 入葬한 경우 坐의 地(땅 그 자체)는 土요 子는 北方水에 속하

는 仲媒이고、왼편에 艮寅角이 있고、오른편에 辛戌角이 있으면 左右 모두 火요(艮丙辛

寅午戌은 火에 속함)、또 왼편의 癸丑角은 金이오(巽庚癸巳酉丑은 金) 오른편 乾亥角은

木(乾甲丁亥卯未는 木)이니 이와 같이 木火土金水 五行이 빠짐없이 聚結한데다 또 子坐

의 子는 天(子午卯酉는 三才가운데 天이라 하였음) 오른편 辛戌角은 地요(辰戌丑未는 三才

가운데 地라 한다) 왼편 艮寅角은 人(寅申巳亥는 天地人 三才가운데 人에 속함) 이니 天

地人의 三才로 成局되었다。또는 艮寅乾亥가 夫婦配合의 象이고、癸丑辛戌이 陰庫(丑) 陽

庫(戌)로 재물이 되어 生活의 資産을 받침하니 이것이야말로 진실한 吉地라 하겠다。

아래는 交龜配合을 그림으로 표시 설명한 것이다。

위 그림은 北方水局으로 作穴된 例다.

● 元地는 土, 壬子는 水다.
왼편 艮寅은 水, 癸丑은 金이며, 오른편의 辛戌은 火, 乾亥는 木이다. 艮寅乾亥의 두 胎胞가 夫婦로 配合하고 辛戌癸丑 두 庫藏은 陰陽으로 配合하여 재산이 되며 또 壬子의 子는 天이오 辛戌의 戌은 地요, 艮寅의 人은 人이니 天地人 三才로 成局하고 金木水火土 五行을 구비하여 交龜되었으니 吉地다.

다음 그림②는 南方火局이 作穴한 例다.

● 元地는 土, 丙午는 火다.
오른편 坤申은 水, 丁未는 木이며, 왼편 乙辰은 水, 巽巳는 金이다. 坤申巽巳의 두 胎胞(坤巽은 胎, 申巳는 胞)가 夫婦로 配合하고, 丁未乙辰의 두 庫藏(未辰)이 陰陽으로 合하여 財가 되며, 丙午의 午는 天이오, 乙辰의 辰은 地요, 坤申은 人이니 天地人 三才로 成局하고 또 金木水火土 五行이 구비되어 交龜하였으니 萬無一失의 吉地가 분명하다.

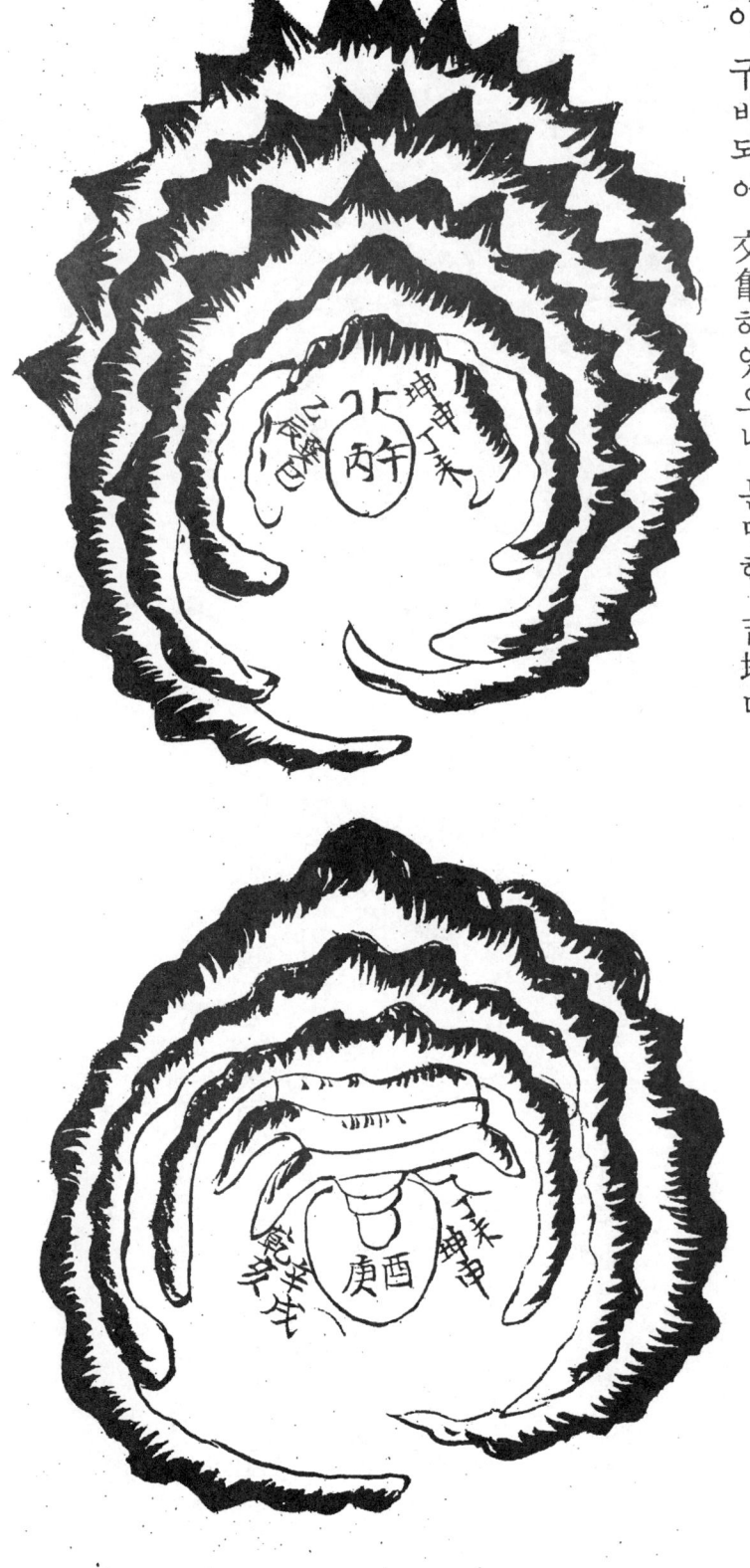

위는 西方金局으로 作穴한 例의 그림이다.

●元地는 土、庚酉는 金이다.

왼편 丁未는 木、坤申은 水요、오른편 乾亥는 木、辛戌은 火다. 乾亥坤申의 두 胎(坤乾)와 胞(申亥)는 夫婦가 되고 辛戌·丁未 두 庫藏(戌未)은 재산이다. 또 庚酉의 酉는 天이오、丁未의 未는 地요、乾亥의 亥는 人이니 三地人三才로 成局하고、金木水火土 五行이 구비되어 交龜하였으니 분명한 吉地다.

위는 東方木局으로 作穴한 例의 그림이다.

● 元地는 土、 甲卯는 木이다.

왼편 癸丑은 金、 艮寅은 火요、 오른편 巽巳는 金、 乙辰은 水다. 巽巳艮寅의 두 胎(巽艮)와 胞(巳寅)는 夫婦로 合하고 乙辰癸丑의 두 庫藏(辰丑)은 財가 되며、 甲卯의 卯는 天이오、 癸丑의 丑은 地요、 巽巳의 巳는 人이니 天地人 三才로 成局하고 木火土金水 五行이 구비 交亀되었으니 이야말로 흠잡을데 없는 吉地라 하겠다.

※위에서 取用한 五行은 雙山三合五行인데 다음과 같다.

乾甲丁亥卯未 ― 木
艮丙辛寅午戌 ― 火
坤壬乙申子辰 ― 水
巽庚癸巳酉丑 ― 金

○辛壬會而聚辰 (신임회이취진)

이 山의 例는 三胎(艮·巽·坤)와 三胞

○乙丙交而趨戌 (을병교이추술)

위 山圖는 三胎와 三胞가 배합해서 頭尾가 서로 응하고 穴에 三合(戌中丁과 亥中甲이

(寅·巳·申)가 配合해서 頭尾가 서로 연접하고、穴에 巳中庚 辰中癸가 三合局을 이루었으며、丙得乙破로 巽庚癸가 三合 隔八이며 天地人 三才를 갖춘데다 左右 六將이 天德 月德으로 서로 응호하며 兩水 兩金 兩火로서 철통같이 수호해주니 이는 穴法가운데 六角法에 부합되고、乾坐巽向이니 四大格 가운데 하나에 포함된다。만일 丙破가 아니고 巽破라면 黃泉水가 되어 못쓰고、午破라면 八曜水가 되어 흉하다。이 穴은 一이 四와 交하고 四가 一과 交한 이치에 부합된다。그리고 이 山은 水局辛龍이라 한다。

427

○金羊收癸甲之靈 （금양수계갑지령）

니 乾甲丁 三合）이 暗藏되었으며 壬得辛破

（그러므로 乙丙交而趨戌이란 것이 해당하여

火局乙龍이다）로서 天德에 隔八相生이고 天

地人 三才를 갖추었다. 뿐 아니라 左右의

六將이 天德·月德이 되어 서로 웅호해주고

五行은 兩水、兩木、兩火로 철통같이 수비

하였다. 고로 이 穴은 穴法가운데 六角法이

란 吉格에 해당. 巽坐乾向을 놓으니 四大吉

格 가운데 하나다. 그러나 만일 乾破라면

黃泉水요、酉破라면 八曜水가 범하여 불길

하니 잘 살펴 취해야 한다. 그리고 이 例는

火局乙龍이라 한다.

三胎（巽·乾·坤）와 三胞（巳·申·亥）가 배합하여 頭尾를 서로 연결하였으며、穴에 未

中乙과 坤과 申中 壬이 坤壬乙로 三合이 秘藏되고、甲得癸破니 天德에 隔八로 相生을

이루었다。天(午・酉)과 地(未・戌)와 人
(巳・申・亥)의 三才가 구비되고 左右의 六
將이 天德、月德이 되어 서로 옹호한다。뿐
아니라 兩金、兩火・兩木으로 철통같이 지
키니 이는 穴法가운데 六角法의 坤坐艮向이
니 四大吉格中 하나에 해당한다。만일 艮破
라면 黃泉殺이고 卯破라면 八曜水가 되어
凶하니 상세히 살피지 않으면 안된다。이
例는 二는 三과 짝하고、三은 二와 짝하여
五度數를 이룬 이치가 있다。그리고、이는
木局癸龍이라 한다。

429

○斗牛納丁庚之氣（두우 납정경지기）

이 例의 山도 三胎·三胞가 배합 頭尾
가 서로 연결되고、穴은 丑中辛과 寅中
丙과 艮이 艮丙辛으로 三合暗藏을 이루
고、역시 天德에 隔八로 相生이며 四大
格中에 하나인데 六角法의 艮坐坤向이오
兩木·兩水·兩金으로 철통같이 수호하
였다。만일 坤破면 黃泉水요、寅破면 八
曜殺이니 이를 犯하지 말아야 한다。그
리고 이는 金局丁龍이라 한다。또는 七
이 八과 合하고 八이 七과 合하여 十五
度數에 配合되는 원리가 있다。

山法諸論

〔참고〕아래에 收錄하는 內容은 慶北榮州에 居住하는 張雲龍氏가 編集한 「地理大典」이

형식을 취했을 뿐이니 이 點 이해하면서 연구하기 바란다.

○ 眞假篇

○分이 假면 枝가 空이니 疾이 萬枝에 미치고、分이 眞이면 枝가 生이니 貴가 萬枝에 미친다. 이러하므로 分假가 흉함이 없다 말것이며、分眞이 貴함이 없다 말하지 말아야 한다.

〔註〕 空이란 體가 空한 것이니 枝가 空하면 假가 되고、體가 眞이면 枝가 眞이오 枝가 生한 것이다. 正空(子午卯酉가 空)과 順空(壬丙庚甲이 空)에 胎(乾坤艮巽)만 우뚝하면 胎가 空하여 分脈되는바 이것을 枝假라 한다. 子午卯酉(正)가 없는 乙辛丁癸(强)는 强空이고、乙辛丁癸가 없는 乾巽艮坤脈은 胎空인데 空分이란 즉 枝脈이 眞이 아닌 假脈 이다.

子午卯酉가 壬丙庚甲으로 이어지고、壬丙庚甲이 乾坤艮巽으로 이어지면 胎分이 眞이니 이를 枝眞이라 하고、子午卯酉가 있는 乙辛丁癸는 强眞이라 하고 乙辛丁癸가 있는 乾巽艮坤은 胎眞이니 이를 眞分의 枝眞이라 한다.

○正과 順과 胎의 三連之上에는 凸가 標가 되고、三連之下에는 凹가 標다。假龍의 體

는 그 金(辰戌丑未)을 지고 胞를 벗어나고、眞龍의 體는 金이 없이 (不負金) 전혀 胎만 旺하다。이러하므로 金을 負하면 龍이 走하는 象이고、胎를 負하면 龍이 멈추는 象이라 한다。

〔註〕負는 順 위에 胎가 있는 것이다。胎脈이 突起하면 龍 앞의 順脈이 머리를 드리고 (垂頭)、强脈 위에 胎脈이 일어나면 앞의 金脈 위에 胎脈이 突起하면 앞의 金脈이 머리를 든다。垂해야 할 脈이 垂하지 않으면 뒤 뿌리(근원)에 병이 있고、起해야 할 것이 起하지 않으면 앞의 唇氈(진전—穴 앞으로 늘어진 脈)이 克받게 되고、龍이 臥와 ㅡ눕는 것 즉 起의 반대) 해야 할 脈이 臥하지 않으면 交하는 가운데 殺이 침입하고、突해야 할 脈이 突하지 않으면 分 가운데 근원을 잃는다。그러므로 突이 아닌 곳을 취하지 말것이며 垂하지 않은 곳을 취하지 마라。왜냐하면 비록 生氣가 있더라도 殺이 많아 못쓰고、眞이 있더라도 靈氣가 없어 못쓴다。「三連이란 正이 順과 연결되고、順이 胎와 연결된 것이오、「三連之下」란 陽이 陰으로 陰이 陽으로 이어진다는 뜻이다。

○ 雌雄奇

○ 陰과 陽이 並立에 뒤는 돌아보지 않고 앞으로만 펴 나가면 胎分은 枝眞이나 正分은

枝死라 한다。陰과 陽이 並立에 枝脈이 돌아보는 형상이 없이 體가 펴나가기만 하면 正

分은 枝眞이나 胎分은 枝死라 한다。三胎가 並立에는 金分은 枝眞이나 胎分은 枝死요、雙

突과 一胎가 並立하는 경우에 前脈은 돌아보지 않고 後脈은 펼쳐나가는 것이니 胞分은

枝眞이고 金分은 枝死니 四眞과 四死가 오직 立한 가운데 있다。雙突一胎란 癸突・甲突

에 艮胎、乙突・丙突에 巽胎、丁突・庚突에 坤胎、辛突에 乾胎다。

(참고) 이상의 글에서 陰陽이란 乾・巽이 陰이고 坤・艮이 陽이 된다。(이는 乾은 乾

亥同宮이니 亥를 취하여 陰이고、巽巳가 同宮이니 巳를 취하여 陰이며、坤申이 同宮이

니 申을 취하여 陽이라 하고 艮寅이 同宮이니 寅을 취하여 陽이라 한다) 또는 乾과 坤

이 頭가 되고 巽과 艮이 尾가 된다。그리고 雙突이란 甲乙과 丙丁과 庚辛 壬癸를 칭한다

[註] 眞과 死는 즉 艮脈이 起하고 乾脈이 秀하며 脈의 꼬리(尾)에 머리(頭)가 이어지

는데 꼬리에서 脈이 일어나 머리를 들면 艮脈의 眞이라 한다。다음 乾脈이 起하고 艮

脈이 秀하며 머리에서 꼬리까지 이어지는 경로에 꼬리가 다시 起頭되면 이를 乾脈의

眞이라 한다。艮脈이 起하고 巽脈이 秀하며、꼬리까지 이어지는 가운데 坤脈이 특이하

게 일어나면 이를 枝眞이라 하고、坤脈이 起하고 巽脈이 특이하면、머리에서 꼬리까지

이어져 艮脈이 특이하면 이를 枝眞이라 한다。또는 巽脈이 일어나고、坤脈이 특이하여

꼬리에서 머리까지 이어져 乾脈이 수려하면 이 역시 枝眞이라 한다。또는 坤脈이 起하

고 乾脈이 秀麗한 경우 脈의 머리에서 머리까지 이어져 艮脈이 수려하면 이 역시 枝眞

(枝龍이 眞이라는 뜻)이오、乾脈이 起하고 坤脈이 수려한 경우 머리로 이어져 巽脈이 수려하면 이 역시 枝眞이라 한다。巽脈이 일어나고、艮脈이 수려하며 꼬리에서 꼬리로 이어져 乾脈이 수려하면 역시 枝眞이라 한다。雙脈의 머리가 합쳐서 수려하면 雙尾가 枝眞이고、雙尾가 합쳐서 수려하면 雙頭가 枝眞이다。

○脈尾가 脈頭를 만날 즈음에 脈頭에 脈尾의 合交가 없는것과、脈頭가 脈尾를 만날 즈음에 脈尾에 脈頭의 合交가 없으면 이의 外는 合氣되었으나 內는 眞氣가 불통함이니 다만 乘를 用하여야 氣가 耗散되지 않는다。

[註] 頭尾란 예를 들어 艮脈 뒤에 坤角과 乾脈 뒤에 巽角이 있으면 艮·乾脈은 頭요、坤·巽角은 尾가 된다。단지 乾艮脈이 合交하면 乾艮은 비록 傾하되 眞으로 든다。또는 坤脈 뒤의 艮角과 巽脈 뒤의 乾角은 坤·巽이 頭요、艮乾角이 尾인데 다만 巽坤脈頭만 合交하여도 外는 不合이나 內는 眞이니 外는 眞跡이 없어도 內는 合氣되어 쓰게 된다。

○脈의 相顧

○龍脈에는 過去와 未來라는 述語가 있다。過去란 脈이 뒤를 아쉬워하여 (慈) 돌아보는 듯 구불구불하게 (曲) 뻗는 것이고、未來란 앞을 그리워하여 (慈) 빨리 달려가는 것

(伸) 이다. 陰脈의 天性은 오직 다만 한가지 金(辰戌丑未)을 사랑하여 生産할 마음을 잊

지 않고、陽脈의 天性은 다만 한가지 胞(子孫)를 사랑하여 그원을 저버리지 않는법이다.

[註] 위 글에서 그리워하고、아쉬워하고 사랑한다는 慈의 풀이는 坎이 乾을 사랑하여

壬을 生하여 戌을 付하고、坎이 艮을 사랑하여、癸를 生하여 寅을 付하는 것이다. 交靈

을 받는자는 오직 丑亥요、卯가 艮을 生하여 甲을 生하여서 丑을 付하고、卯가 巽을 사랑하여

乙을 生해서 巳를 付하는데 合靈을 받는 것은 오직 寅辰이며、午가 巽을 사랑하여 丙

은 巳未요、酉가 坤을 사랑하여 庚을 生해서 未에 付하고、酉가 乾을 사랑하여 辛을

을 生해서 辰에 付하고、午가 坤을 사랑하여 丁을 生해서 申에 付하니 合靈을 받는 것

生해서 亥에 付하니 交靈을 받는자 오직 戌申이다.

[按] 이상을 간단히 설명해보면 다음과 같다. 子正脈은 丑亥脈에서 交하고、卯正脈은

寅辰脈에서 合하고、午正脈은 巳未脈에서 交하고、酉正脈은 戌申脈에서 合한다는 뜻이다.

○胎(乾坤艮巽)가 藏(辰戌丑未)을 만들어 胞로 行하고、順(壬丙庚甲)이 胞(寅申巳亥)

를 만들어 胎를 좇고、强(乙辛丁癸)이 正(子午卯酉)을 만들어 前後를 부르는것(呼)은 一

室(한 가정)이 구비되면 兒孫들을 거느려 자연 化해지는 것과 같다.

[註] 化란 木이 金을 만나도 해롭지 않고、金이 木을 만나도 冲克하지 않으며、

火를 만나도 해롭지 않고 火가 水를 만나도 冲克받지 않음이다. 冲을 만나도 冲하지

않는것은 그 祖源을 두려워함이오、害를 만나도 害하지 않는것은 그 孿勝을 두려워함

이다. 단 朝伏이 아니오 水獻이 아니다. 權을 쓰지 않고도 勢를 얻고, 威를 쓰지 않

고도 治殺하는 것이니 朝로 하여금 朝하는 것은 다만 一實에 똑똑한 主人이 있는 까닭

이고, 風을 막아 편안도록 하는 것은 다만 그 근원이 應한 때문이다. 이러한 까닭에

三化가 一實을 應하면 앞에 射殺이 있어도 冲하지 않고, 四化가 一局에 應하면 前後에

射殺이 있더라도 모두 항복(伏)하여 두렵지 않다.

○ 連源篇

○頭脈에서 尾枝가 나온 것과 尾脈에서 頭枝가 나온 것은 頭尾가 相接에 龍身의 靈이

튼튼함이오、神을 가득히 감추어 福된 것이다.

〔註〕相接이란 乾이 巽을 바라보고 巽이 乾을 바라볼때 巽脈이 곧으면 乾脈이 굽고、乾

脈이 곧으면 巽脈이 굽어서 脈의 首尾가 연결되고 靈을 감춘 뒤에 그 陰인 것을 알게

되며、坤이 艮을 바라보고、艮이 坤을 바라볼때 坤脈이 곧으면 艮脈이 굽고、艮脈이

곧으면 坤脈이 굽어서 脈의 首尾가 연결되고、靈을 감춘 뒤라야 그 陽인 것을 안

다. 脈尾에서 떨어진 脈頭와 脈頭에서 떨어진 脈尾는 一身이 각기 흩어져 연결되지

않으므로 脈頭에 靈이 없고、脈尾에 精이 없다. 고로 靈精이 없는 것은 化를 바라는

蝴蜓이고 龍의 蹉跌이 된 것으로 취하지 못한다.

○龍體가 交를 많이 해도 枝脈이 보하지 않는것은 내 몸을 길러 멀리 行하고、 枝脈에 交가 많은 것은 내 金을 길러 交를 재촉함이다。 이러하므로 龍脈은 너무 變이 많으면 도리어 死脈이고、 너무 흩어짐이 많으면(枝脈이 너무 많은것) 枝脈이 假인 것이니 다만 한가지 근원으로 標하여야 한다。

〔註〕 標란 胎脈 위에 正脈이 뜨면 胎身이 근원을 잃음이오、 胎 위에 正이 뜨면 順脈이 근원을 잃음이오、 胎 위에 金脈이 뜨면 强身이 근원을 잃음이라 한다。 脈이 근원을 잃음이란 主脈은 首脈 生하는 것을 割(베는 것)함인데 근원을 잃은 脈이 首脈이면 局生 하는 것을 冲한다。 근원을 잃은 脈이 뒤에서 연결되면 胎를 生하는 脈이 狂脈이 되고、 근원을 잃은 맥이 옆 날개에 붙으면 胎를 交하는데 놀라 交를 못한다。 고로 근원을 한 번 잃으면 亂脈이고、 근원을 얻은 脈은 眞脈인 것이다。

○相望終身

○陽脈이 曲하게 내려가는 앞에 金을 만난 것과 陰脈이 曲한 뒤에 金이 있는 것은 雙 曲한 사이의 金이니 陽의 庫뿐이 아니며 陰의 藏(辰戌丑未) 뿐이 아니다。 陰脈이 曲한 앞의 金과 陽脈이 曲한 뒤의 金이 있는것은 역시 雙曲脈 사이의 金이니 交한 金뿐이 아 니며 交한 秘身의 金뿐이 아니다。 근원의 托庫와 交脈의 托金이 뒤로 돌아보고、 앞으

로 응하여 뒤를 사랑하고 앞으로 펼치면서 그 家巒을 사랑하고 方生하는 형상의 龍이라

야 眞이다. 이렇게 되면 尊한 중에 尊한 龍이오 貴한 중 더욱 貴한 龍이라 하겠다.

〔註〕 方生이란 龍이 가지가 돋고 (生枝)、交를 재촉하여 一室을 이루는 것(眞으로서의

조건을 갖춘것)이오、身秘란 金(辰戌丑未)을 生하며 靈이 응결되도록 재촉해서 다만

福된 龍으로서의 格을 가득히 갖춘 것이니、前을 生하되 뒤를 돌아보고、흩어진 것을

모여 근본을 돌아보며、앞을 生하고 뒤를 응하는 것이다. 비유하건대 亂臣이 변하여

忠孝함과 같으니 生局이 豊肥하여 나머지 枝脈가지고 貧하지 않게된다. 그렇다면 주로

富는 富局을 갖춤이며 貧은 貧格을 갖춤이니 이에 天理와 地理임을 알 수 있다. 먼저

몸이 생긴 뒤에 夫婦가 合交하여 胎를 이루고、몸이 貴히 된 뒤에야 權을 얻어 세력을

쓰며、몸이 왕성한 뒤에 모든 활동을 하고、몸이 健勝한 뒤에 敵을 殺하고、위엄을 막

는 것이다. 여기에서 庫와 藏이 다른것이니 庫가 없으면 藏이고、藏이 없으면 庫라 하

며、庫와 藏을 합해서 雙金이라 한다. 雙尊이란 子孫이 賢明한데다 道를 첨가한 것이

오、雙貴란 孫이 富한 가운데 功名을 더한 것이다.

○陽이 陰을 꺼리지 않으면 陰이 나아가는 곳에 陽脈은 굽고、陰이 陽을 꺼리지 않으

면 陽이 나아가는 곳에 陰이 굽는다. 먼저 脈이 돌아보고 굽어 標가 되면 뒤에 나아감

을 깨닫게 되고、먼저 돌아보 標함을 꺼리지 않으면 앞으로 脈이 나아감을 깨닫는다.

〔註〕 꺼리지 않음이란 乾脈이 艮脈을 꺼리지 않으면 먼저 金을 지어 寅脈이 暈하고、乾

脈이 坤脈을 꺼리지 않으면 먼저 乳를 지어 未脈이 暈하고、艮脈이 乾脈을 꺼리지 않

으면 먼저 乳를 지어 戌脈이 暈하고、艮脈이 巽脈을 꺼리지 않으면 먼저 金을 지어 巳

脈이 暈하고、巽脈이 艮脈을 꺼리지 않으면 먼저 乳를 지어 丑脈이 暈하고、巽脈이

坤脈을 꺼리지 않으면 먼저 金을 지어 申脈이 暈하고、坤脈이 巽脈을 꺼리지 않으면

먼저 乳를 지어 辰脈이 暈하고、坤脈이 乾脈을 꺼리지 않으면 먼저 金을 지어 亥脈이

暈한다 함이다. 하나의 暈의 標로 한번 交함을 알아 占穴하고、一穴의 生으로 一暈을

알고 머리(首)를 알게 되는 것이다.

○五性篇

○性은 하늘에 있고 根은 땅에 있다. 干은 子性을 從하고、支는 干의 本을 從한다. 天

干이 비록 작으나 그 性을 나누면 十이오、地支가 비록 작으나 그 性을 나누면 五다. 十

은 六十의 干旺에 付하고、五는 六十의 支旺에 付한다.

〔註〕性이란 壬이 亥木에 속하고、癸는 子水에 속하고、甲은 寅火에 속하고、乙은 卯木

에 속하고、丙은 巳金에 속하고 丁은 午火에 속하고、庚은 申水에 속하고、辛은 酉金

에 속하는 것은 父가 子祿을 從하여 生하고、子는 父恩을 從하여 旺한다. 子午卯酉는

단지 强만 알고 順은 모르며、寅申巳亥는 단지 順만 알고 强을 모른다. 나를 補하는

나의 主가 나를 冲하고、다만 아는 것은 나의 主가 나를 補하는 나를 사랑하는 자가 나를 克하며 나를 和라 한다。이러하므로 가까워도 取하지 않는 곳도 있고 멀어도 취할 곳이 있다。좋아하는 자를 좋아하는 것은 비록 貧을 거느려도 權을 쓰고、미워하는 것은 비록 富를 거느려도 脈이 펴나가지 않는다。

○뒤 근원을 이끌어 旺한 것은 龍身이 十步를 굽지 않고、뒤의 근원을 從하지 않고 旺한 것은 龍身이 四五步를 자연 굽는 것이니 먼저 父子의 開帳은 앞에서 숨고、먼저 弟伯의 開帳은 앞에서 交하여 스스로 나타나며、먼저 夫婦의 開帳은 交하는 局에 스스로 暈이 이루어진다。

〔註〕開帳이란 分枝 사이에서 金脈을 지어 出脈된 것을 이름이다。龍의 本體를 父라 하니 이것이 즉 父子의 開帳이오、先體는 行하지 않고 次枝와 같이 짧게 金脈을 지어 出脈된 龍體를 伯이라 하고、그 次枝를 弟라 하니 이것이 즉 弟伯의 開帳이며、먼저 陽으로 내려와 陰을 만나고 分金되지 않고 交하며、혹은 먼저 陰으로 내려와 陽을 만나고 分枝되지 않고 交한 것을 夫婦라 하는데 本体가 陽이면 夫가 되고 陰이면 婦라 하는바 이것을 일러 夫婦의 開帳이라 한다。이상 父子、弟伯、夫婦의 三開帳은 六暈 萬山의 靈을 이룬 것으로 지극히 존귀한 격이다。

○ 胞胎篇

○胎身에 枝가 가득하면 分枝가 그 胎에 不過하고、金身에 靈이 가득하면 養이 그 金

에 벗어나지 않으며 正身에 根이 가득하면 蘿가 그 正을 不過하고、胞身에 節이 가득하

면 節은 그 胞에 不過한다。

〔註〕 가득하다(滿)는 뜻은 分枝를 말함이고、靈이란 土根이 그 土를 養함이며、根이란

脈이 遠行하여 枝脈의 根이 흩어진다 함이다。그리고 節은 交가 생기는 것 즉 그 節을

낳는 것이다。一胎의 生枝가 一境에 갇득하고 一金의 養枝가 萬山의 岳을 豊肥토록 하

고、一根의 起伏이 무리 砂 가운데 펴고、一胞의 生節이 生과 死의 다름이 있다。이러

하므로 四性이 業을 이루매 萬山이 빈 곳이 없고、四性이 交를 이루어 四海까지 펼쳐

나 간다。

○三丙이 艮을 接함에 下支가 父를 生하고、三辛이 巽을 接함에 下支가 金을 生하며、

三乙이 坤을 接함에 下支는 水를 生하고、三乙이 乾을 接함에 下支는 木을 生하니 이것을

일러 本을 돌아본다 함이며、이것이 始終이 된다。

〔註〕 下支란 四旺奇局을 이름인데 散木을 主가 없다 말하지 마라。一乾이 있으면 다시

모여 旺하다。散火를 主가 없다 마라、一艮이 있으면 다시 모여 旺해진다。散金을 主

가 없다 마라 一巽이 있으면 다시 모여 旺해진다。散水를 主가 없다 마라 一坤이 있으

면 다시 모여 旺해진다。主가 있는 散은 비록 쇠잔해도 다시 일어나고、主가 없는 散

은 비록 旺해도 散氣된다。主가 없는 交는 貴에 近해도 또한 凶에 가깝고、主가 있는

交는 오래 貴하고 오래 吉하다。

○ 作局篇

○머리(首)에 거하는 것이 局이 되고 꼬리(尾)에 거하는것이 藏이 되며、허리(腰)에

거하는것이 正이 되는바 一局에 三居(머리、꼬리、허리)는 각각 장점이 있다。

〔註〕居란 水首가 坤에 居함에 巽辰이 旺하니 이는 巽을 配하고 子를 居하여 我의 孫

을 사랑함이오、金首가 巽에 居함에 艮丑脈을 이끌어 旺하니 艮을 配하여 酉에 居하여

我의 孫을 사랑함이오、火首가 艮에 居함에 乾戌脈을 이끌어 旺하니 이는 乾을 配하

여 午에 居하므로 我의 孫을 사랑함이오、木首가 乾에 居함에 坤未脈을 이끌어 旺하니

이는 坤을 配하여 卯에 居해서 我의 孫을 사랑함이다。龍脈의 旺하고、旺하지 않은것

이 이로부터 나오고、生하고 生하지 않은것이 그 根으로부터 있느니라。

○水는 坎에서 나와 龍身이 旺으면 다시 坎으로 돌아가고、金은 兌에서 나와 龍身이 旺

으면 다시 兌로 돌아가며、火는 离에서 나와 龍身이 旺으면 다시 离로 돌아가고、木은

辰에서 나와 龍身이 旺으면 다시 震으로 돌아가는바 이는 落葉이 뿌리로 돌아가는 것과

같은 이치이다.

〔註〕 그 근원으로 돌아간다 함은 水源、水首 水交가 다만 外를 生하는것 뿐만 아니라 그 物을 이루고、金源·金首·金交는 眞만 交하는게 아니라 안으로 그 物을 이룩하고、火源·火首·火交는 단지 貴뿐이 아니라 그 物을 이룩하고、木源·木首·木交는 오직 生하는 것만이 아니라 그 物을 이룩한다.

그리고 三字(三合局)의 旺局을 貴한 것이라고만 칭하지 마라 陰陽이 不及해서 만일 交를 잃으면 단지 그 物은 있으나 運氣가 짧다. 三字의 旺局을 그르다 이르지마라 陰陽을 互用해서 만일 그 貴한 것을 交하면 富貴가 같이 나오고 運勢도 長久하다. (三字란 申辰에 子水에 照하고、巳丑이 酉水에 照하고、寅戌이 午水에 照하고、亥未가 卯水에 照한 것)

○ 動靜篇

○龍의 本體는 動하고자 하고、枝脈은 본래 靜한 것이다. 動하여 分한 것은 毒을 머금어 나오고、靜하여 分한 것은 柔를 머금어 나오는것이니 이를 일러 動靜이 不和라 한다.

〔註〕 不和란 動하는 가운데 가는 枝脈이 있으면 細는 死하고 動은 眞이며、가는 脈가운데 動하는 枝脈이 있으면 動은 死하고 細는 生한다. 細枝가 가늘게 모이면 細身이

다 놀래고、 動枝가 動하면서 모이면 動身이 다 發狂한다。 一動一細와 一細一動은 狂

하지도 않고 驚하지도 않으며、 一細一殘과 一細는 龍身이 殺을 이루지 않는다。 强

脈은 넓고 正脈이 곧으면 凹脈은 넓고、 細脈은 작으며、 正脈이 넓고 强脈이 곧으면 乳

가 완만해서 突이 없다。

○陰이 動하고 陽이 곧으면 陰身이 拱立이니 앞의 枝脈이 자연 응하고、 陽이 動하고

陰이 곧으면 陽身이 聳立이니 뒤의 枝脈이 자연 응한다。 雙陰이 作局되면 不和한 것은

一和가 不入하며、 冲하는 것은 一服하여 돌아오지 않는다。 雙陽이 作局되면 不和한 것

이 和하며、 冲한 것은 항복하느니라。

〔註〕 和는 이르되 我源에서 分枝됨에 我孫이 冲하지 않고、 他源이 分枝됨에 他孫이

나아가 冲하는 것이다。 그러므로 나의 자손이 靈에 붙어 어진것 朝應하고、 내몸의 月

暈이 朝應하여 귀하다。 그러한즉 먼저 局을 가즈런히하여 應對하고、 먼저 身을 生하

여 應交해야 한다。 主가 虛하면 朝는 冲하는지라 뒤에 殺이 穴에 이르고、 앞이 虛하면

對冲이니 앞의 殺이 穴 머리에 이르러 不吉하다。

○ 輔翼篇

○몸에 팔과 다리가 없으면 몸을 활동할 수가 없고、 새가 날개가 없으면 공중으로 날

지 못하고 땅에 기어다닌다。이러하므로 百足이 붙은 벌레는 죽기에 이를지라도 엎어지

지 않고、땅에 뿌리를 박은 나무는 서리를 만나도 죽지 않는 법이다。

〔註〕비유하건대 山의 龍虎는 사람의 팔과 다리(樣胘)와 같고 富家의 튼튼한 담장과

같은 것이다。그러나 담장의 튼튼한것이 棟樑(기둥과 들보)이 온전한것만 못하고、팔

다리의 용맹이 내부에 있는 五藏이 완전한 것만 못한 법이다。그러므로 만약 棟樑이

낡으면 담장이 튼튼해도 건물이 튼튼하다 못하고、五藏에 병이 들면 팔·다리를 쓰려

해도 쓰지 못한다。이러한 까닭에 千山의 送情이 風波가 있는 집이면 유익 됨이 없고、

百川의 아름다움이 根이 마른 龍이면 보전할 수 없는 것이다。잎이 있는 金이라야 神

枝가 火하고、花가 있는 研이라야 神實이 化한다。(잎이란 雙金이오、花는 交龜이며

神은 新과 같은 뜻이다。)

○龍身은 있으나 枝脈이 없는 것은 뒤에 本源이 없는 것이오、枝는 있으나 金(辰戌丑

未)이 없으면 뒤에 陰陽이 없는 것이며、穴은 있어도 首가 없으면 뒤에 正(子午卯酉)이

없고、穴은 있으나 唇氈(순전)이 없으면 뒤에 强(乙辛丁癸)이 없다。

〔註〕이상에서 뒤(後)란 本源의 生我者가 뒤를 守護해서 뒤의 근심이 없고 앞에 旺氣

로 成局되면 다 貴하지만 生我者가 아닌것이 뒤에 있어 뒤가 空하여 앞에서 成局 되지

않으면 다 虛한 땅이므로 일컫는 말이다。冲我者가 砂를 俠하면 局이 기울어 머리(首

를 숨기고、輔我者가 砂를 俠하면 局이 기울지 않아 머리(首)가 나타나 길하다。이러

하므로 冲我하지 않으면 두려울게 없는지라 비록 작으나 큰것이 應하고、冲我하면 두

려운게 많은지라 비록 커도 작게 應하는것이니 먼저 冲의 有無를 살펴 運을 볼것이며、

먼저 근원을 살펴 交를 볼것이며、먼저 正을 살펴 金을 볼것이며、먼저 順을 살펴 胞

를 볼것이며、먼저 局을 살펴 暈을 보라。그 一源이 그릇되면 액이 運에 미치고、一

交가 그릇되면 凶厄이 子孫에 미치고、一換이 그릇되면 殺이 生産에 미치고、一首가 그

릇되면 長孫이 敗한다。

○内外生旺篇

○内가 生하고 外가 旺하면 冲을 근심치 않아 對가 좋고、반대로 外가 生하고 內가 旺

하면 冲이 근심되어 對가 두렵다。對가 좋은 交는 交가 숨지 않아서 身이 乳하고、對가

두려운 交는 먼저 身이 숨고 身이 잠긴다。

[註] 內外란 먼저 金이 이르러 胎가 旺한 것을 內生이라 하고、먼저 胞가 이르러 順이

旺한 것을 外生이라 한다。內生은 中을 좇아 眞하고、外生은 그 갓을 좇아 眞을 이룬

다。갓에 거하는것이 中으로 옮기면 死하고、中에 거하는 자가 갓으로 옮겨도 死한다。

먼저 金源이 交를 이룬것은 中은 生하되 갓은 死하고、먼저 胞源이 交를 이룬것은 갓

은 生하되 中은 死한다。각각 生한것은 좋은 바가 있다。

○中靈의 實은 我孫의 應이다。 비록 外가 冲하여 中에 미치지 못하고、 갓이 實하되 中

이 虛한 것은 他孫의 應이다。 비록 작게 冲해도 中에 미치니 中이 實하고 갓이 흩어짐

은 地理의 떳떳함이오、 갓의 實은 얻으나 中이 不旺한 것은 天理의 당연함이다。

〔註〕 中은 雙金이다。 枝脈을 좇지 않고 盡하며 體를 좇지 않고 旺함이니 이를 中央之

主라 이른다。 갓(邊)이란胞乳인데 體를 좇지 않고 盡하며 枝를 좇아 旺함이니 이를 外

邊之主라 이른다。 散髮한 가운데도 들면 먼저 外邊之主를 찾고、 特秀한 아래로 들어가

먼저 內生之主를 찾아야한다。 金이 있고 胞가 없거나 胞는 있으나 乳가 없으면 그 主

의 근원을 손실함이고、 秀는 있으나 枝가 없거나 脈이 늘어져 無氣하면 그 근원이 바

뀌어 性을 잃음이다。 頭는 尾假를 生하고 尾는 頭假를 生하며、 腰는 金假를 生하고、

順은 强假를 生하고 强은 順假를 生한다。

○ 分 篇

○壬亥之分이라

〔註〕 體가 枝를 生하는 것을 分이라 한다。 木은 오직 火만 알고 水金을 모른다。 木老

하면 火에 傳하여 다시 生하고 火老하면 木에 傳하여 다시 生하는바 인은 아비가 傳하

는것을 아들이 받는 이치다。

○子癸之分이다.

〔註〕 水는 오직 金만 알고 火木을 모른다. 水老하면 金에 傳하여 다시 生하고、金老하면 水에 傳하여 다시 生하는바 이는 父傳子受의 이치다.

○寅甲之分이라

〔註〕 火는 다만 木을 알고 水金을 모른다. 火老하면 木에 傳하여 다시 生하고、木老하면 火에 傳하여 다시 生하는바 이를 일러 父傳子父라 한다.

○卯乙之分이라.

〔註〕 木은 오직 火만 알고 水金을 모른다. 木老하면 火에 傳하여 다시 生하고 火老하면 木에 傳하여 다시 生하는바 이를 일컬어 父傳子受라 한다.

○巳丙之分이라.

〔註〕 金은 오직 水만 알고 火木을 모른다. 金老하면 水에 傳하여 다시 生하고、水老하면 金에 傳하여 다시 生하는바 이를 일러 父傳子受라 한다.

○午丁之分이라.

〔註〕 火는 오직 木만 알고 水金을 모른다. 火老하면 木에 傳하여 다시 生하고、木老하면 火에 傳하여 다시 生하는바 이를 일러 父傳子水라 한다.

○申庚之分이라.

〔註〕 水는 오직 金만 알고 火木을 모른다. 水老하면 金에 傳하여 다시 生하고、金老하

면 水에 傳하여 다시 生하는바 이를 일러 父傳子受라 한다.

○辛酉之分이라.

〔註〕 金은 오직 水만 알고 火木을 모른다. 金老하면 水에 傳하여 다시 生하고 水老하면 金에 傳하여 다시 生하는바 이를 父傳子受라 칭한다.

○暈　篇

○子癸丑의 暈이라.

癸脈에 丑이 없으면 앞에는 暈이 있으나 뒤에는 暈이 없다. 癸丑이 있는 暈은 앞에 있는 暈이 穴을 안고 뒤의 暈이 首를 안되 子脈이 癸丑이 없는 것은 體가 臥하여 凹가 없고, 子가 있는 癸는 다만 凹할뿐 暈이 없다. 子癸丑 三字가 모두 갖추어져야 凹뿐이 아니고 臥뿐이 아니어서 中은 凹하고 邊은 暈하니 뒤에 屛帳이 있을것이다. 이것을 貴局이라 칭한다.

○卯乙辰의 暈이라.

〔註〕 乙脈에 辰이 없으면 앞에는 暈이 있으나 뒤에는 暈이 없고, 乙辰이 있는 暈은 앞의 暈이 穴을 안고, 뒤의 暈이 首를 안는다. 卯脈에 乙辰이 없는것은 體가 누워 凹가 없고, 卯脈이 있는 乙은 다만 凹할뿐 暈이 없다. 卯乙辰 三字가 并付되어야 오직 凹할

뿐 아니며 다만 臥할 뿐 아니어서 中은 凹하고 邊은 暈하니 뒤에 병풍과 장막이 있어

야만 貴局이라 할 수 있다.

○午丁未의 暈이라.

[註] 丁脈에 未가 없으면 앞에는 暈이 있으나 뒤에는 暈이 없고、丁脈이 있는 暈은 앞

의 暈이 穴을 안고 뒤의 暈이 首를 안되 午脈이 丁未가 없으면 體가 누워도 凹가 없다.

午脈이 있는 丁은 단지 凹할 뿐 暈이 없으니 午丁未 三字가 并付라야 비단 凹하며 비

단 臥하여 中은 凹하고 邊은 暈한 것이니 뒤에 병풍과 장막이 있어야만 이를 眞局이라

한다.

○酉辛戌의 暈이라.

[註] 辛脈에 戌이 없으면 앞은 暈이 있으나 뒤는 暈이 없다. 辛戌이 있는 暈은 앞의

暈이 穴을 안고 뒤의 暈이 首를 안는데 酉脈에 辛戌이 없으면 體가 臥하여 凹가 없고、

酉가 있는 辛은 다만 凹할 뿐 暈이 없으니 酉辛戌 三字가 并符되어야 비단 凹하고 비

단 臥하여 中은 凹하고 邊은 暈하니 뒤에 병풍과 장막이 있어야만 이것을 일컬어 眞

局이라 칭한다.

○應의 大小

○順이 突하지 않고、胎가 起하지 않아서 交을 作하고 穴을 作한 것은 山이 비록 작아

도 應이 크다。順이 突하고、胎가 起하여 交를 作하고 作穴된 것은 山이 비록 웅장해도

應이 작다。順이 넓지 않아도 胎를 接하고、胞가 豊肥하지 않아도 局을 접한 것은 交가

비록 작아도 應이 크며、金이 넓어 胎를 接하고 胞가 豊肥하여 作穴된 것은 局이 비록

커도 應이 작다。

〔註〕 山川의 靈氣가 좋은 歲運을 기다려 運을 내어 禍福을 결단한다。順이 連하고 胎

가 交한 山은 運이 寅申巳亥年에 응하고、强이 連하고 胎가 交한 山은 運이 辰戌丑未

年에 응하며、胎가 連하고 正이 交한 山은 運이 子午卯酉年에 응한다。비단 山運뿐

이 아니며 歲運만이 아니라 집을 짓는 運도 이로부터 나오고 先龍의 운도 이에서 나오

고、人의 出運도 이에서 生하고 物의 旺運도 이에서 通하는 것이니 運은 이 한가지 원

칙에 지나지 않는다。

○辰戌丑未가 木에 붙으면 그 性이 春이오、金에 붙으면 그 性이 秋요、火에 붙으면

그 性이 夏요、水에 붙으면 그 性이 冬이오、胎에 붙으면 그 性이 尖하다。

〔註〕春은 다만 多産하되 마침내 成功이 없는지라 이를 生身이라 하고、秋는 다만 多

實에 있으나 처음엔 夏身을 못하니 이를 成功이라 하고、夏는 다만 많이 자랄뿐 마침

내 旺氣가 없으니 이를 一興一盡이라 하고、冬은 다만 養根에 있고 外로 昌盛이 없으

니 이를 守根之宮이라 한다。一生 一長一老 一死는 四藏의 靈이오、一旺一貴와 一丁

一盡은 四胞의 靈이다。人이 富한 것을 旺이라 하고 成功을 貴라 하며、子孫이 많은

丁이라 하고 衰殘한 것을. 盡이라 한다.

○旺不旺篇

○順이 도와 胎가 起한 아래에는 順을 드리운것이 旺이오, 强이 도와 胎가 起한 아래에는 强을 드리운것이 旺이며, 正이 불려 胎가 秀한 아래에는 正을 드리운것이 旺이고 胞가 불려 胎가 秀한 아래에는 秀肥한 것이 旺인지라 交를 불려 旺이라 말것이며, 胞를 旺이라 일컫저 마라. 근원을 連하여 胎를 起한 것이 旺이오 交를 불려 作局된 것이 旺이니 旺局의 아래에는 四殺이 犯치 않고 作交된 위에는 陳源이 다시 生한다.

[註] 먼저 順脈이 胎를 輔하여 旺하면 胎가 順의 은혜를 잊지 못하여 順을 돌아보고 사랑하는바 오직 靈한 것은 順이다. 먼저 强脈이 胎를 輔하여 胎가 旺해지면 强을 잊지 못하여 돌아보고 사랑하는 것이니 다만 靈한 것은 强이다. 正脈이 胎를 輔하여 胎가 旺해지면 胎는 正을 돌아보고 사랑하는 것이니 다만 靈한 者는 正이다. 먼저 胞가 胎를 輔하므로 胎가 旺해지면 胎는 胞를 돌아보며 사랑하나니 다만 靈한 者는 胞다. 먼저 金이 胎를 輔하여 胎가 旺해지면 胎는 金의 은혜를 잊지 못하여 金을 돌아보고 사랑하는 것이니 다만 靈한 者는 金이다.

○旺한 顯 앞의 强은 順이 强을 잊지 못하니 强은 꺼려서 順에 들지 않고, 旺한 强의

앞에 있는 順은 強이 順을 잊지 못하나 順은 꺼려 強에 들지 않는다. 順은 支를 從하고、

支는 順을 돌아보며 行하고、強은 支를 從하고 支는 強을 돌아보는바 이것을 일

컬어 類類相從이라 하고、이것을 일컬어 自群에 떨어지지 않음이라 한다.

〔註〕類類란 強이 金木을 거느려 水火를 冲하고 順이 水火를 거느려 金木을 冲함이다.

一蘿가운데 마디마디 冲和하며、一交가운데 간간히 殺을 化하며 一旺한 가운데 類類가

割冲하며、一伸하는 가운데 점점 靈을 막는다. 그러한즉 旺은 十을 넘지 않고、生은 面

을 넘지 않으며、伸은 百을 넘지 않고、分은 四五를 넘지 않는다. 期限을 넘는 것은 敗

하고 期限을 넘지 않는 것이라야 旺한다.

○ 嘉角篇

○角은 慈養하면 몸을 뽑내고 金을 慈養하면 몸을 숨기며、正을 慈養하면 특수함을 자

랑하는 것이니 一身의 三寶는 각각 求하는 바가 있다.

〔註〕角은 金이 強角과 交하고、胞가 順角과 交하고 胎角과 交함이니 먼저 交하

는 標며 다음으로 生하는 징조요、子孫이 興하는 근본이오 運이 長遠한 格이다. 丑의

癸角에 巽艮이 交하고 寅脈의 甲角에 乾艮이 交하고 辰脈의 乙角에 坤巽이 交하고、申

脈의 庚角에 巽坤이 交하고、戌脈의 辛角에 艮乾이 交하고、亥脈의 壬角에 坤乾이 交하

는 것이니 먼저 角이 나와 交한 것은 비록 숨었더라도 貴한 龍이다.

○脈頭가 있는 尾角은 그 脈頭가 應하고 脈尾가 있는 頭角 그 脈尾에 應한다. 首尾가 相接하고 陰陽이 龍身에 照하면 龍身을 生하는것 뿐 아니라 交를 취해서 作局하고、또는 靈氣를 生하는것 뿐 아니라 만가지 秀氣가 朝하고 百川이 生氣를 드린다.

〔註〕 入交함에 首尾角을 잃지말아야 하고 入局에 雌雄首를 잃지말아야 한다. 艮이 坤을 불러 作春하니 뿌리를 감추어 싹이 트고、坤이 艮을 불러 作秋하니 열매가 이룩되지 않고 다 익어버리고、巽이 乾을 불러 作夏하니 풀이 자라지도 않고 다 풀싹이 나고、乾이 巽을 불러 作冬하니 뿌리도 이룩되지 않고 다 生하는바 이는 天理나 地理 뿐이아니라 陰陽의 造化며 循環의 精神이다. 脈尾가 머리(頭)에 미치지 않으면 脈首에 靈이 이룩되지 않고、머리가 꼬리에 미치지 않으면 꼬리에 靈이 이룩되지 않는다. 首尾가 모두 같으면 龍身은 靈이 生하는바 龍身이 秀美하면 養身하고、龍身이 秀美하지 않으면 養孫하는 것이다. 싹(芽)이란 子孫이 生한다는 뜻이오、익는다(熟)함은 富가 나온다 함이오 풀싹(茁)이 나온다함은 夭死함이 없는 것이오 뿌리(根)란 胎가 많아서 자손이 昌盛하는 本이다. 이로 보면 龍은 四時를 갖추어 겨울에는 뿌리를 감추고、봄에는 싹이 트며、여름에는 싹이 자라고 가을에는 열매가 성숙되는 이치와 같은 것이다.

454

○本性篇

○西方의 庚辛이 支金(丑)을 찾아 근원을 의탁하고、東方의 甲乙이 支木을 찾아 뿌리를 박고、北方의 壬癸가 支水를 찾아 水源을 의탁하고、南方의 丙丁이 支火를 찾아 뿌리를 의탁하는바 각각 그에 속한 方位에 거함에 五行 各性이 자기의 근원을 찾아 殺을 막고 스스로 旺해지는 법이다.

〔註〕 찾는다(尋) 함은 부른다(呼)는 뜻이다. 丑은 庚을 불러 金을 生하고、寅이 丁을 불러 胞를 生하고、辰이 壬을 불러 金을 生하고、巳가 辛을 불러 胞를 生하고、未가 甲을 불러 金을 生하고、申이 癸를 불러 胞 生하고、戌이 丙을 불러 金을 生하고、亥가 乙을 불러 胞를 生하니 金을 生하는 가운데 福이 가득하고 자손이 창성하며、金이 死하는 가운데 風波가 많고、物이 損하며、胞를 生하는 가운데 자손이 많고 귀히 되며 胞가 死하는 가운데 夭壽하여 絶한다. 角이 生한 것이 작아도 그 眞假의 體를 가르치고、交를 用함이 비록 숨어 있어도 그 生하여 나타나는 머리를 가르치는바 一身과 六票가 각각 龍身을 거느림이 있다. 만일 그 角이 없으면 비록 眞交를 보아도 모르고、만일 金이 없으면 비록 眞體를 볼지라도 眞穴임을 알지 못한다. 西는 본명이 金이오、北은 본명이 水이며、東은 본명이 木이고、南은 본명을 火라하니 後天이면 坎・离・震・兌라 한다.

○角을 돌아보고 金을 生하고、角이 돌아보며 交를 부르니 서로 돌아보는 角과 서로 사랑하는 交는 근원이 그릇되지 않으면 局이 아님을 꺼리지 않고 위를 공경하는 陰과 아래를 사랑하는 陽이 配를 꺼리지 않으면 交가 이루어지는 법이다.

[註] 부른다(呼)함은 먼저 庚角이 나와 丑을 불러 金을 삼고、먼저 壬角이 나와 辰을 불러 金을 삼고、먼저 甲角이 나와 未를 불러 金을 삼고、먼저 丙角이 나와 술을 불러 金을 삼는다. 또는 먼저 乙角이 나와 亥를 불러 胞를 삼고、먼저 丁角이 나와 寅을 불러 胞를 삼고、먼저 辛角이 나와 巳를 불러 胞를 삼고、먼저 癸角이 나와 申을 불러 胞를 삼는데 이는 그 本을 돌아오고、그 交를 부르며 그 祖를 돌아보고、그 配를 配하는 이치다. 이와 같을진대 비록 龍이 작더라도 應驗은 매우 큰 것이다.

○相取篇

○먼저 陽이 오고 뒤에 陰이 오는 것은 사이가 길게 曲立하고、먼저 陰이 오고 뒤에 陽이 오는 것은 사이가 짧게 曲立한다. 陰은 느리게 取하니 陽을 먼저하고、陽은 빠르게 取하니 陰을 먼저하는 까닭이다.

[註] 陰은 부끄러워하는 마음이 있으므로 비록 取함을 좋아해도 자연 늦게 取해지고、陽은 부끄러워하는 마음이 없으므로 그 가까운 것을 속히 取한다. 이러한 때문에 먼저

陽이 오고 뒤에 陰이 오는 경우는 交가 늦어 運도 늦고、먼저 陰이 오고 뒤에 陽이 오는 경우는 交가 빨라서 運도 빠르다。脈이 긴 것은 뒤에 陰이 있으니 마음속으로 從하지 않고 외면적으로 從하므로 허리(腰)가 긴 것이고、脈이 짧은 것은 앞에 陽이 있어 마음에는 從하지 않으나 외면상으로 속히 取하므로 허리가 짧다。허리가 길고 짧은 것은 龍의 生死와는 무관하고、交가 빠르고 늦은 것은 그 運과 상관이 없으며 金의 완전하고 완전치 못한 것은 靈氣와는 무관하다。陽이 陰을 부르거나 陰이 불러 陽을 불러 交하면 늦고 늦지 않음을 막론하고 모두 眞이며、陰이 불러 陽이 오지 않거나 陽이 陰을 불러 陰이 오지 않고 作交된 것은 빠르고 빠르지 않음을 막론하고 모두 假格이다。

○먼저 나아가는 것은 머리가 굽고 (曲) 뒤에 취하는 것은 허리가 굽다。머리가 굽은 것은 枝脈이 놀라 앞으로 應하고 허리가 굽은 것은 金이 흩어져 뒤로 應하는바 두가지가 다 감춰진 것이다。

〔註〕乾이 艮을 取하면 艮脈의 허리가 굽고、艮이 乾을 취하면 乾脈의 허리가 굽으며、艮이 巽을 取하면 巽脈의 허리가 굽고、巽脈이 艮을 取하면 艮脈의 허리가 굽는다。그리고 巽이 坤을 取하면 坤脈의 허리가 굽고、坤이 巽을 取하면 巽脈의 허리가 굽으며、坤이 乾을 取하면 乾脈의 허리가 굽고、乾이 坤을 取하면 坤脈의 허리가 굽는다。曲의 先票가 黃泉을 분변하며 서로 取하는 陰陽이 交龜의 可否를 분변한다。

○戌이 寅을 取하여 艮과 接한 것은 寅首가 굽되 戌은 卧하지 않고、丑이 巳를 就하여 巽과 接한 것은 巳首가 굽으나 丑은 卧하지 않고、辰이 申을 就하여 坤과 接한 것은 申首가 굽되 辰은 卧하지 않고、未가 亥를 就하여 乾과 接한 것은 亥首가 굽되 未는 卧하지 않는다。卧는 넓지 않아도 胞의 用은 씩씩하며、胞는 豐肥하지 않아도 藏의 用은 씩씩하다。

〔註〕 卧란 後에 金이 있어 卧한 것이다。그 金脈이 넓고、靈을 머금어 앞으로 나온 것은 無氣하고、뒤에 胞가 있어 완만하다。그 胞가 靈을 머금어 앞으로 나와 豐肥한 것은 死氣요、뒤에 正이 있으면 鈍氣라 하며、그 正이 근원을 머금어 앞으로 나와 屈한 것은 散氣라 한다。이러하므로 먼저 金이 넓지 않은가를 살피고、뒤에 胞가 완만하고 완만하지 않은 것을 살피며、또는 正이 屈하였나 屈하지 않았는지를 살핀 뒤에야 그 四方의 虛實을 알수 있다。

○먼저 골(谷)을 지어 그 사이로 出脈되면 골에 우물(泉)이 생기고、脈은 枝를 生한다。水와 山이 함께 펴서 산도 굽고 물도 굽으며、또는 山도 곧고 물도 곧으며、山은 盡하고 물은 도는 것이니 이를 山水同路라 한다。

〔註〕 물이 급히 흐르면 山도 狂하고、물이 돌며 완만히 흐르면 山도 靜한다。天門地

458

戶는 다만 吉凶의 門戶를 만들 뿐 生死의 龍을 補하기 어렵다. 龍이 吉하면 물도 吉

하게 應하고, 龍이 凶하면 물도 凶하고, 吉이 應하는 門戶는 貴方을 막지 않는다. 四神의 通氣

는 害方을 가리워주지 못하고, 吉이 凶하여 無情(反)하다. 이러하므로 子孫이 敗하는 門戶

와 八將의 通靈을 龍이 吉하면 능히 부릴 수 있고, 龍이 凶하면 부릴 수 없다. 四神八

將을 부리지 못하면 무리 凶砂가 冲하고, 四神八將을 부릴 수 있으면 무리 吉砂가 主

(穴)를 朝伏한다.

○促交篇

○陽이 曲立하고 陰이 曲來하면 正이 없어도 交를 이르고, 陰이 曲立한 가운데 陽이

曲來하면 金이 없어도 交가 通한다. 먼저 陽이 正을 불러 떨어지지 않으면 그 正을 돌

아봄이 유익하고 먼저 오는 陰이 金을 불러 떨어지지 않으면 그 藏을 돌아봄이 유익하다.

【註】 떨어지지 않음(不落)이란 뒤에 冲克이 있어 비록 正과 順이 없더라도 胎脈이 일

어나고, 앞에 殺의 冲이 있어 앞으로 펴나가지 못해도 胎胎이 일어난 것이다. 앞에서

쫓고 뒤에서 쫓는 사이에 만일 交하면 金이 없고 正이 없이 曲立하여도 交한다. 이를

促換이라 하며 이를 促交라 한다. 交가 완전한 圓局은 促交 促換이 장구하고, 交가

불완전한 瘦局은 促交 促換이 짧다. 局이 둥근것(圓)은 運이 장원하고, 局이 마른것

（瘦）은 運이 짧다.

○獨陰으로 行脈되다가 陽을 만나면 龍身이 豊肥해져 精이 모이고, 獨陽으로 行脈되다가 陰을 만나면 龍身이 豊富해져 靈氣가 뭉친다. 細하다가 풍만해지면 陰陽이 接한 것으로 通氣되고, 龍이 곧게 달리다가 구불구불 해지면 陰陽을 만난 것이므로 交가 이루어진다.

〔註〕 龍이 뒤에서 근원을 잃으면 個個가 獨行하여 거느리는 枝脈이 없다. 또는 뒤에서 근원을 잃지 않더라도 가닥 가닥이 홀로 뻗으면 역시 거느린 것이 없어 獨龍이다. 陽體가 陰體를 만나거나 陰體를 만나면 交인데 이는 老陰老陽의 交라 한다. 陽體가 枝陰을 만난 것은 老陽과 少陰의 交요, 陰體가 枝陽을 만난 것은 老陽과 少陽의 交다. 枝陽이 枝陰을 만나거나, 枝陰이 枝陽을 만나 交하는 것은 少陰과 少陽의 交라 한다.

○ 五行作局篇

○三壬은 坤의 水性이다. (坤壬乙 申子辰이 水)

〔註〕 壬과 申이 金을 그리워 酉에 居하니 一은 坎水가 應하고 二는 辰水가 應하는 바 申生酉、 子生丑、 辰生巳라 冲我者를 割하고 輔我者를 不冲하는 법이니 그 權屬 三十二度를 거느려 丙丁을 다스리고 壬癸를 旺하게 하며, 震兌를 펴니 坤이 震에 居하는

때에 水權(水에 속하는 것)을 막지 말아야 八將이 拱立한다.

○三丙은 艮의 火性이다(艮丙辛寅午戌은 火局)

〔註〕 丙이 木을 그리워하여 卯에 居하니 一은 离火가 應하고 二는 戌火가 應하는 바 寅生卯、午生未、戌生亥가 된다. 冲我者는 割하고 輔我者는 不冲하는 법이니 그 권속 三十二度를 거느려 壬癸水殺을 다스리고 丙丁火를 旺하게 하며 兌와 震을 펴니 艮이 酉에 居하는 경우에 火權(火에 속하는 것)을 금하지 말아야 八將이 拱立한다.

○三乙은 乾의 木性이다.(乾甲丁亥卯未가 木)

〔註〕 乙과 亥가 水를 그리워하여 子에 居하니 一은 卯木이 應하고 二는 未木이 應하는 데 亥生戌、卯生寅、未生午 한다. 冲我者를 割하고, 輔我者를 冲치 말아야 하니 그 木의 권속 三十二度를 거느려 木을 克하는 庚辛金을 다스리고, 同類인 甲乙木을 旺하게해서 坎·离를 펴니 乾이 离에 居하는 때에 木의 권속을 禁하지 마라. 八將이 拱立한 것이다.

○三辛은 巽의 金性이다(巽庚癸巳酉丑은 金에 속한다)

〔註〕 辛과 巳가 火를 그리워하여 午에 居하니 一은 兌金이 應하고 二는 丑金이 應함에 巳生辰、酉生申 丑生子라 冲我者를 割하고 輔我者는 冲치 말아야 한다. 그 金의 권속 三十二度를 거느려 金을 克하는 丙丁火를 다스리고 庚辛金을 旺하게 해서 离·坎을 펴도록 하면 巽이 坎에 居하는 때에 金의 권속을 막지 말아야 八將이 拱立한다.

○ 五行作數篇

○ 申子辰、 寅午戌 巳酉丑 亥卯未의 數

[註] 子에서 辰까지가 五번째요、 辰에서 申이 五번째며 申에서 子가 五번째니 申子辰의 각각 數가、 五요 이를 모두 合하면 十五가 된다.

○ 寅午戌이 三合인데 寅에서 午가 五、午에서 戌이 五、戌에서 寅이 五번째니 이 수를 合하면 十五다.

亥卯未가 三合인데 卯에서 未가 五、未에서 亥가 四、亥에서 卯가 五번째니 이를 合하면 十五數다.

巳酉丑이 三合인데 丑에서 巳가 五、巳에서 酉가 五、酉에서 丑까지 五번째니 이를 數로 合算하면 十五다.

○ 相旺篇

○ 納音은 四局의 수에서 나온바다. 六水의 數가 각각 五요、 六金의 數가 각각 四요 六木의 數가 각각 三이오、 六土의 數가 각각 二요、 六火의 數가 각각 一이다. 一火 二土 三木 四金 五數를 합치면 十五이니 五五로 除한 뒤에 다만 그 남음을 볼지니라.

〔註〕 水의 數 五를 먼저 坎字에 붙이니 壬子에 北이 열리고、甲子에 東이 열리고、丙子에 南이 열리고、庚子에 西가 열리고、戊子에 中央이 열려 四方이 通하니 中을 열리는 것은 오직 一五 坎이다。坎의 數가 五니 一數가 癸壬이 되어 坎方을 지키고、나머지 四가 兌에 건너 四金이 된다。四金의 一數가 辛壬이 되어 酉方을 지키고 나머지 三이 震으로 건너가 三木이 된다。三木中 一數가 乙壬이 되어 震方을 지키면 나머지가 二인데 二가 中宮에 二土가 된다。二土의 一이 土壬이 되어 中央을 지키면 나머지 一이 离로 건너가 一火가 된다。一이 丁壬이 되어 离方을 지키며 다시 中의 二土와 합치면 三이오、三이 震木의 三과 합치면 六이오、六이 酉宮의 四와 합치면 十이며、十이 坎宮의 五와 합치면 十五니 이를 일컬어 相旺이라 한다。

靈氣勝落篇

○順이 굽어오고 强이 곧게 펴나가는 위에 靈이 順에 떨어지면 强은 흩어진다。强이 굽고 順이 곧게 펴나가는 위에 靈이 强에 떨어지면 順은 死하고 枝는 흩어진다。陽은 굽고 陰은 곧은 위에는 陽은 生하나 陰은 虛하고、陰이 굽어오고 陽이 곧은 아래에는 陰은 生하나 陽은 虛한 것이니 굽은 것은 生이며 곧은 것은 (伸)死脈이라 고집하지 마라。곧게 펼쳐오는 아래에 앞에서 굽은 것은 뒤를 돌아보지 않아도 앞은 生하고、

굽은 脈 아래에 앞으로 곧게만 펼쳐 나가면 앞은 돌아보지 않아도 뒤는 生脈이다. 曲한

가운데는 胞字(寅申巳亥)라야 貴하고, 곧게 펴나가는 脈 가운데는 正字(子午卯酉)라야

貴하다.

〔註〕떨어진다(落)함은 枝脈으로 떨어진다는 뜻이다. 枝脈이 비슬거리지 않고 곧게

달려가는 것은 오직 金을 잊고 正만 따르는 것이니 龍身이 일어나지 않고 앞으로 밋밋하

하게 뻗어나간다. 胎도 같고 正도 같으며 狂도 아니고 驚도 아닌데다 앞에 期限(머무

는 듯)이 없고, 枝脈이 떨어져 金을 接하고 胞를 잃지 않은것은 앞에 期限(멈추

습)이 있어 金子는 끝나고 胞字도 끝난다. 枝脈이 떨어져 接하면서 順脈을 얻으면 머

무는 期限이 다한 것이니 胎와 順이 끝맺는다. 枝脈이 떨어져 强과 接하며 正을

얻은 것은 앞에 期限이 있음이라 强과 正이 끝맺는다.

○四性의 旺衰이 각각 그 限界가 있다 먼저 시작된 근원이 子孫脈을 거느린 것과 먼저

旺한 것이 根과 이어진 것은 本源을 찾음이다. 이러하므로 앞에서 그리워하면 뒤도 그

리워하며, 앞에서 꺼리면 뒤도 꺼리며, 앞에서 다투면 뒤도 다투며, 앞에서 해치면 뒤

도 해치며, 앞에서 冲하면 뒤에서도 앞을 冲한다. 그러하므로 각각 구하는게 있다.

〔註〕서로 사랑하는 局은 龍身의 날개가 穴을 감싸고, 서로 從하는 局은 祖山이 枝脈

이 穴을 에워싸고, 位가 定해진 局은 굽어 안는다. 그러나 서로 미워하는 局은 祖山

이 穴을 등지고 穴을 감싸는 것이 반대로 등지며, 黄泉의 局은 蟬翼이 등지고, 交가 없

는 局은 枝角이 穴을 등진다. 이러한 까닭에 愛情에 너무 빠지면 밝지 못하고、交를 너무 貪하면 無禮한 법이다. 四性이 干에 붙으면 四胎요 支에 붙으면 四局이다. 사랑한다(慈)는 뜻은 五行이 生을 그리워함이니 즉、火가 木을 그리워하고、水가 火를 그리워함이다. 忌와 沖은 가령 火가 水를 만나면 忌라 하고、水가 火를 만나면 沖이며、金木相克에 木이 金을 보면 忌이고、金이 木을 보면 沖이다.

○枝室篇

○龍의 一寶는 오직 一金(辰戌丑未)이다. 金은 脈의 室이오 交龜의 戶며 陰陽의 窟이고 出枝의 門이다. 金이 없는 胎는 獨立되어 枝脈을 生하지 못하고、胎가 없는 金은 獨臥하여 暈을 펴지 못한다.

〔註〕主龍의 體는 補하되 沖이 없는 것을 寶라 한다. 交는 實이고 實은 즉 金이다. 祖龍이 豊肥하고 枝脈이 풍만해서 肥로 成局된 것은 肥字가 室이오 戶는 庫라 한다. 祖龍이 凹한데다 枝脈도 凹하여 凹로서 穴에 떨어진 것은 凹字가 戶요 窟字가 室이다. 陰은 陽回하는데 붙어 屈하고、陽은 陰回하는데 붙어 屈해서 雙金이 正으로 傳하면 正字門이라 한다. 秀頭의 變이 이 안에 불과하며 交를 그리워하는 屈도 또한 이 원칙 안에서 벗어나지 않는다. 龍頭가 평평할 뿐 변화가 없으면 그 변두리에 변화가 있을

것이고, 龍頭가 곧기만하고 변화가 없으면 중간 부분에 변화가 생길것이다.

○胎와 順과 胞의 三火가 旺하여 秀起(보기 좋고 특이하게 솟은 것)한 것은 脈枝가 三木의 方으로 펴나가고, 三水의 방은 펴나가지 않으며, 胎와 强과 正의 三水가 旺하여 秀起된 것은 枝脈이 三金方에 펴나가고 三火方에는 펴나가지 않는다. 祖龍은 먼저 가지가 펴나간 것을 살피고, 枝脈은 먼저 作局의 本源과 眞假를 보아야 한다.

〔註〕脈이 뻗쳐 나갈때 꺼리는 것이 없으면 伸이오, 꺼리는게 있으면 伸이 아니다. 克하는 者를 克할 줄 알고 輔할 것을 輔할 줄 알아야만 龍眞이며 靈交라 하지만 克할 것을 克할줄 모르고 輔할 것을 輔할 줄 모르면 이를 龍假 또는 死交라 한다. 假龍 앞의 枝脈은 어디로 갈지 모르고 四方으로 나아갈 뜻이 있는듯 하니 이것을 각기 흩어져 각자 生을 도모한다는 뜻에 비유될 수 있는데 體가 날뛰고 枝가 놀라는 형상이다. 그리고 死龍 앞의 交는 다만 四散의 뜻만 있다. 山은 방향이 없이 아무렇게나 曲伸하니 이를 散髮이라 한다. 枝는 尖細하여 깡마르고 (無肥)、局은 보잘것 없이 미미한 가운데 金이 없다. 또는 震으로 향하려다 兌를 돌아 死하고、兌를 向하려다 震을 돌아 死하며、离로 가려다가 坎을 돌아 死하고、坎으로 向하려다가 엉뚱하게 离를 돌아 死하니 이를 일러 「도망치다가 죽는다」 하는 비유의 凶格이다.

○ 空缺篇

○丑寅에 旺하고 丁庚門에 空하며、辰巳에 旺하고 辛壬에 空하며、未申에 旺하고 癸甲門에 空하며、戌亥에 旺하고 乙丙門에 空하니 殺路方을 닫고 八曜方을 열지 않아야 한다

〔註〕水口가 癸丑이면 斗牛納丁庚之氣요、丁未면 金羊收癸甲之靈이오、乙辰이면 辛壬會而聚辰이오、辛戌이면 乙丙交而趨戌이라 한다。斗牛는 丑寅에 붙어 丁庚의 主를 納하고 金羊은 未에 붙어 癸甲의 主를 거두고、辛壬은 戌亥에 붙어 乙丙의 主를 取하고、乙丙이 辰巳에 붙어 辛壬의 主를 取한다。父母와 子와 夫婦가 있어 先宮의 胎를 輔하고 先源의 交를 輔하여 그 方과 自局을 사랑하고、殺을 두려워하여 그곳의 砂水를 막으니 먼저 用하는 將과 뒤에 用하는 權이 將은 八將이오 權은 四神이다。

○丁庚向에 艮破를 忌하고、癸甲向에 坤破、辛壬向에 巽破、乙丙向에 乾破를 忌하는 것은 오직 向을 忌하고 뒤(坐)는 忌하지 않는다。殺이 對沖에 있으면 다만 一戰으로 물리쳐 없앨 수 있지만 黃泉殺은 싸워서 소멸시킬 수 없고 뿌리를 녹여 없애야 한다。

〔註〕黃泉이란 泉이 川으로 化하고、川이 天으로 化하니 이것이 交요、黃이 地로 化하고、地가 倫으로 化하니 이것이 母의 象이다。居하는 中에 兩儀가 生하고、兩儀에서 四象이 生하고 四象에서 八卦로 나뉜다。그 子가 百二十인데 그 이치는 天에 六十

干이 있고 아울러 地에 六十支가 있어 天地合이 百二十이다. 五行의 각 수가 五니 五

字가 坎으로 보내어 五星이 되고 五字 震으로 보내어 五星이 되고, 五字를 离로 보내

어 五星이 되고 五字를 兌로 보내어 五星이 된다. 이 四送이 旺한 가운데 나머지 百이

入中하여 寅에 이르면 봄이 生하고, 巳에 이르면 여름이 生하고, 申에 이르면 겨울

이 生한다. 나를 生하는자 交요 내가 生하는자 子孫이다. 이러하므로 父子의 親한

인륜이 있고 夫婦의 분별이 있는 법이다.

○作暈留氣篇

○胎는 强을 사랑하여 暈을 만들고, 胎는 順을 사랑하여 暈을 만들며, 正이 金을 사

랑하여 暈을 만들고 順이 正을 사랑하여 暈을 만든다. (사랑한다는 慈는 그 속으로 숨어

들어가는 것이고, 暈이란 동그랗게 안아 도는 것으로 마치 달무리 해무리와 같은 모양

이다)

〔註〕暈은 나의 子孫을 사랑하여 바람을 막아주는 형상이니 그 담장으로 交를 감싸주

는 것은 血을 기르며 근원을 기르고자 함이다. 死한 것은 凹하고 生한 것은 突하며,

旺한 것은 凸하고, 狂한 것은 起하여 驚한 것은 走한다. 이로써 眞假를 자연 가리며

驚과 狂을 분별할지니 一暈의 자취가 앞과 뒤에 미친다. 暈을 버리고 脈이 달려나가

는 것을 좋다 말하지마라。 父를 등져 死한다。 暈을 버리고 起한 것을 緊하다 취하지

마라 産業을 敗하고 亂立하는 者니라。

○祖龍이 源을 돌아보고 枝脈을 사랑하면 窟한 앞에 暈을 짓고、 祖龍이 成局하여 交

를 나누면 枝脈 앞에 暈이 있으며 祖龍의 雌雄室과 枝脈의 雌雄金은 前後에 暈 짓는것을

기뻐한다。 三暈의 典이 世德이 아닌게 없고、 祖恩이 아닌게 없다。

[註] 世恩의 世란 後龍이 屈曲하면서 오는 龍脈이오, 恩는 祖龍이 旺해서 枝로 나뉘어

穴을 안아 감싸는 者다。 비록 暈이 맺ㅡ라도 空하고 狂한 것은 앞에 暈 같아도 主空・

暈空이고、 앞에서 驚하는 暈은 暈 같아도 主가 흩어져 불가하니 眞脈 앞에 맺은 暈이

라야 主眞이며 暈眞이다。 少暈은 貴하지 않고 老暈이라야 貴하며、 分暈은 眞이 못되

고 獨暈이라야 가장 貴하다。 分暈이란 枝分(脈이 갈라져 나간것)이 左와 右로 行하는

사이에 暈을 지은 것이고 獨暈은 分枝되지 않은 本體에 맺은 暈이다。

○呼交篇

○앞에서 뒤를 부르는게 있는 것은 뒤의 무리가 다 굽고、 뒤에서 앞을 부르는게 있는

것은 앞의 무리가 다 돈다。 一呼하는 앞에는 뒤 무리의 屈한 것을 用하고 一呼하는 뒤

에는 앞 무리의 聚氣된 곳을 用한다。

〔註〕用은 뒤에 交가 이룩됨이 있는 사이에 順과 强과 胎로 들어오면 앞에서 불러 順·强·胎를 使用한다. 그러나 壬坎癸가 交를 부르는 것은 丙丁을 불러 使用하고, 甲卯乙이 交를 부르는 것은 庚辛을 불러 使用하고, 丙午丁이 交를 부르는 것은 壬癸를 불러 使用하고, 庚酉辛이 交를 부르는것은 甲乙을 불러 使用한다. 뒤에서 交를 불러 作局하고 앞에서 불러 權을 사용하는 것은 富功이 끊기지 않으나 뒤에서 부르지 않고 作局한 것은 앞에서 對冲을 使用하지 않으니 退運됨이 끝없다.

○祖山이 特立한 것과 脈이 완전히 屈한 脈에는 下枝가 자연 굽고 前枝도 자연 굽어 뻗는다. 이러하므로 主가 있는 奴는 拱立하여 命을 받들고, 主가 없는 무리들은 叛心을 품고 家를 충돌하니 奴의 마음만이 아니며 무리의 마음만이 아니다. 먼저 집 뒤가 虛하니 이는 治産을 못한 때문이다.

○反交篇

〔註〕主는 乾艮이 合交할 때에 寅甲을 얻고, 艮巽이 合交할 때에 巳丙을 얻고, 巽坤이 合交할 때에 申庚을 얻고, 坤乾이 合交할 때에 亥壬을 얻고, 艮乾이 合交할 때에 辛戌을 얻고, 乾坤이 合交할 때에 丁未를 얻고, 坤巽이 合交할 때에 乙辰을 얻고, 巽艮이 合交할 때에 癸丑을 얻음이니 만일 이상을 잃으면 交는 있어도 主가 없어 불가하다.

○陽이 前陰을 보아 굽다가 取하지 않고 他陰과 交하며, 陰이 前陽을 보아 굽다가 取

470

하지 않고 他陽을 取하며 交하니 이는 媾가 그 主人이 없음이라, 配를 지켜 終身이 없다.

〔註〕他란 乾이 艮을 취하여 交하려다 坤을 從하고、 艮이 乾을 取하여 交하려다 巽을 從하고、 巽이 艮을 取하여 交하려다 坤을 從하고、 艮이 巽을 取하여 交하려다 乾을 從하고、 乾이 坤을 取하여 交하려다 艮을 從하고、 坤이 乾을 取하여 交하려다 巽을 從하는 것이니 어찌 他를 取하고져 하리오、 先陰이 死하면 後陰이 生하는고로 生을 從함이오 前陽이 死하고 後陽이 生한 고로 生을 從함이다。 從이란 그 角을 보고 좋는것 이다。

〇丁庚의 雙角은 坤艮에서 生死로 나뉘고、 辛壬이 雙角은 乾巽에서 生死로 나뉘고、癸 甲의 雙角은 艮坤에서 生死로 나뉘고、 乙丙의 雙角은 巽乾에서 生死로 나뉜다。

〔註〕雙角이란 庚角이 나옴에 丑脈이 窟하니 庚은 坤을 알되 艮은 모르는지라 乾을 불러 坤에 붙는다。 丁角이 나옴에 丑脈이 窟하니 丁은 艮을 알되 坤은 모르는지라 巽을 불러 艮에 붙는다。 甲角이 나옴에 未脈이 窟하니 甲은 艮을 알되 坤은 모르는지라 巽을 불러 艮에 붙는다。 癸角이 나옴에 未脈이 窟하니 癸는 坤을 알되 艮은 모르는지라 巽을 불러 坤에 붙는다。 乙角이 나옴에 戌脈이 窟하니 乙은 乾을 알되 巽은 모르는지라 艮을 불러 坤에 붙는다。 丙角이 나옴에 戌脈이 窟하니 丙은 巽을 알되 乾은 모르는지라 艮을 불러 巽에 붙는다。 辛角이 나옴에 辰脈이 窟하니 辛은 乾을 알되 巽은 모르는지라 坤을 불러 乾에 붙는다。 壬角이 나옴에 辰脈이 窟하니 壬은 巽을 알되 乾은 모르는지라 坤을 불러 巽에 붙는다。

○ 胎는 胞를 從하여 마디가 굽고、 金은 胎를 從하여 龍身이 굽으며、 陰은 陽을 從하여 曲立하고、 陽은 陰을 從하여 龍身을 돌리는바 陰陽의 天性은 오직 一曲으로 主를 삼는다。

〔註〕 뒤가 곧되 交가 없이 굽은 것은 水를 보아 굽는것이오、 뒤가 突하되 평평히 굽은 것은 冲을 보아 굽는 것이오、 祖山이 應하지 않되 枝脈이 굽은 것은 들(野)을 보아 굽는 것이오、 뒤에 흩어진 것이 있되 枝脈이 굽은 것은 金이 없이 굽은 것이다。 四曲한 앞에 의미가 없이 節이 굽으면 死脈이고、 뒤에 交抱가 있어 金이 굽으면 交를 그리워하여 龍身을 돌린것이오、 뒤에 祖龍이 旺해가지고 굽은 것은 本을 돌아보며 몸을 돌리는 것이오、 陽이 오면 陰이 받고、 陰이 오면 陽이 받아 굽는 것은 金을 그리워하여 龍身을 돌린 것이오、 體가 交하고 枝가 交하여 굽는 것은 枝脈을 사랑하여 回身함이니 이상 四回하는 中어 모두 眞으로 떨어진다。

○ 一室 가운데 五性이 거하면 비록 交의 眞이라하나 각 性의 本心은 그 交를 禁하지 마라。 胎는 起하고、 順은 突하며、 正은 細하고 强은 凹하고、 藏은 卧하고 胞는 乳形이다。 이러하므로 六性이 각각 旺하면 腰가 느릿해서 交를 이루지 못하고、 六性이 旺하지 않으면 腰가 짧아 交를 재촉한다。

〔註〕 一室이란 雙胎가 交하는 宮에 順이 胎를 두려워 아니하고, 正은 胎를 두려워 워 아니하여 細直하고, 强은 胎를 두려워 아니하여 凹하고, 胞는 胎를 두려워 아니하 여 乳하고, 藏은 胎를 두려워 아니하여 臥하면 사이에 期限이 넘어선다. 陰은 陽을 몰라 그냥 지나고, 陽은 陰을 몰라서 그냥 지나가니 이는 이르되 死한 중에 또 死한 脈이다. 順이 胎가 두려워 突하지 못하고, 正은 胎가 두려워 細直하지 않고, 强은 胎 가 두려워 凹를 이루지 못하고, 胞는 胎가 두려워 乳를 만들지 못하고, 藏은 胎가 두 려워 臥하지 못하면 胎는 期限을 넘지 못하는지라, 이러한 것을 일러 生하고 또 生하였다 한다. 一室 가운데 一竈이 있으면 근심이 되고, 一室 가운데 一頑이 있으면 敗하고, 一室 가운데 一叛이 있으면 자연 그 室은 도둑맞은 것이니 五 性이 合應馴伏된 뒤에야 眞穴을 짓는 땅이다.

○形暈篇

○暈과 屈이 없이 胎가 일어난 것과 바람이 닿는 細直한 龍과, 輔翼이 없는 胞乳(乳 形)와 月暈이 없는 雙金은 비록 형상은 있으나 실은 空한 땅이다.

〔註〕 屈曲이 있는 起胎는 交가 다 貴한 것이고, 바람이 막아주는 細直한 龍은 細하기 前의 突形이 眞穴이며, 左右 날개로 보호하고 있는 胞曲脈은 굽은 앞이 生脈이오, 月

暈이 있는 雙金은 그 金이 다 神靈한 땅이다. 生의 근본도 形에 있고, 死의 근본도

形에 있는 것이니 六形의 屈曲만을 眞이라 믿고 취하지 마라. 먼저 標証이 있으면 앞

이 眞이고 없으면 앞이 假다.

○屈과 曲과 之와 玄과 直과 顧와 回와 垂와 因과 起와 濶과 盤과 欝과 散과 亂은 脈

의 八條니 龍形은 이상의 형상에서 벗어나지 않는다.

[註] 交를 만난것이 屈이오, 뒤를 잊지 않는 것이 曲이오, 龍身이 놀란듯 한 형상이

之요, 交를 다투는 형상이 玄이오, 곧게 달려나가는 脈이 直이오 枝脈이 흩어진 것이

伸이오, 뒤에 生하는 형상이 顧요, 冲을 만난 것이 回요, 뒤가 일어난 龍이 垂요, 砂

가 谷을 메꿔준 것이 因다. 順이 胎와 이어지면 起하고, 正이 金과 이어지면 濶하고,

머리카락 흩어진 형상이 盤이오, 強脈이 모인 것이 欝이오, 交를 잃은 것이 散이오,

근원을 잃은 龍이 亂이다.

○屈身篇

○앞의 金強을 取하면 強身이 屈曲하고 뒤의 金強을 取하면 強은 屈이 없이 平하다. 이

러므로 앞을 사랑하는 龍은 날개가 굽고 龍身이 屈하며, 뒤를 사랑하는 龍은 날개가

곧고 龍身이 넓직하다.

474

〔註〕 金의 屈身은 作局됨이 멀지 않고、强의 屈身은 앞의 動함이 멀지 않는다。金은 오직

뒤만 그리워하여 앞을 잊고、强은 오직 앞만 그리워하여 뒤를 다 그리워하는 龍은 合

合身된 것으로 龍이 비록 달아나도 胎가 자연 익는다。뒤에서 앞을 그리워하는 형상의

龍은 合流라하는바 비록 胎가 있으나 함께 달아나는 것이니 먼저 强의 順應을 살피고

다음에는 胎가 머물렀는지 아닌지를 살펴야 한다。交한 중에 一叛이 있은 것은 前衝

도 後衝도 아니다 · 局을 衝하면 交가 놀라고 交가 흩어지며、正을 衝하면 强이 놀라

고 氣가 소모되며、胞를 衝하면 順이 놀라 각각 달아나는바 이것을 이르되 亂이라 한

다。

○각각 三變이 있고 각각 正이 있다。三變을 알면 만가지 이치를 用할 수 있고 각각

서로 八交를 부르는 것이니 八交를 알면 무리를 破하는 이치를 쓴다。

〔註〕 三變이란 順이 突이 되고、順이 直하고、順이 曲함이며、强은 凹하고、暈하고

鉗이 되며、正은 細하고、直하고、肥하며、金은 臥하고 細하고 腹이 되며、胞는 乳와

曲과 頂이 되는 것을 일름이오、八交란 乾은 왼쪽 艮으로 行하고、艮은 오른쪽 乾으로

行하며、巽은 오른쪽 艮으로 行하고、艮은 왼편 巽으로 行하며、坤은 왼편 乾으로 行

하고、乾은 오른편 坤으로 行하며、坤은 오른편 巽으로 行하고、巽은 왼편 坤으로 行

하는 것이다。 이상 三變과 入交로 원를 풀이하고 만가지 이치를 이해한다。

○ **祖曲枝伸篇**

○祖龍이 구불거리며 枝龍으로 들어가면 枝龍도 구불거리며 근본(祖)을 돌아보고, 祖龍이 곧게 枝龍에 이어지면 枝龍도 곧게 本을 돌아본다. 祖龍의 굽은 脈이 枝脈 金으로 들어가면 金도 구불거리며 굽은데서 交하고, 祖山의 直脈이 곧게 金으로 들어가면 金도 곧게 뻗으면서 곧은 곳에 交한다.

〔註〕 祖란 祖山의 근원을·잃지 않음이다. 祖龍의 형상을 그대로 이끌어 온 것은 비록 변화가 없더라도 眞穴이 많지만 그 根源을 잃은 龍이 스스로 交한 형상을 이루면 비록 變化가 많더라도 假格이다. 대개 作穴하는 법은 祖宗의 근원을 이끌어 枝脈을 뻗어야 하며 本源을 이끌어 胎를 지어야 하며, 胎源을 이끌어 交를 지으며, 交源을 이끌어 作穴해야만 뒤에까지 근원이 끊기지 않고, 脈은 그 本性을 잃지 않는다. 本性이 있는 아래라야 交가 속하고 首가 속한 것이다.

○龍脈이 衆曲된 위에는 秀權이 더욱 勝하고, 一金曲한 아래에는 八權을 뻗치는 것이 더욱 勝한다. 曲砂는 根에 의탁하여 특수하고、 伸砂(곧은 砂)는 根을 金에 의탁한다. 먼저 훌륭한 根이 앞으로 쭉쭉 뻗어나간 것은 水勢를 禁하지 말것이며、 먼저 훌륭한 祖龍이 내려오다가 枝脈이 흩어진 것은 對沖을 金하지 말아야 한다.

〔註〕 托이란 根에 의탁함이다. 특수하게 좋은 砂角은 앞에서 冲해도 두렵지 않으므로

그 가지를 자유롭게 뻗어나간다。 枝脈이 神金의 蘿에 의탁한 것은 我克이 두렵지 않으므로 자유롭게 四方으로 펼쳐나간다。 먼저 特立한 龍의 眞假를 살펴 枝脈을 찾아나가고 먼저 雙金이 근원에 의탁하였는가를 살펴 枝分을 찾으라。 雙金이 비록 작더라도 萬山의 票에 미치고、 根은 一根의 곳에 있어도 萬里를 뻗어나간다。 또는 一根이 餘蔭이 萬壑의 가운데까지 미쳐 伏伏 雙伏된 위에 後根을 기르고、 장차 창성함이오 起起하고 雙起하는 脈 아래에 前金을 질러 장차 交를 맺고 穴을 맺는다。

○相之篇

陽이 陰으로 나아가면 陰은 陽을 꺼려 달아나고、 陰이 陽으로 나아가면 陽은 陰을 꺼려 달아난다。 雙으로 꺼리는 사이에는 다 之字形이 이루어지는데 之字形이 많으면 山體가 여위어서 枝脈을 生하지 못한다。

〔註〕之字란 獨陽으로된 正脈이 脈이 다 끝날때까지 갈지자 모양을 버리지 못함이고 또 獨陰으로된 胞가 脈이 끝날때까지 갈지자 모양을 버리지 못함이다。 이는 陰陽이 이어지지 않고 서로 爭鬪하는 脈이 모두 갈지자로 끝나고 만다。 갈지자 위에 脈이 驚하고 갈지자 아래에 脈이 발광한다。 驚하는 형체는 마치 톱날처럼 생겨 달아나는바 톱날 모양에서 分脈되면 다 흩어지고、 발광하는 (狂) 형체는 마치 鈍重한 것이서 있는 것

○脈이 놀라도 앞으로 나아가 이에서 벗어나면 氣旺하고、 脈이 발광하여도 앞으로 쑥

같은데 鈍이 分枝되면 모두 肥大해서 交가 늦으므로 굽은 것이 없어 假格이다。

욱 빠져나가 이에서 벗어나면 狂한 것이니 비록 뒤가 흩어졌더라도 脈이 가늘고 곧으면

앞에 眞穴이 있고 비록 뒤에 狂脈이 있더라도 앞의 脈이 欝欝하면 氣氣가 있는 龍이다。

〔註〕 狂 앞에 驚이 들면 狂을 벗어남이고、 驚 앞에 狂이 들면 驚을 벗어난 것이다。 一

金의 驚熟과 一胞의 狂熟이 단지 狂의 寶가 아니며、 金으로 交를 부름과 胞로 配를

부름은 江山의 靈氣요 生死의 票다。 이러하므로 驚하여도 金을 얻으면 龍身이 豊肥하

여 脫金되고、 狂하여도 胞를 잃지 않으면 龍身이 말과 狂을 벗어난다 (驚은 톱날처럼

생겨 야윈 형상이고、 狂은 뭉툭하게 살찐 형상이니 驚 아래가 肥하면 脫驚이고、 狂 아

래가 야위면 脫狂됨이라 한다)、 龍이 깡마른 것이 다시 豊肥하면 穴이 胞 가운데 있고、

肥한 것이 야윈것으로 변하면 穴은 瘠 가운데 있는 것이니 萬山을 다 한가지 이치

로 증험하다。

○玄暈篇

○雙藏脈이 같이 떨어지면 枝脈이 凹陷해서 가는 것도 모르고 오는 것도 모르고 이것

을 玄이라 하고 또는 窟이라 한다。 玄으로 强을 지어 首尾를 감추고 陷한 暈은 陰陽이

모이는 大市요 交龜하는 神秘의 곳이다.

〔註〕祖山의 本源에서 내려와 金脈으로 받으면 비록 眞穴이 없더라도 靈氣가 그 가운데 모여서 그 사이에 交會한다. 分字를 찾아 交를 좇는 경우 그 穴을 알고、交龜를 알며、分字를 알아 脈을 從하는 자 眞을 알지 못하며 交龜를 알지 못한다. 假交에 眞을 알고 眞交를 보고 假를 알아야 한다. 陷한 가운데 死는 順·凹 가운데의 死인데 胞가 비록 胎와 接하나 胎가 死하고、胎가 비록 交와 接交할지라도 交가 死함이니 버려야 한다. 本源의 去함을 아는 이라야 去함을 알고、本源이 오는 것을 아는 이라야 오는 것을 아나니 眞穴이 자연 그 가운데 있다.

○陷脈이 늙으면 陷이 盡하고 窟脈이 늙으면 窟이 盡하는바 이것을 소위 始終 天性을 버리지 못함이라 한다.

〔註〕坎脈이 乾源에 붙어 陰을 만나면 辰巽을 생하고、坎이 艮源에 붙어도 陽을 만나면 坤申을 生한다. 震脈이 巽源에 붙어 陰을 만나면 乾亥가 生하고、震脈이 艮源에 붙어 陽을 만나면 坤未를 生한다. 离脈이 坤源에 붙어 陽을 만나면 艮寅을 生하고、离脈이 巽源에 붙어 陰을 만나면 乾戌은 生한다. 兌脈이 坤源에 붙어 陽을 만나면 艮丑을 生하고、兌脈이 乾源에 붙어 陰을 만나면 巽巳脈을 生한다. 비록 陷한 山일지라도 가운데가 열리면 근월 글자를 從하여 眞이 되고、비록 首尾가 비밀히 자취를 감추었더라도 먼저 接한 것은 다 眞이다.

○眞生篇

○雌雄 (즉 陰陽)으로 굽은 脈 아래에 곧은 脈이 생기면 眞脈이오、 藏·胞脈 위에도

곧은 脈이 생기면 眞이며、 順·强의 曲脈 아래에 交가 곧은 것은 眞이고 胎·正의 곧은

脈 위에 直金이 있으면 眞格이니 四直에 四曲이면 穴이 분명하고 交가 분명하다。

〔註〕曲直이란 陽이 굽고 陰이 굽은 아래에 順·强脈이 곧은 것과、 陰이 굽고 陽이

굽은 아래에 胞와 藏脈이 곧은 것을 말한다。 交는 늦지 않아야 열매가(實) 맺는 법이

니 生하는 者가 모두 곧기만 하면 交가 늦어 열매가 없어 곧은 것은 다 死脈이다。 金

이 虛해도 生으로 들어온 것과 胞가 虛해도 交로 들어온 脈은 비록 屍身의 덕이 박할

지라도 應功이 많고 交가 허한 生金과 體가 假인 것이 生胞로 들어간 것은 비록 시신

이 편안할지라도 子孫이 故鄕을 떠나 流離漂泊하게 된다。

○先後가 交하여 生한 龍은 비록 老脈일지라도 交가 젊고、 먼저는 交가 없고 뒤에 交

가 이루어진 것은 비록 脈이 젊더라도 交는 늙었다。 交가 늙은 아래에는 運이 크지 못

하고 交가 젊은 아래에는 運力이 크다。

〔註〕分枝 위에 있는 龍體를 老라 하고 本體에서 갈라져나간 枝脈을 少라 한다。 交에는

先交와 後交가 있으니 先交를 少라 하고 後交를 老라 한다。 老少의 분별과 음양의 分

界가 뒤로 一丈內에 있고、 脈의 虛實과 金의 空하고 空하지 않은것이 體와 枝의 一分

內에 있으며 穴의 좋고、좋지 않은 것과 龍首의 좋고 좋지 않음이 一換하는 가운데 있으며、근원을 從하는 朝水와 뒤로 從하는 朝山의 應하고 응하지 않음이 一正의 안에 있다。

○相伸篇

○水源이 와서 火節을 바꾼 것은 물이 火를 冲하여 火節이 자연 伸하고 火源이 와서 水節을 바꿔놓은 것은 火가 水를 冲하여 水節이 자연 伸하며 金源이 와서 木節을 바꿔놓은 것은 金이 木을 冲하여 木節이 자연 伸하고、木源이 와서 金節을 바꿔놓은 것은 木이 金을 冲하여 金節이 자연 伸한다。

〔註〕節을 바꾼다는 뜻은 節胎요 源脈이며 冲은 相克을 칭함이다。冲한 위는 眞으로 들고、冲한 아래에는 眞으로 들지 않는다。一換하는 節 위에 뒤를 근심하는 자 交가 이루어지지 않음이고、一曲하는 아래에 앞을 근심하는 자, 局이 이루어진다。金正脈이 木로 바꾸면 앞은 死하고 뒤는 生하며 木正이 金으로 바꾸면 앞은 生하고 뒤는 死하며、水正이 火로 바뀌면 앞은 死하고 뒤는 生한다。火木의 正의 身旺한 것이 앞에 있으면 뒤는 旺하고 앞은 眞이며、水金의 正이 身旺하여 뒤에 있으면 앞은 驚하고 뒤는 眞이다。木火로 오는 脈은 枝가 늙으면 잎이 생기고、水金으로 오는 脈은 枝가 젊어

根이 生한다。 이러므로 木火가 늙어 金水를 生함은 젊어서 生하느니라。

○脈이 盡하되 冲을 불러 節을 바꾼 것은 前旺한 本이고 脈이 盡하지 않되 冲을 불러 節을 바꾼 것은 앞이 衰한 징조다。 脈이 冲을 부르지 않으면 그 脈이 펼쳐나가지 못하고、交가 冲을 부름이 없으면 그 枝脈이 흩어지지 않는다。

〔註〕脈이 節을 바꾸면 다시 生해서 龍根이 자연 昌盛해지니 龍身이 旺하는 것만이 아니오 枝脈이 旺한 것만이 아니다。 散枝가 交를 많이하면 金이 眞하고 散胎가 交를 많이하면 穴이 眞이지만 脈이 盡하기 전에 다른 脈을 부르는 것은 脈이 바뀌어 다시 生함에 있어 앞의 근원이 자연 없어진다。 枝脈이 흩어져 假가 많음은 交가 흩어져 空이 많음이라。 假의 之字는 假요 眞의 之字는 眞이며、 金의 之字는 金旺하고、 胎의 之字는 胎旺한다。 胎와 연결된 脈은 그 근원을 돌아보고 枝旺하고 그 祖山을 돌아보고 穴이 旺하다。 비록 四神이 枝脈에 照할지라도 交한 뒤에 相克이 없어야만 權이 되고、 비록 八將이 擁衛할지라도 脈首 뒤에 근원이 끊기지 않아야만 勢를 얻는 땅이다。

○顧護篇

○祖山이 쇠잔한데 火形砂가 祖山을 돌아보고 있으면 이는 祖山을 征伐하는 砂요、 祖가 得勢하고 돌아보는 砂가 미약하면 祖宗을 공경하는 砂다。 祖宗을 공경하는 山의 眞

脈은 忠孝를 겸하여 屈曲하고、 祖宗을 攻伐하는 亂臣을 겸하여 변란이 많다.

〔註〕 위 글에서 祖란 祖山을 칭함이다. 靑龍이 穴을 돌아보되 胞脈이 眞이면 生局이고、白虎가 穴을 돌아보되 藏이 眞이면 生局이며 祖가 穴을 돌아보되 胞脈이 眞이면 역시 生局이다. 높고 낮고 어질고、 어질지 못함과 左右의 穴이 증거나 이 三顧의 應하는 가운데 있다. 이러하므로 龍虎가 穴을 돌아보며 보호함이 없으면 뒤가 無靈하며 交가 여물지 않으므로 對가 두려운 空局이니 먼저 交를 보아 그 對案의 冲不冲을 알것이며, 다음으로 金을 보아 龍虎가 應했는지 안했는지를 알아야 한다.

○脈이 돌아보는 마음이 없으면 枝脈이 빈 곳을 메꾸지 못하고（枝不充谷）、 祖가 孫을 부르지 않으면 枝（즉 孫）가 뒤（즉 祖）를 돌아보지 않으며、 龍이 샘물 근원（泉源ー즉 水源）이 없으면 물이 穴 앞으로 돌아나가지 않는다.

〔註〕 充（메꾸다）이란 골짜기의 空虛한 것을 메꾼다는 뜻인데 殺을 가두고（囚殺） 作穴한 것은 三眞이라하니 三神이 모두 그 穴에 모인다. 人丁이 창성하고 부귀 공명 장수에 運이 장구하고 靈賢이 나온다. 砂가 작란하는 것이란 砂가 앞에서 祖를 冲克함이니 앞에서 克하면 悖逆과 作亂이 自冲·他冲 뿐이 아니라 한번 冲水함에 水殺이 穴에 미치고、한번 祖가 冲함에 祖殺이 交에 미치며、 한번 金이 冲함에 金殺이 龍身에 미치고、 한번 龍虎가 冲함에 率殺이 龍首에 미친다. 그러므로 亂砂의 작란은 眞가 운데 서리와 같고 生하는 가운데 근원을 끊는것 같이 흉하다. 이러한 때문에 祖와 穴

이 미약한 중에 凶砂가 앞에서 冲하면 眞 같아도 殺局이며、 祖와 穴이 勝하고、 凶砂가

囚閉되면 假 같아도 眞局이다。 三眞이란 胞·藏·胎를 칭함이고 三神이란 陰·陽·胎

의 交를 칭한다。

○ 回曲篇

○陽이 머물고 陰이 回하면 陽이 굽지 않아도 陰이 回하여 交를 이루고、 陰이 머물고

陽이 回하면 陰이 回하지 않아도 陽이 감돌아 交가 이룩된다。 脈이 몸을 돌려 金을 등

지면 空이 없어 神靈하고 龍身이 回하지 않고 金을 지면 空하여 虛한 脈이다。

〔註〕神은 祖山의 胎의 靈氣가 雙金에 照하고、 雙金의 靈氣가 首局에 照하고、 首局의

靈氣가 子孫에 照하면 人丁이 旺하고、 順强의 靈氣가 庫藏에 照하고、 庫藏의 靈氣가

富物에 照하고 富物의 靈氣가 照하면 功業을 드날린다。 이러하므로 運은 雙路에 매인

것이니 祖龍 앞의 冲이 있으면 祖源이 金에 이어지지 못하고、 藏 앞에 冲이 있으면

金氣가 脈首에 이어지지 못하고、 藏의 靈氣가 富局과 연결되지

않고、 富局 앞에 冲이 있으면 功德과 연결되지 않는다。

○龍體가 끊기고 枝脈이 흩어지는 것이 四冲하는 사이에서 나오는바 水는 나를 삶는

火仇를 꺼리지 않고、 火는 나를 죽이는 九仇를 꺼리지 않고 金은 나를 割하는 金仇를 꺼

リ지 않고、金은 나를 사르는 (燒) 木仇를 꺼리지 않는다。

〔註〕 水仇・火仇 등의 「仇」란 水가 火를 바라보면 敵으로 대하다가 水가 쇠약하면 火가 勝하여 體가 絶하고 枝는 흩어진다。 고로 水를 生하고 火를 攻伐해야만 다시 本源을 取해서 더욱 勝하는 것이니 前旺뿐이 아니며 後旺한것 뿐이 아니라 四神이 자연 항복하고 八將이 자연 應하여 體와 枝가 모두 眞이 된다。 以下 金木 등도 서로 원수지고 바꾸는 것이 이와 같다。

○相勝篇

○順히 起脈을 이끌어 順으로 드리운 것은 앞이 突하지 않아서 順脈이 盡하고、 强이 起脈을 이끌어 强으로 드리운 것은 앞이 凹하지 않아서 强이 盡하고、 順이 起한 것 을 이끌어 强으로 드리운 것은 앞에 脈을 이끌어 멀리 달아나고、 强이 起脈을 이끌어 順으로 드리운것은 앞에 呼脈을 이끌어 旺氣가 많아진다。

〔註〕 앞(前)이란 脈의 앞이 旺한것이니 脈이 달려 나가는 가운데 충층으로 떨어지되 그 性을 바꾸지 않으며、 脈이 盡한 가운데 길게 나와 그 性을 바꾼다。 이러하므로 生은 三字의 節을 벗어나지 않으며、 旺은 八字의 交를 벗어나지 않으며、 脈은 十字의 밖을 벗어나지 않는다。 順旺과 順垂는 龍身이 끝나는 것이 胞字요、 强旺과 强垂는 龍身

끝나는 것이 藏字요、 陽旺과 陽垂는 龍身 끝나는 것이 陰字오、 陰旺과 陰垂는 龍身 끝나는 것이 陽字요、 正旺과 正垂는 龍身 끝나는 것이 强이다.

○源이 正에 의탁하여 金이 龍身을 기르면 龍身이 豊肥해서 靈氣가 많고 이렇게 되면 冲이 두렵지 않아 枝脈이 활발하게 펴나간다. 源이 胞에 의탁하여 胎가 龍身을 기르면 龍身이 앙상하게 여위어 無靈한테 이렇게 되면 그 殺이 두려워 枝脈이 뻗어나가지 못한다.

〔註〕 養(기른다)이란 金이 體를 기르고 强이 枝를 기르는 것이니 **나를** 기르는자 그 子를 기르면 비록 부르지 않아도 스스로 와서 交에 들고、 胞가 體를 기르고 順이 枝를 기르는 것이니 나를 기르는자 그 子를 기르면 비록 부르지 않아도 스스로 와서 交한다. 비록 交를 부르나 交가 交에 體를 부르는자 根源을 바꿔 冲한다. 비록 交를 부르나 交가 交에 들지 않는 것이니 이는 陰身이 柔해서 冲을 보면 달아나고、 陽身은 强하여 冲을 보면 대항한다. 이러하므로 陽이 많은 局은 비록 冲이 있어도 상관이 없고 陰이 많은 局은 冲이 있으면 근심된다.

○ 囚率篇

○根枝가 冲을 받으면 囚枝라 하는데 根이 死하면 枝脈도 死한다. 根枝가 輔를 받으

면 活枝라 하는바 根이 生하면 枝도 사는 것은 天理의 자연함이다.

〔註〕亥乾으로 봉우리가 된 아래에는 三金枝가 囚하고 三火枝가 活(사는 것)하며 戌乾으로 봉우리가 된 아래에는 三金枝가 囚하고 三火枝가 活하며、丑艮에는 三木枝가 囚하고 三水枝가 活하며、寅艮으로 成峰된 아래에는 三火枝가 囚하고 三金枝가 活하며、巽巳로 成峰된 아래에는 三木枝가 囚하고 三水枝가 活하며、未坤으로 成峰된 아래에는 三金枝가 囚하고 三火枝가 活하며、坤申으로 成峰된 아래에는 三火枝가 囚하고 三金枝가 活한다。

〇囚枝가 眞으로 들어간 것은 源을 돌아보고 祖를 돌아보니 그 運이 獨實한데서 나오고、活枝가 眞으로 된 것은 派를 돌아보고 祖를 輔하니 그 運이 實하지 않은데서 나온다。

〔註〕實하지 않음이란 龍이 根을 輔하고 祖를 輔하며 그 孫을 사랑하여 局을 生하는고로 먼저는 靈이 除해져서 無力해짐을 일컫는 말이고、獨實이란 源을 돌아보지 않고、祖를 돌아보지 않으며 孫을 사랑하지 않은채 作局된 것이므로 먼저는 靈이 흩어지지 않아 力量이 있음을 일컫는데 獨實한 것을 즐겨 마라 한번 興하나 자연 盡하고 未實한 것을 꺼리지 마라 한번 運이 나오면 盡할 때가 없다。대개 勝하는 것을 눌러 囚한 법인데 囚한 가운데 眞이 있고、쇠잔한 것을 측은히 여겨 살려주는 법인데 살아 있는 가운데 死氣가 있다。孫은 枝脈이다。

○順과 胎가 합해서 起脈되지 않은것은 비록 겉보기는 평범해도 안은 氣가 이루어지고,

順과 胎가 합해서 氣가 일어난 것은 비록 겉은 起했어도 안은 氣가 허한 법이다. 이러한

까닭에 겉이 旺하면 안은 靈氣가 없고, 안이 旺하면 외면은 龍身이 不旺한 것이다.

〔註〕正이 없는 順은 胎를 輔하지 않아도 스스로 身을 기르고 金이 없는 强은 胎를 輔

하지 않아도 그 身을 기른다. 이러하므로 正이 强을 돌아보니 强이 旺해져서 胎와 이

어지고, 正이 順을 돌아보니 順이 旺해져서 그 胎와 이어진다. 뒤로 胎와 연결된 것

은 비록 힘을 쓰지 못하나 靈氣가 흩어지지 않고, 뒤로 起胎와 연결되지 않은 것은

힘을 쓰지만 無氣하다. 근원이 이어진 精力은 앞으로 펴지 않으면 氣가 머물고, 源이

이어지지 않은 精力은 뒤가 특수해도 氣가 머물지 않는다. 三連을 보아 뒤로 三合이

이어지면 穴의 증거다.

○源이 없이 솟은 山은 金을 좇아 들어와 金을 좇아 盡하니 앞에 枝로 이어지지 않고,

源이 없이 누운 山은 胎를 좇아 들어와 胎를 좇아 盡하니 앞으로 불러 枝와 연결된다. 一

金이 臥한 것으로 앞이 旺함을 알 수 있고, 一胎가 특수한 것으로 앞이 盡하였음을 알

〔註〕胎가 金으로 들면 비록 外로 자취가 없어도 날개가 부터 龍身에 暈이 있으면 入

胎되고, 順이 胎에 들면 胞에 비록 突이 없어도 그 胎의 脈首를 돌아보며 胞와 接하는

것이니 順中으로 드는 자다. 强이 正으로 들면 비록 겉에 細한 것이 없어도 强暈에

게 된다.

龍身이 凹하면 强이 正으로 들어간다. 각 性의 向하는 것이 좋아하는 것을 따르고 싫

어하는 것을 따르지 않는다. 앞의 源을 들어 取하면 그 잎이 自明해지고, 앞의 交를

깨달으면 枝交가 自明해지며, 體가 바뀌는 것을 마음으로 알면 枝의 변화를 밝히 안

다. 體가 마르면 枝도 마르고, 體가 살찌면 枝도 살찌는 것은 子가 父를 따르는 이

치요, 體는 말랐는데 枝는 살찌고, 體는 살쪘는데 枝가 마른 것은 子가 父를 따르지

않음이다. 源이 없다 함은 正이 없는 金과 胎가 없는 胞와, 胞가 없는 胎를 일컫는

말이다.

○ 潤身肥凹篇

○ 脈이 이미 坪凹하여 먼저 潤한 것은 交精이 完熟하되 장차 枝가 흩어지는 것인데 앞

이 不伸하면 潤生이오 앞으로 伸하고자 하면 潤死라 한다. 날개가 勝하고 龍身이 潤한

것은 祖山의 形을 좇아 오직 一標가 있다.

〔註〕龍身 앞을 막아 冲해서 分界되면 뒤는 潤生하고 앞의 脈은 달아나며, 뒤를 막아

冲하고 앞이 潤한 것은 龍身이 潤하고 假이며 枝가 흩어진다. 豐肥한 위에는 生脈이

니 龍을 찾아 먼저 票할지니 祖龍이 자연 사랑하여 枝脈을 돌아보면 祖는 비록 龍身을

퍼 나아가나 枝脈은 굽고, 祖龍이 枝를 사랑하지 않아 돌아보지 않으면 祖山의 龍身

이 不伸하여 枝脈은 굽어 뻗지 않는다. 이러므로 體가 肥鈍하면 龍이 狂하지 않고、體

가 細尖한 것은 冲을 보면 모두 狂한다.

○먼저 肥脈이 나타나면 脈頭가 白한 것이니 오직 나머지 枝는 肥를 爲主하고、이미

돌(石)을 돌아 다 白하니 三台星이 本性이다. 肥한 것이 끝나 老하면 狂을 이루고、狂

한 것이 끝나 驚하면 老가 흩어진다.

〔註〕申子辰 重源과 巳酉丑 坎源에 亥卯未가 發源하면 다만 离를 알되 坎을 모른다. 龍

身이 老하면 离를 향하여 돌아보고 死하며、金水는 단지 坎은 알되 离는 모르는지라

身이 늙으면 坎을 향하여 돌아보고 死한다. 脈首가 盡하여 票에 붙는 것은 源이오 交

局의 票에 붙는 것은 分이며、節을 바꾸어 票에 붙는 것은 金이오 脈이 달아나다가

票에 붙는 것은 穴이다. 祖龍四票의 자취가 萬山의 山岳에 미치느니라.

○ 盤留篇

○ 枝가 對를 勝하면 坎枝는 서리기를 두려워하고、 坎枝가 對를 勝하면 震枝가 서리

기를 두려워하며、 兌枝가 對를 勝하면 震枝가 서리기를 두려워하고、震枝가 對를 勝하면 禽枝가 서리

兌枝가 서리기를 두려워한다. 主龍이 伸하면 對는 서리고、對가 伸하면 主龍은 伸한다.

〔註〕脈이 本源을 잃으면 더 나아가지 못하고 멈춰 서린다. 殺이 囚하는 것만이 아니

오、死脈이 囚한것만이 아니다。狂이 囚하고 驚이 囚하면 死脈을 冲하면 生하고、生
者를 冲하면 交한다。곁에 狂이 없으면 內는 死하고、外에 驚이 없으면 恐하는
바源을 잃지 않고 서리는 것이라야만 胎가 囚하고、交가 囚하고 胞가
囚해서 氣가 흩어지지 않고 交가 이룩되며 靈이 흩어지지 않고 運을 부른다。이렇게
되면 內屍는 편안하고 外의 孫은 昌하며、內는 富하고 外는 功名을 세운다。고로 穴
의 虛實이 서리는 德에 있다。

○源이 旺하여 脈이 特出하여 그 앞을 攻伐하는 龍은 달아나는 枝脈이 불러 모아 숨고、
枝는 펴 나가지 않고 멈추어 伏한다。먼저 숨고 엎드리고 서림에는 그 腋을 澗하고자
하므로 枝를 對하여 勢를 보고 두려워하고 감히 對立을 못하고 스스로 굽으면서 나온다。

〔註〕祖龍이 眞을 이루어 特立한 것을 特出이라 한다。앞이 두려웁거나 물(水)이 두
려운게 아니라 自身의 枝를 자신이 두려워한다。흩어진 枝는 펴 뻗어나가지 못하며、
狂한 枝는 솟지 못하며、驚한 枝는 변하지 못한다。臥와 狂과 隱과 驚은 비록 外票
에 붙지 않으나 臥를 이루면 앞에 起한 것이 없나니 이를 狂票라 한다。細脈을 이루
면 다시 胎를 부르지 않나니 이를 驚票라 한다。立狂한 枝가 脫狂되면 眞이고、臥狂
한 枝가 脫狂하면 龍身이 盡하고 脈氣는 絶한다。높게 驚한 細脈이 豊肥한 體로 바꿔
지면 生하고、臥驚한 細脈이 豊肥한 體로 바꿔지면 이 경우는 脈이 盡하고 身은 死한
다。

○胎는 높고 强은 흩어진 가운데 다만 一旺한 金脈은 山野를 물론하고 欝한 氣를 머금었으니 이는 脈이 盡하였다가 다시 일어나는 상이오、龍이 盡하였다가 다시 흩어지는 形이다。 欝한 위에서 끝난 것과 欝한 아래에서 끝나 흩어진 것은 脈이 뻗으면서 점점 旺해진다。

〔註〕 生氣가 龍體에 모여 體의 權이 枝脈에 흩어지지 않음을 欝이라 한다。 權을 거느린 金이며 枝를 거느린 胎라 順을 돌아보며 旺하고 强을 돌아보며 權을 用함이니 山岳의 主요 砂水의 將이다。 强과 金을 取하여 富를 用하고 貧을 助하니 砂는 자연 活하고、順과 胞를 取하여 權을 쓰니 交龜를 기르는 生運이다。 一砂가 生함에 祖龍의 力量이 枝脈까지 미치고 一砂가 死함에 祖龍의 殺이 枝脈까지 照한다。

○庫는 오직 氣가 陷하나니 立한 것은 두렵고、胎는 오직 氣가 秀하니 陷한 것은 두렵다。 陷한 것이 秀한 것을 두려워하면 陷해도 근심이 없어 旺하고、秀한 것은 陷한 것에 付하고、 胎를 불러 陷에 付하면 秀해도 근심이 없어 旺하니 四患과 一旺에 塵砂가 모두 生하는 것 같다。

〔註〕陷脈이 胎를 침범하지 않으면 胎가 일어나 交를 부르고、陷脈이 胎에 떨어지지 않으면 胎가 일어나지 않아도 능히 交를 부른다。 藏이 가까이 있으면 交는 자연 貴하고、

强이 가까이 있으면 交는 자연 假格이다. 이러하므로 强의 天性은 成功者를 冲하고

흩어진자를 아끼며、金의 天性은 成功者를 輔하고 흩어진자를 冲하는 것이니 一室一

葉이·각각 흐른다.

○ 散凝篇

○祖金과 祖水가 散枝되지 않는것은 그 天一의 근원을 지킴이니 비록 貴를 거느린바 없

어도 前後의 克이 두렵지 않고、祖木과 祖火의 散枝는 坎源에 연결되지 않나니 비록 權

거느린바가 많아도 그 宗室의 튼튼함을 對敵하지 말아야 한다.

〔註〕머리카락처럼 흩어진(散髮) 가운데 그 坎脈을 받는것은 源을 잃어 本體가 없는

것이니 枝는 모두 死하고、散髮되지 않은 가운데 그 离脈을 받은것도 역시 근원을 잃

어 本體가 없음이니 枝는 모두 死한다. 이러하므로 火는 흩어진것을 꺼리지 않고、木

은 細한 것을 꺼리지 않고、水는 會한 것을 꺼리지 않고、金은 날개 돋은 것을 꺼리

지 않는다. 흩어질 것이 모여 豊肥하고、細할 것이 날개가 붙고、會할 것이 流散되

고、날개 돋힐 것이 沈하는 것 등은 그 本源을 배반하는 것이므로 비록 眞脈이 있더

라도 應이 徹少하다.

○무리 山岳이 다 한 祖山의 根이니 만약 根이 되는 祖山이 먼저 흩어지려는 마음이

있으면 四海의 끝까지 이르지 못한다. 이러하므로 金水가 烈을 지켜 散을 不許하니 龍

身이 늙으면 흩어지고、 木火는 散을 좋아하나 龍身이 늙으면 散을 못한다.

〔註〕一坎의 脈이 四方으로 뻗어 山과 山에 이어지고 물에 이어지니

山과 물과 돌이 한길(一路)이다. 胎는 峰에、 正은 脈에、 金은 들(野)에 이어지니

胎와 正과 金이 한길이다. 祖山을 伐하는 反行者란 水가 火로、 火는 水로、 金은 木

으로 木은 金으로 化하여 反行하는 前實과 反行하지 않는 後實이 枝脈에 머무르면 交

를 짓는 票가 된다. 祖山을 反한 龍에 穴이 맺으면 孫이 富하나 흩어지고、 祖山을 反

하지 않는 龍에 載局되면 孫이 흩어지지 않으나 貧하다. 그 祖를 돌아보며 根에 이어

져야만 四靈이 풀리지 않고(모이는 것) 祖를 돌아보지 않는 反交는 四吉이 反冲한다.

고로 冲인 줄 알고 靈인 줄 아는 사람이다. 陰陽과 雌雄을 雙靈이라 하고 組가

本源을 찾고 枝가 本源을 찾는 것을 雙靈이라 하니 이를 즉 四靈四吉이라 한다. 反祖

란 가령 水金으로 脈이 이어지고 木火로 成峰된 아래에 作穴되면 水火 金木 相冲이므

로 이를 反祖라 한다.

○ 亂界篇

○天地가 木火水金의 四性을 肇判하여 不分之界를 그었으니 水生火枝와 火生水枝와 金

生木枝와 木生金枝는 모두 體亂이며 枝亂이라 한다.

〔註〕 水山에서 火枝가 生하면 源이 끊겨 祖가 없는 龍이다. 이 경우 金으로 바뀌 면 앞이 生하나 바뀌지 않으면 水는 絶한다. 火龍이 水枝를 生하면 源이 끊겨 祖가 없는 데 木으로 바뀌면 앞이 生하나 水로 바뀌지 않으면 金은 死한다. 木龍이 金枝를 生하 면 源이 끊겨 祖가 없는데 火로 바뀌면 앞이 生하나 火로 바뀌지 않으면 金은 死한다. 이를 分源의 眞假라 하며 交를 바꾸는 眞的이라 한다.

〇四亂과 四鎭이 體濁한 것만이 아니오 枝濁뿐이 아니다. 克이 勝하고 主가 약해서 主는 亂하고 克은 旺하며, 主는 勝하고 尅이 약하면 克은 亂하고 主는 旺하는 것이니 四神會局이 비록 貴하나 冲이 어르면 亂해지고, 八將奇局이 비록 튼튼하나 殺을 받으면 어지러워진다.

〔註〕 龍節이 冲을 받으면 脈首가 不明해서 局이 濁하고 分枝가 冲을 받으면 交가 不明 해서 金이 濁하고 脈首가 冲에 들면 穴이 不明하여 앞이 濁해진다. 體는 冲克하지 말 며, 枝는 근원을 잃지 않아야 祖는 枝를 기르고, 枝는 交를 기르고, 交는 入首를 기르고, 入首는 局을 기른다. 이 四養의 慈局에 天門이 金局을 輔하고, 地戶가 局에 應하니 六吉이 자연 임한다. 이렇게 되면 子孫이 많고 兼하여 壽하며 富貴兼全에 運 이 長遠하니 吉한 가운데 吉이며, 큰 가운데 큰 局이다.

○ 翻交篇

○ 換이 없는 陰陽은 黃泉이 근원이 끊기고、 秀伏이 없는 眞胎는 層金이 脈頭를 베고、 장막이 없는 單山은 구렁(壑)이 龍身을 冲하고、 龜가 없는 頂腦는 根이 튼튼해도 冲하여 死하고、 거느린 枝가 없는 凹澗은 凸를 나누어 冲한다.

〔註〕 陰이 順을 잃지 않아야 幽閉靜貞해서 色을 감추는 것이니 완연히 玉女의 모습과 같다. 水를 꺼려 얼굴을 감추며 朝를 꺼려 몸을 숨긴다. 烈士 孫이 不絶한다. 陽이 强을 잃지 않으면 賢을 돌아보고 雄을 감추는바 완연히 君子의 儀表와 같은지라 水를 좋아하여 얼굴을 내밀고、 朝를 좋아하여 몸을 나타내는바 孫은 孝子가 끊기지 않는다. 이러하므로 順이 陰을 따르고 强이 陽을 따르는 本源이오 强이 陰을 따르고 順이 陽을 따르는 것은 本源을 反하는 것이다.

○ 換과 黃과 絶과 秀와 層과 帳과 壑과 龜와 頂과 固와 坪과 凹와 分과 凸의 열네가지는 衆體의 변형이고 衆交의 虛實이니 一分의 眞假와 一分의 生死가 이로부터 나온다. 對冲이 곧게 이르는 것이 穴을 압박하는 것이 虛니 冲을 꺼리고 虛하면 權室이 자연 敗하고 權孫이 刑殺을 당한다. 木首에 金帳과 火首에 水帳과 金首에 木帳이 만일 그 앞에 있으면 먼저 그 火를 刑하고 다음으로 그

〔註〕 虛란 交가 없는 虛뿐이 아니오 脈이 거짓된 虛뿐이 아니다. 對冲이 곧게 이르러 龍身 및 交에 미치면 이것이 虛요、 克砂가 穴을 압박하는 것이 虛니 冲을 꺼리고 虛하면 權室이 자연 敗하고 權孫이 刑殺을 당한다. 木首에 金帳과 火首에 水帳과 金首에 木帳이 만일 그 앞에 있으면 먼저 그 火를 刑하고 다음으로 그

孫을 刑하는 것이니 刑砂의 大小가 곧게 冲砂함을 獨이라 한다.

○ 換位篇

○陰이 陽으로 바꿔 드리어 正橋를 밟으면 一正이 雙胎를 여물게 하는데 胎는 오직 그 正을 아는지라 正을 從하여 入首에 붙고, 陽이 陰으로 바꿔 드리어 金橋를 밟으면 一金이 그 雙胎를 여물게 하는바 胎는 다만 金만 아는지라 金을 從하여 入首에 붙는다.

〔註〕換(바꿈)이란 丑卧가 卯를 生하고, 辰卧가 午를 生하고, 未卧가 酉를 生하고 戌卧가 子를 生함을 이름인데 四神이 無靈하고 八將이 無用하다. 이러하므로 體가 枝를 불러도 輔가 못되고, 枝가 交를 불러도 合이 못되며, 局이 首를 불러도 들지 않는것이니 祖가 輔가 枝를 사랑하지 않으니 枝는 그 祖를 등지고, 枝가 祖를 돌아보지 아니함에 祖는 枝를 잊게 된다.

○丑이 寅에 連하니 甲이 旺하고, 辰이 巳에 連하니 丙旺한 것은 离震이 生하여 交에 나아간다. 未가 申에 連하니 庚이 旺하고, 戌이 亥에 連하니 壬이 旺한 것은 兌坎이 生하여 交에 나아간다. 뒤의 克을 막아 앞을 旺하게 하며 앞의 克을 막아 뒤를 生하도록 한다.

〔註〕甲이 乾을 바라보면 甲이 旺하고, 丙이 艮을 바라보면 丙이 旺하고 庚이 巽을

바라보면 庚이 旺하고、 壬이 坤을 바라보면 壬이 旺하다。 이러하므로 뒤를 알고 首를 잊는 자는 興하나 首만 알고 뒤(祖)를 잊는 자는 亡한다。 死枝生節은 앞에 應局이 없어 숨지 않고 生枝死絶은 앞에 應局이 있어 숨으니 숨은 가운데 源이 實하고 나타난 가운데 根이 靈하다。

○ 黃泉篇

○泉이 天性을 받아 내와 바다까지 이어지고、 黃이 地性을 받아 石土에 이어진다。 이러하므로 근원이 照한 脈은 일륜이 照한 交라 먼저 交한 위는 老陰과 老陽이니 이것이 老配요、 다음으로 交한 아래는 少陰과 少陽이니 이것을 少配라 한다。

〔註〕坎이 乾과 이어지고、 坎이 艮과 이어진 것은 定配요、 坎이 乾과 이어지고、 卯가 艮과 이어진 것은 중매가 있는 定配요、 卯가 艮과 이어지고 卯가 巽과 이어진 것은 중매가 아닌 父子間이다。 卯가 艮과 이어지고 午가 巽과 이어진 것은 중매가 아닌 父子間이다。 酉가 坤과 이어지고 坎이 乾과 이어진 것은 중매가 있는 定配요、 酉가 坤과 이어지고 坎이 乾과 이어진 것은 중매가 아닌 父子間이다。坤이 乾을 만나 配해서 艮을 生하면 母女의 상인데 나머지 三宮도 反交다。 交한 아래에 陰이 生한 것은 먼저 交하는 女子다。 이러하므로 父子의 穴에는 雙홀아비가 같이 없

드렸으니 멀리 귀양가서 잘못 죽고 母女의 穴에는 雙과부가 같이 엎드렸으니 자손이

敗하고 재물이 흩어진다.

○먼저 根이 體를 生하면 根은 父요 體는 子가 되고、다음으로 體가 枝를 生하면 體

는 父가 되고 枝는 子가 된다. 또 枝가 葉을 生하면 枝는 父요 葉은 子가 되는 것이니

一根이 節에 生成되어 나가면 父子와 祖孫의 분별이 각각 다르다.

[註] 坎이 乾艮은 알되 坤巽은 모르며、震은 艮巽은 알되 乾坤은 모르며、离는 巽坤

은 알되 乾艮은 모르며、兌는 乾艮은 알되 乾坤은 모르는 법이다. 正(子午卯酉) 이

四方의 定位를 지켜 陰을 불러 내가 사랑하는 陽과 接하고、陽을 불러 내가 사랑하는

陰과 接하니 각각 좋아하여 자라는 것이 자연 期限이 있다. 이러하므로 四海가 비록

넓고 크나 期限을 넘지 않고 만물이 비록 많으나 그 節을 지나지 못한다.

○ 絶氣渡川篇

○正의 힘은 다만 곧은 줄만 알아서 굽지 않다가 盡하고、胎의 힘은 다만 굽는 것만

알아서 곧지 않다가 盡하며、藏의 힘은 다만 넓은 것만 아는지라 尖하지 않다가 盡하고、

胞의 힘은 다만 서릴줄만 알아서 퍼나가기 전에 盡하니 正과 胎와 藏과 胞、四性의 本心

이 이와 같다.

〔註〕正은 비록 곧으나 胎가 붙으면 굽는다. 胎가 勝하고 正이 약하면 正이 胎에 붙어

도 胎가 굽지 않고 正이 勝하고 胎는 金에 붙어 金이 굽어지며, 胎가 勝하

고 金이 強하면 胎가 金에 붙어 金이 潤하며, 金이 勝하고 胎가 약하면 藏이 胞에 붙어

金이 서리며, 胎가 勝하고 金이 強하면 胎가 金에 붙어 金이 潤하고 胎

가 약하면 藏이 胞에 붙어 金이 서리고, 金이 勝하고 胞가 약하면 굽은 것이 굽지 않

은 것에 붙고 곧은 것이 곧지 않은 것에 붙으며, 潤이 潤하지 않은 것에 붙으며, 盤이

盤하지 않는 것에 붙는 것이니 主가 勝하고 付가 약하면 絶한다. 이어진다(連)함은 坎

이 癸에 連하고, 癸가 丑에 連하니 丑艮 사이가 絶門이요 艮의 寅에 連하고 寅이 甲에

連하니 甲卯 사이가 絶門이요, 震이 乙에 連하고 乙이 辰에 連하니 辰巽 사이가 絶門

이요, 巽이 巳에 連하고, 巳가 丙에 連하니 丙午 사이가 絶門이요, 午가 丁에 連하고,

丁이 未에 連하니 未坤 사이가 絶門이요, 坤이 申에 連하니 申이 庚에 連하니 庚酉 사

이가 絶門이요, 酉가 辛에 連하고 辛이 戌에 連하고 戌乾 사이가 絶門이요, 乾이 亥에

連하고 亥가 壬에 連하니 壬坎 사이가 絶門이다. 三連에 一絶이 있으니 二十四連 위에

八絶陰陽이라 八門이 不閉함을 忌하니 水火風의 길이로 말미암아 오는 것이다.

○定方位 二十四方 가운데 밭을 뚫고 (穿田) 물을 건느는 것(渡水)이 달리 四字가 있다.

正이 늙으면 金이 되고, 金이 늙으면 平野가 되고, 평야가 늙으면 물이 되고, 물이 늙

으면 石이 되고, 石이 늙으면 물을 건너 脈이 일어난다. 돌 위에 물이 뜨고, 흙 위에

濕이 뜨고、金 위에 胎가 뜨고、正 위에 脈이 뜨고 胞 위에 交가 뜬다。

〔註〕 一石의 물 건느는것과 一脈의 穿田(脈이 밭을 뚫고 나감)이 五換하는 가운데 먼저 强을 잃고 藏을 찾는 正脈은 平野를 두려워 아니하고 들판을 뚫고 나가며、물을 두려워 아니하고 물을 뚫고 나가며、克을 두려워 아니하고 眞으로 오는 것이니 이를 悍正이라 한다。强을 만나고 藏이 여물매 悍正이 흔들리니 두려운 것을 두려워할 줄 알면 밭을 뚫지 않고、冲할 줄 알면 水를 뚫지 않는다。强이 藏을 잃고 藏을 찾으며、交를 不許하여 龍身이 곧게 뻗으며、胎가 胞를 잃고 胞를 찾으며、配를 돌아보지 않으면 龍身이 일어나지 않는 것이니 順强의 쫓는 바다。

○ 秀肥獨立篇

○秀・肥・鈍하여 獨立된 龍은 孫을 사랑하여 枝脈을 克하고、身・肥・尖하여 羅立된 龍은 孫을 사랑하여 枝脈을 冲克치 않는다。秀의 輕重과 伏의 智略은 山岳의 主要무리 砂의 長이다。

〔註〕 入首 위가 獨旺한 것을 취하지 마라。 한번 隱伏하는 아래에 眞氣가 흩어지지 않고 靈이 모이며、 한번 隱伏하여 交가 일어난 아래는 入首가 분명하고 穴이 확실하다。 이러하므로 脈의 尖尖과 陰陽의 起起는 貧産하여 마음을 옮기고、 脈의 隱隱과 交의

緩緩은 起하지 않고 産室을 베풀며, 曲하지 않고도 마음이 머문다. 祖脈이 게으르고

枝脈이 게으르게 交로 변하면 게으른자가 眞이고, 祖가 속하고 枝가 속하게 交로 변

하면 속한자가 眞이며 金은 게으르고, 正은 속한 것과, 胞는 게으르고 胎가 속한 것

은 交端이 眞이다.

○陰이 숨고 陽이 일어나면 陽을 取하지 않고, 陽이 숨고 陰이 일어나면 陰이

陽을 取하지 않는다. 고로 陽과 陰이 다 起해야만 서로 情을 저버리지 않고, 陰과 陽이

함께 숨어야만 서로 그마음이 그리워한다. 雙胎를 動靜을 보고, 首局의 穴的을 살피라.

먼저 陽이 와서 陰을 만난 것은 그 陰이 背面에 内忧外恥하고, 먼저 陰이 와서 陽을 만

난 것은 그 陽이 머리를 돌아봄에 쓰는 좋아하고 内는 取한다.

〔註〕陽脈이 起한 앞에 陰脈이 伏하면 陽은 取하지 않아도 交를 이루고, 陰이 起하는

앞에 陽이 伏하면 陰은 取함이 없는지라 곁으로 떨어져 달려나간다. 이러한 때문에 先

陰後陽이면 곁으로 떨어진 것을 보아 交를 살피고, 先陽後陰이면 머리가 굽은 부위를

보아 交를 살피라. 陽이 陰으로 바뀌면 金이 없이 달아나고, 陰이 陽으로 바뀌면 胞

가 없이 달아난다. 두 마음(陰陽之心)이 서로 멀으니 陽이 金을 지어 陰을 부르면 陰

은 오지 않고 숨으며, 陰이 節을 지어 陽을 부르면 陽은 오지 않고 흩어진다. 一分枝가

처음 交함에는 그 앞을 징험하여 眞不眞을 알아야 한다.

○뒤에 旺神이 없이 强·正에 連하여 金枝를 거느린것은 집에 主長이 없음이라 本心이

戶에 付하니 順突割平하고 出枝割凹하며 出胎割俠이 層臺라 일컫는다.

〔註〕層臺는 脈이 머물러 자는 곳이며 殺을 가두는 감옥이다. 이러하므로 龍樓寶殿

의 기이한 것을 좋아 마라 層臺에 가깝고, 그 層의 暈臺가 있다 좋아하지 마라, 空室

에 가까운 것이다. 胎가 眞에 不入함은 이치가 당연함이오 달아나는 가운데 凹死가

있는 것은 地理의 분명함이다. 그러나 入首가 좋은 暈과 胎가 좋은 翼(날개)과 交가

좋은 金屈과 正이 좋은 輔砂와 唇이 좋은 直脈과 運이 좋은 寶氈은 먼저 나가 좋아하

는 자를 이끌고 와야만 生氣가 있으리니 좋아하는 잘를 거느려오지 않으면 死脈임을

알 수 있다.

○龍이 달려나가다가 層落되면 狂이 나올 징조요, 層을 지었다가 分落되면 驚이 나올

조짐이며, 脈이 늙어 層을 이루면 殺을 묶은 帶라, 空室이 根에 의탁한 것은 꽂은 피

어도 열매가 맺지않고, 靈室이 根에 의탁한 것은 一花에 열매가 雙으로 맺든다.

〔註〕花는 交요 열매(實)는 節을 짓고 穴을 짓는 것이다. 層은 强이 勝하면 藏을 冲

하여 내 재물을 내가 흩어지게 하며, 내 寶를 내가 敗하니 이것이 狂이오, 正이 强을

冲하면 내 어른을 내가 冲하여 信을 잃고 내가 亡하는 것이니 이를 驚이라 한다. 層의

징조가 이와 같이 凶性을 감추었으니 層은 祖를 돌아보지 않는 假格이 되어 子를 사랑하지 않기 때문이다. 一砂의 凶에 砂가 두렵고, 腰部를 一沖하면 四枝가 불완전하며, 交에 一冲이 있으면 胎가 身을 이루지 못한다. 脈의 眞假와 穴의 眞的을 어찌 用力이 冲生을 犯하고서 可하다 할 수 있겠는가.

○ 帳幄暈屛

○ 江山이 三奇의 靈을 받아서 一起三奇하고、一屈三屈하며、一細三細하고、一枝를 生하면 三枝가 分하는 것은 山川뿐이 아니며 萬物 뿐이 아니다. 三奇가 一度에 十二支가 다시 生하여 交를 바꿈이 이와 같다.

〔註〕一枝가 生하면 三枝로 나뉘는데 三枝로 나뉘는 사이에 뒤 暈이 병풍 장막이 보호하고 있으면 冲을 막아준다. 장막이 없이 나온 龍은 뒤에 지켜주는 것이 없어 근심이 풀리지 않고 龍身이 약하다. 앞의 脈이 펴지 않고 엎드려 숨어서 장막이 보호를 받으면서 出脈된 것은 뒤를 지키고 權을 거느리면 근심이 없고 身旺하니 枝는 활발히 뻗어나가고 體는 달려나간다. 이러하므로 먼저 장막을 열고 旺氣가 生한 것은 輔翼이 있게 되고、뒤에 三換해서 作局된 것은 앞은 冲을 가려주고 뒤는 殺을 막으며 바람을 막아 生運이 안정된다. 三換은 胎 · 正 · 金으로 바뀌는 것이오 三奇는 三胎 · 三胞局이

504

다.

○體가 旺하고 秀浮하되 겸하여 狂이 있으면 生枝니 좋아하는 것을 불러 虛한 谷을 메꿔준다. 枝가 慨嘆(개탄)을 품어 砂는 祖龍을 공경하지 않나니 祖가 會處에 보이지 않음에 眞交를 이룬다. 胎가 勝하고 靈浮하여 겸해서 弱한 龍은 生枝가 사랑으로 我身을 기르나니 枝(孫)는 은혜를 잊지 못하여 拱立해서 祖를 공경하니 祖가 照하는 곳에 神都(穴)가 眞을 이룬다.

〔註〕根을 보고 싫어하면 眞에 들지 않으며、根을 보고 좋아하면 많이 眞에 드는데 어떤 根을 싫어하며 어떤 根을 좋아하는가、金祖에 木枝는 祖를 忌하면서 生하고、水祖에 金枝는 祖를 돌아보고 生하며、木祖金枝는 禮를 忌하면서 眞이 되고、火祖木枝도 祖를 돌아보며 眞이 된다. 生我者가 뒤에 있으면 枝가 眞이오、我生者가 앞에서 旺하면 交가 實하다.

○ 壑谷篇

○비록 分散된 脈이 많아도 각각 冲을 避할 줄 아으니 이것이 龍이며 이것이 生金이다. 金이 壑谷(학곡ー구렁)에서 나오면 水脈은 자연 굽고、木이 壑谷에서 꺾이면 金脈이 자연 굽고、火가 壑谷을 만들면 水脈이 자연 굽고、水가 壑谷에서 直하면 火脈이 자연

굽는다. 앞에 두려운 殺이 없으면 枝가 퍼서 굽지 않고, 體가 冲의 두려움이 없으면 곧게만 뻗어 **起**하지 않는다.

〔註〕對를 꺼리되 避하지 못하며, 冲을 보아도 굽지 못해서 龍身이 死하고 精을 잃으면 두려운 것이니 좁은 골짜기의 脈과 골짜기를 막아주는 龍이라야 자연 生하여 有情하다. 이러하므로 山行의 法이 谷을 버리고 野로 향하며 殺을 피해서 몸이 안전하면 神靈한 것이다. 谷이 높게 뜬 野에는 高之上이 眞이고 谷殺이 낮게 뜬 위에는 낮은 곳의 위가 眞으로 드는바 이를 避殺이라 한다.

○陷한 谷의 砂가 盡한 것과 陷한 交의 몸이 盡함은 자연한 이치요, 交가 없는 遠行과 室이 없는 多數는 떳떳한 이치이며 谷을 꺼려 長出함과 水를 꺼려 머리를 트는 것은 勢가 당연함이고, 祖山의 谷을 막아줌과 枝가 谷을 通함은 山의 本室이다.

〔註〕水山金鑿과 金山水鑿은 相을 輔하는 靈鑿이오 木山火鑿과 火山木鑿은 氣를 감춘 定室이니 좋아하는 鑿은 對로 앞을 막아준다. 富가 끝날 때가 없고 人丁은 旺하며、入首를 貪한 좋은 鑿은 龍身이 튼튼하고 首局의 運이 튼튼한것 뿐아니라 孫이 튼튼하여 풀어지지 않는다. 入首를 貪한 忌鑿과 交를 貪한 冲鑿은 단지 脈殺과 局殺이 될 뿐아니라 財敗孫亡이니 빈궁이 극심하고 代가 끊긴다. 眞脈이 枝에 照하면 殺 같은 것이 犯치 못하고、假龍이 枝에 照하면 吉 같아도 龍身을 割하여 凶하다.

○ 龜窟穿篇

○이미 天定의 配가 먼저 있으면 또한 땅이 定한 合이 있다. 陽이 陰을 받으면 비록 形이 바뀌어도 落하지 않고, 陰이 陽을 받으면 비록 雜해도 찾을 곳이 있다. 陰이 있어 陽과 交한다고 말며, 陽이 있어 陽과 交한다고 하지마라 각각 主가 있는 법이다.

[主] 戌이 乾을 부르면 乾은 艮을 잊지 않으며, 亥가 乾을 부르면 坤을 잊지 않으며, 丑이 艮을 부르면 艮은 巽을 잊지 않으며, 寅이 艮을 부르면 艮을 잊지 않으며, 辰이 巽을 부르면 巽은 坤을 잊지 않으며, 巳가 巽을 부르면 巽은 艮을 잊지 않으며, 未가 坤을 부르면 坤은 乾을 잊지 않으며, 申이 坤을 부르면 坤은 巽을 잊지 않는 것이니 이를 일러 主가 있다(所主)함이며 받음이 있다(有受)함이다.

○火首火藏이 交胎를 부르면 假에 들지 않고, 金首金藏이 交胎를 부르면 空에 들지 않고, 水首水藏이 交胎를 부르면 虛에 들지 않고, 木首木藏이 交胎를 부르면 死에 들지 않는 법이니 좋아하는 자를 불러 交接하면 뒤에 근심이 없어 앞으로 쭉쭉 뻗어나가면 서 두려움이 없어 交를 通하니 이렇게 되면 四殺이 두려하여 스스로 물러난다.

[註] 首·藏이란 入首가 寅이면 火首(寅午戌火)이오 戌은 火庫니 火藏이며, 木首 亥와 木藏 未요, 水首는 申이오 水藏은 辰이며, 金首 巳에 金藏은 丑이다(즉 寅申巳亥 는 寅午戌 申子辰 巳酉丑 亥卯未로 三合의 首가 되고 辰戌丑未는 三合의 庫·墓·葬·金·

○ 頂腦前生

藏이 되어 首·藏으로 명칭함이다)。 乾艮의 合交는 火니 火가 前後의 殺을 막고、巽巳의 合交는 金이니 金이 前後의 殺을 막고、 巽坤의 合交는 水니 水가 前後의 殺을 막고、 坤乾의 合交는 木이니 木이 前後의 殺을 막는데 이렇게 되면 陰이 陽을 피하지 않고、 陽이 陰을 피하지 않아 合交되니 이르되 大格이라 한다。

○먼저 龍頂과 分枝가 만들어지고 다음으로 腦가 成局된다。節 앞의 腦와 節 뒤의 頂이 交만 있고 頂이 없으면 首를 生하지 않고、 首만 있고 頂이 없으면 首를 生하지 않고、首만 있고 腦가 없으므로 穴을 이루지 못한다。

【註】正(子午卯酉)이 老한 先票가 頂이다。 만일 頂이 없으면 首 같아도 머리(頭)가 없음이오、 만일 腦가 없으면 풀(草) 같아도 싹이 없는 것이다。 이러하므로 頂과 腦가 만들어진 交 아래에 앞이 쭈욱 빠져나가지 않으면(不伸)·眞이오、 頂과 腦가 없는 龍의 交 아래에는 앞이 펼쳐 나가지 않으면 穴이 虛하여 쓸모가 없다。 고로 頂은 交를 지켜주는 將이오 腦는 首를 지켜주는 主人에 비유할 수 있다。 腦만 있고 頂이 없으면 胎金의 旺局이고、 頂이 있고 腦가 없는 것은 胎·胞·正의 旺局이다。 頂이 없는 富局과 頂이 있는 孫旺이 이에서 나오며、 腦가 없는 夭壽와 腦가 있는 長壽도 이 이

치에서 연유된다.

○順頂이 正을 부르면 앞 龍腰가 了了하고、強頂이 金을 부르면 後身이 탄탄하고、胎頂이 交를 부르면 그 枝가 흩어진다. 이로써 三頂의 증험이 前後山의 貌를 알 수 있다.

〔註〕貌를 갖춤이란 壬이 亥를 얻고 (亥를 잃지 않는것)、乾이 壬의 頂을 얻으면 甲이 寅을 얻고、艮에 甲의 頂을 얻으며、丙이 巳를 얻고 巽이 丙의 頂을 얻으며、庚이 申을 얻고、坤의 庚이 庚의 頂을 얻음을 칭함인데 四象이 專權한 吉格이다. 이러하므로 辰戌丑未가 中에 居하여 그 邊이 付해서 甲乙春에 付하면 그 性이 木이므로 山은 藹然之氣 있고、丙丁夏에 付하면 그 性이 火이므로 山은 散亂之氣가 있고、庚辛秋에 付하면 그 性이 金이므로 山은 實을 간직하여 成工之氣가 있고、壬癸冬에 付하면 그 性이 水이므로 山은 峻殺之氣가 있으니 付하는 山局에 運生함에 이와 같으니라.

○固鞏篇

○藏이 胎를 지키면 龍의 本身이 豊旺하여 氣가 旺하고、胞가 胎를 지키면 龍身이 尖하여 勢가 있고、藏과 胞가 雙으로 胎를 지키면 胎의 權이 더욱 勝하당 이러하므로 無守한 身旺은 권솔(거느리는것)이 없이 脈氣가 盡하고、守가 있는 身旺은 권솔이 많게 盡하니 이를 固鞏(고공—튼튼한것)이라 한다.

〔註〕戌이 乾에 떨어지지 않는 경우에 寅午戌이 應하여 艮을 應하고 寅을 應하니 五星

이 乾戌에 應함이라 乾身이 자연 튼튼해지고、 丑이 艮에 떨어지지 않는 경우에 그 巳

酉丑이 應하면 巽이 應하고、 巳가 應하니 五星이 丑艮에 應하는지라 艮身이 자연 튼

튼해지며、 辰이 巽에 應함이라 紫身이 떨어지지 않는 경우에 申子辰이 應하고 申이 應하

니 五星이 巽艮에 應함이라 紫身이 자연 튼튼해지는 경우에 申子辰이 應하고 坤이 應하

亥卯未가 應하면 乾이 應하고 亥가 應하니 五星이 坤未에 應하는지라 坤身이 자연 튼

튼해지는 법이니 이 가운데 만일 一字라도 잃으면 튼튼하다 할 수 없다.

○먼저 靑龍이 굽어 局을 사랑하여 局을 돌아다보면 胞를 從하여 作穴되고、 먼저 白虎

가 굽어 局을 사랑하여 돌아 보면 藏을 從하여 作穴된다. 穴의 晩不晩은 後頂의 腦

가 起하는데 있고、 首付의 左右는 靑龍 白虎가 돌아보는데 있다.

〔註〕돌아본다(顧) 함은 胞의 主는 順이오、 正의 主는 强이오、 金의 主는 胎요、 生

의 主는 交인데 一坎의 發源이 東에 居하면 辰子요、 西에 居하면 申子라 三守의 子는

三金이 南에 居하면 巳요、西에 居하면 酉요、北에 居하면 丑이라 四方에 居하여 그 率

을 부르며、 一离의 發源이 東에 居하면 寅이요、 西에 居하면 戌이다. 三字의 子、三木

이 北에 居하면 亥요、東에 居하면 卯요、南에 居하면 未라 四方에 分在해서 率을 찾는다.

○ 坪息隱伏

○ 一坪之息이 秀한 것은 獨陽이 陰을 取하지 않고 달려나가며 獨陰이 陽을 取하지 않고 달아난다. 後坪之息은 앞으로 쫓아갈 마음이오 前坪之息은 枝가 宿(머무름)할 뜻이니 一坪의 前後에 江山이 머물고, 머물지 않음을 징험한다.

〔註〕 先壬은 旺하고 後壬이 突한 경우는 前强이 死하고, 先胎가 勝하고 後胎가 旺한 경우는 先交가 자연 흩어지고, 先金이 廣하고 後金이 旺한 경우에는 奇首가 자연 絶하고, 先强이 凹하고 後强이 旺한 경우는 前順이 자연 사라지고, 先胞는 旺에 後胞가 首交된 경우는 局이 자연 死한다. 이러하므로 뒤가 雙旺이면 先旺은 生하나 後旺은 死한다. 死로 이어지면 死枝요, 生이 이어지면 生枝라 한다.

○ 藏이 胞를 잊지 않으면 胞는 縮을 꺼리지 않아 凹에서 交하고, 藏이 胞를 꺼리지 않으면 胎는 起하고 胞는 縮하여 偏側이 되니 交胞뿐이 아니며 眞票뿐이 아니라 藏이 胞局을 從함에 輔翼(보호하는 좌우 날개)이 모두 온전하고 藏이 胞局을 따르지 않으면 단 一翼도 분명치 않다.

〔註〕 藏이 胞를 부르고 胎를 재촉한 아래는 交가 빠르고, 正이 强을 부르고 强이 藏을 부르고 藏이 胎를 부르고 胎가 胞를 부르는 것은 交가 느린데 交가 느리면 運도 느리고 交가 빠르면 運도 빠르다. 그리고 翼(날개)이 있어야만 局이 眞이니 翼이 局에

붙으면 脈이 眞이나 翼이 脈에 붙지 않으면 假脈이다. 凹가 胎를 從하지 않으면 金가

운데 凹가 있고, 首 가운데 縮이 생긴다. 胎에 凸이 있으면 局에 이르는 先票이고、胞

胞突에 正胞 金은 脈이 假라는 先票다. 이러한 때문에 뒤의 一丈이 交와 眞을 가리키

는 것이니 細할 것은 細하고、臥할 것은 臥하며、凹할 것은 凹하고、起할 것은 起해서

乳에 연결되면 假가 없이 모두 眞이다.

○凹背篇

○正이 庫에 떨어져 凹하고 平한 金이 胎를 忌하면 凹를 등지고 앞이 濁한 것이니 이

를 死凹라 한다. 凹가 넓고 正이 흩어진 것은 前後가 다 死脈이라 一凹之交의 明과 一

凹之交의 濁이 體枝에 미치니 起하고 起한 것은 凹를 꺼리고、臥하고 臥한 것은 細를

꺼린다.

〔註〕 凹가 正에 붙으면 脈이 살쪄 末孫이 興하고、凹가 藏에 붙으면 局이 살쪄 仲孫

이 興하며、凹가 入首에 붙어 入首가 回하면 長孫이 興한다. 이러하므로 長·仲·末

三孫의 發福有無가 이 같은데서 나온다. 首가 凹에 붙으면 首回하여 胎에 接하는데

首자가 眞跡이오 金이 凹에 붙으면 胎가 回하여 首에 接하는데 胎가 굽으게 眞跡이며、

正이 凹에 붙으면 正이 몸을 돌려 胎를 부르나니 交가 빠른것이 眞跡이다.

○高한 것으로 金이 盡한 것과 卑한 것으로 胎가 盡함과 盡한 것으로 胞가 貴한 것은

天·地·人의 三穴에 붙었으니 獨陽의 分이 陰을 불러 높이 거하고, 獨陰의 分이 陽을

불러 낮게 거하며, 獨正의 分이 交를 불러 平野에 거하느니라.

〔註〕 節이 强으로 들어가 앞에서 金을 불러 作局하고, 節이 順으로 들어가 앞에서 胞

를 불러 作局하고, 節이 胎에 들어가 앞에서 央室을 부르는 것이다. 央室(앙실)이란

巳丑이 月暈이오, 戌辰이 月暈이오, 辰丑이 月暈이오, 巳未가 月暈이 된다. 胎의 輪

極과 金의 月暈과 胞의 層臺와 順의 連珠와 强의 蛛絲와 正의 繩墨같은 것은 山岳의

主다. 이러하므로 太陽의 마음은 浮를 좋아하여 伏을 꺼리고, 太陰의 마음은 沈(잠

겨 숨는 것)을 좋아하여 浮를 꺼린다. 陽이 여물지 않으면 陰이 陽을 사랑하지 않고,

陰이 여물지 않으면 陽이 陰을 사랑하지 않아 交合을 이루지 못한다.

○分取氣驅

○本源을 버리고 거느리는 枝도 없는 龍이 다만 身旺해서 氣를 몰아 홀로 貧한 앞으로

나와 金을 돌아보지 않고 交를 생각지 않는 것은 앞에서 막는 것으로 限界를 삼고、源에

머물러 金을 生하며 枝로 나뉘고 交로 나뉘어 局을 이루면 精이 모여 眞脈을 짓고、靈이

모여 運을 짓는지라 貴하고 또 神通하며 俠을 좋아하여 몸을 숨긴다.

513

〔註〕 强脈이 金을 잃으면 凹가 없이 脈이 盡하고、 正脈이 藏을 잃으면 起가 없이 脈盡하고、 胎脈이 胞를 잃으면 秀가 없이 脈盡하고、 胞脈이 順을 잃으면 突이 없이 脈盡하고、 順胎이 胎를 잃으면 平한 가운데 脈盡하고、 藏脈이 胞를 잃으면 身이 脫하여 脈盡하는바 이와 같은 率을 잃으면 脈에 靈이 응결되지 않고、 胎는 交를 못이룬다。

그러나 體는 길고 率(枝脈)은 짧으며、 强은 落脈되지 않으며、 正·順이 떨어지지 않으며、 胎胞로 떨어지지 않고 金을 거느리려야 한다。 그런데 體는 짧고 枝는 길어서 앞으로 펴 行하는게 三이고、 앞에 펴나가지 않고 脈盡하는게 六이다。

○胞를 거느린 胎와 金을 거느린 正은 産을 負하고 몸(龍身)을 드러낸채 멀리 行龍하니 體는 길고 枝는 짧거나 枝는 길고 體는 짧은지라 짧은 脈이 돌아보아 交를 그리워하면 긴 것이 包應하고、 긴 脈이 돌아보아 交를 좋아하면 짧은 것이 交를 감춘다。 짧은 가운데 긴 것이 生하고、 긴 가운데 짧은 것이 生한다。

〔註〕 陽인 順·胞·金이 陰을·만나 交局된 것은、 陰이 구비되어 陽은 富라 五吉이 차연이르며、 단 一陽이 陰의 구비된 것을 만나면 陽權(男子)는 쇠약하고 陰權(女子) 더욱 勝하며 단 一陰이 陽의 구비된 것을 만나면 陰權은 미약하고 陽權만이 더욱 勝하니 運은 勝을 좇아 나오고 凶은 미약한 것을 침범한다。 順이 胎를 化하면 順을 따라 生하고、 强이 胎를 化하면 强을 從하여 生하고、 金이 胎를 化하면 金을 따라 生하고、 胞가 胎를 化하면 胞를 따라 生하고、 正이 胎를 化하면 正을 따라 生하니 이를 일러 本

을 돌아보고、 처음을 從하는 것이라（顧本從始）라 한다。 먼저 金을 지어 胎를 이룬 것은 前金이 胎를 부르고、 뒤에 胎가 金을 찾는지라 부르고 찾는 사이에 오직 一交가 貴하며 먼저 順을 지어 胎를 이룬 것은 前順이 胎를 찾는지라 부르고 찾는 사이에 오직 一交가 貴하며、 먼저 強을 지어 胎를 부르고 後胎가 順을 찾는지라 부르고 後胎가 強을 찾는지라 부르고 찾는 사이에 오직 一交가 貴하며、먼저 胞를 지어 胎를 이룬 것은 前胞가 胎를 부르고 後胎는 胞를 찾는지라 부르고 찾는 사이에 오직 一交가 貴하며、 먼저 正을 지어 胎를 이룬 것은 前正이 胎를 부르고 後胎가 正을 찾는지라 부르고 찾는 사이에 오직 一交가 貴하다。

○凸固含毒

○胎 위의 立凸은 金이 消하여 強이 두렵고、 腰 아래의 立凸은 交가 消하여 胎가 두렵고、 臥 아래의 立凸은 精이 消하여 源이 絕하고、 交 아래의 立凸은 精이 모이고 靈이 會한다。

〔註〕 龍身이 온전하게 갖추지 못하면 두려운 것이니 壬角이 生한 경우 辰枝가 나오고、 甲角이 生한 경우 未枝가 있고、 丙角이 生한 것에 戌枝가 있고、 庚角이 生한 경우 丑枝가 있고、 子角이 生한 경우 巽枝가 있고、 午角에 乾枝、 酉角에 艮枝、 卯角에 坤枝、

丁角에 寅枝、辛角에 巳枝、癸角에 申枝、乙角에 亥枝가 있으면 이 모두 天德이 分

枝를 지키고 月德이 交를 보호하며、四神이 入首를 지켜 주고 八將이 자연 應하는 吉

局이다. 이러하므로 뒤의 狂脈이 眞으로 化하고 枝驚이 生으로 化하는 법이니 설사

穴이 아니라도 眞으로 들고、局이 아니라도 入首가 眞이며、交가 아니더라도 孫이 興

하는 땅이오 輔가 없더라도 應이 크며、脈이 미약해도 運이 장구하고、穴이 작아도 靈

氣가 많은 것이다.

○艮이 起하고 乾이 特秀하면 坤枝가 眞이오、乾이 起하고 艮이 특수하면 巽枝가 眞

이오、巽이 起하고 艮이 수려하면 乾枝가 眞이오、艮이 起하고 巽이 수려하면 坤枝가

眞이오、坤이 起하고 巽이 수려하면 艮枝가 眞이오、乾이 起하고 坤이 수려하면 巽枝가

眞이다.

〔註〕雌雄脈이 一立하면 眞을 분변치 못하니 수려한 龍身이 모두 狂하고 雌雄(즉 음양)

이 한번 바뀌면 生枝를 분별 못하니 脈身이 모두 놀라니 入局하여 一交로 入首를 이루

지 못하는 것은 前은 眞이고 後는 驚이며、入局一交로 다만 入首를 이루면 前後가 다

眞이다. 이러한 까닭에 乾艮이 合交하는 앞에는 子字가 막히고、艮巽으로 合交하는 앞

에는 卯字가 막히고 巽坤으로 合交하는 앞에는 午字가 막히고、坤乾으로 合交하는 앞

에는 酉字가 막혀 있다. 막혔다(寒) 함은 내 바로 앞이 가로막혀 通하지 않음이다. 비

록 單穴이 있더라도 大穴에 應이 내리지 않는다. 子가 막히면 卯가 막히고、卯가 막

히면 子가 막히며、午가 막히고 酉가 막히면 午가 막히는 것은 我가 막

힌 앞을 冲하면 靈이 맺지 않고、運이 通하지 않으며、交는 퍼지 못하고 首는 接을

못하는지 비록 生龍일지라도 어찌 吉格이 구비되었다 하랴

○ 總論

○一土가 兩儀를 生하는바 兩儀는 즉 戊己다. 戊己가 四正을 生하고、四正이 四象을 生하고、四象이 八面을 生하고、八卦를 나뉜다. 壬癸는 坎에 매이고、甲乙은 震에 매이고、丙丁은 离에 매이고、庚辛은 兑에 매였으니 각각 그 위치를 옮기지 못한다.

〔註〕一土란 五行으로 나뉘어 각각 그 一을 지킨다는 뜻이다. 戊己가 土를 接함에 그 數가 二요、四象이 兑에 接함에 그 數가 四요 八面이 丑未에 接함에 그 數가 八이오、九宮이 胎를 化함에 그 數가 九요、九·一이 合쳐 中央에 居하니 그 數가 十인데 十이 盡하면 다시 一을 生한다. 그러므로 十을 만나면 盡하고、一을 만나면 生하며、五를 만나면 昌한다. 八八支가 坎离에 거하여 中을 應하니 陰陽이 生하고、四時로 나뉘며、六六支가 震兑에 居하여 그 邊에 응하니 晝夜가 생기고 日月의 度數가 명확하다. 壬水의 子는 癸水요、甲木의 子는 乙木이오、丙火의 子는 丁火요、庚金의 子는 辛金이오、戊土의 子는 己土다. 五父와 五子의 孫이 또한 萬緖(萬理·萬象)을 生成한다.

○아름답다、 四象이 해마다 다시 一寸을 生하니 비록 몸을 베어도 (割身) 자연히 보
충되고、 四正이 해마다 일찍 一寸씩 쇠잔하니 비록 肌(기ー살갗)를 輔하나 자연히 그 몸
이 가늘어지며、 四金이 해마다 一寸씩 날개(翼)를 生하니 비록 暈이 이즈러지나 자연히
그 몸을 넓히고、 四胞가 해마다 一寸씩 空陷(덜어내는것)하니 비록 胎가 첨부되어도 자
연히 그 몸이 여위어간다。

〔註〕 陰이 있고 陽이 있는 것은 혹 忌하여 忠하고 혹 取하여 和한다。이러하므로 陽이
陰을 만나 面이 없이 分身되는 것은 외면은 情이 있되 내면은 不合됨이오、陰이 陽을
만나 金이 없어 머물지 않는 것은 외면은 약속이 있어도 내면은 不合됨이다。正이
順을 만나 胎가 없어 달아나고、正이 强을 만나 凹가 없어 흩어짐은 단 交爭 뿐이
아니며、脈脈 때문만이 아니다。먼저 陰이 놀라매 陽이 미치나니(狂)、天이 陽에 照
하지 않고 地가 陰에 照하지 않아서 陰陽이 交合은 고사하고 서로 해질 마음이 있게
된다。이 쌍으로 해치려는 靈毒이 龍體를 冲하고 體는 枝를 冲하는지라、이를 일컬어
爭交라 한다。龍身이 直出함에 分枝는 다 흩어져 만일 交를 이룬다해도 殺이 되고、
局을 이루어도 禍가 숨어 있는 것이니 비록 냇물을 막아도 不回하고 山을 막아도 脈
이 굽지 않는다。다만 二蘿마져 다 死하고 만다。

○ 四理終源

○二五의 絶脈과 二四의 絶旺은 盡도 있고 生도 있으며, 九連의 身老와 三絶의 絶身은 다만 三面의 靈氣가 머무르지 않고 陰陽의 精神이 머무르지 않는다.

〔註〕 乾甲丁·亥卯未가 木인데 乾이 卯를 만나면 未藏이 坤을 傳하고、艮丙辛·寅午戌이 火인데 艮이 午를 만나면 艮이 盡하여 戌藏이 乾을 올리고、巽庚癸·巳酉丑이 金인데 巽이 酉를 만나면 巽이 盡하여 丑藏이 艮을 傳하고、坤壬乙·申子辰이 水인데 坤이 子를 만나면 坤이 盡하여 辰藏이 巽을 올린다. 乾이 木首를 지켜 春을 불러 艮과 연결되고、艮이 火首를 지켜 夏를 불러 巽과 連하고 巽이 金首를 지켜 秋를 불러·坤과 連하고、坤이 水首를·지켜 冬을 불러 乾과 連하니 서로 부르는 마음과 서로 間落을 맺음에 萬物이 자연 化한다.

○木이 水旺한 位를 엿보다가 水가 늙으면 水의 權을 뺏으니 水는 木을 배반치 않아도 木이 水를 배반하고、火가 木旺한 位를 엿보다가 木이 늙으면 木의 權을 뺏으니 木을 火를 배반치 않으나 火가 木을 배반하고、金이 火旺한 位를 엿보다가 火가 늙으면 火의 權을 뺏으니 火는 金을 배반하지 않으나 金이 火를 배반하고、水는 金旺한 位를 엿보다가 金이 늙으면 金의 權을 뺏으니 金은 水를 배반하지 않으나 水가 金을 배반한다.

〔註〕뺏는다 (奪)함은 나를 사랑하여 길러주는 者를 내가 몰래 엿보다가 그의 內權의

權의 位를 뺏는다 함이니 이것이 바로 은혜를 입고 惡으로 갚는 것이며, 길러준 者를 해치는 것이나 無信함을 탓하지 마라 天理의 照然함이며, 配가 없음을 탄식 마라 同居하면 妻가 夫를 배반한다. 陽의 마음이 미치면(狂) 眞陰은 陽을 冲하여 버리고, 陰의 마음이 놀라면(驚) 眞陽이 陰을 冲하여 버린다. 이러한 까닭에 一陰이 雙陽과 連하여 交한 것과、一陽이 雙陽과 連하여 交한 것과、一胞가 雙胎와 連하여 궁은 것과、一金이 雙强과 連하여 接胎한 것과、一順이 雙正과 連하여 接交된 것 등은 狂하고 또 狂한 것이오 驚하고 또 驚한 것이다. 巽이 坤과 接하여 艮局에 들어간 것은 一陰이 雙陽과 連한 것이오、坤이 乾과 接하여 巽局에 든 것은 一陽이 雙陰과 連한 것이오、乾이 坤과 接하여 艮局에 든 것은 一陰이 雙陽과 連한 것이다. 뒤에 首尾가 相接되어야만 龍身이 化氣되는바 貴하고 또 貴하며 局의 雙連은 龍身이 化淫하는바 賤하고 또 賤한지라 자세히 살펴 증표를 삼으라.

○八局尋龍旨

○甲木과 丁火 二局은 本 雙山으로 木局(乾甲丁亥卯未는 木)이다。고로 龍을 찾을 때 반드시 三八木氣가 온 것이라야 旺을 타고 局을 얻음이므로 上吉格이다。

〔註〕三은 少陽之位요、八은 少陰數다。이 陰陽은 서로 奇數와 偶數이므로 甲丁은 반

드시 陽·少陰의 本方正氣를 받아 來脈해서 入首된 것이라야 眞龍이다. 그러하므로 甲庫가 未에 있으면 癸陰으로 向을 取하고、丁庫가 丑에 있으면 庚陽으로 配하여 向을 取하면 夫婦가 같이 會한다. 水口가 龍向과 모두 합하므로 上吉이 된다. 龍을 찾을 때 만일 少陽·少陰의 本方三八의 正氣와 不合하면 비록 水口가 合格일지라도 假龍을 면치 못한다.

○庚金과 癸水 二局은 근본 雙山法으로 金局(艮庚癸巳酉丑은 金)이다. 易에 이르기를 「二位가 서로 옮김에 火가 金鄕에 든다」하였다. 그러므로 龍을 찾을 때 반드시 二七의 火氣가 오는 脈이라야 旺을 타서 造化가 있으므로

〔註〕 二는 少陰之位요 七은 少陽之數다. 이 少陽이 서로 配合되므로 庚癸 三局은 반드시 少陰·少陽의 本方의 正氣를 받고 脈이 와서 入首된 것이라야 眞龍이다. 그러므로 庚庫가 丑에 있거든 丁陰과 더불어 作配해서 向을 取하고、癸庫가 丑에 있거든 丁陰과 더불어 作配해서 向을 取하고 癸庫가 未에 있거든 甲陽으로 더불어 作配해서 向을 取하면 夫婦가 會同하고 水口와 龍向이 모두 吉格에 합하므로 上吉이 된다. 龍을 찾을때 만일 이 少陰·少陽인 本方의 二七火의 正氣를 합하지 못했으면 비록 水口가 좋아도 假龍이다.

○丙火·辛金 二局은 근본 雙山法으로 火局(艮丙辛寅午戌은 火)이다. 易에 이르되 『二位가 相遷에 金入火鄕이라」하였다. 그러므로 龍을 찾을때 반드시 四九의 金氣가 오는 脈이라야 雙金이 造化되어 上吉格이 된다.

〔註〕 四는 老陰이오 九는 老陽數다。이 두개의 老陰과 老陽이 서로 生成하므로 丙辛

二局은 반드시 이 老陰・老陽인 本方 四九金의 正氣를 받고 脈이 와서 入首되어야만 眞龍이다。그러므로 丙의 墓가 戌에 있으니 乙陰과 더불어 作配해서 向을 取하고、辛

庫가 辰에 있거든 壬陽과 더불어 作配해서 向을 取하면 夫婦가 會同하고 水口에 龍과 向이 合局되므로 龍을 찾을때 만일 이 老陰・老陽인 本方의 四九金의 正氣

를 합하지 못하면 비록 水口와는 合해도 假龍을 면치 못한다。

○壬水・乙木 二局은 근본 雙山法으로 水局(坤壬乙申子辰은 水)이다。龍을 찾을때 반

드시 一六水氣가 온 것이라야 旺을 타고 局을 얻음이니 上吉이다。

〔註〕 一은 老陽數요 六은 老陰數다。이 老陽과 老陰이 서로 生成하고 配合되는 것이므

로 壬乙 二局은 반드시 老陰・老陽인 本方의 正氣를 얻고 脈이 와서 入首된 것이라야 眞龍이다。그러므로 壬墓가 辰에 있거든 辛陰과 더불어 作配해서 向을 取하고、乙卯

가 戌에 있거든 丙陽을 作配하여 向을 取하면 夫婦 會同하고 水口와 龍과 向이 모두 合格되었으므로 上吉이 된다。그러나 龍을 찾음에 老陰、老陽인 本方 一六水의 正氣

를 合하지 못하면 비록 水口가 좋아도 假格이다。

○坎一、乾六、巽四、离九를 합치면 一六四九다。一은 老陽이오 六은 老陰이며、九는

老陽이고 四는 老陰數다。이는 奇와 偶數가 자연 配合되므로 一六이 水가 되어 左旋으

로 壬이 되고、右旋으로 乙이 되며、四九가 金인데 左旋으로 丙이 되고 右旋으로 辛이

되니 一은 四와 合하고 六은 九와 合한다. 서로 交하여 配向하므로 辛과 壬이 會하여

聚辰하고、 乙과 丙이 交하여 戌에 趨한다 (辛壬會而趨戌) 그러나 이 老陽이 辰戌의 陽으

로 庫를 삼는데 辰戌은 陽土라 陽은 動하여 변하므로 그 老衰한 氣를 補해서 興旺하는

義를 삼는다.

坤二 兌七 震三 艮八은 합쳐 二七三八이다. 二는 少陰이오、七은 少

陽이오 八은 少陰數다. 位數가 奇와 偶가 이미 定해지므로 二七이 火가 되어 左旋으로

癸가 되며、三八木이 左旋으로 甲이 되고 右旋으로 丁이 되니 二는 三과 合하고 七은 八

과 合해서 서로 交하여 配向한다. 고로 癸와 甲이 짝하의 未를 감추고 庚과 丁이 짝해

서 丑을 들인다 (金羊收癸甲之靈、斗牛納丁庚之庚之氣) 그러나 이 少陰과 少陽이 丑未

의 陰으로 庫를 삼으니 丑未는 陰土라 陰은 靜하여 動하지 않으므로 그 少壯한 氣를 制

化해서 厄을 防止한다.

辰戌水口는 老陰과 老陽이라 老와 老가 자연 서로 配合하니 同宮이다.

雙山의 乙辰이 水가 되어 坎一과 함께하고、庚酉가 金이 되어 巽四와 함께하고、甲卯

가 木이 되어 乾六과 함께하고 辛戌이 火가 되어 离九와 함께하니 이는 다 老陰 老陽 의

소속이다.

雙山으로 壬坎이 水가 坤二와 함께하고、丁未가 木이 되어 震三과 함께하고、癸

丑이 金이 되어 兌七과 함께 하고 丙午가 火가 되어 艮八과 함께하니 이는 少陰少 소속
이다.

○二十四山 生旺坐向法

○左旋龍의 甲庚丙壬은 生數가 되니 이 坐는 子孫이 많고、乾坤艮巽·寅申巳亥 辰戌丑
未는 旺數니 이 坐는 富貴가 많이 發한다.

右旋龍의 乙辛丁癸는 成數인데 이 坐는 子孫이 많고、子午卯酉는 旺數인데 이 坐는
富貴가 많이 發한다.

○山의 五行 陰陽 干支 總論

○山은 大小와 數를 막론하고 陰陽과 干支로 혼잡해서 龍節數로 定한다. 만일 峰이 우
뚝 솟아 奇異하면 一節로 三四代를 發한다. 靑龍은 長孫이오 案山은 仲孫이며 白虎는
季孫을 管한다. 그러나 靑龍의 어깨가 虛하면 長房이 絶하고、허리가 低陷하면 中房이
絶하고、끝 부위가 凹하면 季房이 絶이니 이는 百의 一도 차질이 없다.

혹 自星峰이 三四가 높고 수려하면 三四房이 각각 發應하고、龍虎나 踏破에 혹 坑塹

(구덩이)이 있으면 禍敗를 당하는데 심한즉 大凶하다. 案山 및 龍虎머리에 交跪하여 가

는 새끼처럼 屈曲되면 子孫이 없어 養子가 祭祀를 올리니 비록 穴이 貴할지라도 이러한

禍를 면키 어렵다.

癸丑龍의 雙龍이 癸와 丑으로 엇갈리며 내려 오면 穴이 貴해도 長房이 絶하고, 龍穴이

不吉이면 代가 끊긴다. 이러한 龍脈은 대개 神廟나 寺殺이나 堂집 등이 盛하는데 큰 寺

殺이 많고, 丑坐未의 寺刹에 山水가 좋고 吉方水가 朝하면 이 寺殺의 僧은 還俗하는 자

가 많이 나온다

天干破가 上이오 四維(乾坤艮巽)破가 다음이며 四正(子午卯酉)은 그 다음이다.

우리나라 名墓는 天干破가 많고 艮·坎·卯龍이 가장 많으며 乾亥 双行과 坤龍이 그

다음으로 많다. 巽巳·丙午丁龍이 顯榮하나 代數가 長遠하지 않고 寅甲龍 또한

發福이 많은데 武人이 많이 나오며, 卯龍도 力量이 稍長한 것은 역시 武夫가 생겨

난다. 癸丑龍에 上中格이면 비록 貴는 發하나 長房이 絶하는 결점이 있고, 龍이 賤하

면 더욱 凶하다.

辰戌丑未龍은 역시 貴가 많이 發한다. 그러나 반드시 初代는 막힘이 많고, 壬子龍은

많이 있는데 크게 發福한 例를 보지 못하였으니 이는 대개 三光이 照하지 않는 땅이다.

무릇 龍이 直來하고 直向한 것을 時俗들은 꺼리지만 古今의 名墓는 다만 賓主가 有情

한가 無情한가에 매여 있으므로 반드시 忌하지는 않는다.

坤方이 虛缺하여 비어있으면 女人의 囂聲이 많이 들리고、 乾方이 陷하면 初見는 반드

시 죽는다。

相對方 높은곳에 혹 森林이 있거나 細水가 直入하면 殺水니 凶하다。

乾山에 辰水가 朝入하면 福壽가 發한 뒤에 衰亡한다。

대개 龍虎란 穴을 輔하는 책임이 있으니 龍은 左麓으로 男에 해당하고 虎는 右를 주관

하며 女子에 해당한다。 龍虎가 사람의 팔처로 穴로 오긋하여 공순한 모습을 지으면 吉하

고、 劍脊같거나 穴을 등지고 달아나면 凶하다。 靑龍이 起乳하고 白虎가 登對하면 長孫

이 祿을 먹고、 龍의 허리에 乳가 있으면 中孫이 登科하며、 龍끝에 峰이 솟은듯하면 末

孫이 富貴하나니 白虎도 같은 例로 판단한다。 그러나 각각 分別이 있으니 밝히 살펴보

아야 한다。

○山의 五行은 金木水火土다。 行度가 각각 그 형상이 있다。 太祖로부터 中祖、 少祖가

각각 枝脚을 나누어 혹은 石山도 되고 혹은 土山도 되면서 陰陽으로 나뉘어 혹 左로 뻗

고 혹 右로 뻗으며、 혹 辭樓下殿으로 不遠千里로 내려오다가 龍虎를 만들고、 穴에 이르

면 結咽束氣하여 雙木으로 乾을 이루니 그 형상은 마치 木字 아래에 穴이 응결되니 그형

상이 열매와 같다。

十道와 十度 아래에 十二形을 開圻하니 陽으로 오면 陰이 받고 陰으로 오면 陽으로 받

아 穴을 맺는데 陽穴은 仰掌(손바닥)처럼 생기고 陰穴은 覆掌(손등)처럼 생겼다.

陽龍은 陰穴을 生하고 陰龍은 陽穴을 生하는데 陽龍의 行度는 起伏이 峻急하고 陰龍의

行度는 起伏이 緩鈍하다.

左右의 보내고 맞이하는 山이 있고 元龍에서 枝脚이 뻗어 左右가 고르면 穴은 正中에 맺는다.

左旋龍은 右가 짧고 右旋龍은 左가 짧다. 左가 짧고 右가 길면 經에 이른바「內

長外短」이라 한다. 石은 石이 應하고 土는 土가 應하는바 左旋이면 應石이 龍身의 左에

있고 右旋이면 應石이 龍身의 右에 있다.

石山이면 土로 龍을 이루고 土山이면 돌로 龍을 따라 穴을 맺는다. 그

리고 石龍은 土穴을 生하고, 土穴은 石穴을 生하는데 經에 이른바「土山의 石穴은 石으로

서 土가 應하고 石山土穴은 土로서 石이 應한다」함이 이것이다.

요즈음 얕은 지식으로 다만 左旋은 陽龍이고 右旋은 陰龍이라는 것만 알고 形體의 음

양을 모르니 애석한 일이다. 음양에는 각각 三重形體가 있으니 左右干支와 형체로 分配

하고 干支字로 縫針三寸을 나누는 것이니 五行과 陰陽은 用하지 않는 곳이 없다. 그런데

도 단지 正五行만으로 左右 龍穴과 得破를 나누어 山水 및 龍虎의 和處를 다 兼用하고

있으니 어찌 그릇됨이 아니랴.

正五行은 龍 및 方位와 山水를 보고 雙山五行으로 穴上의 盤格을 보며、

으로 水口의 盤格을 보고、 八卦五行으로 透地龍을 보고、 納甲으로 分金을 보고、 大玄空

으로 局內의 吉凶을 보는 것이므로 五行은 각각 所用이 있는 것이다.

대개 得水와 破水도 만가지 不同함이 있으니 龍이 長遠하게 行하여 左右에 大野를 열

어 龍水를 보호하고、龍水는 左右의 龍을 따라 行하면서 龍을 보호한 가운데 局이 맺는

다.

水가 發源하는 곳이 得이오 龍을 보호하는 물이 會合해서 빠져나가는 목이 破다。또는

龍이 橫出하다가 落脈하여 作穴이 멀지 않으면 물이 처음 보이는 곳이 得水요、흘러나가

는 물이 보이지 않는 곳이 水破 됨이 의심 없다。그러나 上下砂의 머리가 方과 圓과 尖

과 銳와 盈과 縮의 구분이 있는데 得處에 砂頭가 尖銳하면 물이 위에서 흘러와 보이지

않는 곳에서 十步 위로 得水를 삼고、水破도 역시 砂頭가 尖銳하거든 물이 내려가다가

보이지 않는 곳에서 十步 아래를 水破를 삼는다。만일 上下砂의 머리가 方圓하면 물이

흘러와 보이는 곳이 得이고 물이 흘러 나가면서 보이지 않는 곳이 破 됨이 분명하다。

○大穴論

가령 子午卯酉 四正이 十二節을 行하면 大穴이 있고 乾坤艮巽 四胎도 十二節을 行龍되

면 大穴이 있다。

壬坎龍이 十二節까지 行脈되고 四胎로 交를 이룬 가운데 丑艮이 交局하고 辛戌이 逾하

다시 辛戌局으로 들어옴에 坤申乾亥가 作配하고 辰破면 大穴이 생기는데 百子千孫이 연

속 金榜에 오르고 富貴兼全하는 땅이다.

坤申庚兌로 十餘里를 뻗어나가 乾亥로 到頭하여 十餘節까지 行脈하고 丙午甲卯 一節이

巽巳로 起하고 坤申脈은 峰을 이루고 또는 坤申、乾亥、艮寅이 각각 成峰되어 四胎(乾坤

艮巽)峰이 照하고 巽辰으로 落脈 해서 乙辰으로 크게 坪을 만들고, 丑艮脈이 起하였다가

壬子로 落脈해서 癸丑으로 坪을 만들고 艮寅脈이 일어날 즈음에 巽巳枝가 交한 뒤 丑艮

으로 몸을 굴려 右는 巽辰으로 領을 짓고、左는 乾戌로 領을 지으며 丑艮脈 등에 壬坎으

로 入首되고 癸丑坐板에 艮坐坤向의 庚破요、辰方에 露積峰이 있고、巽方에 文筆峰이

있으며 乾亥方에 驛馬峰이 솟으면 當代發福하여 二代에 文官이 나오고 대대로 四・五兄

弟에 文武兼全한 百子千孫이 연속 金榜에 오르는 大地인 것이다.

乾亥落脈이 坤申으로 交枝하고 丙午 一節의 丁未當枝에 왼편은 巽辰으로 作領하고 右는

乾戌로 作領하며 丙午에 精이 모여 午入首坐에 乾亥坤申은 天地正位格이오 午乾丙하니

通脈之格이며、丁未當 巽辰과 乾戌이 作領하니 三藏이 아울러 들어옴이라 故로 丙丁二

七의 火運에 巨富가 나오고 겸하여 大貴가 應한다.

十二節에 甲卯脈이 峰을 이루고 巽巳로 落脈하여 艮寅이 峰을 이루고、丑艮으로 떨어

져 乙辰脈 窩中에 卯入首辰坐 戌向인데 水는 丑未 戌破다. 行龍論에 이르기를 甲卯에

甲戌旬이므로 巽巳의 巳에 辛巳가 닿는다. 辛은 天德이다. 그리고 龍의 巽巳는 甲子旬

이므로 艮寅의 寅에 丙寅이 되고 丙寅의 丙은 月德이다. 고로 艮寅丑이 入寄된다. 丑艮

은 甲旬中이니 乙辰의 辰은 壬辰이니 壬辰의 壬은 雙德(天月德)이다. 入首 卯는 辛卯

니 左에 巽巳胞가 있고 右에는 艮寅胞가 있어 두가지가 함께 들어오니 前後에 天月德이

照應함이다. 當代에 應하고 代代로 四五兄弟씩 두어 百子千孫이오 文官·巨富가 連錦하

고 金榜及第가 연달아 나오는 大地다. 이 경우 당대발응이란 壬이 一數인 때문이고, 巨

富는 辰丑 兩庫가 并入함이고, 金房及第가 연달아 생기는 까닭은 艮寅 巽巳 丑艮으로 三

胎가 成交됨이며, 文官이 나오는 것은 天月德이 照한 까닭이며, 百子千孫이라 한 것은

巽巳艮寅의 雙胞가 并入된 때문이다. (이는 卯辰丑의 相連格이다)

十二節 丙午龍에 丁未得一節을 만나고, 丑艮으로 橫入해서 辛戌이 窩를 이룬 가운데 酉

入首에 戌坐를 놓고 丑未得에 辰破다. 이렇게 되면 二代에 文官·巨富가 나오고 百子千

孫이오 金榜登科가 연달아 나온다. 二代에 文官이 나온다 함은 丑艮은 雙符頭가 甲申이

므로 戌坐의 戌이 丙戌이오 丙戌의 丙은 天月德이며, 또 丙은 二數이므로 二代에 文官

이라 한 것이며, 巨富는 丑戌雙藏이 并入됨이고, 百子千孫은 未酉戌이 相連格을 이룬

때문이다.

十二節 庚酉龍에 艮丑脈이 交局하고 다시 辛戌局으로 들어와 辰破라면 戌坐를 놓는게

옳다. 行龍論에 의하면 丑艮이 交局되면 丑庚庚이니 天月德龍이다. 즉 丑艮交局에 辛戌

로 成局되면 甲申符頭라 辛戌의 戌이 丙戌이고, 丙戌의 丙이 天月德이 되어 前後에 照

應하니 五代에 五兄弟요 長孫이 文官 및 巨富가 發한다。 五代와 · 五兄弟란 丙이 五數이기 때문이고 文官은 天月德 때문이며、 巨富는 雙藏이 并入한 까닭이다。

이상이다 그러하나 무릇 山이 大小局을 말론하고 入首되어 作穴하는 곳에 交龜가 不實하면 發應도 신속이 없는 것이니 山을 求하는 者 명심하기 바란다。

○ 諸山成形과 變形論

乾이 戌로 들어오면 臥中에 突이 생기고、尾는 細하고 頭는 둥글며 險石으로 成峰된다。

乾이 辛으로 들어가면 뒤는 突하고 入首는 凹하며 앞이 짧다。

乾이 亥로 들어오면 左는 肥하고 右는 强하며 首中에 突이 있다。

乾이 壬으로 들어오면 峰도 아니오 峰도 아닌데 局이 豊肥한데 있고 穴은 細한 곳에 있다。

坤脈이 丁으로 들어오면 뒤는 突하고 入首는 凹하며 앞이 짧다。

坤龍이 申脈으로 들어오면 左는 肥하고 右는 强하며 首 가운데 突이 있다。

坤龍이 庚으로 들어오면 峰도 아니고 突도 아니니 局은 肥한 곳에 있고 穴은 細한 곳에 있다。

巽龍이 辰脈으로 들어오면 臥한 가운데 突이 생기고、尾細頭圓하며 險石으로 成峰 되었다.

巽龍이 乙로 들어오면 뒤는 突하고 首는 凹하며 앞이 짧다.

巽龍이 巳脈으로 들어오면 左는 肥하고 右는 强하여 首 가운데 突이 있다.

巽龍이 丙으로 들오오면 峰도 아니오 突도 아니며、局은 肥한데 있고 穴은 細한 곳에 있다.

艮龍이 丑으로 들어오면 臥 가운데 突이 있고、尾는 細하고 頭는 둥글며、美土로 成峰된다.

艮龍이 癸로 들어오면 뒤는 突하고 首는 凹한데 앞이 짧다.

艮龍이 寅으로 들어오면 左는 肥하고 右는 强한데 入首 가운데 突이 생겼다.

艮龍이 甲으로 들어오면 峰도 아니오 突도 아니며、局은 肥한데 있고 穴은 細한 곳에 있다.

坎(子)龍이 亥로 들어오면 體가 骨로 이루어져 살찝이 없어야 眞穴이다.

坎龍이 壬으로 들어오면 突도 아니오 細도 아니다.

坎龍이 癸로 들어오면 窩도 아니오 凹도 아니다.

坎龍이 丑으로 들어오면 窩를 이루어 옆은 둥글고 突을 끼었는데 單子면 脈이 細長하여 새끼줄 같다.

离龍이 巳로 들어오면 骨로 이루어져 豊肥함이 없어야 眞穴이다.

离龍이 丙으로 들어오면 突도 아니오 細도 아니다.

离龍이 丁으로 들어오면 窩도 아니오 凹形도 아니다.

离龍이 未로 들어오면 窩를 이루어 圓側挾突하고 單午脈이면 細長하여 새끼줄 같다.

震龍(卯)이 寅으로 들어오면 骨로 體가 이루어지되 肥가 없어야 眞穴이다.

震龍이 甲으로 들어오면 峰도 아니오 突도 아니다.

震龍이 乙로 들어오면 窩도 아니오 凹도 아니다.

震龍이 辰으로 들어오면 窩를 이루어 圓側挾突하고, 單卯는 細長하여 새끼줄과 흡사하다.

兌龍(酉)이 申으로 변하면 骨로 脈이 이루어져서 肥하지 않아야 眞穴이 맺는다.

兌龍이 庚으로 들어오면 突도 아니오 峰 아닌 곳에서 穴을 찾으라.

酉龍이 辛으로 들어오면 窩도 아니오 凹도 아닌 곳이 穴이다.

兌龍이 戌로 들어와 窩를 이루면 圓·側·挾·突한 곳에서 穴을 찾고 單兌龍은 細長하여 새끼줄과 흡사하다.

○ 生物龍論

乾龍이 壬子로 屈曲하여 巽巳로 돌고、 艮을 만나면 屍骨이 化하여 龍이 된다 한다.

乾亥龍이 허리에서 艮寅脈과 接하고 橫으로 午方을 接하여 샘물(泉)이 있으면 七尺

아래의 土窟에 獸屬이 있다.

乾亥龍이 坤으로 돌아 未로 들어갈 즈음에 만일 卯水를 만나면 아래에 지네나 뱀이나

蛟龍(교룡)이나 金蟻 따위가 있다.

艮寅龍이 乾으로 돌아 戌로 들어올 때에 만일 午方水를 만나면 아래에 토끼·개구리 혹

은 비둘기가 있으리라.

艮寅龍이 甲卯로 굽어 坤申으로 돌고 다시 乾脈과 巽脈을 만나면 骨이 化하여 龍이 된

다.

丑艮龍이 허리부위에서 巽巳와 接하고 橫으로 酉脈과 接하여 그 아래에 샘(泉)이 있으

면 四尺밑 石窟에 벌레가 있다.

丑艮龍이 到頭하여 巽巳로 돌아 들어올 무렵에 만일 酉方水를 만나면 아래에 날짐승

붙이가 있다.

巽巳龍이 丙午로 屈曲해서 乾亥로 돌아 坤艮脈을 만나 穴을 지으면 骨이 化하여 龍이

된다.

巽辰龍이 腰部에서 坤申과 接하고 橫으로 子方에 接하여 샘이 있으면 七尺下에 금잉어

붙이가 있다.

巽眞龍이 坤을 거쳐 申으로 들어올 때에 만일 子方水를 만나면 금잉어나 두꺼비가 있

다.

坤申龍이 庚酉로 굽어 艮寅으로 돌고 乾을 만나고 巽을 만나면 骨이 化하여 龍이 된다.

坤未龍이 허리에서 乾亥脈과 이어지고 橫으로 卯脈을 接하여 샘물이 나오면 四尺下에

乾·坤·艮·巽이 首尾가 相接한 十字腦 위에 作穴되면 白骨이 化하여 龍이 된다.

날짐승 붙이가 있다.

○ 諸吉水

子水는 武庫水니 장사로 재산을 모우고 軍人이 되어 큰 공을 세운다.

艮水는 質庫水라 하니 巨富가 나오고 典當舖를 경영하면 大利하며 벼슬은 祿位가 오른다.

卯水는 天㕙水라 한다. 갑자기 富貴를 얻고 橫財하며 長大한 人物과 英傑人이 생겨난다.

巽水는 御街水라 한다. 科擧와 富貴로 명성을 떨치고 人丁이 旺하며 親戚의 德으로 재산을 늘린다.

丙水는 天貴水라 한다. 官貴가 發하며, 女人의 財物을 얻어 田地를 넓힌다.

丁水는 人丁水라 한다. 人丁이 旺하고 富貴長壽하는 吉水이며 科擧에도 오른다.

庚水는 武職水라 한다. 財祿이 따르고 智勇人이 나와 이름을 날린다.

酉水는 金帶水라 한다. 별안간 富貴하고 女子로 인해 致富다.

辛水는 科甲水라 한다. 총명하여 科擧에 及第하고 창고에 재물이 가득하다.

亥水는 財祿水라 한다. 橫的으로 발복하여 부귀를 얻고 累代를 昌盛한다.

巽丙丁水가 庚兌水와 合해서 震・艮方으로 나가면 이를 三陽水라 하는데 食邑을 주관한다.

天建은 亥水、地建은 艮水、人建은 丁水、財建은 卯水、祿建은 巽水、馬建은 丙水를 六建水라 하는바 모두 吉水다.

艮・丙・巽・辛・兌・丁・震・庚水를 八貴水란 吉格水다.

艮・丙・丁・兌水를 長壽水라 하는바 丙은 艮을、丁은 兌를 納하므로 이상 四位水는 長壽를 주관한다.

丁・巽・辛・丙・卯方의 水를 합칭 五吉水라 하는바 丁은 玉堂水요、巽은 文筆水요、辛은 學堂水요、丙은 金堂水요 卯는 寶堂水라 한다.

庚辛山에 亥卯水、卯山에 庚辛水、亥艮山에 巽丁水、午山에 壬子癸水、壬癸山에 午水、寅甲山에 坤水、庚酉山에 艮水、坤申山에 寅甲水를 일컬어 모두 橫財水라 한다.

丙水가 巽으로 들어가 辛이나 丁으로 轉하면 金魚御街水라 하는바 富貴雙全하는 吉水다.

艮丙水가 兌丁方으로 들어오면 이를 財寶玉階水라 하니 官祿이 發하는 吉水로 갑자기 貴해진다.

丙水가 丁兌로 들어오면 人丁催官水라 하는데 人丁이 旺하고 官貴가 發한다.

丙水가 兌로 들어와 巽으로 轉해서 다시 卯로 流去하면 이를 金門馬上水라 하는바 金門에 出入하며 名聲이 빛난다.

巽水가 亥로 流入하고, 卯酉山이 穴에 應하면 이를 正官財泉水라 하는바 官貴에 巨富가 發한다.

巽水가 酉辛으로 들어가면 金馬玉堂水란 吉格水니 貴가 發한다.

巽水가 艮으로 흘러가면 金門葬表水라 하니 대대로 榮華를 누린다.

○ 諸吉砂論

〔四神全〕 乾·坤·艮·巽方에 모두 峰巒이 있으면 貴가 發하는데 一이 빠지면 그만큼 福力이 減한다.

〔八將備〕 艮·丙·巽·辛·兌·丁·震·庚을 총칭 八將이라 하는데 八貴라고도 칭한다.

峰이 가즈런히 솟으면 貴가 發한다.

〔三角秀〕 艮·巽·兌를 三角이라 하는데 이곳에 奇峰이 竹筍처럼 솟으면 富貴가 大發

537

한다.

〔羅列砂〕 寅申巳亥를 羅라 한다. 혹 寅申巳亥方에 모두 峰이 솟으면 貴가 發한다.

〔日月明〕 午는 日이고 子는 月이다. 만일 三火가 不起하고 子午峰이 特立하면 貴가 發한다. 그러나 子午峰이 旋旗와 같이 생겼으면 이는 日月이 아니고, 서로 相战함이니 도리어 形殺이 있어 不可한 것이니 그 모양을 자세히 取해야 한다.

〔子宮旺〕 男山 즉 坎·艮·震에 峰이 많으면 男丁이 창성하고, 女山 즉 巽·离·兌에 峰이 높으면 女子가 貴히 된다.

〔財帛豊〕 艮을 財帛之符라 한다. 고로 艮峰이 高厚하면 財物이 大發한다.

〔壽山高〕 丁은 南極老人이오, 南極老人은 壽를 주관하므로 丁方山이 높게 솟으면 長壽하는 땅이다.

〔太陽升殿〕 房·虛·昂·星의 四日宿이 子午卯酉方에 있으면 이는 太陽金星이 四面에서 서로 照하므로 敵國의 富를 얻는다.

〔五氣朝元〕 火形山은 南에 있고、 水形山은 北에 있고、 木形山은 東에 있고、 金形山은 西에 있고、 土形山은 中에 있어 土山에 穴이 맺어 坐北向南이면 이를 五氣朝元 또는 五星守垣이라는 極貴格이니 極品의 貴와 聖賢이 나온다.

〔三火丙秀〕 午는 天干火요、 丙은 地祿火요、 丁은 人爵火라。 午丙丁의 三火峰이 높게 솟으면 極品의 貴가 發應한다.

○砂水吉格

〔正馬〕乾에서 甲、坤에서 乙、艮에서 丙、巽에서 辛이 馬라 이상 雙峰이 솟고 그 사이가 이어져 끊기지 않으면 子孫이 金榜에 오른다.

〔驛馬〕申子辰은 艮寅、巳酉丑은 乾亥、亥卯未는 巽巳、寅午戌은 坤申이 驛馬다.

〔借祿借馬〕丙에서 巽이 祿馬요、壬에서 乾、甲에서 艮、坤을 祿馬라 한다.

〔天祿〕子午卯酉는 乾宮、寅申巳亥는 坤宮、辰戌丑未는 巽宮에 天祿이 있는데 만일 이 局을 얻으면 功名이 發한다

〔催官水〕艮山에 丙水、卯山에 庚水、巽山에 辛水、兌山에 丁水가 催官水로 이것이 다 納子水인바 龍과 더불어 陰陽이 相見하므로 官祿이 速發한다.

〔四大格〕乾甲山에 坤乙破、坤乙山에 乾甲破는 天地定位格이오、震庚亥未山에 巽辛破、巽辛山에 震庚亥未破는 雷風相搏格이오、坎癸申辰山에 离壬寅戌破와 离壬寅戌山에 坎癸申辰破는 水火不相射格이오 兌丁巳丑山에 艮丙破 艮丙山에 兌丁巳丑破는 山澤通氣格이라 하니 이 모두 吉格이다.

〔日月幷明格〕震庚亥未山에 兌丁巳丑破와 兌丁巳丑山에 震庚亥未破가 이에 해당하는 바

富貴가 發한다。

〔天門動地戶格〕 乾甲山에 巽辛破와 巽辛山에 乾甲破가 이에 해당하는 吉格이다。

〔月窟動天門格〕 巽山에 乾破다。

〔天嗣經絡格〕 坤乙山에 艮丙破와 艮丙山에 坤乙破가 이에 해당한다。

〔天地交泰格〕 乾甲壬山에 坤乙癸破와 坤乙癸山에 乾甲壬破 즉 乾山에 坤乙破、甲山에 坤破、壬山에 乙破、乙山에 乾破、癸山에 甲破、坤乙山에 甲方水、丙山에 甲方水、丙山에 甲破면 이 格에 해당한다。

〔河圖四大格〕 甲山에 乙方水、丁山에 丙方水、辛山에 庚方水、乙山에 庚方水、乙山에 甲方水가 得이면 이 格에 해당한다。

〔洛書四大格〕 乾甲山에 坎癸申辰水、坎癸申辰山에 乾甲水、坤乙山에 兌丁巳丑水、兌丁巳丑山에 坤乙水、巽辛山에 离壬寅戌水、离壬寅戌山에 巽辛水、艮丙山에 震庚亥未山에 艮丙水면 이 格에 해당한다。

〔交感格〕 子山에 坤得午破와 午山에 坤得子破면 위 格에 해당한다。

〔馬化龍狗格〕 午山의 辰申得에 子破면 이에 해당한다

〔拱揖丹門格〕 子坐午向을 놓고 巳未得에 午破면 이에 해당한다。

〔引從格〕 子坐午向이 丑亥得에 午破면 이에 해당한다。

〔龍虎拱門格〕 子山에 丙丁水、午山에 壬癸水、酉山에 甲乙水、卯山에 寅戌水가 得이나 破면 이에 해당한다。

〔龍吟虎嘯格〕 寅坐申向에 辰이나 甲破면 이에 해당한다.

〔前驅後御格〕 子山이 寅戌得에 午破와 辰山이 申子得에 戌破면 이에 해당한다.

〔飛龍挾水格〕 子山에 申辰得・午破와 申山에 子辰得・寅破면 이에 해당한다.

〔娶妻生子格〕 子山에 申得辰破와 申山에 子得申破면 이 格에 해당한다.

〔生子速方〕 壬脈下 癸坐에 坤得午破와 坎脈下 壬坐에 坤得乙破와 庚脈의 辛坐에 卯得未破와 癸脈의 壬坐에 申得辰破면 모두 이 格이 성립된다.

〔金馬上堦〕 乾은 天廐가 되니 馬를 기르는 도구다. 乾은 金馬가 되고 午는 天馬인데 乾・午 二方에 馬山이 솟으면 이 格에 해당한다.

〔赤蛇遶印〕 巳는 赤蛇인데 巳峰이 印처럼 圓平하면 官印을 차고 勢를 부린다.

〔天鼓振〕 卯酉艮巽은 陽鼓가 되고、丙丁辛으로 陰皷를 삼는데 이상의 方圓한 峰이 있으면 貴가 發한다.

〔魚袋塞〕 庚酉辛方에 魚袋形의 砂가 있으면 金魚袋라 하는데 이것이 水口에 막아 있으면 吉格이다.

〔玉帶現〕 巽辛方에 帶形砂가 있으면 玉帶라 하고、庚兌方에 帶形砂가 있으면 金帶砂라 하는데 이 砂가 案에 있음을 가장 貴하다.

〔金印浮〕 庚酉巳辛乾方에 印形砂가 있으면 金印이라 한다. 水中에 이것이 있는 것이 眞이므로 印이 물에 뜬 형상을 취하여 金印浮라 한다.

〔祿馬拱後〕 艮은 祿方이오 乾은 馬方인데 두 곳에 峰이 솟으면 貴가 應發한다.

〔三吉備〕 震·庚·亥方이 三吉方이다. 이 三方의 峰이 震은 尖하고 庚은 圓하고 未는

方하면 貪狼(震)、武曲(庚)、巨文(未)의 合格이므로 富貴가 大發한다. 이상의 方에 모두 秀峰이 솟

〔六秀秀〕 艮·丙·巽·兌·丁方을 六秀方이라 한다.

으면 文筆이 出衆하고 功名을 얻어 榮顯한다.

〔文筆秀〕 巽·辛 二方에 尖峰이 있으면 文筆峰이라 하는바 文章과 科甲을 주장한다.

즉 天乙·太乙이니 이 文筆峰이 높고 수려하여 구름을 뚫는듯 하면 科學에 壯元及第한다.

〔判筆備〕 庚酉辛 三方에 솟은 三峰이 혹은 立하고 혹은 卧하고, 혹은 高하고, 혹은 低

하면 法官이 나온다.

〔馬上御街〕 巽을 馬라 하는데 巽에 峰이 있고 겸하여 巽水가 朝入하면 이격에 해당하

니 秀才가 나와 壯元한다.

〔貴參天柱〕 乾峰을 또 天柱라 하는데 貴人峰이 乾位에 높이 솟으면 宰相이 나와 要職

을 다스린다.

〔官國圖〕 子山에 戌乾峰과 丑山의 亥壬峰이 둥그스럼하게 솟으면 貴가 發應한다.

○水口論

子午卯酉 四正水口는 成家를 얻지 못하니 尊長이 없는 마을(땅)이다.

乾坤艮巽 四胎水口는 비록 재산을 모이는 마을(材—즉 땅)이라하나 人丁이 없어 좋지 않다.

乙辛丁癸 四强水口는 양반이 마을을 이루고 人道를 닦으나 마을 사람들의 心性이 强暴하다.

辰戌丑未의 四藏水口는 집집마다 富家요 人心이 유순하다.

壬丙庚甲 四順水口는 青春婦女들이 斷産하는 자가 많이 생기고 거의가 月經不調症이 있다.

寅申巳亥 四胞水口는 人丁이 不旺하여 善人이 夭死한다.

○五音姓氏所屬

○角音姓은 木에 속하는데 아래와 같다.

趙·周·孔·曹·廉·樂·和·肖·董·高·虞·金·秋·國·俞·洪·崔·陸·車·候·

雍·艾·荆·敬·慮·劉·朴·襄·延·奇·堅·太

○徵音姓은 火에 속하니 아래와 같다.

錢·李·鄭·陳·泰·施·姜·竇·雲·史·唐·薛·羅·畢·赫·時·皮·齊·尹·紀·

舒·藍·鍾·蔡·田·邊·愼·終·祿·東·利·師·玉·咸·卓·池·荀·聞·丁·宣·賁

·鄧·諸·石·吉·甄·井·殷·具·辛·會·晋·祭·智·野·眞·西門·獨孤·司徒·東

門·諸葛·北門·司空

○宮音은 土에 속하니 아래와 같다。

孫·馮·沈·嚴·魏·陶·水·范·彭·鳳·任·殷·明·宋·態·閔·丘·應·宴·客·都

·耿·廣·仲·宮·司·昭·藺·屠·封·陰·貢·郁·雙·松·糜·逢·再·桂·簡·權·

空·沙·豊·紅·玄·睦·東方

○商音은 金에 속하는바 아래와 같다。

王·蔣·韓·何·張·謝·章·潘·葛·方·賀·傳·康·黃·邵·成·梁·杜·賈·顏·

徐·盧·房·文·白·襄·全·班·申·慶·南·楊·安·郭·河·琴·千·片·元·姜

○羽音은 水에 속하는데 아래와 같다。

吳·衛·許·呂·蘇·魯·韋·馬·哀·卜·余·碩·穆·毛·禹·具·梅·夏·胡·蔚·

越·龍·牟·魚·霍·庚·表·皇甫·南宮·於·卜·齊·扈

○山의 動靜

무릇 山이 聚氣된 것은 내려오는 勢가 길어 起伏이 많고, 氣가 흩어진 龍은 한 번 起하면 伏하지 못하고, 한번 伏하면 起하지 못하는바 이는 바꾸지 못하는 定論이다。

主山이 緩急하거나 曲直하면 祖山은 높기도 하고 낮기도 하며, 크기도 하고 작기도 한

다.

祖山이 高峻하거든 높이 올려 穴을 정하고、祖山이 平衍하면 穴을 늦은데 定하며、山

이 急하거나 水가 急하면 穴을 완만한 곳에 정하고、水가 평탄히 흐르거든 穴은 急한

곳에 定하다。

山이 곧으면 굽은 곳이 穴이오 山이 굽으면 곧은 脈이 穴이며 山이 猛烈하거든 彎環된

곳을 찾아 側面에 定穴하고 山勢가 약하거든 雄壯한 곳을 찾아 穴을 定한다。단 위앞에

서 論한바 있는 交龜法을 우선하여 合局시켜야 萬無一失이라 하겠다。

○合祿歌

山이 乾脈으로 내려온 아래에 壬坐丙向을 놓고 巽破의 경우、金姓人이 納音도 金命인

인亡人과 女姓에 納音도 火命이 同龍에 같이 壬坐丙向을 놓았는데 金姓 金命人은 富貴

가 應하였으나 火姓 火命人은 貪窮에 絶嗣까지 하였으니 이는 무엇 때문일까、이는 胞胎

法으로 따져 보자。金姓、命命은 金絶於寅하여 絶이 寅、胎가 午、養이 丑、生이 申、

浴이 卯、帶는 辰巳、官은 中宮、旺은 壬이니 壬坐에 旺이 닿으므로 好運이 나왔지만、

火姓 火命人은 火絶於亥라 絶이 亥、胎가 酉、養이 寅、生이 午、浴이 丑、帶가 未

545

中、宮이 卯、旺이 辰巳、衰가 中宮、丙이 壬에 닿으니 壬坐가 病坐에 해당하므로 衰

亡한 것이다。 기타 姓과 穴이 이상과 같은 식으로 추리한다。 (九宮順으로 胞胎法을 붙

였음)

만일 山이 艮脈으로 와서 甲坐庚向을 놓고 水는 坤破라면 土水姓과 金姓・金命人이 같

은 곳에 甲坐를 놓는다면 土水 二姓은 發福하지만 金姓人은 敗絶한다(원인은 위와 같으

例다)

만일 山이 坤脈으로 내려와 庚坐甲向에 艮破인 경우 火姓과 木姓이 같은 坐로 安葬하

면 火姓은 富貴가 發하나 角姓은 貧窮絶嗣 한다。

또는 五姓人이 同年에 出生하면 納音이 같은데도 뒤에 長成하여 木姓人과 火姓人은 富

貴하나 金姓과 土姓人은 빈궁한 것은 무엇 때문일까, 대개 生月、生時가 本音과 같기

도 하고 다르기도한 까닭이다。

○地脈이 西에서 行龍하여 五里나 十里에 大山과 연결하되 脈이 끊기지 않고 내렸을

경우 大江이 東에서 北으로 흘러가면 西에서 온 山脈에 반드시 金姓人의 吉地가 있다。이

는 南北이 相連하고 西東이 相應하기 때문이다。

○만일 地脈이 東에서 行龍되어 혹 五里나 十里밖 大山에 連接해서 脈이 끊기지 않고

왔을 결우 西方 大江이 南으로 흘러나가면 東에서 온 山脈에 반드시 木姓人의 吉地가 있

다。이는 南北이 相連하고 東西가 相應하는 까닭이다。

○ 만일 地脈이 北으로부터 行龍되어 五里나 十里쯤에 大山과 連하되 끊기지 않고 내려 왔을 경우 大江이 南에서 東으로 흘러나가면 北에서 온 山脈에는 반드시 水土 二命의 吉地가 있으리라. 이는 東西가 相應하고 南北이 相連한 까닭이다.

○ 만일 地脈이 南에서 行龍하여 五里나 十里쯤에 大山이 있어 脈이 끊기지 않고 연결 되었을 경우 北쪽 大江이 西로 흘러나가면 南에서 온 山脈에 반드시 徵音人(火姓 및 火命人)의 吉地가 있으리라. 이는 東西가 相連하고 南北이 相應하는 까닭이다.

○ 만일 龍脈이 떨어져 오는 가운데 靑龍 白虎가 돌아 안고 山水가 本音과 會合한 곳이 있으면 바로 吉地다.

○ 衝峰과 射水의 凶驗

長男峰(震峰)이 明堂 및 穴을 衝하면 長女의 夫가 三年內에 死亡한다.

中男峰(坎峰)이 明堂穴을 衝하면 中女의 夫가 三年內에 亡한다.

少男峰(艮峰)이 明堂穴을 衝하면 少女夫가 三年內에 亡한다.

長女峰(巽峰)이 明堂穴을 衝하면 長男이 三年內에 亡한다.

中女峰(离峰)이 明堂穴을 衝하면 中男이 三年內에 亡한다.

少女峰(兌峰)이 明堂穴을 衝하면 少男이 三年內에 亡한다.

角音山(木山)에 申方水라 明堂으로 射入하면 中男이오、戌方水가 明堂에 射入하면 三年內에 長男이 亡하고 酉方水가 射入하면 徵音山(火山)에 亥方水가 明堂으로 射入하면 三年內에 長男이 亡하고、子方水는 中男이오、丑方水는 少男이 亡한다.

商音山(金山)에 寅方水가 明堂으로 射入하면 三年內애 長男이 亡한다. 卯方水가 射入하면 中男이오、辰方水가 射入하면 少男이 亡한다.

羽音山(水山)에 巳方水가 明堂으로 射入하면 三年內에 長男이 亡하고、午方水가 明堂으로 射入하면 (三年內에) 中男이 亡하며 未方水가 射入하면(三年內에) 少男이 亡한다.

○ 辨五音

대개 五音의 傳送은 本音의 長生이다。그 笏山 및 大德이 나오는 것은 傳送 즉 長生 後 一神峰이 이것이며、白虎는 本音의 天劫位며、青龍은 本音의 旺相位에 相連된 것이다。白虎와 長生이 青龍과 旺相으로 相對한다。白虎는 항시 本音의 天劫에 居하여 青龍과 더불어 다만 相對位에 있어 穴을 옹호하는 책임만 있는 것이므로 相克과는 무관하다。

五音의 印山이란 地下의 擧印하는 神이 거하는 곳의 山名인데 언제나 本音의 大墓山 밖에 相連해 있는 山峰이 즉 印山이다。만일 그 위치에 없으면 印山이라 칭하지 않으니 印

緩山은 반드시 小墓山 밖에서 相連되어야 한다.

商音은 長生이 巳、 旺相이 酉、 葬이 丑이니 이른바 金은 巳에 속하니 酉丑이 다 吉位 지만 山水가 함께 朝해야지 朝山과 破水의 朝가 없으면 發福이 짧아 자취가 滅하고 만 다. 그리고 絶이 寅에 있으니 大殺이 卯요 小殺이 辰이니 이는 祿存의 凶位인지라 山水 가 屈曲하여 朝應하면 吉하고 山水가 直冲하면 大逆의 凶事가 發生한다.

角音은 木이니 長生이 亥、 旺相은 卯、 葬은 未에 있으니 이른바 木은 亥에 속하는지 라 卯未가 다 吉位다. 그러나 山水가 함께 朝해야만 吉한 것이지 山水의 朝가 없으면 오래지 않아 滅跡되고 만다. 木의 絶은 申이오 大殺이 酉、 小殺은 戌位다. 이는 祿存의 凶位로서 山水가 屈曲하여 朝献하면 吉하나 水山이 直冲하면 大凶이 있다.

徵音(水)은 長生이 寅、 旺相이 午、 葬이 戌이니 火는 寅에 속하여 午戌이 吉位라 하나 山水가 朝해야 吉이오、 山水가 空缺하면 大逆의 凶事가 발생한다. 木은 絶이 亥니 大殺 이 子요 小殺은 丑에 있으니 이는 祿存의 凶位라 山水가 屈曲하면 朝献하면 吉하지만 山 水가 곧게 冲하면 不久에 滅跡한다.

羽音은 木이니 長生이 申이오 旺相은 子、 葬은 辰이다. 申子辰은 水土로서 申子辰이 吉位가 되지만 山水가 屈曲하여 朝해야만 吉하고、 朝山 朝水가 없으면 不久에 滅跡한다. 水土絶於巳라 大殺이 午에 있고 小殺이 未에 있는데 이 午未는 祿存의 凶位이므로 山水 가 屈曲하여 朝揖이라야 吉하지만 山水가 高壓하거나 直冲하면 大逆의 凶事가 발생한다.

○水石論

震庚亥未는 모든 山岳의 血脈이다. 고로 亥脈이 旺하여 伏盡하는 곳에 언제나 물이 나오며、 庚이 旺하고 酉가 적은 곳에 물이 出하며、 震이 旺하고 甲이 없는 곳에 물이 出하며、 未가 旺하고 坤이 적은 곳에 물이 나온다。 坤脈아래에는 庚泉이오、 巽脈 아래에는 未泉이오、 乾脈 아래에는 亥泉이오、 艮脈 아래에는 震泉이다。

石은 祖峰이 立石되면 별도로 穴處에 와서도 立石되고、 祖峰이 廣石으로 되었으면 穴處에도 石이 숨어 있다。 乾戌과 壬亥脈 아래에는 반드시 돌이 있고、 艮寅・乙辛丁癸脈 아래에도 돌이 나온다。 乾亥脈 등 위에 艮寅이 交하면 겉은 돌이 보이지만 속은 흙이오、 艮寅脈 등 위에 乾亥가 交하면 겉은 흙이지만 속은 돌이 나오고、 巽巳脈 등 위에 坤申이 交하면 겉은 돌이고 안은 흙이오、 坤申脈 등 위에 巽巳가 交하면 內外가 石土로 혼잡되었다。 이는 陽은 돌(石)에 속하고 陰은 흙에 속하는 이치가 적용되어서다。

○走骨朝水論

艮丙山에 坤乙方水가 來朝하면 乾巽方쪽으로 四百四尺 아래에 移骨되는바 申庚酉生이 路中에서 사망한다。

550

兌丁巳丑山에 乾甲方의 물이 들어오면 午方쪽으로 三百三尺 지점에 移骨되는바 子孫

이 벼락을 맞아 죽는다.

乾甲坐에 巽辛方의 물이 來朝하고 午나 壬破가 되면 丙方쪽 百步六尺 지점에 移骨되는

丙午巳生이 餓死한다.

坤乙山에 震庚未水가 未朝하고 巽이나 辛破가 되면 棺이 뒤집히고 骨이 거꾸러져 子孫

이 敗亡한다.

○逃骨射風論

庚酉辛坐에 丑未辰戌風이 쏘아 穴을 冲하면 卯方 二十四步 아래에 移骨된다.

戌乾亥山에 未方의 凹風이 穴을 冲射하면 巽方쪽 十四步 아래에 逃屍된 骨이 있다.

壬子癸丑山에 辰戌方의 凹風이 穴을 冲射하면 未方二十七 지점에 移骨된 것이 있다.

丑艮寅坐에 辰戌方의 凹風이 穴을 冲射하면 艮方 十六步 아래로 移骨된다.

甲卯乙坐에 丑方의 凹風이 불어 穴을 冲射하면 戌方 三十六步 아래로 移骨된다.

辰巽巳山에 丑方의 凹風이 불어 穴을 冲射하면 乾方쪽 三十六步 아래로 移骨된다.

丙午丁山에 丑方의 凹風이 穴을 冲射하면 坤方쪽 十六步 아래로 屍骨이 옮겨진다.

未坤申山에 乾戌方이 空虚하여 凹風이 穴을 冲射하면 艮方쪽 十二步 떨어진 지점에 屍

○ 無後亡得水訣

乾甲山에 辛酉方의 殺水가 得인 것과 庚山에 午未水가 得인 것과、 癸山에 丑殺水가 得인 것과、 丙辛山에 辰巳殺水가 得인 것과、 丁壬山에 寅卯方 殺水가 得인 것과、 戌山에 子方殺水가 得이면 모두 無后絶孫하는 凶水라 한다。

○ 裁穴分金法

左旋龍의 乾甲丁亥卯未坐는 陽甲木에 속하고 右旋龍의 乾甲丁亥卯未는 陰陰木에 속한다。

艮丙辛寅午戌山은 左旋이면 陽丙火요 右旋이면 丁陰火다。

坤壬乙申子辰山은 左旋龍이면 壬陽水요 右旋龍이면 癸陰水에 속한다。

巽庚癸巳酉丑山은 左旋龍이면 庚陽金이오 右旋龍이면 辛陰金에 속한다。

二氣

二氣란 生旺氣니 龍의 生氣와 向의 旺이며、向의 生과 龍의 旺인데 이것을 이르되 「玄竅相通」이라 한다。 玄은 向이오 竅는 水口의 별명이다。 그런데 이 生旺은 金寅 水土巳 火亥 木申(金은 寅에서 胞를 起하고、水土는 巳에、火는 亥에、木은 申에서 胞를 起하여 胎・養・生・浴・帶・冠・旺・衰・病・死・葬의 順으로 붙여 나간다) 法으로 따져야 한다。

○四大格得破訣

右旋의 乾甲丁亥卯未는 乙陰木이고 左旋의 艮丙辛寅午戌은 丙陽火인데 이를 합쳐 乙丙交而趨戌이라 하니 寅午得에 戌破다。

右旋의 巽庚癸巳酉丑은 辛陰金이고、左旋의 坤壬乙申子辰은 壬陽水인데 이를 辛壬會而聚辰이라 하여 申子得에 辰破다。

右旋의 艮丙辛寅午戌은 丁陰火요 左旋의 巽庚癸巳酉丑은 庚陽金에 속하는데 이를 金羊收癸甲之靈이라 하여 巳酉得에 丑破다。

右旋의 坤壬乙申子辰은 癸陰水요、左旋의 乾甲丁亥卯未는 甲陽木에 속하니 이를 斗牛

納丁庚之氣라 하여 卯得未破다.

○凶風訣

壬子方의 風은 屍가 엎어지고、 艮寅風은 虫廉이오、 乙辰風은 食屍(骨이 散化되는것)
되고、 癸丑風은 물이 들고、 甲卯風은 木根이 棺을 얽고、 巽巳風은 蛇廉이 생긴다.
丙午風은 火廉이오、 丁未風은 土廉이오 坤申風은 金廉이오、 庚酉風은 水廉이오 辛戌
風은 蜈廉이오 乾亥風은 翻棺(棺이 뒤집히는것) 한다.
乾坎方이 虛하거나 坤兌風은 男이 亡하여 女는 과부가 되고、 巽辛方이 虛하거나 坤兌
方의 風은 夭壽하는 재앙이 있다.

○坐向骨移殺

이 骨移殺이란 屍身이 壙中에서 다른 곳으로 옮겨진다는 殺이니 이에 해당하면 禍殃이
이른다. (七命으로 看)
寅午戌生 ― 甲坐庚向　　巳酉丑生 ― 午坐子向
申子辰坐 ― 庚坐甲向　　亥卯未生 ― 子坐午向

554

發한다.

　坤申庚으로 成局된 龍에 庚坐를 놓으면 庚祿은 在申이라 庚이 申祿을 얻음이니 財運이 速發한다.

○四根之理

　龍에는 四根之理가 있으니 즉 癸甲은 艮의 根이오, 乙丙은 巽의 根이오, 丁庚은 坤의 根이오, 辛壬은 乾의 根이다.

○四不落法

　亥는 乾山에서 떨어지지 않고, 申은 坤에서 떨어지지 않으며, 寅은 艮에서 떨어지지 않고 巳는 巽에서 떨어지지 않는다. 그러므로 乾이 없는 亥와 亥가 없는 乾은 쓸모가 없고, 坤이 없는 申과 申이 없는 坤도 쓸모가 없고, 艮이 없는 寅과 寅이 없는 艮도 쓸모가 없고, 巽이 없는 巳와 巳가 없는 巽도 쓸모가 없다.

557

附録

東國 地理要訣

慕明先生遺訣

地鏡序

堪輿之術微且妙矣如我魯才何能知其萬一予然而愚
之役志於流峙者已多年矣其於龍勢之真假穴氣之生
疪粗有曉焉故爰著一編以記管見名之曰地鏡乃自解
曰堪輿之書作者甚衆簡編繁多世之風水者意謂遍覽
古書則真龍可尋也正穴可點也沉潛簡牘費盡精力及
其登山則心眼眩亂不能卞別向之看書適足為無益之
工夫也我創若是述此小編兼圖形像以便觀覽其本則
生氣而已蓋察氣之法在於方書之表而具於心目之間

若能悟此則堪輿之書不過為已陳之芻狗龍穴之眞假砂水之吉凶昭然眼前而風水之能事畢矣

山水總論

崑崙之脈行入中國分為三榦南榦也中榦也北榦也前輩目睹手摹詳論其界限不必更論我東之山卽北榦之東榦楊筠松所謂榦龍入三韓者也蓋中州之山皆自北而來故萬水會于我東我東之山自白頭南行東近滄海東枝短西枝長其枝脚之繁然者皆自東而來故隨龍之水會歸于西全慶兩道之水歸于東南我東流峙形勢與中州有異者此也然其龍穴之眞假生氣之有無本無彼

此之殊是在明眼之下別焉且我東無平洋龍壠龍餘氣

散落平原而無生氣此亦與中州不同也

龍向訣

亥龍巳向

緩先富後貴　稍平急冲腦殺換姓

旺田牛五不　旺田牛五　旺人丁

坤病　申少亡

甲兆　卯權威

乙緩　辰少亡

丙　平富均貴

午瘟火溪亂自

丁瘟饒大富　旺人

巽

壬龍丙向

庚　漩子孫蕩

甲半吉　旺田五

午發福富貴

丁疾病是非　少房

未敗絕溪亂嗣

坤富貴人長　旺人

巳房

丙向

冲腦橫天亡

砂水秀麗

卯瘟瘅

乙寡孤

辰死

巽絕嗣絕嗣

癸龍丁向

冲腦少亡

未大富　旺田

坤富貴

申吉平

庚絕嗣盜賊

酉亂暴悍溪亡

辛

文武全貴大富貴　妖邪天折興財聰明旺人

坎龍午向　急平冲地腦吉杀势

凶敗
乙
旺財
辰　生絕敗
螢
丙
未旺　穴可
丁午　富貴　大災賢

逃亡　天亡　亡
乙
饒才
天亡
辰
後一代必敗
巽
馮乙
巳
敗凶
丙
癌瘟
卯
孫子

坤
申　科甲甲
庚　盗賊

坎龍
午向
急平冲地腦吉
杀势
未　出房敗
離強

丑龍未向　冲腦　少亡

丑龍
未向
少亡
坤　凶敗
庚　旺人
酉
旺才
辛　才旺
戌　少亡

孤寡
逃
田
未
人旺
丁　少亡
巳　旺才
丙　上同
午　富貴少
丁　少富貴
科

艮龍坤向　官冲災

艮龍
坤向
官冲災
少亡疾
申　同上
庚　武雙全
酉　筆顯達
辛　上同
戌　亡天

辰龍
巽向
孤寡
田
出富貴
聾亡
丙
午　災淫禍亂
丁　長富壽
未　山回水聚　旺用吉
巽　極貴

寅龍
申向
一代旺
後代敗
庚
酉　長子疾病
辛　人才來天
戌　半凶旺田
乾　平富貴均
巳

孤寡
大敗
巳　聾才天
丙　出富貴
午　災禍
丁　長壽富貴
未　盗賊僧
坤　富貴清壽

凶敗
丙
迁不宜
午　高富壽
丁　出惡人人

甲龍
庚向

卯龍
酉向
坤申
乙龍
辛向
辰龍
戌向
巽龍
乾向
戌

冲七腦
山凶敗少

瘟癀
敗旺

子山敗少
人不丁旺絕嗣少

乙龍
辛向
癸
人旺
丁才少

丁
平地腦冲殺一代曜殺
後旺殺一代曜

疾癀富吉
辛
少才賣富

僧徒淫亂絕
才富

辰龍
戌向
少冲七腦

入不丁旺
人旺丁才
婦少少七腦

戌敗淫亂絕
長旺田

未
半旺吉
坤
絕敗敗淫亂絕上同
申
少長主天出武大富天下旺

戌
人天喪敗

酉敗辛
人天喪敗
戌後一代必敗
乾後敗
亥吉半未敗山凶

辛
人天

庚
後過敗房
酉敗曜損氣
辛孤衰寡
乾富旺賣丁

亥淫內亂昌中
壬人進
丁田旺
子才巽富
丑山未絕絕瘟癀丁坤

乾後一代敗旺
申庚少長主天出武大富天下旺
亥天旺死壬子出旺敗田中房
酉絕敗敗瘟癀絕

未後一代火敗旺
庚敗少房
亥天死壬子旺田中房
酉絕敗敗惡瘟癀丁

辛
少才賣富
戌敗淫亂絕
乾申庚
亥賣富壬淫亂
丙天下旺出將天才

戌
房冲瘟癀少招公事退財
艮富文章賣申鄉離庚連科發甲酉吉半辛富科

巳龍亥向　官尖　大旺財祿
平緩隱老吉　陰氣沖腦
寅　少亡私病
申　旺財
庚　旺才
壬　溢水少亡
子　少亡敗
癸　長安穩
丑　旺田牛
艮　寡
酉　才旺官私孤亡
辛　清美少亡
戌　乾　寡

丙龍壬向　房少官少尖敗人亡
冲腦　殺長丁
癸　鄉長房離亡
子
丑　旺男好田才
艮　長壽貴
寅　亡少亡半富貴
卯　旺
庚　乾妻
戌　離鄉損敗換
酉　吉辛顯達
乙　凶半富貴人才
戌

丁龍癸向　旺富貴丁貴
冲腦　
丑　凶半二不吉向
艮
寅　吉不富
甲　宜不
卯　賣富
辛　人才
戌

乾亥向　同上吉半
壬子　不吉二向
艮　雙富全貴
巽　
甲　敗絕惡
卯　局出貴美
辛　富貴人才
辰

未龍丑向　同上少亡
冲腦　
艮　安穩貴
寅　凶敗
甲　疾亡自縊
卯　局美
辛　富貴人才
辰

戌　上同乾天貴
亥　旺財
寅　半吉富貴
丁　吉平未亡天
壬　少亡自縊
子　自洛縊水

坤龍艮向　寡孤同上
寅　冲腦丁孤亡
亥　旺財
寅　半吉富貴
甲　人才旺
卯　氣曜
乙　旺財孤寡
辰　不壽旺財

巽
乾 病長旺人才弟局　不是則敗
亥 山惡
壬 富貴
子 入旺與財顯富達貴
丑 溢僵亂徒

午龍子向 少亡冲腦
癸 富貴達
丑 換姓
艮 少亡病
寅 出貴
甲 多病
卯

申龍寅向 少亡冲腦
甲 人才與
卯 氣曜
辰 多出淫亂
巽 乞丐
巳 亂
亥 亡

天絕
壬 出富貴聰明
子 出雙子明
癸 淫亂丁
丑 二向少亡絕嗣
艮 人才與
壬 子

大 山凶
酉 吉不辛 旺財換姓
戌 地凶乾孤寡亥壬
富貴 敗長
乾 拜人與卯氣曜
辰 多出淫亂
巽 賣富
巳 吉丙 家與壬子

庚龍甲向 敗冲腦
卯 與財人旺
乙 絕敗
辰 惡巽賣富
巳 吉丙亂亥亡

癸 三向并敗
丑 吉平艮興人
寅 旺才寅 敗凶
辰 聾啞唇
巳 曜星上
丙 橫財星
子 亡敗
癸 病長

酉龍卯向 少亡
艮 文章科魁鄉離
甲 財退
巽 賣富
丁 同上

辛龍乙向 自鎰
乙 向
辰 少亡自鎰
巽 巳 大賣
丙 財人旺與
午 吉不艮賣富
寅 少亡

少亡
丑 多秀旺產
艮 科魁

甲〔孤寡〕卯〔墳貴秀子〕

戌龍辰向〔衝腦少亡〕巽〔孤寡〕巳〔往山凶惡〕丙〔旺田〕午〔旺易敗〕丁〔少亡〕未〔孤寡〕丑 甲

乾龍巽向〔衝腦余二向發福清貴〕甲卯乙〔富人財興旺〕巳丙午丁〔氣曜〕未艮〔宜寅富〕甲〔旺人旺〕

敗長艮少亡不久發甲賣卯不吉乙人財興旺

平吉卯不吉乙辰〔余二向發福清貴〕

巳丙不吉午賣丁氣曜未不吉艮宜寅富

相地妙經抄解

〔龍穴之道重且大矣故箸師說以戒之知不知在於師說之優劣之師〕

大哉師之道也夫師者主山川造化之柄管人家禍福之

原大矣哉師也

師有上中下神眼為上法師之眼為中俗眼為下神眼生

而知之法眼學而知之俗眼有眼無知

神眼法眼雖有優劣生知學知則一也就不爲地師無

慾者爲地師是以稱善術者必曰仙仙者無慾之稱也無

慾然後開眼開眼然後知氣

眞龍正穴天下之公物也天藏地秘以待吉人不可以妄

爲己地不可以輕許非人不可以貨賂左右不可以親愛

輕重知此者可爲名師

地師若以美地爲己私之物則吳楊董廖之輩必也夕黜

正穴子子孫孫噇糞吉地而福祿無窮矣此乃前輩之所

不爲也故曰無慾者爲地仙也

名師見美地則或自卜或與他人或自課傳後以待有德

571

然後可謂仙矣

名師間世者也明師可知明眼世或有名師而人莫知之

所點之穴發驗於後故曰今日時師他日仙矣

玉龍子踏山記傳之於世而世人皆言好事者假作云未

知此語誠然子哉雖有知者知而不言憶不知者不信知

者不言知而不言等不知也

名師雖點正穴人多不信而棄之此實造化自然之理也

世人皆信名師之言而盡用吉地則後之吉人無可葬之

地耶故得地非難得師為難得師如何誠而已

求山之道難以富貴難以威勢彼地仙者自是無慾者不

爲威勢富貴所屈而推屈於積善之人見誠點穴

名師見吉地必察以天時人事而托之此所謂達三才者
也

俗師袖藏方書腰佩靈龜要售術業自量於心曰彼家貴

可以交遊彼家富可以往來彼家貧於我無益此輩內多

慰而眼不明於汝何誅

地師之多未有甚於此時者也或一村二三人或一郡十

餘手持南鍼迹遍山水者不知其幾許人矣未知何者爲

明眼吾亦眼暗不可見也今之論者曰其也也爲大風水其

也爲小風水此豈知風水者之言也若知龍穴則皆知其

大地小地豈有知小而不知大知大而不知小乎今有知
馬之為馬者則皆知其大馬小馬豈有知大馬之為馬而
不知小馬之為馬者也士大夫之求山者聞有地師或坐
屈或一往見之直求十全之好地俗士喜其來邀而勇往
名師心笑而塞責但指其無害之地而已憶千里之馬非
千金則難明月之珠非其人則不授
名師不以不得吉地為憂惟以不遇吉人為憂好山好水
世不欠也而茍非其人則不可妄指
天下之事莫大於葵親葵親於吉地則體魄安葵親於歸
地則體魄不安子孫之禍福都在於此俗師與世間人親

人子本無恩怨而葬人親於無氣之地使其子孫或夭或

亡或丐乞或遭禍出乎爾者反乎爾術不可不慎也

士大夫點山之法得一地則多聚地師或五六人或十餘

為明師九人皆庸師則九人譽之一人毀之一人譽之九

人待其論議歸一然後用之假令今有十地師於此一人

人毀之是果合於從多之法耶求師之道不必多求一地

足矣

俗師點穴於他墳近處獻于士大夫曰彼輩無勢可以掘

去而用之此輩必心甚不好目與心同安知其真氣之穴

也是以氣好之人己所不欲勿施於人如是然後可以得

地地仙氣好故得好地而與吉人

稟天地之正氣者爲吉人稟真龍之真氣者爲吉地同氣

相求自然或應故曰逢吉地

名師自黙契地遇真龍穴則雖小必擇之只貴真氣聚而

已強求大地大地自有其主

甚矣爲師之難也其難有三無慾爲一難眼開爲二難察

氣爲三難爲師者知其難則易知不知難則難知地術甚

是玄妙豈是庸愚之人所能哉必穎悟而有精神者能之

　　龍氣論

氣者天地之所以生物也山川之融結獨非是氣乎夫木

之生於地。枝幹蕃茂者，稟是氣而然也，故龍之大小、比
於木之枝幹，而有幹龍枝龍。幹龍者得氣之多者也，枝龍
者得氣之小者也。龍之行度，千變萬化不一，其態而本之
則惟是氣而已。或聳拔雄偉，高出雲霄，或逶迤活動潛過
平田者，是皆氣之使然也。或手脚撓掉，迎送左右，纏托分
明衛從前後者，亦皆氣之使然也。是以善尋龍者，察是氣
而已。肥膚豐盈，容色充悅，體貌端正，態度閒雅，剝換脫卸
節節專奇，此所謂真龍也。誰識真龍，惟法眼能之。龍之古人審

峰枝腳、惟責其星辰、秀麗、過峽等處而隨形、名比於物象，其說太多，不必星
為知其、惟貴其星、何星、何物、名無妨也不害。
一世之名師隨形創名無妨也。

577

穴氣論　氣聚為穴故曰穴氣

龍有生氣則必結正穴何謂正千里來脈止於一席之地
蘊神妙不測之功管富貴榮華之柄此所謂正也夫穴之
星有金木水土之正體穴之形有窩鉗乳突之正象斯皆
氣之鍾而穴之常者也且穴之結作千萬其狀變其正體
正象而為恠為異者亦多有之而其本則氣聚而已故善
尋穴者只看來脈之活動點其生氣之止處而已穴之常
恠不須論也憶穴常雖時師可知穴恠非法眼不能知也
古人察氣點穴隨形下名正體正像外諸格甚多不可盡
記一本萬殊是乃造化之妙也所謂一本氣也萬殊形也

578

庸何傷乎

穴乳星金

正體　正像

穴鉗星木

穴窩星木

穴突星土

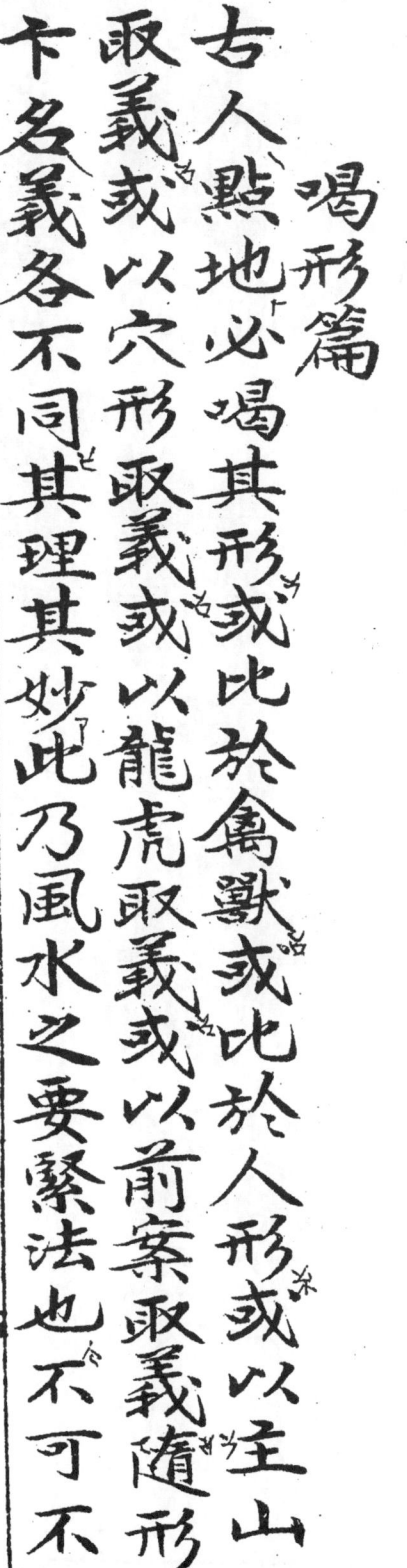

喝形篇

古人點地必喝其形或比於禽獸或比於人形或以主山
取義或以穴形取義或以龍虎取義或以前案取義隨形
下名義各不同其理其妙此乃風水之要緊法也不可不

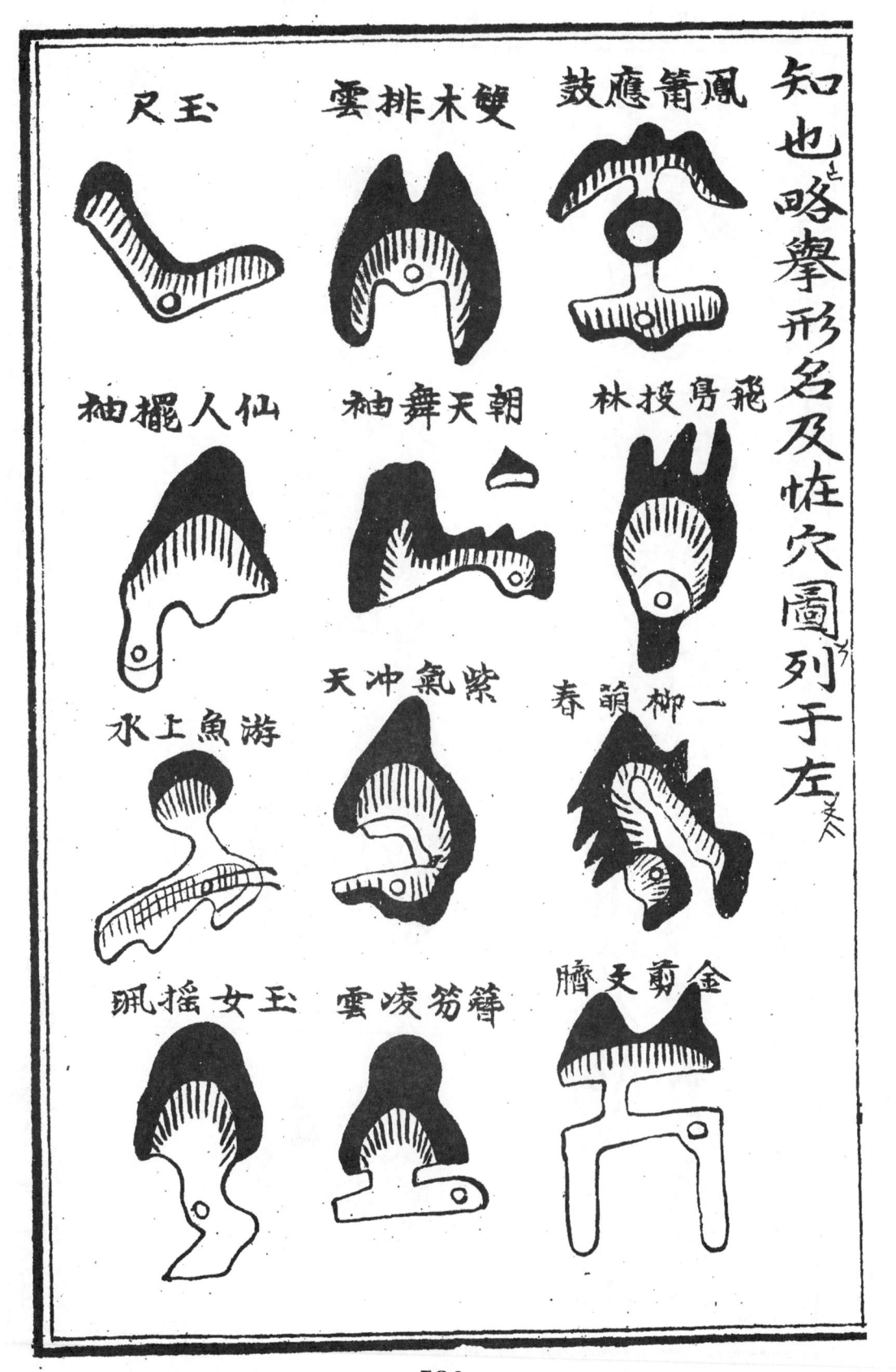

尺玉　　　雲排木雙　　　鼓應簫鳳

袖擺人仙　　袖舞天朝　　林投�

水上魚游　　天冲氣紫　　春萌柳一

珮搖女玉　　雲凌笏簪　　臍叉剪金

知也略舉形名及惟穴圖列于左

白象理牙　　　懶婦牟針　　　仙人跨鞍

金難縮牙　　　掛壁金釵　　　田螺吐肉

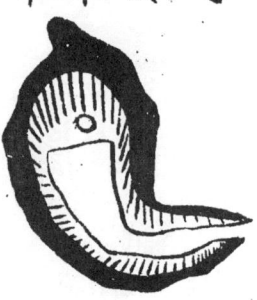

風吹羅帶　　　金圭玉間　　　丹爐覆火

丹鳳傳書　　　乘虛取息　　　隔壁吹燈

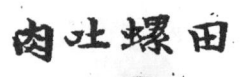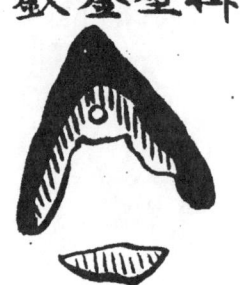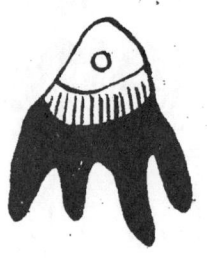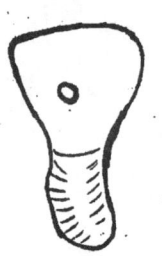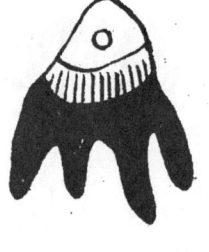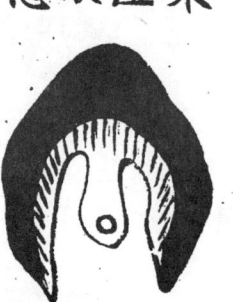

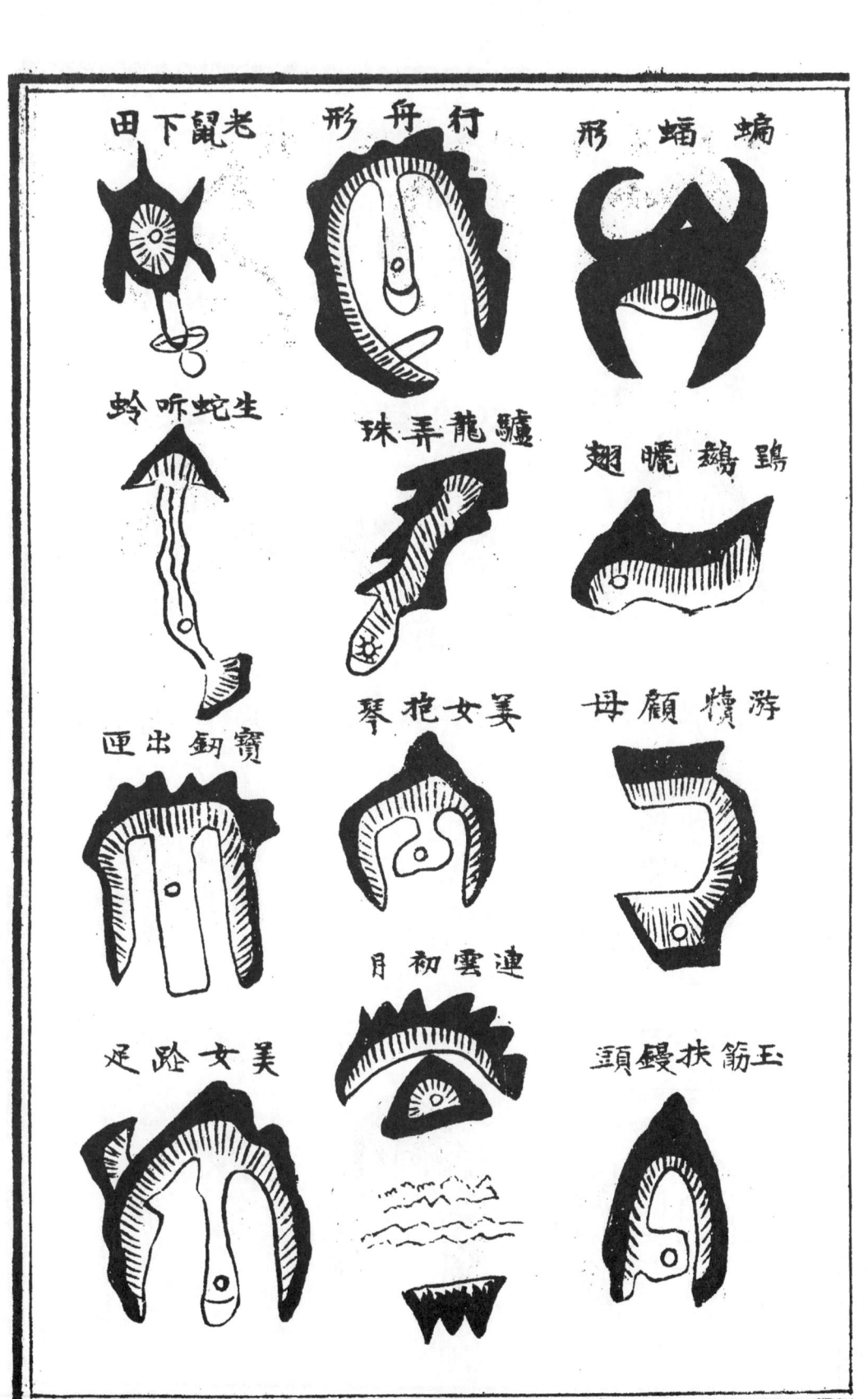

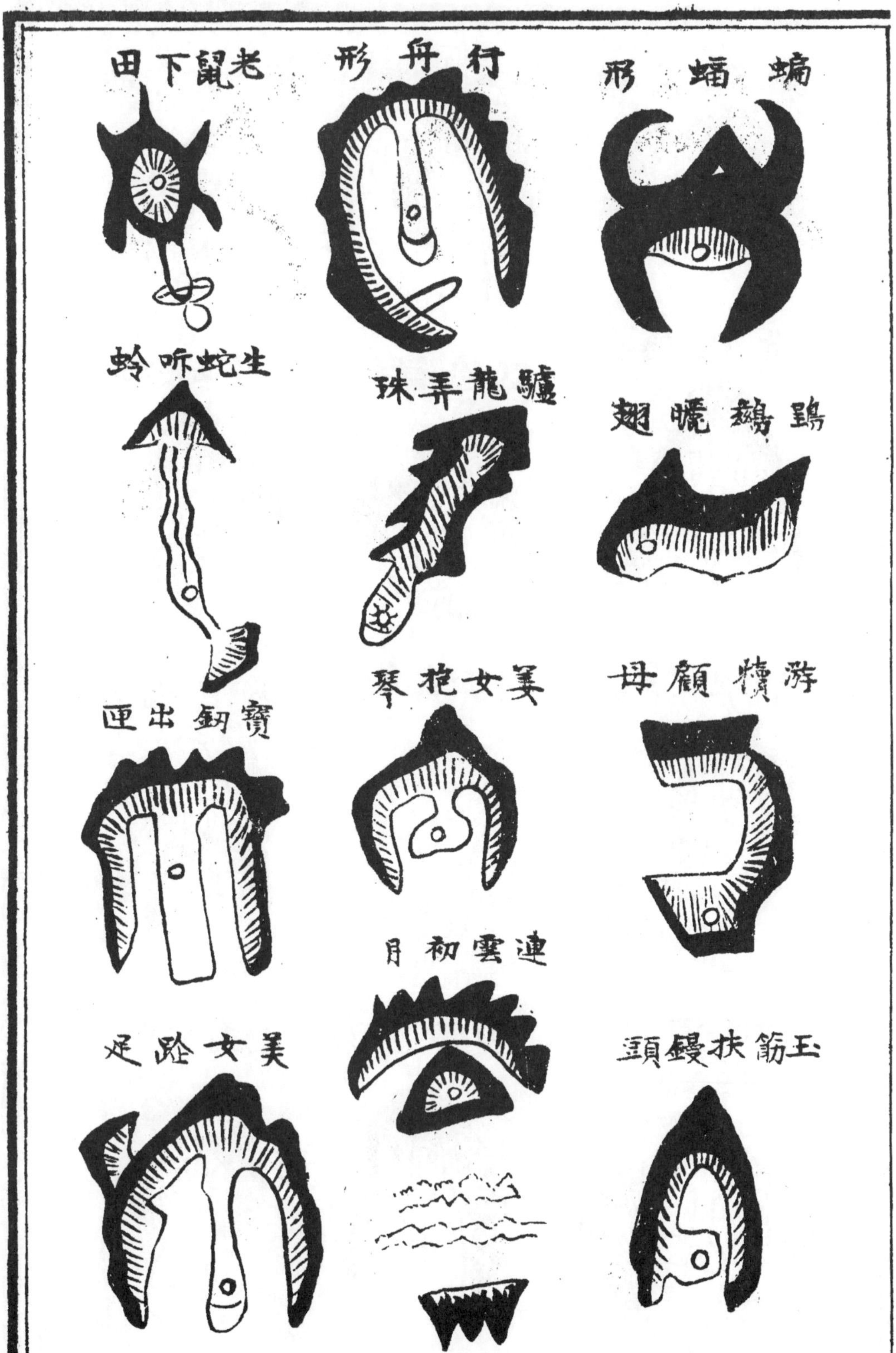
老鼠下田
行舟形
蝙蝠形
生蛇听蛉
驪龍弄珠
鷓鴣曉翅
寶釦出匣
美女抱琴
游犢顧母
連雲初月
美女跆足
玉筋扶鏤頭

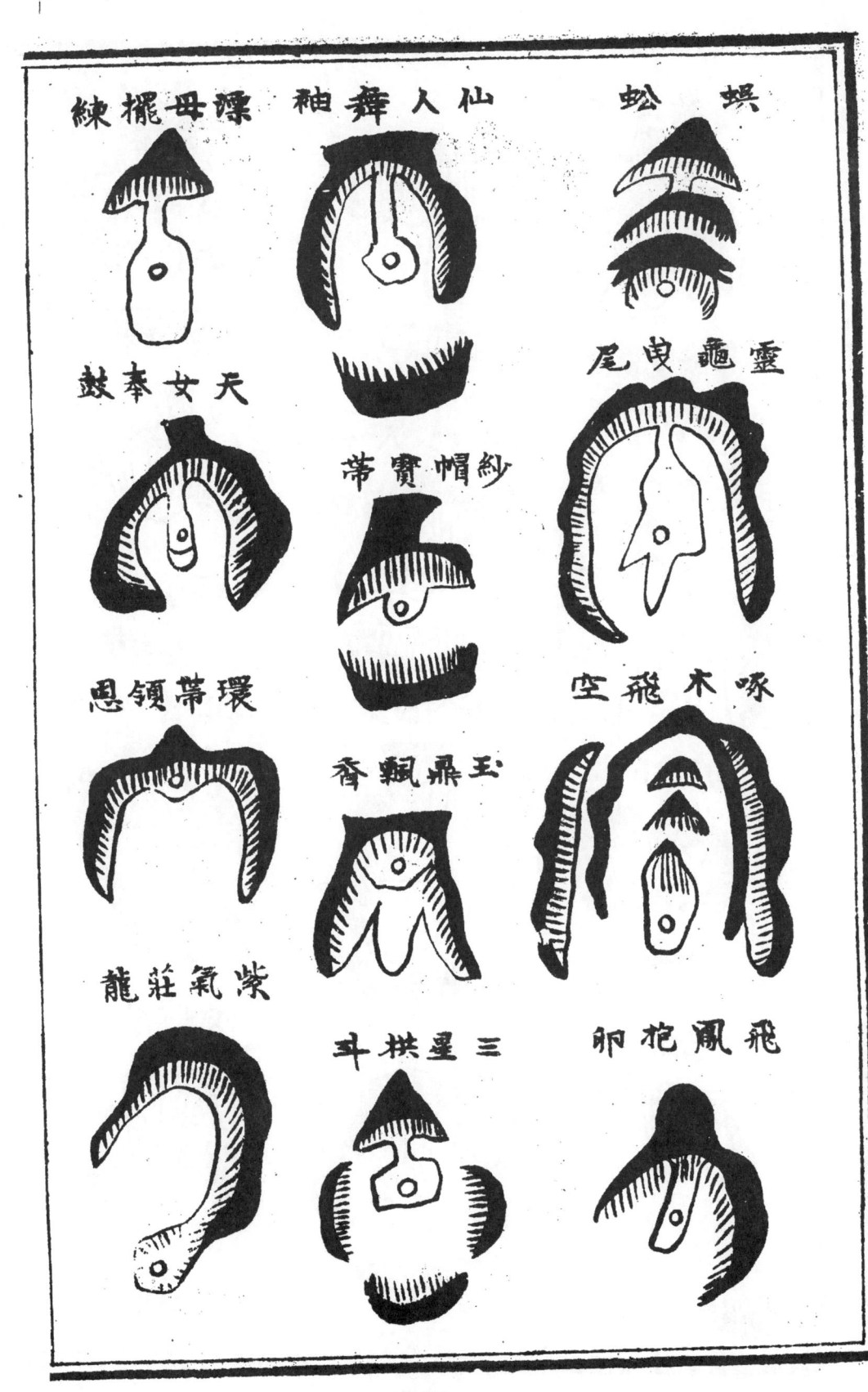

練擺母環　　袖舞人仙　　　　蜈蚣

天女奉鼓　　　　紗帽寶帶　　　靈龜曳尾

環帶領思　　　玉鼎飄香　　啄木飛空

紫氣莊龍　　三星拱斗　　飛鳳抱卵

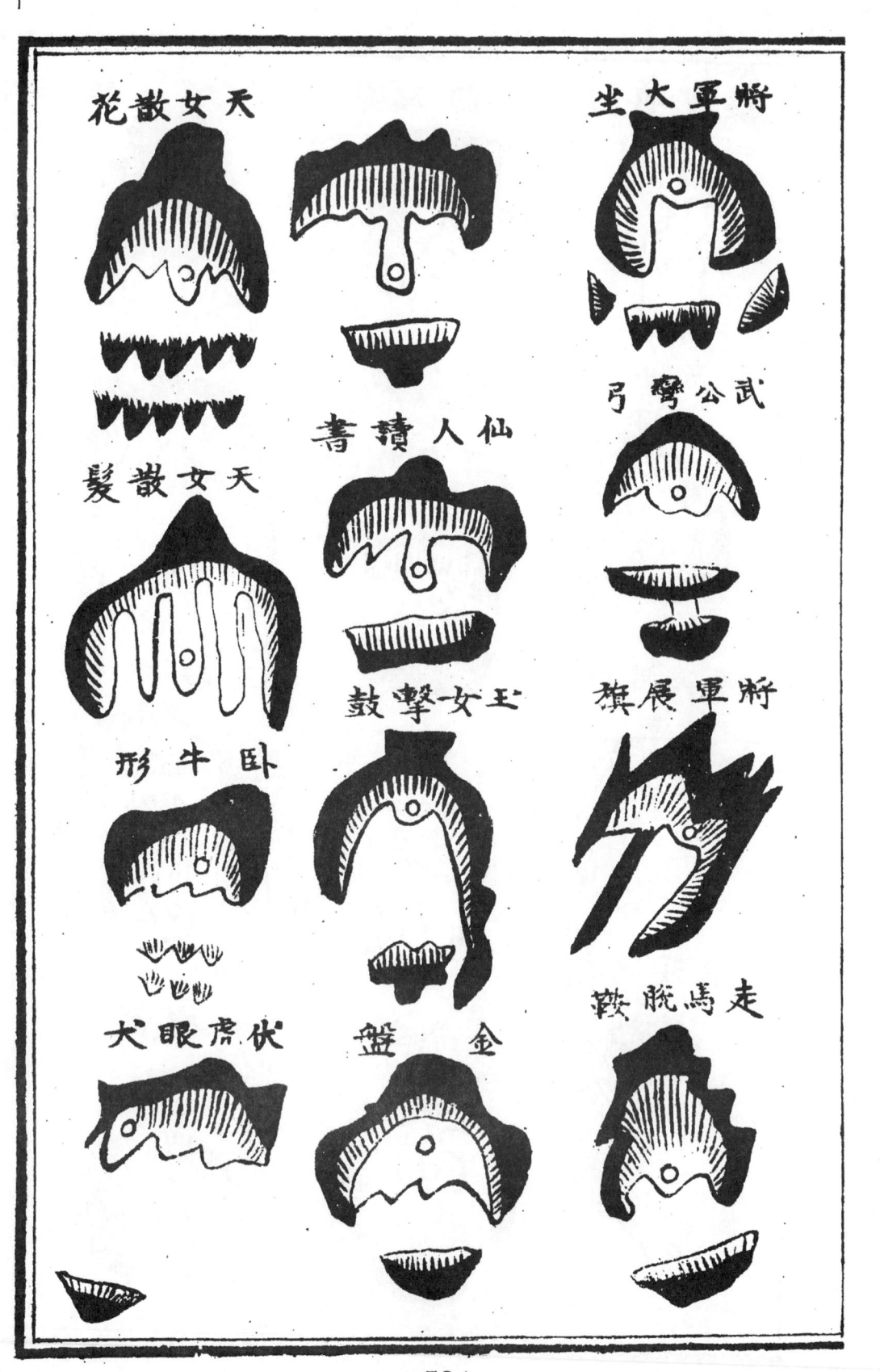

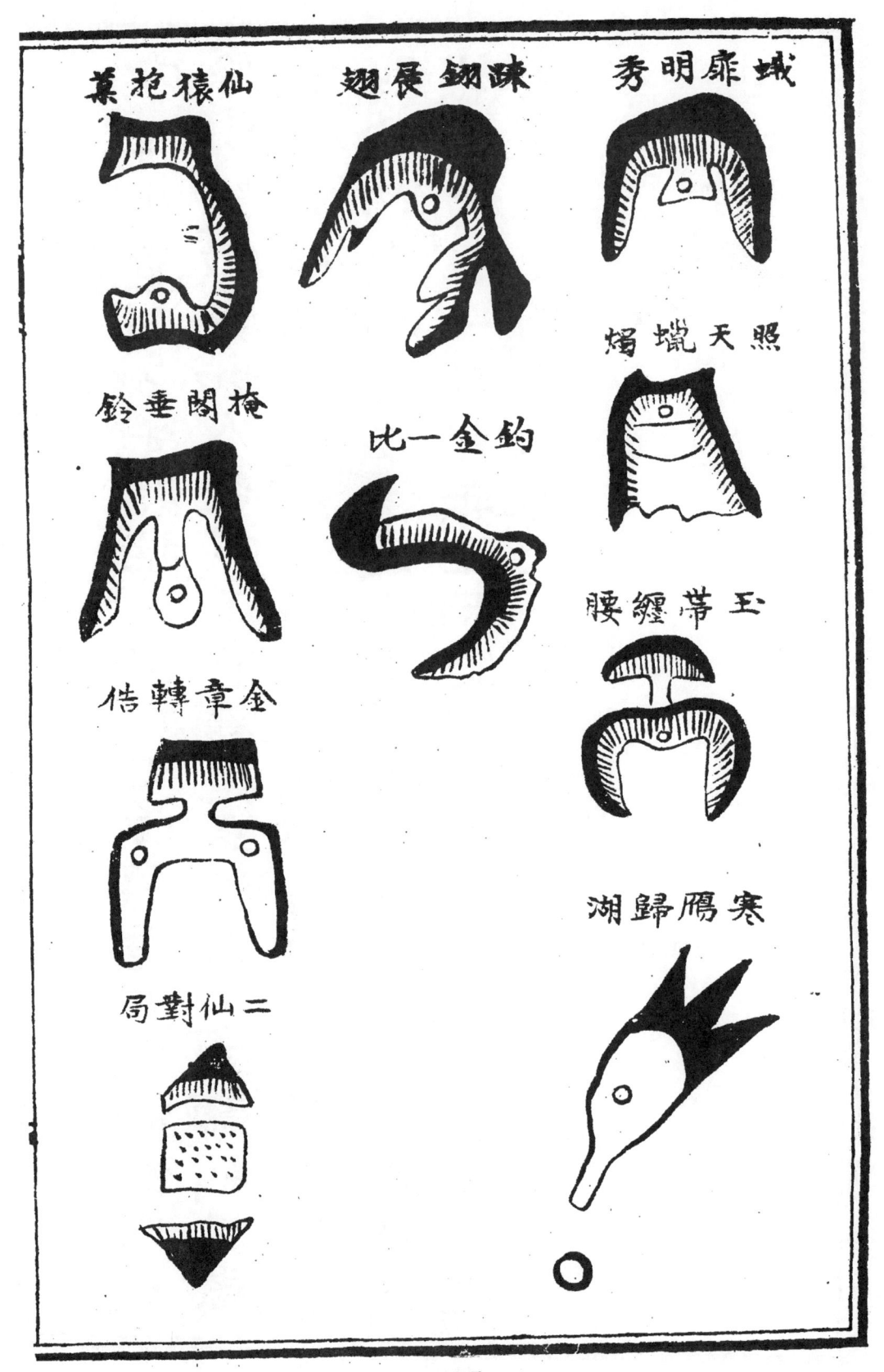

仙猿抱葉　　疎翅展翅　　蛾扉明秀

掩閣垂鈴　　鈎金一比　　照天蠟燭

金章轉佶　　　　　　　玉帶纏腰

二仙對局　　　　　　　寒鴈歸湖

585

穴腦氣論

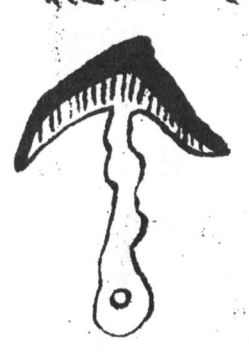

穴腦氣穴

穴有生氣則必先結腦夫主頂之脈急急而來將結穴之際復起微突如人之頂下有額也立於穴中回顧則其處不偏不斜圓滿盈溢者卽其腦也脈有氣則必腦腦有氣則必結穴此乃陰陽交媾成脈者也穿穴之妙盡在此矣然造化不一或有無腦而結穴者不可拘此而棄正穴也故善尋穴者只審其生氣而已腦有無不須論也

586

玄武論

玄武者穴後主山也蓋真龍生旺盛故必高起三四峰有金木水土正體之星然後落脉而結穴故玄武必以尊重為貴然玄武雖高氣而亦有真假夫體貌端正態度安閒含畜正氣而有垂頭之象者真也勇拔獨立精神太露散盡真氣而無垂頭之態者假也誰能卜此惟在明師之法眼也

此論玄武卽壠龍也平洋不拘此法平地行龍高一尺為山低一尺為水逶迤屈曲龍氣其旺結穴之際只起腦而已且我東與中州有異只有壠龍而無平洋脉何也蓋我

東無數百里廣野壙龍餘氣散落平原有如飄風落葉無一點生氣故諸宰名基皆乗壙龍之氣而玄武尊重落脉清秀平洋則無發福處耳

玄武

此乃土星玄武五星形體既圖於前不必更圖蓋星體之變格無常主項之顏面各異造化之妙不可盡模惟貴其尊重開面耳

朱雀論

朱雀者朝應之山也即面前正案也蓋龍眞氣惟玄武尊重則朱雀來迎情意相孚而主客相適高則齊眉低則應

588

心乃以秀麗開面為貴而遠不如近故必取入懷之案耳
夫前案秀麗開面者此乃穴之訂而不可無者也然而龍
真穴的而無秀應之案者求多有之臥牛形則束草為案
而亂山叢萃蜈蚣形則蚯蚓為前砂穴長此非俗眼所知
也

穴前餘氣論

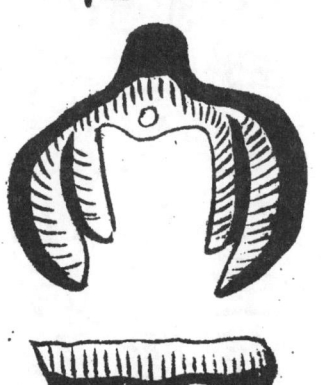

朱雀

此乃華蓋三台朱雀也星面變態無
常有萬不同只以有情有貴大小高
低不必拘也

穴有生氣則必有餘氣餘氣者穴前唇氈也氹眞龍之穴
必多生氣故結穴之後更鋪餘氣而為唇為氈此乃眞結
自然之應也若無此則必假也
眞龍之穴亦有唇氈短縮者夫眞脈結穴之後穴偽更抽
一枝曲抱內堂逆水穴之餘氣隨此而去故唇前甚短此
乃變格而其法反勝於唇氈之有餘也且樂山突穴圓暈
分明穴之餘氣均鋪於左右前後唇氈之不足不須論也

穴前唇氈

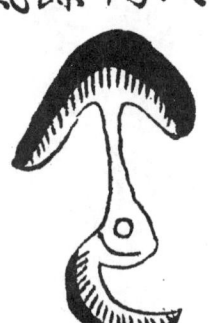

穴偽餘氣

平地
突穴
餘氣

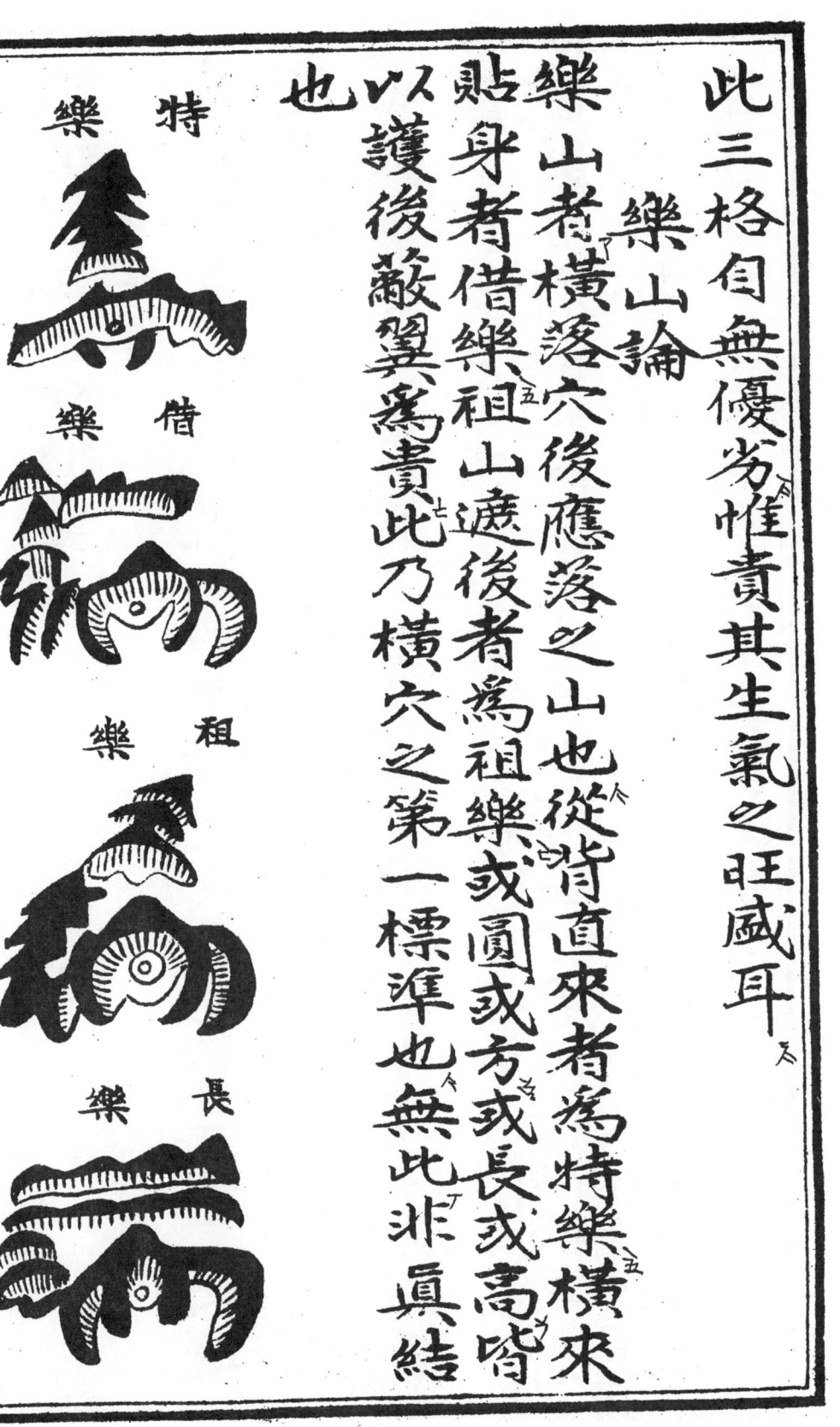

此三格自無優劣惟責其生氣之旺盛耳

樂山論

樂山者橫落穴後應落之山也從背直來者為特樂橫來貼身者借樂祖山遮後者為祖樂或圓或方或長或高嶺以護後嚴翼為貴此乃橫穴之第一標準也無此非真結也

特樂

借樂

祖樂

長樂

俗師先看樂而次點穴故多點虛穴明眼只點生氣之穴

穴後樂山自然遮護

鬼星論

橫龍穴後必生鬼星或對穴橫抱或兩傷拱抱或一邊逆抱或正中直撐此皆證穴之法也橫穴無此則必非真結也穴真則自然生鬼凡點穴之法必先審穴氣為妙假龍虛穴亦多生鬼可不慎歟

橫龍亦有無鬼而結穴者之後堂下手砂逆攔後氣者則此亦與一邊逆抱之鬼功用相通且穴雖落而後龍逶迤屈曲到頭之脉與撞背無異者亦不生鬼也

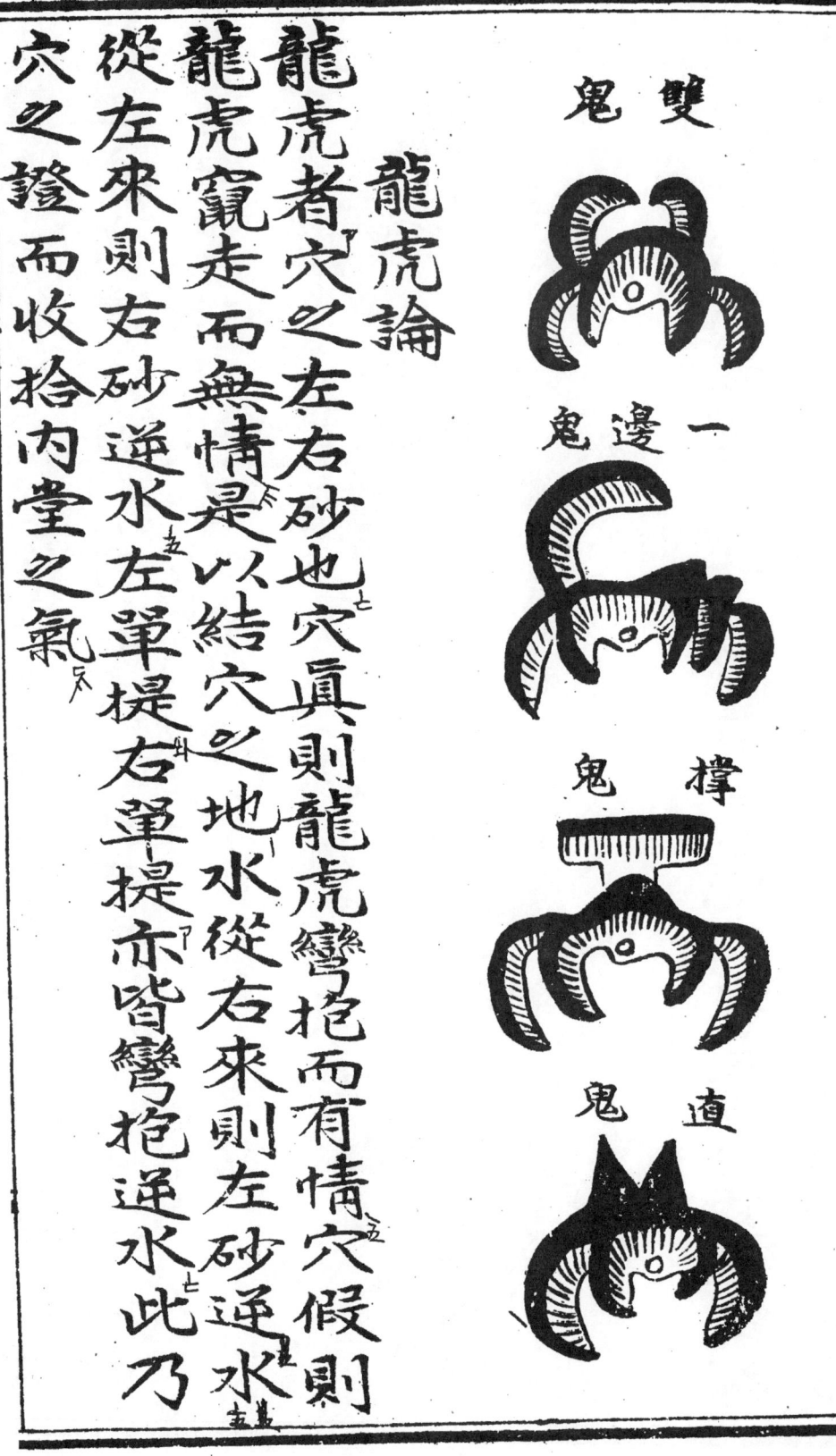

雙鬼

一邊鬼

撐鬼

直鬼

龍虎論

龍虎者穴之左右砂也穴真則龍虎彎抱而有情穴假則
龍虎竄走而無情是以結穴之地水從右來則左砂逆水
從左來則右砂逆水左單提右單提亦皆彎抱逆水此乃
穴之證而收拾內堂之氣

凡龍虎之彎抱是皆衛穴之要緊砂也真龍正穴或有有

龍無虎或有虎無龍或龍虎俱無或龍虎順水豈可以此

棄正穴哉造化無全功此之謂也

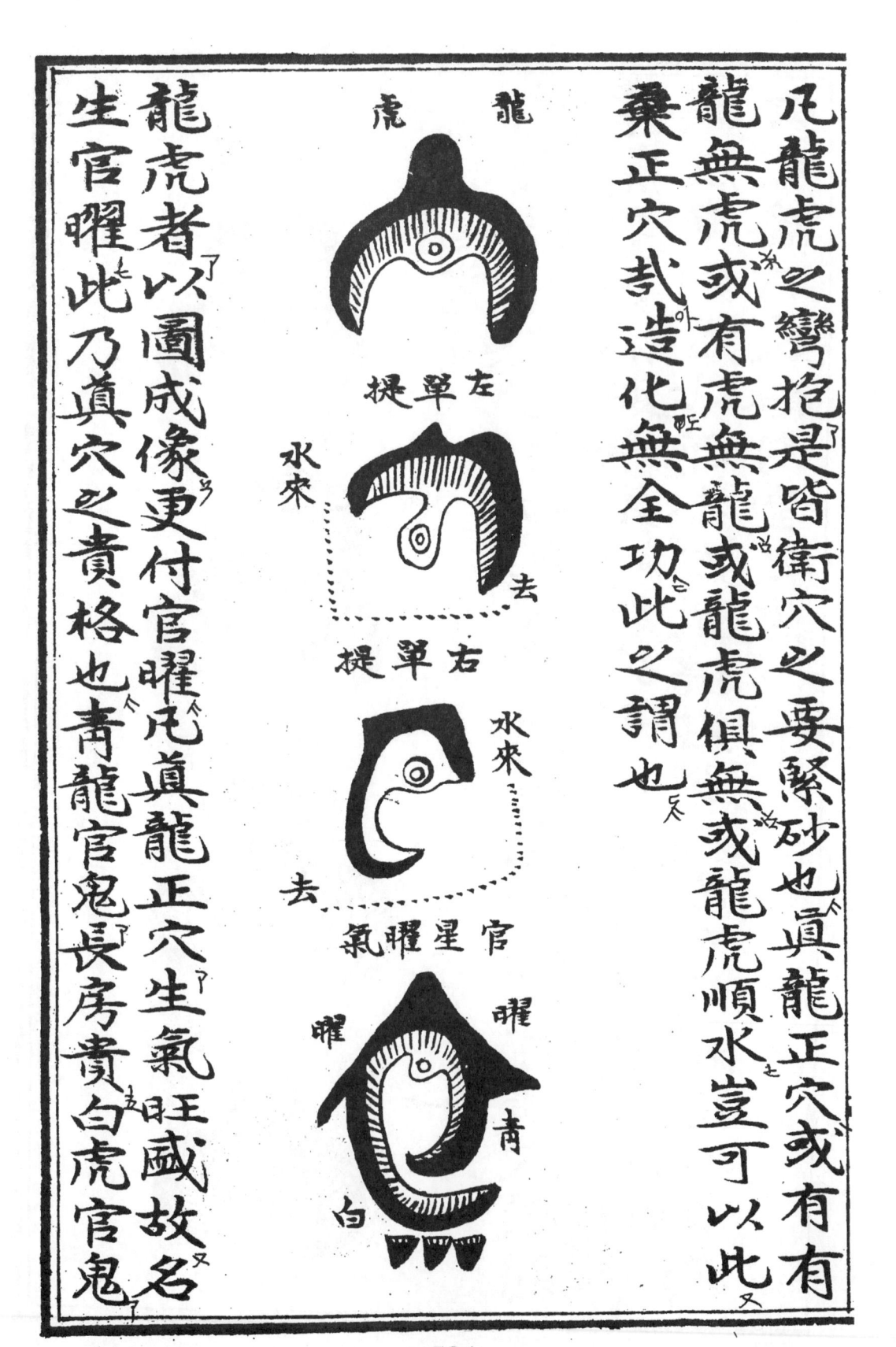

龍
虎
左單提
水來
去
右單提
水來
去
官星曜氣
官曜
青曜
曜
白

龍虎者以圖成像更付官曜凡真龍正穴生氣旺盛故名

生官曜此乃真穴之貴格也青龍官鬼長房貴白虎官鬼

594

少房貴曜驗亦如此也

明堂論

明堂者穴前之地也所以明堂有二曰內明堂外明堂內
堂欲其團聚外堂欲其寬展團聚則收拾元辰而關束內
氣寬展則局勢平正而遠秀羅列須要寬狹適中不欹不
卑而不生惡石者為真穴之證也
凡內外明堂須宜方圓合格而真龍正穴或有內堂傾斜
者或有外堂傾斜者或有內堂而無外堂者或有外堂而
無內堂者不可以此而棄正穴也
凡真龍之地氣像寬平故明堂專聚而寬展也然而造化

未必全美惟穴眞爲本也

外明堂　內明堂

此乃內外明堂之格合者也

水城論

水城者穴前來去之水也水之吉凶最關禍福來者屈曲

橫者繞抱去者盤桓滙者澄凝悠悠顧我戀戀不忘者水

之吉也或直冲而湍激或反或跳而傾瀉或穿割而牽

去零我不顧去而無情者水之凶也大略如是又有三吉

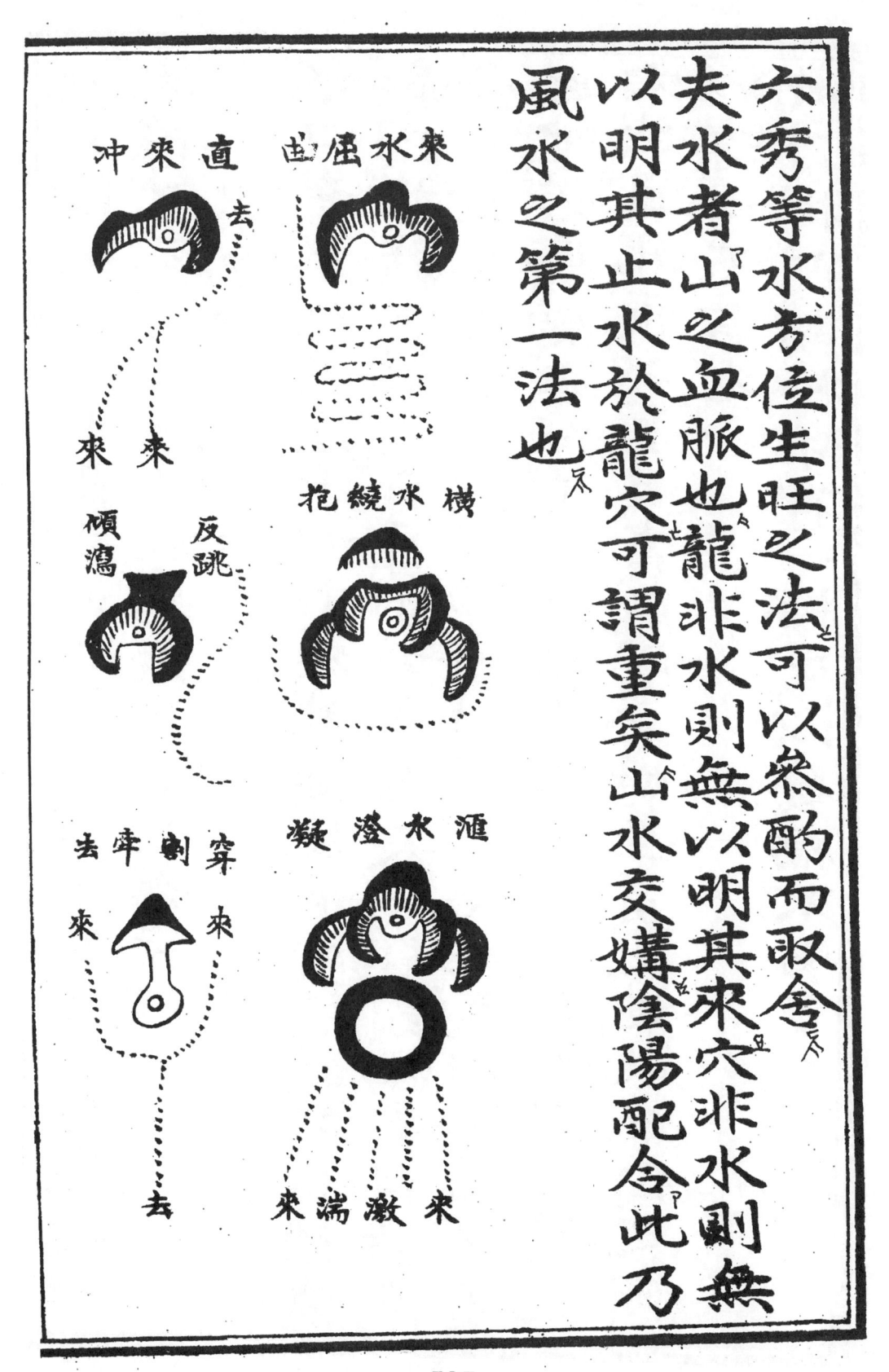

夫水者山之血脈也龍非水則無以明其來穴非水則無以明其止水於龍穴可謂重矣山水交媾陰陽配合此乃風水之第一法也

六秀等水方位生旺之法可以參酌而取令

直來冲　去

來屈曲水

來　來

橫抱繞水

反跳　傾瀉

滙來澄凝

穿割牢去　來　去

來激湍來

此六圖不果載之為式水之來去有萬不同不可盡模以

此推之不難知矣水法罕純吉宜於葵法控制

水口論

水口者水之去處也此處欲其周密稠疊交結關鎖情意

顧內橫截逆轉或日月相對或華表高聳或獨象并峙或

禽星獸星居于水口此等捍門皆貴格也其內必結富貴

之地若廣潤無關則旺氣飄散龍身與之俱去豈能結正

穴哉且北辰之星其貴無雙必結至貴之地此明師之所

以噤口不言也

此乃捍門諸格雖有一格足以發福不必多求

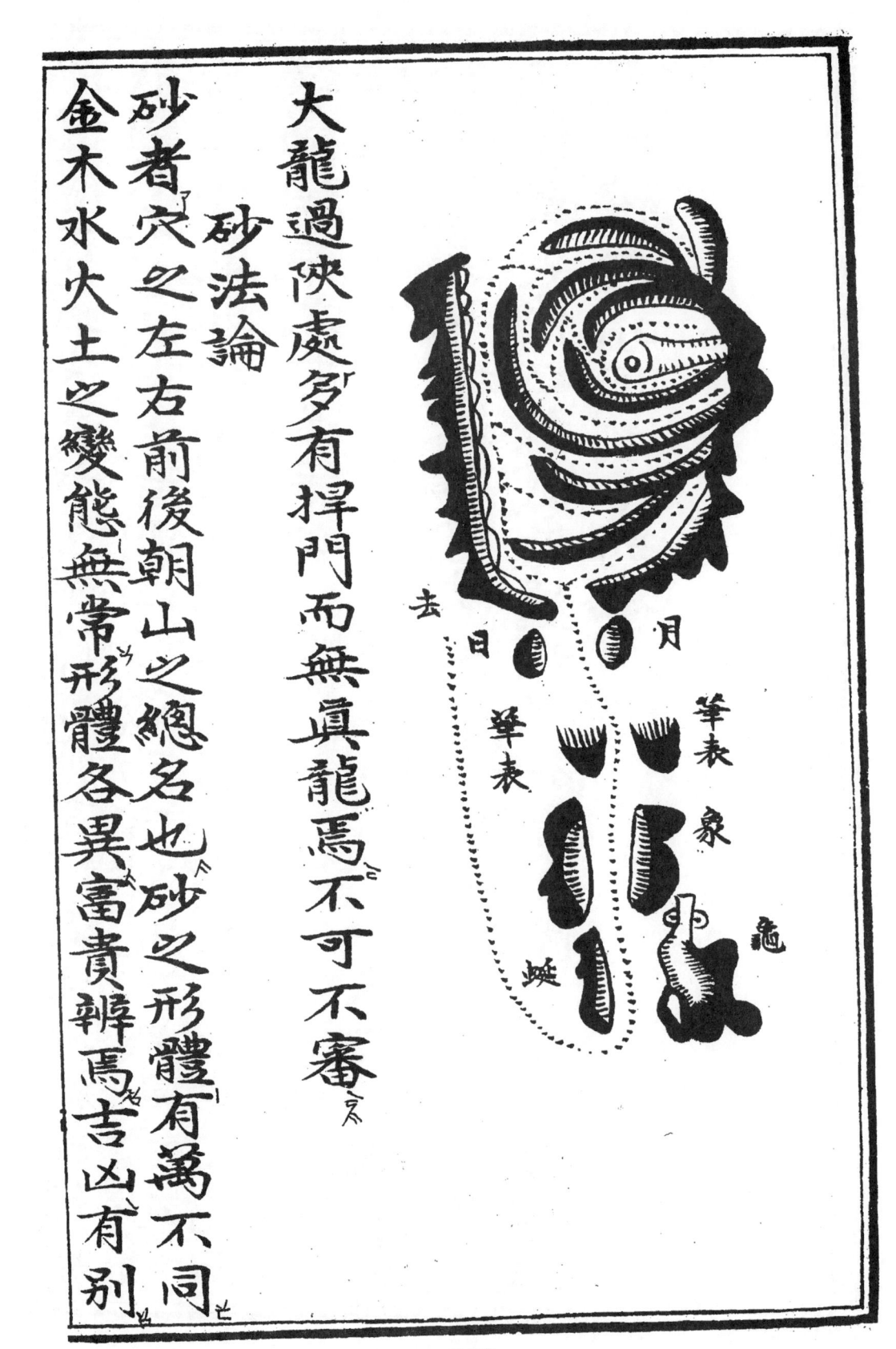

大龍過峽處多有捍門而無真龍焉不可不審

砂法論

砂者穴之左右前後朝山之總名也砂之形體有萬不同

金木水火土之變態無常形體各異富貴辨焉吉凶有別

禍福係焉蓋尖圓方正秀麗朝應有情者吉也粗頑崩破
欹斜不正者凶也穴吉則凶砂藏而吉砂見穴假則吉砂藏
而凶砂見且造化不一雖眞穴之地亦或有凶砂之見而
禍福相半不可妄下也
砂之吉凶有一定不易者探頭斷頭等砂終不可使之吉
玉帶文星等砂終不可使之凶其他凶砂亦或有隨正穴
而變者尖槍之於武夫隨胎之於盤龍斷頭之於令字脈
是也惟在明眼之下別也

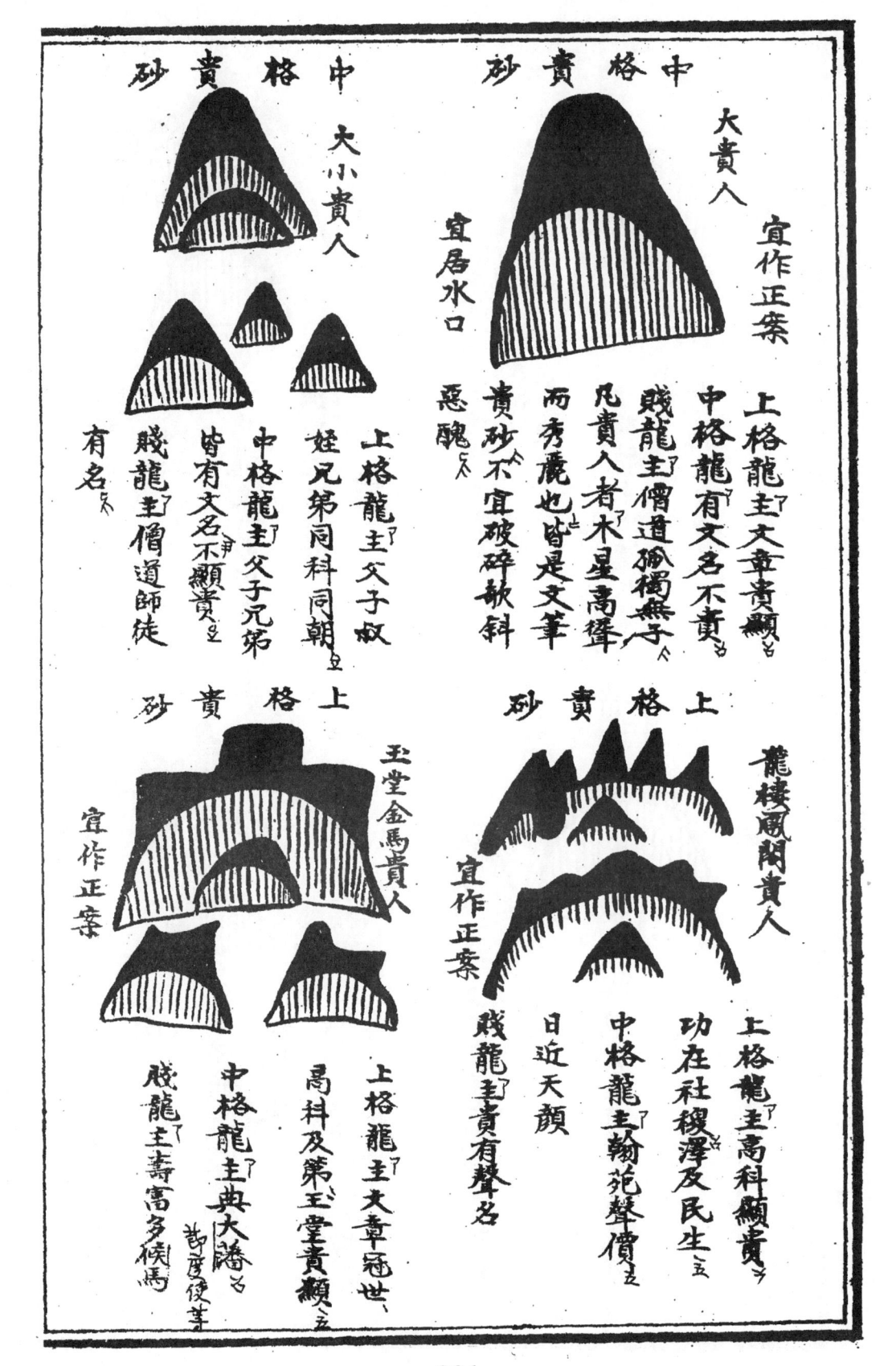

格貴中　砂
格貴中　砂

大小貴人

大貴人

宜居水口

貴砂不宜破碎欹斜

宜作正案

上格龍主文章貴顯　⑴

中格龍主有文名不貴　⑵

賤龍主僧道孤獨無子　⑶

凡貴人者木星高聳

而秀麗也皆是文筆

惡醜　⑷

有名　⑸

賤龍主僧道師徒

皆有文名不顯貴　⑶

中格龍主父子兄弟

姪兄弟同科同朝　⑵

上格龍主父子叔

砂　貴　格　上

砂　貴　格　上

玉堂金馬貴人

龍樓鳳閣貴人

宜作正案

宜作正案

上格龍主高科續貴　⑴

功在社稷澤及民生　⑵

中格龍主翰苑聲價　⑶

日近天顏

賤龍主貴有聲名　⑷

賤龍主壽富多侯馬　⑶

中格龍主典大藩　⑵
節度使等

高科及第玉堂貴顯　⑷

上格龍主文章冠世　⑴

601

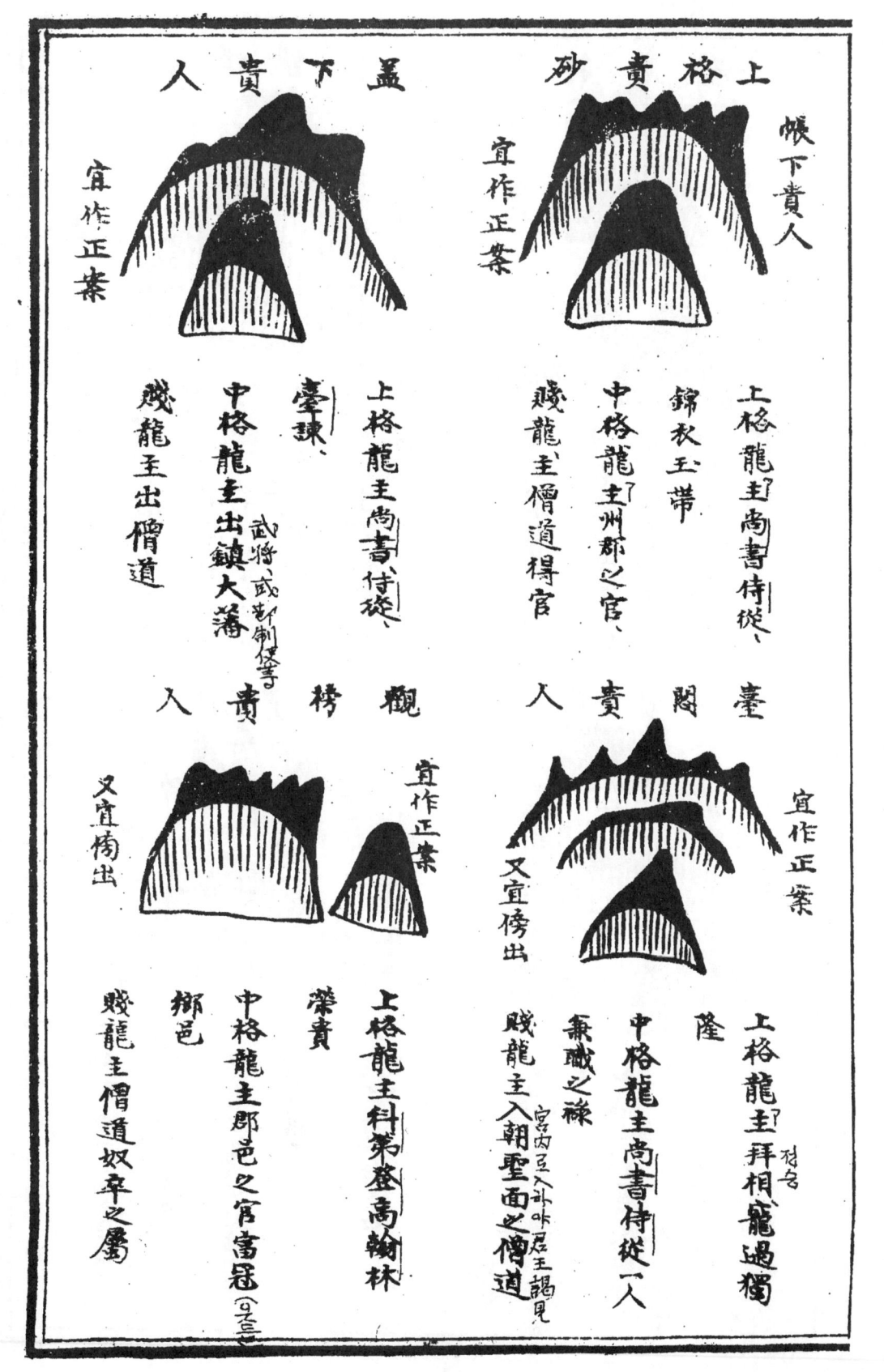

上格砂貴
帳下貴人

上格龍起尚書侍從、臺
閣
錦衣玉帶
中格龍起州郡之官、賣
賤龍起僧道得官

宜作正案

蓋下貴人
宜作正案

上格龍主尚書侍從、觀
臺諫榜
武將、或制閫帥之官　賣
中格龍主出鎮大藩
殘龍主出僧道
又宜傍出

上格龍起拜相寵過獨
隆
中格龍主尚書侍從一人
兼戚之祿
宮内主入朝、或主謁見
賤龍主入朝、覲面之僧道
宜作正案

上格龍主科第盛高翰林
榮貴
中格龍主郎邑之官富冠
獅邑
賤龍主僧道奴卒之屬
又宜傍出

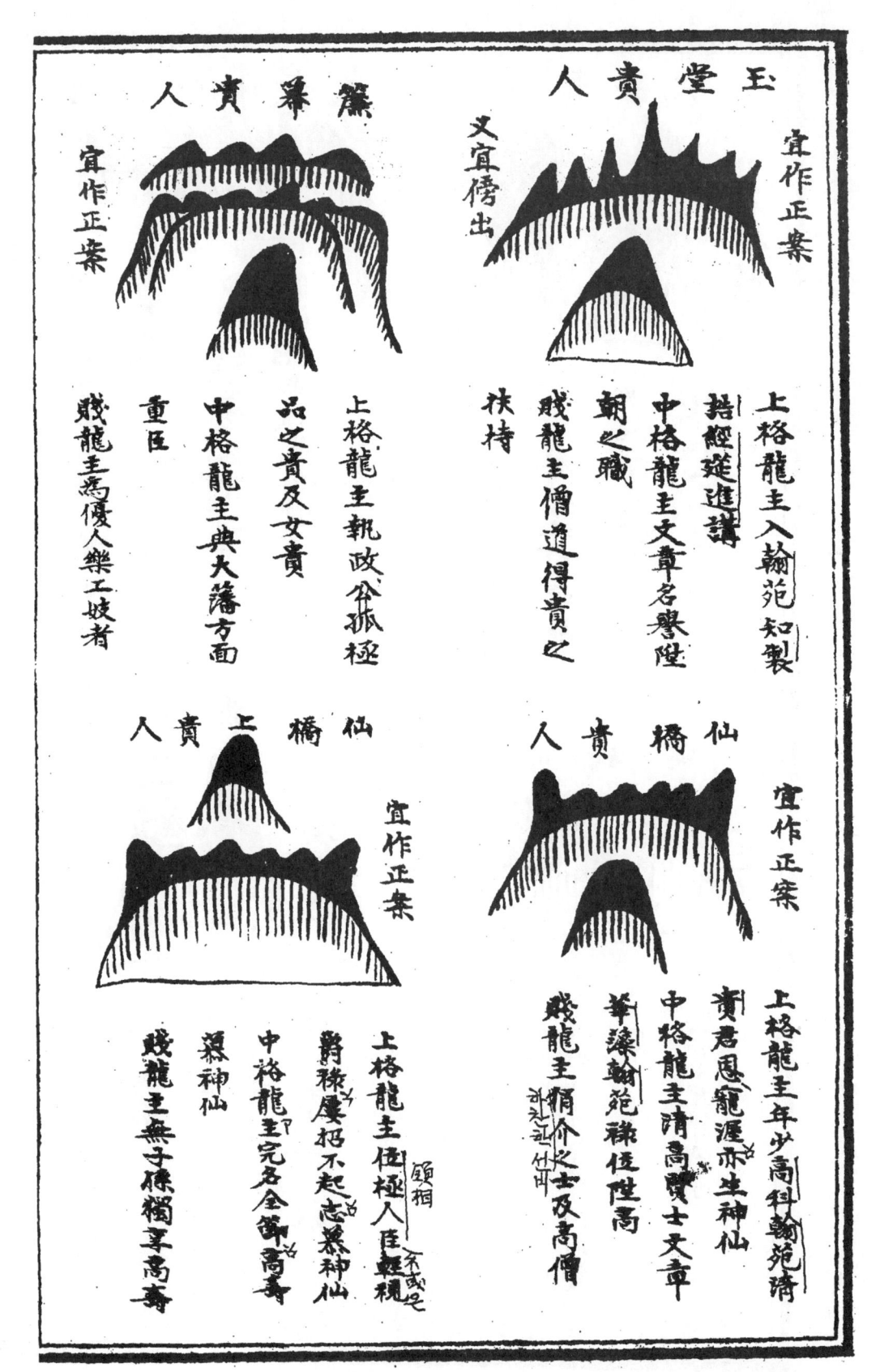

玉堂貴人　宜作正案

上格龍主入翰苑　知製
誥經筵進講
中格龍主文章名譽隆
朝之藏
賤龍主僧道得貴之
袟恃
又宜傍出

篆羣貴人　宜作正案

上格龍主軄政　公孤極
品之貴及女貴
中格龍主典大籓方面
重臣
賤龍主為優人樂工妓者

仙橘貴人　宜作正案

上格龍主年少高科翰苑濟
賣君恩寵渥亦生神仙
華豫翰苑祿位陞高
中格龍主清高貴士天章
賤龍主狷介之士及高僧
孫起祖竹叶

仙橘上貴人　宜作正案

上格龍主倒極人莊輕視
爵祿屢招不起志慕神仙
中格龍主完名全節高壽
慕神仙
賤龍主無子孫獨享高壽
頸拥　不或之

603

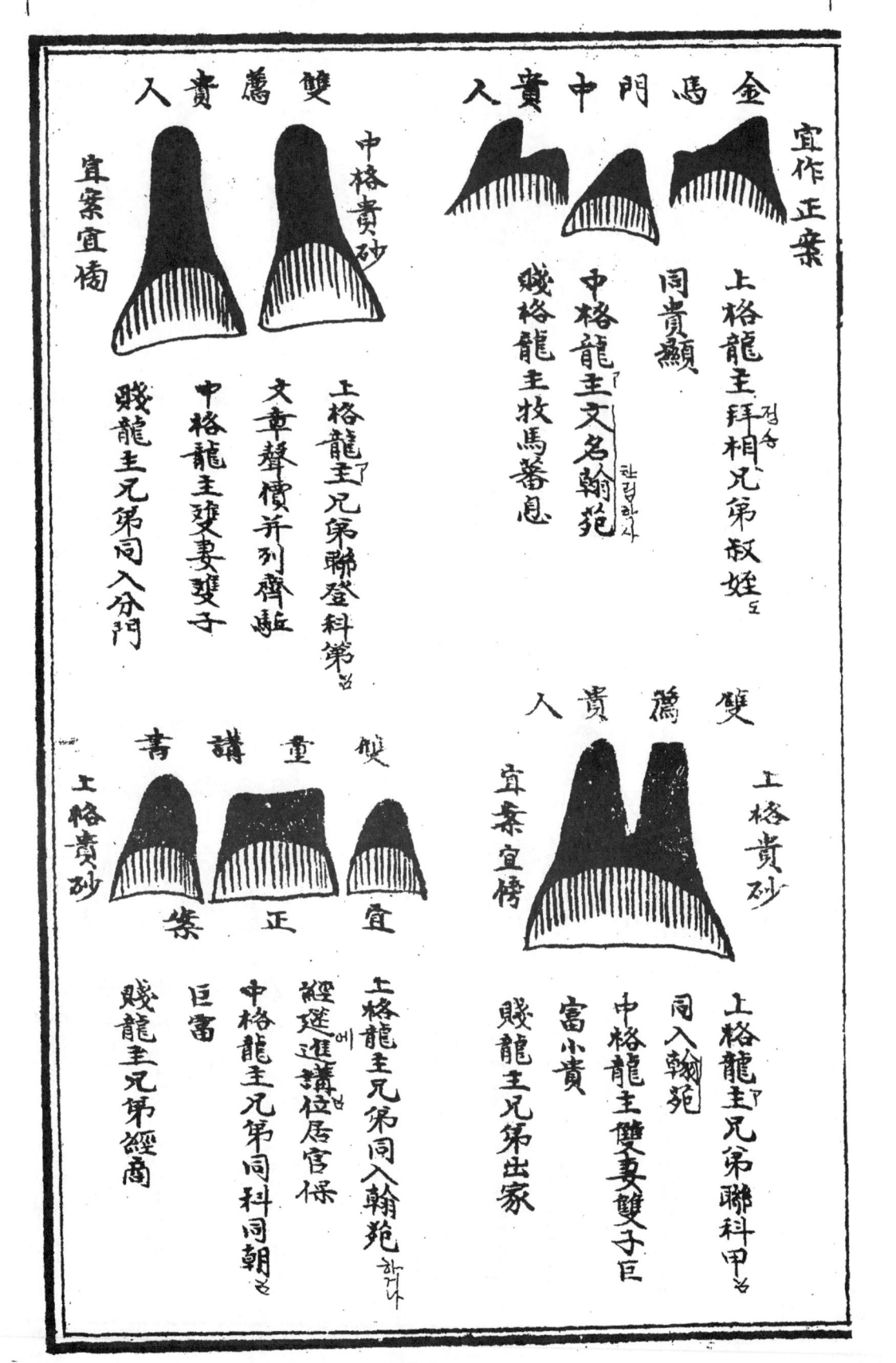

金馬門中貴入　宜作正案

雙鷹貴入　中格貴砂　宜案宜僑

上格龍主拜相兄弟叔姪
同貴顯
中格龍主文名入翰苑
賤格龍主牧馬蕃息

上格龍主兄弟聯登科第
文章聲價并列齊驅
中格龍主雙妻雙子
賤龍主兄弟同入分門

入貴鷹雙　上格貴砂　宜案宜僑

上格龍主兄弟聯科甲
同入翰苑
中格龍主雙妻雙子巨富小貴
賤龍主兄弟出家

壽講童雙　上格貴砂

上格龍主兄弟同入翰苑
經筵進講位居官保
中格龍主兄弟同科同朝
巨富
賤龍主兄弟經商
簇正宜

604

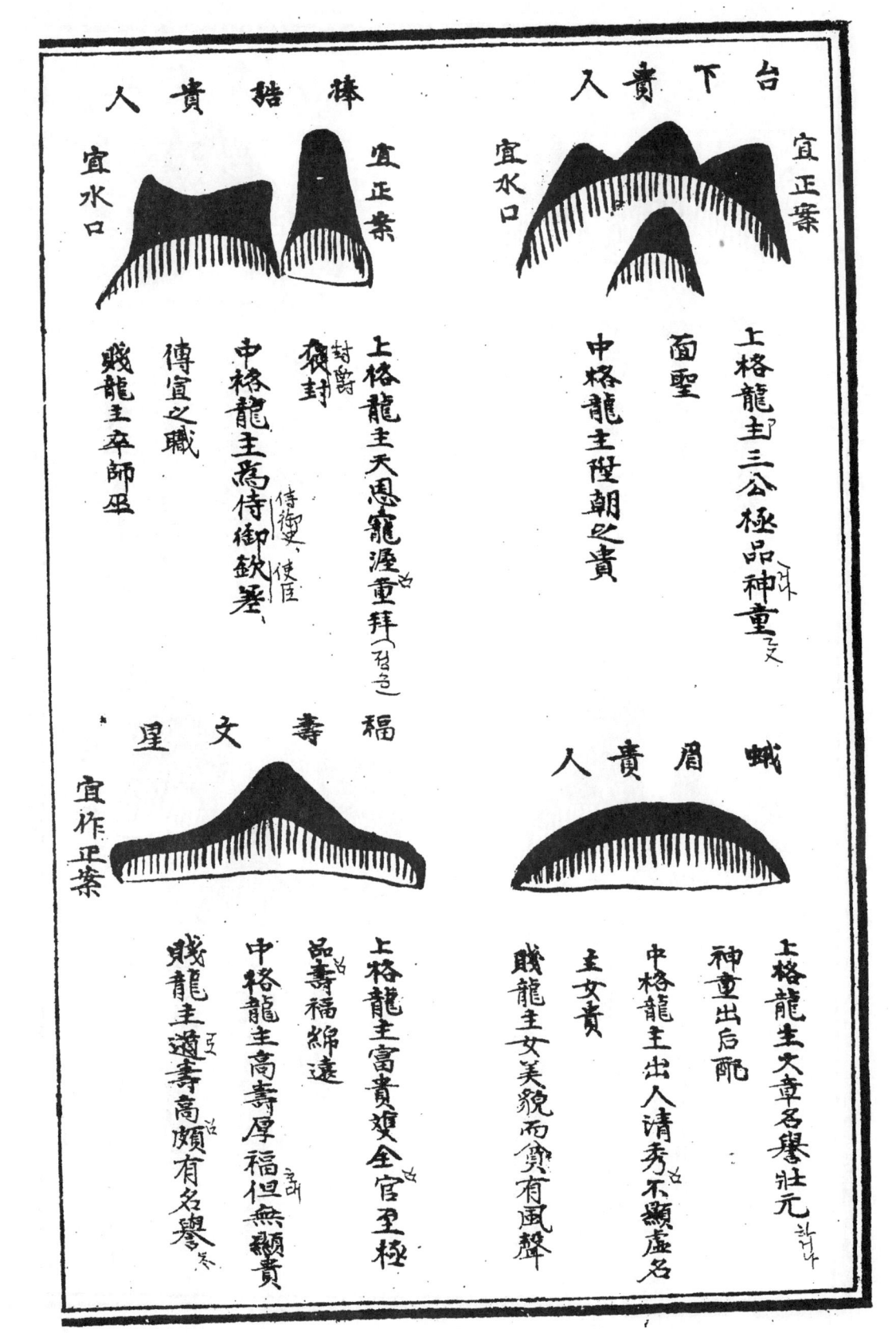

台下貴入

宜正案　宜水口

上格龍主三公極品神童之又

面聖

中格龍主陛朝之貴

蛾眉貴人

上格龍主文章名譽壯元

神童出后配

中格龍主出入清秀不顯虛名

主女貴

賤龍主女美貌而賤有風聲

人貴猪棒

宜水口　宜正案

上格龍主天恩寵渥童拜（君邑）

福

封將

中格龍主為侍御欽差（侍衛、使臣）

傳宜之職

賤龍主卒師巫

壽文星

宜作正案

上格龍主富貴雙全官至極

品壽福綿遠

中格龍主高壽厚福但無顯貴

賤龍主遐壽高頒有名譽

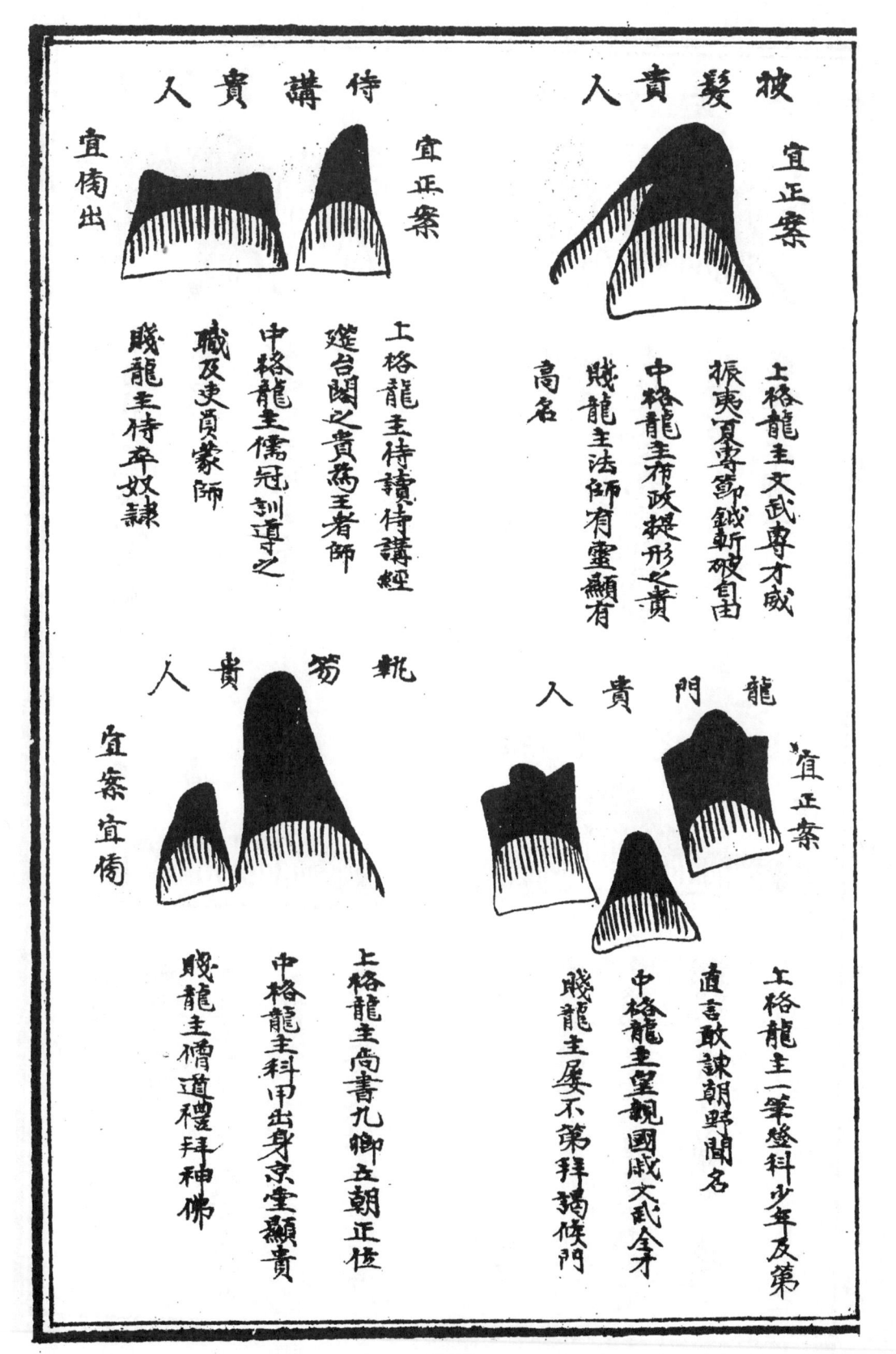

被髮賣人　宜正案

上格龍主文武專才威
振夷夏專節鉞斬破自由
中格龍主布政提形之貴
賤龍主法師有靈顯有
高名

侍講賣人　宜傚出

上格龍主侍讀侍講經
延台閣之貴為王者師
中格龍主儒冠訓導之
職及吏員豪師
賤龍主侍卒奴隸

龍門貴人　宜正案

上格龍主一筆登科少年及第
直言敢諫朝野聞名
中格龍主皇觀國戚文武全才
賤龍主屢不第拜謁候門

靴筍賣人　宜案宜傚

上格龍主尚書九卿五朝正位
中格龍主科甲出身京堂顯貴
賤龍主僧道禮拜神佛

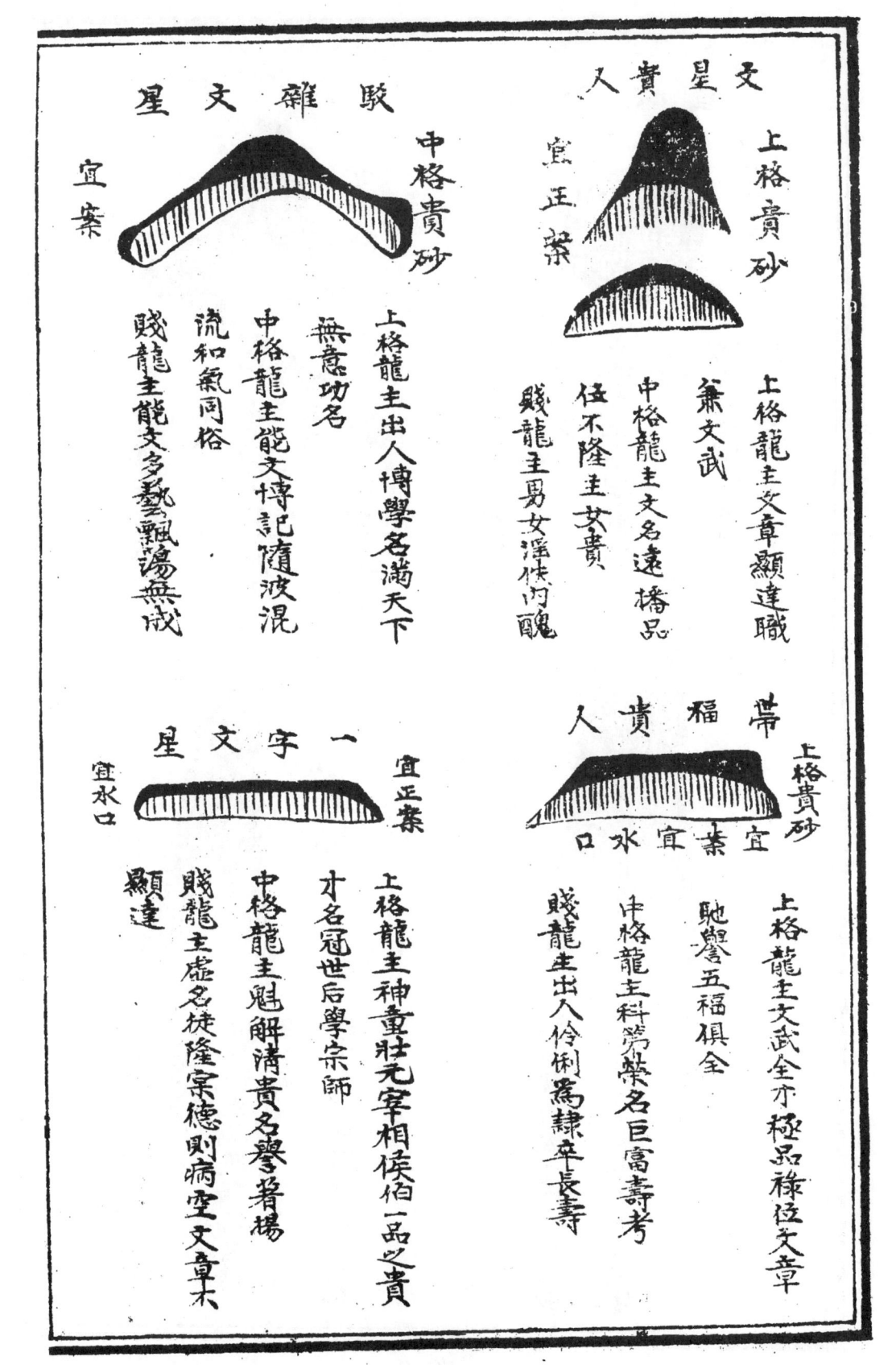

文星貴人　宜正案　上格貴砂

上格龍主文章顯達職
兼文武
中格龍主文名遠播品
任不隆主女貴
賤龍主男女淫佚內醜

駁雜文星　宜案　中格貴砂

上格龍主出入博學名滿天下
無意功名
中格龍主能文博記隨波混
流和氣同俗
賤龍主能文多藝飄蕩無成

帶福貴人　上格貴砂　宜案　宜水口

上格龍主文武全才極品祿位文章
馳譽五福俱全
中格龍主科第榮名巨富壽考
賤龍主出入伶俐為隸卒長壽

一字文星　宜正案　宜水口

上格龍主神童壯元宰相侯伯一品之貴
才名冠世后學宗師
中格龍主魁解清貴名譽著揚
賤龍主虛名捷隆崇德則病空文章末
顯達

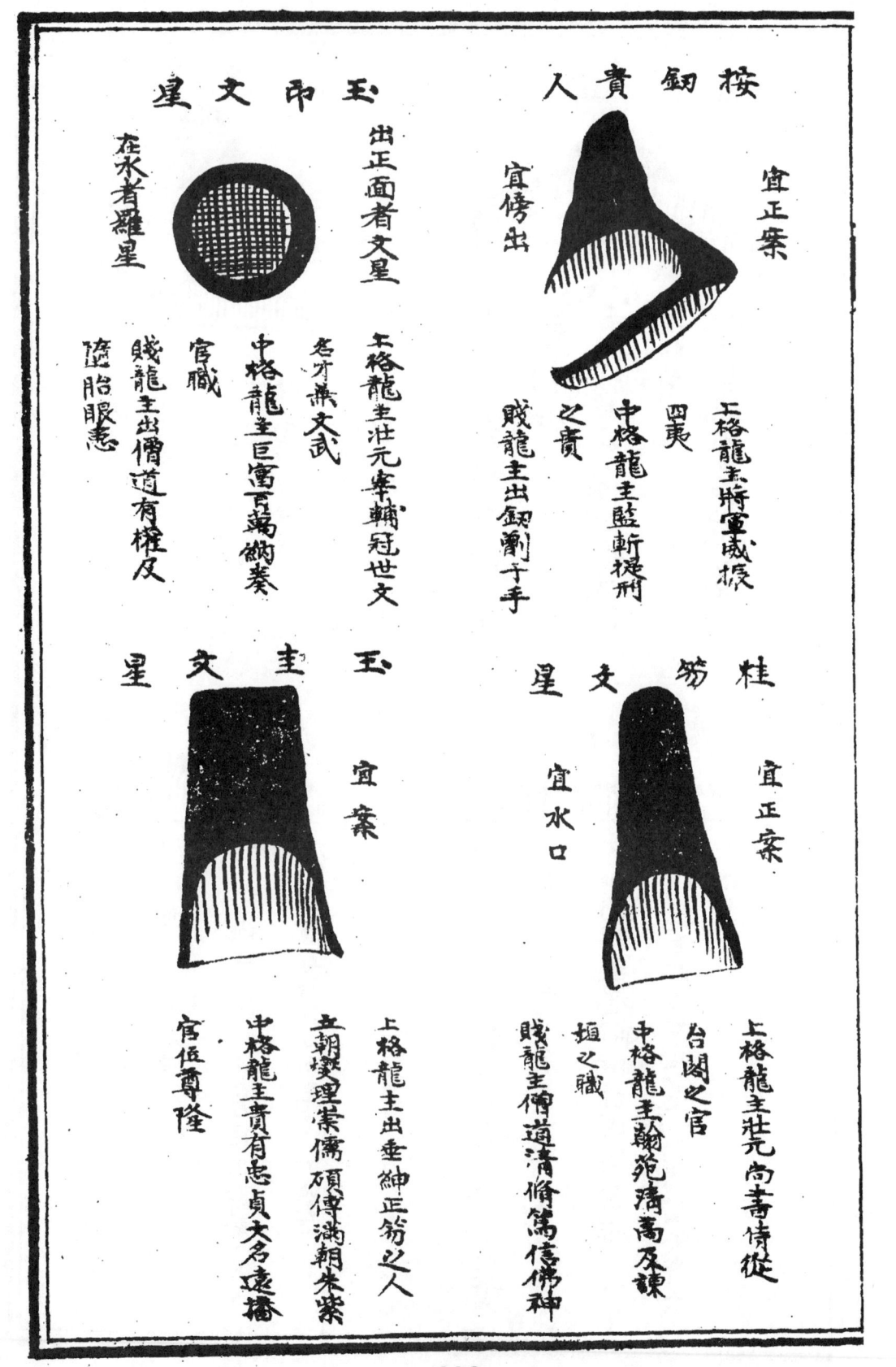

按釧貴人

宜正案
上格龍主將軍威振
四夷
中格龍主監斬提刑
之貴
賤龍主出劊劇子手
宜傍出

玉印文星
出正面者文星
名才兼文武
上格龍主壯元宰輔冠世文
中格龍主巨富百萬納奏
官職
賤龍主出僧道有權及
隨胎眼惡
在水者羅星

桂笏文星
宜正案
上格龍主壯元尚書侍從
台閣之官
中格龍主翰苑清高及諫
垣之職
賤龍主僧道清脩篤信佛神
宜水口

圭文星　玉
宜案
上格龍主出垂紳正笏之人
立朝燮理棠儷碩傅滿朝朱紫
中格龍主貴有忠貞大名遠播
官伍尊隆

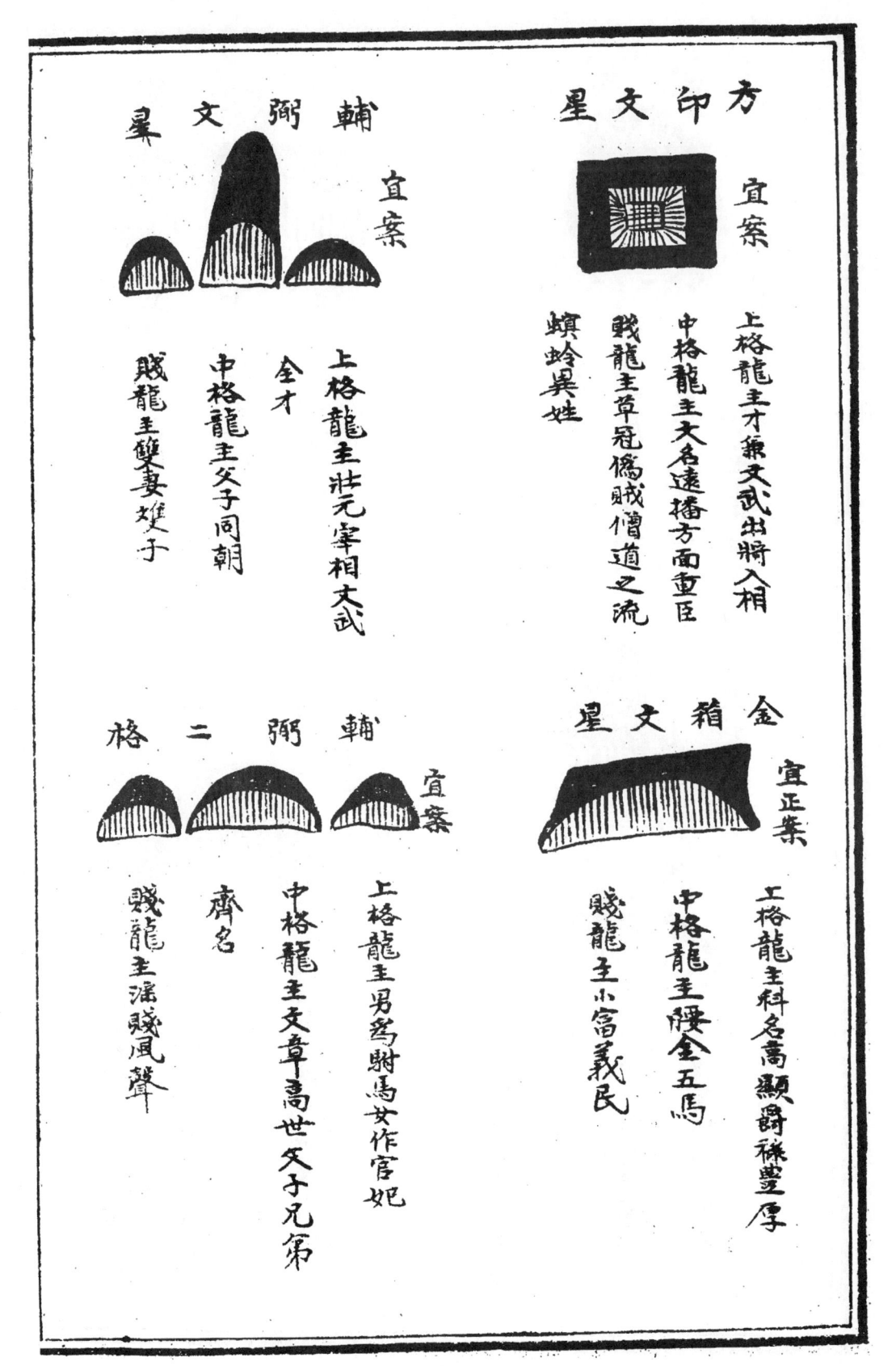

方印文星　宜案

上格龍主才兼文武出將入相

中格龍主大名遠播方面重臣

戰龍主草冠偽賊僧道之流

蟓蛉異姓

輔彌文暈　宜案

上格龍主壯元宰相文武

全才

中格龍主父子同朝

賊龍主雙妻孽子

金箱文星　宜正案

上格龍主科名高顯爵祿豐厚

中格龍主腰金五馬

賤龍主小富義民

輔彌二格　宜案

上格龍主男為駙馬女作官妃

中格龍主文章高世父子兄第

齊名

賤龍主淫賤風聲

609

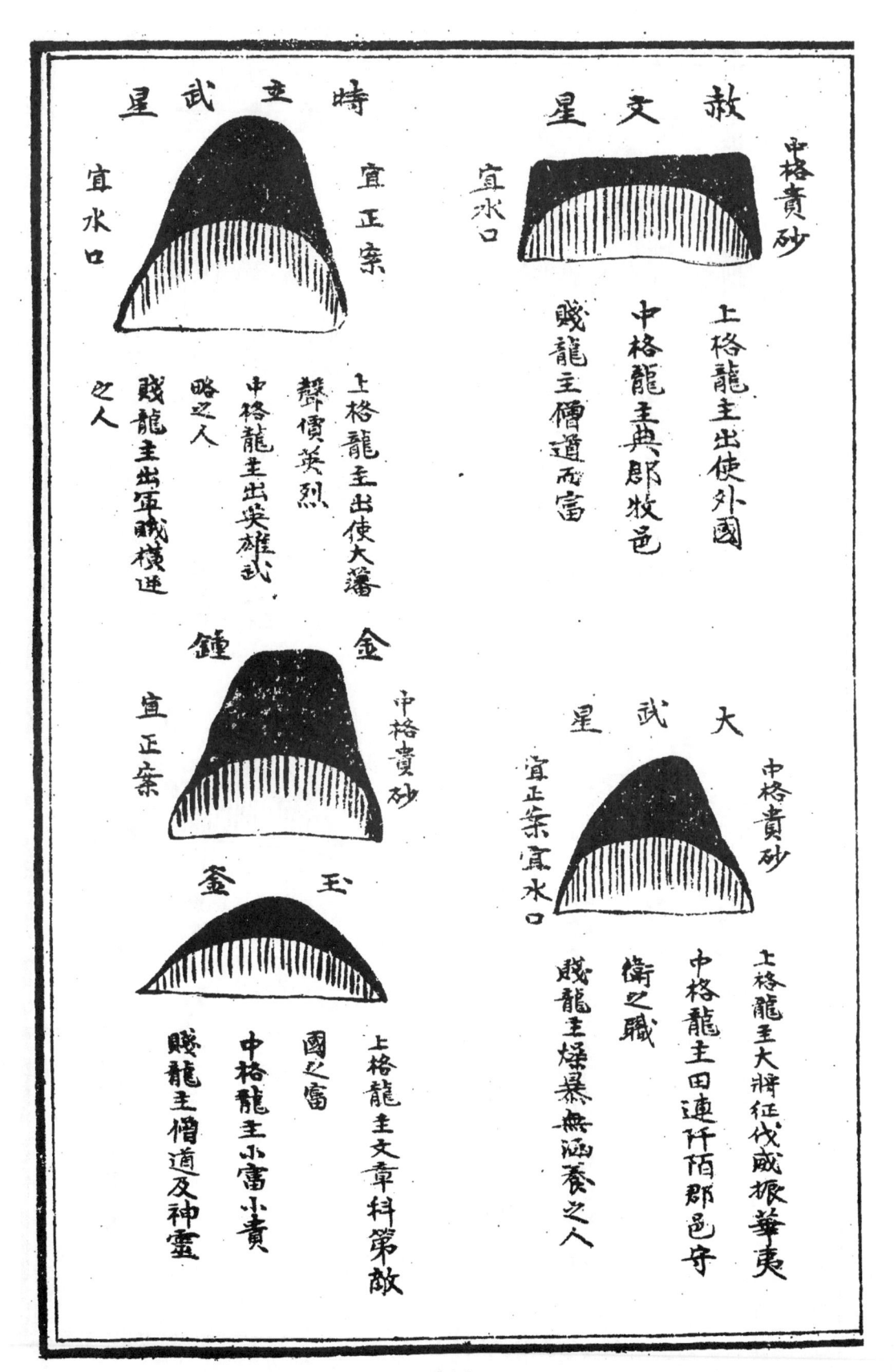

敕　文星（宜水口）

中格貴砂

上格龍主出使外國
中格龍主典郎牧邑
賤龍主僧道而富

峙　立武星（宜正案／宜水口）

上格龍主出使大藩聲價英烈
中格龍主出英雄武略之人
賤龍主出軍賊橫逆之人

大武星（中格貴砂／宜正案宜水口）

上格龍主大將征伐威振華夷
中格龍主田連阡陌郡邑守衛之職
賤龍主燥暴無涵養之人

金鐘（中格貴砂／宜正案）

上格龍主文章科第敵國之富
中格龍主小富小貴
賤龍主僧道及神靈

玉釜

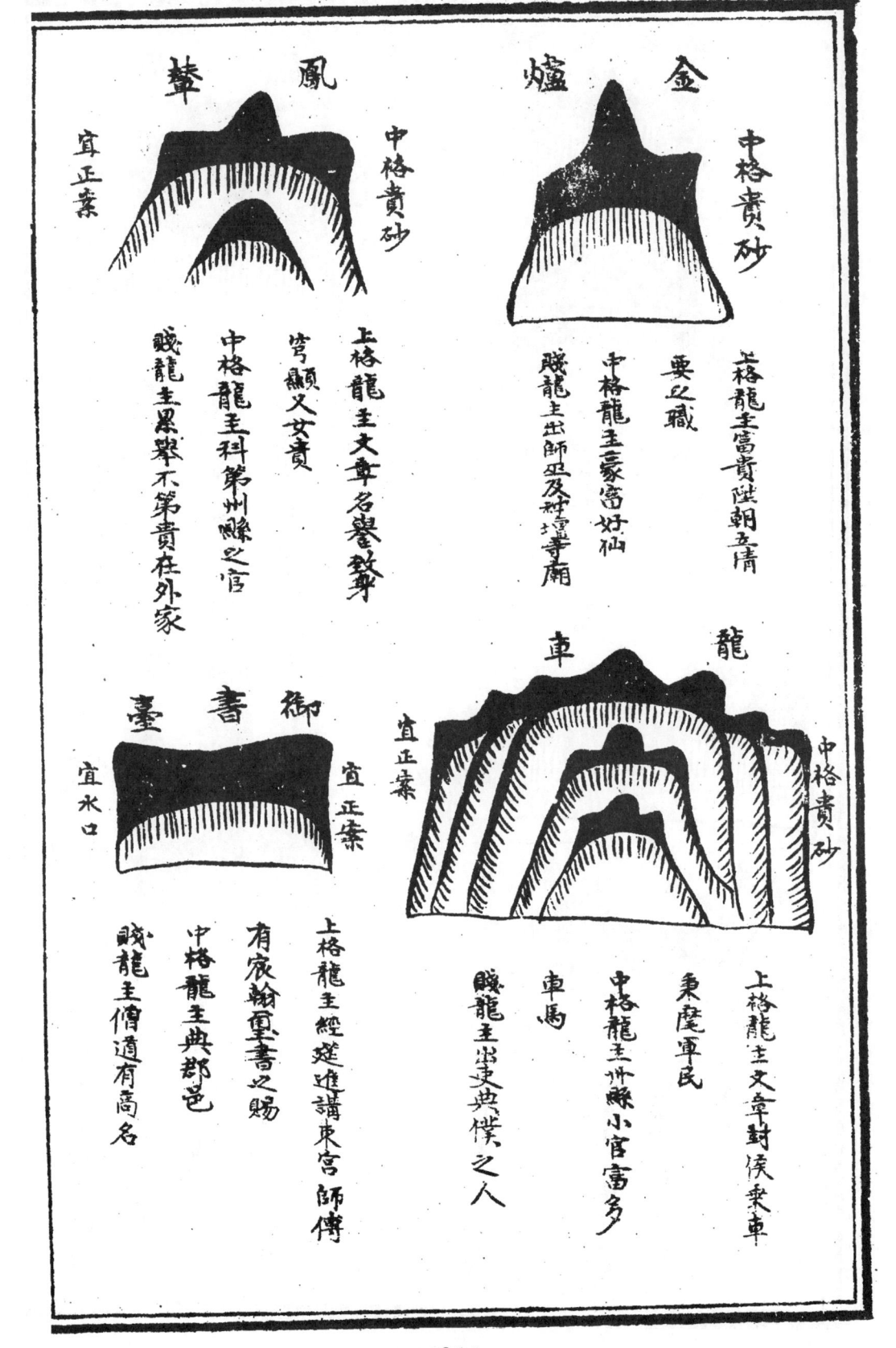

金　中格貴砂
上格龍主富貴陞朝五清
要之職
中格龍主豪富好仙
賤龍主出師巫及神壇寺廟
爐

鳳　中格貴砂
上格龍主文章名譽聲
弇顯父女貴
中格龍主科第州縣之官
賤龍主累舉不第貴在外家
聲　宜正案

龍　中格貴砂
上格龍主文章對侯乘車
秉麾軍民
中格龍主州縣小官富多
車馬
賤龍主出吏典僕之人
車　宜正案

御　宜正案
書
臺　宜水口
上格龍主經筵進講東宮師傅
有宸翰聖書之賜
中格龍主典郡邑
賤龍主僧道有高名

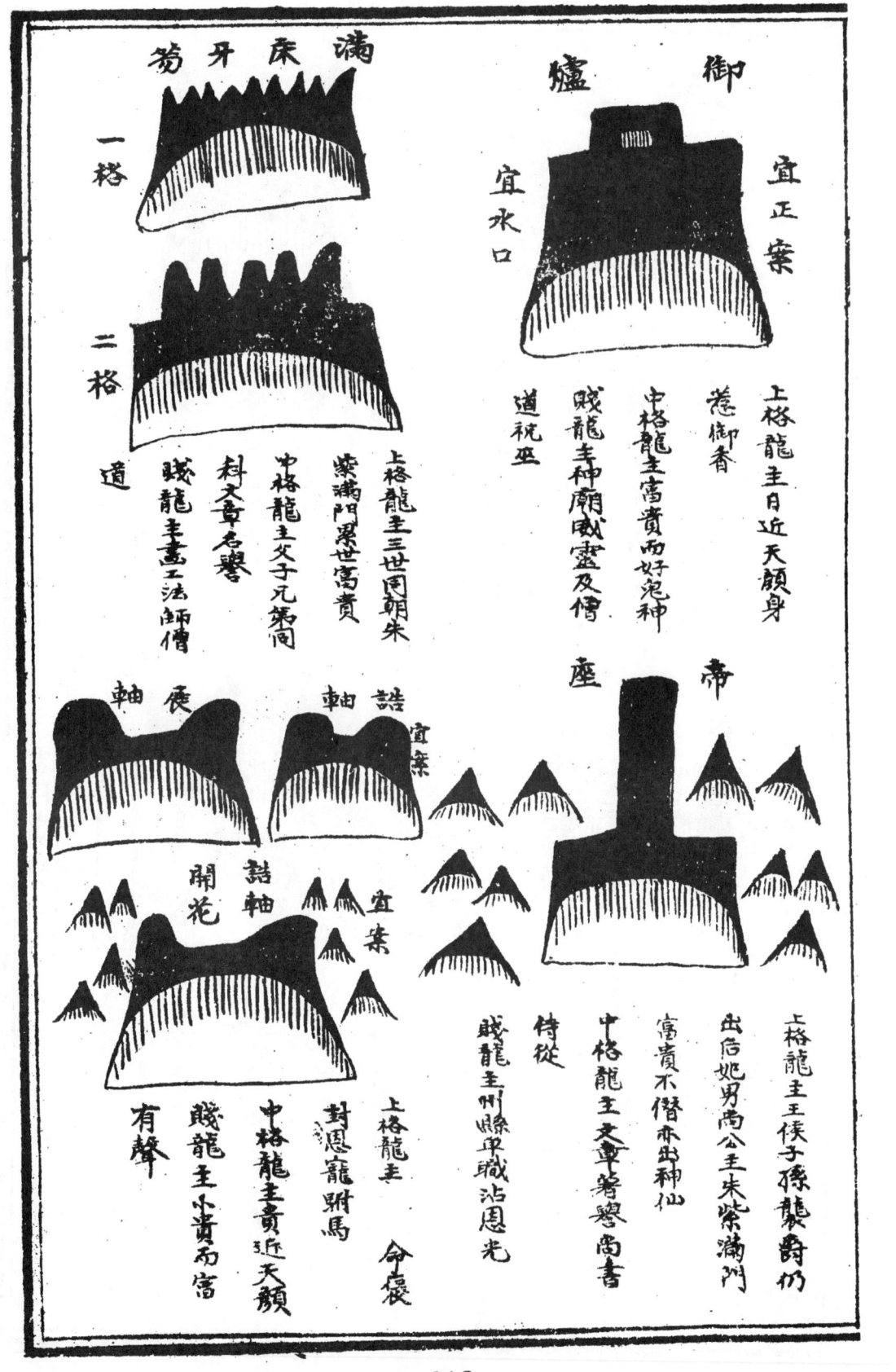

滿床牙筋

一格

二格

道

御爐

宜正案

宜水口

道祝巫

上格龍主目近天顏身

慈御香

中格龍主富貴而好爬神

賤龍主神廟威靈及僧

上格龍主三世圓朝朱

紫滿門累世富貴

中格龍主父子兄第間

科文章名譽

賤龍主畫工法師僧

軸辰

軸誥宜案

誥軸

開花

宜案

上格龍主王侯子孫龍爵仍

出后妃男尚公主朱紫滿門

富貴不僭亦出神仙

中格龍主文章薈蕚尚書

侍從

賤龍主州縣卑職沾恩光

上格龍主　命宸

封恩寵駙馬

中格龍主貴近天顏

賤龍主小貴而富

有聲

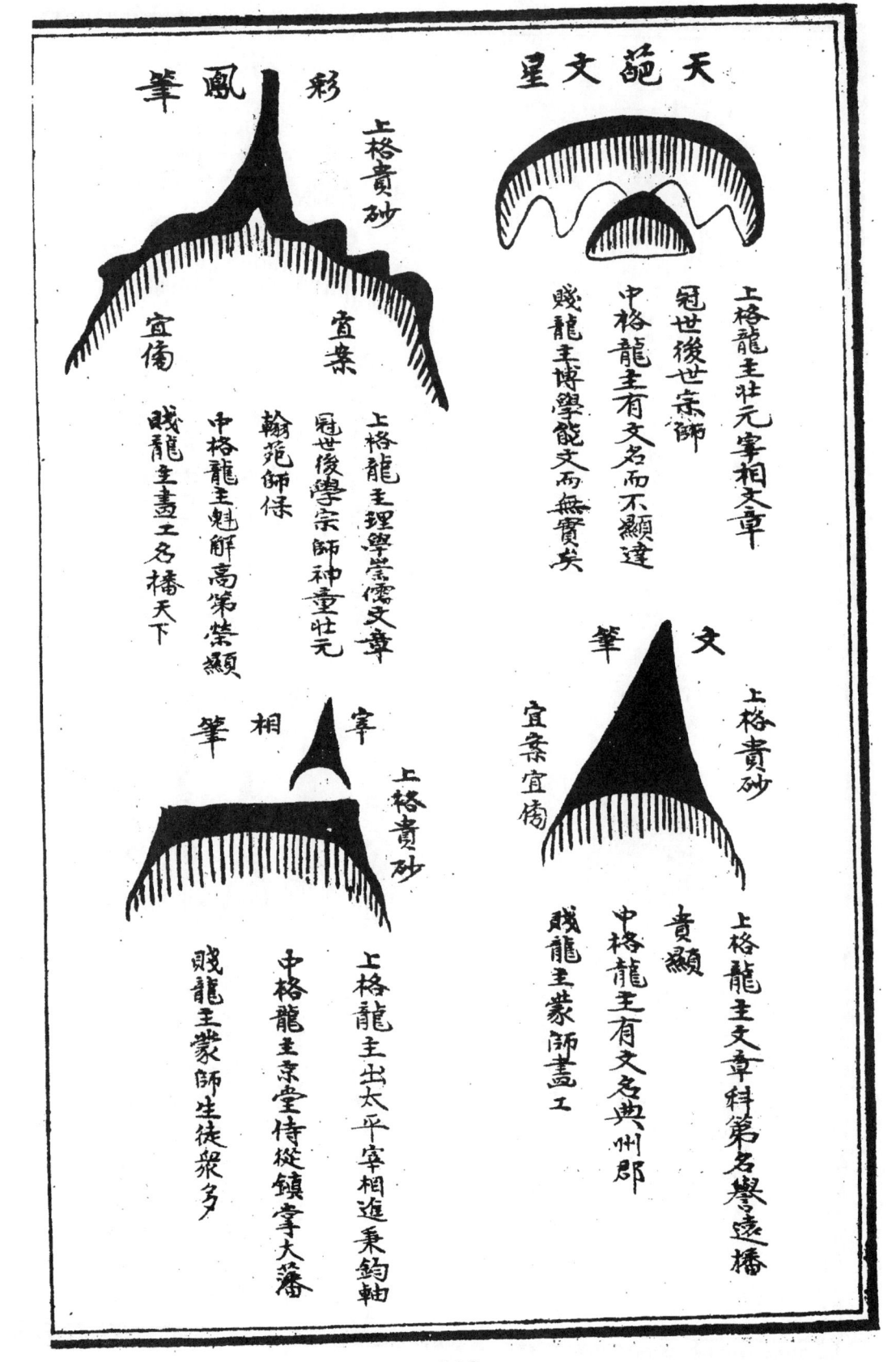

天斑文星

上格龍主壯元宰相文章
冠世後世宗師
中格龍主有文名而不顯達
賤龍主博學龍文而無實矣

鳳筆彩

上格貴砂
宜備　宜案
上格龍主理學崇儒文章
冠世後學宗師神童壯元
翰苑師保
中格龍主魁解高第榮顯
賤龍主畫工名播天下

文筆

上格貴砂
宜案宜備
上格龍主文章科第名譽遠播
貴顯
中格龍主有文名典州郡
賤龍主蒙師畫工

宰相筆

上格貴砂
上格龍主出太平宰相進秉鈞軸
中格龍主秉堂侍從鎮掌大藩
賤龍主蒙師生徒眾多

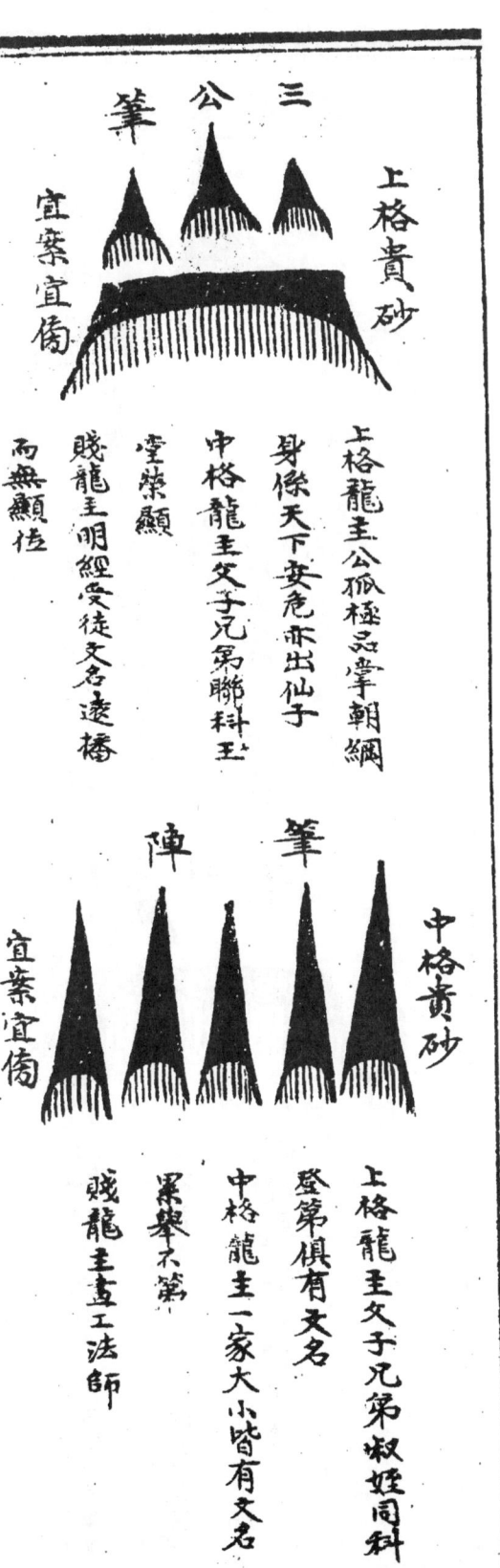

三　公　筆

上格貴砂

宜案宜倚

上格龍主公孤極品掌朝綱

身傍天下妄庵亦出仙子

中格龍主父子兄弟聯科玉

空榮顯

賤龍主明經受徒文名遠播

而無顯位

筆　陣

中格貴砂

宜案宜倚

上格龍主文子兄弟叔姪同科

登第俱有文名

中格龍主一家大小皆有文名

累舉不第

賤龍主畫工法師

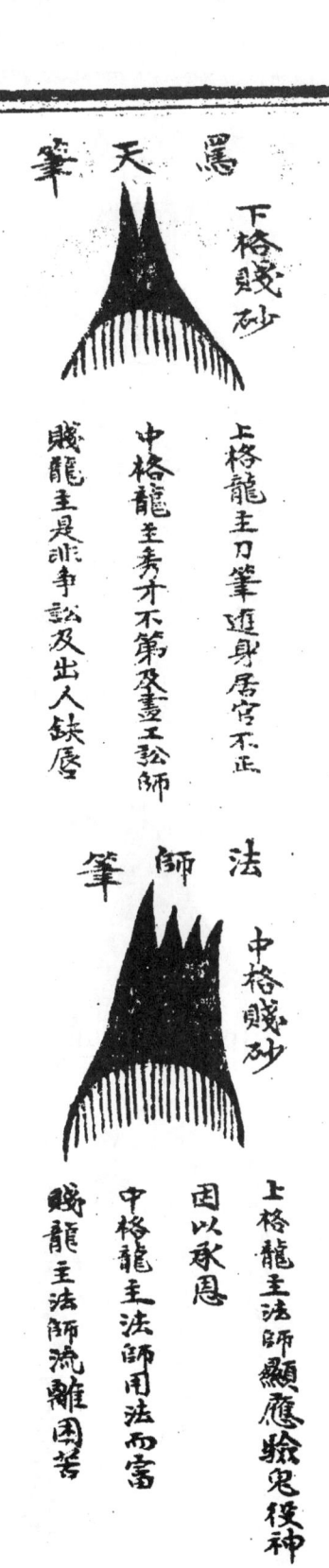

天　罵　筆

下格賤砂

上格龍主刀筆進身居官不正

中格龍主秀才不第及畫工訟師

賤龍主是非爭訟及出人缺唇

師　法　筆

中格賤砂

上格龍主法師顯應驗鬼役神

因以承恩

中格龍主法師用法而富

賤龍主法師流離困苦

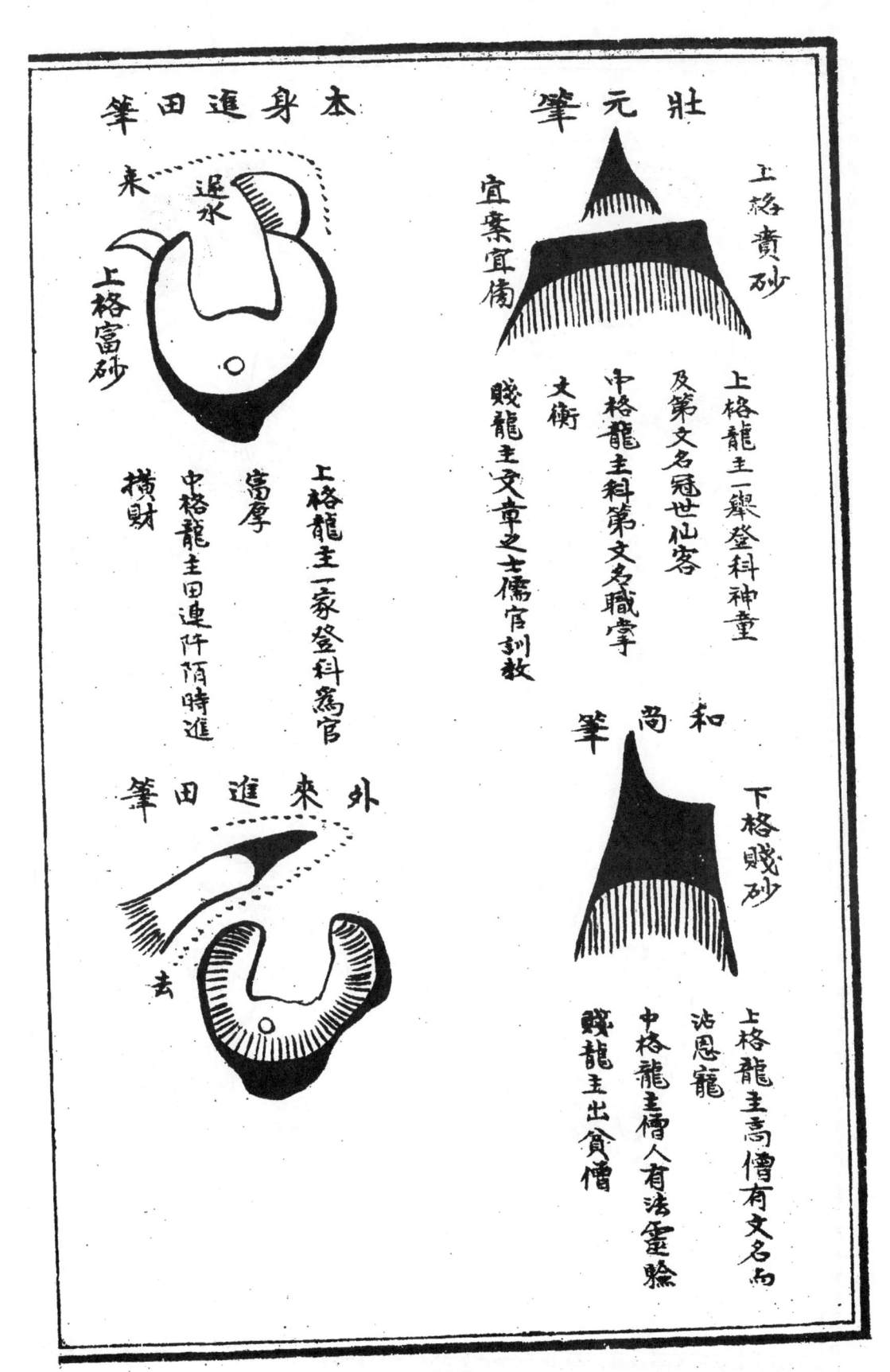

壯元筆

本身進田筆

田進來外筆

和尚筆

上格貴砂

上格龍主一舉登科神童

及第文名冠世仙客

中格龍主科第文名職掌

文衡

賤龍主文章之士儒官訓教

宜棄宜備

退水

上格富砂

上格龍主一家登科為官

富厚

中格龍主田連阡陌時進

橫財

來

上格龍主高僧有文名而

沾恩寵

中格龍主僧人有法靈驗

賤龍主出貧僧

下格賤砂

去

615

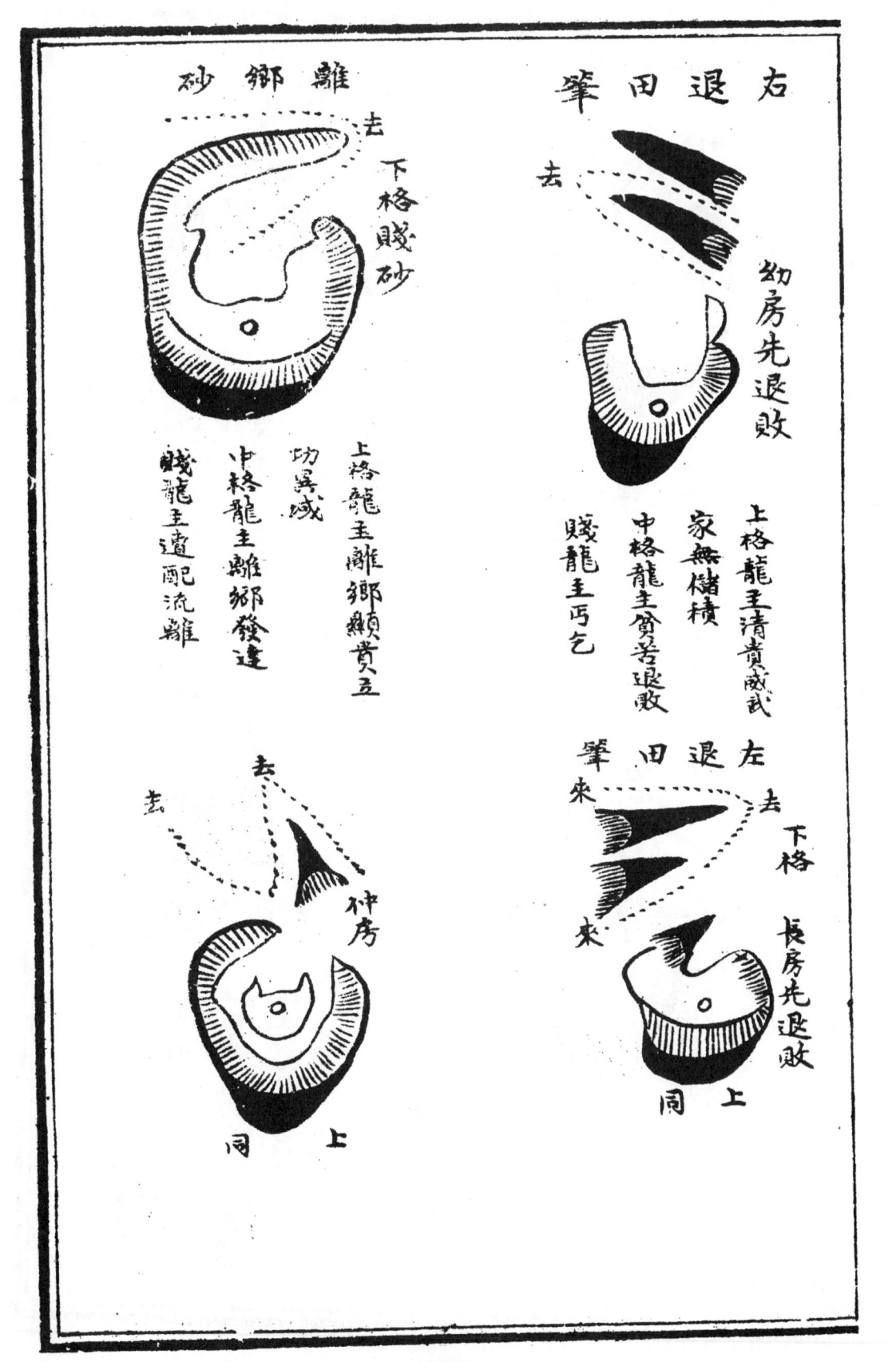

離鄉砂　　　　右退田筆

去　　　　　　　去

下格賤砂　　　　幼房先退敗

去　　　　　　　上格龍主清貴威武

仲房　　　　　　家無儲積

上　　　　　　　中格龍主貧苦退敗

同　　　　　　　賤龍主丐乞

賤龍主遷配流離　左退田筆

中格龍主離鄉發達　去

上格龍主離鄉顯貴立　田筆

功名滅　　　　來

　　　　　　　　下格　長房先退敗

　　　　　　　　上

　　　　　　　　同

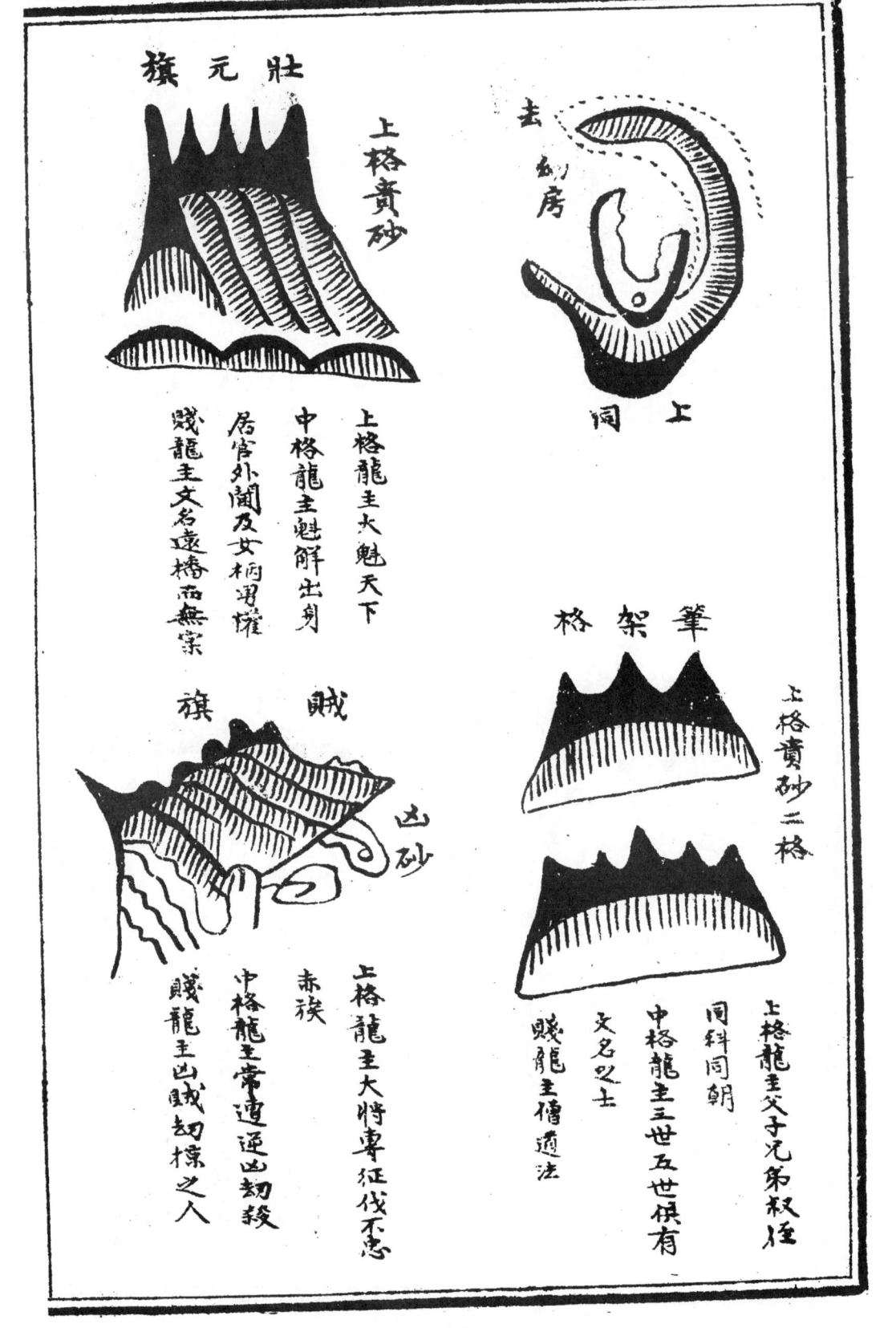

旗元壯

上格貴砂

去幻房

上
同

筆架格

上格貴砂二格

上格龍主火魁天下

中格龍主魁解出身

居官外聞及女柄專權

賤龍主文名遠播而無棠

上格龍主父子兄弟叔侄

同科同朝

中格龍主三世五世俱有

文名必士

賤龍主僧道法

旗　賊

山砂

上格龍主大將專征伐不恵

赤族

中格龍主常遭連凶劫殺

賤龍主山賊劫掠之人

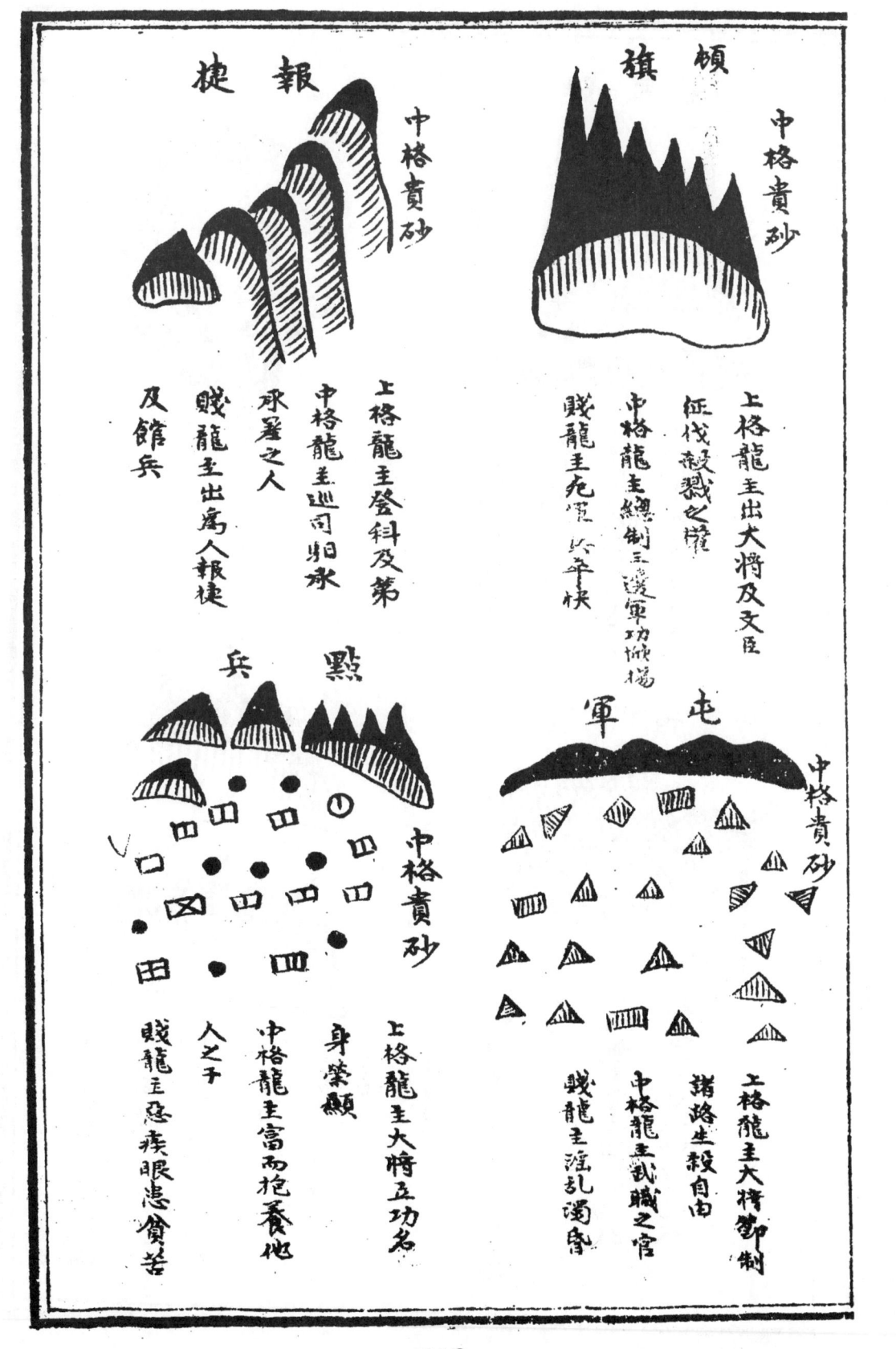

頓旗

中格貴砂

上格龍主出大將及文臣

征伐誅殺之權

中格龍主總制主選軍功懋揚他

賤龍主充實 必早快

報捷

中格貴砂

上格龍主登科及第

中格龍主巡司歸承

承差之人

賤龍主出為人報捷

及館兵

屯軍

中格貴砂

上格龍主大將御制

諸路生殺自由

中格龍主武職之官

賤龍主涯乱濁厚

點兵

中格貴砂

上格龍主大將立功名

身榮顯

中格龍主富而抱養他

人之子

賤龍主患疾眼患貧苦

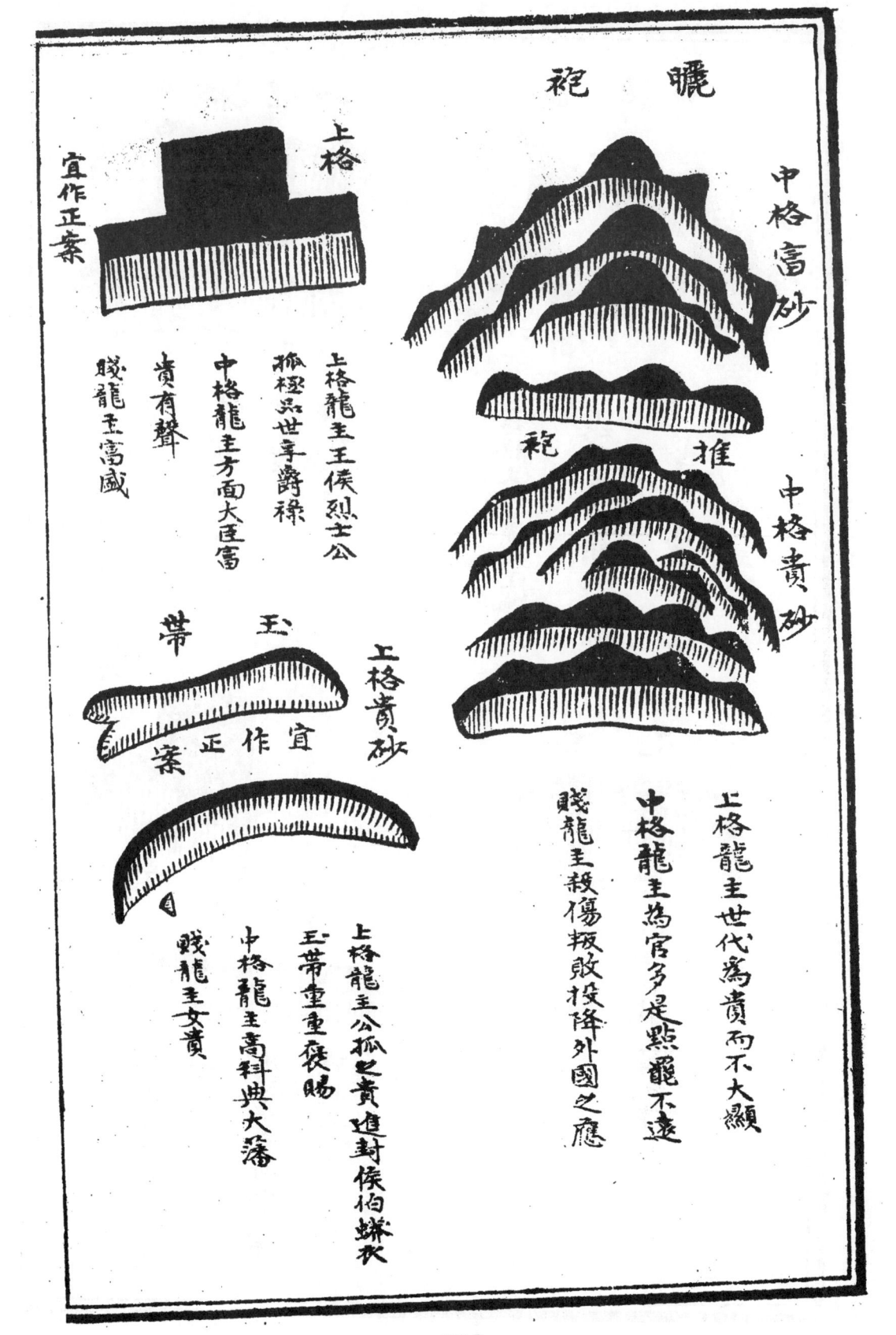

曬袍

推袍

中格富砂

中格賣砂

宜作正案

上格

上格龍主王侯烈士公

中格龍主方面大臣富

孤樔品世享爵祿

貴有聲

賤龍主富盛

玉帶

宜作正案

上格賣砂

上格龍主世代為貴而不大顯

中格龍主為官多是黜罷不遠

賤龍主殺傷叛敗投降外國之應

上格龍主公孤之貴進封侯伯蟒衣

中格龍主高科典大藩

玉帶重重袗賜

賤龍主女貴

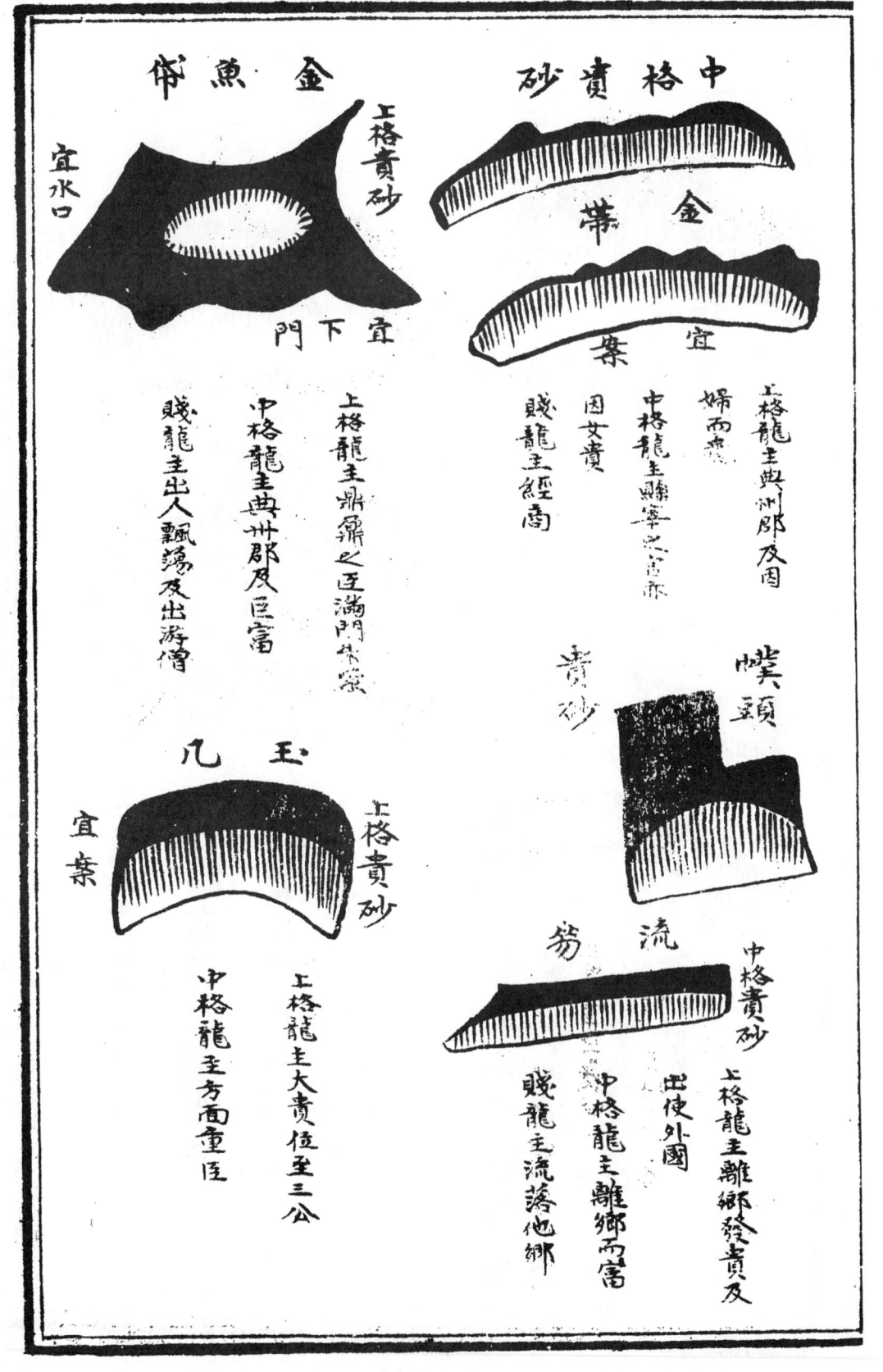

金魚帒

上格賣砂

宜水口

宜下門

中格貴賣砂

金帶

宜集

上格龍主典州郡及閫

中格龍主驟華爲富所

賤龍主經商

婦而夭

因女貴

噗頭

賣砂

上格龍主鼎鼐之匠滿門朱紫

中格龍主典州郡及巨富

賤龍主出人飄蕩及出游僧

玉几

上格賣砂

宜集

上格龍主大貴位至三公

中格龍主方面重臣

流笏

中格賣砂

上格龍主離鄉發貴及出使外國

中格龍主離鄉而富

賤龍主流落他鄉

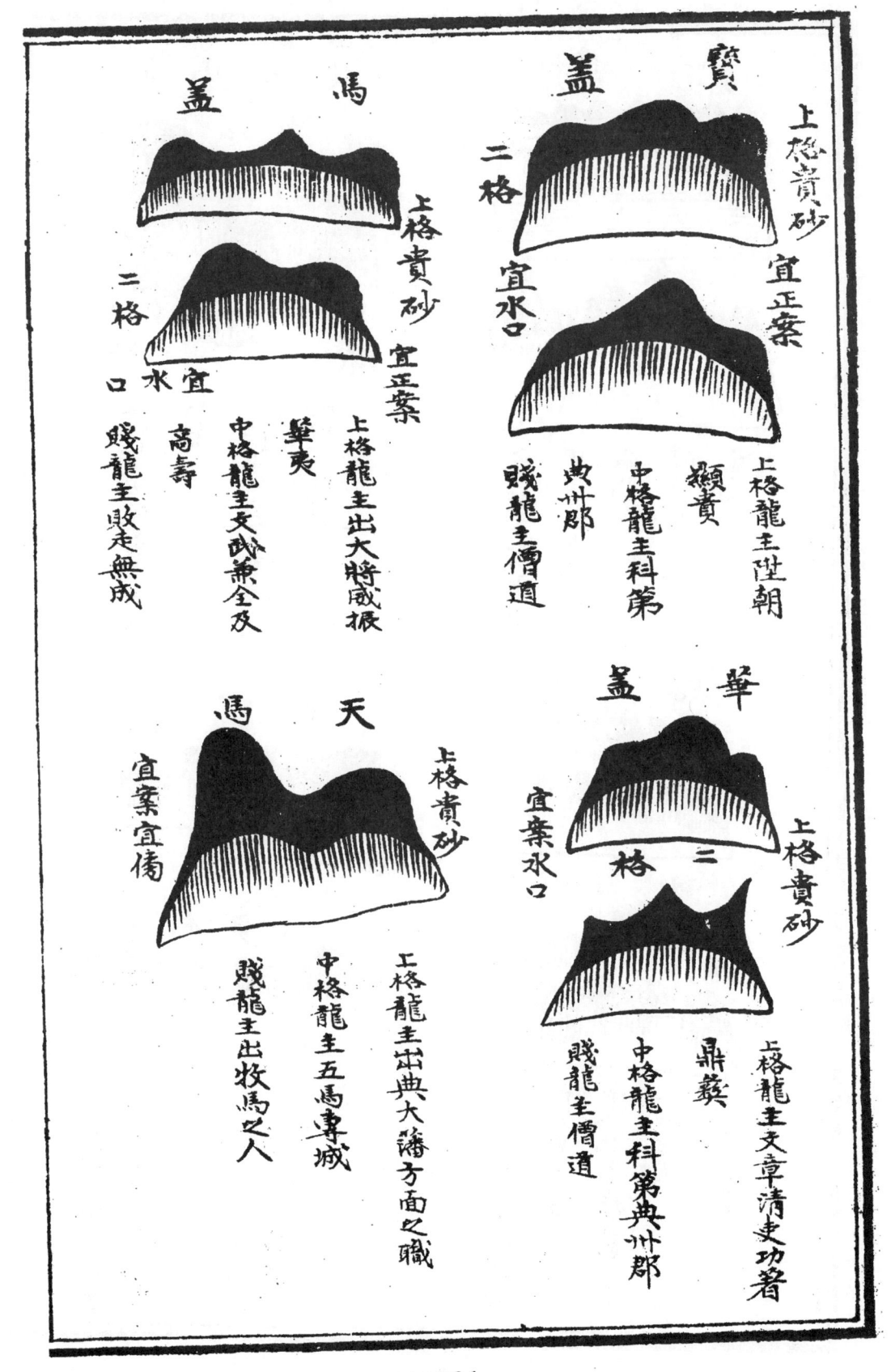

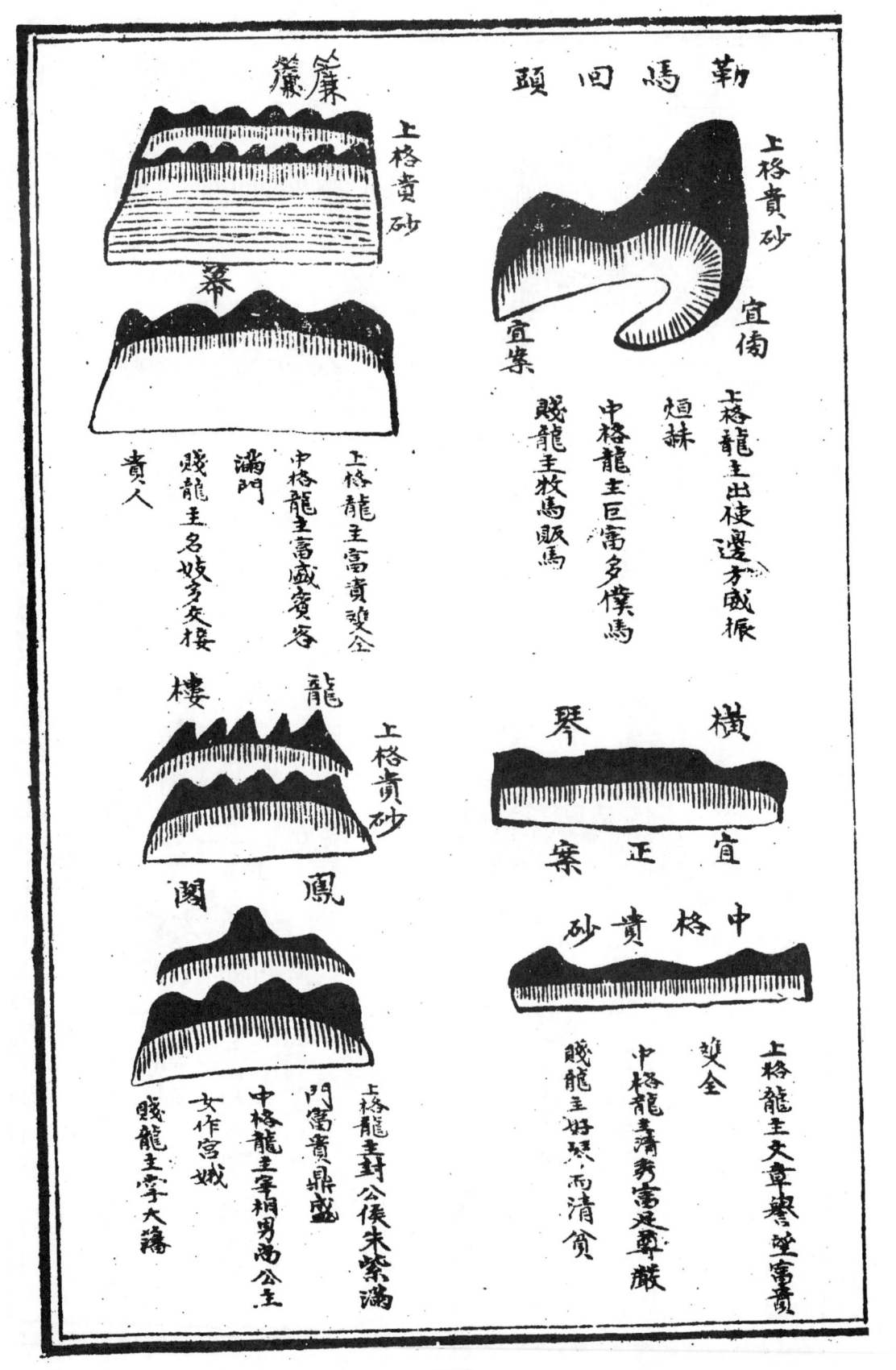

勒馬回頭

上格貴砂
宜備
宜樂
上格龍主出使邊方威振烜赫
中格龍主巨富多僕馬
賤龍主牧馬販馬

簾幕

上格貴砂
貴人
上格龍主富貴發公
中格龍主富盛賓客滿門
賤龍主名妓多交接

橫琴

宜正
案
中格貴砂
發全
上格龍主文章譽望富貴
中格龍主清秀富足尊嚴
賤龍主好琴而清貧

龍樓

上格貴砂
上格龍主封公侯朱紫滿門富貴鼎盛
中格龍主宰相男兩公主女作宮娥
賤龍主掌大藩

鳳閣

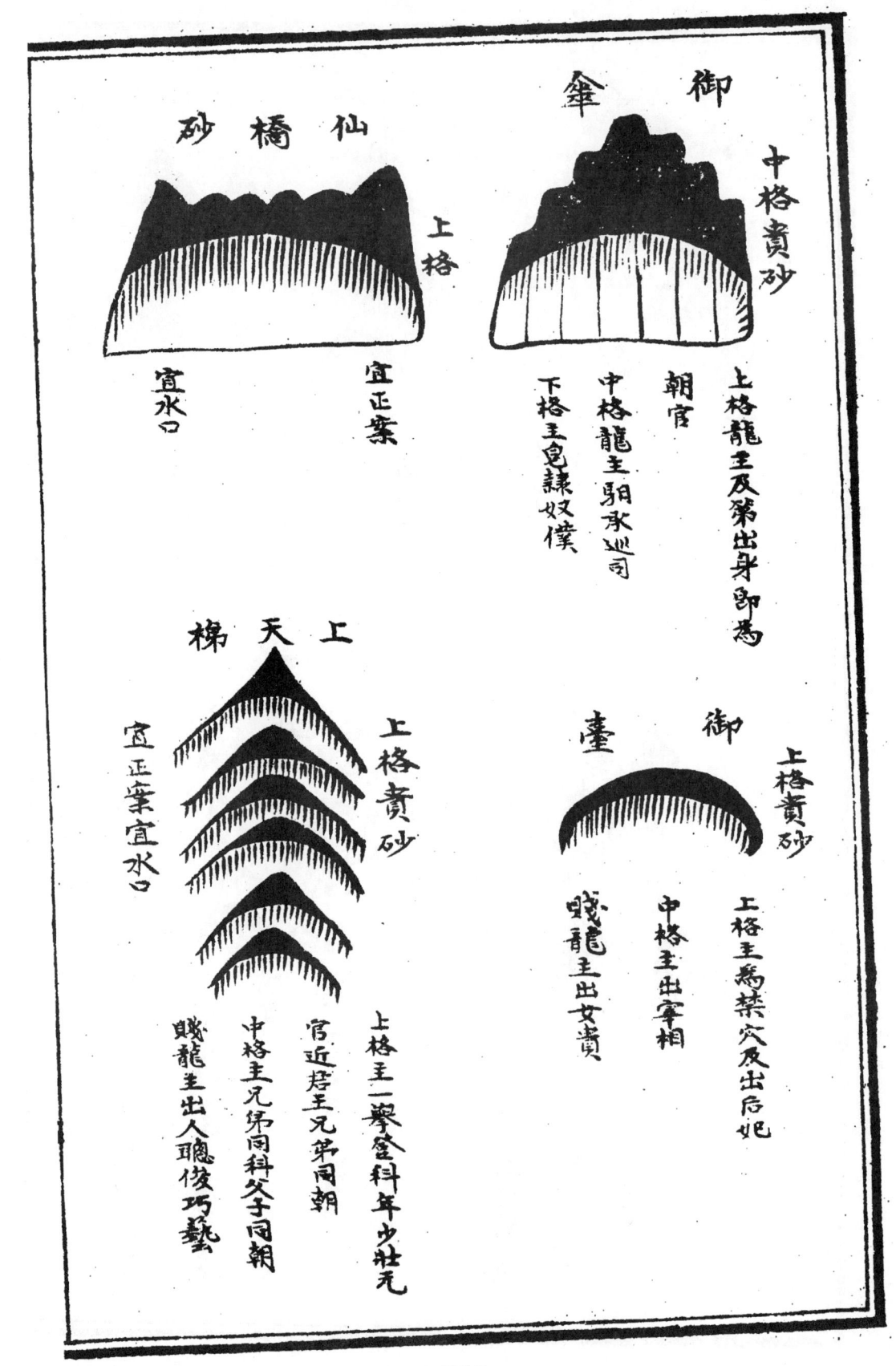

御傘

中格貴砂

仙橋砂　上格

宜正案

宜水口

上格龍主及第出身即為
朝官
中格龍主駙承巡司
下格主皂隷奴僕

天棉　上格

上格貴砂

宜正案宜水口

御臺

上格貴砂

上格主為禁穴及出后妃
中格主出宰相
賤龍主出女貴

上格主一舉登科年少壯元
上格主兄弟同朝
官近君王兄弟同朝
中格主兄弟同科父子同朝
賤龍主出人聰俊巧藝

623

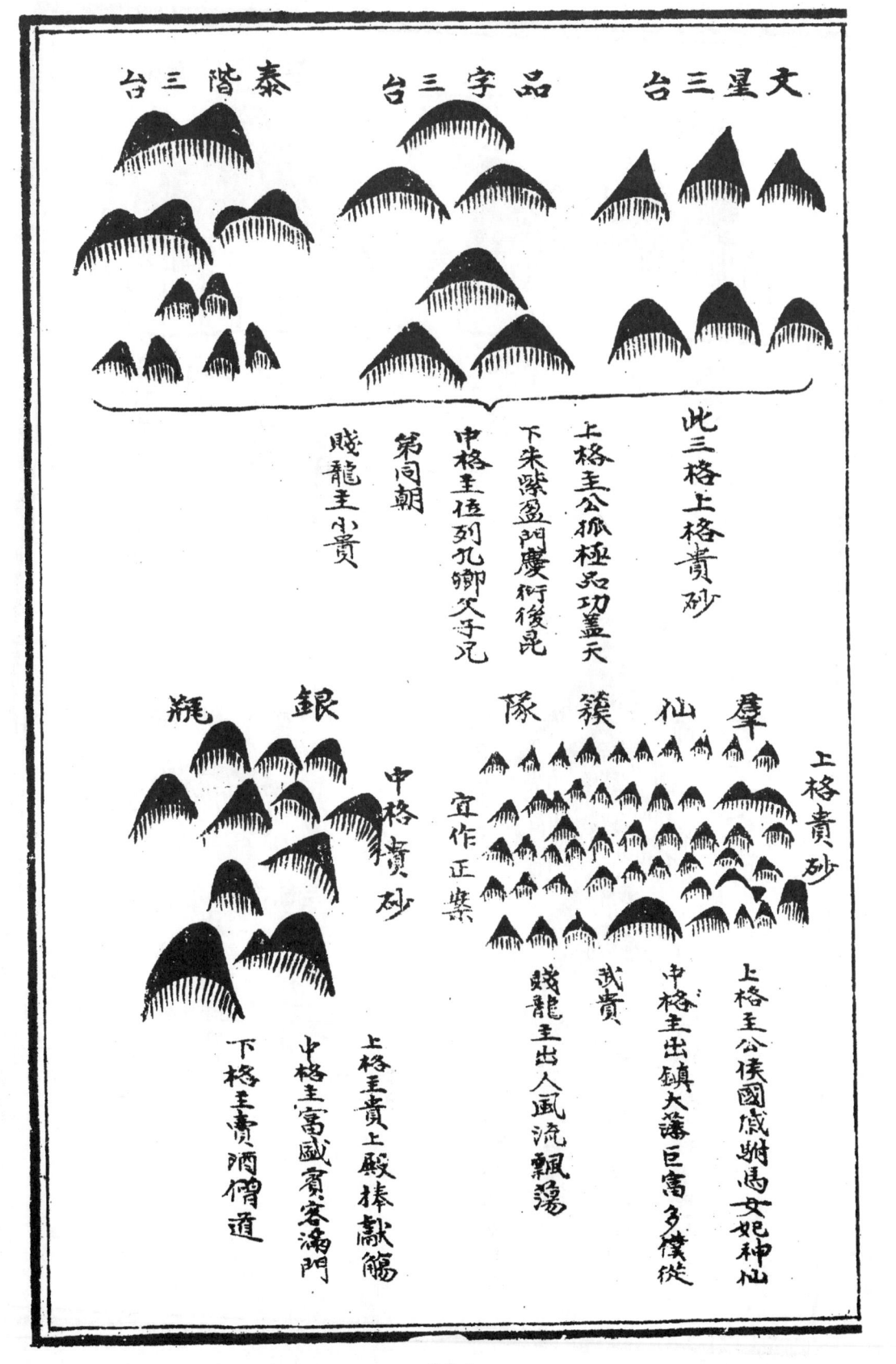

泰階三台　　品字三台　　文星三台

此三格上格貴砂

上格主公孤極品功蓋天
下朱紫盈門慶衍後昆
中格主位列九卿父子兄
第同朝
賤龍主小貴

銀瓶　　峩　仙　簇　隊

中格貴砂　宜作正案

上格貴砂

上格主公侯國戚駙馬女妃神仙
中格主出鎮大藩巨富多僕從
武貴
賤龍主出入風流飄蕩

上格主貴上殿捧獻簡
中格主富盛賓客滿門
下格主賣酒僧道

624

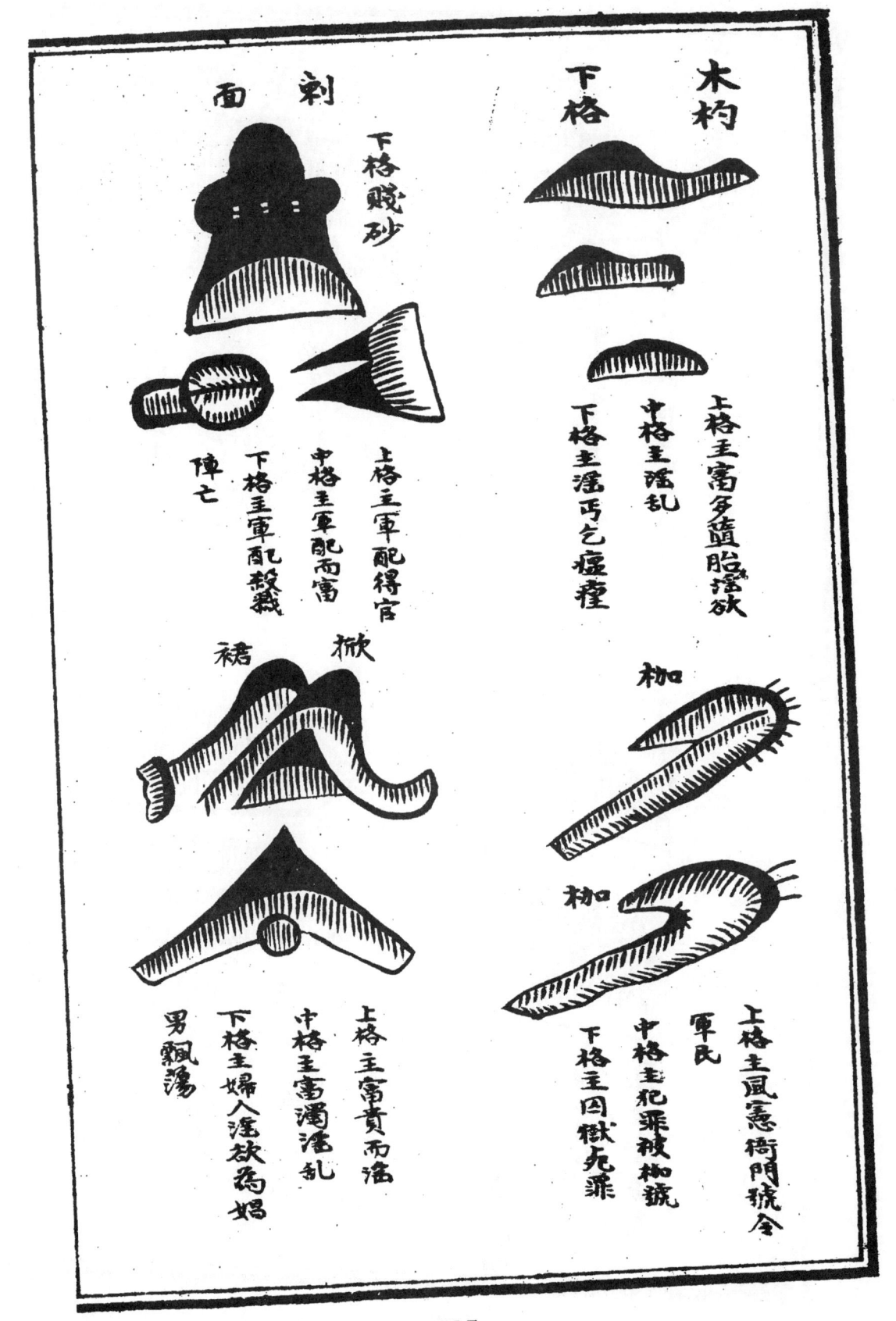

木杓

下杓

上格主富多資胎懦欲

中格主淫亂

下格主淫丐乞瘟瘴

剃面

下格賊砂

上格主軍配得官

中格主軍配而富

下格主軍配殺戮

陣亡

枷

上格主風憲衙門貌令

軍民

中格主犯罪被枷號

下格主囚獄死罪

枷

掀裙

上格主富貴而淫

中格主富濁淫亂

下格主婦人淫欲為娼

男飄蕩

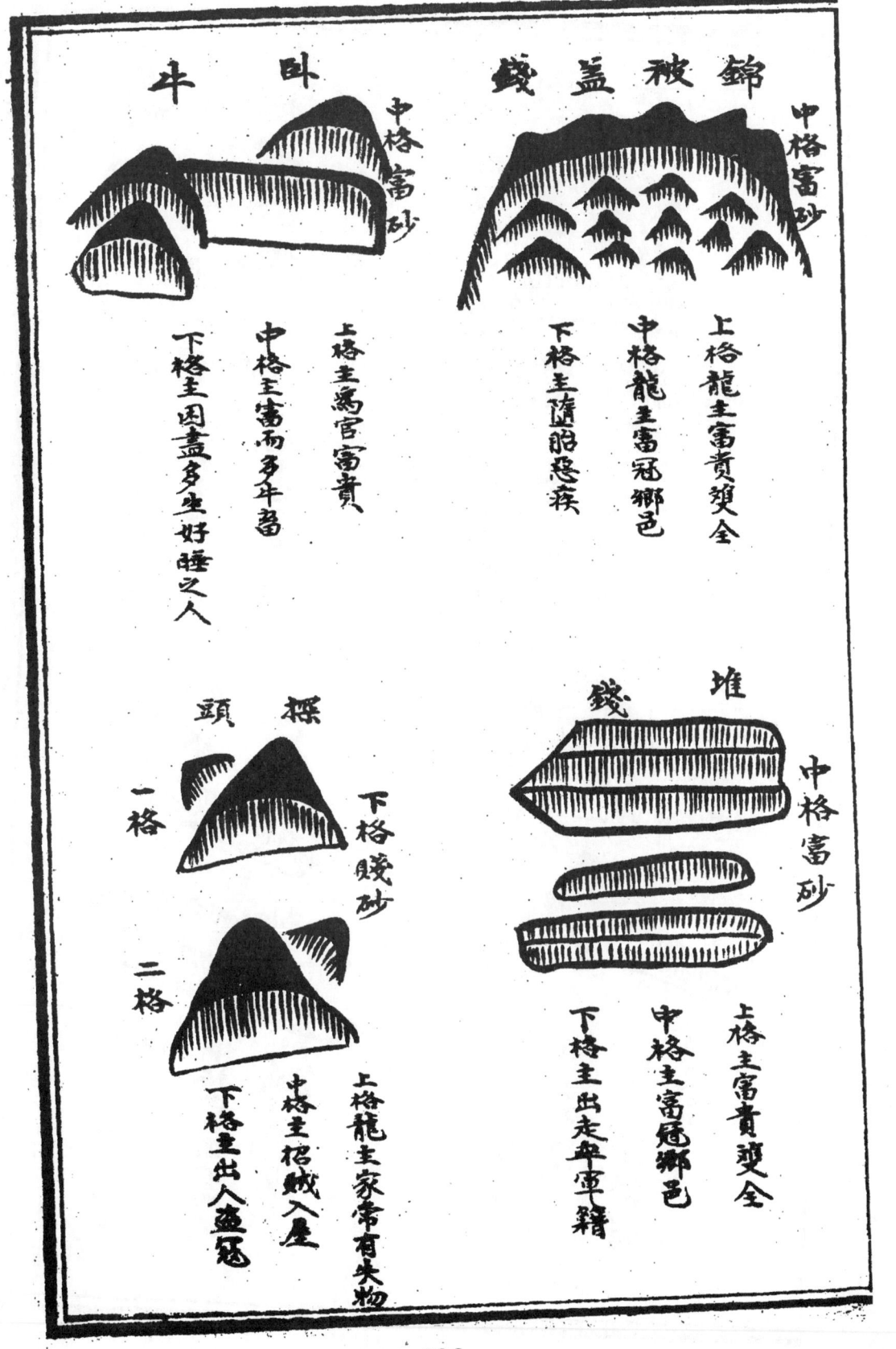

錦被蓋錢

中格富砂

上格龍主富貴貿全

中格龍主富冠鄉邑

下格主隨船恐疾

臥牛

中格富砂

上格主為官富貴

中格主富而多牛畜

下格主困盡多坐好睡之人

堆錢

中格富砂

上格主富貴變全

中格主富冠鄉邑

下格主出走半軍籍

探頭

一格

二格

下格賤砂

上格龍主家常有失物

中格主招賊入屋

下格主出入盜冠

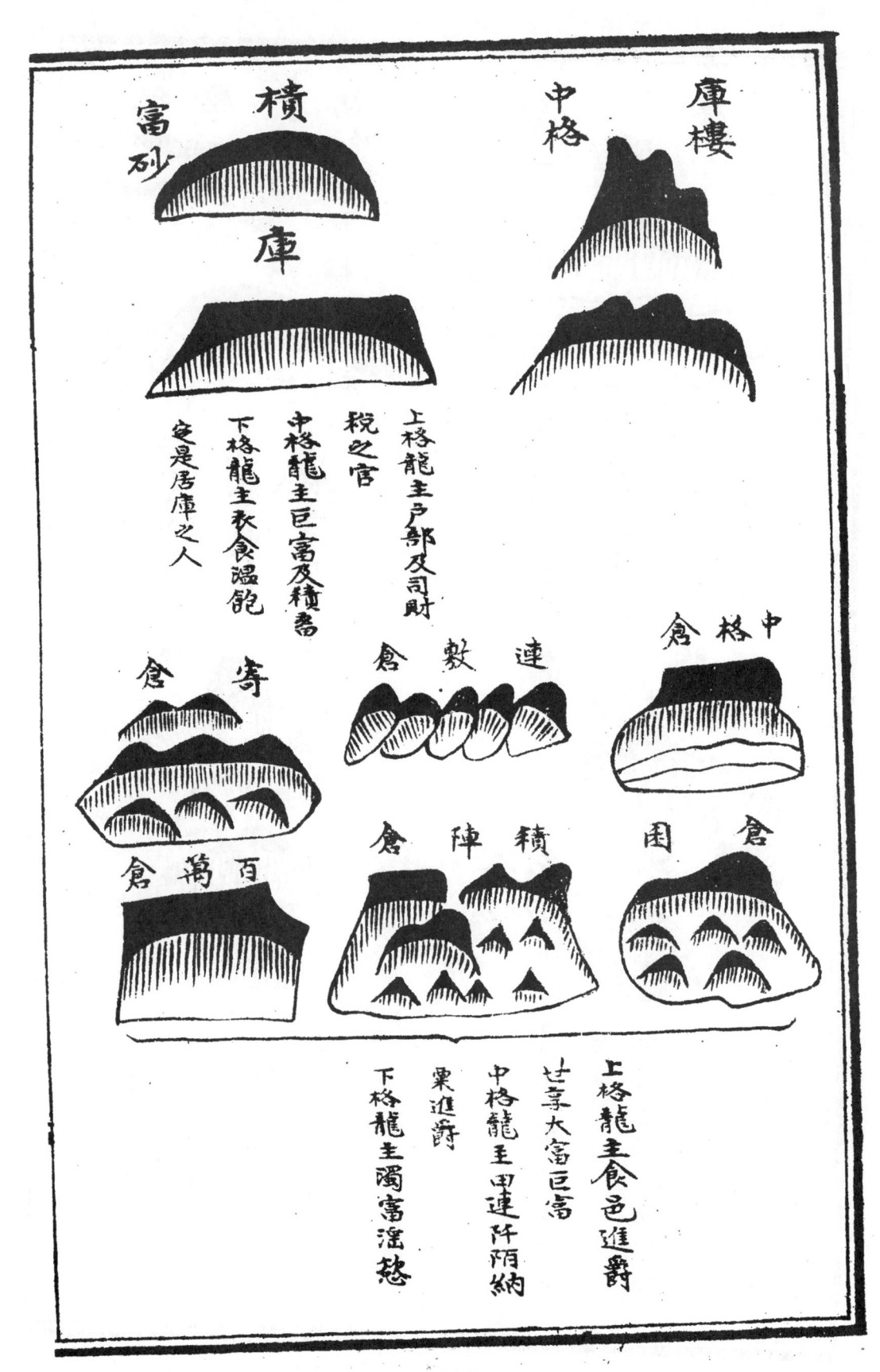

庫樓

中格

橫富砂

橫庫

上格龍主戶部及司財
稅之官
中格龍主巨富及積書
下格龍主秋食溫飽
定是居庫之人

中格倉

連數倉

寄倉

百萬倉

積陣倉

倉圍

上格龍主食邑進爵
廿享大富巨富
中格龍主甲連阡陌納
粟進爵
下格龍主濁富溢怒

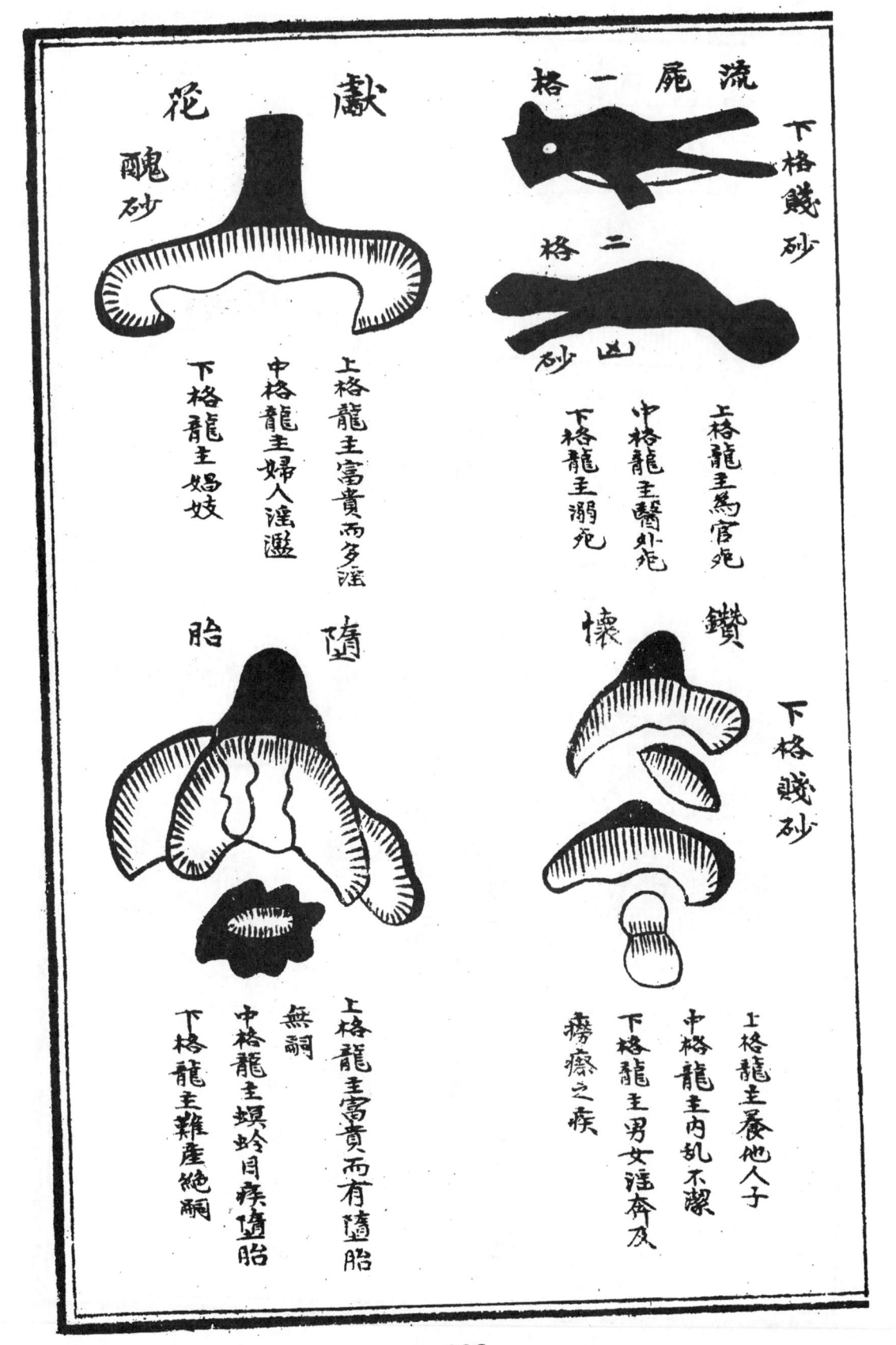

流
屍
一格
下格賤砂

二格
凶砂

上格龍主為官死
中格龍主醫外死
下格龍主溺死

獻
花
醜砂

上格龍主富貴而多淫
中格龍主婦人淫濫
下格龍主娼妓

隨
胎

上格龍主富貴而有隨胎
中格龍主螟蛉目疾隨胎
無嗣
下格龍主難產絕嗣

懷
鑽
下格賤砂

上格龍主養他人子
中格龍主內亂不潔
下格龍主男女淫奔及
瘰癧之疾

628

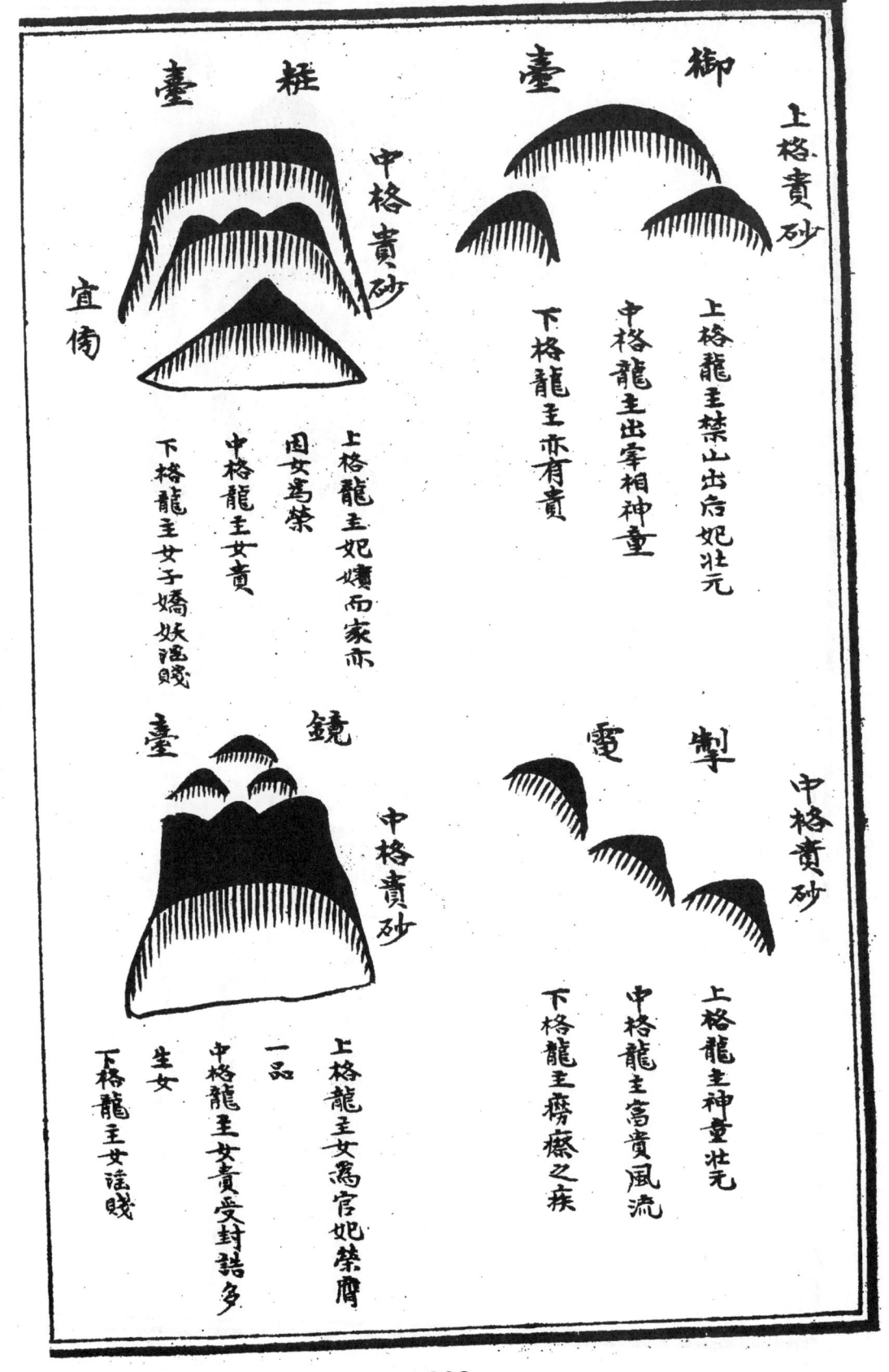

御臺　桎臺

上格貴砂

上格龍主禁山出后妃壯元

中格龍主出牢相神童

下格龍主亦有貴

中格貴砂

宣停

上格龍主妃嬌而家亦

困女為榮

中格龍主女貴

下格龍主女子嬌妖淫賤

鏡臺

中格貴砂

上格龍主女為官妃榮膺

一品

中格龍主女貴受封誥多

生女

下格龍主女淫賤

電掣

中格貴砂

上格龍主神童壯元

中格龍主富貴風流

下格龍主癆瘵之疾

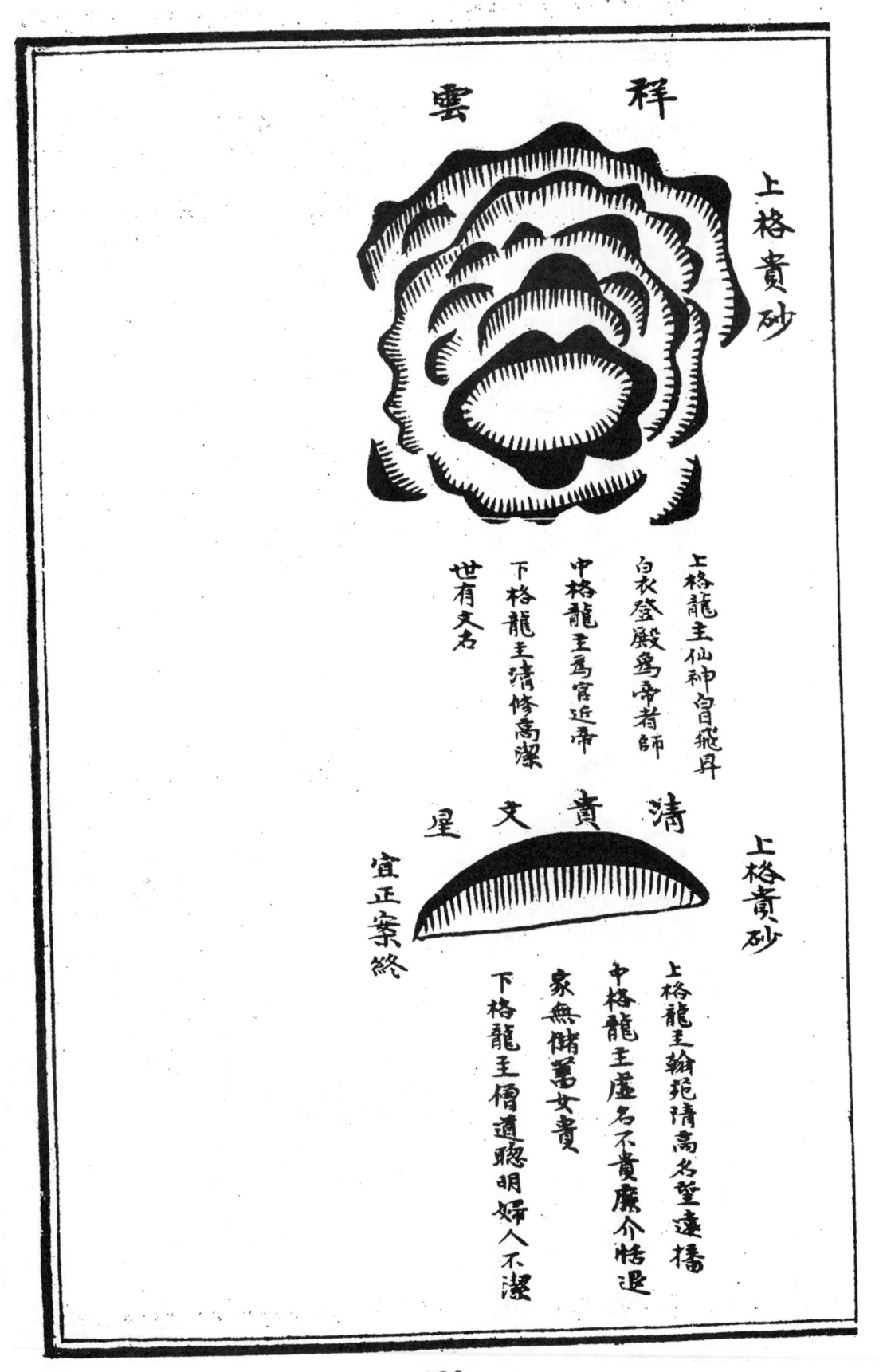

祥雲

上格貴砂

上格龍主仙神自飛丹

白衣登殿為帝者師

中格龍主為官近帝

下格龍主清修高潔

世有文名

清貴文星

宜正案終

上格貴砂

上格龍主翰苑清高名望遠播

中格龍主虛名不貴廉介性退

家無儲蓄女貴

下格龍主僧道聰明婦人不潔

貪狼木

廉貞火

巨門土

文曲水

祿存水

武曲金

破軍金

左輔木

右弼土

輔弼本無正形穴星隱藏處是也

貪狼吉曜如笋生初　武曲尊星似月方滿　欲觀左轉

亦似覆鍾　要識廉貞形如破傘　破軍惡曜正如算子　下好尋文星鋪毡宜

初論象存凶星形如破屋之側微

覓彌星惟有巨門真如半月欲識龍身搏換先卜九星之

形

龍穴砂水圖總論

龍穴砂水之圖雖多巽益與其多而無益不若小而緊也
故只圖其繫耳盖堪輿之術有本有末本者生氣末者形
像山川之性情龍穴之真假非圖畫之所能摹而生氣之
知不知惟在於心眼之開不開世之業是術者先本後末

著力於要緊之處而能識生氣則氣與目遇目與心通一

片靈臺便是山水之圖本末吉凶妍媸自然下別於眼界

之中也哉

生氣總論

葵山之法一以貫之曰乘生氣而蓋氣多則龍勢起伏氣

小則龍身懶弱氣旺則迎送重疊氣飄則枝腳散亂氣順

則主山垂頭氣逆則玄武拒尸氣壽則穴形端正氣麄則

穴場粗頑氣止則外水橫形氣去則元辰直長氣聚則龍

虎彎抱氣鴻則前砂斜飛氣莊則下關交鎖氣流則五戶

廣濶氣好則吉水來朝氣惡則凶砂出現氣美則生曜生

官氣弱則無鬼無樂氣盛則穴有唇氈氣短則穴無氊鋪
氣佳則明堂自好氣雜則局面不正凡此諸格之吉凶皆
係於氣之美惡則點地之要察氣為妙盡書論之氣清氣
濁為天為地人於兩間混合元氣之理通則生氣滯則死
葬點吉穴以納生氣體魄安寧福祿及人則天地人三才
其氣一也氣之一字為風水之第一工夫也故愚之所論
專取生氣重言復言不能自已者有見乎此而欲使業是
術者務察其氣不失其正穴也更題一詩以論穴氣
我今題此一片金分明論風水風水之法不須多言只
取生氣耳　氣隨龍來數百里不過一席地　窩鉗乳突

635

有四像生氣鍾於此　千變萬態有變化形像怔且異

驚人之目駭人心俗士等閒棄　明師法眼善察氣常怔

一樣視毫釐之際謬千里禍福都在是　誰能詳說此

真氣不可言語以弟子不能學於師師不愉弟子以

心傳心以眼傳眼然後識妙理　若能悟此真穴氣神術

正無比形之恠詭不必論但貴穴氣美　真氣暗藏隱

微中可識造化意　我今題詩論真氣一字　寄語人有

堪與者與我可同志也　發驗論　一龍雖甚真而失穴穴則終無穴之難也

文武富貴之發驗或由於龍身或係於砂水龍身帶倉庫

旺水特朝屈曲砂有堆錢櫃庫等形者富地也龍身帶印
帶誥前水來自御街砂有牙笏玉帶等形者貴地也龍身
帶鸞帶鳳朝水見於巽甲砂有文筆掛榜等形者文地也
龍身帶槍帶旗來水見於震庚砂有屯軍旗鼓等形者武
地也此真大略而氣像難言蓋星面圓滿而豐厚者富地
也星面端雅而雍容者貴像也星面尖秀而清麗者文像
也星面雄健而森嚴者武像也此乃俗師之目盲而明師
之眼開處也
凡此諸格之發驗皆以穴為主穴真則一砂一水足以貢
福穴假則萬水千山盡為空也

637

山水氣總論

古人只見中原山水不得見外國山水故未有論者是以
郭景純之輩不言我東之峙流楊筠松只言幹龍八三韓
我東神僧義相王龍子無學者流皆是明眼而未有著書
後之人孰從而知然而天下山水之清濁精粗本無異同
故朴尚義李奇王之徒看中原堪輿之書心通眼明爲東
方之明師也○我東山高水麗故曰高麗朝日鮮明故曰
朝鮮此乃文明之像也○我東幹龍自北而來橫直數千
里右邊多生枝龍大枝生中枝生小枝小枝之中又
多生枝枝頭結穴亦足爲富貴之美也○我東山水與中

州不同山秀水麗天明則有餘而圖局狹隘野無數百里

平原水無數十里平流故人才無局量○我東砂之法與

中州無異前輩既已命名圖形詳論驗效不必多談○王

龍子曰漢水以北人才魯莽漢水以南人物彬彬大略如

是○氣隨龍來至穴而止氣有妬生龍有真假真龍結穴

假龍不結穴○真龍星峰或聳拔或秀麗或妍美或尊重

枝脚或蕃延或均布或舒泰或搖掉行脈或屈曲或活動

或跌斷或透逸主頂或圓頓或軒昂或開面或垂頭○假

龍星峰或粗糲或頑頓或頑嵫或險麄枝脚或短縮或亂

散或委弱或飄蕩行脈或梗直或偏側或頑濁或懶惰主

頃或背面或傾斜或低微或拒尸○龍之行徒變化無常
而皆以氣為主故氣順者謂之順龍氣逆者謂之逆龍氣
退者謂之退龍氣傷者謂之傷龍○氣本無形無像難可
知也然而寓於龍穴砂水而成形成像見其形像察其美
惡則氣可知也○龍有祖子孫始起之峰為祖中起之峰
為子末起之峰為孫祖以是傳之子子之孫所謂
是者氣也是氣也一以貫之曰脈而已○氣有上中下上
者為上地中者為中地下者為下地故氣以旺盛為貴○
龍氣有似是而非者有似非而是者夫勇躍騰飛用盡氣
力而有奔走之態者俗眼以為是而明眼以為非態度閒

雅拙如口處子欲留而行有舒泰之像者明眼以爲是而俗

眼以人爲非○巒頭繁華者氣泄而無下注之脈巒頭頓者

氣莊而有結穴之脈○眞龍落穴之際正脈隱隱潛行而

餘氣前出或斷或起星峰繁華故易惑俗眼○眞龍到頭

別起主山主山之下抽出數脈或長或短或屈或曲未知

何脈爲眞脈何脈爲假脈欲知其眞脈或

左或右或動或靜未知何處爲穴何處非穴欲點其穴宜

察氣止處耳○尋龍捉脈點穴皆以氣爲本察是氣者莫

良於眸子○點地之法先尋眞龍尋其氣之止處便

是眞穴窩鉗乳突不必論也○氣爲本形爲末先本後末

是為明眼眼開則心悟○是以看山之法眼為本心為末
儒家仙家佛家工夫皆以心為本而惟地家以眼為本故
有神眼法眼俗眼○山水之氣有清有濁有人之氣亦然
故氣清者眼明氣濁者眼暗○生氣止於穴中發驗係於
砂水見氣知驗在心○氣有內外者穴氣也外者砂水
之氣也內為主外為賓賓主相應自成吉地○難見者內
氣易見者外氣內氣藏秘外氣現露○脈有虛實夫貪莊
真元清而重者為實飄蕩無魄游而輕者為虛○到頭之
脈承後龍之真氣注一帶之正穴此實要緊處也尤宜著
眼○穴真則發福而福之長短在後龍之遠近王龍子論

642

後龍曰山九峰為上五峰為中一峰為下此説得中時師看取大明諸師誇大之語或論龍數百里或五六十里虛妄極矣後龍身上若起七八峰則可發七八代福祿此豈非大地歟小地不過一二峰○圖局大小亦各有限而俗師之誇大亦如後龍之取遠不足信也○凢夫富貴之福發皆由於氣秀麗明朗貴地之氣雍容端雅富厚武地之氣森嚴豪健貧地之氣散亂飄蕩賤地之氣粗麤濁凶凶地之氣凶險帶殺○時師不審龍穴之真氣以心為本曰龍穴如是砂水如是為美地云龍穴砂水變化無常豈可以心預度哉必也以

眼為本然後可無誤點之患憶凡眼安能知穴善相馬者

相骨不相皮善相穴者相氣不相形故明眼之前穴無常

性氣有死生○地師孰不有眼明眼為地地眼一開則

氣之麗者精者請者濁者粗而糢者姘而美者眼然若燭

照之吉凶禍福無不驗矣○且俗師為圖局砂水所誤妄

點穴而阡之終無一發之效凡福之發不發係於穴之真

假好圖局好砂水安能發福哉○故法眼先看龍氣次看

脈氣又看穴氣然後周顧前後左右圖局砂水而無大端

疵累則用之○名師豈不欲得無疵之吉地也與其穴假

而砂水無欠不若穴真而砂水有欠也故雪心賦曰山川

有小節之疵而不減真龍之厚福以此推之則十全之地
雖求天下不可得也○草木稟地中之生氣開花結實形
形色色品各不同龍比則木也穴比則實也氣為一本形
為萬殊造化無全衆美難具而俗師點穴皆稱無欠之吉
地豈其然乎若能拜羣卉之華實集于一樹合諸山之吉
格聚于一地則豈不美哉萬萬無此理○故點穴之法只
取真穴而已穴真則必發福而驗在砂水或文或武或富
或貴此乃造化之理也○時師論裁穴曰此地龍虎低微
可以就下此地前案高昂可以就上則此語甚不宜氣聚
上則就上氣聚下則就下豈可以龍虎前案之低昂上下

其穴而失氣之所聚處也○時師曰其處水口關欄其內

必有真龍真穴然後看水口可也○龍之運行穴之結作

水之來去砂之相應千形萬像變幻無窮而其本則氣也

是以郭璞錦囊經專取生氣而略論形像至于後世眾說

紛紜務取形像命名太煩龍名穴名不可盡記砂號水號

難以彈舉使學者徒費心力無所下別惜哉○我之所論

只是氣之一字口能言氣目不察氣則自不覺其捧腹也

砂驗訣

砂分貴賤　吉砂在吉方召福召祿　東西南北取五星

驗有禍福　凶砂居凶位多災多殃　前後左右喜四圍

646

之得地

貴人之峰居馬上居殿上登雲路而承寵　雙

之戀穴

朝臣之像在榜邊在誥邊擢高第而草綸　一

薦之形像拜齊

降旌出見李陵之偷生可羞　刺面山

時之兄弟俱顯

赦文來朝蕭何之繫獄不久　探頭砂

見縣布之顏遭刑

玉樓殿上每近恐尺之天　和尚筆

窺元衡之首難保

龍車鳳輦長在密邇之地　宰相筆

法師筆沙門獻花之徒

金誥開花貴極都尉　天外之

三公筆殿鼎調羹之臣

錦被覆錢富冠閭里　眼前之

文筆、秀麗必出才子

掛榜連雙童之讀書二難拼桂

屯軍羅列定產將軍

頓筆接庚位之展軸一舉登科

羣山簇隊鼎裏鍊文武之火丙辰

掀裙獻花柰間有鄭衛之女　銀瓶盞注財如石崇

終必招賊　巽宮娥眉女作宮妃

可以潤屋　三台筆盂立元老於黃扉　圓扇固囚必因

牢獄之招禍　一字文星顯詞臣於翰苑　道上行乞是如

木杓之有驗　達官子中宜執玉圭　斷頭被斧鎖之刑

朝臣身上可蕃腰袍　流屍作污河之溺

天馬見於離位封爵之恩立至　隨胎在前兒未生而

玉印在於兌宮佩綬之榮可期　鑽懷露形女多慾而

先苑　玉帶玉几喜王謝之大貴　丹詔連於帝座頻承

滛奔　金鐘金箱稱陶猗之巨富　幞頭近於筆朵早題

鳳綸之召　報捷呈象飛羽書於天上　寫滿床頭好點、

雁塔之名　頓旗動光伏黃鉞於闕外　梯連天上直踐

縉紳之縈　簾幕是貴人之攸居　輔弼端正君陳告謨

蓬萊之路　倉庫乃富翁之卽管　筆陣齊列羲之檀聲

獻於周后　筆峰孤單馳虛譽而無實　順水筆逆水筆

償於蘭亭　丁位低陷悲弱齡之棄世　大貴人小貴人

進田退田　午地星印離免失明之歎　御傘高張侍九

父顯子顯　離方巖石亦致雁殃之恫　堆錢稠疊稅萬

天之前席　壯元之旗名不虛得　龍虎官星管伯仲之

貫之孔方　大武之星號必有效　生養叢峰致子孫之

顯揚 甲地秀砂遇乾脈而早點科魁 賊旗凶而惡尤

蕃延 辛方尖筆逢巽龍而爲盍播支名

忌覷見 橫琴遇舞仙而爲明 紗爲貴人頭上著 文星清且貴咸

敢娇美 玉梳對金釵而開面 尖劍武夫手中物 羅 仙

橋瀾展道 人駕鶴於雲中 筆開口而雙尖辭訟遭逆

貌肖醉翁 賣家產於精邱 枝寵頹翻風之茅葉流離失

衣盡弊乞 客結鷁於身邊 刀帶殺而橫斜戰陣死亡

狀似爐脚 兼浮疾於癌疫 諸砂若失羣之亂蟻貧殘困

所 杻形見而開脚頻遭縲線之厄 前曜似牙能貢福

窮 貴人對而背面爭傳布粟之謠 立石如劔終隕命

於正穴〔五〕　貪巒端雅竇獨長房之發貴〔本〕　天太秀如竹笋

南極高聳雲霄

於賊刃〔下〕　庫砂直射不但季位之羅殃〔下〕　露月橫

倒流三峽之源〔五〕　穴邊之護砂窺走豐歲啼飢〔也〕　僂脚出

可享百年之壽〔下〕　局內之亂衣麗雜煖冬呼寒〔上〕

破軍之鄉就不憂其賊劫〔上〕　逆砂轉而遮水內氣不散〔上〕

桃花之方人皆醜其穢聲〔也〕　華表聳而捍門其貴無雙〔上〕

勿論何形皆嫌轉頭棄去〔上〕　更看巖石之精麗〔也〕　或圓或

凡在諸位只貴開顏來朝〔下〕　以分休咎之驗效〔下〕　似頓似

方或直或平而形妍者吉〔五〕　印笏在於面前功名指掌〔五〕

射似窺似闢而氣雜者凶〔下〕　禽獸居於水口富貴唾手〔下〕

若膚若甲若黙、兵若頓創武顯之地〔五〕　陰巖鎮於水口

如硯如墨如尖〔六〕　筆如幞頭丈貴之象〔六〕　麀象見於穴上〔七〕　逐

縱云貴格〔尹〕　尾地諸形〔五〕　吉凶之符不至其可忽諸〔明〕

反為不祥〔六〕　各以類應〔六〕　物象之變無窮推以知之〔六〕　觸

形著眼是在明眼之卞别〔五〕

類揭名何妨衆名之創制〔五〕

水驗歌

看水神之來去〔〕　山與水而相遇〔六〕　審來龍之入水〔〕　布

驗禍福之不同〔六〕　陰陽念而交媾〔六〕　定五氣之逆順〔六〕　知

生旺於墓位，水始見曰得水，吉方來而凶去，生與

吉凶之有效，水歸隱曰水破，然後謂之合法，衰病死，人其

旺而並同至，來自武而破貪，若貪朝而歸武，

財而並盛，我雖富而無子，縱有子而無產，不宜來

芳庫絕，來自浴而登堂，胎神至而弄璋，偽不合於

而宜去，零落傳於蔓草，冠位至而多齡，反召禍而

此規，父得卦則無曜，從龍脈而看水，致斧鑿之刑

消福，其為殺也甚大，恐此位於來朝，禍孔慘於閨

殺，彼四維與八干，以向上而論水，咸反覆之黃泉

室，氣相乘而相生，忌是方之流破，歎人丁之云凶

分五行之四象

水之來兮有凶　能生火於壞中
知廉貞之不武　曰丑寅與乙辰　憐棺槨之燒破
吉水朝兮救大　論後龍之方位　理氣由於雙山　下
艮巽丁兮丙寅　正五行兮爲主　覺運用之甚妙　水
天星之貴賤　此不過爲大略　定坐向而消納　莫論
隨之而亦然　知不可乎專泥　貴連珠之無價　成一
龍之左右　若反此則爲凶　嗟四墓之黃泉　乾龍見
家之骨肉　必禍殃之來臨　爲凶神而召禍　能變凶
其辰水兮　丙午水兮雙朝　鑿亥池而注水　顧庫位之
而爲吉　回祿災之必至　名其坑曰滅火　反來朝於

654

四水

求其本則黃泉。乙水朝於坤，雖納甲而方貴，巽見辛而文貴，震遇庚而武顯。巳水見於兌龍，坎與癸而相近，凶壬對而水至，縱在生而犯曜，必無益而有害。勢難得其來水，宜吉慶而永昌。

凶　脈　養方

艮丙會而致財，乾甲合而催科，更馳眸於好水，喜福祿之多臻。兌丁合而高壽，舉第一之桂枝。丙丁方曰大赦。卯水

知歸元之效靈，取御街之不雜，美六秀之呈祥，比諸水則尤吉。水

責六建之皆純，更若兼乎沐浴，鶴喚溢於水鄉。觀寅

酉雖犯桃水，留子嗟於邱麻，兔彰穢於大局。

澄凝則安賢，責其

申與巳亥　乘龍旋而逆順　縱地脈之生位　復揀眼

來而忌去　切莫使其流破　亦有突而寡嗣　微厥咎

於雙來　溺水由於乙辰　孀居係於未坤　巽巳丙芳

之不差　瘟患緣於癸丑　風魔作於寅甲　庚酉辛芳

獻祥　丁未來而半山凶　陰陽雜而破局　他因此而可

貢福　辛戌至而半吉　尤助禍而召狹　宜詳審而迎

推　二十四芳有異　水芳水芳爽取　偶臨局而不察

避　各殊位而殊效　最有關於禍福　終難免其有疵

在名師之活法　登穴場而控制

656

幹龍行甚遠　身上不生峰　或作帝王都　或爲帝王
橫亘數千里　雲氣常在脊　洪基傳無窮　福祿甚宏
遠墓　幹中生大枝　身上多生峰　或作州與郡　或爲
遠　是爲枝中幹　星辰自聳拔　閭里聚萬家　子孫
鄉相墓　枝中又生枝　身上起星峰　或作大村落
代代榮　是爲枝中枝　星面多妍美　百家共作里
或爲大夫墓　大要不外此　大小與遠近　或作冲雲
朱紫常滿門　尋龍須仔細　分明皆可別　或伏過平

霄或走如生蛇，或帶倉與庫，古人論龍法，只宜
田，或騰如飛鳳，或帶印與誥，命名何太煩，氣像
審形勢，氣好為貴龍，星峰聚尊重，行脈宜發動
有好惡，氣惡為賤龍，枝腳貴審延，過狹看周密
龍勢若飛騰，主山若垂頭，此皆真結地，不必取遠
雖近亦為貴，雖小亦為貴，定是享富貴，遠大豈易
大大龍為祖宗，枝頭皆結穴，我東發福地，大者
得能生千百枝，點之能發福，龍勢皆不遠，小者
僅十里，其次二三里，時師不知此，且看古人論
僅五里，總生榮貴輩，取大遂失真，天星分貴賤

二十與八宿、星貴則龍貴、福祿與祿破、此說雖近

分配不相雜、星賤則龍賤、皆係於天星、不必盡拘

理大凡龍虎惡、形好勢亦好、形賤勢亦賤、歷觀

是實在於形勢、星賤能發福、星貴亦能發、賤龍

我東墓、辰戌與丑未、亥龍雖云貴、亥艮與辰戌

皆發福、率多名家地、未見大發者、龍勢若相似

當乘辰與戌、亥艮之龍勢、宜乘艮與亥、此論甚得

宜取亥與艮、若不及辰戌、當取辰與戌、天星後足

宜と

信

659

論穴法貴賤詩

一樹生於地　枝頭爭結實　真穴亦如此　若能知真

千枝盡蕃茂　日日皆成熟　枝枝皆結作　可以紫造

穴下知穴有妙理　止處便是穴　窩鉗與乳突　其他

化宜看生氣止　形像千萬變　是為四正像　明眼

怪異形　穴中是真氣　脈中一線氣　是氣知是穴

能識之　來自後脈中　遠從後龍上　然後能美地

或從腰裏落　或從左邊落　或從右邊落　或作種脊

便成花心穴　枝脚爭彎抱　龍虎競回環　圖局自來

660

勢。

是皆氣聚處　知脈能知氣、是知到頭脈　若或

好。四合下主客　知氣能知穴　最是要緊處　終必

等閒看、結咽氣乃盛　吾看衆名墓　有如草木實、

失真結、成腦氣乃聚　穴形皆不同　形形色色異、

此乃造化妙　俗師昧此理　真假雖隱微　名師善點、

一以貫萬殊　審形不審氣　莫逃法眼前　土色必堅

穴。俗師誤點穴　穴之真與假　真穴氣甚美　假脈

臟。土色多不佳　惟在脈虛實　屈曲清且重　直梗

氣甚惡、無脈難尋氣　是知地中氣　見形知是氣

浮且輕、無氣難尋穴　形成見于外　本末有先後

先本後其末，内氣若充滿，内氣若不盛，傷腦必敗

可以知眞穴，外面必豐厚，外面必粗頑，犯脣必冷

亡小污宜可阡，裁穴不失氣，生氣所止處，氣之

退漫大不可點，然後必發福，不過一壙中，皆非

過不及，脈急氣爲急，優急宜詳察，毫釐謬千里

眞穴處，脈優氣爲優，倒杖自有規，禍福皆在是

嘗觀一岡上，中餘一席地，福之發不發

前後多古塚，阡之能發福，由穴眞與假

論諸格

老幹與老枝，形像甚頑濁，變其粗糲形，然後抽嫩

枝腳皆短縮，何能結存枝，換出奸美態，前去作真

穴不可不審下，大小各有殊，脈氣甚宏大，脈氣

枝惟此兩氣像，龍脈與穴脈，龍從峽中過，穴從

局裏作，惟此兩脈氣，假龍氣像麗，爭呈奔走態，用力何太煩

細且旺，不可不詳察，星面多陰頑

是爲尾送龍，真龍氣像美，自有嬋姸態，是龍甚尊

豈能成好地，星面多秀麗，行度何從容，決然作真

賣惟此兩龍像，假脈氣甚衰，或偏側爲弱，真龍

結一一宜深別，飄蕩自無魂，或直梗頑鈍，屈曲

氣甚旺　或逶迤活動　至其到頭處　惟此真假穴

含精神　或清重妍美　定成富貴穴　一一宜審看

試看穴後峰　巒頭自勇拔　是為假主頂　惟彼龍與

亦有真與假　精神何太露　何能洩好脈　本無真與

虎　亦有好龍虎　至於虛假穴　雖好將焉用　且有

假　彎抱貴龍神　亦有好龍虎　終無一發效　精麗

諸方砂　真龍真穴處　假龍假穴地　樂山與後鬼

各自分　只嶺二三峰　雖多盡為空　皆為橫穴證

假地亦有之　真穴有餘氣　假穴多如此　捍門宜固

不必專泥此　為唇更有氈　以此難信穴　不使真氣

鎖　常見無穴地，明堂宜正平，龍假穴亦假，水法

散　亦有好水口，自有內與外，奠論好明堂，必開

禍與福　真穴逢吉水，好地雖云好，假地穴雖虛

最為重　榮貴不可言，水凶難免殃，水吉能無殃

水哉奠取水，前案與後腦，真龍大發地，點地必喝

功用大矣哉，皆為真穴證，亦或無此格，隨象亦異

形　只貴許真穴

名　不揭庸何傷

論文武富貴貧賤凶敗格詩

君看真結地
發驗各不同
文武與富貴
昭然不難知
文地圖局朗
氣像自安閒
朝砂多秀麗
來水呈文象
然後享富貴
文像兼貴像
筆形若孤單
徒自馳虛譽
武地局勢雄
朝砂多雄健
氣像何森嚴
然後樹功勳
武像兼貴像
旗形若不正
名位終卑微
富地局勢固
朝砂多圓滿
氣像何豐厚
然後登雲路
武像兼貴像
來水見旺方
櫃庫獨呈像
只自積金銀
固知文武富
三者分優劣
文地為第一
武地為第二
富地為第三
君看貧賤地
明眼皆能下
局勢有不正
來水

多麗頑　君看禍敗地　曜殺與斷頭　常看村泯基

呈賤象　砂水皆帶殺　闇室皆遭刑　假穴亦無害

雖非真龍作　亦能有子孫　士夫墓如此　縱有子食

屬好砂水好　食粟一身安　人才何能出　蠱蠱無所

粟　如知黠地穴

取　隨人各有異

論氣詩

大哉是氣也　在天為星辰　寓龍成真龍　龍真脈正

塞于天地間　在地為山水　寓脈成真脈　可以結好

好地諸賢格

固知察氣法　穴氣取旺盛　砂氣

地　皆是是氣使　自是有常觀　脈氣取結動　水氣

賣天星　脈上看行氣　坐向取正氣　便是地上仙

賣研美　穴上看地氣　龍虎取護氣　若能知此氣

風水縱多說　諸上之五行　河洛先後天　詳審盡其

不出氣一字　亦是一般氣　是氣之所寓　避凶而趨

法

吉

玉龍子廉貞法

金山　戌水風入大火廉　丑水入小火廉　木山　寅水入小火廉　艮風入大火廉　有巽丁水水　救小火廉水

668

土山 二十四龍

乙水来風入于大火廉五

火山子亥風入于大火廉五

水入于小火廉六 有寅水救

水入于小火廉六 小火廉六

子艮辛山壬龍危月 富貴一二代

陰權主之而止 驕悄無忠節下同

龍牛金 禍小忠節多 陽櫃主之富貴高

木 壽出文武將相

艮子山癸龍女土 貴一二代

陰光主之驕貴 陰權主之而止

富貴有武略多 牛金主之富貴多 詭詐不解

艮寅山寅龍尾火箕水 釋格吉

壬癸甲乙卯乾亥丑 天官主之吉亦發

艮山子龍虛日 主之吉

壬山丑 富主之不祥吉亦發

艮山子龍斗

艮山乙龍氐土 不祥格陽貴主之

甲乙癸巳山卯

龍天厨房日 略富貴將相主之威膽武

艮巽山甲龍心月 亦發陽權主之一二代富貴

艮山乙龍 乙巳坤

巽山辰龍亢金 赤主之羅主一二代一敗如厭

巽山辰龍

山巽龍角木 明科甲禁賣

巳山巳龍翼火軫水 中天屏富主之小貴

669

旺人多溫

巳甲乙坤山丙龍張月

陽權主之格貴顧壽富忠良樣

丙丁丁山午龍

坤巳山丁龍柳土

南極主之貴高壽富貴

陰樞主之貴

天戲主之貴

坤

星日武富貴易發易歇

山未龍鬼金

格貴亦有福有禍

天常主之貴大不祥尹格貴尹

天閉主之大凶吉

丁山坤龍井水

不祥格貴

酉坤山庚

女執柄之威權

丁庚山申龍觜火參水

僅可無敗也已

陽關主之大不祥格

酉坤山龍昂日

文武富貴

天漬主之威權

坤乾癸酉山酉龍

辛山戌龍妻金

天魁

天爵延壽

陰璇主之貴文章多陽加主之大後歇

辛山戌龍胃土

辛戌山乾龍奎木

貴膁富加三代後歇

乾酉坤山辛龍胃土

公癸英雄相桐大不祥格尹

龍畢月

乾癸丑酉山亥龍室火壁水

天星主之極貴富貴榮顯南壽

貴雖富貴易歇

王執柄之大不祥格尹

二十四龍上應列宿天光下臨地德上載星有吉凶龍分

貴賤見理之固然也然而龍之貴賤實係於生氣之盛衰豈

拘於天星而固守耶貴賤兩龍氣脈氣相適則天星之吉凶宜可取舍雖云天貴之龍而生氣之盛半不及於金龍則不可棄元妻而取壁室也

脈穴訣

凡山之法、知穴最難、復著以發明

幹龍橫亘數千里或數百里為眾山之祖宗而結穴生子生孫過峽脫卸起峰然後乃結穴

真龍離祖後已有真箇意態峰巒妍而不麗不頑枝脚

舒泰而不長不短行脈活動而不梗不直此龍到頭必結

美地

真龍到頭抽出生脈牽行真氣內實外清有如來佛之曳

地此脈之下必結正穴
生脈到莊之處是為正穴充滿盈溢形像端正土性堅臟
而色潤
生氣止處不過一壞裁穴之法如人針灸自有的定不可
妄己意而上下
龍氣盛故脈氣美脈氣美故穴氣旺此等形象分明看別
然後不失其真也
氣起者為峰氣行者為脈氣停者為穴尋龍捉脈正穴不
失其氣自無誤點之患
尋龍之法自下仰看為妙捉脈之法步脈俯觀為妙定穴

之法立穴環視爲妙

眞穴之狀穴後二三節已著好樣情態時含生氣活動屈
曲而行

眞龍之狀主頂後二三峰呈露其箇情狀戀頭向前低垂
暗涯其氣也

生氣之注滿穴中而停蓄餘氣又從穴傍而抽去自主山
至穴之脈穎悟而有精神但穴傍抽去之脈懶惰而已無
精神

眞龍高起星辰氣像軒昂此乃易見故古人云望勢尋龍
易

真穴暗藏生氣形像多恠此乃難見故古人云登山點穴

難穴形雖萬殊穴之後脈則同凡草木之果形雖不同果後

一節則同也

穴後一節束則氣盛不束則氣敗且脈之屈曲與束氣相

等

結穴之後餘氣前去為唇為氈只能平鋪而已無束氣屈

曲之態

是以尋龍之法只以穴後之氣為主後龍之氣流入此節

而止於穴

尾真脈內含生氣外露形態仔細看審自能卞別矣

且脈形不一或如生蛇或如蜂腰或如鶴膝或如連珠或

如蘆便或抽真脈而更起腦或抽細脈而至穴更大於此

形像雖不同其生氣充滿清奇之狀則一也

假穴之下穴則外形雖豐厚內氣不畜雖點阡穴終不一

發

真脈之下外形雖恠異內氣止畜若點此穴十一皆發第

一要緊之法只存於此

且真龍到頭高起主山落頂之脈隱蹤而下至于結穴之

際下露真態此脈最難見又有一種真脈隱行平地起為

突穴此脈亦難見

此兩脈隱蹤以前之氣十分旺盛穴形含無限精神可以

阡之不然則難點也

眞脈到頭必起腦腦下結穴立穴見之腦形盈圓含精也

且眞脈屈曲氣畜於天庭立穴見之穴場分明而有精此

等形象一一看別便是名師故青烏經曰察以眼界會以

性情若能悟此天下橫行救貧曰世降風移大地相逢葬

輕許

世降風移地師多有不淳者虛點假穴輕欺人求山之家

不可不慎大地輕許猶勝假地欺人也

凡眞龍雖小可不輕許況大地乎如明月之暗投慎之慎
之

太極定穴圖

籍（籍字이듯）（자리자）

先儒曰太極者陰陽之本體又曰物物有一太極蓋理氣
之源也以太極定穴者籍其隱微彷彿之像以觀穴之的
耳萬萬山穴法口訣云隱隱微微彷彿彷彿粗看有形細
看無物趙緣督穴訣曰遠看似有近看則無側看則露正
看糢糊皆善狀太極之微也故以太極定穴法於穴場中
回視有圓暈在微範隱顯之間是謂太極圓暈上要水分
暈下要水合水是稍低處高一寸卽爲山低一寸卽爲水

也水之合處名曰小明堂不必拘其寬濶但能容人側臥
便可圓暈則有生氣內聚故為真穴無此矣覓暈分明
便於暈心倒杖要坐正或串來脈或枕樂內垂生氣外
接堂氣前要對案山下要就明堂左右要分龍虎十道無
偏方可却於暈心立一標準上下絟各立一標準凡饒減
進退皆以此分定數若於暈頂再覓一二半暈如娥眉月
樣名曰天輪有三輪乃大貴之地也
十道則龍東虎西主山案山乾坤艮巽八天地十位通天
陽地陰

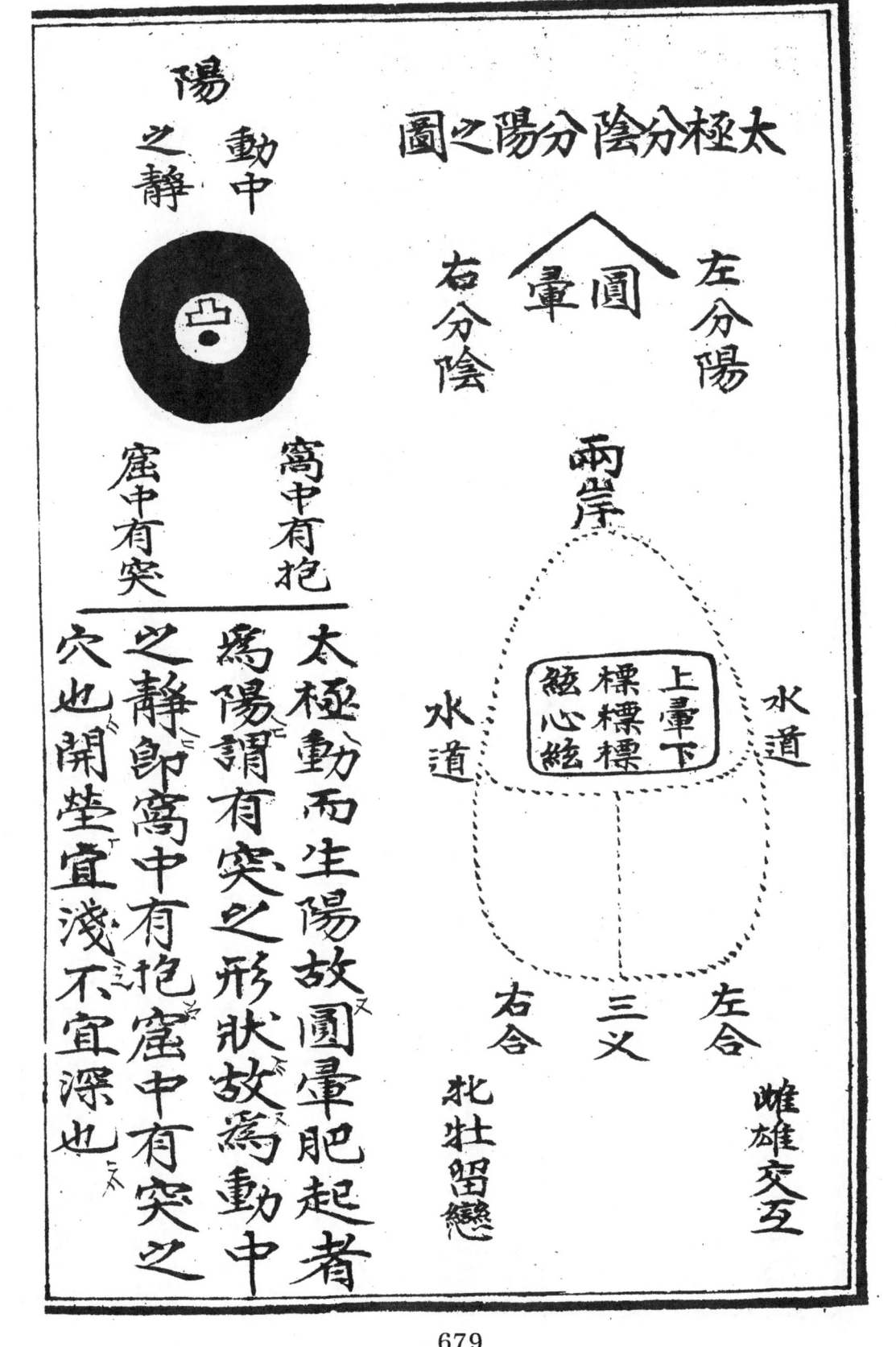

太極分陰分陽之圖

圓暈

左分陽　右分陰

陽
之靜　動中

窟中有突　窩中有抱

兩岸

水道　　　　水道

上暈下
標標標
經心絃

左合　三义　右合

雌雄交互

牝牡留戀

太極動而生陽故圓暈肥起者
為陽謂有突之形狀故為動中
之靜即窩中有抱窟中有突之
穴此開壾宜淺不宜深也

陰

靜中
之動

抱中有窩

突中有窟

太極靜而生陰故圓暈瘦陷者
為陰謂有窟之形象故為靜中
之動即抱中有窩突中有窟之
穴也開塋宜深不宜淺

右太極定穴最為親切尤為細認不可潦草瘳公云若還
鋤破太極圍水蟻便侵棺又云蘭臺只在圓暈中鋤出便
傷龍經曰外氣橫形內氣止生外氣者拋道也內氣者圓
暈也楊公以圓暈為金圓分轉左者為陽君者為陰故曰
龍分兩岸為陰陽取拋道為血脈從左右分為小明堂故
曰水合三义細認蹤所謂頓雄交道者也或謂之毬簷合

680

襟羅紋土縮一點靈光仰覆梅花等皆異名耳堪書云乘

金相水穴土印木亦不過一太極之暈而已乘金者乘其

太極之圓暈突起處也相水者要兩夾輔圓暈必水邊分

八字求小明堂處合也穴土者居中不偏而淺深適宜也

印木者要穴前有氈有唇吐出尖圓之證也不言火者火

則尖利帶殺且火無穴而大凡點穴務須伐木斬草靜盡

上下左右立標諦觀詳審察此太極圓暈取穴不可過高

過低偏左偏右則得穴法玄妙切忌鋤破圓暈傷壞口鼻

吾鄉唐宋名基原形俱在窩鉗乳突分明界水伶俐無損

者固賴哲師吳瘵諸公口授不許妄有培闢亦以風俗嚴

於侵鑿之禁是以經久猶有本末面目之妙也鄉罕及之

每見務為觀美者輒加興作而不知美地切忌妄有培鑿

以壞真形或傷破星辰頭面或剪去餘氣唇氈或雍塞界

脈之水或戕傷太極之圈此為毀瓦畫墁變吉為凶況又

有廣築垣墻深開月池多起臺宇高豎牌坊及為崇臺塋

石俾吉方之砂水障礙不見而凶位之贅疣堆累近身幾

何不自取禍破哉鑿書謂工力之具卜氏謂山有餘當闢

則闢土不足當培則培蓋指砂水闢而言非謂穴可以作

為也知者審之龍

以兩儀定穴

682

兩儀者陰陽也萬物莫不有陰陽天以日月為陰陽人以

男女為陰陽物以牝牡為陰陽地以山川為陰陽而陰陽

之中又各有陰陽故地理家龍有龍之陰陽穴有穴之陰

陽所謂穴之陰陽者其暈間肥起者為陽瘦陷者為陰是

為兩儀也就龍身作穴者乃為陰龍宜陽穴若再起星者

陽龍宜陰穴反此縱龍穴真初阡亦必有怨龍歌云陽龍

切莫下陽穴路死生離別若阡陰穴正相宜子息居官位

陰龍若是下陰穴女人公事發若阡陽穴定為官富貴足

田庄或上截肥起下截瘦陷或下截肥起上截瘦陷或左

邊肥起右邊瘦陷或右邊肥起左邊瘦陷皆為二氣交感

不同陰陽龍嗒可用凡陰陽穴皆當饒減則氣直來正穴必偏枯後見饒減法惟此交感之穴則取陰陽之中不用饒減最爲貴但微諢高下彷彿瘦肥亦未易體認必須又除草木使穴場先淨然後可辨厥不致誤切勿草率苟且

陰陽交感圖

左陰　　右陽

左肥　　右瘦

左陽　　右陰

左瘦　　右肥

上陰　　下陽

上肥　　下瘦

上陽　　下陰

上瘦　　下肥

此圖以黑白分陰陽以喻穴形之肥起瘦陷者也不論直
脈橫脈穴星後龍只看立穴之處或上截肥起或下截肥
起或左肥或右肥以肥者為陽其瘦者卽放棺當於半肥
半瘦處為二氣交感也
補義易曰天地氤氳萬物化醇男女媾精萬物化生男女
卽陰陽也太極圖說曰二氣化生萬物故圓暈中以肥起
者為陽瘦陷者為陰或上截肥起下截瘦陷或下截肥起
上截瘦陷或左邊肥起右邊瘦陷或右邊肥起左邊瘦陷
皆為二氣交感陰陽配合不拘陰來陽來之龍而皆吉而
立穴居于半陰半陽半肥半瘦之間乃陽氣下降陰氣上

昇地天交泰水火既濟陰陽聚會之所不須饒減不論平

地高山要立穴處有形影口角窩突弦稜化生腦毬簷鰕

鬚蟬眼仰梅花覆梅花金魚界上陰下陽上陽下陰左陰右

陽左陽右陰邊明邊暗邊尪邊生邊硬邊輭邊肥邊瘦皆

謂陰陽交媾之處穴之吉也

以三勢定穴

三勢者乃立勢坐勢眼勢也即天地人三等穴法廖公云

一箇星辰有三勢坐眼立各異立是身徇氣上浮天穴此

中求坐是身屈氣中藏人穴最相當眼是身仰氣下墜地

穴斯為是此三勢之定格也

天穴

　仰高穴　騎形穴　凭高穴

地穴

　乳頭穴　脫殺穴　憑高穴

　　只有一等名藏殺穴

　　　藏龜穴

人穴

五星者金木水火土也山之圓曰金方曰土曲曰水頭圓身聳曰木尖削曰火其形變化則爲五星五星者陰陽之骨髓九星者陰陽之皮膚變化甚多生克不一生則吉克則凶也五行歌云木直金彎土宿橫火星尖秀向南生水則一似生蛇走說與時論五行盍如水星峰水生木木生

火火生土土生金金生水迤迤起峰節節生旺為富貴極
品之地若水星行龍木星作穴亦是吉地然不可執泥乎
此凡遇相克所責有救星耳如土星行龍水星作穴土克
水本凶左右得木星以制之或得金星以助之亦吉地他
皆倣此以類而推之萬不失一凡尋龍推取三吉以廉貞
祿破為凶殊不知廉貞為祖文曲為後宮祿破為隨從天
下山多祿破而三吉罕有三吉則為真龍祿破皆為服役
真龍夾從帶破軍為走旗為刀
祿為倉庫為堆禾為銀瓶盞注為富地若祿破具隨富貴
兼全若迎送多夾從多則為上地
節鉞為貴地帶

688

解說 地理大典

정가 48,000원

2014年 2月 20日 인쇄
2014年 2月 25日 발행

편 역 : 한 중 수 · 전 원 상
발행인 : 김 현 호
발행처 : 법문 북스
　　　　〈한림원 판〉
공급처 : 법률미디어

152-050
서울 구로구 경인로 54길 4
TEL : (대표) 2636-2911, FAX : 2636~3012
등록 : 1979년 8월 27일 제5-22호
Home : www.lawb.co.kr